Caspar Cromberg

Selbstorganisation bei Koordination komplexer Produkt- entwicklungsprozesse

Eine Studie am Beispiel der Automobilindustrie

T0316963

PETER LANG

Internationaler Verlag der Wissenschaften

Bibliografische Information der Deutschen Nationalbibliothek
Die Deutsche Nationalbibliothek verzeichnet diese Publikation in
der Deutschen Nationalbibliografie; detaillierte bibliografische
Daten sind im Internet über <http://www.d-nb.de> abrufbar.

Zugl.: Stuttgart, Univ., Diss., 2006

Umschlagabbildung:
Erich Zahn

Gedruckt auf alterungsbeständigem,
säurefreiem Papier.

D 93
ISSN 0175-8985
ISBN 978-3-631-56730-2

© Peter Lang GmbH
Internationaler Verlag der Wissenschaften
Frankfurt am Main 2007
Alle Rechte vorbehalten.

Printed in Germany 1 2 3 4 5 7

www.peterlang.de

Selbstorganisation bei Koordination komplexer Produktentwicklungsprozesse

Schriften zur Unternehmensplanung

Herausgegeben von Franz Xaver Bea, Alfred Kötzle und Erich Zahn

Band 77

PETER LANG

Frankfurt am Main · Berlin · Bern · Bruxelles · New York · Oxford · Wien

Geleitwort

Komplexe Systeme haben aufgrund ihrer vielfältigen endogenen und exogenen Interaktionen eine Reihe spezifischer Eigenschaften. Ihre Entwicklung ist weitgehend emergent und wegen der damit verbundenen Unsicherheit und Ambiguität nicht oder kaum vorhersehbar. Methoden zur Förderung von Einsichten und zur Unterstützung von Interventionen in solche Systeme müssen diesen Merkmalen Rechnung tragen. Sie sollten in der Lage sein, Nichtlinearitäten, Verzögerungen, Verstärkungen und andere Charakteristika komplexer Systeme zu erfassen. Konventionelle Methoden der linearen Kausalanalyse sind dazu kaum geeignet, und das kognitiv-rationale Paradigma, aus dem derartige Methoden hervorgegangen sind, hat bezüglich komplexer Systeme nur eine beschränkte Erklärungs- und Gestaltungskraft.

Projekte zur Entwicklung eines neuen Automobils können aufgrund der hohen Aufgabenkomplexität sowie der Vielzahl und der Interaktionen der daran beteiligten Akteure als komplexe Systeme interpretiert werden. Erfolgskritisch ist hier die Koordination der verschiedenen Entwicklungstätigkeiten. Diese Koordination ist einerseits von großer strategischer Bedeutung, aber andererseits nur beschränkt planbar. Zur Auflösung dieses Spannungsfeldes schlägt Herr Cromberg den Koordinationsansatz `gelenkte Selbstorganisation` vor. Dementsprechend sollen sich die Akteure im Projekt bei geringen externen Steuerungsinterventionen (durch Zielvorgaben) weitgehend selbst steuern. Untersuchungsgegenstand ist die frühe Phase im Prozess der Neuentwicklung. Gerade hier treten häufig ungeplante, emergente Phänomene auf. Konkretes Untersuchungsobjekt ist ein anonymisiertes Fallbeispiel aus der Automobilindustrie.

In einem wechselseitigen, schrittweise vertiefenden Abgleich von Erkenntnissen aus der Fallstudie und der einschlägigen Forschung werden Lösungsideen für den Koordinationsansatz der `gelenkten Selbstorganisation` herausgearbeitet.

Prof. Dr. Erich Zahn

Vorwort

Man nehme eine möglichst gute Idee, füge dazu eine ausreichende Portion Begeisterungsfähigkeit und Ausdauer, ergänze genügend Neu- und Wissbegierde und verfeinere dies mit einer gewissen Prise Idealismus. Dann glaubt man sich auf dem besten Wege zum Ziel, wenn nicht sogar schon fast da. Es folgt jedoch – wie sollte es auch anders sein – früher oder später die Ernüchterung. Um das berüchtigte „Tal der Tränen" zu durchschreiten, muss die Arbeit ein Teil von einem werden. Dann handelt es sich nicht mehr nur um ein begeisterndes Thema auf dem Weg zum Doktorhut, sondern es wird etwas, das gewissermaßen „lebt", etwas, für das man sich verantwortlich fühlt, ähnlich wie für einen Freund.

Unabhängig von diesen Phasen der Wandlung, Prüfung und Reifung durfte ich mich immer auf die vertrauensvolle, offene und motivierende Zusammenarbeit und die ansteckende Begeisterungsfähigkeit meines sehr verehrten Doktorvaters, Herrn Prof. Dr. Erich Zahn, verlassen. Dafür sowie für die fruchtbaren Diskussionen, die konstruktiven Anmerkungen sowie sein Verständnis für die besonderen Bedingungen, die eine externe Promotion mit sich bringt, möchte ich ihm ganz herzlich danken. Herrn Prof. Dr. Wolfgang Burr danke ich für die Übernahme des Zweitgutachtens.

Darüber hinaus habe ich von vielen Seiten freundschaftliche Unterstützung erfahren, die mit wertvollen Anregungen und Diskussionen erheblich zum Gelingen der Arbeit beigetragen haben. Dafür möchte ich insbesondere Herrn Prof. Dr. Stefan Foschiani, Herrn Dr. rer. pol. Florian Kapmeier, Herrn Dipl.-Ing. Jürgen Kübler, Herrn Dipl.-Ing. Claus Brandt, Herrn Dr.-Ing. Richard Eiletz, Herrn Dr.-Ing. Markus Grave, Herrn Dipl.-Ing. Martin Kuhn, Herrn Dipl.-Kfm. Walter Riedl sowie Herrn Dipl.-Kfm. Wolfram Eschenbach danken. Dipl.-Kfr. Viola Kratsch gilt insbesondere mein Dank dafür, dass sie sich mit viel Fingerspitzengefühl auf das „psychologische Coaching" konzentrierte und sich der herausfordernden Aufgabe stellte, darauf hinzuwirken, dass neben aller notwendigen Konzentration auf die Arbeit auch immer genügend Raum für kreativitätsfördernden Ausgleich blieb. Mit Standhaftigkeit ließ sie sich dabei auch nicht von durcharbeiteten Wochenenden und Nächten entmutigen.

Ganz besonderer Dank gilt meinen Eltern. Sie haben immer mit viel Verständnis und uneingeschränkter Liebe und Treue meine gesamte Ausbildung gefördert. Ihnen ist die Arbeit gewidmet.

München, Dezember 2006   Caspar Cromberg

Inhaltsverzeichnis

Abbildungsverzeichnis

Abkürzungsverzeichnis

AIPO	Advances in Information Processing in Organizations
AMR	Academy of Management Review
AS	American Scientist
ASQ	Administrative Science Quaterly
ATZ	Automobiltechnische Zeitschrift
BS	Behavioral Science
CMR	California Management Review
CIM	Computer Integrated Manufacturing
CON	Controlling
CSE	Concurrent Simultaneous Engineering
DB	Der Betriebswirt
DBW	Die Betriebswirtschaft
Diss.	Dissertation
DU	Die Unternehmung
EJ	Economic Journal
EPM	Educational and Psychological Measurement
FB/IE	Fortschrittliche Betriebsführung/Industrial Engineering
F&E	Forschung und Entwicklung
GM	Gablers Magazin
HBM	Harvard Business Manager
HBR	Harvard Business Review
HCR	Human Communication Research
HM	Harvard Manager
HR	Human Relations
HRM	Human Ressource Management
IA	Information Age
i.a.	im Allgemeinen
i.d.R.	in der Regel
IM	Information Management
IMM	Industrial Marketing Management
io	Industrielle Organisation

ISMO	International Studies of Management and Organization
ISR	Informations Systems Research
i.S.	im Sinne
i.S.v.	im Sinne von
JAS	Journal of the Atmospheric Sciences
JfB	Journal für Betriebswirtschaft
JIBS	Journal of International Business Studies
JLE	Journal of Law and Economics
JPDM	Journal of Product Development Management
Kap.	Kapitel
KJ	Kriminologisches Journal
KZfSS	Kölner Zeitschrift für Soziologie und Sozialpsychologie
LRP	Long Range Planning
m.E.	mit Einschränkung
MKQ	McKinsey Quaterly
MS	Management Science
NW	Naturwissenschaften
OBHP	Organizational Behavior and Human Performance
OD	Organizational Dynamics
OE	Organisationsentwicklung
OM	Office Management
OS	Organization Science
OSd	Organization Studies
QFD	Quality Function Deployment
QP	Quality Progress
PAPS	Proceedings of American Philosophical Society
R&D	Research and Development
RP	Research Policy
SA	Scientific American
SMJ	Strategic Management Journal
SMR	Sloan Management Review
SW	Soziale Welt
v.a.	vor allem
VDI	Verein Deutscher Ingenieure

WIST	Wirtschaftswissenschaftliches Studium
ZfB	Zeitschrift für Betriebswirtschaft
ZfbF	Zeitschrift für betriebswirtschaftliche Forschung
ZfP	Zeitschrift für Physik
ZFO	Zeitschrift Führung und Organisation
ZfRSoz	Zeitschrift für Rechtssoziologie
ZfS	Zeitschrift für Soziologie
ZP	Zeitschrift für Planung
z.T.	zum Teil
ZwF	Zeitschrift für wirtschaftlichen Fabrikbetrieb

Zusammenfassung

Die Entwicklung eines neuen Automobils verteilt sich aufgrund der hohen Produkt-komplexität und des großen technologischen Anspruchs auf eine Vielzahl von Spezia-listen. Diese sind hinsichtlich einer Abstimmung ihrer Teilaktivitäten auf markenkon-forme Gesamtfahrzeugeigenschaften zu koordinieren. Angesichts weiter steigender Produktkomplexität - insbesondere durch zunehmend vernetzte Elektrik-/Elektronik-Systeme - und steigenden Wettbewerbsdruck mit begrenzten Differenzierungspoten-zialen auf Komponentenebene gewinnt die Gesamtfahrzeugabstimmung zunehmend an strategischer Bedeutung. Koordination als die Abstimmung der einzelnen Teilumfänge bzw. der von ihnen betroffenen Akteure auf diese übergeordnete Ziel-setzung wird damit zu einem entscheidenden Erfolgsfaktor im Automobilentwick-lungsprozess.

Mit zunehmender Anzahl und Vernetzung ihrer Akteure zeichnen sich insbesondere soziale Systeme durch hohe Unvorhersehbarkeit aus. Das Gesamtverhalten des Sys-tems lässt sich aufgrund von Wechselwirkungen der Systemelemente nicht mehr allein aus dem Verhalten der einzelnen Akteure erklären. Es entstehen neue Eigenschaften des Systems bzw. emergentes Systemverhalten. Koordination im Entwicklungsprozess kommt damit einerseits eine besondere strategische Bedeutung zu, andererseits unter-liegt sie einer nur eingeschränkten Planbarkeit, häufig ist sogar eine Selbstorganisation der Geschehnisse zu beobachten. Dieses Spannungsfeld greift die vorliegende Arbeit auf, mit dem Ziel einen Koordinationsansatz 'gelenkter Selbstorganisation' für die Neuentwicklung eines Automobils aufzuzeigen.

Dabei erfolgt eine Fokussierung auf die frühe Entwicklungsphase. Gerade in dieser Phase kommt dem Auftreten ungeplanter, emergenter Entwicklungen besondere Be-deutung zu: Die innovationsbedingte Unsicherheit bezüglich Ansätzen zur Zielerrei-chung und ihrer Umsetzbarkeit wird durch unvorhersehbares, emergentes Systemver-halten überlagert. Gleichzeitig ist diese Phase jedoch auch strategisch besonders be-deutsam, da im frühen Stadium i.a. noch die meisten Beeinflussungsspielräume beste-hen.

Der Koordinationsansatz 'gelenkter Selbstorganisation' zielt darauf, Selbstorganisa-tion i.S. ungeplanter, emergenter Phänomene bei der Gestaltung neuer Koordina-tionsstrukturen zu berücksichtigen. Betrachtungsfokus ist das Entwicklungsprojekt eines neuen Fahrzeugs ('System') und seine Einbettung in die übergeordnete Entwick-lungsorganisation. Im Sinne der Zielsetzung Selbststeuerung sollen sich die Akteure im Projekt weitgehend selbstorganisiert, d.h. mit nur geringfügigem Steuerungsbedarf durch systemexterne Stellen, z.B. in Form von Zielvorgaben, auf übergeordnete Unter-nehmensziele ausrichten. Gemäß Problemstellung wird einem weiten Koordinations-verständnis gefolgt, das Differenzierung und Integration umfasst. Es erfolgt eine Kon-zentration auf strukturelle, unternehmensinterne Koordination; weitere, insbesondere weiche Aspekte, werden jedoch als wichtige Einflussfaktoren für emergentes System-verhalten berücksichtigt.

Entsprechend dieser Zielsetzung wird eine qualitative, hypothesenbildende Vorgehensweise gewählt, die sich an der ‚Inductive Case Study Research' bzw. der ‚Grounded Theory' orientiert. Theoretischer Bezugsrahmen stellt die Systemtheorie dar. Ausgehend von einem anonymisierten Fallbeispiel eines Automobilunternehmens, das in Hinblick auf Organisation und Prozessgestaltung in der Automobilindustrie als führend gilt, werden 8 Teilfallstudien (‚Mini-Cases') untersucht. In einem ersten Schritt werden dabei 8 Problemfelder in den Bereichen Ziel-, Informations- und Maßnahmenmanagement identifiziert (Teil I). Dabei zeigt sich eine enge Vernetzung der Einzelprobleme, so dass ein ganzheitlicher Lösungsansatz verfolgt wird.

In einem wechselseitigen Abgleich aus Vertiefung der Fallstudie und Stand der Forschung - insbesondere zu den Themenbereichen Produktentwicklungsmanagement und intraorganisatorische Netzwerkorganisation (Teil II) sowie Selbstorganisation (Teil III) - werden anschließend Lösungsimpulse für den Koordinationsansatz ‚gelenkter Selbstorganisation' hergeleitet. Unter dem Stichwort Selbstorganisation erfolgt in Teil III zudem eine vertiefende Analyse emergenter Phänomene in den aufgezeigten Problemfeldern. Dabei zeigt sich, dass diese auf wenige, zentrale Ursachenmuster zurückgeführt werden können.

Auf dieser Basis erfolgt die Entwicklung der zwei Bausteine für den Ansatz ‚gelenkter Selbstorganisation' (Teil IV): Die Modularisierung auf Basis von ‚Architectural Knowledge' und der ‚Virtuelle Marktplatz'.

Die Modularisierung auf Basis von ‚Architectural Knowledge' - d.h. des Wissens um produktbedingte Abstimmungserfordernisse - zielt bei gegebener Produktarchitektur auf eine Optimierung des Schnittstellenmanagements auf Baugruppen- bzw. Modulebene. Auf Grundlage einer Datenerhebung zum ‚Architectural Knowledge' bei dem betrachteten Automobilhersteller wird ein Ansatz zur organisatorischen und räumlichen Zusammenfassung von Organisationseinheiten mit engen Abstimmungserfordernissen aufgezeigt. Über Verbesserung insbesondere der informellen, bereichsübergreifenden Abstimmung und der Prozessorientierung wird so v.a. den Problemfeldern im Bereich des Informations- und Maßnahmenmanagements entgegengewirkt, die auf Kommunikations- und Abstimmungsdefiziten basieren. Über die erhobenen Daten können die durch die optimierte Modularisierung und Prozessorientierung erreichbaren Verbesserungspotenziale gegenüber der Ausgangssituation aufgezeigt werden.

Ergänzend werden neue Prinzipien zur Einbettung der aufgezeigten Projektorganisation in die Entwicklungsorganisation aufgezeigt. Dabei kommt insbesondere der Stärkung von Integrationsfunktionen und Wissensmanagement über die Bildung eigener Kompetenzcenter zu kundenwerten Querschnittsfunktionen und erfolgskritischen Querschnittsthemen besondere Bedeutung zu. Eine Teamorganisation gewährleistet dabei über spezifische Koordinatoren den Kompetenztransfer aus den neuen Kompetenzcentern in die Projektorganisation und ermöglicht damit eine flexible, bereichsübergreifende Problembearbeitung durch Ad-Hoc-Teams.

Der ‚Virtuelle Marktplatz' zeigt Wege für eine Neugestaltung des Ziel- bzw. Leistungsvereinbarungsprozesses auf. Die Modularisierung auf Basis von ‚Architectural

Knowlegde' wird damit ergänzt durch einen dezentralen, weitgehend auf Selbstorganisation bzw. Selbstabstimmung beruhenden Koordinationsansatz. Im Sinne ,gelenkter Selbstorganisation' gewährleisten wenige, einfache Regeln eine weitgehend selbstlenkende Ausrichtung der Projektaktivitäten auf die übergeordneten Unternehmensziele.

Durch Anwendung eines Produktdifferenzierungsprofils wird dabei zunächst eine Methode zur Fokussierung auf wesentliche Ziele in der frühen Phase der Entwicklung aufgezeigt. Die Ziel- bzw. Leistungsvereinbarung und die Koordination von Optimierungsmaßnahmen als Basis für die Zielkonfliktbewältigung erfolgen anschließend in weitgehender Selbstabstimmung der Bereiche bzw. Akteure durch den ,Virtuellen Marktplatz'. Die Koordination über das Marktprinzip führt dabei zu einer bestmöglichen Transparenz, Kompetenznutzung und Ressourcensteuerung. Der zuvor bestehende Zielkonflikt zwischen Bereichs- und Gesamtoptimierung mit Behinderung bereichsübergreifender Zusammenarbeit wird weitgehend aufgelöst. Neben der verbesserten Ausrichtung auf die Gesamtprojektziele wird über die Selbstkoordination der Beteiligten eine erhebliche Entlastung der Projektleitung erreicht, der damit die neue Rolle des Enablers bzw. Unterstützers, Förderers und Katalysators der Selbstorganisation zukommt.

In einer abschließenden Bewertung wird der Ansatz ,gelenkter Selbstorganisation' in Bezug zu den aufgezeigten Forschungskonzepten eingeordnet. Zudem werden die Problemlösungspotenziale hinsichtlich der zuvor festgestellten Koordinationsprobleme, der ihnen zugrundeliegenden, ursächlichen Problemmuster sowie die Vorteilhaftigkeit des Ansatzes in Hinblick auf grundlegende Zielsetzungen und Anforderungen im Automobilentwicklungsprozess aufgezeigt.

Basierend auf den Daten zum ,Architectural Knowledge' wird dabei verdeutlicht, dass durch Berücksichtigung emergenter Phänomene und ihrer Ursachen - gemäß Zielsetzung der Arbeit - eine verbesserte, selbstorganisierte Ausrichtung der Akteure im Entwicklungsprojekt auf übergeordnete Zielsetzungen zu erwarten ist. Gleichzeitig verspricht der vorgestellte Koordinationsansatz durch das hohe Maß von Selbstorganisation eine Verringerung des dafür erforderlichen Koordinationsaufwandes. Auf der untersuchten Betrachtungsebene kann von einer sehr hohen Ähnlichkeit des ,Architectural Knowledges' und der grundsätzlichen Herausforderungen beim Zielkonfliktmanagement im Rahmen des Zielvereinbarungsprozesses bei verschiedenen Automobilherstellern ausgegangen werden. Damit ist weitgehende Übertragbarkeit der aufgezeigten Ergebnisse auf andere Hersteller möglich.

Summary

The high complexity and technological demands in developing a new automobile require the involvement of a great number of specialists. These specialist areas must of course be coordinated to ensure that the individual features of the vehicle conform to the model as a whole. In view of the steadily rising complexity of the product – particularly through increasingly interlinked electrical and electronic systems – and the pressure of increasing competition with limited differentiation potential on the component level, the coordination of the vehicle as a whole is becoming increasingly important in terms of strategy. Coordinating the individual specialist areas and the actors involved in the overarching goal therefore becomes a decisive success factor in the automobile development process.

With their increasing number of actors and links between them, social systems are particularly unpredictable. Because of interactions between the system elements, the behaviour of the system as a whole cannot just be explained by the behaviour of the individual actors. New features of the system – or emergent system behaviour – arise. Thus, whilst coordination in the development process becomes particularly important on a strategic level, it is only possible to plan to a certain extent. Often, events seem to organize themselves. In this study we deal with this area of conflict with the aim of identifying a coordination approach of ‚guided self-organization' to develop a new automobile.

We focus primarily on the early development phase. Unscheduled, emergent developments are particularly important in this phase: unpredictable, emergent system behaviour overrides the insecurity arising from innovative approaches to the feasibility and achievement of objectives. At the same time, this phase is also especially significant, as there is the most room for influence in the early stages.

The ‚guided self-organization' coordination approach takes self-organization into account in terms of unscheduled, emergent phenomena during the creation of new coordination structures. Our focus of observation is the development project of a new vehicle ('system') and its embedding in the overarching development organization. For the purposes of self-management, the actors in the project should organize themselves to achieve overarching company goals as far as possible, i.e. requiring little management from outside the system – in the form of management objectives, for example. According to the problem, a broad understanding of coordination is required, and should include differentiation and integration. We concentrate on structural, internal coordination; however, other aspects – particularly soft aspects – are also taken into account as important factors influencing emergent system behaviour.

In line with our objectives, we have selected a qualitative approach encompassing the forming of hypotheses. This approach is orientated towards Inductive Case Study Research and Grounded Theory. System Theory forms our theoretical frame of reference. Eight mini-cases are examined based on the case of an anonymised automobile company considered a leader in the automobile industry with regard to organization and process design. The first step was to identify eight problem areas in goal management, information management and measures management (Part I). A close connection between the individual problems is revealed here, and hence a holistic approach is pursued to find a solution.

In a mutual balance between going into the case study in more depth and the state of research - particularly in the areas of product development management, intraorganizational network organization (Part II) and self-organization (Part III) – we will subsequently derive possible solutions for a ,guided self-organization' coordination approach. Under the heading ,self-organization', Part III also contains an in-depth analysis of emergent phenomena in the problem areas identified. It is shown that these phenomena can be attributed to a few pivotal causes.

This forms the basis for developing the two components of the ,guided self-organization' approach (Part IV): the modularisation based on architectural knowledge and the virtual marketplace.

The aim of modularisation on the basis of architectural knowledge – i.e. knowledge of product-related coordination requirements – is to optimise interface management on the component or module level with a given product architecture. Based on data on architectural knowledge from the automobile manufacturer in the case study, an approach to achieve the organizational and spatial combination of organizational units requiring close coordination is revealed. Improving the informal, cross-functional coordination and process orientation is particularly beneficial for counteracting problem areas in information and measures management caused by communication and coordination deficits. The data show the improvement potential which can be achieved by optimised modularisation and process orientation.

In addition, we identify new principles for embedding the project organizations in question in the development organization. Here, it is particularly important to strengthen integration functions and knowledge management by developing competence centres into customer valued cross-sectoral functions and key cross-sectoral issues. Team organization ensures competence transfer from the new competence centres to the project organization via specific coordinators, and thus enables flexible, cross-functional problem-solving by ad hoc teams.

The virtual marketplace paves the way for a restructuring of the target or service level agreement process. Modularisation based on architectural knowledge is thus supplemented by a local coordination approach which is largely based on self-organization or self-management. Under ,guided self-organization', a few simple rules ensure that project activities are carried out in line with the overarching company goals more or less autonomously.

Here, we then present a method of focusing on essential goals in the early phase of development by implementing a product differentiation profile. The target or service level agreement and the coordination of improvement measures as the basis for the desired conflict resolution subsequently take place largely in the form of self-organization of the different areas or actors via the virtual marketplace. Here, coordination by market principle leads to the best possible transparency, competence utilisation and resource allocation. The conflict of goals between the overall optimisation and the optimisation of the parts with the handicap of cross-functional cooperation is thus largely resolved. Apart from the improved orientation towards the goals of the project as a whole, the self-coordination of the actors also relieves the project leadership of a considerable burden, with the result that the project leaders can take on the new role of enabler, supporter, promoter and catalyst for self-organization.

In our subsequent evaluation, we categorise the ‚guided self-organization' approach in relation to the research concepts presented. We also show the potentials for problem solving in view of the coordination problems identified, the problem patterns causing them, and the advantage of the approach with regard to the fundamental objectives and demands of the automobile development process.

Based on the data on architectural knowledge, it is clearly to be expected, that taking into account emergent phenomena and their causes – according to the work goals – improves the self-organization of actors' orientation towards overarching objectives in their development project. At the same time, because of the large amount of self-organization involved, the coordination approach presented promises a reduction in the amount of coordination necessary. On the level of observation examined, we can assume a great similarity in the architectural knowledge and the basic principles of management conflicting constraints and target agreement between different automobile manufacturers. Hence, it is largely possible to transfer the results presented to other manufacturers.

I. Problemstellung, Grundlagen, Einführung zur Fallstudie

1. Einleitung

1.1 Über Systeme mit Eigendynamik und Mentale Modelle

Die vorliegende Arbeit beschäftigt sich mit Eigendynamik in komplexen Systemen. Basierend auf einer Untersuchung der Systemeigendynamik im Automobilentwicklungsprozess werden Ansätze zur Gestaltung von Koordinationsstrukturen entwickelt. In der alltagssprachlichen Verwendung wird der Begriff ‚Eigendynamik' vielfach mit unvorhersehbarem, von außen nicht beeinflussbarem, sondern durch das System selbst bestimmten, selbstorganisiertem Verhalten in Verbindung gesetzt. Die Charakteristika ‚unvorhersehbar' und ‚unbeeinflussbar' lassen erkennen, dass die Beurteilung von ‚Eigendynamik' beobachterabhängig ist. Mentalen Modellen kommt hierbei besondere Bedeutung zu[1].

Das Entstehen von Selbstorganisation und Eigendynamik ist insbesondere bei komplexen Systemen zu beobachten[2]. Die Entwicklung eines Automobils stellt aufgrund ihrer hohen Komplexität ein besonders geeignetes Beispiel für die Untersuchung derart eigendynamischer Systeme dar. Beispiele hierzu finden sich jedoch auch in vollkommen anderen Lebensbereichen[3]: Der Verkehrsfluss auf einer vielbefahrenen Straße ist zähflüssig und wird durch häufige Staus beeinträchtigt. Die Straße wird um eine Spur erweitert, worauf sich die Verkehrssituation weiter verschlechtert. An der Nasdaq soll durch eine Reduzierung der Handelsgröße der Titel die Spanne zwischen Nachfrage- und Angebotspreisen verringert werden. Computersimulationen zeigen, dass die geplante Reduzierung der Handelsgröße zu einer Vergrößerung der Preisspanne zwischen Nachfrage und Angebot führt. Ein Supermarkt kann die Anzahl seiner Kunden leicht steigern. Die Nachfrage nach bestimmten Produkten des Supermarktes geht massiv zurück.

Die Beispiele zeigen eine wichtige Gemeinsamkeit auf: in allen Fällen steht eine Vielzahl von Personen in gegenseitiger Beeinflussung. Das resultierende Ergebnis entspricht dabei nicht gängiger Erfahrung bzw. Planung, es erscheint vielfach sogar paradox. Systemtheoretisch betrachtet handelt es sich um komplexe soziale Systeme, in denen zahlreiche Individuen miteinander interagieren. Das Verhalten des Gesamtsystems ergibt sich dabei emergent aus den Interaktionen der einzelnen Akteure, es weist eine bestimmte Eigendynamik auf. Die Entwicklungen sind weder beabsichtigt noch geplant und i.a. auch nicht genau vorhersehbar. Das ''counterintuitive behaviour''[4] solcher Systeme führt dazu, dass der Versuch einer zielgerichteten Beeinflussung oft zu nicht erwarteten Ergebnissen bzw. zu unerwarteten Nebeneffekten führt, vielfach sogar zum Gegenteil des Gewünschten.

---

[1] vgl. Zahn / Greschner (1996), S. 45ff.; Senge (1998), S. 232ff.; Nonaka (1992), S. 16ff.
[2] vgl. Teil III bzw. stellvertretend für andere z.b. v. Foerster (1960), S. 31ff.; Prigogine (1967), S. 371ff.; Kaufman (1995); S. 119ff.; Zahn / Dillerup (1995), S.45ff.; Probst (1987a), S. 76ff.; Goldstein (1994), S. 34ff.
[3] Für die folgenden Beispiele vgl. Bonabeau (2002), S. 109f.
[4] vgl. z.B. Sterman (2000), S. 5ff.; Zahn (1972), S. 11ff.; Willke (1985), S. 17.; Luhmann (1984), S. 637f.; Ulrich (1970b), S. 127; zu Knyphausen (1988), S. 312ff.; Probst (1987a), S. 33ff.; Forrester (1971), S. 52ff.

Da solche emergenten Phänomene maßgeblich auf die Interaktionen zwischen den beteiligten Personen zurückzuführen sind, steigt ihre Bedeutung mit der Anzahl der Akteure und ihrer Interdependenzen, d.h. mit der Komplexität[5] eines Systems. Die Neuentwicklung eines Automobils ist ein besonders geeignetes Beispiel für die Untersuchung derart komplexer, sozialer Systeme: Hohe technologische Anforderungen und eine hohe Produktkomplexität führen dazu, dass sich die Produktentwicklung auf eine Vielzahl von Spezialisten verteilt. Ihre Teilaufgaben sind aufgrund der hohen Produktkomplexität eng miteinander verknüpft, sie weisen hohe Interdependenzen auf. Dies erfordert auf Prozessebene zahlreiche Interaktionen zwischen den Beteiligten, was die Grundlage für das Entstehen emergenten Systemverhaltens bildet.

Gleichzeitig ergibt sich in der Automobilindustrie auch eine hohe Umfeldturbulenz: neue Technologien, Veränderungen in den Absatzmärkten oder im Wettbewerbsverhalten, neue Gesetzesvorgaben z.B. im Bereich der Sicherheits- oder Emissionsgesetzgebung, oder der Wandel in der Zulieferindustrie führen zu einer hohen Veränderungsdynamik bei wesentlichen Rahmenbedingungen für die Entwicklung eines Automobils. Die Entwicklung von ‚Neuem' ist per se mit hoher Unklarheit über die Wege zur Zielerreichung verbunden. Die Erreichbarkeit der angestrebten Ziele ist vielfach ungewiss und zeigt sich erst sukzessive im Entwicklungsablauf, Produkt- und Prozessinnovationen reduzieren die Planbarkeit des Entwicklungsprozesses.

Diese Ausgangsbedingungen führen dazu, dass Clark / Fujimoto das Management von Produktentwicklungen in der Automobilindustrie als ein ''faszinierendes Studienobjekt'' bezeichnen:

> ''Die Weltautoindustrie ist ein Mikrokosmos des neuen Industriesystems. (...) Das Entwicklungsprojekt eines neuen Autos ist komplex und langwierig. (…) Planung und Entwurf werden durch Marktdynamik, lange Entwicklungszeiten und eine Vielzahl von Alternativen der Realisierung erschwert. Zur Komplexität zählen die Anzahl der Teile und Baugruppen, hohe Kosten- und Qualitätsziele, die Anzahl konkurrierender Zielvorgaben und die Ungewißheit darüber, wie der Käufer letztlich das Produkt beurteilt. Diese Merkmale machen das Produktentwicklungsmanagement eines Autos zu einem faszinierendem Studienobjekt.''[6]

Diese ''Faszination des Studienobjekts Produktentwicklungsmanagement in der Automobilindustrie'' wird unterstrichen durch die zentrale Bedeutung, die der deutschen Automobilindustrie für den Wirtschaftsstandort Deutschland zukommt. Mit ca. 764.000 Beschäftigten, einem Umsatz von 202 Mrd. Euro und 5,5 Mio. produzierten

---

[5] Systeme sind komplex, wenn sie einen hohen Varietätsgrad (Anzahl Elemente i.a. > 5) und einen hohen Konnektivitätsgrad (Interdependenzgrad) aufweisen, vgl. Zahn (1972), S. 15. Dies bedeutet, dass sie durch eine hohe Elementvielfalt (Anzahl und Arten von Elementen) und eine hohe Beziehungsvielfalt (Anzahl und Arten von Beziehungen) gekennzeichnet sind, vgl. z.B. Flood / Carson (1993), S. 25; Fisch / Wolf (1990), S. 13; Patzak (1982), S. 22. Türk (1975), S. 103, definiert allein die *Beziehungsvielfalt* als *Komplexität* und versteht die in der obigen Definition als Teilaspekt von Komplexität berücksichtigte *Elementvielfalt* als *Kompliziertheit*. Diesem Verständnis soll hier nicht gefolgt werden. Im Gegensatz zu dem hier verwendeten Begriffsverständnis fassen verschiedene Autoren auch die dynamische Veränderung eines Systems unter dem Komplexitätsbegriff, zusammen, vgl. z.B. Probst (1989), S. 29; Luhmann (1980), Sp. 1065; MacKinnon / Wearing (1980), S. 286; McFarland (1969), S. 26.
[6] vgl. Clark / Fujimoto (1992), S. 19f.; vgl. ergänzend Gottschalk (1998), S. 77ff.; Müller-Stewens / Gocke (1995), S. 3ff.

PKW in 2002 hing jeder siebte Arbeitsplatz und ca. 25% Steuereinnahmen in Deutschland vom Geschäft mit dem Automobil ab.[7] Hinzu kommen die hohen Investitionen der Branche: ca. 30% des gesamten F&E-Budgets der deutschen Volkswirtschaft entfällt auf die Automobilindustrie. Aufgrund ihrer hohen Exportquote (ca. 70%) erwirtschaftet die deutsche Automobilindustrie zudem einen hohen Außenhandelsüberschuss (ca. 77 Mrd. Euro)[8].

Den aus der Beschäftigung mit dem Automobilentwicklungsprozess gewonnenen Erkenntnissen kommt vielfach auch branchenübergreifende Bedeutung zu. Dies gilt insbesondere für die Entwicklung komplexer, technologisch anspruchsvoller Produkte, die ebenfalls durch hohe Arbeitsteiligkeit gekennzeichnet ist.

"Wir glauben, dass viel von dem, was man daraus lernen kann, auf andere Branchen übertragbar ist. (...) Vergleiche mit Fallbeispielen und Diskussionen mit führenden Vertretern anderer Branchen legen nahe, dass die hier dargelegten Prinzipien breite Anwendung bei all' den Firmen finden, die sich nach den neuen Regeln des Wettbewerbs richten müssen. Zum Beispiel tauchen viele der kritischen Probleme bei der Entwicklung eines neuen Autos - die Integration von Entwicklung und Produktion, Herstellung von Verbindung zwischen Kundenforderungen und technischen Lösungen und effektive Projektführung – bei der Entwicklung der meisten mehrstufig gefertigten Produkte (Teilefertigung – Endmontage) auf. Selbst in verarbeitenden Branchen wie Stahl, Aluminium und Kunststoffentwicklung lassen sich die Aufgabenstellungen so verallgemeinern, dass die Analyse der Autoindustrie nützliche Einsichten vermitteln kann." [9]

Das turbulente Branchen-/Wettbewerbsumfeld sowie der hohe Spezialisierungsgrad mit intensiver Vernetzung der Spezialisten bewirken jedoch nicht nur eine hohe Prozess-/Systemeigendynamik mit erschwerter Planbarkeit und Beeinflussbarkeit. Die ausgeprägte Arbeitsteiligkeit führt gleichzeitig auch dazu, dass die Integration der Teilaufgaben auf eine gemeinsame (Unternehmens-) Zielsetzung hin, die Koordination der Entwicklungsaktivitäten, einen zentralen Erfolgsfaktor im Entwicklungsprozess darstellt. Koordination kann in diesem Sinne auch als das Management der Interdependenzen, als "managing dependencies between activities"[10] verstanden werden.

Damit ergibt sich bei derart komplexen Entwicklungsprozessen das Dilemma, dass der Koordination der Entwicklungsaktivitäten einerseits sehr hohe Bedeutung für das Erreichen der Entwicklungsziele zukommt. Andererseits unterliegt die Zielerreichbarkeit durch Koordination einer ausgeprägten Systemeigendynamik mit begrenzter Beeinflussbarkeit. Dieses Spannungsfeld greift die vorliegende Arbeit auf: Entsprechend der hohen Bedeutung emergenter, nicht geplanter oder beabsichtigter Phänomene liegt dabei ein besonderer Fokus auf der Selbstorganisation im Automobilentwicklungsprozess. Insbesondere von systemtheoretischer Seite wird die Bedeutung von Selbstorga-

---

[7] vgl. Radtke et al. (2004) S. 15ff. Berücksichtigt man alle weltweit produzierten Fahrzeuge von Herstellern, deren Konzernzentrale in Deutschland liegt, ergeben sich in 2002 ca. 10 Mio. Fahrzeuge. Unter zusätzlicher Berücksichtigung von ausländischen Marken dieser Konzerne beläuft sich die Gesamtproduktion mit ca. 12,7 Mio. PKWs auf ca. 22% der Weltproduktion.

[8] Bezugsjahr 2002

[9] vgl. Clark / Fujimoto (1992), S. 20

[10] vgl. Malone / Crowston (1994), S. 92

nisation i.S.d. Entstehens von Emergenz bzw. ungeplanter Phänomene vielfach betont. Dabei wird auf Erfahrungen verwiesen, nach denen

> ''(...) scheinen sich mehr und mehr unerwünschte, von niemandem gewollte Zustände in fast allen Lebensbereichen zu häufen und vieles, was gestern noch fraglos funktionierte, gerät heute periodisch außer Kontrolle oder produziert negative Nebenwirkungen in einem nicht mehr akzeptierbarem Ausmaß. Öfter scheinen sich Institutionen überhaupt der Kontrolle ihrer angeblichen Lenker entzogen zu haben und nach eigenen, von niemand gewollten Normen zu funktionieren.''[11]

bzw.

> ''(...) das System als Ganzes sich selbst organisiert, (...) Dinge einfach passieren, (...) Ergebnisse unerwarteter und ungeplanter Natur sind, (...) Resultate nicht vorhersagbar waren, (...) viele Dinge gar nicht organisiert, entworfen, geplant, konstruiert oder befohlen werden können.''[12]

Selbstorganisation bedeutet dabei jedoch nicht ''Regellosigkeit, sondern folgt bestimmten Gesetzmäßigkeiten''[13]. Selbstorganisation i.S.d. Auftretens emergenter Phänomene beschreibt die Entstehung von Ordnung, die ''nicht einfach als Resultat eines gestaltenden und lenkenden Teiles verstanden werden kann''[14]. ''Ordnung bedeutet, dass Ganzheiten ein erkennbares Muster aufweisen''[15] bzw. ''Ordnung ist von uns wahrgenommene Regelmäßigkeit und Zuschreibbarkeit''[16]. Muster bestehen darin, dass wir in einem System zwischen einigen Systemelementen ganz bestimmte ausgewählte Beziehungen erkennen und andere nicht. ''Muster bedeuten also nicht eine strenge Reihenfolge oder Anordnung i.S. einer gleichartigen Gruppierung von Farben, Grössen usw., sondern die Teile stehen zueinander in irgendeiner bestimmten Beziehung''[17]. Das Erkennen von Regelmäßigkeiten und Beziehungen hängt vom Beobachter ab[18]: Selbstorganisation i.S. emergenter Phänomene ist damit beobachterabhängig bzw. abhängig von ''mentalen Modellen''. Mentale Modelle stellen ''modellhafte Vorstellungen über reale Zusammenhänge" dar, „welche die Grundlage aller Denkprozesse bilden''[19].

---

[11] vgl. Ulrich, (1970b), S. 127
[12] vgl. Probst (1987), S. 86f; s. hierzu auch Goldstein (1994), S.33ff.
[13] vgl. Zahn / Dillerup (1995), S. 47ff.
[14] vgl. Probst, (1987), S. 10
[15] vgl. Ulrich / Probst, (1990). S. 77
[16] vgl. Probst, (1987), S. 9
[17] vgl. Ulrich / Probst, (1990), S. 67
[18] vgl. Bresch (1978), S. 280, der betont, dass es nur sinnvoll ist, von Ordnung mit dem Zusatz „in Bezug auf" etwas zu sprechen. vgl. auch Popper (1984), S. 374ff.
[19] vgl. Zahn / Greschner (1996), S. 46ff. Vgl. hierzu auch Zahn / Dillerup (1995), S. 39ff.; Senge (1998), S. 213ff.; Nonaka (1992), S. 16f.; Johnson-Laird (1983), S. 396ff. Ausgangspunkt dieses theoretischen Konstruktes ist, dass ''der Mensch durch kognitive Prozesse modellhafte Vorstellungen über reale Zusammenhänge aufbaut, welche die Grundlage aller Denkprozesse bilden", vgl. ebenda. Senge bezeichnet mit mentalen Modellen ''tiefverwurzelte, innere Vorstellungen vom Wesen der Dinge", ''Vorstellungen, die uns an vertraute Denk- und Handlungsweisen binden". Sie beeinflussen, was wir sehen, führen also zu einer selektiven Wahrnehmung, vgl. Senge (1998), S. 213ff. Siehe hierzu auch das Konzept der ''Lebenswelt", vgl. Habermas, (1984), S. 589; Kirsch, (1997), S. 78ff. Die ''Lebenswelt" besteht aus den Komponenten Kultur, Gesellschaft und Persönlichkeit. Sie bezeichnet damit nach Kirsch ''zunächst einen Wissensvorrat, der die Angehörigen mit unproblematischen, gemeinsam als garantiert unterstellten Hintergrundüberzeugungen versorgt", vgl. Kirsch (1997), S. 79

Abb. I.1 Figur 1:   Abb. I.2: Figur 2:   Abb. I.3: Figur 3:
Vase oder Gesichter?   Junge oder alte Frau?   Ente oder (gedreht) Hase?

Die beobachterabhängige Bildung von Wahrnehmungsmustern lässt sich leicht anhand der Abb.I.1-I.3 nachvollziehen[20]. Sie unterliegt ihrerseits wieder Selbstorganisationsvorgängen: Bei der Erklärung der Funktionsweise von Gehirn und Wahrnehmungsprozessen existieren zwar noch zahlreiche unerforschte Gebiete mit unterschiedlichen Theorien[21]. Die Arbeiten der chilenischen Neurowissenschaftler Maturana und Varela zur ''Theorie autopoetischer Systeme" haben jedoch gezeigt, dass Selektion und Interpretation von Umweltreizen nicht ein ,Abbilden' der Umwelt darstellt, sondern eher dem Schaffen einer Wirklichkeit gleicht, bei dem Selbstorganisationsvorgängen eine entscheidende Bedeutung zukommt[22].

Neben der eher dem naturwissenschaftlichen Selbstorganisationsverständnis nahe stehenden Begriffsauffassung von Selbstorganisation i.S. des Entstehens emergenter Phänomene findet sich verbreitet und eher der alltagssprachlichen Verwendung entsprechend auch das Verständnis von Selbstorganisation i.S. von Freiheitsgraden in einer Organisation zur Selbstgestaltung bzw. Selbstkoordination.[23] Auch im Kontext

---

[20] vgl. Haken / Haken-Krell (1992), S. 198ff.
[21] vgl. ebenda, S. 248ff.
[22] Dies bedeutet, dass das Gehirn keine Außenwelt ,abbildet' (repräsentiert) und damit auch keine Umweltinformationen verarbeitet. Die Umwelt wirkt lediglich in Form von Störeinflüssen (Reizen) auf den Organismus bzw. sein Nervensystem ein, während die Selektion dieser Störeinflüsse und ihre Interpretation (Deutung und Bewertung) systeminterne Vorgänge sind. Dies folgt aus der Entdeckung, dass das Nervensystem als geschlossenes Netzwerk behandelt werden kann, das ausschließlich über Operationen operiert, die von seiner Struktur festgelegt werden. Aus der Geschlossenheit der neuronalen Prozesse folgt somit das Prinzip der Strukturdeterminiertheit aller neuronalen Prozesse. Experimente namhafter Neurologen zeigen zudem, dass sowohl die Ausbildung des Gehirns, nämlich die Ausbildung der Synapsen, d.h. der Verbindungen zwischen den Neuronen, als auch die Ausbildung unserer Gedanken in starkem Maße durch Umwelterfahrungen beeinflusst werden, vgl. ebenda, S.11. Werden junge Katzen in einer Umgebung aufgezogen, in der nur waagerechte Streifen vorhanden sind, können sie später keine senkrechten Streifen mehr erkennen, vgl. Vester, (1975) S. 40ff.; Haken / Haken-Krell (1992) S.11. Die Muster, mit denen die jungen Katzen in der ersten Phase ihres Lebens konfrontiert waren, prägen ihre weitere Wahrnehmung ganz entscheidend bzw. schränken diese ein. Diese Erkenntnisse decken sich mit Alltagserfahrungen, die mit dem Sprichwort ,Man sieht nur, was man kennt' beschrieben werden.
[23] Im Rahmen der Diskussion zur Flexibilisierung von Organisationsstrukturen wird vielfach auf Ansätze zur ,Virtuellen Organisation' mit Umsetzung von Prinzipien der Selbstorganisation i.S. von Selbstgestaltung bzw. Selbstkoordination verwiesen. Der Begriff der ,Virtuellen Organisation' wird dabei schwerpunktmäßig im inter-organisatorischen Kontext in Zusammenhang mit der Bildung von Unternehmensnetzwerken diskutiert, vgl. z.B. Müller-Stewens (1997); Wüthrich / Philipp (1997); Bellmann / Hippe (1996); Frigo-Mosca et al. (1996); Hinterhuber / Stahl (1996); Hippe (1996); Reiß (1996); Scholz (1996); Sydow (1996); Sydow / van Well (1996); Sydow (1995); Bullinger / Thaler (1994); Deiß (1994); Snow / Miles / Coleman (1992); Siebert

organisatorischer Gestaltungsempfehlungen für den Produktentwicklungsprozess wird vielfach aufgrund der hohen Produkt- und Prozesskomplexität auf die Vorteile durch Zusammenarbeit in interdisziplinären Teams mit Selbstorganisation der Beteiligten verwiesen.[24]

Das Modell der reinen Selbstabstimmung bzw. spontanen Selbstregelung ist dabei jedoch bzgl. der Koordination bzw. Ausrichtung der zahlreichen Spezialisten auf die übergeordneten Projekt- bzw. Unternehmensziele kritisch zu bewerten:

> "Solche spontane Selbstregelung führt zwar zu schnellen Lösungen, die aber nicht immer im Sinne des Gesamtoptimums liegen. Was für die von selbstorganisatorischen Prozessen Betroffenen zielwirksam erscheint, muss nicht zugleich die Leistungsfähigkeit des Ganzen erhöhen."[25]

Damit zeigt das Modell der reinen Selbstabstimmung entscheidende Defizite gerade im Bereich der Koordination, der Ausrichtung der Teilaufgaben auf die Gesamtprojektziele, einem Bereich, der in hohem Maße über Erfolg oder Misserfolg einer Automobilentwicklung entscheidet. Wettbewerbsvorteilen im Bereich der Gesamtfahrzeugabstimmung kommt besondere Bedeutung zu insbesondere in Zeiten zunehmender Technikkonvergenz mit Angleichung der Produktsubstanz in zahlreichen Einzelkriterien. Dies gilt insbesondere für Premiumhersteller, deren Erfolg maßgeblich von einer hohen Markenbegehrlichkeit abhängt: Eine überlegene und i.s.der jeweiligen Markenwerte stimmige und ausgewogene Abstimmung der Gesamtfahrzeugeigenschaften stellt gerade für Premiumhersteller einen entscheidenden Erfolgsfaktor zur Intensivierung der Markenbegehrlichkeit dar.

Für die Realität wird daher weitgehend übereinstimmend von einer Komplementarität von Selbst- und Fremdorganisation[26] ausgegangen[27]: Selbstorganisation erfordert immer auch Fremdorganisation, um die erforderlichen Rahmenbedingungen bzw. Voraussetzungen für den Prozess der Selbstorganisation zu schaffen.

> "Selbstorganisation bedeutet nicht Verzicht auf Führung und auch nicht auf Hierarchien. Hierarchien sind ein allgegenwärtiges Strukturprinzip. Für das Funktionieren komplexer Systeme sind sie unverzichtbar, aber in extensiver Ausgestaltung gleichzeitig hinderlich - insbesondere wenn turbulente Umfeldveränderungen hohe Anforderungen an die Anpassungsfähigkeit des Systems stellen. Hierarchische Kontrolle muss unter Umständen

(1991); Jarillo (1988); Thorelli (1986). Bei der Untersuchung intra-organisatorischer Netzwerkansätze steht überwiegend die Gestaltung von Informations- und Kommunikationsbeziehungen im Vordergrund, vgl. Müller-Stewens (1997), S. 84ff.; Tapscott (1996), S. 94ff.; Klein (1994), S. 309. Häufig werden in diesem Zusammenhang dezentralisierte Strukturen mit weitreichenden Freiheitsgraden für Selbstorganisation i.S.v. Selbstgestaltung und Selbstkoordination gefordert.

[24] vgl. z.B. Bullinger / Warnecke / Westkämper (2003), S. 108ff.; Specht / Beckmann (1996), S. 138ff; Bullinger / Warschat (1995), S. 26ff.; Bullinger et. al. (1995), S. 34ff.

[25] vgl. Zahn / Dillerup (1995), S. 52

[26] Fremdorganisation wird hierbei als Gegenteil von Selbstorganisation verstanden, d.h. im Sinne systemexterner (hierarchischer) Steuerungseingriffe, vgl. auch Teil III.

[27] vgl. z.B. Probst (1987a), S. 138; zu Knyphausen (1988), S. 313; Zahn / Dillerup (1995), S. 51f; Zahn / Dillerup / Foschiani (1997), S. 139ff.; Kieser (1994), S. 218f; Kirsch (1997), S. 375ff.; Zahn / Dillerup / Foschiani (1997), S. 139ff.; Kieser (1994), S. 217ff.; Kirsch / Trux (1981), S. 322ff; Kirsch / Esser / Gabele (1979), S. 423ff; zu Knyphausen (1988), S. 313ff.; Zülch / Brinkmeier / Rinn (1997), S. 79ff; Ulrich (1978), S. 100; Bleicher (1986), S. 99; Willke (1989), S. 123; Klimecki / Probst / Eberl (1991)

dazu benutzt werden, um totale Kontrolle aufzugeben. Revolutionen von oben kommen auf diese Weise zustande. Die von Gorbatschow inszenierten Perestroika und Glasnost sind ein Beleg dafür. Ebenso wird in Unternehmen Selbstorganisation gewöhnlich erst durch Führungsentscheide ausgelöst. (...) reale Selbstorganisation [ist] in Unternehmen immer ein gewollter Kompromiß zwischen reiner Selbst- und reiner Fremdorganisation und damit wohl gelenkte Selbstorganisation."[28]

Die breite Übereinstimmung, die sich hinsichtlich der Komplementarität von Selbst- und Fremdorganisation mit der Zielsetzung ‚gelenkter Selbstorganisation' ergibt, besteht jedoch auch bezüglich des Vertiefungsbedarfs der Thematik in Hinblick auf konkreten Nutzen für die Unternehmenspraxis sowie ihre theoretische Fundierung. Zahn/Dillerup weisen darauf hin, dass über Selbstorganisation in sozialen Systemen "bisher nur Theoriefragmente" vorliegen, "und zwar häufig mehr i.S. von Beschreibungs- als von Erklärungswissen".[29] Auch Probst verweist darauf, dass sich von einer "Theorie selbstorganisierender Systeme" noch nicht sprechen lässt und es ihm darum geht, einen "prätheoretischen Rahmen" zu legen.[30] Kieser beurteilt die aus den betriebswirtschaftlichen Konzepten zur Selbstorganisation resultierenden Handlungsempfehlungen und ihren Nutzen für die Unternehmenspraxis generell als kritisch. Er kommt zu dem Schluss, dass sie entweder "nicht signifikant zu neuen Organisationsstrukturen führen" oder ihnen noch "erhebliche Barrieren" bei der Umsetzung entgegenstehen.[31]

Die Überlegungen zeigen, dass Selbstorganisation bei Koordination komplexer Produktentwicklungsprozesse einerseits hohe Bedeutung zukommt, andererseits die derzeit bestehenden Konzepte und ihre theoretische Fundierung überwiegend kritisch bewertet werden. Dieses Spannungsfeld nimmt die vorliegende Arbeit als Anlass für eine nähere Untersuchung.

---

[28] vgl. Zahn / Dillerup (1995), S. 56
[29] vgl. ebenda, S. 47
[30] vgl. Probst (1987a), S. 11
[31] vgl. Kieser, (1994), S. 225

1.2. Problemstellung und Zielsetzung

Die in Kap. 1 aufgezeigten Überlegungen lassen sich in Hinblick auf die Problemstellung zu folgenden Punkten zusammenfassen:

1. Komplexe soziale Systeme sind durch Eigendynamik i.S. emergenten Systemverhaltens gekennzeichnet. Der Entwicklungsprozess für ein neues Automobil ist aufgrund seiner hohen Komplexität, der ausgeprägten Arbeitsteiligkeit sowie der Übertragbarkeit zahlreicher Erkenntnisse auf Anwendungen in anderen Branchen ein besonderes geeignetes Studienobjekt für die Untersuchung derart komplexer, sozialer Systeme.

2. Koordination, d.h. die Ausrichtung von Teilaktivitäten auf die übergeordneten Gesamtprojekt- bzw. Unternehmensziele[32], stellt angesichts der hohen Arbeitsteiligkeit und hohen Vernetzung der Teilaufgaben im Automobilentwicklungsprozess einen entscheidenden Erfolgsfaktor für die Fahrzeugentwicklung dar. Die Eigendynamik im Rahmen solcher Prozesse führt jedoch dazu, dass die Koordination des Entwicklungsprozesses begrenzter Zielbeeinflussbarkeit unterliegt.

3. Ansätzen zur Selbstorganisation i.S. von Selbstgestaltung bzw. Selbstkoordination werden - insbesondere in einem komplexen und turbulenten Umfeld, wie es auch in der Automobilindustrie vorliegt - zahlreiche Vorteile beigemessen. Dezentrale Entscheidungskompetenz ‚vor Ort' verspricht dabei angesichts hoher fachlicher Anforderungen bei gleichzeitig hoher Umfelddynamik eine schnelle Anforderungsbewältigung mit flexibler Nutzung der vorhandenen Kompetenzen.

4. Selbstorganisation erfordert dabei immer auch Fremdorganisation i.S. ‚gelenkter Selbstorganisation'. Im Produktentwicklungsprozess ist dabei insbesondere die Ausrichtung von Selbstorganisation auf die übergeordneten Gesamtprojekt-/ Unternehmenszielsetzungen von besonderer Bedeutung. Koordination als diese Ausrichtung von Teilaktivitäten auf übergeordnete Zielsetzungen kommt damit auch im Rahmen der Diskussion ‚gelenkter Selbstorganisation' eine Schlüsselrolle zu.

5. Bezüglich der Umsetzung ‚gelenkter Selbstorganisation' in Hinblick auf konkreten Nutzen für die Unternehmenspraxis sowie ihre theoretische Fundierung wird in weitgehender Übereinstimmung noch erheblicher Vertiefungsbedarf gesehen.

Ausgehend von diesen Überlegungen zielt die vorliegende Arbeit darauf, eine Ansatz ‚gelenkter Selbstorganisation' für die Koordination in der frühen Phase einer Fahrzeugneuentwicklung in der Automobilindustrie aufzuzeigen. Die Überlegungen konzentrieren sich dabei auf strukturelle Koordination, d.h. Koordination über Regelun-

---

[32] Da sich die Ziele für das Entwicklungsprojekt i.d.R. aus den Gesamtunternehmenszielsetzungen ableiten, erfolgt eine Gleichsetzung beider Zielsetzungen.

gen[33]. Entsprechend der aufgezeigten Problemlage erfolgt zunächst eine Ausgangsanalyse zu emergenten Phänomenen bzw. zur Eigendynamik in der betrachteten Entwicklungsphase eines Fallstudienunternehmens. Unternehmens- und Prozesscharakteristika sowie Erhebungsmethodik sprechen dabei für eine weitgehende Übertragbarkeit der Erkenntnisse auf ähnliche Entwicklungsprozesse in anderen Unternehmen. Aus dem Verständnis dieser ‚Eigendynamik' wird i.S. eines intra-organisatorischen Netzwerkansatzes ein Konzept ‚gelenkter Selbstorganisation' entwickelt.

Ziel des Ansatzes ist eine optimierte Selbstlenkungsfähigkeit des Entwicklungsprojektes, d.h. eine optimierte, verstärkt selbsttätige Ausrichtung auf die übergeordneten Projekt- bzw. Unternehmenszielsetzungen. Dabei wird das Projekt als soziales System, die Projektleitung als systemexterne Steuerungsfunktion verstanden. Selbstlenkend impliziert damit eine Reduzierung des Steuerungs- bzw. Koordinationsaufwands für die Projektleitung aufgrund verbesserter, selbsttätiger Ausrichtung des Projektes auf übergeordnete Zielsetzungen.

Die Vorgehensweise ähnelt damit dem aus der Kybernetik 2. Ordnung bekannten Prinzip "order from noise", der Entwicklung neuer Ordnung durch energiereiche Störungen aus der Umwelt.[34] Dabei wird Ordnung nicht strukturell unverändert von außen übernommen, sondern es wird ‚Baumaterial' ausgewählt und eingebaut, was zu einem Zuwachs an innerer Ordnung des Systems führt.[35] In ähnlicher Weise zielt das Verständnis emergenter Geschehnisse im Entwicklungsprozess darauf, über eine Berücksichtigung dieser Systemeigendynamik eine Reorganisation i.S. des Ansatzes ‚gelenkter Selbstorganisation' anzuregen.

Mit Berücksichtigung dieser Emergenz wird auf Grundlage eines systemtheoretischen Ansatzes eine Vorgehensweise verfolgt, die im Vergleich zu zahlreichen Ansätzen in der Organisationstheorie eine grundlegend andere Sichtweise verfolgt. Vielfach erfolgt bei der Gestaltung von Koordinationsstrukturen eine Orientierung an geplanten und vorhersagbaren Aspekten:[36]

"Dieser Zugang zu dem organisatorischem Handeln gilt über die dargestellten Ansätze hinweg, gleichgültig, ob man den Human-Ressourcen-Ansatz oder das bürokratische Modell nimmt – immer wird von der *planmäßigen Gestaltung* organisatorischer Beziehungen ausgegangen und dementsprechend von vorhersagbarem Verhalten der Organisationsmitglieder. Letzteres gilt auch für den extremen Kontingenzansatz, der das Verhalten der Organisationsmitglieder als fixierte Wirkung externer Ursachen versteht."[37]

---

[33] In Abgrenzung z.B. zu Koordination über Unternehmenskultur. Letztere wird jedoch als wichtiger Einflussfaktor insbesondere für die Entstehung emergenter Phänomene berücksichtigt.
[34] vgl. z.B. von Foerster (1960), S. 31ff.
[35] vgl. ebenda
[36] Im Bereich des Strategischen Managements wurde analog bereits vor 20 Jahren auf die Bedeutung von Phänomenen der Strategieemergenz hingewiesen, vgl. Mintzberg (1979), S. 67ff. Die Evolution von emergenten Strategien konnte seither jedoch kaum erhellt werden, vgl. Zahn (1999), S. 15. Zur Beschreibung emergenter Muster im Wettbewerbsverhalten von Unternehmungen vgl. auch Strebel (1992), S. 13ff. bzw. 21ff.
[37] vgl. Schreyögg (1996), S. 405

Der in der vorliegenden Arbeit gewählte Ansatz geht dagegen auch von nicht-geplanten und nicht-intendierten Entwicklungen als wichtiger Grundlage für die Gestaltung von Koordinationsstrukturen in einem komplexen und dynamischen Umfeld aus.

Damit wird dem aus systemtheoretischen Ansätzen bekannten 3-Ebenen-Modell gefolgt. Hierbei wird zwischen der Ereignisebene, der Ebene der Verhaltensmuster sowie der Ebene der Systemstruktur unterschieden. Senge verweist darauf, dass Ereigniserklärungen die gebräuchlichsten in unserer Kultur sind, ''weshalb ein reaktives Management die Regel ist''[38]. Die Betrachtung der Ereignisebene als Einführung in grundlegende Koordinationsprobleme in der frühen Phase des untersuchten Entwicklungsprozesses bildet zunächst die Grundlage für die weitere Vertiefung der Thematik. Nach wechselseitigem Abgleich von Fallstudie und Stand der Forschung erfolgt in Teil III eine Analyse der (emergenten) Verhaltensmuster. Solche ''Verhaltensmuster-Erklärungen zielen darauf, langfristige Entwicklungen und ihre Implikationen deutlich zu machen''[39].

Den Verhaltensmustern liegen ursächliche Problemmuster zugrunde. Diese ursächliche bzw. generative Systemstruktur wird abschließend in den Teilen III und IV aufgezeigt als Grundlage für die Entwicklung des Ansatzes ‚gelenkter Selbstorganisation'.

> ''(...) die strukturelle Erklärung (...) konzentriert sich auf die Frage: ‚Was verursacht die Verhaltensmuster? (...) Strukturelle Erklärungen sind so wichtig, weil nur sie zu den tiefen Ursachen des Verhaltens vorstoßen und dadurch Veränderungen der Verhaltensmuster möglich machen''.[40]

Durch die Auseinandersetzung mit solchen Verhaltens- und Denkmustern wird eine Veränderung von mentalen Modellen verfolgt.

> ''Mentale Modelle sowie individuelles und vor allem kollektives Lernen werden in Zeiten turbulenter Veränderungen in der Aufgabenumwelt zu den wichtigsten Quellen für Wettbewerbsvorteile.''[41]

Dies gilt insbesondere für den Produktentwicklungsprozess, bei dem Wettbewerbsvorteile entscheidend auf weichem bzw. implizitem Expertenwissen (Tacit Knowledge)[42] basieren. Da implizites Wissen nicht in formaler, systematischer Form beschreibbar ist und damit sehr viel schwerer dokumentiert und kommuniziert werden kann, kommt den vielfach unbewussten mentalen Modellen beim Umgang mit implizitem Wissen zentrale Bedeutung zu[43].

Mit der Veränderung mentaler Modelle wird ein Transformationsprozess angestoßen, der i.S. einer „Remodellierung" auf der tiefsten und damit langfristig wirksamsten

---

[38] vgl. z.B. Senge (1998) S. 69
[39] vgl. ebenda
[40] vgl. ebenda
[41] vgl. Zahn / Dillerup (1995) S. 39; vgl. hierzu auch Zahn / Greschner (1996), S. 43; Geus (1989), S. 29ff.; Stata (1989), S. 64; Senge (1998), S. 232ff.
[42] vgl. hierzu Teil IV, Kap. 2.
[43] vgl. hierzu auch Zahn / Greschner (1996), S. 48ff.

Ebene des Unternehmenswandels ansetzt.[44] Damit wird der Restrukturierungsansatz in Form ‚gelenkter Selbstorganisation' auf der unmittelbaren Anwendungsebene durch Impulse zur Veränderung mentaler Modelle auf der Remodellierungsebene ergänzt.

Abb. I.4: Ebenen des Unternehmenswandels: 4 R - Modell
(in Anlehnung an Zahn, 1997, S. 5f. bzw. Gouillart / Kelly, 1995, S. 20)

1.3 Gang der Arbeit

Die Arbeit gliedert sich in vier Hauptteile. In Teil I erfolgt zunächst eine Einführung in Problemstellung, Grundlagen und Fallstudie. In einem wechselseitigen Abgleich von Problemanalyse und Stand der Forschung werden anschließend wichtige Problemmuster auf Verhaltens- und Strukturebene identifiziert (Teile II und III). Auf dieser Basis werden zentrale Anforderungen und Lösungsimpulse abgeleitet, die zusammen mit einer Datenerhebung zu Abstimmungserfordernissen im Entwicklungsprozess eines europäischen Automobilunternehmens die Grundlage für einen Ansatz ‚gelenkter Selbstorganisation' (Teil IV) bilden.

Die Vorgehensweise verfolgt damit eine enge Verzahnung der aus der Fallstudie bzw. Unternehmenspraxis hergeleiteten Problemstellung und aktuellen Forschungsansätzen hierzu. Beides mündet in die Entwicklung des Ansatzes ‚gelenkter Selbstorganisation'. Abb.I.5. zeigt die Überlagerung der den Hauptteilen I-IV folgenden Gliederung sowie den inhaltlichen Elementen Problemstellung / Fallstudie, Stand der Forschung und Problemlösung.

Im einzelnen erfolgt in Teil I im Anschluss an die vorliegende Einleitung eine Einführung in die Grundlagen zur aufgezeigten Problemstellung: Dabei werden zum einen der Betrachtungsbereich - der Produktentwicklungsprozess - als auch die Ausgangssituation - grundlegende Zielsetzungen, Charakteristika und Herausforderungen für die Automobilentwicklung - näher beleuchtet. Im folgenden Zwischenfazit werden diese Aspekte in zentralen Spannungsfeldern für das Management im Automobilentwick-

---

[44] vgl. Zahn (1997), S. 5f.; Goulliart / Kelly (1995), S. 20

lungsprozess zusammengefasst. Die hohe Bedeutung von Koordination für die Bewältigung dieser Spannungsfelder erfordert eine Vertiefung der Koordinationsproblematik: Einer Begriffsabgrenzung folgt die Einführung in die Fallstudie[45], bei der zunächst wichtige, beim Fallstudienunternehmen beobachtete Koordinationsprobleme in der frühen Phase einer Fahrzeugneuentwicklung betrachtet und systematisiert werden. Damit erfolgt zunächst eine Problemidentifikation und -systematisierung auf der Ereignisebene[46].

Das im Rahmen des Praxisbeispiels vertiefte Problemverständnis führt zur Auseinandersetzung mit dem Stand der Forschung zur behandelten Thematik in Teil II. Dabei werden zunächst Ansätze zu Management und Organisation im Produktentwicklungsprozess betrachtet. Aus dem Abgleich zwischen dem Stand der Forschung und der Entwicklungsorganisation im Fallstudienunternehmen wird anschließend das Problemlösungspotenzial der vorgestellten Ansätze bewertet. Die hohe Bedeutung, die teambasierten Koordinationsformen bei Koordination im Produktentwicklungsprozess beigemessen wird, mündet in eine vertiefende Untersuchung entsprechender Koordinationsprinzipien im zweiten Abschnitt von Teil II. Für Aufgaben mit hoher wechselseitiger Interdependenz wird dabei das Prinzip der ‚mutual adjustment', der wechselseitigen Abstimmung, empfohlen. Die Umsetzung dieses Koordinationsprinzips findet sich insbesondere in intraorganisatorischen Netzwerkansätzen wieder, die daher im folgenden näher untersucht werden. Im Abgleich mit der Fallstudie folgt abschließend eine Bewertung der aufgezeigten Lösungspotenziale für die Problemstellung sowie eine Zusammenfassung wichtiger Lösungsimpulse für den intraorganisatorischen Netzwerkansatz ‚gelenkter Selbstorganisation'.

Die hohe Bedeutung von Selbstorganisation i.S.v. ‚Selbstgestaltung/-abstimmung' für Netzwerkansätze bei gleichzeitig unzureichender Thematisierung emergenter Phänomene in den zuvor behandelten Themenfeldern führt zur Auseinandersetzung mit Ansätzen zur Selbstorganisation und zur Systemtheorie in Teil III. Nach einer kurzen Erörterung von Grundzügen der Systemtheorie sowie von Ansätzen zur Selbstorganisationstheorie in den Naturwissenschaften folgt eine Darstellung von Konzepten zur Selbstorganisation in der Betriebswirtschaftslehre. Die Ergebnisse führen zur Herleitung eines differenzierten Selbstorganisationsverständnisses, das die Grundlage für die weitere Vorgehensweise bildet. Im Rahmen einer Bewertung der aufgezeigten Selbstorganisationskonzepte in Hinblick auf die Problemstellung werden zudem Lösungsimpulse für einen Ansatz ‚gelenkter Selbstorganisation' abgeleitet. Der Stand der Forschung zu Selbstorganisation wird ergänzt durch eine vertiefende Betrachtung emergenter Phänomene in der Fallstudie. Auf Basis dieser Analyse grundlegender Verhaltensmuster werden anschließend die ihnen zugrunde liegenden, ursächlichen Problemmuster auf der Strukturebene identifiziert.

---

[45] anonymisierte Fallstudie bei dem Automobilhersteller ‚Automóviles Deportivos'
[46] vgl. 3-Ebenen-Modell, Kap. 1.

Fallstudie	Problem/Lösungsansätze	Stand der Forschung
Teil I: Problemstellung, Grundlagen und Einführung in die Fallstudie		
1. Einleitung	1.1 Einleitung 1.2 Problemstellung und Zielsetzung 1.3 Gang der Arbeit 1.4 Forschungskonzeption	
2. Grundlagen		2.1 Betrachtungsbereich 2.2 Ausgangssituation 2.3 Zwischenfazit
3. Einführung in die Fallstudie	3.1 Die Entwicklung des XR400 bei Automóviles Deportivos 3.2 Zwischenfazit	
Teil II: Koordination im Produktentwicklungsprozess: Problemvertiefung und Ableitung von Lösungsideen		
1. Produktentwicklungsprozess	1.3 Vertiefung der Fallstudie in Abgleich mit den Ansätzen 1.4 Zwischenfazit	1.1 Management von Produktentwicklungen 1.2 Organisation komplexer Entwicklungsprojekte
2. Koordination, Netzwerkansätze	2.3 Vertiefung der Fallstudie in Abgleich mit den Ansätzen 2.4 Zwischenfazit	2.1 Koordinationsprinzipien 2.2 Intraorganisatorische Netzwerkansätze
Teil III: Ansätze der Selbstorganisation und emergente Phänomene		
1. Ansätze der Selbstorganisation	1.3 Zwischenfazit	1.1 Systemtheorie u. Grundlagen der Selbstorganisationstheorie 1.2 Selbstorganisation in sozialen Systemen
2. Emergente Phänomene	2.2 Emergente Phänomene bei Automóviles Deportivos 2.3 Zwischenfazit	2.1 Exkurs: Causal-Loop-Diagramme
Teil IV: Auf dem Weg zur ‚gelenkten Selbstorganisation'		
1. Herleitung und Strukturierung	1.1 Anforderungen und Herleitung von Koordinationsprinzipien 1.2 Grundelemente ‚gelenkter Selbstorganisation'	
2. Modularisierung auf Basis des ‚Architectural Knowledges'	2.1 Zielsetzung des Ansatzes 2.2 Grundprinzip und Vorgehensweise 2.3 Erfassung des Architectural Knowledges 2.4 Optimierung der Prozessorientierung 2.5 Optimierung der Modularisierung 2.6 Strukturen ‚gelenkter Selbstorganisation' 2.7 Exkurs: Auswirkungen zukünftiger Technologien	
3. Der ‚Virtuelle Marktplatz'	3.1 Zielpriorisierung durch das Produkt-Differenzierungs-Profil (PDP) 3.2 Komparative Vorteile bei Herstellkosten- und Gewichtsreduzierung 3.3 Nutzung komparativer Vorteile durch den ‚Virtuellen Marktplatz'	
4. Zusammenfassung und Bewertung	4.1 Bewertung bzgl. der Problemstellung und des Stands der Forschung 4.2 Zusammenfassung und Ausblick	

Abb. I.5: Gang der Arbeit

Die grundlegenden Problemmuster bilden den Ausgangspunkt für die Entwicklung des Ansatzes ‚gelenkter Selbstorganisation'. Zunächst werden auf ihrer Basis Koordinationsprinzipien für ‚gelenkte Selbstorganisation' hergeleitet. Aufbauend auf einer Zusammenfassung der zuvor hergeleiteten Anforderungen und Lösungsimpulse werden dann die beiden Grundelemente ‚gelenkter Selbstorganisation' vorgestellt. Zunächst wird auf die Modularisierung auf Basis von ‚Architectural Knowledge' eingegangen: Basierend auf einer Datenerhebung zu den produktbedingten Abstimmungserfordernissen im Entwicklungsprozess des Fallstudienunternehmens wird ein Ansatz zur Optimierung von Schnittstellenmanagement und Integration bei der Produktentwicklung vorgestellt. Dabei werden neue Wege sowohl für die Projektorganisation als auch für die Einbindung der Entwicklungsprojekte in die übergeordnete Entwicklungsorganisation aufgezeigt.

Demgegenüber setzt der ‚Virtuelle Marktplatz' vor allem bei einer Neugestaltung der Vereinbarung von Leistungsbeiträgen bzw. der Zielvereinbarung im Entwicklungsprojekt an. Grundlage hierfür stellt ein (unternehmens- bzw. projekt-)interner, virtueller Markt dar. Eine zentrale Zielsetzung besteht dabei darin, das Prinzip der komparativen Vorteile aus der Volkswirtschaftslehre auf die aufgezeigte Problemstellung zu übertragen.

Abschließend erfolgt eine Bewertung des Ansatzes ‚gelenkter Selbstorganisation' sowohl in Hinblick auf die zuvor hergeleiteten Problemfelder als auch bezüglich der aufgezeigten Zielsetzungen und Anforderungen für den Automobilentwicklungsprozess. Zudem wird eine Einordnung des Ansatzes bezüglich des aufgezeigten Stands der Forschung vorgenommen.

1.4 Forschungskonzeption und Vorgehensweise

Ziel wissenschaftlicher Arbeit ist es, begründete Aussagen über einen Objektbereich zu formulieren[47] bzw. einen Beitrag zum Erkenntnisfortschritt in einer spezifischen Diskursdomäne zu gewährleisten oder zumindest dazu beizutragen.[48] Die gewählte Forschungsmethodik hat sich dabei an der zu lösenden Fragestellung bzw. am angestrebten Ziel zu orientieren.[49] In der vorliegenden Arbeit besteht dies darin, einen optimierten Koordinationsansatz für die frühe Phase des Entwicklungsprozesses in der Automobilindustrie zu entwickeln. Auf Basis eines Verständnisses emergenter Phänomene soll der aus der Empirie entwickelte Ansatz ‚gelenkter Selbstorganisation' zu – gegenüber herkömmlichen Konzepten - verbesserter Selbstlenkungsfähigkeit von Entwicklungsprojekten führen. Diese Aufgabenstellung impliziert, dass das Ziel einer Hypothesenbildung verfolgt wird.

---

[47] vgl. Lamnek (1995), S. 56ff.
[48] vgl. Albert (1987), S. 95f.
[49] vgl. Heinen (1978), S. 226

Dementsprechend wird ein qualitativer Forschungsansatz mit induktiver Vorgehensweise verfolgt.[50] Entsprechend des Ansatzes der "Inductive Case Study Research" werden dabei auch Elemente quantifizierender Verfahren eingesetzt[51] (s. Datenerhebung zum ‚Architectural Knowledge', Teil IV). Aus den bisherigen Ausführungen wurde bereits deutlich, dass eine Selbstorganisationstheorie in der Betriebswirtschaftslehre bisher noch nicht existiert. Zahn verweist darauf, dass allenfalls "Theoriefragmente" vorliegen, "und zwar häufig mehr i.S. von Beschreibungs- als von Erklärungswissen"[52]. Auch Probst zielt mit seinen Ausführungen zu Selbstorganisation darauf ab, allenfalls einen prätheoretischen Rahmen zu legen, da von einer Theorie selbstorganisierender Systeme noch nicht gesprochen werden könne[53]. Neben diesem theoretischen Fundierungsbedarf besteht auch Übereinstimmung bezüglich des weiteren Vertiefungsbedarfs der Selbstorganisationsansätze in Hinblick auf konkreten Nutzen für die Unternehmenspraxis.[54] Beide Aspekte sprechen dafür, einen heuristischen Ansatz mit Hypothesenbildung auf Basis fundierter empirischer Untersuchungen zu verfolgen. Dabei erfolgt eine Anlehnung an das Konzept der "Grounded Theory" von Glaser/Strauss, d.h. der Suche nach "auf dem Boden beobachteter Daten begründeter Theorien".[55] Die in der traditionellen Sozialforschung gängige Trennung zwischen Theoriebildung und Theorieprüfung wird damit aufgehoben:

"Frühere Bücher über Methoden zur Sozialforschung haben sich vor allem darauf konzentriert, wie man Theorien verifizieren kann. Dies weist auf eine Überbetonung der Verifikation von Theorien in der gegenwärtigen Soziologie hin und folglich auf eine Unterbewertung des früheren Schrittes, wie man eigentlich entdeckt, welche Konzepte und Hypothesen für den Bereich, den man untersuchen will, wichtig sind. Theorien zu testen ist natürlich ebenfalls eine grundlegende Aufgabe für die Soziologie. Es herrscht ja wohl Übereinstimmung darüber, dass in der Sozialforschung die Erzeugung von Theorien Hand in Hand geht mit der Verifikation."[56]

---

[50] Die Induktion ist kein logisches Schlussverfahren. Da die Gesamtheit aller Ereignisse, über die (zeitlich unbegrenzte) Hypothesen entwickelt werden i.a. unendlich ist und damit über einen gegebenen Zeitpunkt in die Zukunft reicht, kann nie Gewißheit über die Richtigkeit dieser Annahmen bestehen. Die Induktion kann daher höchstens den Grad der Überzeugung bzw. Bestätigung erhöhen. Popper kritisierte das Verfahren der "induktiven Bestätigung" als wissenschaftlich ungeeignet, vgl. Popper (1984). Wissenschaftler können, so Popper, Hypothesen nicht beweisen (oder bestätigen), sondern das Testen von Hypothesen bzw. Theorien geschieht, um sie zu widerlegen bzw. zu falsifizieren. Nicht-falsifizierte Hypothesen bzw. Theorien gelten als bewährt. Die Feststellung eines vermutlich höheren Realitätsbezugs einer induktiv aus der Empirie gewonnenen Theorie gemäß des Ansatzes der "Grounded Theory" bzw. "Inductive Case Study Research" kann dabei neben der unangetasteten Maxime der quantitativen Methodologie Bestand haben, nach der Hypothesenprüfung falsifikatorisch-deduktiv zu erfolgen hat, vgl. hierzu auch Lamnek (1995), S. 227.

[51] vgl. Eisenhardt (2001), S. 534f. Die Kombination beider Elemente entspricht einem Trend in der gegenwärtigen Betriebswirtschaftslehre: "Kennzeichnend für die Forschungsmethodik der gegenwärtigen Betriebswirtschaftslehre ist die Tatsache, dass es sich um kein "entweder-oder" zwischen empirisch-induktiver und deduktiv-logischer Forschung handelt. Es hat sich vielmehr die Vorstellung eines "sowohl-als-auch" durchgesetzt", vgl. Heinen, (1978), S. 226.

[52] Zahn / Dillerup (1995), S. 47

[53] vgl. Probst (1987a), S. 11

[54] vgl. hierzu u.a. Kieser (1994), S. 225ff, der zu dem Schluss kommt, dass die Selbstorganisations- Konzepte entweder "nicht signifikant zu neuen Organisationsstrukturen führen" oder ihnen noch "erhebliche Barrieren" bei der Umsetzung entgegenstehen.

[55] vgl. Lamnek (1995), S. 125, vgl. hierzu auch Eisenhardt (1999), S. 547: "The resulting hypothesis are likely to be verifiable for the same reason. That is, they have already undergone repeated verification during theory building process. In contrast, theory which is generated apart from direct evidence may have testability problems," vgl. hierzu auch Roth / Heidenreich / Holling (1999), S. 63ff.

[56] vgl. Glaser / Strauss (1979b), S. 63

Im vorliegenden Fall erfolgt die empirische Fundierung der Hypothesenbildung auf Basis einer Fallstudienuntersuchung. Aus diesem Grund erfolgt bei der Vorgehensweise eine Anlehnung an den Ansatz der "Inductive Case Study Research", der basierend auf den Zielsetzungen der "Grounded Theory" eine genaue Prozessbeschreibung des Forschungsablaufes hierfür aufzeigt.[57] Eisenhardt sieht die Anwendung dieses Ansatzes als besonders geeignet an in "early stages of research on a topic" oder in Situationen, wo in bereits untersuchten Forschungsbereichen eine neue Perspektive erforderlich ist - sei es, dass bisherige Ansätze unzureichend sind, oder dass sie gegenseitig in Konflikt zueinander stehen.[58] Während ersteres sich auf die noch prätheoretische Phase im Bereich der Selbstorganisationstheorien in der Betriebswirtschaftslehre bezieht, wird das Ziel, eine neue Perspektive in bereits genauer untersuchten Forschungsbereichen aufzeigen, für das Forschungsfeld ‚Koordination im Produktentwicklungsprozess' angestrebt. Auch wenn schon zahlreiche Ansätze zu Management und Koordination im Produktentwicklungsprozess existieren, zeigt die Fallstudienanalyse wichtige Defizite in der Unternehmenspraxis auf, auch bei Koordinationsansätzen, die weitgehend dem Stand der Forschung entsprechen. Dabei wird v.a. die Notwendigkeit zu einem vertieften Verständnis emergenter Phänomene in komplexen Produktentwicklungsprozessen und ihrer Bedeutung für die Gestaltung von Koordinationsstrukturen deutlich. Durch Verbindung mit dem noch zu vertiefenden Forschungsfeld der Selbstorganisation wird das Ziel angestrebt, neue Perspektiven für diese bereits häufiger untersuchte Frage der Koordination in komplexen Produktentwicklungsprozessen aufzuzeigen.

Wichtige wissenschaftstheoretische Basis der qualitativen Sozialforschung stellen die Phänomenologie (die "Lehre von den Erscheinungen") sowie die Hermeneutik (die "Kunstlehre des Verstehens") dar.[59] Auf beide Aspekte wird in der folgenden Zusammenfassung zentraler Charakteristika bzw. Kennzeichen der gewählten qualitativen Vorgehensweise eingegangen. Neben der bereits erwähnten induktiven, hypothesenentwickelnden Vorgehensweise ergeben sich diesbezüglich folgende Aspekte[60]:

1. Offenheit

Das Prinzip der Offenheit resultiert schon aus der Zielsetzung, zu neuen Erkenntnissen zu gelangen. Bei der quantitativen Vorgehensweise besteht aus der theoretisch-hypothetischen Vorformulierung von Aussagen zum Gegenstandsbereich eine Prädetermination des Forschers. Damit ergibt sich der Nachteil, dass überwiegend nur entdeckt und erfasst werden kann, was der Forscher vorab theoretisch durchdacht hat. Die Orientierung an diesen bestehenden Denkschemata bzw. Mentalen Modellen und Methoden kann dabei zu einer Verzerrung der Befunde führen.

Demgegenüber zielt die Phänomenologie im engeren Sinne darauf, die untersuchten Phänomene (Erscheinungen) so zu betrachten,

---

[57] vgl. Eisenhardt (1999), S. 532ff.
[58] vgl. ebenda, S. 547ff.
[59] vgl. Lamnek (1995), S. 56ff.
[60] Die Darstellung erfolgt in Anlehnung an Lamnek (1995). S. 18ff.

"(...) wie sie „sind" und nicht wie sie aufgrund von Vorkenntnissen, Vorurteilen oder Theorien erscheinen mögen. Dementsprechend lautet die Hauptregel der Phänomenologie auch: „Zu den Sachen selbst." (...) Diese Absicht ist aber noch nicht spezifisch für die Phänomenologie. Das ihr Eigene besteht in der Methode der Reduktion, die dazu führen soll, alle, den Blick auf das Wesentliche versperrenden und damit störenden Elemente zu beseitigen."[61]

Von zentraler Bedeutung ist daher die Offenheit der Grundhaltung bzgl. des Untersuchungsfeldes, den in ihr interagierenden Personen, dem Untersuchungsablauf und den hieraus immer wieder neu zu stellenden Fragen, den verwendeten Untersuchungsmethoden sowie dem Untersuchungsergebnis. Ziel ist es, möglichst unvoreingenommen Neues zu entdecken. Das Ideal einer völligen Unvereingenommenheit wird in der Realität nicht erreicht werden, da Wahrnehmung immer selektiv ist, schon unbewusst bestehen Prägungen aus der Vergangenheit.[62] Dennoch ist eine möglichst offene Grundhaltung von zentraler Bedeutung für die Entdeckung von „Neuem". Ausgehend von einer ersten offenen Frage an den Gegenstand der Untersuchung wird in einem iterativen Prozess mit permanenter Überprüfung und ggf. Korrektur von Daten und gewonnenen Einsichten hinter den „Symptomen" nach Ursachen bzw. „Grundmustern" gesucht[63], um hieraus neue Erkenntnisse abzuleiten. Eisenhardt sieht daher die "Cross-Case Pattern Analysis" als zentralen Schritt der Datenanalyse, vgl. Abb.I.6-I.8.[64]

Gemäß dieser Vorgehensweise ergab sich in der vorliegenden Arbeit eine sukzessive Entwicklung des Untersuchungsablaufes und der verwendeten Methoden, die sich jeweils am Ergebnis der zuvor durchgeführten Untersuchungsschritte orientierte. Aus einer ersten Problembeschreibung folgt sukzessive eine vertiefende Problemanalyse mit Identifikation drei grundlegender Problemmuster. Aus dieser Analyse werden die Koordinationsprinzipien für ‚gelenkte Selbstorganisation' abgeleitet. Besondere Bedeutung kommt dabei der teilnehmenden Beobachtung zu, als einer Methode, die „mit größter Wahrscheinlichkeit zu unerwarteten Ergebnissen führt".[65] Dabei kann ein solcher Ansatz immer nur zu einem vorläufigem Ergebnis bzw. Ende führen kann und bildet damit die Basis für weitere Untersuchungen[66].

2. Flexibilität, Prozesscharakter der Forschung

Die Forderung nach Flexibilität bzw. einer "dynamisch-prozessualen Vorgehensweise"[67] leitet sich direkt aus dem Prinzip der Offenheit ab. Methoden, Zielvorstellungen und die weitere Ausplanung der Untersuchung sind flexibel auf den Untersuchungsablauf auszurichten, den Eigenheiten und den Untersuchungsgegenstandes

---

[61] vgl. ebenda, S. 59
[62] vgl. die "Hypothesentheorie der Wahrnehmung", Irle (1975); Roth / Holling / Heidenreich (1999), S. 66f. "Finally and most importantly, theory-building research is begun as close as possible to the ideal of no theory under consideration and no hypotheses to test. Admittedly, it is impossible to achieve this ideal of a clean theoretical slate", vgl. Eisenhardt (1999), S. 536. Vgl. auch Kap. 1.1., Abb.I.1-I.3.
[63] vgl. Lamnek (1995), S. 232
[64] vgl. Eisenhardt (1999), S. 540ff.
[65] vgl. Becker / Geer (1979), S. 140
[66] vgl. Eisenhardt (1999), S. 545
[67] vgl. Lamnek (1995), S. 236

anzupassen.[68] Der erzielte Erkenntnisfortschritt ist in den nachfolgenden Untersuchungsschritten zu verwenden.

> "Flexibilität und die Verwendung standardisierter Verfahren schließen sich dabei nicht notwendig aus, doch widerspricht die Forderung nach Flexibilität der Beschränkung auf eine standardisierte Technik."[69]

Ausgehend von ersten Fragestellungen, die im Rahmen teilnehmender Beobachtung gewonnen wurden, erfolgte die Festlegung weiterer Untersuchungsschritte und –methoden in enger Orientierung an den so gewonnenen Zwischenergebnissen. Aus der Analyse der Problemfelder und der ursächlichen Problemmuster ergab sich die Notwendigkeit zur Erfassung des ‚Architectural Knowledges'. Dabei wurden die überwiegend qualitativen Erhebungsmethoden durch strukturierte Interviews zur Quantifizierung der produktbedingten Abstimmungserfordernisse ergänzt. In einem offenen Interviewteil wurde zudem implizites Wissen der befragten Führungskräften zu den Ursachen für die erfassten Abstimmungserfordernisse erforscht. Diese Methodenvielfalt mit Kombination verschiedener qualitativer und quantifizierender Methoden ("Tringulation"[70]) wird - wie auch der Austausch zwischen verschiedenen Forschern[71] - besonders in Hinblick auf den Neuigkeitsgrad und die Qualität der Ergebnisse als sehr fruchtbar bewertet.[72]

Flexibilität bei Vorgehensweise und Methodik erfordert für die Zielsetzung der intersubjektiven Nachvollziehbarkeit eine Explikation des Forschungsprozesses[73]. Abb.I.6. zeigt eine Übersicht zu den einzelnen Untersuchungsphasen, den eingesetzten Methoden und den aus der Datenerhebung bzw. der Literaturanalyse abgeleiteten Schlussfolgerungen.

---

[68] vgl. Eisenhardt (1999), S. 539: "Is it legitimate to alter and even add data collection methods during a study? For theory building research, the answer is "yes", because investigators are trying to understand each case individually and in as much depth as is feasible. The goal is not to produce summary statistics about a set of observations. Thus, if a new data collection opportunity arises or if a new line of thinking emerges during the research it makes sense to take advantage by altering data collection, if such an alteration is likely to better ground the theory or to provide new theoretical insight."

[69] vgl. Lamnek (1995), S. 29

[70] vgl. Bortz / Döring (1995), S. 342f.

[71] Im vorliegenden Fall ermöglichten Einzel- und Gruppendiskussionen mit den prozessbegleitenden Organisationsberatern eine Überprüfung und Fundierung der Hypothesen.

[72] vgl. Mintzberg (1979), S. 587: "For while systematic data create the foundation for our theories, it is the anecdotal data that enables us to do the building. Theory building seems to require rich description, the richness comes from anecdote. We uncover all kinds of relationships in our hard data, but it is only through the use of this soft data that we are able to explain them." Vgl. auch Eisenhardt (1999), S. 538: "Of special note is the combining of qualitative with quantitative evidence. (...) the combination of data types can be highly synergistic. Quantitative evidence can indicate relationships which may not be salient to the researcher. It also can keep researchers from being carried away by vivid, but false, impressions in qualitative data, and it can bolster findings when corroborates those findings from qualitative evidence. The qualitative data are useful for understanding the rationale or theory underlying relationships revealed in the quantitative data or may suggest directly theory which can be strengthened by quantitative support (Jick, 1979)."

[73] vgl. ebenda, S. 26f; S. 186, vgl. Eisenhardt (1999), S. 539ff.: "The flexibility is not a license to be unsystematic. (...) the assessment of theory-building research also depends upon empirical issues, strength of method und the evidence grounding the theory. (...) Just as in other empirical research, investigators should provide information on the sample, data collection procedures, and analysis."

3. Verstehen

Die Hermeneutik, d.h. die "Kunstlehre des Verstehens"[74] bildet neben der Phänomenologie einen weiteren wichtigen, metatheoretischen Hintergrund der qualitativen Sozialforschung. Dabei wird häufig zwischen ,erklären' als dem naturwissenschaftlichen Paradigma einerseits und ,verstehen' als dem geisteswissenschaftlichen Paradigma andererseits unterschieden:

> "Ziel naturwissenschaftlicher Bemühungen ist es, bestimmte Erscheinungen als Wirkungen bestimmter Ursachen zu begreifen, also kausale Beziehungen zwischen Erscheinungen zu entdecken. Diese Entdeckungen sollen zu allgemein gültigen Aussagen in Form von Gesetzen gleichsam angesammelt werden, mit deren Hilfe dann wiederum neue beobachtbare Erscheinungen erklärt werden können. Man nennt dieses Vorgehen auch ,nomothetisch' (nómos = griech. das Gesetz)"[75]

Demgegenüber besteht die Grundannahme des sogenannten interpretativen Paradigmas darin, dass soziales Leben und die Bedeutung menschlichen Verhaltens nur in seinem Kontext, seinem Sinnzusammenhang, verstanden werden kann.[76] Jede Bedeutung verweist reflexiv auf das Ganze und wird nur im Kontext verständlich. Umgekehrt ist für das Verständnis des Ganzen ein vertieftes Verständnis seiner Teile notwendig. Dieser zirkuläre Prozess des Verstehens wird durch den hermeneutischen Zirkel beschrieben: Dabei handelt es sich um eine

> "(...) wiederkehrende, kreisförmig verlaufende Bewegung, eben eine Zirkelbewegung, bei der die Einzelelemente nur aus dem Gesamtzusammenhang verständlich sind und sich das Ganze wiederum nur aus den Teilen ergibt (hermeneutischer Zirkel II)."[77]

Ziel dieser methodologischen Position ist somit, soziales Handeln in seinem Kontext, dem ihm zugewiesenen Sinn, zu verstehen.[78] Das Erklären und Verstehen sich dabei nicht gegenseitig ausschließen, sondern sogar aufeinander beziehen, zeigt die Hermeneutik. Das

> "(...) Besondere/Einzelne wird aus dem Allgemeinen/Ganzen heraus verstanden".[79]
> "Aufs höchste getrieben, ist Verstehen so nicht vom Erklären unterschieden, sofern ein solches auf diesem Gebiete möglich ist."[80]

---

[74] vgl. ebenda, S. 71. Als Begründer der Hermeneutik gilt der Philosoph Schleiermacher (1768-1834), vgl. "allgemeine Hermeneutik", Schleiermacher (1959).

[75] vgl. Konegen / Sondergeld (1985), S. 65

[76] ,Verstehen' umfasst insofern mehr als ,Erklären', weil es versucht, die Bedeutung eines Sachverhaltes zu ergründen. Verstehen ist das "Erkennen von etwas (Menschliches) und gleichzeitig das Erfassen seiner Bedeutung", vgl. Danner (1979), S. 34. Dilthey definiert ,Verstehen' als " (…) den Vorgang, in welchem wir aus Zeichen, die von außen sinnlich gegeben sind, ein Inneres erkennen: Verstehen!", vgl. Dilthey (1961), S. 318.

[77] vgl. Lamnek (1995), S. 74ff.. Der hermenetische Zirkel I beschreibt den Prozess des Texterverstehens als zirkulären Prozess von wechselseitigem Abgleich von Vorverständnis und Textverständnis.

[78] "Sinn-Verstehen" bedeutet also das Verstehen eines Sachverhaltes durch die Beleuchtung und Erfassung des übergeordneten Sinnzusammenhang, in den dieser eingeordnet werden muss. Zusätzlich wird zwischen "psychologischem Verstehen" (Verstehen durch Nacherleben einer Situation oder durch Empathie (Sich-Hineinversetzen), "elementarem Verstehen" (Verstehen im alltäglichen Umgang ohne bewußtes Bemühen um Verstehen) und "höherem Verstehen" (das Verstehen ist aus einem größeren, übergeordneten Zusammenhang zu leisten) unterschieden. "Elementares Verstehen" und "höheres Verstehen" sind dabei nicht überschneidungsfrei mit "Sinn-Verstehen"; für eine Matrixübersicht vgl. Danner (1979), S. 43.

[79] vgl. ebenda, S. 220

[80] vgl. Konegen / Sondergeld (1985), S. 102f.

Dabei ist der Verstehens-/Erklärensbegriff in der qualitativen Sozialforschung insofern idiographisch, als dass versucht wird, soziale Erscheinungen in ihrem Kontext, in ihrer Komplexität und in ihrer Individualität zu erfassen, zu beschreiben, zu verstehen und zu erklären, während in der quantitativen Sozialforschung eher nach raum-zeitlich-unabhängigen und damit ahistorischen Gesetzesaussagen gestrebt wird.[81] Damit verbunden ist die Untersuchung des Einmaligen, Einzigartigen in der qualitativen Sozialforschung.[82]

Die Zirkularität des Verstehensprozesses und der darauf ausgerichteten Vorgehensweise findet sich in mehrfacher Weise in dieser Arbeit wieder. So ergibt sich ein laufender Wechsel zwischen Analyse der Problemstellung in der Fallstudie einerseits und dem Stand der Forschung hierzu andererseits. Ergänzend wird ein iterativer Prozess verfolgt, der eine erste Dateninterpretation und Hypothesenbildung mit vertiefender Datensammlung verbindet, bei der die Hypothesen der Empirie und dem Stand der Forschung gegenübergestellt werden. Dies entspricht der Forderung des Ansatzes der "Grounded Theory" und der "Inductive Case Study Research" zum Hypothesenbildungsprozess:

> "A striking feature of research to build theory from case studies is the frequent overlap of data analysis with data collection (...) The central idea is, that researchers constantly compare theory and data - iterating toward a theory which closely fits the data. A close fit is important to building good theory because it takes advantage of new insights possible from data und yields an empirically valid theory."[83]

Zudem findet sich in der Arbeit auch der im hermeneutischen Zirkel beschriebene Wechsel zwischen dem Verständnis des Einzelnen und des Gesamten. Die Einführung in die Fallstudie vermittelt einen Überblick zu den Problemfeldern in der Fallstudie. Dies entspricht dem Beginn des Forschungsprozesses, wo die untersuchte Problematik zunächst als Ganzes erfasst wurde. Diesem schließt sich die Erkenntnis an, aus welchen Teilproblemen die Gesamtheit besteht und welche Wechselwirkungen zwischen diesen Teilen vorliegen. Eine weitergehende Analyse der emergenten Phänomene erfolgt dann auf der Ebene der Einzelprobleme. Dabei zeigt sich die enge Vernetzung der einzelnen Problemfelder. Vielfach ist ein Teilproblem nur durch Vorverständnis zu anderen Problemfeldern möglich. Durch Kombination verschiedener Problemfelder ergeben sich häufig neue, komplexere Herausforderungen. Auf diese Weise ermöglicht die Analyse der Einzelprobleme ein Verständnis des Gesamten aus unterschiedlichen Perspektiven i.S. der in der qualitativen Sozialforschung angestrebten „Variation der Perspektive"[84].

---

[81] vgl. Lamnek (1995), S. 221ff.

[82] vgl. ebenda, S. 221. Eine standardisierte Vorgehensweise wie z.B. das standardisierte Interview, kann daher nur zur (quantitativen) Erfassung der produktbedingten Abstimmungserfordernisse eingesetzt werden, vgl. Teil IV, Kap. 2. Auch in diesem Fall erfolgte jedoch eine Ergänzung des strukturierten, standardisierten Interviews durch einen offenen Teil, um die Begründung für die Bewertung bzw. Quantifizierung zu erforschen. Überwiegend wird jedoch eine Kombination nicht standardisierter Methoden eingesetzt wie z.B. die teilnehmende Beobachtung oder das offene Interview, s. Abb.I.6. Vgl. hierzu auch Eisenhardt (1999), S. 534f.: "Case studies typically combine data collection methods such as archives, interviews, questionaires, and observations. The evidence may be qualitative (e.g.,words), quantitative (e.g., numbers), or both."

[83] vgl. Eisenhardt (1999), S. 538ff.

[84] vgl. Kleining (1982), S. 234, vgl. auch Eisenhardt (1999), S. 540: "Thus, the key to good cross-case comparison is (…) looking at the data in many different ways."

Mit der vertiefenden Analyse ("within-case analysis") von emergenten Phänomenen und ursächlichen, problemfeld- bzw. fallübergreifenden Mustern ("cross-case-patterns")[85] wird das Ziel der qualitativen Sozialforschung verfolgt, "Deutungs- und Handlungsmuster, die eine gewisse kollektive Verbindlichkeit besitzen"[86] zu erfassen und zu verstehen. Hier zeigt sich die enge Verbindung des gewählten qualitativen Forschungsansatzes zum Systemansatz sowie zum aufgezeigten Verständnis „Mentaler Modelle"[87] und der Theorie von "Complex Adaptiv Systems"[88] (vgl. Teil III), die als zentrale Zielsetzung das Verständnis der individuellen Schemata bzw. der Handlungsmuster und Lebenswelt der handelnden Akteure sehen. Übereinstimmung besteht dabei ebenfalls darin, dass diese Handlungsmuster nicht als „gegeben und unabänderlich"[89] verstanden werden, sondern sie unterliegen durch das Denken, Handeln und die Werte der Betroffenen einer laufenden Reproduktion mit steter Veränderung.

Schließlich zeigt sich die geforderte Zirkularität auch auf methodischer Ebene. Insbesondere die Datenerhebung zum ‚Architectural Knowledge' erfolgte in einem iterativen Prozess: strukturierte Einzelinterviews zielten auf die Quantifizierung von Abstimmungsintentensitäten und Informationsfluss, offene Einzelinterviews, auf die Erforschung der Begründung für diese Bewertung. Die Interviewergebnisse wurden dann in einer Gesamtbetrachtung aufbereitet und in einem Workshop mit allen beteiligten Experten einer Plausibilisierung unterzogen. Auf dieser Basis erfolgte anschließend eine Vertiefung ausgewählter Teilaspekte. Parallel erfolgte eine sukzessive Interpretation der Daten bzw. der darauf basierenden Hypothesen zum Koordinationsansatz ‚gelenkter Selbstorganisation'. Dabei wurden die Hypothesen laufend in Einzel- und Gruppendiskussionen sowohl mit den prozessbegleitenden Organisationsberatern als auch mit den Führungskräften und Mitarbeitern der betroffenen Projekte bzw. Fachabteilungen diskutiert und weiterentwickelt[90].

Die iterativ vertiefende Analyse verdeutlicht die hohe Bedeutung des Verstehens sozialer Phänomene im Kontext ihres Sinnzusammenhangs. Das hierbei Verstehen und Erklären letztlich ineinander übergehen, zeigt die vertiefende Analyse der emergenten Phänomene und der grundlegenden Problemmuster in Teil III. Das Verstehen der Zusammenhänge mündet in ein Verstehen der Ursachen hierfür, woraus die Problemfel-

---

[85] vgl. ebenda
[86] vgl. Hopf (1982), S. 311ff.
[87] vgl. Kap. 1.2. bzw. Zahn / Dillerup (1995) S. 39; Zahn / Greschner (1996), S. 43
[88] vgl. z.B. Morel / Ramanujam (1999); Pascale (1999); Bonabeau / Meyer (2001)
[89] vgl. Lamnek (1995), S. 24, ebenso z.B. Anderson (1999), S. 221; Zahn / Dillerup (1995) S. 39; Zahn (1997), S. 5f.; Goulliart / Kelly (1995), S. 20.
[90] vgl. Eisenhardt (1999), S. 538ff.: "Also, of special note is the use of multiple investigators. Multiple investigators have two key advantages. First, they enhance the creative potential of the study. Team members have often complementary insights which add to the richness oft the data, and their different perspectives increase the likelihood of capitalizing on any novel insights which may be in the data. Second, the convergence of observations from multiple investigators enhances confidence in the findings. Convergent perceptions add to he empirical grounding of hypothesis, while conflicting perceptions keep the group from premature closure. Thus, the use of more investigators builds confidence in the findings and increases the likelihood of surprising findings. (...) Team meetings, in which investigators share their thoughts and emergent ideas, are also useful devices for overlapping data collection and analysis."

der und ihre Wechselwirkungen erklärt werden können. Dabei zeigt sich, dass die Vielfalt der Einzelprobleme auf wenige, grundlegende Ursachen zurückführbar sind. Entsprechend der wechselseitigen Analyse von Teil und Ganzem zielt der Lösungsansatz ‚gelenkter Selbstorganisation' aus dem Verständnis der einzelnen Teilprobleme heraus auf einen ganzheitlichen Lösungsansatz. Mit den zwei Elementen Modularisierung auf Basis von ‚Architectural Knowledge' und ‚Virtueller Marktplatz' wird ein problemfeldübergreifender Ansatz aufgezeigt, der auf eine Verbesserung der Koordination in allen Einzelproblemfeldern zielt. Die Vorteilhaftigkeit des Ansatzes wird in der abschließenden Bewertung dann sowohl in einer Gesamtbetrachtung als auch auf Ebene der einzelnen Problemfelder aufgezeigt.

Ein solcher, tiefergehender Verstehensprozess erfordert naturgemäß einen engen Kontakt mit der Lebenswelt der Untersuchten. Forschung steht damit im Spannungsfeld von Distanz und Identifikation. Echtes Verständnis erfordert engen Kontakt zur Forschungsgruppe, wodurch auch der Gefahr von Vorurteilen entgegengewirkt wird. ‚Objektivität' erfordert andererseits jedoch auch eine ausreichende Distanz zum Untersuchungsfeld. Zu hohe Distanz kann allerdings die Wahrnehmung der ‚Welt' des anderen und damit die angestrebte ‚Objektivität' auch verhindern[91]. Vor dem Hintergrund dieses Spannungsfelds empfiehlt Girtler einen engen Kontakt zum Forschungsfeld, da unter Berücksichtigung der ‚Objektivitätserfordernisse' nur so die Möglichkeit bestehe, wirklich zu neuen Ergebnissen zu gelangen:

"Der Forscher, der zu einem ‚Mitglied' der Gruppe wird, hat in diesem Sinne die Chance, zu echten Ergebnissen zu gelangen (...) in den meisten Fällen wird eine ehrliche Identifikation mit der betreffenden Lebenswelt wohl eher nützen als schaden, denn schließlich enthält sie so etwas wie Achtung vor den Menschen, deren Denken und Handeln man verstehen und nicht distanziert studieren will. Eine solche Aufgabe der Distanz, welche mit der oben postulierten ‚Offenheit' des Forschers in engem Konnex steht, macht den Forscher für vieles in der zu erforschenden Gruppe empfänglich, was ihm sonst nicht so ohne weiteres deutlich werden würde. Keineswegs ist aber die Aufgabe der Distanz, die dem Forscher zu einem ‚going native' macht, dazu angetan, die ‚Objektivität' der Daten zu beeinträchtigen, wie behauptet wird."[92]

Entsprechend dieses Ansatzes stellen teilnehmende Beobachtung sowie das offene Interview zentrale Erhebungsmethoden im Forschungsprozess dar, vgl. Abb.I.6.[93] Letztlich ist nicht eine Entscheidung zwischen Distanz und Identifikation zielführend, sondern die Fähigkeit, den Erfordernissen entsprechend mit beiden Anforderungen umzugehen. Um trotz der Nähe zum Forschungsfeld die erforderliche ‚Objektivität' bzw. intersubjektive Nachvollziehbarkeit zu gewährleisten, kommt der Explikation, d.h. der Offenlegung des Untersuchungsprozesses besondere Bedeutung zu. ‚Objektivität', i.S. interindividueller Zuverlässigkeit bzw. Nachprüfbarkeit derart, dass "(...) unter ceteris paribus-Bedingungen verschiedene Forscher zu demselben gewonnenen Resultat gelangen"[94], ist insbesondere bei der qualitativen Sozialforschung mit

---

[91] vgl. Gerdes / Wolffersdorff-Ehlert (1974), S. 138

[92] vgl. Girtler (1984), S. 63f.

[93] "Die Forderung nach Offenheit des Forschers sowie die Zielsetzung, zu neuen Ergebnissen zu gelangen sprechen dafür (...) ein allzu starres Abfragen zu vermeiden und in ein standardisiertes Interview auch und gerade offene Fragen einzubauen (...)", vgl. Lamnek (1995), S. 16.

[94] vgl. ebenda, S. 186

Schwierigkeiten verbunden, da hier das Ziel der Analyse und des Verstehens von "Einzigartigem"[95] verfolgt wird. Aus diesem Grund wird zuweilen sogar die Transparenz über die ‚Objektivität' gestellt:

> "(...) die Offenlegung des Forschungsprozesses statt der unerreichbaren Idealvorstellung nachzujagen, die Interaktionen zwischen Forscher und Beforschten messtechnisch zu neutralisieren."[96]

In Sinne dieser Forderung nach Transparenz ist der Forschungsablauf in den Abb.I.6-I.8 dokumentiert: Abb.I.6 zeigt, gegliedert nach den Abschnitten der Arbeit, die eingesetzten Methoden der empirischen Datenerhebung, ihre Kombination mit den einzelnen Schritten der Literaturanalyse und ihre Auswertung in Hinblick auf die Forschungsfrage. Dabei wird der iterative, zirkuläre Hypothesenbildungsprozess deutlich, der durch laufenden Wechsel von Datenerhebung, Literaturanalyse, und Hypothesenentwicklung immer wieder eine Überprüfung der vorläufigen Hypothesen an der Empirie bzw. der unternehmerischen Praxis beinhaltet. Entsprechend des Ansatzes der "Grounded Theory" bzw. der "Inductive Case Study Research" das Ziel einer sukzessiven, gleichermaßen in Literatur und Unternehmenspraxis begründeten Hypothesenbildung verfolgt.

Abb.I.7-I.8 orientieren sich an den 8 Phasen des Forschungsablaufes, die Eisenhardt im Rahmen ihrer "roadmap for building theories from case study research" beschreibt[97]. Dabei wird detaillierter auf die einzelnen Aktivitäten des Forschungsprozesses und ihre Begründung i.S. des qualitativen Forschungsansatzes eingegangen. Dass ein solcher Forschungsprozess letztlich nie abgeschlossen ist, sondern in einem laufenden Abgleich von Hypothesenprüfung und - weiterentwicklung seine Fortsetzung zu finden hat, leitet sich schon sowohl aus dem aufgezeigten Forschungsverständnis als auch aus der Dynamik des in der Arbeit untersuchten Forschungsfeldes ab. Eisenhardt sieht daher auch die (vorläufige) Beendigung des Forschungsprozesses mit einer "theoretical saturation" gegeben, die nach einer ausreichenden Fall- und Datenanalyse erreicht werde.[98]

4. Ganzheitlichkeit

Die Zielsetzung des Sinnverstehens, d.h. des Verstehens sozialer Interaktionen in ihrem Kontext, erfordert einen ganzheitlichen, hollistischen Ansatz.[99] Wie schon aus dem hermeneutischen Zirkel bekannt, verweist dabei jede Einzelaussage auf den Gesamtzusammenhang und umgekehrt, Verstehen findet im wechselseitigem Abgleich

---

[95] vgl, ebenda, S. 221

[96] vgl. Bogumil / Immerfall (1985), S. 71.

[97] vgl. Eisenhardt (1999)

[98] "Two issues are important in reaching closure: when to stop adding cases, and when to stop iterating between theory and data. In the first, ideally, researchers should stop adding cases when theoretical saturation is reached. (…) In the practice, theoretical saturation often combines pragmatic consideration such as time and money to dictate when case collection ends. (…) In the second closure issue, when to stop iterating between theory and data, again saturation is the key idea. That is the iteration process stops when the incremental improvement to theory is minimal," vgl. Eisenhardt (1999), S. 545.

[99] In diesem Zusammenhang findet sich u.a. bei Habermas und Adorno, der Einwand gegen einen "positivistischen" Ansatz in der Sozialforschung, dass soziale Phänomene nicht in ihrem gesellschaftlichen Gesamtzusammenhang, sondern von ihm isoliert betrachtet werden, vgl. Adorno (1980); Habermas (1980).

aus dem Ganzen und seiner Teile statt. Dabei steht jedoch jede Untersuchung vor der Schwierigkeit, nicht alle erforderlichen Zusammenhänge für ein vollständiges Verstehen und Erklären zu kennen. Ein oberflächlicher Ganzheitsbegriff, der auf die Berücksichtigung aller (relevanten) Variablen abzielt, kann daher nicht zielführend sein.[100] Hollistisch bezieht sich daher vielmehr darauf, dass

> "(...) insbesondere der soziale Kontext, die Deutungen und Sichtweisen der Betroffenen und der Forschungsprozeß als integrale Bestandteile in die Analyse einbezogene werden müssen – Elemente, die im traditionellen Verständnis von Sozialforschung ausgeklammert, konstant gehalten oder gar negiert werden. (...) Qualitative Sozialforschung ermöglicht auch insoweit eine eher hollistische Betrachtung, als auch ein sehr spezifischer, interessierender Aspekt mithilfe qualitativer Methoden sehr breit und/oder sehr tief erfasst werden kann."[101]

Methodisch gesehen bedeutet dieser Ansatz "ein stärkeres Beachten von Relationen in Systemen gegenüber dem Isolieren einzelner Variablen"[102]. Damit wird ein weiteres Mal die enge Beziehung zum systemtheoretischen Ansatz deutlich, der daher auch den theoretischer Bezugsrahmen bildet.

Zuweilen wird der qualitativen Sozialforschung auch eine interpretative Methodologie zugeschrieben und dem sogenannten ätiologischen Paradigma der quantitativen Sozialforschung gegenübergestellt. Demnach zeichnet sich der interpretative Ansatz grundsätzlich dadurch aus, dass

> "(...) die soziale Realität als gesellschaftlich konstruiert und interpretiert betrachtet wird, während im ätiologisch-normativen Paradigma von einer objektiv vorgegebenen und erfassten Realität ausgegangen wird."[103]

Die Position dieses interpretativen Paradigmas zeigt Parallelen zu den in der Einleitung aufgezeigten Erkenntnissen der Neurowissenschaftler Maturana und Varela, nach denen das Gehirn keine Außenwelt ‚objektiv abbildet' (repräsentiert), sondern die Umwelt lediglich in Form von Störeinflüssen (Reizen) auf den Organismus bzw. sein Nervensystem einwirkt. Die Selektion dieser Störeinflüsse und ihre Interpretation (Deutung und Bewertung) sind dabei jedoch systeminterne Vorgänge.[104] Selbstorganisation kommt hierbei eine besondere Bedeutung zu. Experimente namhafter Neurologen zeigen zudem, dass sowohl die Ausbildung des Gehirns, nämlich die Ausbildung der Synapsen, d.h. der Verbindungen zwischen den Neuronen, als auch die Ausbildung unserer Gedanken in starkem Maße durch Umwelterfahrungen beeinflusst werden. Interpretation ist somit immer auch vergangenheitsabhängig. Die Bedeutung des ‚Historischen' im interpretativen Paradigma findet sich jedoch nicht nur auf der individuellen Ebene, sondern auch auf der Ebene sozialer Interaktionen. Verstehen erfordert die Berücksichtigung des Kontextes. Kontext ist jedoch immer auch historisch determiniert,

---

[100] vgl. Lamnek (1995), S. 237
[101] vgl. ebenda, S. 238
[102] vgl. Haag, 1972, S. 56
[103] vgl. Lamnek (1995), S. 230
[104] vgl. Haken / Haken-Krell (1992), S.11

"(...) da die Situationen, in denen Interaktionen natürlich ablaufen, nicht reproduzierbar sind; sie sind ebenso einmalig, wie die Forschungsobjekte individuelle Subjekte in spezifischen Handlungskontexten sind."[105]

Im Gegensatz dazu wird in der auf dem Kritischen Rationalismus basierenden quantitativen Sozialforschung nach raum-zeitlich unabhängigen (nomologischen) Gesetzesaussagen gesucht. In der Tradition Poppers mit seiner Kritik am Historizismus[106] werden Fragen, die sich auf ‚Historisches' beziehen, abgelehnt, da man zu universellen Gesetzmäßigkeiten vorstoßen möchte. Mit der Suche nach grundsätzlichen Mustern sozialen Handelns, mentalen Modellen bzw. ursächlichen Problemmustern, (vgl. Teil III), zielt auch die qualitative Sozialforschung auf generalisierende Aussagen, "allerdings enthält die Beschreibung solcher ‚Regelmäßigkeiten' immer auch den historischen Bezug."[107] Dies wird bei der Analyse emergenter Phänomene in der Fallstudie deutlich: verschiedene Problemfelder lassen sich erst durch wiederholte Handlungsmuster der Vergangenheit erklären (z.B. wiederholte Anwendung des Prinzips der ‚Zielvereinbarung nach Gießkannenprinzip'). Vielfach kommt dabei zeitlichen Verzögerungen hohe Bedeutung zu, Ursache und Wirkung fallen z.T. weder zeitlich noch räumlich zusammen, vgl. Teil III, Kap. 2.2. Wiederholt zeigt sich hier die enge Beziehung zum systemtheoretischen Ansatz.

5. Theoretical Sampling

Die zentrale Zielsetzung qualitativer Sozialforschung, das Verstehen sozialer Interaktionen, ist i.a. nur über den spezifischen Kontext bzw. die Individualität des Untersuchten möglich. Zufallsstichproben, die eine große Zahl (gleichartiger) Untersuchungsobjekte erfordern, sind daher bei offenen, qualitativen Methoden nicht realisierbar.[108] Die Zufallsstichprobe wird daher durch das "Theoretical Sampling" ersetzt, d.h. "cases are chosen for theoretical, not statistical reasons"[109]. Dies bedeutet auch, dass „das sample unter den für die Theoriebildung wichtig gewordenen Aspekten erweitert wird."[110] Die ergebnisabhängige Erweiterung des ‚samples' ist ein weiteres Beispiel für die Umsetzung eines offenen, prozesshaften Forschungsansatzes. Dabei wird eine gezielte Fallauswahl verfolgt, die sich aus der Zielsetzung der Forschung ergibt.[111]

"(...) random selection is neither necessary, nor even preferable. As Pettigrew (1988) noted, given the limited number of cases which can usually be studied, it makes sense to choose cases such as extreme situations and polar types in which the process of interest ist „transparently observable". Thus the goal of theoretical sampling is to choose cases which are likely to replicate the emergent theory."[112]

---

[105] vgl. Lamnek (1995), S. 231

[106] vgl. Popper (1964)

[107] vgl. Lamnek (1995), S. 232

[108] vgl. ebenda, S. 239

[109] vgl. Eisenhardt (1999), S. 537

[110] vgl. Hoffman-Riem (1980), S. 346

[111] Dabei zeigt sich, dass die (theoretische) Forderung, den Forschungsprozess völlig offen, gänzlich ohne theoretische Vororientierung zu starten, nicht nur in der Praxis kaum realistisch ist, sondern auch bei der Fallauswahl im Rahmen des "theoretical sampling" nicht eingehalten wird.

[112] vgl. Eisenhardt (1999), S. 537

Die Auswahl der Fallstudie orientierte sich an diesem Ansatz. Untersucht wurde ein Premiumhersteller, der in Hinblick auf Organisation und Koordination im Entwicklungsprozess als führend gilt. Im Rahmen der Fallstudie werden 8 Problemfelder unterschieden, die i.S.v. 8 ,Teil-Fallstudien' bzw. "Mini-Cases"[113] einen Teilaspekt der Koordination von Zielkonflikten in der frühen Entwicklungsphase betrachten. Damit wird der Empfehlung Eisenhardt's gefolgt, 4-10 solcher Fälle zu betrachten. Bei einer geringeren Anzahl von Fällen sieht Eisenhardt Schwierigkeiten, auf dieser Basis komplexere Theorien bzw. Hypothesen abzuleiten, bei mehr als 10 Fällen wird die Datenkomplexität kaum noch beherrschbar. Auf Basis der 8 analysierten Teil-Fälle erfolgt dem Ansatz der "Grounded Theory" entsprechend eine vergleichende Analyse ("comparative analysis")[114]. Der Vergleich von Gemeinsamkeiten, Unterschieden und Wechselwirkungen in den 8 Teil-Fällen führt über eine "empirical generalization"[115] zu grundlegenden, ursächlichen Problemmustern ("categories")[116]. Diese bilden die Grundlage für ein vertieftes Verständnis der Problemfelder sowie ihrer Erklärung als Basis für die Hypothesenbildung in Form des Ansatzes ,gelenkter Selbstorganisation.'

Im Gegensatz zur quantitativen Vorgehensweise, die i.a. mehr Fälle und häufig auch mehr Variablen einbezieht, um dann mit Hilfe der Statistik und zumeist EDV eine Datenreduktion vorzunehmen, wird beim qualitativen Ansatz eine explikative Analyse verfolgt. Dabei werden

> "(...) aus relativ kleinen Interaktionssequenzen (...) äußerst differenzierte und ausführliche Analyseprotokolle entwickelt. Diese Protokolle bilden faktisch eine neue Datenbasis."[117]

Durch diese vertiefende, explikative Analyse wird der Datenbestand eher erweitert als reduziert. Verbunden damit ist ein i.a. eher niedriges Messniveau, wobei es sich hierbei um kein notwendiges Merkmal der qualitativen Vorgehensweise handelt. Wie die Erhebung zu den produktbedingten Abstimmungserfordernissen in Teil IV zeigt, ist es "durchaus möglich, im Rahmen primär qualitativ orientierter Studien auch Daten auf hohem Messniveau (...) zu erheben und zu analysieren."[118] Das Fehlen statistischer Analysen bei der qualitativen Vorgehensweise ist dabei weniger auf das niedrige Messniveau zurückzuführen. Neben den geringen Fallzahlen ist dies v.a. auf die "mangelnde Vergleichbarkeit durch fehlende Standardisierung" sowie die "Ablehnung der Reduktion komplexer Lebenssachverhalte auf wenig aussagekräftige statistische Maßzahlen"[119] zurückzuführen.

6. Von gegenstandsbezogenen Theorien zu formalen Theorien

---

[113] vgl. ebenda, S. 545, vgl. hierzu auch Mintzberg / McHugh (1985)
[114] vgl. Glaser / Strauss (1967), S. 1
[115] "Another standard use of comparative studies is to establish the generality of a fact. (...) Our goal of generating theory also subsumes this establishing of empirical generalizations, for the generalizations not only delimit a grounded theory's boundaries of applicability; more important they help us broaden the theory so that it is more generally applicable and has a greater explanatory and predictive power. By comparing where the facts are similar or different, we can generate properties of categories that increase the categories' generality and explanatory power", vgl. ebenda, S. 24. Die grundlegenden Ursachenmuster (Teil III, Kap. 2.3) stellen derartige Kategorien dar.
[116] vgl. Eisenhardt (1999), S. 540
[117] vgl. Mohler (1981), S. 728
[118] vgl. Lamnek (1995), S. 243
[119] vgl. ebenda

Ziel der induktiven Vorgehensweise in dieser Arbeit ist die Entwicklung von Hypothesen bzw. Theorien, die in der Empirie verankert sind ("Grounded Theory"), in Form des Ansatzes ,gelenkter Selbstorganisation'.[120] Die beschränkte Fallzahl sowie die Fokussierung auf eine bestimmte, eng begrenzte Problemstellung führt dabei zunächst zu Hypothesen für einen bestimmten Gegenstandsbereich.

> "Wenn wir von der Entdeckung gegenstandsbezogener Theorien sprechen, meinen wir die Formulierung von Konzepten und deren Beziehungen zu einem Satz von Hypothesen für einen bestimmten Gegenstandsbereich (...), die sich auf Forschung in diesem Bereich stützt."[121]

Die gegenstandsbezogenen Theorien stellen eine Vorstufe für das Endziel dar, der Bildung sogenannter formaler Theorien. Diese sind ebenfalls empirisch verankert, weisen sich jedoch durch einen höheren Allgemeinheitsgrad aus, die Aufhebung raum-zeitlicher Einschränkungen sowie universellen Geltungsanspruch bei "mittlerer Reichweite".[122] Dies wird über weitergehende (induktive) Verallgemeinerung angestrebt, wobei i.a. auch der Abstand zur Empirie größer wird. Ein erster Ausblick für eine solche Verallgemeinerung z.B. durch Übertragung des Ansatzes ,gelenkter Selbstorganisation' auf andere Automobilhersteller, weitere Zielgrößen oder sogar Unternehmen anderer Branchen findet sich abschließend in Teil IV.

Besondere Bedeutung kommt in der "Grounded Theory" der Bildung möglichst vieler, empiriegesteuerter Hypothesen zu, im Gegensatz zur Überprüfung weniger logisch-de-

---

[120] In der quantitativen und qualitativen Sozialforschung existiert ein nicht identischer Theoriebegriff, der sich aus dem in der Soziologie unspezifischen Gebrauch des Begriffs 'Theorie' erklärt, vgl. ebenda (1995), S. 225. Mit 'Theorie' kann ein "System von Aussagen, das mehrere Hypothesen oder Gesetze umfasst" bezeichnet werden, wobei Hypothesen als Aussagen verstanden werden, "die einen Zusammenhang zwischen mindestens zwei Variablen postulieren", vgl. Schnell / Hill / Esser (1999), S. 54. Häufig wird der Theoriebegriff jedoch auch in einem sehr viel weiteren Verständnis verwendet, bis hin zu einem Konzept oder Urteil, das als Theorie bezeichnet wird, vgl. Lamnek (1995), S. 225. Auch beim Ansatz des „Inductive Case Study Research" wird einem erweiterten Hypothesen- bzw. Theoriebegriff gefolgt, vgl. Eisenhardt (1999), S. 545: "The final product of building theories from case study research may be concepts (e.g., the Mintzberg and Waters, 1982, deliberate and emergent strategies), a conceptual framework (e.g., Harris & Sutton's, 1986, framework of bankruptcy), or propositions or possible mid-range theory (e.g., Eisenhardt and Bourgeons's, 1988, midrange theory of politics in velocity environment." Nach Lazarsfeld liegt in den Naturwissenschaften die "Betonung auf der Explikation von Theorien (…). Wir hingegen haben in unserem Bereich noch keine echten Theorien entwickelt. Was als soziologische Theorie bezeichnet wird, sind entweder Begriffssysteme, wie sie in den Arbeiten von Wiese's oder Parsons' auftreten, oder es handelt sich um Richtlinien, die auf die Aspekte sozialer Phänomene hinweisen, denen wir besondere Aufmerksamkeit widmen sollten – eine Art des analytischen Vorgehens, für die Merton's Exposition der funktionalen Analyse das beste Beispiel darstellt", vgl. Lazarsfeld (1973), S. 150f. Zwischen Hypothesen, Gesetzen und Theorien kann nicht aufgrund eines eindeutigen Kriteriums klar unterschieden werden (…) Gesetze sind strukturell identisch mit Hypothesen. Man verwendet den Gesetzesbegriff jedoch vor allem dann, wenn sich die entsprechenden Aussagen an der Realität "bewährt" haben", vgl. Schnell / Hill / Esser (1999), S. 54. Aus den aufgezeigten Kennzeichen in dieser Arbeit verfolgten qualitativen Forschungsansatzes ergibt sich ein erweitertes Hypothesen- bzw. Theorieverständnis, bei dem das komplexe Untersuchungsfeld nicht auf einzelne, voneinander isolierte Variablen und ihre Beziehungen reduziert werden kann. Umso höhere Bedeutung kommt für die Zielsetzung der "intersubjektiven Nachvollziehbarkeit" der Dokumentation des Forschungsablaufes zu, vgl. Abb.I.6-I.8, sowie dem Aufzeigen wesentlicher Randbedingungen der Untersuchung zu, vgl. Lamnek (1995), S. 26f; S. 186. Letzteres erfolgt im Rahmen der detaillierten Fallstudienanalyse.

[121] vgl. Glaser / Strauss (1979a), S. 91. Gegenstandsbezogene Theorien zeichnen sich dementsprechend durch geringe Allgemeinheit, Bereichsspezifität und "mittlere Reichweite" aus.

[122] in Abhebung zu Gesellschaftstheorien, vgl. Lamnek (1995), S. 125

duktiv abgeleiteter Hypothesen.[123] Gemäß der iterativen Vorgehensweise ("comparative analysis") mit laufendem Abgleich von Hypothesenbildung, Empirie und Stand der Forschung, findet eine permanente Theorieprüfung schon während des Forschungsprozesses statt.[124] Exploration erlangt damit eine Qualität, die über eine reine Formulierung von Hypothesen bzw. Theorien hinausgeht und auch ihre Modifizierung und partielle Prüfung beinhaltet.[125]

> "Am Anfang des Forschungsprozesses steht also eine erste Sammlung von Daten; diese werden kodiert (...) es werden die ersten Kategorien und ihre Dimensionen gebildet und abgeleitet; diese werden sofort wieder am Forschungsfeld überprüft; gleichzeitig werden weitere Daten gesammelt, interpretiert, verwertet; Kategorien werden bestätigt, verworfen, verändert oder erweitert: erste Hypothesen entstehen und werden gleichzeitig wieder überprüft; erste Integrationsversuche zur Zusammenfassung der ersten Ergebnisse werden unternommen; die frühen Hypothesen, die zunächst oft recht unzusammenhängend wirken, werden bald integriert und bilden die Grundlage für den entstehenden, zentralen analytischen Bezugsrahmen; dieser analytische Bezugsrahmen wird weiterentwickelt; allmählich entsteht aus ihm eine gegenstandsbezogene Theorie."[126]

Da ein solcher iterativer Prozess von Datensammlung, –analyse und Hypothesenbildung/-überprüfung letztlich nie vollständig abgeschlossen ist, treten Glaser/Strauss für die Bezeichnung der "discussional form" der Theorien ein.[127] Der Ausblick für eine mögliche Weiterentwicklung des Ansatzes ‚gelenkter Selbstorganisation' in Teil IV folgt diesem Verständnis.

---

[123] vgl. ebenda, S. 121

[124] vgl. Eisenhardt (1999), S. 547; Lamnek (1995), S. 115.: "Implizit wie explizit überprüft der Forscher auf diese Weise ständig seine vorläufigen Annahmen und Ergebnisse anhand des gesammelten und beobachteten Datenmaterials."

[125] vgl. Lamnek (1995), S. 103f., bzw. Blumer (1976), S. 122: "Exploration ist per Definition eine flexible Vorgehensweise, in der der Wissenschaftler von einer zu einer anderen Untersuchung wechselt, im Verlauf der Studie neue Beobachtungspositionen einnimmt, in der er sich in neue Richtungen bewegt, an die er früher nicht dachte, und in der er seine Meinung darüber, was wichtige Daten sind, ändert, wenn er mehr Informationen und ein besseres Verständnis erworben hat. In dieser Hinsicht steht die explorative Forschung im Gegensatz zu der vorgeschriebenen und begrenzten Verfahrensweise, die von dem gegenwärtigen wissenschaftlichen Programm gefordert wird".

[126] vgl. Lamnek (1995), S. 119

[127] vgl. Glaser / Strauss (1967), S. 32.

Gliederung	Empirie (eingesetzte Methoden)	Forschungsfrage, Hypothesenbildung, Bewertung	Theorie (Literaturanalyse)
Teil I: Forschungsfrage, Problemdefinition/ -abgrenzung	Teilnehmende Beobachtung Befragung (offene Experteninterviews) s. a)	a) Koordination als Erfolgsfaktor bei komplexen PEP. b) Koordination in komplexen PEP stark beeinflusst durch Emergenz. -> Suche nach Koordinationsstrukturen ,gelenkter Selbstorganisation'	Literaturstudium mit den Schwerpunkten PEP, Koordination, (Selbst-)Organisation, Systemtheorie
Teil I: Situationsbedingungen	Teilnehmende Beobachtung Befragung (offene Experteninterviews) Dokumentenanalyse	a) Unternehmensübergreifende (aufgaben-/ umweltbezogene) Situationsbedingungen b) Unternehmensspezifische Situationsbedingungen	Literaturstudium
Teile II, III: Problemanalyse, (iterative Hypothesenbildung und -fundierung)	Teilnehmende Beobachtung Gruppen-/Expertendiskussion Befragung (offene Interviews) Dokumentenanalyse	a) 10 Problemfelder und resultierende Herausforderungen bei Koordination im PEP, zeitliche Zuordnung zu den Hauptphasen des PEP, Problemvernetzung	Literaturstudium
	Ableitung aus a)	b) „Differenziertes Selbstorganisations-verständnis"	
	Teilnehmende Beobachtung Gruppendiskussion Befragung (offene Interviews)	c) Emergente Phänomene in den 10 Problemfeldern	
	analytische Herleitung aus c)	d) Problemübergreifende Ursachenmuster	
Teil IV: Koordinationsansatz (Hypothesenbildung und Expertenabgleich, iterativ)	analytische Herleitung aus III a-d)	a) Koordinationsinstrumente für Ansatz ,gelenkter Selbstorganisation'	Lösungsimpulse aus Literatur
	Befragung zum Architectural Knowledge (strukturierte Interviews), Gruppendiskussionen mit den befragten Führungskräften, auf dieser Basis analytische Herleitung	b) Grundelemente für den Ansatz ,gelenkter Selbstorganisation' Modularisierung auf Basis von Architectural Knowledge: - Projektorganisation - Einbindung in Entwicklungsorganisation	Lösungsimpulse aus Literatur
	Gruppen-/Expertendiskussion, analytische Herleitung, Basis: Problemanalyse (III)	Virtueller Marktplatz	Lösungsimpulse aus Literatur
Teil IV: Bewertung	Analytische Bewertung, Basis: -Daten zum Architectural Knowledge -Problemanalyse (III)	a) Bewertung in Bezug auf: - aufgezeigte Problemfelder - Ziele, Herausforderungen im PEP - Stand der Forschung	Abgleich zu Literatur Abgleich zu Literatur
	Analytische Bewertung auf Basis von a)	b) Gesamtbewertung (Objektivität, Validität, Reliabilität, offene Punkte/Ausblick)	

Abb. I.6: Übersicht zu Methoden und Forschungsablauf: iterative Vorgehensweise mit laufendem Wechsel zwischen Empirie, Literaturanalyse und Hypothesenentwicklung

Schritt	Aktivitäten	Begründung
1. Getting Started	Festlegung von Zielsetzung, Problemstellung und -abgrenzung. Ansatz ‚gelenkter Selbstorganisation' für Koordination im PEP der Automobilindustrie. - Ziel: Bessere Selbstlenkung, Berücksichtigung Emergenz - Fokus: Premiumhersteller, Koordinationsstrukturen, frühe Phase des Entwicklungsprozess	- Koordination Erfolgsfaktor im PEP, jedoch geringe Planbarkeit bei Koordination / hohe Bedeutung emergenter Phänomene aufgrund hoher Produkt- und Prozesskomplexität - Frühe Entwicklungsphase entscheidend für Beeinflussbarkeit des Entwicklungsergebnisses
2. Selecting Cases	- Auswahl des Fallstudienunternehmens: europäischer Premiumhersteller (anonymisiert: „Automóviles Deportivos"). - Auswahl der Fallstudie: „Gewichtsprozess" in der frühen Phase eines Fahrzeugprojektes. Fokussierung auf 10 Problemfelder bzw. „Teil-Fallstudien" sukzessive resultierend aus den Erhebungsergebnissen	- Kriterien für Auswahl des Unternehmens: • Unternehmenserfolg • sehr gute Bewertung („Benchmark") in Hinblick auf innovative/fortschrittliche Ansätze in der Entwicklungsorganisation (Auswertung Literatur/Publikationen) - Kriterien für Fallstudienauswahl: • Querschnitt über gesamten Entwicklungsprozess, • Beispiel für Zielkonfliktmanagement, • Messbarkeit Zielgrößen Gewicht und Kosten, • Untersuchungsmöglichkeit für Fallstudie/Datenzugang
3. Crafting Instruments and Protocols	- Teilnehmende Beobachtung (Fallstudie) - Gruppen-/Expertendiskussionen - Befragung (offene und teilstrukturierte Interviews)	- Kombination von Erhebungsmethoden: • qualitativ (z.B. für Problemfelder, Emergenz und ihren Ursachen) • quantitativ (Erfassung des Architectural Knowledges) Vorteile der Methodik: • qualitativ: Offenheit für Neues geringere Vorprägung • quantitativ: Objektivierbarkeit / Messbarkeit - Entwicklung von Hypothesen in Diskussion/Zusammenarbeit mit zahlreichen Experten (Gruppendiskussion) Ziele: • größere Fundierung • höhere Kreativität • Berücksichtigung unterschiedlicher Perspektiven
4. Entering the Field	- Enge, wechselseitige Verknüpfung von Theorie und Datenerhebung/-analyse: iterativer Prozess aus Datenerhebung, Theorieanalyse und Hypothesenentwicklung/-fundierung - Vorgehensweise mit hoher Flexibilität abhängig von den Forschungsergebnissen (z.B. Notwendigkeit zur Erfassung des Architectural Knowledges als Basis für neue Modularisierung ergibt sich aus vorgelagerten Untersuchungen).	- Offenheit ggü. der Untersuchung / Untersuchungsergebnis - Flexibilität in der Vorgehensweise in Abhängigkeit vom Untersuchungsergebnis (iterativer Prozess) - Berücksichtigung unterschiedlicher Perspektiven - Hoher Praxis- und Theoriebezug durch enge, wechselseitige Verknüpfung von Empirie und Theorie

Abb. I.7: Detaillierung des Forschungsablaufs, Schritte 1-4
(Vorgehensweise in Anlehnung an Eisenhardt, 1999, S. 532ff.)

Schritt	Aktivitäten	Begründung
5. Analysing Data	- 1. Schritt „Within-Case Analysis": Analyse und Darstellung der Ergebnisse aus Beobachtung, (offenen) Interviews und Gruppendiskussionen detailliert und getrennt zu jedem der 10 Problemfelder - 2. Schritt „Cross-Case Pattern Analysis": Analyse problemfeldübergreifender Ursachenmuster für die aufgezeigten emergenten Phänomene (Unterscheidung unterschiedlicher Kategorien).	- Untersuchung unterschiedlicher, eng zusammenhängender Koordinationsprobleme aufgrund der engen Vernetzung der Problemfelder v.a. auf Ebene der emergenten Phänomene. Ansatz „gelenkter Selbstorganisation" muss gleichzeitig an allen Problemfeldern orientiert sein. - Einzelbetrachtung der Problemfelder (im Rahmen der bestehenden Vernetzung) ermöglicht zunächst Analyse der spezifischen, einzigartigen Emergenzmuster aus unterschiedlichen Perspektiven. Ziel: Offenheit für Neues, Vermeidung vorgeprägter Sichtweisen durch zu frühe Gesamtbetrachtung. - Anschließende „Cross-Pattern Analysis" für Zusammenfassung und Fokussierung der Informationsvielfalt auf wesentliche Anforderungen für den Ansatz „gelenkter Selbstorganisation".
6. Shaping Hypothesis	- Entwicklung von Hypothesen zu Problemfeldern, Ursachen hierfür und optimierten Koordinationsstrukturen. Zusammenfassung in Übersichtstabellen. - Iterative Vorgehensweise durch Abgleich von Empirie und Theorie mit sukzessiver Weiterentwicklung/Fundierung der Hypothesen. - Weiterentwicklung des Begriffsverständnis von Selbstorganisation durch Abgleich aus Datenerhebung und Theorie i.S. eines „differenzierten Selbstorganisationsverständnis".	- Prüfung interner Validität und Objektivität der Hypothesen durch iterativ-zirkuläre Vorgehensweise, damit sukzessive Fundierung der Hypothesen. - Bewertung interner Validität der Hypothesen durch Abgleich mit der Praxis (qualitativ und quantitativ, insbesondere Vorteilhaftigkeit des Ansatzes gelenkter Selbstorganisation bzgl. Informationsflusses/Prozessorientierung belegbar über Daten zum Architectural Knowledge.) - Wechselseitiger Abgleich von Hypothesen, Theorie und Empire für hohen Praxis- und Theoriebezug der Hypothesen.
7. Enfolding Literature	- Gegenüberstellung der Hypothesen mit Literatur/Stand der Forschung v.a. in den Bereichen Selbstorganisation, interner Netzwerkorganisation und Management zum Produktentwicklungsprozess. - Interpretation und Begründung der Beziehungen zwischen Hypothesen und Literatur	- Konkretisierung von Ansätzen aus der Literatur in den untersuchten Bereichen (vgl." Lösungsimpulse", Teil IV, keine Entwicklung einer (neuen) Theorie, aber Beitrag zur (Weiter-)Entwicklung von Theorien. - Steigerung der internen und externen Validität, stärkere theoretische Fundierung der Ergebnisse.
8. Reaching Closure	- Fokussierung der Untersuchungen auf 10 unterschiedliche Problemfelder (i.S.v. 10 „Teil-Fallstudien") statt auf unterschiedliche „Gesamt-Fallstudien" aufgrund der engen Vernetzung der Problemfelder (Untersuchung weiterer „Gesamt-Fallstudien" bzw. unterschiedlicher Hersteller zur Hypothesenprüfung/-weiterentwicklung als Fortsetzung in folgenden Untersuchungen sinnvoll (s. Ausblick).	- Interne Validität, da breite Betrachtung unterschiedlicher Problemfelder, aufgrund hoher Vernetzung der Problemfelder einseitiger, problemspezifischer Lösungsansatz nicht zielführend. - Externe Validität, da Architectural Knowledge (auf der Ebene der durchgeführten Untersuchungen) herstellerübergreifend weitgehend identisch.

Abb. I.8: Detaillierung des Forschungsablaufs Schritte 5-8
(Vorgehensweise in Anlehnung an Eisenhardt, 1999, S. 532ff.)

2. Grundlagen

Die Begriffe Produktentwicklung, Technologie-, Innovations- und F&E-Management werden nicht nur im Alltag unscharf oder z.t. sogar synonym verwendet. Auch in der wissenschaftlichen Literatur finden sich z.t. unterschiedliche Begriffsverständnisse. Daher wird im folgenden zunächst der *Betrachtungsbereich*, die Produktentwicklung, näher beleuchtet: zum einen im Blick ‚nach außen' mit der Einordnung der Produktentwicklung in ihren übergeordneten Kontext, zum anderen im Blick ‚nach innen' mit der Erläuterung von Phasen und Ablauf des Entwicklungsprozesses.

Nach dieser Annäherung an das Objekt der Untersuchung erfolgt eine Betrachtung der *Ausgangssituation* der Untersuchung. Dabei wird eine Beschränkung auf die für die betrachtete Problemstellung wichtigsten Einflussfaktoren, das Zieldreieck aus Kosten, Zeit und Qualität, die Aufgabencharakteristika komplexer Produktentwicklungen sowie wichtige externe Einflussfaktoren vorgenommen. Aus diesen Überlegungen werden drei zentrale Spannungsfelder hergeleitet, an denen die grundlegenden Herausforderungen des Managements im Automobilentwicklungsprozess verdeutlicht werden. Einen zentralen Erfolgsfaktor bei der Bewältigung dieser Herausforderungen stellt die Koordination der Entwicklungsaktivitäten dar. Dies greift die *abschließende Zwischenbetrachtung* auf und präzisiert das in der Arbeit verwendete Koordinationsverständnis.

2.1 Betrachtungsbereich - Produktentwicklung im Kontext von Technologie-, Innovations- und F&E-Management

Das Management von Produktentwicklungen stellt einen Teil des F&E-Managements dar, das sich seinerseits aus der Schnittmenge von Technologie- und Innovationsmanagement ergibt, vgl. Abb.I.9.[128] Ausgehend davon werden im folgenden zunächst Technologie-, Innovations- und F&E-Management voneinander abgegrenzt, bevor anschließend die Teilaspekte des F&E-Managements sowie die Phasen der Produktentwicklung näher betrachtet werden.

2.1.1 Begriffsabgrenzung

Technologie bezeichnet in seinem ursprünglichen, aus dem Griechischen stammenden Sinn das Verfahren bzw. die Kunst der gewerblichen Herstellung von Gegenständen.[129] Heute wird der Begriff Technologie i.a. im Sinne von Wissen über naturwissenschaftlich-technische Zusammenhänge verwendet, soweit dieses bei der Lösung praktischer Probleme, etwa bei der Entwicklung von Produkten und Verfahren, zum Einsatz kommt.[130]

---

[128] In Anlehnung an Engelke (1991), S. 17, und Zahn (1995a), S. 15. Zu einer anderen Abgrenzungs-systematik, vgl. z.B. Specht / Beckmann (1996), S. 18, die Innovationsmanagement als Oberbegriff zu F&E-Management verstehen, das seinerseits Technologiemanagement umfasst.
[129] vgl. Zahn (1995a), S. 4
[130] vgl. Zörgriebel (1983), S. 11

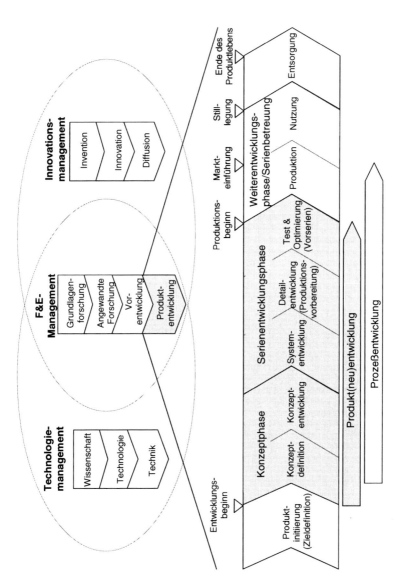

Abb. I.9: Abgrenzung von Technologie-, Innovations- und F&E-Management und
Phasen der Produktentstehung

Im Gegensatz zum reinen Erklärungswissen oder Kennenwissen der (Natur-) Wissenschaften kann Technologie daher als Anwendungswissen oder Könnenwissen verstanden werden.[131] Der Begriff Technologie ist damit vom Terminus *Technik* zu unterscheiden: Technik manifestiert sich - in Gestalt von Produkten oder Verfahren - in konkreter Anwendung von Technologie.[132] *Technologiemanagement* kann damit als das Management der naturwissenschaftlich-technischen Kenntnisse und Fähigkeiten, die zur Lösung technischer Probleme notwendig sind, definiert werden.[133]

Bei der Begriffsabgrenzung von Technologie- zu *Innovationsmanagement* bestehen unterschiedliche Sichtweisen, eine allgemeingültige Definition des Begriffs *,Innovation'* existiert bisher nicht.[134] Gemeinsames konstitutives Merkmal der unterschiedlichen Innovationsbegriffe ist die ,Neuartigkeit', die in dieser Arbeit i.S.v. ,subjektiv neu für das Unternehmen' verwendet wird.[135] Diese Neuartigkeit kann sich in Form von Produktinnovationen auf Produkte beziehen, die von einem Unternehmen erstmalig auf dem Markt eingeführt werden, oder in Form von Prozessinnovationen die Durchsetzung eines neuartigen Verfahrens im Unternehmen betreffen.[136]

Damit ergibt sich eine Differenzierung von Technologie- und Innovationsmanagement, die jedoch nicht überschneidungsfrei ist:

''Technologiemanagement geht insofern über Innovationsmanagement hinaus, als es sich nicht nur mit technologischen Neuerungen befasst, sondern die Steuerung der Entwicklung, Erhaltung und Anwendung von Technologiekompetenz über den gesamten Lebenszyklus von Technologien umfasst, also neben neuartigen auch vorhandene Technologien zum Gegenstand hat. Demgegenüber erstreckt sich Innovationsmanagement auch auf an-

---

[131] vgl. Zahn (1995a), S. 4
[132] vgl. ebenda
[133] vgl. Specht / Beckmann (1996), S. 18
[134] vgl. Hausschildt (1992), Sp. 1029; Pleschak / Sabisch (1996), S. 1
[135] vgl. Hausschildt (1997), S. 16
[136] Ergänzend lassen sich vier Haupttypen von Innovationen unterscheiden, vgl. Zahn (1995a), S. 11ff.: *Änderungen des technisch-wirtschaftlichen Paradigmas* mit dem Charakter technischer Revolutionen, wie z.B. die Dampfkraft, die tiefgreifende Auswirkungen auf die gesamte Wirtschaft haben, *neue Technologie-Systeme*, wie die Kunststofftechnologie, die zwar i.a. auf eine Branche beschränkt sind, aber weitreichende Folgen haben, indem sie Innovationshäufungen nach sich ziehen, *radikale Innovationen*, die wie die Anti-Baby-Pille diskontinuierlich und in ihrem Anwendungsbereich häufig eingeschränkt auftreten, aber neue Märkte eröffnen können, und *schrittweise Innovationen*, die weniger spektakulär sind, aber häufig zu beachtlichen Qualitätsverbesserungen führen und insgesamt am häufigsten sowie in allen Branchen anzutreffen sind. Der Begriff *,Innovationsprozess'* wird ähnlich kontrovers verwendet wie der Begriff Innovation, vgl. für ausführlichere Übersichten z.B. Hausschildt (1997), S. 25ff. Ausgehend vom Objekt des Prozesses, der Innovation, werden darunter alle an der Unternehmensstrategie ausgerichteten Maßnahmen und Aktivitäten verstanden, die inner- und außerhalb der Unternehmung dazu beitragen, die Innovation zum Markterfolg zu führen, vgl. Brockhoff (1992), S. 27ff. Dabei werden idealtypisch die Teilaktivitäten "Invention", "Innovation" und "Diffusion" unterschieden, vgl. Phasenmodell für betriebliche Innovationsprozesse nach Thom (1980), S. 53: "Invention" bezeichnet die geplante oder unvorhergesehene Erfindung oder Entdeckung bislang unbekannter Problemlösungen in unterschiedlicher Nähe zur Markteinführung, vgl. Engelke (1992), S. 95 (die ungeplante "Invention" wird hier als "Serendipitätseffekt" bezeichnet, vgl. Brockhoff (1992), S. 27f.). Von der Phase der "Innovation" (im Unterschied zur "Innovation" als Objekt des Gesamtprozesses) wird gesprochen, wenn eine "Invention" erstmals wirtschaftlich am Markt eingeführt wird., vgl. Engelke (1991), S. 26. Die weitere Verbreitung innovativer technischer Neuerungen im Absatzmarkt wird als "Diffusion" bezeichnet, vgl. Lücke (1988), S. 158ff. Im Unterschied dazu wird die im allgemeinen unerwünschte Diffusion einer Innovation bei Wettbewerbern als "Imitation" bzw. "horizontale Diffusion" bezeichnet, vgl. Engelke (1992), S. 27.

dere, nicht-technische Innovationsprozesse, insbesondere auf solche zur Stimulierung und Durchsetzung von Neuerungen.''[137]

Die *F&E-Aktivitäten* können hinsichtlich ihres Anwendungsbezuges in Grundlagenforschung, Angewandte Forschung, Vorentwicklung und Produktentwicklung unterschieden werden.[138] *Grundlagenforschung* ist auf die Gewinnung neuer wissenschaftlicher oder technischer Erkenntnisse und Erfahrungen gerichtet, ohne überwiegend an der unmittelbaren praktischen Anwendbarkeit orientiert zu sein.[139] Ziele der Grundlagenforschung sind die Generierung und Überprüfung von Gesetzeshypothesen. Grundlagenforschung stellt damit die Basis für die *Angewandte Forschung* dar, die auf die Gewinnung und Weiterentwicklung von Wissen und Fähigkeiten gerichtet ist, die der Lösung praktischer Probleme in der Technik dienen sollen.[140]

Aufgabe der *Vorentwicklung* ist die anwendungsorientierte Ausentwicklung von Technologien, die Prüfung der technischen Umsetzbarkeit neuer Technologien in Produkte und Produktionsprozesse, die Definition von Produktkonzepten sowie die Erbringung von Funktionsnachweisen durch den Bau von Prototypen. Unter dem Begriff *Produktentwicklung* werden alle Aktivitäten subsumiert, die für die Schaffung eines neuen Produktes für einen bestimmten Markt erforderlich sind.[141] Specht versteht unter Produktentwicklung die

> ''(...) Nutzung wissenschaftlicher und / oder technischer Erkenntnisse und Erfahrungen zur anwendungsgerechten Gestaltung von neuen oder wesentlich verbesserten Produkten oder Prozessen''.[142]

Da insbesondere bei Serien- und Massenfertigung der Produkterfolg auch entscheidend von geeigneten Herstellungsverfahren für eine wirtschaftliche Produktion abhängt, wird die Prozessentwicklung ebenfalls zur Produktentwicklung (im weiteren Sinne) gezählt.[143] Einige Autoren heben diesen Sachverhalt durch die Bezeichnung Produkt- und Prozessentwicklung hervor.[144] Aus sprachlichen Gründen wird in den weiteren Ausführungen jedoch auf diese Bezeichnung verzichtet und weiterhin bedeutungsgleich der Begriff Produktentwicklung verwendet.

Ein wichtiger Erfolgsfaktor der Produktentwicklung stellt die Integration von Entwicklung, Produktion und Marketing dar. Marktbearbeitung[145], Produkt- und Prozessentwicklung können als Kernaufgaben im Produktentstehungsprozess bezeichnet wer-

---

[137] vgl. Zahn (1995a), S. 15

[138] in Anlehnung an Specht / Beckmann (1996), S. 16ff. Vorentwicklung und Produktentwicklung werden vielfach auch unter dem Oberbegriff ‚Entwicklung' subsummiert, vgl. z.B. Gerybadze (2004), S. 24.

[139] vgl. ebenda, S. 16

[140] vgl. ebenda, S. 17, weitgehend bedeutungsgleich zum Begriff Angewandte Forschung wird auch der Terminus Technologieentwicklung verwendet.

[141] vgl. Backhaus / de Zoeten (1992), Sp. 2027; Gerpott (1992), S. 109

[142] vgl. Specht (1996), S. 47

[143] vgl. Siegwart (1974), S. 31ff..

[144] vgl. Specht / Beckmann (1996), S. 17; Specht (1996), S. 47; Zanger (1996), Sp. 1426ff.

[145] In Abgrenzung zur betrieblichen Funktion des Marketing wird im folgenden der Begriff Marktbearbeitung verwendet.

den.[146] Die Marktbearbeitung dient der Ausrichtung des Produktes an den Bedürfnissen des Marktes. Markttrends müssen erkannt werden und Kundenanforderungen
im Entwicklungsprozess einfließen. Neben der Wettbewerbsbeobachtung und entsprechender Ausrichtung des Produktprogramms auf Markt und Wettbewerber, sind die
entwickelten Produkte am Markt abzusetzen. Die hieraus resultierenden Marktinfor-
mationen fließen wieder in die Entwicklung neuer Produkte ein. Abb.I.9 zeigt den
Zusammenhang von Technologie-, Innovations- und F&E-Management, sowie die
Einordnung der Produktentwicklung innerhalb des F&E-Managements.

2.1.2 Phasen des Produktentwicklungsprozesses

Die Entwicklung eines neuen Produktes lässt sich sowohl in Bezug auf seine Lebens-
phasen als auch in Bezug auf die mit der Entwicklung verbundenen Aufgaben beschreiben. Abb.I.9 zeigt zum einen die produktbezogenen Entstehungs- und Lebens-
phasen eines Sachgutes, die von der Produktinitiierung über dessen Entwicklung, Produktion und Nutzung bis zur Entsorgung des Produktes reichen.[147] Zum anderen sind
die Aufgaben Produkt- und Prozessentwicklung und deren Phasen abgebildet. Die
Darstellung der Phasen innerhalb der Produktentwicklung in Abb.I.9 basiert auf dem
Phasenmodell von Ulrich/Eppinger[148].

Basis für die *Zieldefinition bzw. Produktinitiierung* stellt ein Planungsauftrag der Unternehmensleitung auf Grundlage der Unternehmens- und Produktstrategie dar. In dieser Phase beginnen die ersten fahrzeugbezogenen Aktivitäten; sie werden mit einem
konkreten Projektauftrag abgeschlossen.[149] In einem interdisziplinären Team aus
Vertretern der Bereiche Unternehmensstrategie, Marketing, Entwicklung, Finanzen,
Produktion und Beschaffung bzw. Einkauf wird ein sogenannter Strategischer Zielkatalog (Rahmenheft) erarbeitet.[150] Das Rahmenheft, auch als "product concept"
bezeichnet,

> "(...) must project, how the customer will experience the product as a whole; it must en-
> compass the product's character, personality and image."[151]

---

[146] Diese Auffassung wird in der Literatur relativ übereinstimmend vertreten, vgl. z.B. Ulrich / Eppinger (1995),
S. 3; Zahn / Braun / Dogan et. al. (1992), S. 438ff.; Ven (1986), S. 599; Galbraith (1982), S. 16.

[147] Ähnliche Phasenmodelle finden sich bei z.B. Ulrich / Eppinger (1995), S. 9; Ehrlenspiel (1995), S. 133; Ehrlenspiel (1996), Sp. 902f. Grundsätzlich ist das dargestellte Lebenszyklusmodell auch für immaterielle Güter,
wie beispielsweise Finanzdienstungen oder Grenzfälle wie Software anwendbar, wobei dann die Phasen der
physischen Herstellung und Entsorgung entfallen bzw. andere Formen annehmen.

[148] vgl. Ulrich / Eppinger (1995), S. 9

[149] vgl. Hahn (1996), S. 967; Seidel (1996), S. 153

[150] Diese interdisziplinäre Zusammenarbeit stellt eine zentrale Herausforderung in der Definitionsphase des
Entwicklungsprozesses dar: "The central challenges in the process of concept development are striking the
right balance between leadership and individual creativity and fostering the wide involvement of other
functions in the organization", vgl. Clark / Fujimoto (1991), S. 109f. Die Autoren weisen auf die Gefahr eines
zu partizipativen Führungsstils hin durch das Bestreben, die verschiedenen Interessen der am
Entwicklungsprozess beteiligten Bereiche zu berücksichtigen. Dies kann sich in einer mangelhaften
Stimmigkeit des Produktkonzeptes niederschlagen, vgl. Clark / Fujimoto (1991), S. 110.

[151] vgl. Clark / Fujimoto (1991), S, 105f. Die Autoren betonen, dass das "product concept" Antwort auf folgende Fragen geben soll: "What the product does", "What the product is", "Whom the product serves" und
"What the product means to the customer". Die unterschiedliche Gewichtung dieser Aspekte in der Praxis
prägt entscheidend den späteren Charakter des Produktes, vgl. Clark / Fujimoto (1991), S. 109.

Insgesamt sollte der Strategische Zielkatalog folgende Aspekte thematisieren:[152]

1. Relevante Einflussfaktoren der Makroumwelt
2. Prognostizierte Entwicklung des Wettbewerbsumfeldes
3. Anvisierte Zielgruppe, Zielmärkte
4. Strategische Produktziele (mit Produktpositionierung)
5. Wichtige Produktcharakteristika einschließlich Innovationen als USP's (Unique Selling Points)
6. Absatzziele
7. Preisziele
8. Erste betriebswirtschaftliche Bewertung
9. Sourcing-Strategien

In der folgenden Phase der Konzeptdefinition wird der Strategische Zielkatalog in den Operativen Zielkatalog überführt, der eine weitere Konkretisierung der im Rahmenheft anvisierten Produkteigenschaften darstellt.

> "A completed product concept must be translated into successively more concrete assumptions – including specification of cost and performance targets, component choice, styling, and layout – for detailed product engineering."[153]

Dabei ergeben sich häufig Zielkonflikte zwischen Anforderungsseite (z.B. Marktanforderungen, betriebswirtschaftliche Anforderungen) und Umsetzungsmöglichkeiten (z.B. technische Lösungsansätze, prozessseitige Rahmenbedingungen). Im weiteren Verlauf der Arbeit wie auch in der folgenden Fallstudie wird dabei der insbesondere für Premiumhersteller zunehmend bedeutsamer werdende Zielkonflikt aus Gewichts- und Kostenzielerreichung in den Mittelpunkt der Betrachtungen gestellt.[154]

Beim Konkretisierungsprozess in der Konzeptdefinitionsphase handelt es sich um einen iterativen Prozess, der durch die wechselseitige Beeinflussung von Machbarkeitsüberlegungen und Zielerfüllung geprägt ist. Abteilungsübergreifende Koordination und Abstimmung stellen einen entscheidenden Erfolgsfaktor in dieser Phase dar. Nur durch intensive, bereichsübergreifende Kommunikation können frühzeitig Zielkonflikte transparent gemacht werden und gesamtoptimale Lösungsansätze gefunden werden. Neben der Kommunikationsfähigkeit sind zudem Kreativität und Innovationsfähigkeit der Mitarbeiter wichtige Erfolgskriterien.[155]

Den Abschluss der Konzeptdefinitionsphase bildet der Operative Zielkatalog bzw. das Lastenheft. Gewöhnlich werden nicht alle Zielkonflikte zu diesem Zeitpunkt bereits

---

[152] vgl. Hahn (1996), S. 968; Clark / Fujimoto (1991), S. 105; Cooper (1988), S. 244ff., Schaaf (1999), S. 32f.

[153] vgl. Clark / Fujimoto (1991), S. 111

[154] Zur Definition und zum Management von Zielkonflikten bei der Entwicklung komplexer Produkte vgl. Eiletz (1998), S. 15ff. Das gleichzeitige Erreichen von Gewichts- und Kostenzielen steht nicht zwingend in einem Zielkonflikt. Aufgrund zunehmender Komfort- und Sicherheitsausstattungen im Fahrzeug bei gleichzeitig immer anspruchsvolleren Dynamik- und Verbrauchszielen stellt das gleichzeitige Erreichen beider Zielgrößen jedoch eine zunehmend mit Zielkonflikten verbundene und damit immer schwerer werdende Herausforderung dar. Vor dem Hintergrund aktueller Entwicklungen bei Markt-, Wettbewerbs- und Gesetzesanforderungen gewinnen beide Zielgrößen zudem insbesondere für Premiumhersteller an strategischer Bedeutung, vgl. Fallstudie, Teil I, Kap. 3.

[155] vgl. Dorbrandt u.a. (1990), S. 158f.

bewältigt sein. Sie sollten jedoch aufgezeigt und mit Lösungsansätzen hinterlegt sein.[156] Die Ergebnisse der Konzeptphase können in einem Businessplan festgehalten werden, der zu folgenden Aspekten Aussagen enthalten sollte:

1. Markt
   - Aufzeigen der Konzepteigenschaften bzw. des Produkteigenschaftsprofils, der Differenzierungskriterien und der kaufrelevanten Fahrzeugeigenschaften, sowie der prägenden USP's (‚Unique Selling Points')
   - Weitere Plausibilisierung der Volumen- und Preisabschätzung auf Basis des Produktkonzeptes

2. Technik und Design
   - Plausibilisiertes Grobpackage[157] mit Konzeptkonfiguration (Mengengerüst auf Funktionsgruppenebene)
   - Designmodelle für Exterieur und Interieur
   - Abstimmung des Packagekonzeptes mit den Designmodellen
   - Gewichte, Fahrleistungen und Verbrauchsrechnung für alle Modellvarianten

3. Betriebswirtschaft
   - Modellrenditerechnung / Deckungsbeitragsrechnung auf Basis ermittelter Volumina, Preise und Abschätzungen für Einzel- und Gemeinkosten

4. Projektmanagement
   - Status der das Projekt betreffenden Vorleistungsprojekte
   - Aufzeigen kritischer Pfade für Komponenten und Technologien
   - Lieferanteneinbindung, Konzeptwettbewerb der Systemlieferanten

5. Produktion
   - Risikoabschätzung für Produktionskonzept und –technologien
   - Überprüfung der Anlaufstaffelung
   - Aufzeigen der Auswirkungen des Konzeptes auf die Produktionsstrukturen

Mit Beendigung der Konzeptdefinition setzt die eigentliche, physische Produktentwicklung ein. Ein Automobil besteht aus mehr als 25.000 Einzelteilen, die zu einem Gesamtfahrzeug integriert werden müssen.[158] Aufgrund dieser hohen Komplexität bestehen in dieser Phase noch zahlreiche ungelöste Zielkonflikte. Bei Zeichnungserstellung und zunehmend auch bei der Simulation wird die Konstruktionstätigkeit durch CAD-Systeme unterstützt.[159] Dabei wird der Entwicklungsprozess durch Prototypen abgesichert. Diese stellen eine frühe Version des zu entwickelnden Fahrzeugs dar, die wesentliche Leistungsmerkmale der Endversion enthalten.[160]

---

[156] vgl. Eiletz (1998), S. 103f.
[157] Das Package eines Fahrzeuges beschreibt die Bauteile nach Lage und räumlicher Ausdehnung. Dies legt die Hauptproportionen sowie die Innenraumverhältnisse des Fahrzeugs fest. Zur Abstimmung zwischen Package und Design, vgl. auch Clark / Fujimoto (1991), S. 112ff.
[158] vgl. Huy (1993), S. 136
[159] vgl. Genter (1994), S. 58
[160] vgl. ebenda

Je nach Entwicklungsstand und Erprobungszielen existieren verschiedene Prototypen-arten, die von der Erprobung einzelner Komponenten und Funktionen über die Erpro-bung von Systemen bzw. Systemfunktionen bis hin zum Aufbau eines gesamten Fahr-zeugs reichen.[161] Die Kosten eines Prototyps liegen bei europäischen Herstellern über 0,25 Mio. €, die Anzahl der Prototypen für eine Fahrzeugneuentwicklung beziffert Genter mit ca. 250 Stück[162]. Für eine Fahrzeugneuentwicklung ergeben sich damit al-lein für die Prototypen Kosten in Höhe von über 60 Mio. €.

Die Konzeptentwicklungsphase endet mit der Konzeptbestätigung, bis zu der folgende Aktivitäten erfolgt sein sollten:[163]

1. Abschließende Festlegung von Package und Design
2. Prototypenerstellung und Erprobungsdurchführung
3. Festlegung seriennaher Versuchswerkzeuge
4. Ausarbeitung von Fertigungswerkzeugen
5. Auswahl der Systemlieferanten

Die *Serienentwicklungsphase* beginnt mit der Systementwicklung, der Aufteilung des Produktes in Subsysteme, der Festlegung des Zusammenwirkens dieser Subsysteme sowie der Definition spezifischer Schnittstellen. Das verabschiedete Produkt- und Prozesskonzept wird zur Serienreife geführt, die Entwicklung in enger Abstimmung zwischen dem Entwicklungsteam, der Simulation bzw. dem Versuch und dem Proto-typenbau überprüft und verfeinert. Auf der Prozessebene kommen der Planung und Bestätigung von Herstellungsprozessen und Prüfabläufen besondere Bedeutung zu. In der Detailentwicklung (Produktionsvorbereitung) werden das Produkt und dessen Sub-systeme hinsichtlich Materialien, Geometrien und Toleranzen konstruiert. Es erfolgt die Betriebsmittelplanung und -erstellung sowie die Erarbeitung von Ferti-gungsplänen. Ziel ist eine simultane Produkt- und Prozessentwicklung, um späte Konstruktionsänderungen aufgrund von Fertigungsanforderungen zu vermeiden.

Die Erfüllung der Funktionsanforderungen wird anschließend in der Test- und Opti-mierungsphase überprüft. Auf abgetrennten Pilotbändern oder z.T. schon auf den spä-teren Fertigungsstraßen wird mit der sogenannten Pilotserienfertigung begonnen.[164] Diese Vorserie wird mit hohen Stückzahlen gefertigt, um den Übergang von der Ein-zelfertigung im Prototypenbau zur Serienfertigung mit hohen Produktionsvolumina zu realisieren.[165] Vor dem endgültigen Serienstart werden häufig noch Markttest durchge-führt[166], indem das Produkt zusammen mit Wettbewerbsfahrzeugen ausgewählten Auskunftspersonen vorgestellt wird. Auch wenn die Beeinflussbarkeit des Produktes zu diesem späten Zeitpunkt nur noch marginal ist, können hieraus erste Rückschlüsse auf die Marktakzeptanz gezogen werden.[167]

---

[161] Typische Erprobungen sind z.B. Crash-Tests, Materialuntersuchungen, Prüfstandtests wichtiger Aggregate, Temperaturtests, Windkanaluntersuchungen sowie Dauerlauftest.
[162] vgl. Genter (1994), S. 58
[163] vgl. Schaaf (1999), S. 36
[164] vgl. Clark / Fujimoto (1991), S. 126f.
[165] vgl. Yamanouchi (1989), S. 15
[166] vgl. Schirmer (1990), S. 904
[167] vgl. Schmidt (1996), S. 41

Zusammenfassend bestehen die wichtigsten Aktivitäten der Serienentwicklung somit in folgenden Aufgaben:

1. Aufteilung des Produktes in Subsysteme[168] mit Detailentwicklung des Produktkonzeptes
2. Bestätigung des Fertigungskonzeptes
3. Planung und Erstellung von Betriebsmitteln, Bestellung von Serienwerkzeugen
4. Produktionsvorbereitung durch Vorserien
5. Planung der Markteinführung, ggfs. Markttests

Nach Produktionsbeginn werden insbesondere in der Automobilindustrie im Rahmen der *Serienbetreuung/Weiterentwicklung* Änderungen an Produkt- und Produktionsprozess geplant, entwickelt und umgesetzt. Ziel der Serienbetreuung/Weiterentwicklung stellt die Sicherung der Wettbewerbsfähigkeit während der laufenden Serie dar. Häufig betrifft dies z.B. Maßnahmen zur Kostenreduzierung oder Qualitätsverbesserung oder Änderungen von Sonderausstattungen. Der Produktlebenszyklus wird mit der Entsorgung des Produktes abgeschlossen.

2.2 Ausgangssituation – Ziele, Charakteristika, Einflussfaktoren und Herausforderungen in der Automobilentwicklung

Nachdem im vorangegangenen Kapitel ein Grundverständnis zum Begriff der Produktentwicklung geschaffen wurde, sollen im folgenden grundlegende Zielsetzungen und Situationsbedingungen des Entwicklungsprozesses in der Automobilindustrie als relevante Ausgangsbedingungen für die weiteren Überlegungen näher betrachtet werden.[169] Dabei erfolgt an dieser Stelle eine Beschränkung auf aufgaben- und umweltbezogene Situationsbedingungen, die weitgehend unternehmensübergreifend für Produktneuentwicklungen in der Automobilindustrie gelten. Unternehmensspezifische Situationsbedingungen werden im Rahmen der Fallstudie näher betrachtet[170]. Aus den Überlegungen leiten sich relevante Herausforderungen für

---

[168] Diese Subsysteme werden vielfach als Module bezeichnet und bilden häufig die Grundlage für die organisatorische Gestaltung der Serienentwicklungsphase. Die Thematik der Modularisierung stellt einen Themenschwerpunkt der Arbeit dar und wird in der folgenden Fallstudie weiter vertieft.

[169] Als relevante Elemente der Organisationsgestaltung in F&E sehen Specht / Beckmann die Ziele der Organisation, die Situations- / Rahmenbedingungen und die Kenntnis organisatorischer Instrumente und ihrer Wirkungen, vgl. Specht / Beckmann (1996), S. 245ff. Merkmal der Situations- / Rahmenbedingungen ist, dass sie die Wirkung organisatorischer Elemente einerseits beeinflussen, andererseits selbst als kurzfristig nicht veränderbar gelten. Langfristig und mittelbar beeinflussen organisatorische Maßnahmen jedoch auch die situativen Gegebenheiten, so dass Rückwirkungen der Organisationsgestaltung auf die Handlungssituation zu beachten sind, vgl. Specht / Beckmann (1996), S. 246. Eine Auseinandersetzung mit der Kenntnis wichtiger Organisationsinstrumente erfolgt in Teil II gesondert.

[170] Insgesamt können aufgabenbezogene, umweltbezogene und personenbezogene situative Bedingungen unterschieden werden, vgl. Bleicher (1981), S. 44; Specht / Beckmann (1996), S. 247ff. Bei umweltbezogenen Situationsbedingungen ist zwischen unternehmensexternen und unternehmensinternen Einflussfaktoren zu differenzieren. Als unternehmensspezifische Situationsbedingungen gelten unternehmensinterne und überwiegend personenbezogene Situationsbedingungen, die - soweit für die Aufgabenstellung erforderlich - im Rahmen der Einführung zur Fallstudie betrachtet werden. Im vorliegenden Kapitel wird daher nur auf unternehmensübergreifende - d.h. aufgabenbezogene und unternehmensexterne - Einflussfaktoren fokussiert.

das Management des Produktentwicklungsprozesses ab. Sie werden abschließend in drei ‚Spannungsfeldern für die Entwicklung komplexer Produkte' zusammengefasst.

2.2.1 Die Ziele – das Spannungsfeld aus Kosten, Zeit und Qualität

Eine allgemeine Diskussion unternehmerischer Zielsysteme würde den begrenzten Rahmen dieser Arbeit sprengen. Daher erfolgt eine Konzentration auf die drei Zielgrößen Qualität, Zeit (Time-to-Market) und Kosten, die in der Literatur in weitgehender Einigkeit als Erfolgsfaktoren für Produktentwicklungen gesehen werden.[171]

Qualität geht über den Grad produktionsorientierter Produktqualität hinaus und bezeichnet in einem weiteren Verständnis den Grad der Erfüllung von Kundenwünschen.[172] Der Schwerpunkt der Betrachtungen wandelt sich damit von einer Fokussierung auf die Kosten für Qualitätssicherung hin zu einer verbesserten Kundenorientierung. Die zentrale Herausforderung besteht dabei nicht in einer Anforderungsmaximierung, die leicht zu einem ‚Over-Engineering' führen kann, sondern in der ‚richtigen' Ausrichtung auf Kundenanforderungen. Die unternehmerische Praxis zeigt, dass insbesondere durch Koordinationsprobleme zwischen Marketing und Entwicklung eine Orientierung an „eleganten" technischen Lösungen vorherrscht, die jedoch häufig die wirklichen Kundenanforderungen verfehlen.[173]

Zeit i.S.v. ‚*Time-to-Market*'[174] wird eine besondere Bedeutung im Wettbewerb beigemessen.[175] Mehrere empirische Untersuchungen haben untersucht, inwieweit ein Zusammenhang zwischen dem Zeitpunkt des Markteintritts und Wettbewerbsvorteilen besteht. Die Ergebnisse bestätigen die Hypothese, dass bei zahlreichen Wettbewerbskonstellationen ein signifikanter Zusammenhang zwischen frühem Markteintritt und überdurchschnittlichem Erfolg besteht.[176] Werden High-Tech-Produkte mit einer Verzögerung von sechs Monaten im Markt eingeführt, so ist nach verschiedenen Schätzungen mit Ertragseinbußen von 30-60% zu rechnen.[177] Die Einhaltung der Zeitziele im Entwicklungsprozess stellt jedoch vielfach ein gravierendes Problem dar. In

---

[171] vgl. beispielhaft Bullinger / Warschat (1995), S. 11; Wheelwright / Clark (1994), S. 19, die von "Schnelligkeit, Effizienz und Qualität" sprechen, Meerkamm, H. (1994), S. 1ff.; Warschat / Berndes (1994), S. 185; Steinmetz, O. (1993), S. 2f.; Reichwald / Schmelzer (1990), S. 67

[172] vgl. Bullinger / Warschat (1995), S. 13f.

[173] vgl. Wildemann (1993), S. 1263

[174] ‘Time-to-Market' ist definiert als der Zeitbedarf, der ausgehend von der Produktidee bis zur Markteinführung des Produktes erforderlich ist, vgl. Bullinger / Warschat (1995), S. 12.

[175] vgl. Specht / Beckmann (1996), S. 3; Corsten / Reiß (1995), S. 33; Hörschgen (1995), Sp 2465; Zahn (1995), S.20; Haedrich / Tomczak (1993), S. 86; Simon (1989), S. 79.

[176] vgl. Seifert / Steiner (1995), S. 16; Simon, H. (1989), S. 77ff.

[177] Nach einer Studie der Boston Consulting Group verringert sich der Gewinn bei High-Tech-Produkten um 30%, wenn sich die Markteinführung um sechs Monate verzögert, vgl. Seifert / Steiner (1995), S. 16. Schätzungen von Siemens gehen davon aus, dass bei Produkten mit einem Lebenszyklus von weniger als fünf Jahren eine Verzögerung des Markteintritts um sechs Monate zu Ertragseinbußen von 30-60% führen, vgl. Bullinger (1990), S. 8f.; Schmelzer / Buttermilch (1988), S. 46. Nach Tiby bewirkt eine Verlängerung der Entwicklungszeit um 10% eine Ergebniseinbuße von 25-30%, vgl. Tiby (1988), S. 95.

einer Umfrage unter 300 Mitarbeitern verschiedener Industrieunternehmen identifizierte Ehrlenspiel ‚Zeitmangel' als das wichtigste Problem bzw. Problemsymptom.[178]

Bei der Betrachtung des *Kostenziels* kommen neben dem Einmalaufwand den Herstellkosten des Produktes eine besondere Bedeutung zu. Empirische Untersuchungen bestätigen die These, dass der Produktentwicklung nicht nur hinsichtlich des Entwicklungsaufwandes, sondern auch in Bezug auf die Herstellkosten des Produktes eine Schlüsselrolle zukommt.[179]

Demnach liegen die Ursachen von bis zu 50% Stückkostennachteilen deutscher Unternehmen der Elektronikindustrie im Vergleich zu erfolgreicheren ausländischen Wettbewerbern nur zu 22% in standortbedingten Faktorkostenunterschieden begründet. 24% der Ursachen sind in Managementfehlern im operativen Bereich zu sehen. Die Hauptursache der Stückkostenunterschiede liegt mit 54% jedoch in Managementfehlern in der Phase der Produktentwicklung.[180] Fallstudienuntersuchungen von Sullivan zeigen, dass japanische Unternehmen durch frühere und weniger umfangreiche Änderungen einen erheblichen Wettbewerbs- und Kostenvorteil im Vergleich zu ihren US-amerikanischen Konkurrenten haben.[181] Dem Management des Produktentwicklungsprozesses sowie insbesondere der Koordination der Entwicklungsaktivitäten und der Gestaltung von Rahmenbedingungen für diese Koordination kommt damit in der Auswirkung auf die Zielgrößen Qualität, Kosten und Zeit eine Schlüsselrolle zu.

Die zentralen Herausforderungen bei Management und Organisationsgestaltung im Produktentwicklungsprozess werden neben dem Zielsystem entscheidend durch Art und Charakteristika der Entwicklungsaufgabe sowie durch unternehmensexterne Einflussfaktoren geprägt. Diese situativen Einflussfaktoren sollen im folgenden näher betrachtet werden.[182]

2.2.2 Die Aufgabe - Charakteristika komplexer Produktentwicklungen

Der Begriff Produktentwicklung bezeichnet eine Vielfalt z.T sehr unterschiedlicher Aufgaben. So ergeben sich nicht nur bei unterschiedlichen Produkten deutliche Unterschiede hinsichtlich z.B. Komplexität und Umfang der Entwicklungsaufgabe. Auch Entwicklungsvorhaben innerhalb der Automobilindustrie sind differenziert zu betrachten: die Entwicklung eines neuen Automobils weist deutlich andere Charakteristika auf als z.B. Entwicklungsprozesse im Rahmen einer Modellpflege. Entsprechend

---

[178] vgl. Ehrlenspiel (1995), S. 146ff. Ehrlenspiel bemerkt dabei jedoch, dass die Aussage, dass dieses oder jenes Problem generell das gravierendste sei und genau jene Ursache hat, sehr problematisch ist, da eine genaue Verfolgung der Ursache-Wirkungsketten nicht ohne weiteres möglich ist, ebenda, S. 146.

[179] vgl. Kluge et al. (1994), S. 63ff.; Ehrlenspiel (1980), S. 173ff.; Zukunftskommission Wirtschaft 2000 (1993), S. 164

[180] vgl. ebenda

[181] vgl. Sullivan (1986), S. 39

[182] Dabei sind Wechselwirkungen sowohl zwischen den betrachteten Parametern als auch zwischen diesen und den Instrumenten der Organisationsgestaltung zu berücksichtigen. Da die beschriebenen Situationsbedingungen jedoch kurzfristig als nicht beeinflussbar betrachtet werden können (s.o.), können entsprechende Wechselwirkungen im Rahmen dieser Arbeit bzw. Aufgabenstellung vernachlässigt werden.

verschieden können die Koordinationsanforderungen sein, die sich aus den unterschiedlichen Aufgabenstellungen ergeben. Aus diesem Grund ist eine Differenzierung verschiedener Produktentwicklungsaufgaben erforderlich. Hierzu werden in Anlehnung an Picot/Reichwald/Nippa[183] drei Grundtypen von Entwicklungsaufgaben unterschieden. Zur Differenzierung der Aufgaben werden folgende Kriterien zugrunde gelegt:

1. Komplexität

Eine Entwicklungsaufgabe ist komplex, wenn sie eine hohe Anzahl von Teilaufgaben aufweist, und wenn diese stark miteinander vernetzt sind. Die Komplexität einer Entwicklungsaufgabe hängt damit stark von der betrachteten Ebene ab, d.h. Teilaufgaben sind weniger komplex als die sie umfassenden Gesamtaufgaben.

2. Zielunklarheit

Hohe Zielunklarheit im Entwicklungsprozess liegt vor, wenn die Zielsetzung einer Entwicklungsaufgabe in hohem Maße inhaltlich, logisch oder zeitlich unpräzise bestimmt ist.[184]

3. Neuartigkeit

Als Maß für die Neuartigkeit einer Entwicklungsaufgabe kann die Anzahl, das Ausmaß und die Unvorhersehbarkeit von Abweichungen gegenüber im Unternehmen vorliegenden Erfahrungen und Erkenntnissen gesehen werden.[185]

4. Dynamik bzw. Variabilität[186]

Die Dynamik einer Entwicklungsaufgabe beschreibt das Ausmaß von Aufgabenänderungen hinsichtlich Ablauf und Ergebnis in den Phasen des Entwicklungsprozesses. Damit wird die Dynamik stark von verschiedenen zuvor beschriebenen externen Einflussfaktoren beeinflusst. Der Wettbewerbsintensität und den Veränderungen von Marktanforderungen kommen dabei besondere Bedeutung zu. Aber auch unternehmensinterne Faktoren, wie Änderungen von Zielen und Vorgehensweisen beeinflussen die Dynamik einer Entwicklungsaufgabe.

Formal sind die beschriebenen Kriterien unabhängig voneinander, d.h. eine Entwicklungsaufgabe kann sich durch eines der Kriterien auszeichnen ohne Merkmale anderer aufzuweisen. So können z.B. bei der Imitation wenig komplexer Produkte Entwicklungsaufgaben mit klaren Zielen vorliegen, die wenig komplex und dynamisch sind,

---

[183] vgl. Picot / Reichwald / Nippa (1988), S. 120f.; vgl. auch Specht / Beckmann (1996), S. 247ff.

[184] In Anlehnung an Göpfert wird dabei anstelle des Begriffs Strukturiertheit für den Zielaspekt der Begriff Zielunklarheit verwendet. Der Problemlösungsaspekt wird dagegen mit dem Terminus Neuartigkeit abgedeckt. Die Trennung erscheint sinnvoll, da zwei (relativ) unabhängige Dimensionen angesprochen werden: Ziele können präzise bestimmt sein, während der Problemlösungsweg unbekannt ist. Umgekehrt kann reichhaltiges Erfahrungs- und Methodenwissen vorliegen, das jedoch aufgrund unklarer Ziele nicht zum Einsatz gebracht wird, vgl. Göpfert (1998), S. 68ff.

[185] Als Bezugsgröße für Neuartigkeit werden damit nicht die weltweit verfügbaren Erkenntnisse und Erfahrungen verstanden, sondern diejenigen, die im betrachteten Unternehmen vorliegen.

[186] In Ergänzung zu dem von Picot / Reichwald / Nippa eingeführten Begriff Variabilität wird hier Dynamik in identischer Bedeutung verwendet.

dennoch aber für ein Unternehmen eine neuartige Aufgabe darstellen. Umgekehrt kann es sich um eine komplexe Entwicklungsaufgabe handeln, die für das Unternehmen jedoch nicht neuartig ist, da bereits durch die Entwicklung gleichartiger Produkte Erfahrungen gewonnen werden konnten.

Faktisch besteht jedoch eine hohe Wahrscheinlichkeit, dass die beschriebenen Kriterien gleiche Ausprägungsrichtungen aufweisen. So fördern z.b. Neuartigkeit und Komplexität einer Aufgabe sowohl Zielunklarheit als auch Dynamik. Da noch wenig Erfahrung mit der Entwicklungsaufgabe vorliegt und sie aufgrund der hohen Komplexität wenig überschaubar ist, fällt es schwer, Aussagen über die wechselseitige Beeinflussung der aus Marktsicht wünschenswerten Produktanforderungen und ihrer technisch und betriebswirtschaftlichen Erfüllbarkeit zu treffen. Dies gewinnt insbesondere bei mehreren konkurrierenden Zieldimensionen[187] an Bedeutung.

Vielfach handelt es sich bei diesen Zusammenhängen um Wechselwirkungen zwischen den aufgezeigten Differenzierungskriterien. Geringe Klarheit über Ziele wirkt sich umgekehrt i.a. auch wieder auf die Dynamik und Komplexität der Entwicklungsaufgabe aus, da durch fehlende Orientierung häufiger Änderungen im Ablauf des Entwicklungsprozesses erforderlich werden. Damit erhöht sich die Koordinationskomplexität, was wiederum vermehrte Änderungen im Entwicklungsablauf hervorrufen kann.

Auf Basis dieser Beobachtungen lassen sich zwei gegensätzliche Extremtypen von Entwicklungsaufgaben unterscheiden, die hohe bzw. niedrige Ausprägungen aller Merkmale aufweisen, vgl. Abb.I.10. Auf der einen Seite stehen Entwicklungsaufgaben, die sich durch hohe Komplexität, Zielunklarheit und Dynamik auszeichnen. Es existieren zahlreiche und umfangreiche Abweichungen gegenüber vorliegenden Erfahrungen und Erkenntnissen, die sich häufig unvorhersehbar ergeben. Beispielsweise kann es sich dabei um umfassende Neuentwicklungen hoch-technologischer Produkte, aber auch um die unstrukturierte, komplexe und ständigen Änderungen unterworfene Definitionsphase einer ansonsten unproblematischen Entwicklung handeln.[188] Picot/Reichwald/Nippa bezeichnen diese Entwicklungsaufgabe als ‚Typ A'.

Auf der anderen Seite des Aufgabenspektrums stehen Entwicklungsaufgaben des ‚Typs B', die sich durch geringe Komplexität, Zielunklarheit, Neuartigkeit und Dynamik auszeichnen. Beispielsweise kann es sich hierbei um eine Anpassungs- oder Variantenentwicklung handeln, oder auch um Routineaufgaben in der späten Phase einer (insgesamt gesehen) neuartigen und schwierigen Entwicklung. Zwischen beiden Extremtypen bestehen zahlreiche Mischtypen von Entwicklungsaufgaben, bei denen mittlere bzw. unterschiedlich starke Ausprägungen der einzelnen Aufgabenmerkmale vorliegen.

---

[187] Konkurrierende Ziele liegen im Falle eines Zielkonfliktes vor, d.h. wenn die Erfüllung eines Ziels zwangsweise die Erfüllung des oder der anderen Ziele behindert, vgl. Eiletz (1998), S. 15.

[188] vgl. Picot / Reichwald / Nippa (1988), S. 120f.

Die Neuentwicklung eines Automobils stellt ein typisches Beispiel für Entwicklungsaufgaben des Typs A dar. Die Ausprägung der oben beschriebenen Kriterien ist dabei jedoch phasenabhängig: in der frühen Phase sind die Ziele noch unscharf und müssen noch spezifiziert werden. Neue Lösungswege werden diskutiert und erprobt, es liegen zahlreiche unbekannte und interdependente Variablen vor.

Formale Aufgabenmerkmale \ Aufgabentyp	Entwicklungsaufgaben vom Typ A z.B. Neuentwicklung	Mischtypen z.B. Weiterentwicklung	Entwicklungsaufgaben vom Typ B z.B. Anpass-/Nachentwicklung
Komplexität	HOCH		NIEDRIG
Zielunklarheit	HOCH		NIEDRIG
Neuartigkeitsgrad	HOCH		NIEDRIG
Dynamik	HOCH		NIEDRIG

Abb. I.10: Typen von Entwicklungsaufgaben, in Anlehnung an Picot/Reichwald/Nippa, 1988

Aus dieser Unklarheit, sowie aus der Notwendigkeit laufend aktuelle Markt- und Kundenbedürfnisse zu berücksichtigen, resultieren häufige Änderungen, die der Entwicklungsaufgabe eine hohe Dynamik verleihen. In der Phase der Serien- bzw. Detailentwicklung nehmen Unklarheit und Dynamik ab. Gleichzeitig werden jedoch sehr viel mehr Beteiligte in die Entwicklungsaufgabe involviert, so dass die Komplexität durch Ausrichtung aller Teilaufgaben auf das Gesamtprodukt, die Koordinationskomplexität, entscheidend steigt. Gegen Ende des Entwicklungsablaufes ist das Produkt weitgehend entwickelt und der Test bzw. die Optimierung stehen im Vordergrund. Die Ausprägung der 4 Kriterien entspricht in dieser Phase eher einer Entwicklungsaufgabe des Typs B.

Für die weiteren Betrachtungen sind somit insbesondere die Konzeptentwicklung und die frühe Phase der Serienentwicklung interessant. Insbesondere in der Konzeptentwicklung besteht nicht nur eine hohe Ausprägung der aufgeführten Kriterien, in dieser Phase werden i.a. auch die entscheidenden Weichenstellungen für das Zielkonfliktmanagement gelegt. Damit sind besondere Herausforderungen an die Koordination der Entwicklungsaktivitäten verbunden, die in der Fallstudie genauer betrachtet werden. Auch in der frühen Phase der Serienentwicklung bestehen i.a. noch ungelöste Zielkonflikte. Die nun zu leistende Entwicklungsarbeit erfordert zudem sukzessive den Einsatz größerer Entwicklungskapazitäten, wodurch sich zusätzliche Anforderungen an die Koordination ergeben. Aus diesen Gründen erfolgt in den weiteren Betrachtungen eine Fokussierung auf Koordinationsstrukturen in der Phase der Konzeptentwicklung sowie der frühen Serienentwicklung einer Fahrzeugneuentwicklung.[189]

2.2.3. Die externen Einflussfaktoren – relevante Umfeldbedingungen

Clark/Fujimoto sprechen von einer "Technologieexplosion" als einer der treibenden Kräfte des internationalen Wettbewerbs in der Automobilindustrie.[190] Produkt- und Prozesstechnologien kommen zweifelsohne sowohl bei der Entwicklung als auch bei der Herstellung neuer Automobile eine besondere Bedeutung zu. Gleichzeitig weisen die Autoren jedoch auch auf das Paradoxon hin, dass eine Differenzierung allein über Produkttechnologien durch eine immer schnellere Verbreitung des hierfür erforderlichen Fachwissens zunehmend erschwert wird.[191] Dies wird beschleunigt durch Outsourcing nicht nur von Produktions-, sondern auch von Entwicklungsumfängen. Dadurch ergeben sich Erfordernisse zu einer engeren Zusammenarbeit zwischen Automobilherstellern und ihren Zulieferern bzw. Systempartnern. Da diese vielfach mit mehreren Herstellern gleichzeitig zusammenarbeiten, ergibt sich häufig eine beschleunigte Diffusion von den bei diesen Systempartnern entwickelten Innovationen.

Zudem befinden sich die meisten für die Automobilentwicklung relevanten Technologien in einem Stadium hoher Reife.[192] Der Erfolgsfaktor besteht somit nicht allein in der Technologieentwicklung, sondern in einem ganzheitlichen Management der Produktentwicklungen. Wichtige Einflussfaktoren hierfür sind auch die Entwicklungen in Absatz- und Beschaffungsmärkten, die Wettbewerbssituation, sowie politische und gesellschaftliche Rahmenbedingungen.[193]

> "Wir haben ein neues Paradoxon: Zu einer Zeit, in der Technologie wichtiger ist als je zuvor, wird es schwieriger (wenngleich nicht unmöglich), allein aus einer Technologie einen Vorteil zu ziehen. Außer in sehr jungen High-Tech-Industrien ist Produktentwicklung nicht mehr gleichbedeutend mit Technologieentwicklung. Technologie mag notwendig sein, aber sie ist für den Erfolg eines Produktes nicht ausreichend. Erfolgreiche Produktentwicklung verlangt Fähigkeiten, die weit über technisches Vermögen in den F&E-Laboratorien hinausreichen. Wettbewerbsvorteile erwachsen einer Firma, die eine Technologie mit einem Produkt auf den Markt bringt, das Kundenerwartungen zum richtigen Zeitpunkt effizient erfüllt. Die Erfahrung zeigt, (...) dass effektive Produktentwicklung den Ausschlag gibt."[194]

---

[189] Zur sprachlichen Vereinfachung wird die Fokussierung auf Produktneuentwicklungen in den weiteren Ausführungen nicht weiter betont und weiterhin die Begriffe ‚Produktentwicklung' bzw. ‚Produktentwicklungsprozess' verwendet.

[190] vgl. Clark / Fujimoto (1992), S. 45

[191] vgl. ebenda S. 14; Bullinger / Warschat (1995), S. 8f.

[192] vgl. Schöpf / Böhm (1995), S. 842; Zahn (1995), S. 10

[193] Die Betrachtung der aufgeführten Einflussfaktoren erfolgt in Anlehnung an die "Five Forces" von Porter, vgl. Porter (1987). Als "Five Forces", die fünf entscheidenden Einflussfaktoren der Wettbewerbssituation, führt Porter Abnehmer / Kunden, den Wettbewerb innerhalb der Branche, neue Marktteilnehmer, Substitute für bestehende Produkte / neue Technologien und Lieferanten an. Aufgrund der hohen Markteintrittsbarrieren kommt in der Automobilindustrie neuen Marktteilnehmern weniger Bedeutung zu, während zusätzlich politische und gesellschaftliche Entwicklungen insbesondere in ihrem Einfluss auf Absatzmärkte, Gesetzgebung und Ressourcensituation zu berücksichtigen sind.

[194] vgl. Clark / Fujimoto (1992), S. 14; s. auch Geidel (1999), S. 109

Die hohe strategische Bedeutung der Produktentwicklung wird durch wachsenden Wettbewerbsdruck in der Automobilindustrie verstärkt. Den erschwerten technologischen Differenzierungsmöglichkeiten steht eine zunehmende Ausdifferenzierung und Individualisierung der Kundenbedürfnisse gegenüber. Dies führt zu einer Ausweitung des Wettbewerbes in neue Marktsegmente und zu einer wachsenden Produkt- und Variantenvielfalt in bereits bestehenden Marktsegmenten.[195] Als Folge daraus verringern sich die verkauften Einheiten je Modell.[196] Mit zunehmender Anzahl von Wettbewerbern in einem Marktsegment erfolgt eine Intensivierung des Wettbewerbs. Globale Marktpräsenz verschärft dabei die Vielfalt der Marktnachfrage und damit vielfach den Zwang zur Angebotsdifferenzierung.

Clark/Fujimoto prognostizierten Anfang der 90er Jahre, dass die traditionellen Unterschiede zwischen Massenherstellern und ‚Spezialisten' in Zukunft weniger ausgeprägt sein werden[197]. Die Ausweitung des Produktprogramms zahlreicher ‚traditioneller' Massen- bzw. Basishersteller in das Premiumsegment[198] sowie die Erschließung neuer Fahrzeugsegmente und -klassen durch ‚traditionelle' Premiumhersteller[199] scheint den Autoren recht zu geben. Dabei ist entweder zu beobachten, dass die Hersteller ihr Produktportfolio unter einer Marke ausweiten[200] oder schwerpunktmäßig eine Verbindung einer Mehrmarkenstrategie mit Ausweitung des Produktprogramms innerhalb der Marken verfolgen[201]. Die zunehmende Angebotsdifferenzierung führt zu wachsender Anspannung im Entwicklungsprozess:

"Nehmen wir den US-Automobilmarkt. Die zahlenmäßige Zunahme der Automodelle und Marktsegmente im Verlauf der letzten 25 Jahre bedeutet für den Autohersteller, dass er viermal so viele Entwicklungsprojekte bewältigen muss wie früher, nur um marktanteilsmäßig seine Position zu halten. (...) Hinzu kommen aber, wie gesagt, zwei weitere Faktoren: das geringere Produktionsvolumen sowie die kürzere Lebensdauer je Modell. Dies kann nur heißen, dass die Mittelaufwendungen drastisch zurückgefahren werden müssen. Wer auf dem Markt mithalten will, braucht einen hocheffizienten Entwicklungsapparat (…). Schnelligkeit und Effizienz sind ein absolutes Grunderfordernis. Doch das allein reicht nicht. Die Produkte und Verfahren (…) müssen qualitativ erstklassig, zuverlässig und leistungs- bzw. funktionsmäßig einzigartig sein.''[202]

---

[195] Eine Ausweitung des Wettbewerbs in neue Marktsegmente stellt z.B. die Entwicklung neuer Konzeptsegmente dar, z.B. MPV (Multi-Purpose-Vehicle), SUV (Sport-Utility-Vehicle), SAV (Sport-Activity-Vehicle). Eine wachsende Produkt- und Variantenvielfalt in bestehenden Segmenten ergibt sich sowohl durch Ausweitung des Angebots unter einer Marke (vgl. z.B. MB A-Klasse, B-Klasse, R-Klasse) als auch durch zunehmende Variantenvielfalt bei bestehenden Produkten (v.a. Karosserie- und Motorvarianten), vgl. auch Geidel (1999), S. 108, Clark / Fujimoto (1992), S. 45.

[196] Das meist verkaufte Modell in den USA brachte es Anfang der 90er Jahre nur noch auf 0,4 Millionen Einheiten, verglichen mit 1,5 Millionen Ende der 50er Jahre, vgl. Clark / Fujimoto (1992), S. 45.

[197] vgl. Clark / Fujimoto (1992), S. 70f.

[198] vgl. z.B. VW Konzern (VW Phaeton, VW Tourag, Bentley, Lamborghini) oder Ford mit der Premier Automotive Group (Jaguar, Volvo, Land Rover, Aston Martin).

[199] z.B. mit der Entwicklung von Premiumsegmenten in der UKL (MB A-Klasse, BMW 1er, Smart, MINI).

[200] vgl. z.B. Aufbau einer neuen Modellreihe bei Porsche durch den Porsche Cayenne.

[201] vgl. z.B. Ford (Ford, Jaguar, Volvo, Land Rover, Aston Martin), Daimler-Chrysler (Mercedes-Benz, Chrysler, Jeep, Smart, Maybach), BMW Group (BMW, Mini, Rolls-Royce), VW-Konzern (VW, Audi, Seat, Skoda, Bentley, Lamborghini).

[202] vgl. Wheelwright / Clark (1992), S. 20f.; Deschamps / Ranganath führen neben der Automobilindustrie zahlreiche Beispiele für weitere Branchen an, in denen eine zunehmende Produktvielfalt festzustellen ist, vgl. Deschamps / Ranganath (1995), S. 32ff.

Eine Stagnation des Automobilabsatzes in der Triade, den weitgehend gesättigten Hauptabsatzmärkten USA, Westeuropa und Japan[203], sowie inflationsbereinigt eine Stagnation der Verkaufspreise führen bei gleichzeitig hohen Innovationserfordernissen zu einer erheblichen Verschärfung des Kostendrucks. So hat sich das Basismodell des VW Golf seit 1990 inflationsbereinigt ca. nur um 0,7% verteuert, obwohl sich die Serienausstattung im gleichen Zeitraum signifikant verbessert hat (z.b. Airbags, ABS, ESP, Wegfahrsperre). „Neue Modellreihen müssen 'ausstattungsbereinigt' in Zukunft im Durchschnitt ca. 20% günstiger sein als ihre entsprechenden Vorgänger."[204]

Trotz dieses Kostendrucks wird die Kapitalproduktivität durch erhebliche Überkapazitäten belastet: in 2002 betrugen sie in der Automobilindustrie weltweit insgesamt ca. 15%, bei einigen Herstellern sogar bis zu 30%. Dabei stehen der Stagnation und Volatilität beim Fahrzeugabsatz sehr langfristige Planungszyklen entgegen: Maschinen und Anlagen müssen ca. 2 Jahre vor Produktionsstart bestellt werden, d.h. mind. 3-4 Jahre vor Produktionsstart geplant werden. Zusammen mit einem Fahrzeuglebenszyklus von ca. 7 Jahren ergibt sich ein in die Zukunft gerichteter Planungszeitraum von ca. einem Jahrzehnt, den die Automobilhersteller zu bewältigen haben.

Bezüglich der Arbeitsproduktivität ergibt sich im internationalen Vergleich eine erhebliche Produktivitätslücke von europäischen Herstellern im Vergleich zu ihren japanischen und amerikanischen Wettbewerbern: während die USA die höchste Arbeitsproduktivität aufweisen (Index 100), dicht gefolgt von ihren japanischen Wettbewerbern (Index 96), weisen französische und insbesondere deutsche Hersteller diesbezüglich einen Produktivitätsnachteil von 28% bzw. 31% auf.[205]

Besonders kritisch ist die Entwicklung der Pay-Off-Periode zu sehen, als der Zeitspanne vom Markteintritt bis zur Amortisation der jeweiligen Entwicklungsausgaben. Differenzierung durch Technologie wird zunehmend erschwert und ist, dem Technologiekonzept der S-Kurve folgend, mit immer höheren Forschungs- und Entwicklungsaufwendungen verbunden.[206] Dem hohen Einmalaufwand einer Fahrzeugneuentwicklung von ca. 0,8-1,0 Mrd. Euro[207] steht eine Verkürzung der Produktlebenszyklen

---

[203] In der Triade wurden 2002 mit ca. 39 Mio. PKW ca. 70% der gesamten Weltproduktion verkauft. Die hohe PKW-Dichte ist dabei ein Indiz für die Sättigung der Märkte: in 2002 kommen in Deutschland 542 Fahrzeuge auf 1.000 Einwohner (bzw. bezogen auf die Altersgruppe der 18-65-jährigen 840 Fahrzeuge auf 1.000 Einwohner), in den USA 453 Fahrzeuge auf 1.000 Einwohner (bzw. 689 / 1.000 Einwohner zwischen 16 und 65 Jahren - Fahrerlaubnis schon mit 16 Jahren), in Japan 428 Fahrzeuge / 1.000 Einwohner (bzw. 664 / 1.000 Einwohner zwischen 18 und 65 Jahren). Hohes Wachstumspotenzial - allerdings ausgehend auf für europäische Hersteller vorerst geringem Niveau - zeichnet sich dagegen für osteuropäische und asiatische Märkte ab: insbesondere China und Indien bieten ausgehend von einer sehr geringen PKW-Dichte von nur 4 bzw. 7 Fahrzeugen / 1.000 Einwohner erhebliches Wachstumspotenzial, vgl. Radtke (2004) S. 26.

[204] vgl. ebenda, S. 19ff.

[205] Stand 1999, Arbeitsproduktivität = Wert der Produktion x Vorleistungen (eingekaufte Güter und Dienstleistungen) / Anzahl der Arbeitsstunden beim OEM, vgl. Radtke (2004), S. 166. Dabei ist der Verbesserungsgradient der französischen Hersteller deutlich steiler als der der Deutschen: während ihre Arbeitsproduktivität 1996 noch um ca. 30% geringer war als die deutschen OEMs holten sie diesen Rückstand bis 1999 in nur 3 Jahren auf.

[206] vgl. Womack / Jones / Roos (1992) S. 141; Brügel (1989), S. 23

[207] vgl. Schirmer (1990), S. 894. Der Einmalaufwand ist dabei einer unabhängig von der Fahrzeugklasse, jedoch maßgeblich abhängig von der Variantenzahl, dem Innovationsgrad, den Vorentwicklungsumfängen und dem Gleichteileanteil. Losgelöst von der spezifischen Fahrzeugentwicklung erfolgt i.a. die Motorenentwicklung.

entgegen.[208] Lag 1987 noch das durchschnittliche Alter aller im Markt angebotenen Baureihenmodelle bei 4 Jahren, so waren es 2001 nur noch 3 Jahre und wird Berechnungen zufolge weiter zunehmen.[209]

Als Reaktion auf die angespannte Wettbewerbssituation lässt sich der Trend erkennen, über Gleich- oder Synergieteilstrategien[210] möglichst hohe Volumina je Bauteil bzw. Entwicklung zu erzielen. Der Einsatz gleicher bzw. verwandter Bauteile oder Module in möglichst vielen Derivaten und Modellen ermöglicht eine Fixkostendegression und höhere Einkaufsvolumina, die häufig mit günstigeren Einkaufskonditionen und damit geringeren variablen Kosten verbunden ist.

Die Reduzierung von Teilevielfalt und Komplexitätskosten durch Plattform- oder Baukastenstrategien ist dabei nicht ohne Risiken. Den möglichen Synergieeffekten stehen vielfach gleichteilbedingte Einschränkungen bei der Entwicklung des Fahrzeugs und Erfüllung der marktseitigen, technischen und betriebswirtschaftlichen Anforderungen aus dem strategischen Zielkatalog gegenüber. Die Wahl eines ‚optimalen' Gleichteileanteils besteht somit immer aus einem Kompromiss zwischen der Nutzung von Synergieeffekten durch Gleichteile auf der einen Seite und einem Verlust an produktspezifischen Entwicklungs- und Differenzierungsmöglichkeiten auf der anderen Seite. Für Koordination im Entwicklungsprozess bedeutet dies, das dem Informationstransfer zwischen verschiedenen Fahrzeugprojekten einer Fahrzeugfamilie bzw. -plattform eine gestiegene Bedeutung zukommt. Zu den ohnehin hohen Interdependenzen innerhalb eines Fahrzeugprojektes kommen somit erhöhte Interdependenzen zwischen verschiedenen Fahrzeugprojekten einer Plattform hinzu.

Im Bereich der *Absatzmärkte* führte die zunehmende Wettbewerbsintensität zu einem Wandel vom Verkäufermarkt (bis ca. 1975) zum Käufermarkt.[211] Müller-Stewens / Gocke verdeutlichen die Konsequenzen hieraus an der Entwicklung vom Kostenmanagement zum Target Costing. Hierbei ergeben sich die maximal möglichen Kosten aus dem erreichbaren Marktpreis abzüglich des Gewinnziels.[212]

Gesellschaftliche Trends, wie die wachsende Bedeutung von ‚Life-Style' sowie zunehmender Lebensstandard mit individuelleren Bedürfnissen führen dazu, dass das Automobil, gerade in der Mittel- und Oberklasse, immer mehr nicht nur als Fortbewe-

---

[208] Bei den Produktlebenszyklen zeigen sich bei den OEMs länderspezifische Unterschiede. Automobile japanischer Hersteller erhalten häufig eine vollständige Überarbeitung der Karosserieaußenhaut, wobei nicht jedes Mal eine grundlegende technologische Überarbeitung erfolgt. Dadurch weisen sie häufig kürzere Lebenszyklen auf als Automobile europäischer Hersteller, bei denen mit jedem Modellwechsel mehrheitlich eine grundlegende technologische Überarbeitung stattfindet. Modifikationen der Karosserieaußenhaut in Form eine Facelifts bzw. Lebenszyklusimpulses finden bei Fahrzeugen europäischer Hersteller vielfach zur Mitte des Produktlebenszyklus statt.

[209] vgl. Radtke et al. (2004), S. 22

[210] Zu Plattform- oder Baukastenstrategien vgl. z.B. Müller-Stewens / Gocke (1995), S. 9ff. Als Plattform wird dabei i.a. das Fahrgestell inklusive des gesamten Antriebssystems bestehend aus Kühler, Ventilator, Motorblock, Getriebe und Schaltung, Lenksäule mit Lenkrad-Grundkörper, Fußhebelwerk, Benzintank, Bremsen, Kabel, Kraftstoff- und Bremsleitungen, Auspuffsystem, Vorder- und Hinterachsen sowie Rädern bezeichnet, vgl. Müller-Stewens / Gocke (1995), S. 8.

[211] vgl. Müller-Stewens / Gocke (1995), S. 5

[212] vgl. ebenda, S. 5

gungsmittel, sondern auch als Ausdruck von Persönlichkeit und ‚Lebensstil' verstanden wird.[213] Damit kommen Marke und Design als Differenzierungskriterien eine besondere Bedeutung zu. Für den Produktentwicklungsprozess ergeben sich damit verschärfte Anforderungen, da Design und markenprägende Produkteigenschaften als zentrale Erfolgsfaktoren des Entwicklungsprozesses verstanden werden müssen.

Im Bereich von gesetzlichen Vorschriften ergibt sich eine sukzessive Verschärfung von Sicherheitsvorschriften (z.b. im Bereich Fußgängerschutz) und Emissionsanforderungen (v.a. in Europa (z.b. EU-4/EU-5), USA (Kalifornien (CAFE), Verschärfung ab 07/08) oder Japan (Energy Conservation Law ab 2010)). Zusätzlicher Druck zur Verbrauchsreduzierung resultiert nicht nur aus der Preisentwicklung am Rohölmarkt, sondern auch aus der Selbstverpflichtung des europäischen Automobilverbandes (ACEA) zur Verbrauchsreduzierung: Bis zum Jahr 2008 soll die Flotte der neuzugelassenen europäischen Pkw im Schnitt 6 Liter Benzin bzw. 5,5 Liter Diesel pro 100km verbrauchen. Bezogen auf den Stand von 1995 entspricht dies einer Verbrauchsreduzierung um 25%. Die verschärften Anforderungen können dabei vielfach nur über neue Technologien erreicht werden. Zahlreiche verbrauchsreduzierende Maßnahmen, wie z.b. Leichtbaumaßnahmen mit Aluminium oder Magnesium, sind jedoch mit erhöhten Kosten verbunden. Der durch den intensivierten Wettbewerb ohnehin hohe Kostendruck wird hierdurch zusätzlich verschärft.

Preiskampf sowie Qualitäts- und Kostendruck wirken sich auch auf die *Automobilzulieferer* aus.[214] Schon seit Jahren zeigt sich eine relativ schlechte Ertragssituation in der Automobilzuliefererindustrie. Die Analyse der Wachstums- und Gewinnsituation bei den 20 weltweit größten Automobilzulieferern zeigt von 1998 – 2002 zwar einen um durchschnittlich 6,2% p.a. steigenden Umsatz, gleichzeitig jedoch einen durchschnittlichen, jährlichen Rückgang der Umsatzrendite von 3,6%.[215] Wichtige Ursachen hierfür liegen zum einen in der Weitergabe des erhöhten Kostendrucks auf Seiten der Hersteller an ihre Zulieferer, zum anderen im hohen Investitionsbedarf in neue Technologien, der sich nicht zuletzt aufgrund verstärkter Verlagerung von Entwicklungs- und Produktionsumfängen von Herstellern auf Zulieferer ergibt.

Angesichts der verschärften Wettbewerbssituation zeigt sich auch in der Zuliefererindustrie ein massiver Konzentrationsprozess: Die weltweite Zahl der Automobilzulieferer ging von ca. 30.000 in 1998 auf ca. 5.600 im Jahr 2000 zurück.[216] Gleichzeitig ist mit zunehmendem Aufbau von Integrationskompetenz durch die Zulieferer zu rechnen. Eine teilweise oder komplette Fremdvergabe von Serienentwicklung oder/und Produktion zu entsprechenden Kompetenzträgern bei den Zulieferern findet

---

[213] vgl. Clark / Fujimoto (1992), S. 69f.

[214] vgl. Müller-Stewens / Gocke (1995), S. 4

[215] vgl. Radtke (2004), S. 152ff. Ebenso spricht der VDA von einer trotz steigender Umsätze sinkenden Bruttoumsatzrendite bei den Automobilzulieferern; vgl. Buteweg (2000), S.15.

[216] vgl. Radtke et al. (2004), S. 18f. Eine ähnliche Entwicklung hat sich bereits bei den Fahrzeugherstellern ergeben: während es im Jahr 1964 52 unabhängige Automobilhersteller gab, waren es im Jahr 2002 nur noch 13. Einher mit diesem Konzentrationsprozess ging eine steigende Einkaufsmacht auf Herstellerseite, die im Zuge dessen den Kostendruck an ihre Zulieferer weitergeben, vgl. ebenda, S. 18ff.

bereits herstellerübergreifend statt.[217] Aber auch ohne ein solches Outsourcing von Gesamtfahrzeugentwicklungs- und –produktionsumfängen prognostizieren Studien einen weiteren Rückgang der Wertschöpfungstiefe bei den Automobilherstellern von ca. 35% in 2002 auf ca. 25% in 2015.[218] Diese Entwicklungen gehen den Prognosen zufolge einher mit einer Veränderung der Wertschöpfungsarchitektur in der Automobilindustrie, bei der verstärkt Systemintegratoren die Verantwortung für ganze Großmodule übernehmen.[219]

Ein solcher Systemintegrator erhält vom Automobilhersteller i.d.R. nur noch Rahmenvorgaben bezüglich der Modulschnittstelle wie z.b. Funktionsumfang und Abmessungen.[220] Die Koordination von Sublieferanten erfolgt dann durch den Systemintegrator, so dass eine Lieferantenpyramide bestehend aus Systemintegrator, Komponentenlieferant und Teilefertiger entsteht.[221] Für die Automobilhersteller folgt daraus eine Zusammenarbeit mit weniger Lieferanten, deren intensive Einbindung in den Entwicklungsprozess dafür aber an Bedeutung gewinnt.[222] Ziel ist es, enge, qualitativ hochwertige Beziehungen aufzubauen. Im Sinne eines ,Virtuellen Unternehmens' bzw. einer ,Grenzenlosen Unternehmung' erfolgt damit eine zunehmende Auflösung der klassischen Unternehmensgrenzen:

> ''Die klassischen Grenzen der Unternehmungen beginnen zu verschwimmen, sich nach innen wie nach außen zu verändern, teilweise auch aufzulösen.''[223]

Koordination im Entwicklungsprozess eines Automobilherstellers ist somit untrennbar mit der Schnittstelle zu Lieferanten und ihrer Integration im Rahmen einer Netzwerkorganisation verbunden.

---

[217] Beispiele für entsprechende Kompetenzträger bei den Zulieferern sind die Unternehmen Karmann (z.B. Audi A4 Cabrio, MB CLK Cabrio, Chrysler Crossfire), Magna Steyr Fahrzeugtechnik (z.B. Chrysler Voyager, Saab 9-3, BMW X3), Bertone (z.B. Opel Astra Coupé und Opel Astra Cabrio), Valmet Automotive (z.B. Porsche Boxster) oder Pininfarina (z.B. Peugeot 406 Coupé, Ford Street Ka).

[218] vgl. ebenda, S. 116ff. Der Rückgang der Wertschöpfungstiefe bei den Entwicklungsleistungen ist dabei der Studie zufolge mit einer Veränderung von 63% auf 37% besonders stark.

[219] Prognosen zufolge wird die Wertschöpfung aller Automobilhersteller weltweit von rund 450 Mrd.$ (1999) bis zum Jahr 2010 um 14% steigen, während die Wertschöpfung der Lieferanten im gleichen Zeitraum um 35% um mehr als das Doppelte wachsen werde. Als Ursachen hierfür wird gesehen, dass die Automobilhersteller immer mehr Komponenten von Lieferanten fertigen lassen, insbesondere in der Elektronik, die zur Zeit ca. 25% der Herstellkosten eines Mittelklassewagens ausmache. Dieser Prozentsatz hat sich demzufolge in den vergangenen fünf Jahren verdoppelt, ein Trend, der auch in Zukunft anhalten werde, vgl. Buteweg (2000), S. 15, vgl. auch Gottschalk (1998), S. 81f.

[220] Clark / Fujimoto sprechen von schnittstellen-definierten Teilen oder Black Box Parts. Diese Grundidee wurde in der Automobilindustrie inzwischen für vollständige Module weiterentwickelt, vgl. Clark / Fujimoto (1992), S. 144ff.

[221] vgl. Müller-Stewens / Gocke (1995), S. 13f.

[222] vgl. Geidel (1999), S. 109; Zahn, (1992), S. 12

[223] vgl. Picot / Reichwald / Wigand (1996), S. 2

2.2.4.   Die resultierenden Spannungsfelder – Herausforderungen für Management im Automobilentwicklungsprozess

Aus den beschriebenen Zielen, Aufgabencharakteristika und externen Einflussfaktoren werden zum Abschluss von Kapitel 2 zentrale Herausforderungen für das Management des Automobilentwicklungsprozesses zusammengefasst. Dabei wird zwischen den drei Spannungsfeldern *Differenzierung versus Integration, Flexibilität versus Kontinuität und Vielfalt/Innovation versus Einheitlichkeit/Effizienz* unterschieden. Sie verdeutlichen, wie die Herausforderungen für das Management des Automobilproduktentwicklungsprozesses durch vielfach gegensätzliche Anforderungen geprägt werden.

Insbesondere aus der hohen Produktkomplexität ergibt sich das Spannungsfeld aus *Differenzierung versus Integration:* Die zunehmende Produktkomplexität erfordert eine immer stärkere Spezialisierung zwischen Experten unterschiedlichster Disziplinen. Während der zumeist über 2 Jahre dauernden Entwicklung eines neuen Fahrzeuges ist unternehmensintern und -übergreifend die Tätigkeit von ca. 4000 Beteiligten aufeinander abzustimmen. Die ausgeprägte Arbeitsteilung in der Produktentwicklung führt zu hoher Komplexität bei der Integration der Teilaktivitäten. Das Spannungsfeld aus Differenzierung und Integration lässt die Frage nach geeigneten Koordinationsformen zu einem zentralen Erfolgsfaktor im Produktentwicklungsprozess werden. Mit dem Aspekt von Aufgabenzerlegung und -integration wird primär der *inhaltliche Aspekt* der Entwicklungsaufgabe betrachtet.

Hohe Umfelddynamik[224] und der Wandel von Verkäufer- zu Käufermärkten mit zunehmender Individualisierung und anspruchsvolleren Kundenbedürfnissen[225] erfordern hohe Flexibilität im Entwicklungsprozess. Gleichzeitig besteht jedoch auch Bedarf an Kontinuität und Stabilität hinsichtlich Zielen, Entscheidungen und Beziehungen zu Zulieferern[226]. Dies ergibt sich nicht nur aus der langen Dauer einer Fahrzeugentwicklung, sondern auch aus langfristigen, strategischen Zielsetzungen z.B. hinsichtlich Markenimage, Zielkunden und -märkten sowie Produktpositionierung. Aus der hohen Umfelddynamik bei gleichzeitiger Gewährleistung von Kontinuität in Strategie, Produkt und Prozess ergibt sich das zweite zentrale Spannungsfeld aus *Flexibilität versus Kontinuität*. Es betrachtet primär den *zeitlichen Aspekt* bei der Auseinandersetzung mit der Entwicklungsaufgabe.

---

[224] vgl. Zahn / Weidler (1992), S. 17, Warnecke / Kirchhoff (1993), S. 92
[225] vgl. Zahn / Dogan (1991), S. 4; Zahn (1995), S. 3; Loos (1995), S. 31; Wildemann (1993), S. 34
[226] vgl. Müller-Stewens / Gocke (1995), S. 66ff.

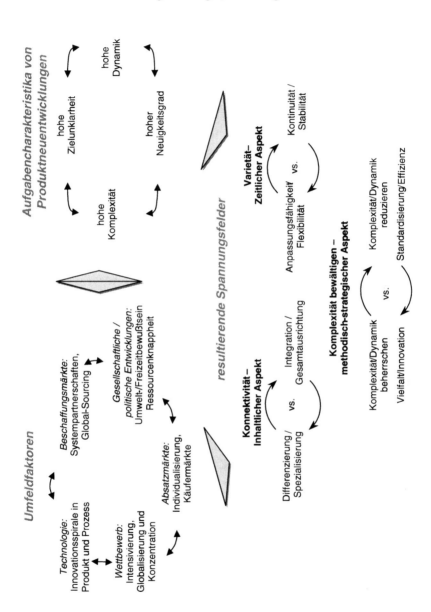

Abb. I.11: Umfeldfaktoren, Aufgabencharakteristika und resultierende Spannungsfelder beim Management von Produktentwicklungsprozessen in der Automobilindustrie

Zur Bewältigung der aus den ersten beiden Spannungsfeldern resultierenden Komplexität[227] existieren zwei grundsätzliche Strategien: Komplexität beherrschen und Komplexität vermindern. In ihrer Anwendung sind beide Strategien für den Produktentwicklungsprozess von Bedeutung: Die Akzeptanz und Förderung von Vielfalt, z.b. die gleichzeitige Verfolgung alternativer Entwicklungskonzepte in der frühen Phase des Entwicklungsprozesses, erhöht Komplexität und Ressourcenbedarf in dieser Phase.[228] Andererseits fördert dies jedoch auch neuartige, kreative Lösungen und bildet so die Basis für eine erfolgreiche Differenzierung durch Produkt- und Prozessinnovationen. Gleichzeitig sehen sich nahezu alle Automobilhersteller einem intensiven Kostendruck konfrontiert. Komplexitätsreduzierung zur Effizienzsteigerung ist somit unumgänglich. Damit kommen Standardisierungen in Prozess und Produkt, z.B. durch Plattform- und Baukastenkonzepte, eine besondere Bedeutung zu. Diese Überlegungen fasst das dritte Spannungsfeld zusammen, das die Herausforderungen *Vielfalt/Innovation versus Einheitlichkeit/Effizienz* beschreibt.[229] Es greift damit den *methodisch-strategischen Aspekt* bei der Bewältigung der inhaltlichen und zeitlichen Herausforderungen auf.

2.3   Zwischenfazit – Koordination als Erfolgsfaktor im Automobilentwicklungsprozess

2.3.1.   Managing dependencies between actvities' als zentrale Herausforderung im Produktentwicklungsprozess

Komplexität resultiert aus hoher Konnektivität und Varietät. Dies lenkt die Betrachtungen auf die Beziehungen bzw. Interdependenzen zwischen den Elementen des betrachteten Produktentwicklungssystems. Koordination im Sinne von "managing dependencies between activities"[230] wird zum Erfolgsfaktor im Entwicklungsprozess.

Die Herausforderungen beschränken sich dabei nicht allein auf das ‚klassische' Feld der Organisationstheorie ‚Differenzierung versus Integration', auch wenn diesem auf-

---

[227] Als Kennzeichen komplexer Systeme wurde bereits ein hoher Konnektivitäts- und Varietätsgrad definiert, vgl. Zahn (1972), S. 15. Im (gedanklichen) System eines Fahrzeugentwicklungsprojektes können die beteiligten Mitarbeiter als Elemente dieses Systems verstanden werden. Aus der hohen Anzahl der involvierten Mitarbeiter und ihrer engen Beziehungen untereinander leitet sich das erste Spannungsfeld aus Spezialisierung/Differenzierung und Integration ab. Das erste Spannungsfeld entspricht damit auch dem Aspekt der Kompliziertheit, vgl. Probst (1987), S. 77; Ulrich / Probst (1990), S. 60, das zweite Spannungsfeld dem Aspekt Varietät bzw. Dynamik. Beide zusammen gehen in der Herausforderung ‚Bewältigung von Komplexität', dem dritten Spannungsfeld, auf.

[228] Durch innovativere, bessere Lösungen können sich in späteren Phasen demgegenüber Kosten- und Zeiteinsparungen ergeben.

[229] Zahn weist im Zusammenhang mit der Bewältigung schlecht strukturierter Probleme bei der Produktentwicklung auf die Bedeutung lateralen Denkens hin. Dieses ist durch einen Wechsel von assoziativem Denken, das auf die Erzeugung von Vielfalt gerichtet ist, und konvergentem Denken, das auf die Begrenzung von Vielfalt abhebt, gekennzeichnet. Ein Missverhältnis äußert sich entweder darin, dass eine Vielzahl von Ideen produziert wird, ohne dass eine ausreichende Selektion stattfindet, oder dass nur eine ungenügende Anzahl von Ideen besteht, deren geeignetste dann jedoch mit hoher Präzision ausgewählt wird. Ein unausgewogenes Verhältnis der Erzeugung von Vielfalt und ihrer anschließenden Reduktion äußert sich demnach in einer Verlängerung der Entwicklungszeit, vgl. Zahn (1992), S. 471.

[230] vgl. ebenda

grund der hohen Komplexität und damit einhergehend hohen Spezialisierung bei der Automobilentwicklung eine besondere Bedeutung zukommt. Eine Verschärfung der Herausforderung ergibt sich durch den zeitlichen Aspekt: Starre, unflexible Koordinationsansätze, z.b. durch Programmierung oder stark hierarchisch geprägte Elemente erfüllen nicht die Anforderungen, die sich durch das unsichere, schnell veränderliche Umfeld ergeben. Hoch organische, flexible Koordinationsansätze laufen Gefahr die für den Entwicklungsprozess ebenso erforderliche Kontinuität und die Ausrichtung auf ein übergeordnetes Gesamtoptimum zu vernachlässigen.

Die alleinige Konzentration auf Effizienz oder Innovation bzw. auf eine der klassischen generischen Strategien Kostenführerschaft oder Differenzierung ist nicht mehr ausreichend.[231] Die Intensivierung des Wettbewerbs führt auch für ,klassische Premiumhersteller' zu erheblichen Effizienzsteigerungserfordernissen. Gleichzeitig erhöht sich nicht nur die Produktsubstanz ,klassischer Basisprodukte', sondern OEMs, die ehemals als ,Basishersteller' verstanden wurden, greifen über bestehende oder neu erworbene Marken zunehmend die Produkte ,etablierter' Premiumhersteller an. Eine Bewertung von Koordinationsansätzen alleine nach Effizienzkriterien, wie etwa Transaktionskosten, oder nur nach Aspekten der Innovationsförderung, reicht daher nicht aus.

Die Suche nach neuen, hierfür geeigneten Koordinationsformen stellt eine Herausforderung dar, die weit über die klassischen Begriffspaare ,zentral-dezentral' hinausgeht. Bevor im folgenden Kapitel das Problemverständnis zu Koordination im Entwicklungsprozess durch Betrachtung eines Fallbeispiels vertieft werden soll, erfolgt zunächst eine Abgrenzung und Vertiefung des Koordinationsbegriffs.

2.3.2 Koordination – Begriffsklärung und -abgrenzung

Wie die bisherigen Überlegungen zeigen, ist der Entwicklungsprozess eines Automobils durch ausgeprägte Arbeitsteilung geprägt: Aufgrund der begrenzten Informationsgewinnungs- und –verarbeitungskapazität der beteiligten Akteure und der Komplexität der Entwicklungsaufgabe ist eine Aufteilung der Gesamtaufgabe in zahlreiche Teilaufgaben erforderlich. Zwischen diesen Teilaufgaben bestehen „arbeitsbezogene Abhängigkeiten (Interdependenzen)"[232], die einer Abstimmung hinsichtlich des Gesamtziels bedürfen. Diese Abstimmung soll im folgenden als Koordination verstanden werden:

> ''Unter Koordination wird allgemein die Ausrichtung von Einzelaktivitäten in einem arbeitsteiligen System auf ein übergeordnetes Gesamtziel verstanden.''[233]

Ein wichtiges Element dieser Definition nach Frese besteht in der Existenz eines übergeordneten Gesamtziels sowie der Ausrichtung der Einzelaktivitäten auf dieses Gesamtziel. Dieser Auffassung wird in der Literatur nicht einstimmig gefolgt. Ein einheitliches Verständnis, was unter dem Phänomen ,Koordination' zu verstehen ist,

---

[231] Schuh (2002), S. 22ff.
[232] vgl. Kieser / Kubicek (1992), S. 95
[233] vgl. Frese (1998), S. 10

existiert bislang nicht.[234] In einem weiter gefassten Begriffsverständnis wird die Orientierung an einem gemeinsamen Ziel nicht vorausgesetzt und Koordination verstanden als

> ''(…) Abstimmung der Tätigkeit verschiedener Menschen oder Organisationen von Menschen (…). Notwendige Voraussetzung für die Koordination ist das Bewusstsein der Interdependenz.''[235]

bzw. nach Malone

> '' (…) managing dependencies between activities''[236]

Nach diesem Koordinationsverständnis bedarf es nicht eines gemeinsamen Zieles der Beteiligten:

> ''(…) es genügt, dass alle Beteiligten der Auffassung sind, durch Koordination ihre eigenen Ziele besser erreichen zu können als ohne diese. Die Zielerreichung von A kann sogar der Zielerreichung von B entgegengesetzt sein.''[237]

Wie die bisherigen Ausführungen gezeigt haben, stellt insbesondere in komplexen Entwicklungsprojekten das gleichzeitige Erreichen der interdependenten Kosten-, Zeit- und Qualitätsziele auf Gesamtprojektebene eine zentrale, zumeist mit zahlreichen Zielkonflikten verbundene Aufgabe dar. Der Kern der Herausforderung besteht somit in der Ausrichtung aller Beteiligten auf die gemeinsamen Projektziele. Auch das Verständnis von Selbstlenkung ist aufs engste mit der Ausrichtung und dem Erreichen der für alle Beteiligte verbindlichen Gesamtprojektziele verbunden. Aus diesem Grund wird in den weiteren Ausführungen dem Begriffsverständnis von Frese gefolgt und die Ausrichtung auf gemeinsame, übergeordnete Ziele als zentrale Herausforderung gesehen. Das Verfolgen individueller, z.T. konträrer Subziele wird dabei ebenfalls berücksichtigt und geht insbesondere bei der Analyse emergenter Phänomene ein.

Das oben erläutere Begriffsverständnis von Koordination nach Frese ist noch allgemein gefasst und bedarf einer weiteren Detaillierung. Dabei lassen sich zwei unterschiedlich weite Begriffsauffassungen unterscheiden.[238] ''Die enge Sichtweise stellt ausschließlich auf den integrativen Aspekt der Koordination ab''.[239] Die Funktion von Koordination besteht darin, arbeitsteilig bearbeitete Teilaufgaben, die das Ergebnis einer vorangegangenen Differenzierung darstellen, in Bezug auf das Erreichen des übergeordneten Gesamtziels abzustimmen.

Diese Trennung zwischen Differenzierung und Integration als verschiedene Grundaufgaben organisatorischen Handelns wird nach dem weiten Begriffsverständnis als nicht sinnvoll betrachtet. Aufgabenzerlegung und Zuweisung von Entscheidungskompetenzen haben durch die hieraus resultierenden Interdependenzen unmittelbare Auswirkun-

---

[234] vgl. Hoffmann (1980), S. 301

[235] vgl. Poensgen (1980), Sp. 1130ff.

[236] vgl. Malone / Crowston (1994), S. 92. Für eine Übersicht zu weiteren Begriffsverständnissen von Koordination vgl. Hoffmann (1980), S. 298ff.

[237] vgl. Poensgen (1980), Sp. 1131ff.

[238] vgl. Frese (1998), S. 10ff.

[239] vgl. ebenda, S. 10

gen auf den Abstimmungsbedarf. Auch Differenzierungsmaßnahmen beeinflussen somit Integrationsaspekte und können folglich der Koordinationsdimension zugeordnet werden. In Anlehnung an Frese wird daher in der vorliegenden Arbeit diesem weiten Begriffsverständnis gefolgt.[240]

Ebenso uneinheitlich wie das Begriffsverständnis von Koordination stellt sich die Abgrenzung von Organisation und Koordination in der Literatur dar. Manche Autoren setzen beide Begriffe gleich.[241] Überwiegend wird jedoch eine gedankliche Trennung des Organisationsproblems in eine Koordinations- und eine Motivationskomponente vorgenommen.[242]

Dabei wird weitgehend von individuellen Einstellungs- und Verhaltensmerkmalen der Entscheidungsträger abstrahiert.[243] Schon Frese schränkt diese Sichtweise ein, indem er darauf hinweist, dass eine anwendungsorientierte Organisationstheorie, die von Verhaltensaspekten vollständig abstrahiert, sich dem Vorwurf der Beliebigkeit aussetzt.[244] Auch Schreyögg weist auf die Bedeutung von Emergenz und nicht vorhersagbarem Verhalten der Organisationsmitglieder hin.[245] Die Berücksichtigung emergenter Phänomene als wichtige Einflussfaktoren organisatorischer Gestaltung in der vorliegenden Arbeit basiert entscheidend auf der Analyse individueller Einstellungs- und Verhaltensmerkmalen der betroffenen Akteure.[246] Einer Trennung von Koordination und Verhaltensmerkmalen kann daher nicht gefolgt werden.[247]

Unabhängig davon erfolgt in der vorliegenden Arbeit eine Konzentration auf strukturelle Koordinationsprinzipien[248], kulturelle Aspekte werden jedoch als wichtige Einflussfaktoren berücksichtigt. Koordination in dem hier verwendeten weiten Begriffsverständnis umfasst damit sowohl Differenzierung als auch Integration und stellt einen Teilaspekt von Organisation dar, wobei individuelle Einstellungs- und Verhaltensmerkmale der Entscheidungsträger als wichtige Einflussfaktoren berücksichtigt werden.[249]

---

[240] vgl. ebenda, S. 10. Mit diesem Begriffsverständnis wird Koordination übergeordnet zu Integration verstanden, d.h. Koordination umfasst die Aspekte Differenzierung und Integration. Andere Sichtweisen verstehen Koordination in der engen Begriffsauslegung und grenzen Integration und Koordination dahingehend ab, dass Integration die ganzheitliche, präsituative Kanalisierung von Verhalten darstellt, während Koordination demgegenüber einzelfallspezifisches, situatives Ad-hoc-Lenken von Verhalten bezeichnet, vgl. Bleicher (1991), S. 146.

[241] vgl. z.B. Urwick (1963), S. 35ff.

[242] vgl. Picot / Dietl / Franck (1999), S. 7ff.; Picot (1999) S. 112ff.; Frese (1998), S. 7ff.. Picot bzw. Picot et al. beschreiben das Koordinationsproblem als die Überwindung des *Nichtwissens* der Akteure hinsichtlich der zu erfüllenden Aufgaben und Verfahren. Das Motivationsproblem stelle dagegen zusätzlich die Überwindung des *Nichtwollens* dar, vgl. Picot / Dietl / Franck (1999), S. 8ff.; Picot (1999) S. 113ff..

[243] vgl. Frese (1998), S. 8.

[244] vgl. ebenda, S. 8

[245] vgl. Schreyögg (1996), S. 405ff.

[246] In der Theorie zu „Complex Adaptive Systems" kommt solchen individuellen „Schemata", d.h. den kognitiven Strukturen, die Wahrnehmung und Verhalten der Akteure bestimmen, besondere Bedeutung für das Entstehen von Emergenz zu, vgl. z.B. Anderson (1999), S. 217ff.

[247] Eine solche Trennung beider Aspekte, die „Organisation als ein ‚Gegenmittel' für Koordinations- und Motivationsprobleme sieht" entspricht dem instrumentellen Organisationsbegriff, vgl. Picot (1999), S. 114.

[248] Zur Differenzierung unterschiedlicher Koordinationsprinzipien vgl. Teil II, Kapitel 2.

[249] vgl. Frese (1998), S. 8.

Der Begriff Organisation wird in zwei unterschiedlichen Bedeutungsformen verwendet: der instrumentellen und der institutionellen Sichtweise. Nach dem *instrumentellen Begriffsverständnis* steht die organisatorische Regelung im Vordergrund des Interesses, i.S.d. Organisation als zur "Struktur geronnenen Regelung"[250] ("die Unternehmung *hat* eine Organisation"[251]). Als zwei Unterkonzeptionen dieser Sichtweise gelten der maßgeblich durch Gutenberg geprägte funktionale Organisationsbegriff, der Organisation als eine Funktion der Unternehmensführung sieht, die der Planerfüllung dient[252], sowie der konfigurative Organisationsbegriff der Kosiolschen Organisationslehre, der Organisation im Gegensatz zum funktionalen Verständnis nicht als der Planung nachgeordnet versteht. Der (laufenden) Disposition vorgeordnet schafft Organisation als "endgültig gedachte Strukturierung, die in der Regel auf längere Sicht gelten soll"[253], den Rahmen, innerhalb dessen dispositive Anordnungen getroffen werden.

Das Kosiolsche Organisationskonzept kann schon als ein Übergang zu dem heute gebräuchlicheren *institutionellen Organisationsbegriff* verstanden werden, der das gesamte System, die Institution, in den Mittelpunkt des Interesses stellt ("die Unternehmung *ist* eine Organisation"[254]). Organisationen zeichnen sich demnach dadurch aus, dass sie auf spezifische Zwecke ausgerichtet sind, sich durch beständige Grenzen von der Außenwelt abgrenzen, sowie eine geregelte Arbeitsteilung besteht.[255] Die umfassendere Sichtweise des institutionellen Organisationsverständnisses gibt den Blick frei für Problemstellungen, die über die organisatorische Strukturierung und die formale Ordnung hinausgehen und z.B. die Entstehung ungeplanter Prozesse und Dysfunktionen betrachten[256]. Aus diesem Grund stellt das institutionelle Organisationsverständnis die bessere Grundlage für die Untersuchung emergenter Phänomene dar und wird daher im folgenden zugrunde gelegt.

Die (gedankliche) Trennung organisatorischer Strukturierung in zwei getrennte Problembereiche, die Aufbau- und Ablauforganisation, ist eng mit dem instrumentellen Begriffsverständnis verbunden. Die Aufbauorganisation betrifft demnach die Abteilungs- und Stellengliederung sowie das Instanzengefüge, während die Ablauforganisation die räumliche und zeitliche Abstimmung der Arbeitsgänge zum Ziel hat.[257] Eine gegenseitige Abhängigkeit wird zwar eingeräumt, sie soll jedoch dadurch gelöst werden, dass erst die Aufgabenanalyse erfolgt, die ‚Arbeitsanalyse', und anschließend die Synthese der Arbeitsabläufe, die ‚Arbeitssynthese', durchgeführt wird.
Auch wenn die begriffliche Trennung in Aufbau- und Ablauforganisation in der betriebswirtschaftlichen Organisationslehre weite Verbreitung fand, waren die Probleme, die mit dieser Trennung auf konzeptioneller und vor allem praktischer Ebene verbun-

---

[250] vgl. Schreyögg (1996), S. 5.

[251] vgl. Picot (1999), S, 114

[252] vgl. Gutenberg (1983), S. 236: „Je vollkommener die Betriebsorganisation die ihr vorgegebenen Ziele und Planungen zu verwirklichen imstande ist, umso mehr erfüllt sie die Aufgabe, die ihrer dienenden und instrumentalen Natur entspricht."

[253] vgl. Kosiol (1976), S. 20

[254] vgl. Picot (1999), S. 114

[255] vgl. Schreyögg (1996), S. 9ff.

[256] vgl. ebenda, S. 10f.

[257] vgl. Kosiol (1976), S. 32ff.

den waren, zu groß, als dass die Vorschläge breitere Verwendung gefunden hätten.[258] Beide Gestaltungsaufgaben sind so eng miteinander verbunden, dass eine getrennte Optimierung weder in der Praxis noch auf konzeptioneller Ebene vorstellbar ist.[259] Prozess ist ohne Struktur[260], Bewegung ohne Konstanten[261] nicht denkbar. Diese Überlegungen finden sich auch in neueren Ansätzen zur Prozessorganisation wieder, die eine Trennung in Aufbau- und Ablauforganisation ignorieren und Prozess und Struktur i.s. eines ‚strukturierten Arbeitsflusses' miteinander verbunden sehen.[262] Auch die weitere Analyse der Problemfelder in der Fallstudie wird zeigen, dass Probleme der Aufbau- und Ablauforganisation so eng miteinander verbunden sind, dass eine explizite Trennung beider Aspekte für die weiteren Betrachtungen nicht sinnvoll erscheint.

Koordination kann als vorausschauende Abstimmung (Vorauskoordination) oder als Reaktion auf Störungen (Feedbackkoordination) erfolgen.[263] Im Kontext des Produktentwicklungsprozesses finden sich auch die Bezeichnungen "Feed-forward planning" ("proactive approach" oder "front loading") und "Feed-back planning" ("reactive approach").[264] Betrachtet man den Produktentwicklungsprozess, so stellt ein nicht unerheblicher Teil des Abstimmungsaufwandes, insbesondere das gesamte Änderungsmanagement, Feedbackkoordination dar. Hohe Unsicherheit von Informationen und Lösungswegen, z.B. durch unerwartete Änderungen des Umfelds (z.B. Marktveränderungen) oder interner Faktoren (z.B. unerwartete technische Probleme) lassen häufig eine vielfach kosten- und zeitintensive Feedbackkoordination erforderlich werden.

Grundsätzlich wird jedoch das Ziel einer proaktiven Planung verfolgt mit dem Ziel, durch vorausschauende Abstimmung nachträgliche Korrekturen soweit wie möglich zu reduzieren, so dass sich dann i.a. auch der Gesamtkoordinationsaufwand verringert. Diese Zielsetzung unterliegt jedoch drei wichtigen Einschränkungen: erstens kann bei dem i.a. turbulenten Umfeld einer Automobilentwicklung nie völlig auf Feedbackkoordination verzichtet werden. Nur über Feedbackkoordination kann die erforderliche Flexibilität bei unvorhergesehenen Entwicklungen gewährleistet werden. Hinzu kommt zweitens, dass durch zusätzliche Vorauskoordination nicht notwendigerweise der Bedarf zu Feedbackkoordination verringert werden kann, so dass daraus nicht automatisch eine Verringerung des Gesamtkoordinationsaufwands folgt.[265]

‚Feedbackkoordination' gewinnt jedoch aus Überlegungen der Effizienzsteigerung an Bedeutung: die Produktentwicklung kann als ein Prozess verstanden werden, in dem

---

[258] vgl. Schreyögg (1996), S. 119ff.

[259] vgl. dazu auch Gaitanides (1983), S. 53ff. Nicht zuletzt verweist auch Kosiol selbst auf die enge Verbindung beider Aspekte, vgl. Kosiol (1976), S. 188, ohne daraus jedoch weitere Konsequenzen zu ziehen.

[260] vgl. Schreyögg (1996), S. 120

[261] vgl. Luhmann (1973), S. 67

[262] vgl. z.B. Hammer / Champy (1994), Davenport (1993)

[263] vgl. Kieser / Kubicek (1992), S. 100

[264] vgl. Verganti (1997), S. 380ff.

[265] Im Falle wachsender Bürokratisierung bei zunehmender Vorauskoordination könnte der Gesamtkoordinationsaufwand aufgrund von Ineffizienzen und Nachteilen bürokratischer Regelungen gegenüber einer flexiblen, schlanken Ad-hoc-Feedbackkoordination auch steigen.

ausgehend von einer Situation hoher Unsicherheit Informationen gewonnen werden[266]. Reinertsen zeigt anhand einfacher Überlegungen, dass Tests bzw. Erprobungen dann zu dem größten Informationsgewinn führen, wenn das Ergebnis am wenigsten vorhersagbar ist, d.h. die Versagens- bzw. Erfolgsrate 50% entspricht.[267] Schnelle Informationsgewinnung ist also damit verbunden, Unsicherheit bewusst zu schaffen bzw. zu akzeptieren. Die damit eingeschränkte Planbarkeit führt zu verstärktem Erfordernis von Feedbackkoordination. Im richtigen Maß wird sie damit eine Voraussetzung zur Beschleunigung des Entwicklungsprozesses. Dies führt zu erhöhten Anforderungen an Koordination, wie die weiteren Überlegungen zeigen werden.

Zur Vertiefung der Problemstellung soll im folgenden ein Fallbeispiel betrachtet werden, eine Fahrzeugentwicklung beim spanischen Sportwagenhersteller ‚Automóviles Deportivos S.A.'. Am Beispiel der Entwicklung der neuen Sportlimousine XR 400 sollen wichtige Koordinationsprobleme bei einer Fahrzeugneuentwicklung aufgezeigt werden.

---

[266] vgl. Reinertsen (1998), S. 9ff., 65ff.; Clark / Fujimoto (1992), S. 29ff.
[267] vgl. ebenda, S. 65ff.

3. Einführung in die Fallstudie

3.1 Automóviles Deportivos S.A. – die Entwicklung des XR 400

Automóviles Deportivos S.A. ist ein traditionsreicher, spanischer Sportwagenhersteller. Das Unternehmen ist auf Sportwagen und sportliche Limousinen der Premiumsegmente fokussiert. Hauptabsatzmärkte stellen Europa und die USA dar. Die produkt- und markenstrategische Ausrichtung des Unternehmens verfolgt schon seit langer Zeit eine ausgeprägte Profilierung der Marke ‚Automóviles Deportivos'[268] im Bereich Sportlichkeit/Dynamik und ‚Technologieführerschaft'. Durch überlegene Fahrleistungen und Fahreigenschaften der Produkte sowie Einführung von Innovationen insbesondere zur Unterstützung und Regelung der Fahrdynamik wurde diese Markenprofilierung seit langer Zeit systematisch gestärkt.

Eine Produktprofilierung über diese Differenzierungskriterien wird jedoch zunehmend schwerer. Dies ist insbesondere auf den ausgeprägten Innovations- und Leistungswettbewerb[269] mit zunehmender Angleichung des Technikniveaus relevanter Wettbewerber bei gleichzeitig eng begrenzten Preisweitergabemöglichkeiten für die damit verbundenen Kostenmehrungen zurückzuführen. Der für die Verteidigung einer entsprechenden Wettbewerbsposition verbundene Aufwand führt zu hoher betriebswirtschaftlicher Anspannung bei Fahrzeugneuentwicklungen. Dies wird verstärkt durch Maßnahmen, die zur Einhaltung der Emissions- bzw. Verbrauchsreduzierungsanforderungen erforderlich sind.[270]

In der folgenden Fallstudie wird die Entwicklung des XR400, der Nachfolger des derzeit noch sehr erfolgreichen Sportcoupés der gehobenen Mittelklasse (MKL+) betrachtet. Ganz in der Tradition des spanischen Sportwagenherstellers sind überlegene Fahrleistungen und Fahreigenschaften mit Verbindung aus Dynamik und Alltagstauglichkeit zentrale Elemente der Produktvision des XR400.

Der Wandel des Wettbewerbsumfeldes in der Automobilindustrie wirkt sich auch auf die strategische Ausgangssituation bei der Entwicklung des XR400 aus. Zunehmend diversifizieren auch Basishersteller in das Segment der Sportcoupés der gehobenen Mittelklasse. Diese auf einem höheren Gleich- und Synergieteileanteil basierenden Produkte weisen i.a. nicht nur günstigere Herstellkosten auf, sondern werden auch mit einem deutlich geringeren Einmalaufwand hergestellt. Fahrleistungen und angestrebte Preisposition entsprechen fast denen der spanischen Sportwagen.

Automóviles Deportivos sieht sich jedoch auch von seinen Hauptwettbewerbern als etablierten Premiumherstellern bedrängt. Eine Differenzierung über die Hauptimageträger, Dynamik und Innovation, wird zunehmend schwerer. Die Marktforschung at-

---

[268] Unternehmens- und Produktmarke sind im vorliegenden Fall identisch.

[269] Sowohl allgemein die Produktsubstanz betreffend als auch im speziellen Fahr-/Motorleistungen.

[270] Neben sehr strikten regionalen Emissionsanforderungen, v.a. in USA (z.B. Kalifornien) und Japan betrifft dies insbesondere die europäischen CO_2-Reduzierungsanforderungen. Der europäische Automobilverband hat sich verpflichtet, die durchschnittlichen CO_2-Emissionen neu zugelassener PKW bis zum Jahr 2008 um 25% gegenüber 1995 zu verringern, vgl. Kap. 2.2.3.

testiert den spanischen Sportwagen zwar noch eine führende Wettbewerbsposition im Bereich Dynamik, der Vorsprung insbesondere gegenüber den beiden Hauptwettbewerbern hat sich jedoch in den letzten Jahren zunehmend verringert.

Dies ist darauf zurückzuführen, dass sich Automóviles Deportivos und seine beiden Hauptwettbewerber hinsichtlich der Fahrzeugpositionierung aufeinander zu bewegt haben: die Wettbewerber zielen mit verschiedenen neuen Modellen klar auf die bisher von Automóviles Deportivos beanspruchte Dynamik- und Innovationsführerschaft. Gleichzeitig wurden die letzten Fahrzeugneuentwicklungen von Automóviles Deportivos vor allem hinsichtlich Qualität, Komfort und Sicherheit verbessert. Dadurch stieg das Fahrzeuggewicht deutlich an. Eine stärkere Motorisierung konnte die hiermit verbundenen Nachteile bei der Agilität der Fahrzeuge nur zum Teil kompensieren. Zudem steht eine entsprechende Leistungssteigerung im Zielkonflikt zur Verbrauchsreduzierung, die in Hinblick auf die Selbstverpflichtung der Automobilhersteller zur CO_2-Reduzierung zum Erreichen des CO_2-Flottenwertes von Automóviles Deportivos erforderlich ist.

Diese Ausgangssituation führt dazu, dass die strategische Zielsetzung ‚Gewichtsreduzierung' einen zentralen Stellenwert bei der Entwicklung des XR 400 erhält. Das Fahrzeuggewicht wird als wichtiger Stellhebel sowohl zu Dynamikverbesserung als auch zu Verbrauchsreduzierung gesehen. Ziel ist es, den bisher bei allen Nachfolgemodellen üblichen Gewichtsanstieg in eine Gewichtsreduzierung um eine Schwungmassenklasse[271] umzukehren. Bezogen auf das Referenzmodell[272] der Entwicklung entspricht dies einer Gewichtsreduzierung von ca. 60kg gegenüber dem Vorgängermodell. Unter Berücksichtigung von Ausstattungsmehrungen von ca. 40kg muss gegenüber dem Vorgänger real eine Gewichtsreduzierung von 100kg erreicht werden. Bestärkt werden die ambitionierten Ziele durch erste Informationen über die neuen Fahrzeuge der Kernwettbewerber, bei denen ebenfalls eine Gewichtsreduzierung gegenüber dem Vorgängermodell zu erwarten ist.

In Hinblick auf die bereits bestehende Preisführerschaft und das Ziel der Volumenführerschaft in diesem Premiumsegment wird aus Marktsicht kein Potenzial für eine Preiserhöhung gegenüber dem Vorgängermodell gesehen. Aus den betriebswirtschaftlichen Zielsetzungen, insbesondere der auf Basis der langfristigen Unternehmensplanung erforderlichen Modellrendite des XR 400, ergibt sich damit kein Spielraum zu einer Erhöhung der Herstellkosten und des Einmalaufwandes im Vergleich zum Vorgängermodell. Die Gewichtsreduzierung kann somit nicht über umfangreicheren Einsatz teurer Leichtbaumaßnahmen wie z.B. Voll-Aluminium-Karosseriestruktur, Magnesium oder CFK[273] erreicht werden. Dies wäre nur dann möglich, wenn adäquate

---

[271] Zulassungsrelevante Stufung des Fahrzeuggewichtes (in Europa ca. 110kg), um die Vielfalt der Realgewichte für die Zulassung zu reduzieren.

[272] Aufgrund der verschiedenen Motorisierungs- und Ausstattungsvarianten existiert kein einheitliches Fahrzeuggewicht einer Baureihe. Im frühen Stadium beschränken sich die Betrachtungen daher auf das sogenannte Referenzmodell. Dies ist ein bestimmtes Motorisierungs- und Ausstattungsmodell, das als Bezugsfahrzeug der Baureihe für das Gewichts- und Kostencontrolling verwendet wird. Es handelt sich i.a. um ein Modell, dem hinsichtlich Kundenwahrnehmung, Volumen und wirtschaftlicher Bedeutung eine besondere Rolle innerhalb der Baureihe zukommt.

[273] carbonfaserverstärkter Kunststoff

Kostenreduzierungspotenziale realisiert werden könnten - eine Voraussetzung, die nicht absehbar ist.

Vor dem Hintergrund dieser Ausgangslage erfolgt in der weiteren Fallstudie eine Fokussierung auf den wichtigen Zielkonflikt ‚Produktherstellkosten[274] versus Gewicht'. Der Schwerpunkt der Betrachtungen liegt dabei auf der frühen Entwicklungsphase (Produktinitiierung/Initialphase, Konzeptphase und frühe Serienentwicklung[275]). Diesen Phasen kommt zentrale Bedeutung für die Zielkonfliktbewältigung zu, entsprechend bestehen hier die größten Beeinflussungsmöglichkeiten für das Entwicklungsergebnis[276]. Im folgenden werden verschiedene Problemstellungen bei der Koordination der Entwicklungsaktivitäten zum XR400 in diesen Phasen beschrieben.

Die aufgezeigten Überlegungen zum Makroumfeld, v.a. der Wettbewerbssituation, die angestrebten Produktziele und der betriebswirtschaftliche Zielrahmen wurden in der Zieldefinitionsphase in einem interdisziplinären Team aus Strategie-, Markt, Entwicklungs-, Produktions-, Finanz-, und Einkaufsvertretern im Strategischen Zielkatalog zusammengefasst. Dieser zielt i.S. eines ‚Business-Plans' auf ein in sich konsistentes Prämissen- und Zielsystem, das dem Vorstand als Entscheidungsgrundlage über die Weiterverfolgung des Fahrzeugprojektes dient. Nach Abschluss der Konzeptphase ist das Fahrzeugkonzept soweit konkretisiert, dass konzeptgemäß alle Zielkonflikte abgesichert sind und eine verbindliche Zielvereinbarung mit den im Projekt involvierten Fachstellen und Entwicklern erfolgt. Die Erfahrung zeigt jedoch, dass aufgrund der hohen Komplexität der Entwicklungsaufgabe auch nach der Zielvereinbarung Zielkonflikte noch nicht abschließend gelöst sind bzw. durch erforderliche Änderungen neu entstehen.

Den in der Konzeptphase des XR400 involvierten Entwicklern ist bewusst, dass hinsichtlich der Zielerreichung der frühen Phase des Entwicklungsprozesses besondere Bedeutung zukommt. Während nur 10% der realisierten Kosten auf Entwicklung/ Konstruktion und Fertigungsvorbereitung entfallen, werden in diesen Abteilungen über 80-90% der Selbstkosten[277] eines Produktes festgelegt. Erst mit Auslösung der Betriebsmittel und Einsatz der Fertigung erfolgt die eigentliche (Selbst-)Kostenentstehung.[278] Je früher jedoch das Stadium im Entwicklungsprozess, umso unschärfer und unsicherer sind i.a. auch die Daten. Dieser frühe Umgang mit unsicheren Daten erweist sich gerade in der Phase der Konzeptentwicklung beim XR400 als problematisch: die zur Abschätzung regelmäßiger Gewichts- und Kostenstati und möglicher Zielkonflikte erforderliche Datenbereitstellung erfolgt schleppend. Selten liegen die Daten zum notwendigen Zeitpunkt und in der erforderlichen Offenheit vor, meistens

---

[274] Im weiteren vereinfachend als 'Kosten' bezeichnet.

[275] Bedeutungsgleich wird die Phase der Systementwicklung auch als Serienentwicklung im engeren Sinne bezeichnet, vgl. Kapitel 2.1.1. Dagegen beinhaltet die Serienentwicklungsphase im weiteren Sinne zusätzlich die Detailentwicklung bzw. Produktionsvorbereitung und die Test- und Optimierungsphase bzw. Vorserienphase.

[276] vgl. Ehrlenspiel (1992), S. 293

[277] Die Selbstkosten umfassen die Herstellkosten (Material- und Fertigungskosten) sowie die Verwaltungs- und Vertriebskosten, vgl. Dellmann (1998), S. 625ff.

[278] vgl. Ehrlenspiel (1992), S. 293 "Managers now become convinced, that more opportunities for cost reduction can be found in product planning and development than in production", vgl. Tanaka (1993), S. 4.

mit dem Hinweis, dass aufgrund des frühen Stadiums eine Aussage noch nicht möglich ist, da noch zahlreiche Unsicherheiten vorliegen. Die Gewichts- und Kostenstati, die sich trotz dieser Schwierigkeiten ergeben, liegen weit über der in der Initialphase festgelegten Zielvision.

Die durch diesen *eingeschränkten Informationsaustausch beim Umgang mit frühen Daten* unzureichende Transparenz resultiert auch daraus, so die Überzeugung der Projektleitung, dass die für die entsprechenden Entwicklungsumfänge verantwortlichen Entwickler den bestehenden Unsicherheiten immer wieder mit Berücksichtigung eines Risiko- bzw. Sicherheitsaufschlags (zuweilen auch ‚Risiko- bzw. Sicherheitspolster' genannt) begegnen. Dies erschwert einen realistischen Gewichts- und Kostenstatus des XR 400, mögliche Zielkonflikte können erst verzögert erkannt werden. Die geringe Transparenz behindert frühzeitige Reaktionen auf ungewünschte Entwicklungen. Eine zielgerichtete und effiziente Koordination der Entwicklungsaktivitäten durch die Projektleitung wird somit unmöglich.

Die Beaufschlagung solcher ‚Risiko- bzw. Sicherheitspolster' wirkt sich auch durch sogenannte ‚Sekundäreffekte' problematisch aus. Ein höherer Gewichts-Planungsstand erfordert die Auslegung auf ein höheres Fahrzeuggewicht, wodurch weitere Gewichtsmehrungen verursacht werden. So müssen z.B. mit steigendem Fahrzeuggewicht auch die Bremsen entsprechend größer dimensioniert werden. Dies führt zu einem höheren Gewicht der Bremssysteme und damit wieder zu einem Anstieg des Fahrzeuggesamtgewichts. Derartige Sekundäreffekte finden sich bei allen Umfängen, die durch Auslegung auf ein höheres Fahrzeuggewicht ihrerseits wieder zu Gewichtsmehrungen führen. Es entsteht eine ungewünschte Rückkopplung (‚Gewichtsspirale nach oben').

Neben den aufgezeigten Problemen beim Umgang mit frühen Daten werden Transparenz und Informationsfluss zudem durch zahlreiche *Prozess- und Systemschnittstellen beim Gewichtscontrolling* behindert. Während das Kostencontrolling zentral durch eine entsprechende Fachabteilung im Bereich Finanzen geführt wird[279], erfolgt die Erfassung und Aufbereitung der Gewichtsdaten dezentral in den Fachbereichen. Eine Standardisierung von Datenerfassung und –verarbeitung zwischen den Fachstellen besteht daher nicht. Prozesse und Systeme haben sich über Jahre ohne koordinierenden Einfluss entwickelt, so dass im Vergleich zwischen den unterschiedlichen Fachbereichen z.T. erhebliche Inkonsistenzen bestehen.

Die Prozess- und Systemschnittstellen behindern nicht nur die Datenaufbereitung und -transparenz auf Gesamtfahrzeugebene. Sie erschweren auch entscheidend eine am Gesamtoptimum ausgerichtete Zusammenarbeit zwischen den Fachbereichen. Die historisch bedingte Trennung von Gewichts- und Kostencontrolling ist ein Zeichen der bisher isolierten Betrachtung beider Zielgrößen. Aufgrund ihrer engen Wechselwirkung ist eine integrierte Gesamtsicht von Kosten und Gewicht jedoch unumgänglich. Trotz des breiten Konsenses zu diesen Überlegungen ändert sich die gängige Praxis einer bereichsbezogenen und isolierten Bearbeitung beider Zielgrößen jedoch nicht. Durch die Historie geprägte Abläufe und Strukturen dominieren das Geschehen.

---

[279] Unterstützt durch dezentrale Controllingstellen.

Die Projektleitung mit ihrer auf ein Gesamtoptimum ausgerichteten Koordinierungsaufgabe kann aus Kapazitätsgründen nur bei wenigen, grundlegenden Fragestellungen integrierend Einfluss nehmen.

Problematisch wirkt sich die unzureichende Transparenz insbesondere in Verbindung mit dem hohen Optimierungsdruck bei Kosten und Gewicht aus sowie gleichzeitiger Verfolgung von Produkteigenschaftszielen, die in vielen Fällen ‚Best-In-Class-Ansprüchen' genügen: Aus der Produktvision des XR400 wird abgeleitet, dass das Fahrzeug in nahezu allen Differenzierungsfeldern im Bereich Fahreigenschaften sowie Fahrdynamik und Fahrleistungen eine ‚Best-In-Class-Position' gegenüber den Hauptwettbewerbern erreichen soll. Da jedoch auch die Defizite des Vorgängermodells insbesondere im Bereich Alltagstauglichkeit und Komfort zu vermeiden sind, besteht ein umfangreiches Zielsystem mit einem breiten und hohen Anforderungsspektrum. Aus der *ungenügenden Zielpriorisierung in der frühen Phase* resultieren zahlreiche Zielkonflikte, für die eine Lösung im Rahmen der betriebswirtschaftlichen Projektanforderungen nicht absehbar ist.

Bei Zielkonflikten behindert die Erfüllung eines Ziels zwangsweise die Erfüllung des bzw. der anderen Ziele.[280] Neben der häufigen Zielkonkurrenz von Gewichts- und Kostenreduzierung befinden sich häufig weitere Produkteigenschaftsziele (z.b. bezüglich Fahrleistungen, (Akustik-)Komfort, Fahreigenschaften, Sicherheit etc.), in Konflikt mit dem Ziel der Kosten- und Gewichtsreduzierung.

Erschwert wird die Situation durch den ebenfalls auf ‚Best-In-Class-Ansprüche' ausgerichteten ‚Anforderungskatalog', der produktunabhängig als Grundlage für alle Produktentwicklungen im Unternehmen einen Mindeststandard für Anforderungen an bestimmte Fahrzeugfunktionen bzw. –komponenten/-systeme (z.b. das Bremssystem) festlegt. Die hieraus resultierenden Anforderungen führen zu einer weiteren Verschärfung der schon durch die anspruchsvolle Produktvision bestehenden Zielkonflikte.

Kann ein Zielkonflikt absehbar nicht gelöst werden - z.b. aufgrund grundsätzlicher physikalischer/technischer Grenzen oder nicht vermeidbarer Überschreitung des betriebswirtschaftlichen Zielrahmens - ist eine Priorisierung zwischen den konkurrierenden Zielen vorzunehmen. Die Abwägung der auf ein Projektgesamtoptimum ausgerichteten Zielprioritäten wird allerdings durch den Mangel an Transparenz sowie durch kulturelle Einflüsse stark behindert. Dies soll am Beispiel der Kosten- und Gewichtsziele des XR 400 genauer betrachtet werden.

Exemplarisch wird angenommen, die Erfüllung der Kosten- und der Gewichtszielvision habe für das Projekt grundsätzlich gleiche Bedeutung.[281] Daraus folgt jedoch

---

[280] vgl. Eiletz (1998), S. 15

[281] Insbesondere bei Projekten mit höheren Stückzahlen, niedrigerer Preisposition und geringerer Bedeutung fahrdynamischer Ziele mit resultierend geringerer Bedeutung der strategischen Zielsetzung ‚Gewichtsreduzierung' kommt dem Erreichen der Herstellkostenziele i.a. eine deutlich höhere Bedeutung zu. Auch beim Projekt XR400 wären - abhängig von Ausgangsbedingungen und weiteren Einflussgrößen - andere Priorisierungen zwischen beiden Zielgrößen denkbar. So könnte z.b. bei einer geringfügig geringeren Gewichtsreduzierung als in der Zielvision festgelegt das Schwungmassenklassenziel verfehlt werden. Durch die Gewichtsreduzierung

nicht, dass bei jedem im Laufe des Projektfortschritts auftretenden Zielkonflikt Kosten- und Gewichtsreduzierungen gleiche Priorität zukommt. Sind z.B. die Gewichtsziele nahezu erreicht, die Kostenziele jedoch noch weit verfehlt, wird einer Kostenreduzierung i.a. höhere Priorität zukommen als einer Gewichtsreduzierung. Die im Laufe des Projektfortschritts erforderlichen Priorisierungen müssen sich daher an dem erreichten Status und der daraus abgeleiteten aktuellen Zielanspannung[282] orientieren. Die Bestimmung der Zielanspannung erfordert daher einen realistischen Status hinsichtlich der Zielgrößen im Fahrzeugprojekt. Die aufgezeigten Schwierigkeiten im Bereich der Datentransparenz behindern somit auch eine auf aktuelle Projekterfordernisse ausgerichtete Priorisierung im Rahmen von Zielkonflikten.

Das Problem der Priorisierung betrifft nicht nur die Projektleitung, sondern auch jeden im Projekt involvierten Entwickler. Während des Entwicklungsprozesses müssen laufend kleinere Priorisierungsentscheidungen dezentral durch die betroffenen Entwickler vorgenommen werden. Diese Entscheidungen erfordern Transparenz hinsichtlich des aktuellen Status der Zielerreichung. Aufgrund der beschriebenen Systemschnittstellen und der Problematik beim Umgang mit frühen Daten, stellt sich das Gewichtsdatencontrolling bei der Entwicklung des XR400 jedoch als ein aufwendiger Prozess dar, der nur im Abstand von vier Monaten durchgeführt wird. Die Ergebnisse sind vor allem für die Projektleitung bestimmt. Zu den Entwicklern gelangen die Informationen nur indirekt über die Vorgesetzten mit entsprechenden Verzögerungen und der Gefahr der Informationsverzerrung. Damit existiert weder für die Projektleitung ein Instrument, auf dessen Basis eine laufend aktualisierte Zielpriorisierung vorgenommen werden kann, noch besteht eine Orientierungsgröße für die beteiligten Entwickler, die dezentral und laufend aktualisiert über die aus Gesamtprojektsicht erforderlichen Optimierungsschwerpunkte informiert. Eine an der Gesamtzielerfüllung mit wechselnden Projektstati orientierte Priorisierung bei Zielkonflikten kann somit nicht erfolgen.

Stark beeinflusst wird die Zielkonfliktpriorisierung zudem durch kulturelle Einflüsse[283]. Automóviles Deportivos versteht sich als Premiumhersteller mit starker Technologieorientierung. Entsprechend tief verwurzelt ist das Streben nach technischer Perfektion sowie die Begeisterung für Technik und ihre Anwendung im Automobil. Zahlreiche Produktinnovationen, die sich später als Standard für Premiumfahrzeuge durchsetzten, wurden durch die Ingenieure von Automóviles Deportivos entwickelt. Darauf ist man nicht nur sehr stolz, sondern man möchte auch

---

wäre dann nur ein sehr viel geringerer Verbrauchsvorteil erreichbar. Eine Gewichtsreduzierung in genau der angestrebten Höhe hätte damit höhere Priorität. Eine geringfügige Verfehlung der Herstellkostenziele wirkt sich in der Regel bei kleinen Stückzahlen deutlich geringer auf eine Verschlechterung der betriebswirtschaftlichen Kennzahlen (z.B. Kapitalwert, Modellrendite) aus als bei großen Stückzahlen. Somit könnte bei sehr kleinen Stückzahlen eine geringfügige Verfehlung der Herstellkostenziele weniger kritisch sein, als eine geringfügige Verfehlung der Gewichtsziele. Bei höheren Stückzahlen könnte dagegen insbesondere bei einer weniger hohen Preisposition schon eine relativ geringe Zielabweichung bei den Herstellkosten zu einer deutlicheren Verschlechterung der Modellrendite führen. Neben diesen beispielhaft aufgezeigten Zusammenhängen beeinflussen eine Reihe weiterer Faktoren die Priorisierung zwischen beiden Zielgrößen.

[282] Differenz von Ziel und Status.

[283] Unter Unternehmenskultur als spezielle Organisationskultur wird „das implizite Bewusstsein eines Unternehmens" verstanden, „dass sich zum einen aus dem Verhalten der Mitglieder des Unternehmens ergibt und das zum anderen selbst als kollektive Programmierung die Verhaltensweisen der Mitglieder beeinflusst", vgl. Domsch (1998), S. 431.

in Zukunft der Automobilhersteller sein, der sich durch innovative Produkte mit über-
legener Produktsubstanz differenziert. Zusammen mit einer hohen Markenidentifika-
tion bei Käufern und Mitarbeitern stellt dies einen zentralen Erfolgsfaktor des Unternehmens dar. Diese Stärke erweist sich nun jedoch im Kontext der Gewichtsreduzierung paradoxerweise als problematisch: Bei Zielkonflikten führt das Perfektionsstreben meistens zu einer Favorisierung der funktional überlegeneren, damit i.a. aber auch
teureren und schwereren Lösung. Als Konsequenz ergaben sich bei den letzten
Fahrzeuggenerationen erhebliche Kosten- und Gewichtsmehrungen gegenüber den
Vorgängermodellen.

Vor diesem Hintergrund werden im Unternehmen zunehmend Überlegungen diskutiert, die bei einer grundsätzlichen Beibehaltung der Strategie der Innovationsführerschaft eine striktere Orientierung am Kundennutzen fordern. Dabei spielen insbesondere die Zielsetzungen zur Kosten- und Gewichtsreduzierung eine zentrale Rolle. Ein
Erreichen der anspruchsvollen Kosten- und Gewichtsziele erscheint nur realistisch,
wenn ein hinsichtlich des Kundennutzens ausgewogenes Verhältnis zwischen Verbesserungen bezüglich der Fahrzeugfunktionalität und den häufig damit verbundenen
Aufwands- und Gewichtsmehrungen gefunden wird. Da es sich bei den Kosten- bzw.
Gewichtszielsetzungen einerseits sowie den übrigen Produktanforderungen andererseits[284] häufig um konkurrierende Zielgrößen handelt, ist eine Verbesserung bei den
‚übrigen Produktanforderungen' - aufgrund der damit häufig verbundenen Kosten-
und Gewichtsmehrungen - oft nur bis zu einem bestimmten Grad mit einer Zunahme
des Kundennutzens verbunden (‚Gefahr des Over-Engineerings').

Für das Projekt XR400 ist daher zu prüfen, inwieweit nicht durch Anforderungsreduzierungen Kosten- und/oder Gewichtseinsparungen ermöglicht werden können, die
z.B. über resultierende Dynamik- oder Verbrauchsvorteile zu einer insgesamt höheren
Kundenwertigkeit führen, als eine Lösung, die in anderen Bereichen höheren Produktanforderungen genügt, dafür jedoch mit deutlichen Gewichts- und Kostenmehrungen
verbunden ist. Eine solche Anforderungsreduzierung widerspricht jedoch häufig der
‚technikorientierten Kultur' des Unternehmens. Aus diesem Grund konnten sich Bestrebungen zur Anforderungsreduzierung in der Vergangenheit noch nicht durchsetzen.[285] Aufgrund der bisherigen Erfahrungen bei Automóviles Deportivos ist die
Unternehmensleitung überzeugt, dass derartig tief verwurzelte Werte und Einstellun-

---

[284] Die gedankliche Trennung zwischen Kosten- und Gewichtszielsetzungen einerseits und weiteren
Produktanforderungen andererseits erfolgt aufgrund des speziellen Fokus der Arbeit.

[285] Kieser / Kubicek sprechen in diesem Zusammenhang von Koordination durch Organisationskultur. "In dem
Maße, in dem die Mitglieder einer Organisation übereinstimmende Werte und Normen 'verinnerlicht' haben -
sich mit ihnen identifizieren - können sie ihre Aktivitäten auch ohne strukturelle Vorgaben aufeinander abstimmen. Die gemeinsamen Überzeugungen bewirken eine Koordination der Aktivitäten", vgl. Kieser / Kubicek
(1992), S. 118f., siehe auch Peters / Waterman (1983), S. 102ff. Während für die koordinierende Wirkung von
Organisationskulturen auf zahlreiche Vorteile wie z.B. Effizienz insbesondere bei Aufgaben mit hoher Unge-
wissheit und Komplexität verwiesen wird, vgl. Wilkins / Ouchi (1983), S. 477ff., gehen Kieser / Kubicek auch
auf potenzielle Gefahren der Koordination durch Organisationskultur ein: "Organisationskulturen können auch
die Anpassungsfähigkeit der Organisationen selbst beeinträchtigen: Entwicklungsmöglichkeiten, die nicht von
der Organisationskultur legitimiert sind, lassen sich nur schwer durchsetzen. Organisationskulturen wirken wie
Filter: Sie blenden bestimmte Möglichkeiten aus, entziehen sie der Wahrnehmung der Organisationsmitglieder", vgl. Kieser / Kubicek (1992), S. 125. Die Autoren weisen damit auf die im vorliegenden Fallbeispiel
geschilderten Schwierigkeiten hin.

gen nur schwer und voraussichtlich nur über einen langen Zeitraum zu beeinflussen sind.

Anforderungsreduzierungen mit dem Ziel einer besseren Gewichts- oder Kostenziel-erreichung stellen letztlich nur eine besondere Form eines Zielkonfliktes dar: Sie betreffen den häufigen Zielkonflikt zwischen Gewichts- oder Kostenreduzierungen auf der einen Seite und besserer Funktionalität bzw. höheren Produktanforderungen auf der anderen Seite. Eine besondere Problematik liegt dabei insbesondere darin, dass au-ßer dem koordinierenden Einfluss der (Teil-)Projektleitung kein Koordinationsinstru-ment existiert, dass bei entsprechenden Zielkonflikten eine auf die Gesamtprojektziele ausgerichtete Priorisierung unterstützt. Resultierend ergibt sich eine ausgeprägte Überlastung der (Teil-)Projektleiter durch diese umfangreiche und komplexe Entschei-dungs-/Koordinationsaufgabe.

Neben den kulturellen Hemmnissen wirkt sich auch die hohe Vernetzung zwischen den Entwicklungsumfängen erschwerend bei der Anforderungsreduzierung aus. Zur Abschätzung dieser Wechselwirkungen sind vielfach aufwendige Simulationen erforderlich. Mit Zunahme von Einflussfaktoren und Wechselwirkungen steigen i.a. Simulationsaufwand und Aussageungenauigkeit der Simulationen. Eine Erhaltung des Status Quo bei den Anforderungen stellt somit auch vielfach die weniger aufwendige und risikoärmere Lösung dar.

Die beschriebenen Probleme bei der Suche nach Potenzialen zur Anforderungsreduzie-rung führen bei der Entwicklung des XR400 zu dem Versuch einer ‚nachträglichen Anforderungsreduzierung‘. Zu Beginn der Konzeptdefinitionsphase wird im Glauben an die Erreichbarkeit einer Zielerfüllung ohne Anforderungsreduzierung und aufgrund der hohen Konfliktträchtigkeit des Themas auf die Prüfung von Möglichkeiten zu An-forderungsreduzierungen gegenüber dem Vorgängermodell weitgehend verzichtet. In der zweiten Hälfte der Konzeptentwicklungsphase zeigt sich jedoch eine erhebliche Zielverfehlung bei Kosten und Gewicht. Die Bewertung noch ausstehender Maßnah-men lässt eine Zielerfüllung unter den gegebenen Bedingungen als unrealistisch er-scheinen. Aus diesem Grund sieht die Projektleitung dringend Handlungsbedarf, Ge-wichts- und Kostenreduzierungspotenziale durch Verringerung ausgewählter Produkt-anforderungen zu erschließen. Überraschenderweise treffen die Bemühungen der Pro-jektleitung nun - trotz des erhöhten Handlungsbedarfs - auf noch größeren Widerstand. Dieser richtet sich insbesondere dagegen, teilweise bereits entwickelte bzw. konzi-pierte Umfänge im nachhinein zu verändern. Zu Widerstand führt dabei vor allem, dass eine solche Anforderungsreduzierung mit dem Ziel der Kosten- oder Gewichtsminderung i.a. mit einer Funktionsverschlechterung verbunden ist. Die Hoffnung, eine aufgrund der ausgeprägten Zielverfehlung initiierte, nachträgliche Anforderungsreduzierung finde stärkere Unterstützung als eine Anforderungsreduzie-rung zu Projektbeginn, wird damit durch das Gegenteil widerlegt.

Der unbefriedigende Kosten- und Gewichtsstatus bewegt die Projektleitung dazu, die Einführung monetärer Anreize für Kosten- und Gewichtsreduzierungen zu erwägen. Die Eignung von Anreizsystemen zur besseren Zielerreichung wird mit den Teilpro-jektleitern intensiv diskutiert. In der Diskussion zeigen sich auf Basis bisheriger Erfahrungen grundsätzliche Vorbehalte gegen solche Anreizsysteme, die auf Basis dieser Erfahrungen auch als *'Anreizsysteme mit Boomerang-Effekt'* bezeichnet werden:

Der Einsatz von Anreizsystemen in der frühen Phase, so die auf Erfahrungen in der Vergangenheit gestützte Überzeugung der Mehrheit, wird dazu führen, dass jede auch ohne Anreize erreichbare, 'dem Stand der Technik' entsprechende Verbesserung einen Anspruch auf Gewährung des Anreizes eröffnet. In diesem Zusammenhang wird auch von 'Inflation' des Anreizes gesprochen: jede Verbesserung bezüglich Gewicht oder Herstellkosten gegenüber dem Vorgängermodell ist dann für das Projekt mit zusätzlichen Kosten durch den (materiellen) Anreiz verbunden. Die Überlegungen führen im Projekt dazu, dass Anreizsysteme in der frühen Phase (Konzept-(definitions)phase) nicht befürwortet werden.

Eine Beschränkung des Anreizes ausschließlich auf die Serienentwicklung, um zu einem späteren Zeitpunkt noch weitere Gewichtsreduzierungspotenziale zu mobilisieren, wird ebenfalls nicht befürwortet, da dann aufgrund des bereits weit fortgeschrittenen Entwicklungsstadiums nur noch vergleichsweise geringe Beeinflussungsspielräume bestehen. Zu Beginn der Serienentwicklung liegt bereits eine verbindliche Zielvereinbarung vor, so dass ein solcher Anreiz nur noch auf die Erfüllung bzw. Übererfüllung bereits vereinbarter Ziele wirken kann.

Auch bezüglich kombinierter Anreize, die sowohl in der Phase der Konzept- als auch in der Serienentwicklung gewährt werden, wird auf schlechte Erfahrungen in verschiedenen, zurückliegenden Projekten verwiesen: Da sich in allen damaligen Fällen im Laufe der Fahrzeugentwicklung zunehmende Plan-/Zielabweichungen bei den Gewichtszielen ergaben, wurde die Höhe der Anreize im Laufe des Entwicklungsprozesses gesteigert. In der Serienentwicklung wurden so höhere Anreize zur Gewichtsreduzierung gewährt als in der Konzeptphase. Die intensive Förderung von Maßnahmen zur Gewichtsreduzierung führte bei den ersten Projekten, bei denen diese Vorgehensweise angewandt wurde, zu einer Verbesserung der Zielerfüllung. In den folgenden Projekten ergaben sich jedoch keine nennenswerten Verbesserungen mehr. Langfristig war gegenüber dem Zustand vor Einführung der Anreize sogar eine Verschlechterung bei der Gewichtszielerfüllung zu beobachten. Seitens der Projektleitung wurde dies maßgeblich darauf zurückgeführt, dass sich durch die hohen Anreize in der Serienentwicklungsphase die Optimierungsanstrengungen von der Konzept- in die Serienentwicklung verlagerten, wo entsprechend geringere Beeinflussungsspielräume bestehen.

Unabhängig vom Zeitpunkt der Anreize wird in der Diskussion auf zwei weitere schlechte Erfahrungen mit Anreizsystemen verwiesen. Die Anreize der Vergangenheit waren - aufgrund der häufig bestehenden Konkurrenz zwischen Kosten- und Gewichtsreduzierungen - i.a. nur auf die Förderung einer der beiden Zieldimensionen fixiert. Projektstatusabhängig variierenden Optimierungsprioritäten konnten damit nicht ausreichend berücksichtigt werden: Bei sehr schlechter Gewichtszielerfüllung müssen Anreize zur Gewichtsreduzierung im Vordergrund stehen. Sind jedoch die Kostenziele noch weit verfehlt, darf das Anreizsystem nicht dazu führen, dass durch kostenintensive Leichtbaumaßnahmen die Kostenzielverfehlung zusätzlich verstärkt wird.

Aus diesem Grund wurden in einigen ehemaligen Projekten auch Anreizsysteme erprobt, die entsprechend der wechselnden Optimierungsprioritäten situationsspezifisch Gewichts- oder Kostenreduzierungen belohnten. Die Erfahrung zeigte jedoch, dass dieser Ansatz mehr zur Demotivation der Betroffenen als zur Mobilisierung neuer Potenziale führte. Insbesondere wenn eine große Zeitspanne zwischen dem Start von Untersuchungen zu einer Gewichts-/Kostenreduzierungsmaßnahme und ihrer tatsächlichen Realisierung (bzw. Aussagen zu ihrer Realisisierbarkeit) vorlag - z.b. aufgrund zusätzlichen (Vor-) Entwicklungsaufwands, Erfordernissen zu zusätzlicher Erprobung etc. - verursachte das Anreizsystem mit wechselnden Optimierungsprioritäten in der Wahrnehmung der davon betroffenen Mitarbeiter für sie ‚Blindleistung' bzw. ‚sunk costs': Im Vertrauen auf den zuvor gewährten Anreiz wurde zusätzlicher (Entwicklungs-)Aufwand generiert, die dadurch erreichten Kosten- oder Gewichtsreduzierungseffekte gewährten dann durch die wechselnden Optimierungsprioritäten jedoch keinen Anspruch mehr auf den Anreiz.

Eine solche Situation führte fast zwangsläufig zu einem Vertrauensverlust in die Projektleitung - selbst dann, wenn grundsätzliches Verständnis für die geänderte Ausgangssituation bestand. Verbreitet bestand insbesondere bei größeren und damit i.a. zeitaufwendigeren Optimierungsvorhaben die Einschätzung, dass die Bemühungen ‚im weiteren doch nur hinfällig' seien. Insgesamt wirkte ein solches Vorgehen daher entgegen der eigentlichen Zielsetzung eher demotivierend.

Problematisch stellte sich den Erfahrungen zufolge auch die Kopplung der Anreize an die Bereichsziele dar. Dies verstärkte eine bereichsbezogene Optimierung mit der Gefahr, bereichsübergreifende Potenziale, die aus Projekt- bzw. Unternehmenssicht vorteilhaft sind, sich aber negativ auf die Zielerfüllung im eigenen Bereich auswirken, zu vernachlässigen.[286] Die mit diesen Anreizsystemen gewonnenen Erfahrungen bewegen die Projektleitung dazu, die Einführung von Anreizsystemen nicht weiterzuverfolgen.

Die aufgezeigten Problemfelder führen dazu, dass das Projekt auch kurz vor der verbindlichen Festschreibung der Ziele, der Zielvereinbarung, die angestrebte Zielvision bei Herstellkosten und Gewicht noch nicht erreicht hat. Die in der Initialphase definierte Gewichtszielvision leitet sich zum einen aus markt- und unternehmensstrategischen Zielsetzungen ab, zum anderen aus einer ersten Zielplausibilisierung auf Basis einer Überleitung vom Vorgängermodell mit Berücksichtigung konzept- und ausstattungsbedingter Änderungen. Im Rahmen der Konzeptphase wurde die zunächst auf das Gesamtfahrzeug bezogene Gewichtszielvision als Orientierungsgröße auf die Fachbereiche umgelegt[287]. Die nun anstehende Zielvereinbarung erfolgt aus Projektsicht in zwei Richtungen: zum einen werden gegenüber dem Vorstand, zum anderen

---

[286] vgl. hierzu auch die Probleme bei bereichsübergreifender Optimierung, s.u.

[287] Der Entwicklungsbereich von Automóviles Deportivos weist eine Matrixorganisation aus funktional orientierten Fachbereichen (Rohkarosserie, Ausstattung, Antrieb, Fahrwerk und Elektrik) und Projekten (z.B. Projekt XR400) auf. Jeder Entwicklungsumfang eines Fachbereiches wird im Projekt durch einen Teilprojektleiter verantwortet bzw. koordiniert. Innerhalb der Projektorganisation besteht entsprechend der Struktur der Fachbereiche eine Aufteilung in funktionale Teilumfänge, die Module, z.B. das Modul ‚Rohkarosserie' oder ‚Innenausstattung unten'. Eine vertiefende Auseinandersetzung mit der Organisation des Unternehmens findet sich in Teil II.

gegenüber den Fachbereichen und Modulen als unternehmensinternen Dienstleistern für das Projekt verbindliche Ziele vereinbart. Im Gegensatz zu der Top-Down aus der Produktvision abgeleiteten Zielvision handelt es sich bei der Zielvereinbarung um eine Bottom-Up weitgehend mit Ansätzen bzw. Maßnahmen hinterlegte, verbindliche Übereinkunft der beteiligten Entwicklungspartner. Im Gegensatz zur (Ideal-)Prozessbeschreibung bestehen beim Projekt XR400 jedoch wie auch bei vielen anderen Entwicklungsprojekten zum Zeitpunkt der Zielvereinbarung noch zahlreiche ungelöste Zielkonflikte.

Aufgrund der Verbindlichkeit sowie des Anspruchs einer möglichst weitgehenden Zielkonfliktfreiheit handelt es sich bei der Zielvereinbarung um einen aufwendigen und langwierigen Prozess: für eine an den Ansprüchen der Zielvision orientierte, gleichzeitig jedoch auch erreichbare Zielvereinbarung sind für jeden Fachbereichsumfang (Rohkarosserie, Ausstattung, Antrieb, Fahrwerk und Elektrik) alle noch realisierbaren Potenziale abzuschätzen.

In zahlreichen Abstimmungsgesprächen zwischen Projekt und Fachbereichen werden Potenziale geprüft. Aus Sicht der steuernden Projektleitung stellt sich zum einen die Frage, welche Gesamtanspannung bei beiden Zielgrößen realisierbar ist, zum anderen welchen Beitrag die einzelnen Fachbereiche und Module hierzu leisten. Die Abstimmungsgespräche gestalten sich als schwierig, da beim aktuellen Gewichtsplanungsstand die Fachbereiche bereits weitgehend alle für sie unter den gegebenen Umständen und Zielkonflikten als realisierbar eingestuften Potenziale berücksichtigt haben. Kein Fachbereich ist daher bestrebt, im Rahmen der Zielvereinbarung Verbindlichkeiten einzugehen, die er nicht oder nur mit sehr hohen Risiken mit Maßnahmen hinterlegen kann. Gleichzeitig ist jedoch für die Projektleitung der aktuelle Stand bei Gewicht und Herstellkosten nicht akzeptabel, eine Bestätigung dieses Planungsstands im Vorstand durch eine entsprechende Anpassung der Zielvision wäre nicht zu erwarten.

Nach intensiver Prüfung weiterer Verbesserungspotenziale sieht sich das Projekt zum Berichtstermin der Zielvereinbarung im Vorstand in der Lage, eine mit weiteren Zusatzpotenzialen plausibilisierte Verbesserung von 4% bei den Herstellkosten und 3% beim Gewicht gegenüber dem zum Berichtstermin erreichten Stand zu zusagen. Die aufgezeigten Zusatzpotenziale sind i.a. im Detail noch zu prüfen, es bestehen jedoch schon belastbare Lösungsansätze und Bewertungen, die eine Erfüllung der Zusagen fundieren. Trotz dieser Verbesserungspotenziale wäre ein Erreichen der Zielvision bei beiden Zielgrößen jedoch nicht gewährleistet.

Entsprechend schwierig gestaltet sich die Entscheidungslage. Nach allen bisher vorliegenden Bewertungen ist das Erreichen insbesondere der Gewichtszielvision trotz intensivster Prüfung umfassender Verbesserungsmaßnahmen ohne erhebliche Verschlechterung der Projektrendite nicht mehr realistisch. Mit dem aufgezeigten Mehrgewicht wäre eine Verfehlung der Fahrdynamikziele sowohl bei der Längs- als auch bei der Querdynamik verbunden. Die angestrebte Best-In-Class-Position in diesem Bereich wäre damit nicht mehr erreichbar. Aufgrund der hohen Bedeutung einer solchen ,Dynamikführerschaft' für wahrgenommene Produktwertigkeit und Markenauthenzität gerade bei Sportwagen von Automóviles Deportivos müsste in diesem Fall mit deutlich geringeren Stückzahlen gerechnet werden. Konsequenz eines entsprechend verringerten Laufzeitvolumens wäre nicht nur eine Verschlechterung der Modellrendite, sondern es wäre auch zu befürchten, dass sich die schwächere Wettbewerbsposition des XR400 imageschädigend für die gesamte Marke insbesondere beim Kernmarkenwert ‚Dynamik' auswirken könnte.

Als Konsequenz aus den aufgezeigten Überlegungen wird das Projekt vom Vorstand nicht entlastet. Da jedoch nach Aussagen der verantwortlichen Fachstellen die Gewichtszielvision ohne gravierende Verschlechterung der Wirtschaftlichkeit des Projektes oder erhebliche Eingeständnisse bei den (übrigen) Produkteigenschaftszielen als nicht mehr erreichbar zu bewerten ist, wird zusätzlich eine Anpassung der Gewichtszielvision beschlossen.[288] Trotz dieser Zielanpassung entsprechen die neuen Ziele gegenüber dem zur Zielvereinbarung erreichten Stand noch Verbesserungserfordernissen von 5% bei beiden Zielgrößen. Gegenüber den im Vorstand aufgezeigten Verbesserungspotenzialen von 4% bzw. 3% bei Herstellkosten- bzw. Gewichtsreduzierung erfordert dies eine weitere Optimierung von 1% bzw. 2%.

Bezogen auf die Gesamtkosten bzw. das Gesamtgewicht erscheinen diese Zahlen gering, in Bezug auf die mit 4% bzw. 3% berichteten Verbesserungspotenziale zeigt sich jedoch, dass mit dieser Zielvereinbarung bei den Herstellkosten ein Viertel mehr Potenziale, beim Gewicht sogar über 65% mehr Potenziale erschlossen werden müssen. Angesichts der hohen Anzahl bereits umgesetzter oder geplanter Verbesserungsmaßnahmen sowie des i.a. bestehenden Konfliktes zwischen beiden Zielgrößen, ist mit einer entsprechenden Zielvereinbarung ein erheblicher Optimierungsdruck verbunden. Dennoch kann mit dieser Gewichtszielvereinbarung eine *Erosion der Zielvision* nicht aufgehalten werden.

Da bereits alle seitens der Fachbereiche zugesagten Potenziale berücksichtigt wurden, steht das Projekt nun vor der Frage, wie die aus diesen Zielen resultierende, zusätzliche Verbesserungsanspannung auf die Fachbereiche aufgeteilt werden kann. Genauere Informationen, welcher Entwicklungsbereich unter den gegebenen Zeit- und Kapazitätsrestriktionen und unter Berücksichtigung von Zielkonflikten über die besten Möglichkeiten zu einer weitergehenden Kosten- bzw. Gewichtsreduzierung verfügt, liegen der Projektleitung nicht vor. Aufgrund dieser *ungenügenden Informationen über relative Kompetenzvorteile* wird i.S. einer ‚gerechten Lastenverteilung' für alle betroffenen Bereiche eine prozentual gleichmäßige Verbesserungsanforderung in Höhe von 5% bei den Bereichszielen vereinbart. Aufgrund der mit einer solchen Vorgehensweise verbundenen ‚Gleichverteilung' der Zusatzanspannung auf die

---

[288] Ein entscheidender Grund für den Beschluss einer Zielanpassung liegt darin, dass kein Anpassungsspielraum bei den (übrigen) Produkteigenschaftszielen - insbesondere den Fahrdynamikzielen - gesehen wird. Dabei kommt insbesondere dem Einsatz stärkerer Motoren als Hauptursache für die Herstellkosten- und Gewichtsüberschreitungen hohe Bedeutung zu. In Hinblick auf ein Erreichen der ‚Best-In-Class-Position' bei den Fahrdynamikzielsetzungen und der erwarteten Motorisierung des zukünftigen Wettbewerbsumfelds wird eine Anhebung der Motorleistung gegenüber dem ursprünglichen Planungsstand trotz der damit verbundenen Herstellkosten- und Gewichtsmehrungen als erforderlich gesehen. Den Vorteilen hinsichtlich einer Verbesserung der Längsdynamik (z.B. Beschleunigung) durch Leistungsanhebung wird in diesem Fall höhere Bedeutung beigemessen als den negativen Auswirkungen der damit verbundenen Gewichtsmehrung auf Agilität bzw. Querdynamik des Fahrzeugs.

einzelnen Bereiche wird dieses Vorgehen im Projekt auch als *‚Zielvereinbarung nach Gießkannenprinzip'* bezeichnet.

Im Rückblick auf Projekte, die in den letzten Jahren den Berichtstermin der Zielvereinbarung durchlaufen haben, lassen sich vier Gemeinsamkeiten bezüglich des Planungsstandes bei Herstellkosten- und Gewichtszielen beobachten:

1. Der (Ideal-)Anspruch eines zielkonfliktfrei, mit Potenzialen / Maßnahmen hinterlegten Planungsstandes, bei dem die Gewichts- bzw. Kosten-Zielvision zur Zielvereinbarung erfüllt wird, wurde keinmal erreicht.

2. Im Vergleich der Projekte untereinander zeigte sich eine zunehmende Verfehlung der Zielvision bei jüngeren Projekten. Es war also ein Trend zur Verschlechterung festzustellen.

3. Aufgrund dieser Zielverfehlungen wurden diese Projekte weder mit dem bis zur Zielvereinbarung erreichten Status, noch mit dem auf Basis einer umfassenden Potenzialanalyse als erreichbar berichteten Planungsstand bezüglich Herstellkosten und Gewicht im Vorstand entlastet. Stattdessen wurde - wie beim Projekt XR400 - eine zusätzliche, aufgrund der zunehmend verschlechterten Situation mit jedem Projekt auch steigende[289] Verbesserungsanspannung bei beiden Zielgrößen festgelegt. Diese wurde in allen Fällen über das Prinzip der ‚Zielvereinbarung nach Gießkannenprinzip' auf die Fachbereiche umgelegt.

4. In allen diesen Fällen konnten in der Serienentwicklungsphase, d.h. nach der Zielvereinbarung, noch mehr Verbesserungspotenziale erschlossen werden als im Vergleich zu früheren Projekten. Damit konnten jedoch die immer größer gewordenen Verfehlungen der Zielvision in der Konzeptphase nicht kompensiert werden. Insgesamt wurde damit bei jedem dieser Projekte die Zielvision schlechter erfüllt als bei früheren Projekten.

Bei allen involvierten Fach- und Führungskräften besteht Übereinstimmung, dass die Erschließung entsprechend umfangreicher zwingend bereichsübergreifende Denk- und Arbeitsweisen erfordern. Die hohen funktionalen, geometrischen und prozessbedingten Abhängigkeiten im Produktentstehungsprozess überschreiten dabei sowohl Fachbereichs- als auch Modulgrenzen[290]. Dennoch stellt sich angesichts der Vereinbarung und *Steuerung über Bereichsziele* die bereichsübergreifende Zusammenarbeit immer wieder als problematisch dar. Als Beispiel werden im folgenden die Module ‚Innenausstattung unten' und ‚Rohkarosserie' betrachtet.

In der Entwicklungsbesprechung des Moduls ‚Innenausstattung unten' werden Potenziale zur Gewichtsreduzierung diskutiert. Die Entwickler sehen die Chance, durch eine veränderte Gestaltung der Innenausstattung einen deutlich höheren Beitrag zur Tor-

---

[289] Prozentual steigend in Bezug auf den bis zur Zielvereinbarung erreichten Status bei Herstellkosten und Gewicht.

[290] Ebenso kommt der unternehmensübergreifenden Zusammenarbeit mit Partnern - insbesondere Zulieferern - eine hohe Bedeutung zu. Gemäß Aufgabenstellung liegt jedoch der Fokus der Betrachtungen jedoch auf der Koordination unternehmensinterner Entwicklungsstellen.

sionssteifigkeit des Gesamtfahrzeugs zu leisten als bisher. In diesem Fall könnten die Anforderungen an die Torsionssteifigkeit der Rohkarosserie ohne Einbußen bei der Gesamtkarosseriesteifigkeit gesenkt werden. Nachteile z.B. hinsichtlich Fahrdynamik oder -komfort würden damit nicht entstehen. Im Modul ‚Innenausstattung unten' wären die Maßnahmen zwar mit Gewichtsmehrungen verbunden, sie würden jedoch durch die Gewichtseinsparungen bei der Rohkarosserie überkompensiert. Damit ließe sich das Gesamtfahrzeuggewicht um ca. 15kg reduzieren. Zur Verifizierung und Umsetzung der vermuteten Potenziale wäre im Modul ‚Innenausstattung unten' noch erheblicher Entwicklungsaufwand zu leisten, der jedoch innerhalb des bestehenden Entwicklungszeitplans realisiert werden könnte. Zudem käme ein solcher Ansatz auch folgenden Entwicklungsprojekten zugute.

Der Modulleiter im Bereich Innenausstattung weist auf den weit über seinen Zielvorgaben liegenden Gewichtsstatus in seinem Modul hin. Vor diesem Hintergrund sieht er keine Möglichkeit, eine Maßnahme zu verfolgen, die die angespannte Situation in seinem Modul noch weiter verschärft. Zudem benötigt er die zur Umsetzung des vorgeschlagenen Ansatzes erforderlichen Ressourcen für andere Maßnahmen, die der Zielerfüllung in seinem Modul dienen. Andernfalls sieht er die für sein Modul vereinbarten Ziele als nicht erreichbar an mit allen das Projekt als auch seine Person betreffenden negativen Konsequenzen.

Vor einer endgültigen Entscheidung zu dem Thema stimmt er sich mit seinem Vorgesetzten im Projekt ab, dem Teilprojektleiter zum Gesamtumfang Ausstattung. Diesem kommt eine Koordinations- und ‚Treiberfunktion' hinsichtlich Umfängen und Zielen im Bereich Ausstattung zu. Für ihn ergibt sich eine vergleichbare Situation wie für den Modulleiter, da die Maßnahme für den Bereich Ausstattung, für den er verantwortlich ist, mit einer Gewichtserhöhung verbunden ist. Die Gewichtsreduzierung wirkt sich dagegen in dem von ihm nicht betreuten Bereich Rohkarosserie aus. Angesichts der noch weit verfehlten Gewichtsziele im Bereich Ausstattung und der für die Umsetzung der Maßnahme erforderlichen Entwicklungskapazitäten bestärkt er den Modulleiter in seiner ablehnenden Haltung gegenüber dem Vorschlag. Daher wird die Maßnahme in den ‚Themenspeicher' aufgenommen, einer Dokumentation von Potenzialen zu Gewichts- oder Kostenreduzierungen, die im laufenden Projekt nicht verfolgt werden, in Folgeprojekten gegebenenfalls jedoch erneut geprüft werden. Im folgenden Kapitel werden die aufgezeigten Koordinationsprobleme bei der Entwicklung des XR400 kurz zusammengefasst.

3.2   *Zwischenfazit – Zusammenfassung und Systematisierung der aufgezeigten Koordinationsprobleme*

Zu Beginn der fahrzeugbezogenen Entwicklung zeigt sich ein *eingeschränkter Informationsaustausch beim Umgang mit frühen Daten.* Unsicherheiten aufgrund des noch frühen Stadiums und die Befürchtung seitens der betroffenen Entwickler, mit noch ungewissen Angaben zu hohe Erwartungen für die Zielvereinbarung zu wecken, behindern den gerade für diese frühzeitige Abschätzung von Zielkonflikten so wichtigen Informationsfluss. Den Unsicherheiten bei Gewichts- und Kostenabschätzungen wird verbreitet mit der Beaufschlagung von Risikopauschalen bzw. ‚Sicherheitspolstern‘ begegnet. Verstärkt durch die hieraus resultierenden Sekundäreffekte führt dies zur Verzerrung eines realistischen Gewichts- und Kostenstatus. Zudem werden Transparenz und Informationsfluss durch historisch bedingte *Prozess- und Systemschnittstellen beim Gewichtscontrolling* mit resultierenden Inkonsistenzen bei Datenbasen und –systemen erschwert.

Aus den anspruchsvollen strategischen Zielsetzungen für den XR400, insbesondere dem Ziel der Segmentführerschaft, leitet sich ein umfangreicher, noch mit zahlreichen Zielkonflikten verbundener, strategischer Zielrahmen ab. Die Auswirkungen *ungenügender Zielpriorisierung in der frühen Phase* - dem für Stimmigkeit des Zielsystems und Zielkonfliktbewältigung entscheidenden Entwicklungsabschnitt - können in späteren Phasen nicht mehr ausreichend kompensiert werden. Die Bewältigung der Zielkonflikte wird durch Probleme beim Umgang mit frühen Daten sowie die Daten- und Systeminkonsistenz zusätzlich verstärkt. Unzureichende oder suboptimale Priorisierungsentscheidungen sind die Konsequenz. Dies verstärkt die ungewünschte Rückkopplung aus mangelnder Fokussierung und unzureichender Transparenz. Aufgrund ungenügender Transparenz können Priorisierungsentscheidungen dann vielfach nicht vor dem Hintergrund aktualisierter Informationen über Optimierungserfordernisse entschieden werden. Bedingt durch kulturelle Einflüsse wird dann häufig die technisch bessere Lösung einer gewichts- oder kostensparenderen Alternative vorgezogen. Entsprechend kritisch entwickeln sich Gewicht und Herstellkosten des XR400.

Verstärkt werden die Schwierigkeiten durch das auf höchste Ansprüche ausgerichtete, produktunabhängige Anforderungsprofil, dass sich das Unternehmen im Sinne von ‚Mindeststandards‘ für jedes Produkt gegeben hat.

Festgestellte Problemfelder	Resultierende Herausforderungen	Übergeordnete Anforderung
1. Ungenügende Zielpriorisierung in der frühen Phase	Festlegung von Differenzierungsfeldern: Frühzeitige, klare Priorisierung	Ziel-management
2. Zielvereinbarung nach ‚Gießkannenprinzip'	Festlegung und Aufteilung der Zielspannung: bestmögliche Kompetenznutzung	
3. Erosion der Zielvision	Verfolgung der Ziele: Gewährleistung der Zielerreichung	
4. Ungenügende Informationen über relative Kompetenzvorteile	Ausrichtung Informationssysteme/-prozesse: Kenntnis von (relativen) Kompetenzvorteilen	Informations-management
5. Eingeschränkter Informationsaustausch beim Umgang mit frühen Daten	Offenheit fördern (individueller/kultureller Aspekt)	
6. Prozess- und Systemschnittstellen beim Gewichtscontrolling	Konsistenz gewährleisten (technischer Aspekt) — Informationsaustausch	
7. Anreizsysteme mit ‚Boomerang-Effekt'	Anreizsysteme: Ausrichtung auf Gesamtoptimum	Maßnahmen-management
8. Steuerung über Bereichsziele/bereichsbezogene Optimierung	Bereichsübergreifende Zusammenarbeit beim Maßnahmenmanagement: Priorisierung aus Gesamtprojektsicht und Ausrichtung auf Gesamtoptimum	

Abb. I.12: Systematisierung von Problemfeldern und resultierenden Herausforderungen

Nachdem zu Beginn des Projektes aufgrund bekannter Widerstände und hoher Komplexität die Reduzierung solcher, z.T. als überhöht eingeschätzter Produktanforderungen nicht weiter verfolgt wurde, stößt eine später initiierte Anforderungsreduzierung zur Erschließung neuer Gewichts- und Kostenreduzierungspotenziale auf noch größeren Widerstand. Dieser richtet sich insbesondere gegen die Änderung bereits konzipierter Umfänge. Trotz erhöhten Handlungsbedarfs ist eine entsprechende Anforderungsreduzierung daher nicht möglich.

Bezüglich Anreizen zur Kosten- oder Gewichtsreduzierungen bestehen wenig positive Erfahrungen aus früheren Projekten, weswegen sie zuweilen auch als *,Anreize mit Boomerang-Effekt'* bezeichnet wurden. In der frühen Phase führten sie - verursacht durch den monetären Anreiz - zu zusätzlichen Kostenbelastungen für das Projekt ohne gravierende Verbesserungseffekte bei Herstellkosten- bzw. Gewichtsreduzierung zu bewirken. In der Phase der Serienentwicklung konnten dagegen - aufgrund der geringeren Beeinflussungsspielräume in diesem Stadium - nur noch geringe Verbesserungspotenziale mobilisiert werden. Ungünstig wirkte sich auch ihre Inflexibilität bei Anpassung an die z.T. wechselnden Optimierungsanforderungen im Projekt aus. Versuche zur Flexibilisierung der Anreize scheiterten an fehlender Akzeptanz. Durch Kopplung an die Bereichsziele förderten die in der Vergangenheit eingesetzten Anreizsysteme zudem eine bereichsbezogene Optimierung. Im Falle eines Konfliktes zwischen Bereichs- und Gesamtprojektzielen wurden dann unter Vernachlässigung bereichsübergreifender Potenziale vorzugsweise bereichsspezifische Zielsetzungen verfolgt.

Zum Berichtstermin der Zielvereinbarung am Ende der Konzeptentwicklungsphase zeigt sich selbst unter Berücksichtigung noch zu prüfender Zusatzpotenziale eine gravierende Differenz zwischen dem erreichten Status und der Zielvision. Aufgrund der hohen strategischen Bedeutung beider Zielgrößen wird das Projekt im Vorstand mit dem aufgezeigten Status nicht entlastet. Weitere, deutliche Verbesserungen bei Herstellkosten und Gewicht werden als zwingend notwendig erachtet. Trotz dieser Optimierungsziele ist ein Erreichen der Gewichtszielvision unter Erfüllung der betriebswirtschaftlichen Mindestanforderungen sowie wesentlicher Differenzierungseigenschaften insbesondere im Bereich Dynamik nicht mehr erreichbar. Wie auch in vergangenen Projekten ist eine Zielanpassung und damit die *Erosion der Zielvision* unausweichlich.

Aufgrund *ungenügender Informationen über ,relative Kompetenzvorteile'*[291], wird die resultierende Zusatzanspannung auf jeden Bereich bzw. jedes Modul in Form einer prozentual einheitlichen Verbesserungsanforderung bei Herstellkosten bzw. Gewicht gegenüber dem mit Potenzialen berichteten Stand umgelegt. Mit dieser gleichmäßigen Aufteilung der zusätzlichen Optimierungsanforderungen auf die einzelnen Bereiche / Module wird eine möglichst ,gerechte' Zielvereinbarung verfolgt. Mangels eines besseren Ansatzes stellt eine solche *,Zielvereinbarung nach Gießkannenprinzip'* eine allgemein akzeptierte Vorgehensweise auch in vorangegangenen Projekten dar, auch

---

[291] D.h. die Frage, welcher Bereich/Modul unter den gegeben Umständen die beste Ausgangssituation bzw. die besten ,Kompetenzen' zur Kosten-/Gewichtsreduzierung aufweist bzw. in welchem Bereich/ Modul unter den gegeben Umständen die noch erforderlichen Kosten-/Gewichtsreduzierungsmaßnahmen mit geringsten Zielkonflikten bezüglich anderer Produkteigenschaften verbunden sind.

wenn im Vergleich der letzten Projekte eine Verschlechterung der Situation mit Verlagerung von Optimierungsanstrengungen in spätere Phasen des Entwicklungsprozesses zu erkennen war.

Während des weiteren Optimierungs- und Konkretisierungsprozesses der Serienentwicklung zeigt sich insbesondere bei Zielkonflikten zwischen Gesamtprojektzielen und Bereichszielen die Problematik einer *Steuerung über Bereichsziele*. Der Evaluierung bereichsübergreifender Potenziale wird zwar von allen im Projekt involvierten Fach- und Führungskräften hohe Bedeutung für weitere Kosten- und Gewichtsoptimierungen beigemessen. Letztlich dominiert jedoch eine *bereichsbezogene Optimierung*, auch wenn dadurch Potenziale für eine gesamtoptimale Lösung vernachlässigt werden. Trotz zunehmenden Bedarfs zu bereichsübergreifender Optimierung verstärkt sich dieser Trend paradoxerweise mit steigendem Optimierungsdruck. Auch die für Integrationsaufgaben verantwortlichen Teilprojektleiter stehen dabei im Dilemma bereichsbezogener Zielvorgaben.

Abb.I.12 zeigt eine Zusammenfassung der aufgezeigten Problemfelder und resultierenden Herausforderungen mit Systematisierung in die übergeordneten Anforderungen ‚Zielmanagement', ‚Informationsmanagement' und ‚Maßnahmenmanagement'. Im Bereich des Zielmanagements sind eine ungenügende Zielpriorisierung, das Vorgehen der ‚Zielvereinbarung nach Gießkannenprinzip', sowie die schon durch vorangegangene Projekte bekannte Erosion der Zielvision mit entsprechendem Glaubwürdigkeitsverlust festzustellen. Die aus diesen Problemfeldern resultierenden Herausforderungen betreffen sowohl die Festlegung der Ziele als auch die Aufteilung der resultierenden Zielanspannung auf die (Fach-)Bereiche bzw. Module und die Zielverfolgung.

Die Problematik des eingeschränkten Informationsaustausches bei frühen, noch unsicheren Daten, die zahlreichen Prozess- und Systemschnittstellen beim Gewichtscontrolling mit unzureichender Konsistenz bei Datenbasen und –systemen sowie ungenügende Informationen über ‚relative Kompetenzvorteile' betreffen das Informationsmanagement. Im Bereich des Maßnahmenmanagements zur Kosten- und Gewichtsreduzierung bestehen zentrale Herausforderungen in der bestmöglichen Ausrichtung der Maßnahmenauswahl und –priorisierung auf das Gesamtoptimum des Projektes, in einer verbesserten Nutzung bereichsübergreifender Potenziale sowie in der Förderung von Anreizen zur Gewichts- und Kostenoptimierung, die eine flexible, auf das Projektgesamtoptimum ausgerichtete Gewichts- und Kostenoptimierung verfolgen.

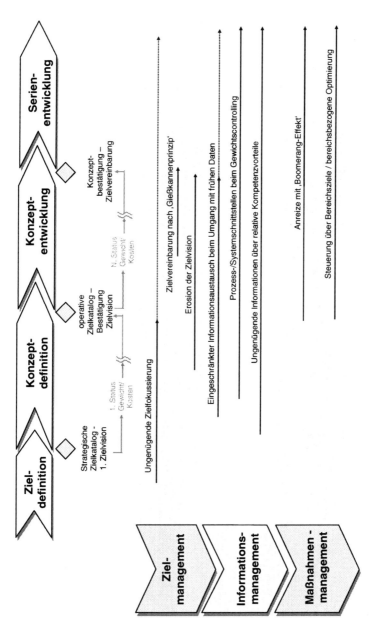

Abb. I.13: Zeitliche Zuordnung der aufgezeigten Problemfelder zum Entwicklungsablauf

In Abb.I.13 sind die drei übergeordneten Herausforderungen und die sie betreffenden Problemfelder den einzelnen Phasen des Entwicklungsprozesses zugeordnet. Die Angaben beziehen sich dabei auf das schwerpunktmäßige Auftreten der Problemfelder, ihre Konsequenzen zeigen sich i.a. im gesamten weiteren Entwicklungsablauf. Das Zielmanagement betrifft insbesondere die frühe Phase. Mit Abschluss der Konzeptentwicklung bzw. Start der Serienentwicklung erfolgt die verbindliche Vereinbarung von Zielen zwischen Projekt und (Fach-) Bereichen/Modulen. Gleichzeitig erweitert sich die Zahl der im Projekt involvierten Mitarbeiter um ein Vielfaches vom Konzeptteam auf die in den Modulen befindlichen Entwickler. Dementsprechend stellen sich die Herausforderungen des Informations- und Maßnahmenmanagements nicht nur in der frühen Phase, sondern auch in der Serienentwicklung. In der Konzeptdefinitions- und –entwicklungsphase steht der Umgang mit frühen, noch unsicheren Informationen im Vordergrund, um trotz der hohen Unsicherheit Zielkonflikte frühzeitig entdecken, bewerten und lösen zu können. In der Phase der (frühen) Serienentwicklung ergeben sich dann aus der hohen Anzahl der Beteiligten neue Anforderungen an den Informationsaustausch und die bereichsübergreifende Maßnahmenentwicklung zur Auflösung der noch verbleibenden Zielkonflikte.

Das Fallbeispiel zeigt wichtige Herausforderungen bei der Koordination einer ausgewählten Fahrzeugneuentwicklung auf. Die beschriebenen Herausforderungen können dabei aufgrund der Vielfalt unterschiedlicher, teilweise projektspezifischer Problemfelder keinen Anspruch auf Vollständigkeit erheben. Auf Basis der Interviewergebnisse mit (Teil-)Projektleitern im Rahmen der Analyse des der Fallstudie zugrunde liegenden Entwicklungsprojektes[292] kann jedoch gefolgert werden, dass die aufgezeigten Problemfelder projektübergreifend zentrale Herausforderungen bei der Koordination einer Fahrzeugentwicklung des betrachteten Unternehmens betreffen. Wie das Beispiel der Anreizsysteme oder der ‚Zielvereinbarung nach Gießkannenprinzip' zeigt, besteht die Problematik häufig in unbeabsichtigten Nebenwirkungen vermeintlich zielführender Koordinationsmaßnahmen.

Für die Suche nach Lösungsansätzen ist von besonderer Bedeutung, dass es sich hierbei nicht um einzelne, isolierte Problemfelder handelt, sondern dass vielfach ein Aspekt gleichzeitig Ausgangspunkt für und Ergebnis von anderen Problemfeldern ist. Abb.I.14 zeigt auszugsweise wichtige Vernetzungsbeziehungen. Im Zentrum steht das Zielsetzung einer möglichst guten Erfüllung der im Strategischen Zielkatalog festgelegten Ziele (*Zielerfüllung Gesamtprojekt*). Paradoxerweise ergeben sich jedoch - wie bereits aus Teil I bekannt - aus Maßnahmen, die einer Zielverfehlung und dem damit steigenden Optimierungsdruck begegnen sollen, kontraintuitiv zahlreiche Problemfelder und damit letztlich eine schlechtere Zielerfüllung. Dabei wurden beispielhaft wichtige, sich selbst verstärkende Wechselwirkungen ausgewählt. Im folgenden werden die Zusammenhänge nur kurz erläutert, für eine weitergehende Problembeschreibung ist eine vertiefende Analyse erforderlich, die in Teil III, Kap. 2 erfolgt.

---

[292] Das Projekt wurde im Rahmen eines fiktiven Fallbeispiels anonymisiert, vgl. Kap. 1.3.

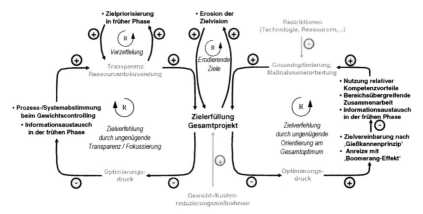

Abb. I.14: Ausgewählte Wechselwirkungen zwischen den aufgezeigten Problemfeldern

Im linken Teil von Abb.I.14 ist aufgezeigt, wie als Reaktion auf steigenden Optimie-rungsdruck dringend erforderliche Maßnahmen zur *bereichsübergreifenden Prozess-und Systemoptimierung* vernachlässigt werden, da eine Konzentration der Ressourcen auf das für die Leistungsbeurteilung relevante ‚Tagesgeschäft', die Erarbeitung von Gewichts- und Kostenreduzierungsmaßnahmen, erfolgt. Damit nimmt die *Transparenz* bezüglich der Bewertung der Zielkonflikte ab, wodurch eine *Ressourcenfokussierung* auf die für das Projekt entscheidenden Zielkonflikte erschwert wird.

Gleichzeitig werden im dezentralen Planungsprozess durch die Bereiche vermehrt überhöhte Risikoaufschläge in Form von ‚Sicherheitspolstern' zugrunde gelegt, um sich hierdurch größere Handlungsspielräume für eine spätere Optimierung und damit eine bessere (individuelle) Zielerfüllung zu ermöglichen. Damit wird der *Informa-tionsaustausch in der frühen Phase* erheblich eingeschränkt, was die *Transparenz* als Basis für eine gezielte *Ressourcenfokussierung* weiter verringert. Beide Aspekte stehen zudem in Rückkopplung zu unzureichender Priorisierung der zahlreichen, im Strategischen Zielkatalog angestrebten Ziele. Diese ungenügende *Zielpriorisierung in der frühen Phase*, die gerade auch bei Premiumherstellern durch das Ziel einer möglichst guten Produktsubstanz auftreten kann, verschärft die ‚*Verzettelung*' in der frühen Phase nochmals.

Ergänzend führt der steigende *Optimierungsdruck* im Projekt auch zu Maßnahmen, die eine Optimierung auf Bereichsebene verstärken sollen. Als unbeabsichtigter Neben-effekt wird jedoch gerade dadurch eine *Maßnahmenerarbeitung i.S. einer Gesamt-optimierung* und damit eine bessere *Zielerfüllung auf Gesamtprojektebene* behindert (vgl. Abb.I.14, rechter Teil). Die Gleichverteilung zusätzlicher Optimierungserfordernisse auf die Bereiche auf Basis der bis zur Zielvereinbarung erreichten Optimierungs-ergebnisse (‚*Zielvereinbarung nach Gießkannenprinzip*') führt langfristig dazu, dass Optimierungsbemühungen in spätere Entwicklungsphasen verlagert werden, da diejenigen, die frühzeitige Erfolge aufweisen können, anspruchsvollere Ziele erhalten. Damit verschlechtert sich ihre Aussicht auf Zielerfüllung mit negativen Auswirkungen

auf ihre (individuelle) Leistungsbeurteilung. Eine Verlagerung von Optimierungsbemühungen in spätere Entwicklungsphasen ist aufgrund der geringeren Beeinflussungsmöglichkeiten in späteren Phasen jedoch in Hinblick auf eine *Gesamtoptimierung* kontraproduktiv.

Gleichzeitig werden durch diese Gleichverteilung der Zielanspannung spezifische
bzw. *relative Kompetenzvorteile* der unterschiedlichen Bereiche ungenügend berücksichtigt, wodurch weitere Optimierungspotenziale ungenutzt bleiben. Zudem fördert
dieser Ansatz auch die bereits erwähnte Bildung von ‚Sicherheitspolstern' und behindert damit den *Informationsaustausch in der frühen Phase*. Die Effekte werden verstärkt durch Anreizsysteme, die durch Förderung der Bereichszielerfüllung eine enge
bereichsübergreifende Zusammenarbeit und Maßnahmenerarbeitung behindern (*Anreizsysteme mit ‚Boomerang-Effekt'*). Die unzureichende Nutzung *relativer Kompetenzvorteile* wird dadurch nochmals verstärkt, da dies eine fundierte *bereichsübergreifende Zusammenarbeit* und Abstimmung erfordert.

Diese auszugsweise Darstellung wichtiger Wechselwirkungen verdeutlicht, dass nur
ein ganzheitlicher Optimierungsansatz der hohen Interdependenz der aufgezeigten
Problemfelder gerecht werden kann. Im folgenden Abschnitt zum Stand der Forschung
werden daher nicht einzelne Teilprobleme isoliert betrachtet, sondern es werden
grundlegende, übergeordnete Konzeptionen zu Selbstorganisation bzw. Koordination
im Produktentwicklungsprozess in ihrer Bedeutung für die aufgezeigten Problemfelder
untersucht. Zur engen Verzahnung zwischen bestehenden Konzepten und Problemstellung erfolgt am Ende jedes Abschnitts eine Vertiefung der Fallstudie mit kurzem
Zwischenfazit für die in der Fallstudie aufgezeigte Problematik.

Zunächst richtet sich der Blick dabei auf Ansätze zum Management des Produktentwicklungsprozesses. Diese stark auch durch die ingenieurwissenschaftliche Disziplin
geprägten Konzepte werden anschließend ergänzt durch Ansätze der Organisationstheorie. Beide Theoriefelder thematisieren unzureichend das Auftreten der ungeplanten und vielfach ungewünschten Entwicklungen, die sich in der Fallstudie zeigen.
Daher wird im Anschluss der Frage nach einer solchen ‚Selbstorganisation' der Geschehnisse nachgegangen. Entsprechend der Zielsetzung der Arbeit erfolgt dabei nach
einem kurzen Streifzug zu den naturwissenschaftlichen Ursprüngen dieser Konzepte
eine Fokussierung auf die Übertragung dieser Theorien zur Selbstorganisation auf
Problemstellungen im Management. Diese ‚betriebswirtschaftlichen Selbstorganisationstheorien' hängen eng mit einer systemtheoretischen Sichtweise zusammen, die
daher als theoretischer Bezugsrahmen für diese Arbeit in Kapitel 1.1 von Teil III kurz
erläutert wird.

II. Koordination im Produktentwicklungsprozess

1. Das Management von Produktentwicklungen – Stand der Forschung und Umsetzung bei Automóviles Deportivos S.A.

Nach der Problemvertiefung zu Koordinationsproblemen im Automobilentwicklungsprozess auf Basis eines Praxisbeispiels erfolgt in den nächsten Kapiteln ein vertiefender Abgleich vom Stand der Forschung und seiner Implikationen für die Problemstellung. In Teil II werden zunächst Konzepte zu Koordination im Produktentwicklungsprozess vertieft. Nach grundlegenden Ansätzen zum Management des Produktentwicklungsprozesses (Kapitel 1.1) werden verschiedene Formen der Organisation von komplexen Produktentwicklungsprojekten auf Basis von Studienergebnissen aus der Automobilindustrie betrachtet (Kapitel 1.2). In Kapitel 1.3 werden die aufgezeigten Ansätze an der Organisation im Entwicklungsbereich von Automóviles Deportivos gespiegelt. Dies führt zu einer vertiefenden Auseinandersetzung mit überwiegend teambasierten, flexiblen Organisationsansätzen unter dem Stichwort ‚intraorganisatorische Netzwerkansätze' in Kapitel 2. Aufgrund der engen Beziehung von Differenzierung und Integration werden dabei - dem weiten Koordinationsverständnis[1] folgend - Arbeitsteilung und Integration umfassende Organisationsformen diskutiert.[2]

1.1 Grundlegende Konzeptionen zum Management komplexer Produktentwicklungen

Mit Veränderung der Wettbewerbsbedingungen für die Entwicklung komplexer Produkte ist auch ein Wandel bei den Konzeptionen zum Management im Produktentwicklungsprozess festzustellen. Die Produktentwicklung in Deutschland wurde maßgeblich durch die in der VDI-Richtlinie 2221 vorgeschlagene ''Methodik zum Entwickeln und Konstruieren technischer Systeme und Produkte'' geprägt.[3] In einem weiten Begriffsverständnis wird als Gegenstand des Konstruierens das Umsetzen einer Produktidee in einen kostenoptimalen und produktionsgerechten endgültigen Lösungs- bzw. Gestaltungsentwurf möglichst unter Anwendung der methodischen Verfahren der Konstruktionslehre und unter Berücksichtigung der konstruktiven Randbedingungen

---

[1] vgl. Teil I, Kap. 2.3.2 Mit Bezug auf die in Teil I erfolgte Begriffsabgrenzung sollen zur sprachlichen Vereinfachung im folgenden die Bezeichnungen Koordination und Organisation (bzw. analog Koordinationsformen und Organisationsformen) nicht weitergehend differenziert werden.

[2] In der organisationstheoretischen Literatur werden diese Ansätze z.B. als „Organisationsformen", vgl. Bleicher (1991), „Organisationsstrukturen", vgl. Frese (1996), „Formen der organisatorischen Rahmenstruktur", vgl. Grochla (1982), oder „Strukturtypen der Organisation", vgl. Hill / Fehlbaum / Ulrich (1994) bezeichnet. Unabhängig von diesen unterschiedlichen begrifflichen Bezeichnungen werden dabei überwiegend die Aspekte Spezialisierung und Integration aufgrund ihrer hohen Interdependenz zusammen betrachtet, vgl. beispielsweise Bleicher (1991), Gomez / Zimmermann (1992), Frese (1998), Probst (1992). Dies entspricht auch dem in dieser Arbeit zugrunde liegenden weiten Koordinationsverständnis. Zu anderen Darstellungsformen mit einer expliziten Trennung von Spezialisierung und Koordination (im Sinne von Integration) vgl. z.B. Kieser / Kubicek (1992).

[3] vgl. Specht / Beckmann (1996), S. 137f.

und Restriktionen verstanden.[4] Die VDI-Richtlinie weist verschiedene Vorteile auf, die maßgeblich zu ihrer Verbreitung in der Praxis beigetragen haben dürften. So werden erstmalig in einem gemeinsamen, branchenübergreifenden Ansatz die Aufgaben der Produktentwicklung präzise abgegrenzt und damit die Schnittstellen zu vor- und nachgelagerten Aufgabenbereichen klar definiert. Zudem wurde mit der Richtlinie ein detaillierter Vorschlag zur Ablauforganisation von Produktentwicklungen erarbeitet, mit Festlegung einzelner Arbeitsschritte und ihrer Ergebnisse.

Diese Vorteile sind gleichzeitig jedoch auch die Quelle von wichtigen Nachteilen. Die präzise Definition von Schnittstellen und die Festlegung einzelner, aufeinanderfolgender Arbeitschritte fördert in der Praxis eine strenge Arbeitsteilung, sowie eine isolierte, an Funktionen orientierte und sequentielle Arbeitsweise. Hierdurch ergibt sich ein starrer Informationsfluss mit geringer Kommunikation zwischen den einzelnen Abteilungen und Funktionsbereichen. Jeder an der Entwicklung beteiligte Funktionsbereich optimiert seine Teilaufgabe ohne die Implikationen seiner Entscheidungen auf vor- oder nachgelagerte Bereiche zu berücksichtigen.[5] Dies verursacht nicht nur zeit- und kostenintensive Änderungen, sondern führt auch zur Vernachlässigung von Potenzialen, die nur durch interdisziplinäre, bereichsübergreifende Zusammenarbeit erschlossen werden können. Aufgrund dieser Nachteile, die anschaulich als undurchlässige, geistige Mauern zwischen Abteilungen und Funktionsbereichen interpretiert werden können, wird dieser Ansatz auch treffend als "Over-the-Wall-Approach"[6] bzw. "sequentielle Produktentwicklung"[7] bezeichnet.

Je komplexer und umfangreicher die Entwicklungsaufgabe und je größer Neuartigkeit, Unklarheit und Dynamik, umso mehr besteht das Erfordernis, die Entwicklungsaufgabe in einzelne durch hochspezialisierte Experten bearbeitete Teilaufgaben zu zerlegen. Gleichzeitig steigen damit aber auch die Anforderungen an eine interdisziplinäre Zusammenarbeit der unterschiedlichen Fachexperten und eine Integration ihrer Teilaufgaben. Die beschriebenen Nachteile der VDI-Richtlinie 2221 zeigen sich daher v.a. bei Entwicklungsaufgaben des Typs A. Neuentwicklungen komplexer Produkte, bei denen Time-to-Market einen wichtigen Erfolgsfaktor darstellt, erfordern eine starke Orientierung an Aspekten wie Integration und Parallelisierung.

Zu den bekanntesten neueren Ansätzen zählen "Simultaneous Engineering", "Concurrent Engineering" und "Integrierte Produktentwicklung". Im Gegensatz zur VDI-Richtlinie 2221 bezeichnen diese Ansätze keine einheitlich festgelegten Vorgehensweisen, sondern stehen für verschiedene Zielsetzungen, Methoden und Vorgehensweisen. Die Begriffsverständnisse werden i.a. nicht überschneidungsfrei und vielfach sogar synonym verwendet. Weitgehende Übereinstimmung besteht jedoch dabei, dass sich alle Ansätze durch die Grundprinzipien Integration und Parallelisierung auszeich-

[4] vgl. ebenda, S. 137. Die Richtlinie wurde von einem VDI-Arbeitsausschuss erarbeitet, in dem neben Konstruktionswissenschaftlern auch leitende Konstrukteure aus der Industrie eingebunden waren, vgl. Pahl / Beitz (1997), S. 28ff..
[5] vgl. Specht / Beckmann (1996), S. 137f
[6] vgl. Blackburn / Hoedemaker (1996), S. 179; Prasad (1996), S. 7; Specht / Beckmann (1996), S. 137f.; Zahn (1995a), S. 24; Dean /Sushman (1991), S. 341
[7] vgl. Bullinger / Kugel / Ohlhausen / Stanke (1995), S. 17.; Eversheim, W. (1989), S. 2ff.

nen[8]. Im folgenden wird zunächst kurz auf die unterschiedlichen Begriffsverständnisse eingegangen, bevor anschließend grundlegende, den Ansätzen gemeinsame Prinzipien beschrieben werden. Mit Bezug auf die Zielsetzung der vorliegenden Arbeit werden schwerpunktmäßig organisatorische Gestaltungsempfehlungen betrachtet.

Nach Specht et al.[9] wird der Begriff *Simultaneous Engineering* in einem breiten semantischen Spektrum verwendet, etwa als Rahmenstrategie für die gesamte Produkt- und Prozessentwicklung[10], als Organisationsstrategie[11] oder als Maßnahmenbündel zur Parallelisierung von Entwicklungsschritten[12]. Grundsätzlich kann bei der Vielfalt der Begriffsverständnisse eine enge und eine weite Begriffsauslegung unterschieden werden. In einer *engen Auslegung* steht der Aspekt *Parallelisierung* im Vordergrund. Simultaneous Engineering umfasst demnach primär ablauforganisatorische Maßnahmen zur Verkürzung der Entwicklungszeit durch Parallelisierung von Aktivitäten.[13] In einem *weitgefassten Begriffsverständnis* kommen die Aspekte *Integration* und *Standardisierung*[14] hinzu, die durch Einsatz spezifischer Methoden unterstützt werden[15].

Auch der Begriff *Concurrent Engineering* wird nicht einheitlich verwendet. Bullinger et. al. verweisen darauf, dass er ursprünglich mit dem Ziel entstanden ist, einen funktionsorientierten ''Over-the-Wall-Approach'' zu vermeiden.[16] Definiert im Jahre 1986 durch das American Institute for Defense Analyses (IDA) wurde der Ansatz in den folgenden Jahren maßgeblich durch das amerikanische Verteidigungsministerium in Zusammenarbeit mit verschiedenen Unternehmen der Verteidigungsindustrie weiterentwickelt. Das Hauptziel lag in der technischen und organisatorischen Integration im Entwicklungsprozess. Demgegenüber sieht Prasad das ursprüngliche Begriffsverständnis von Concurrent Engineering in der Verkürzung der Produktentwicklungszeit[17]. Ein ähnliches Verständnis haben auch z.B. Corsten/Reiß und Specht/Beckmann, die damit Concurrent Engineering und Simultaneous Engineering in seinem engen Begriffsverständnis als bedeutungsgleich sehen.[18] Zusammenfassend kann festgestellt

---

[8] Insbesondere Bullinger et al. sehen zudem 'Standardisierung' als ein weiteres, zentrales Grundprinzip der Ansätze, vgl. Bullinger et al (1995) S. 380ff.; Bullinger / Warschat (1996), S.18

[9] vgl. Specht / Beckmann (1996), S. 139

[10] vgl. Warschat / Wasserloos (1991), S. 20

[11] vgl. Gerpott (1990), S. 399

[12] vgl. ebenda

[13] vgl. Specht / Beckmann (1996), S. 139; Bellmann / Friedrich (1994), S. 198; Bitzer (1992), S. 241; Boutellier (1996), S. 29; Kupsch / Marr / Picot (1991), S. 1128; Meining (1994), S. 247; Servatius (1989), S. 231; Zanger (1996), Sp. 1436

[14] vgl. Bullinger et al (1995), S. 380ff.

[15] vgl. Gerpott / Winzer (1996), S. 135f.

[16] vgl. Bullinger / Warschat (1996), S. 15;

[17] vgl. Prasad (1996), S. 164; s. auch Blackburn / Hoedemaker / van Wassenhove (1996), S. 179; Nevins / Whitney (1989), S. 14ff. Nevins and Whitney sprechen synonym von Concurrent Design.

[18] Verschiedene Autoren sehen Concurrent Engineering auch bedeutungsgleich zum weiten Begriffsverständnis von Simultaneous Engineering. Bisweilen wird unter Concurrent Engineering auch eine Vorgehensmethodik verstanden, bei der zwei oder mehrere Teams gleichzeitig (concurrent), jedoch unabhängig voneinander dieselbe Entwicklungsaufgabe lösen und dabei in einem Konkurrenzverhältnis zueinander stehen, vgl. Lincke (1995), S. 33; Bitzer (1992), S. 234. Im deutschsprachigen Raum wird dabei vielfach der Begriff ‚Parallelforschung' verwendet, vgl. Brockhoff (1994), S. 269ff.; Kern / Schröder (1977), S.93ff.. Vereinzelt wird der Unterschied zwischen Simultaneous Engineering und Concurrent Engineering auch darin gesehen, dass letzteres nicht mit der Serienreife des Produktes endet, sondern sich auf den gesamten Lebenszyklus bis zur Entsorgung bezieht, vgl. Bellmann / Friedrich (1994), S. 199. Abweichend hiervon wird die Orientierung am gesamten

werden, dass ein weites Begriffsverständnis von Concurrent Engineering ebenso wie das weit gefasste Begriffsverständnis von Simultaneous Engineering die Aspekte Parallelisierung und Integration umfasst.

Damit ergeben sich Abgrenzungsprobleme zur *Integrierten Produktentwicklung*, bei der, wie schon die Bezeichnung nahe legt, die Integration im Mittelpunkt der Betrachtungen steht, gleichzeitig aber auch die Bedeutung von Parallelisierung betont wird.[19] Da Integrierte Produktentwicklung ebenso wie ein weitgefasstes Verständnis von Simultaneous Engineering und Concurrent Engineering den gesamten Produktlebenszyklus betrachtet und ebenso wie die beiden anderen Ansätze den Einsatz spezifischer Methoden betont, erscheint eine inhaltliche und begriffliche Trennung der Ansätze nur für eine Unterscheidung gegenüber dem engen Begriffsverständnis von Simultaneous und Concurrent Engineering sinnvoll. Da die Aspekte Integration, Parallelisierung und Standardisierung eng miteinander zusammenhängen, wird im folgenden einem weiten Begriffsverständnis gefolgt und damit auf eine begriffliche Differenzierung der Ansätze verzichtet. In Anlehnung an Bullinger/Warschat werden daher im folgenden die Ansätze mit der Bezeichnung *Concurrent Simultaneous Engineering (CSE)* in ihrem weiten Begriffsverständnis zusammengefasst.[20] Im folgenden werden die wichtigsten Kennzeichen organisatorischer Gestaltungsempfehlungen dieses Ansatzes beschrieben.

Bullinger/Warschat unterscheiden zwei grundsätzliche Möglichkeiten die Wettbewerbsposition von Unternehmen zu verbessern: Verbesserung der Effektivität ("die richtigen Dinge tun") und Verbesserung der Effizienz ("die Dinge richtig tun").[21] Während eine Effektivitätsverbesserung den strategischen Aspekt darstellt und z.B. die Auswahl von geeigneten Technologien sowie die Gestaltung des Produktprogramms betrifft, richten sich Effizienzverbesserungen auf operative Verbesserung der Unternehmensabläufe und -strukturen. CSE setzt im Bereich der Effizienzverbesserung an, um eine bessere Zielerreichung in Spannungsfeld von Time-to-Market, Qualität und Kosten zu erreichen. Die Gestaltungsfelder umfassen Auf- und Ablauforganisation, die Produktgestaltung sowie die Bereiche Human- und Sachressourcen, einschließlich der (informations-)technischen Infrastruktur.[22] Als ein den anderen Bereichen überlagertes Gestaltungsfeld ergibt sich die Unternehmenskultur. Kern des Ansatzes stellen die beiden Grundprinzipien Parallelisierung und Integration dar.[23] Bullinger et. al. sehen zudem Standardisierung als ein Grundprinzip des Ansatzes.[24]

Parallelisierung zielt primär auf eine Zeitverkürzung bzw. –optimierung der Produktentwicklung. Ziel ist es, Zeitpuffer zu beseitigen, sowie eine sequentielle, tayloristisch geprägte Arbeitsweise durch Parallelbearbeitung zu ersetzen. Unabhängige Prozesse

Produktlebenszyklus auch als gemeinsames Merkmal von Simultaneous Engineering und Concurrent Engineering verstanden, vgl. Bullinger / Warschat (1996), S. 16; Ehrlenspiel (1995), S. 177.

[19] vgl. Specht / Beckmann (1996), S. 139ff.; Ehrlenspiel (1995), S. 159ff.; Bullinger et al. (1995), S. 34ff.; Meerkamm (1994), S. 3ff.; Steinmetz (1993), S. 4ff.

[20] vgl. Bullinger / Warschat (1996), S. 15

[21] vgl. ebenda, S.10

[22] vgl. Bullinger et al. (1995), S. 382; Bullinger / Warschat (1996), S. 24

[23] vgl. stellvertretend für andere: Gerpott / Winzer (1996), S. 132; Ehrlenspiel (1995), S. 150ff.; Specht / Beckmann (1996), S. 139ff.; Meerkamm (1994), S. 3ff.; Corsten / Reiß (1992), S. 33; Clark / Fujimoto (1992), S. 215ff.

[24] vgl. Bullinger / Warschat (1996), S.18; Bullinger et al (1995) S. 380ff.

können zeitgleich durchgeführt werden. In der Praxis sind jedoch meistens Abhängigkeiten vorhanden. Dann kann der nachfolgende Prozess schon begonnen werden, bevor der Vorgängerprozess abgeschlossen ist. Dies ist in der Regel möglich, da schon nach kurzer Zeit des Prozessablaufs genügend Informationen zur Verfügung stehen, um die nachfolgenden Prozesse starten zu können.[25]

Der Vorteil einer schnelleren Bearbeitung wird jedoch mit höheren Interdependenzen zwischen den Prozessen und einer damit erhöhten Koordinationskomplexität ‚erkauft'. Dies erfordert eine intensive phasenübergreifende Kommunikation mit frühzeitigem Austausch von Informationen.[26] Clark/Fujimoto weisen darauf hin, dass sich daraus wichtige Anforderungen sowohl an die vor- als auch an die nachgelagerte Problemlösung ergeben:[27] Vorgelagerte Entwicklungsschritte müssen die Fähigkeit zu "Nachfolger-freundlichen-Lösungen", fehlerfreien Entwürfen sowie schnellen Engineering-Zyklen besitzen. Letzteres beinhaltet schnellere Entwurfs-, Bau- und Testzyklen, um kurze Rückkopplungsschleifen und eine schnelle Abstimmung zu erleichtern.

An nachgelagerte Prozessschritte stellt sich die Anforderung, unklare vorgelagerte Ergebnisse vorherzusehen, eine hohe Diagnose- und Anpassungsfähigkeit bei unerwarteten Änderungen zu besitzen, sowie das zeitliche Risiko abzuwägen. Dies bedeutet, dass Ingenieure in nachgelagerten Prozessschritten ein Gefühl dafür entwickeln müssen, wie die Vorteile eines frühen Starts am besten mit den Risiken einer Änderung in Einklang gebracht werden können.[28] Eine weitere wichtige Anforderung sowohl an vor- als auch an nachgelagerte Arbeitsschritte besteht, wie aus der Fallstudie schon bekannt, im Umgang mit unsicheren und unvollständigen Informationen, deren Anteil sich mit zunehmender Überlappung abhängiger Prozesse deutlich erhöht.[29] Um diese Erschwernisse zu bewältigen und die erforderliche Koordination zu erreichen, verweisen die Autoren auf die Bedeutung von Standardisierung und Integration.[30]

Standardisierung stellt eine Möglichkeit dar, die durch Parallelisierung erhöhte Koordinationskomplexität zu verringern. Dabei bezieht sich Standardisierung sowohl auf den technischen Bereich, etwa die Nutzung von Modul- oder Baukastenansätzen oder Software- und Produktdatenstandards, als auch auf aufbau- und ablauforganisatorische Aspekte, wie etwa die Standardisierung von Prozessabläufen oder Schnittstellen zwi-

---

[25] vgl. ebenda, S. 380
[26] vgl. Bullinger / Warschat (1996), S. 9ff.; Clark / Fujimoto (1992), S. 233f.
[27] vgl. ebenda, S. 233ff.
[28] ebenda, S. 236ff.
[29] In Hinblick auf phasenübergreifende Zusammenarbeit, die eine Parallelisierung von Prozessschritten erfordert, verstehen Specht / Beckmann Parallelisierung auch i.S. einer aktivitätenübergreifenden Integration als einen Teilaspekt von Integration, vgl. Specht / Beckman (1996), S. 138f.
[30] Mit Bezug auf das in der Literatur zur Produkt- und Prozessentwicklung vorherrschende Verständnis sollen sowohl Standardisierung als auch Integration im folgenden als Grundprinzipien des CSE verstanden werden. Im Rahmen der Literatur zur Organisationstheorie wird dagegen Standardisierung z.T. als Koordinationsinstrument verstanden, vgl. z.B. Kieser / Kubicek (1992), S. 110, die von "Koordination durch Programme" sprechen. Zur Beziehung von Koordination und Standardisierung vgl. Teil II, Kap. 2.1. Koordination über Programme wird von zahlreichen Autoren als ein Koordinationsprinzip verstanden, vgl. z.B. Kieser / Kubicek (1992), S. 104. Manche Autoren betonen den Standardisierungseffekt von Programmen so sehr, dass sie anstatt von Programmen von Standardisierung sprechen, vgl. z.B. Pugh et al. (1968). Integration wird bei Zugrundelegung eines engen Begriffsverständnisses von Koordination synonym zum Koordinationsbegriff verwendet, oder, bei Zugrundelegung eines weiten Koordinationsverständnisses, komplementär zu Differenzierung als Teilaspekt von Koordination gesehen, vgl. Frese (1998), S. 10. Zur Definition von Koordination, vgl. Kap. 2.3.3.

schen Projekten und Abteilungen. Hauptziel ist es, Abstimmungsaufwand durch einheitlich festgelegte Vorgehensweisen und generell verbindliche Vereinbarungen zu
verringern sowie Erfahrungen aus der Vergangenheit für das Unternehmen nutzbar zu
machen. Durch allgemein anerkannte Standards erfolgt eine Entlastung bei immer
wiederkehrenden Entscheidungen und Abstimmungen. Die Unterstützung bei Routineaufgaben eröffnet mehr Freiräume für innovative und kreative Aufgaben sowie das
Management unvorhersehbarer Ereignisse und Einflüsse.[31] Von Bedeutung sind dabei
v.a. die Detaillierung und der Grad der Flexibilität der Standards.[32] Zuviel Standardisierung kann zu zunehmender Bürokratie und den sich daraus gerade in einem turbulenten Umfeld ergebenden Nachteilen führen.[33]

Integration erhält mit zunehmender Spezialisierung, also Zerlegung der Gesamtaufgabe in Teilaufgaben, eine wachsende Bedeutung. Nach der Form der Integration wird
vielfach zwischen interner und externer Integration unterschieden.[34] Clark/Fujimoto
verstehen unter interner Integration die effektive Koordination innerhalb eines Projektteams, die auf kurze Entwicklungszeiten und Stimmigkeit zwischen Funktion und
Aufbau eines Produktes zielt.[35] Ziel der externen Integration ist es, eine Übereinstimmung zwischen Produkt und Kundenerwartungen zu erreichen.[36] Bullinger/Warschat
unterscheiden zudem die strategische Integration, die als vertikale Integration die
Übereinstimmung von Gesamtunternehmensstrategie und Funktionalstrategien umfasst
sowie als horizontale Integration die Abstimmung zwischen den einzelnen Funktionalstrategien betrifft.[37]

Integration zielt darauf, Schnittstellenverluste, die sich in nicht abgestimmten Zeitplä-
nen, unterschiedlichen Interpretationen der Aufgabe und Unkenntnissen über die Erfordernisse der anderen Seite zeigen, zu vermeiden. Durch eine enge, aufeinander abgestimmte Zusammenarbeit können Synergieeffekte genutzt werden und Lösungswege
gefunden werden, die bei isolierter Betrachtung des Problems unberücksichtigt blie-
ben. Frühzeitige Integration ermöglicht es, schon in der frühen Phase Erkenntnisse
über mögliche (Ziel-)Konflikte zu erhalten und ermöglicht damit eine frühzeitige Beeinflussung der Erfolgsfaktoren Kosten, Qualität und Time-to-Market.

Verschiedene Maßnahmen in den oben beschriebenen Gestaltungsfeldern zielen darauf, die beschriebenen Grundprinzipien Parallelisierung, Standardisierung und Integration umzusetzen. Zur Gewährleistung frühzeitiger Integration kommen insbesondere

---

[31] vgl. Bullinger et al. (1995), S. 381
[32] vgl. Kieser / Kubicek (1992), S. 110ff.
[33] Zur allgemeinen Charakterisierung von Bürokratien wird insbesondere auf die Arbeiten von Max Weber verwiesen, vgl. Weber (1972). Der Schwerpunkt der Bürokratiekritik konzentriert sich auf die hierarchischen
Merkmale, wie z.B. hohe Koordinationskosten und geringe Flexibilität in einem turbulentem Umfeld, Probleme der Informationsfilterung und –verzerrung, lange Entscheidungswege, mangelnde Akzeptanz hierarchischer
Koordination und Bereichsegoismen, vgl. z.B Picot / Reichwald / Wigand (1996), S. 288ff.; Zahn (1992), S.
461ff.
[34] vgl. Clark / Fujimoto (1992), S. 40ff. und 242ff.; Bullinger / Warschat (1996), S. 23ff.
[35] vgl. Clark / Fujimoto (1992), S. 40ff. und 242ff.
[36] Abweichend hiervon verstehen Bullinger / Warschat unter interner Integration die Integration von Funktionen
und Daten, während externe Integration die Integration von Kunden und Zulieferern umfasst, vgl. Bullinger /
Warschat (1996), S. 23ff. Die Integration von Zulieferern sehen Clark / Fujimoto zur internen Integration ge-
hörig, da sie eng mit der Produktkonsistenz zusammenhängt, vgl. Clark / Fujimoto (1992), S. 242.
[37] vgl. Bullinger / Warschat (1996), S. 23ff.

Projektmanagement, interdisziplinärer Teamarbeit und Koordinationsgremien eine besondere Bedeutung zu.[38] Projektmanagement bezeichnet die methodengestützte Steuerung eines außergewöhnlichen Vorhabens auf Basis einer interdisziplinären Zusammenarbeit aller Ressorts mittels flexibel initiierter Gruppen.[39] Die Zusammenfassung aller beteiligten Funktionen und Prozesse unter der Leitung eines Projektleiters zu einem Projekt ermöglicht eine frühestmögliche Integration aller Beteiligten. Gleichzeitig bildet dies die Basis für Parallelisierung, da nur aus der engen Abstimmung in einer organisatorischen Einheit heraus Entscheidungen für einen zeitoptimalen Ablauf getroffen werden können.[40] Die durch wiederholten Einsatz von Projektorganisationsformen und –abläufen erreichte Standardisierung führt zudem zu verringertem Koordinationsaufwand.

Die Projektarbeit erfolgt in interdisziplinären Teams, die für die Erledigung ihrer fachlichen Aufgaben, die Verteilung der Aufgaben unter den Teammitgliedern, für die Lösung auftretender Probleme sowie die Kommunikation mit anderen Organisationseinheiten verantwortlich sind. Geprägt durch den Ansatz des Simultaneous Engineering besteht die Aufgabe sogenannter S.E.-Teams (Simultaneous Engineering-Teams) in der zeitlich und inhaltlich synchronisierten, simultanen Entwicklung von Produkt-, Produktions- und Recyclingkonzepten.[41] Kennzeichen dieser S.E.-Teams ist es, dass neben den internen auch externe Projektbeteiligte eingebunden werden, wie z.b. Zulieferer oder u.U. Produktionsmittelhersteller oder externe Planungsunternehmen.[42] Teams im Automobilentwicklungsprozess sind häufig funktions- oder baugruppenorientiert ausgerichtet (z.B. nach Modulen oder Komponenten im Bereich Antrieb oder Karosserie), nach Produkteigenschaftskriterien gegliedert (z.B. Akustik- oder CO2-/ Verbrauchsteams)[43], oder an Phasen orientiert (z.B. Konzeptteams).[44]

Für Teamarbeit, v.a. interdisziplinäre Teamarbeit im Produktentwicklungsprozess wird auf zahlreiche Vorteile verwiesen:[45] die nicht zuletzt durch räumliche Zusammenfassung enge Abstimmung im Team führt zu kurzen Rückkopplungsschleifen, was vermehrte Prozessparallelisierung ermöglicht sowie die Notwendigkeit zu späteren zeit- und kostenaufwendigen Änderungen vermindert. Die Vielfalt des Know-Hows der Teammitglieder führt dazu, dass eine breite, sich gegenseitig ergänzende Wissensbasis bei der Aufgabenlösung eingebracht wird. Damit wird das im Unternehmen vorhandene Wissen besser genutzt. Gestaltungs- und Entscheidungsfreiheiten im Team stärken unternehmerisches Bewusstsein sowie die Identifikation mit der Aufgabe. Die hieraus resultierende intrinsische Motivation ist vielfach ein sehr viel stärkerer Motiva-

---

[38] vgl. z.B. Bullinger et al (1995), S. 383ff.; Warschat / Berndes (1994), S. 189ff.; Wheelwright / Clark (1994), S.259ff.; Bullinger / Warschat, S. 26ff.

[39] vgl. Warschat / Berndes (1994), S. 189; Bullinger et al. (1995), S. 383ff.

[40] vgl. ebenda, S. 383

[41] vgl. Witte (1994), S. 128ff.

[42] vgl. z.B. Eversheim (1989), S. 6; Lincke (1995), S. 242; Bullinger et. al. (1995), S. 10

[43] Solche Teams werden wegen ihrer Integrationsfunktion ggü. Entwicklungsfunktionen (z.B. Karosserie, Elektrik/Elektronik) vielfach auch als funktionsübergreifende Integrationsteams bezeichnet.

[44] vgl. Ehrlenspiel (1995), S. 168ff.

[45] vgl. stellvertretend für andere Bullinger et. al. (1995), S. 384; Ehrlenspiel (1995), S. 168ff.; Specht / Beckmann (1996), S. 138ff.

tor als z.B. der Anreiz durch eine höhere Entlohnung.[46] Zudem fördert die Zusammenarbeit in einer interdisziplinären Gruppe das Verständnis für die Sichtweisen anderer Teammitglieder und unterstützt dadurch eine Orientierung am Gesamtoptimum.

Die Vorteile von Teamarbeit mit weitgehender Selbstabstimmung der Betroffenen sind jedoch differenziert zu sehen: Koordinationsformen, die maßgeblich auf Teamarbeit basieren, finden sich insbesondere bei komplexen Aufgabenstellungen in einem turbulenten Umfeld, während in einem stabilen Umfeld mit geringer Produktkomplexität und Marktunsicherheit auf Hierarchie basierende Koordinationsformen effizienter sein können.[47]

Ein weiterer Baustein neuerer Konzeptionen zum Produktentwicklungsprozess stellen Koordinationsgremien dar. Ihre Aufgabe erstreckt sich i.a. umfassend auf alle produktbezogenen Aktivitäten der Entwicklungsbereiche über den gesamten Produktlebenszyklus.[48] Häufig wird diese Aufgabe durch das Projektteam bzw. ein Projektkernteam wahrgenommen. In der frühen Phase wird die Umsetzung von Marktbedürfnissen und unternehmensstrategischen Zielsetzungen in ein stimmiges Produktkonzept zunächst durch das Initialteam und im Anschluss durch das Konzeptteam verfolgt. Koordination über entsprechende Gremien basiert damit vielfach auf Grundelementen der Teamarbeit.

Erfolgreiche Teamarbeit und Parallelisierung erfordern ein konsistentes Produktdatenmanagement sowie qualifizierte Mitarbeiter. Damit kommen einer informationstechnischen Infrastruktur ohne Insellösungen, die einen flexiblen Datenzugriff ermöglicht, und der Personalentwicklung und -qualifizierung eine besondere Bedeutung zu. Teamorientierte Organisationsformen benötigen teamfähige Mitarbeiter, die neben Fachkompetenz Methoden- und Sozialkompetenz aufweisen. Dazu gehören u.a. Offenheit, etwa beim Umgang mit frühen, noch unsicheren Informationen (vgl. Fallstudie), sowie die Fähigkeit und Bereitschaft Verantwortung zu übernehmen und Fehler zu zugestehen, um aus ihnen lernen zu können. Dies erfordert Veränderungen auf der Bewusstseinsebene, die grundlegende Werte und Einstellungen und damit die Unternehmenskultur betreffen. Neben dem Ansatz Learning-by-doing kann Job Rotation Interdisziplinarität und Verständnis anderer Ansichten fördern. Ergänzend können

---

[46] vgl. z.B. Bullinger et al. (1995). Auf der Basis einer Befragung von 1.685 Arbeitnehmern entwickelte Herzberg die Zwei-Faktoren-Theorie, nach der es zwei Gruppen von Faktoren gibt, die Arbeitszufriedenheit bzw. Arbeitsunzufriedenheit beeinflussen, vgl. Herzberg / Mausner / Syndermann (1959) bzw. Herzberg (1968). Motivatoren führen dabei primär zur Arbeitszufriedenheit, während Hygienefaktoren Unzufriedenheit verhindern, aber keine Zufriedenheit hervorrufen. Als wichtige Motivatoren identifizierte Herzberg Leistung, Anerkennung, interessante Arbeitsinhalte, Verantwortung und Aufstieg. Als Hygienefaktoren klassifizierte Herzberg dagegen Einflussfaktoren wie die Entlohnung, Unternehmenspolitik, Arbeitsbedingungen und soziale Beziehungen. Herzberg stellte damit die Bedeutung von Arbeitsinhalt und Verantwortung als Haupteinflussfaktoren für Arbeitszufriedenheit und damit für Motivation heraus. Er geht somit wie Maslow davon aus, dass menschliches Handeln wesentlich vom Streben nach Selbstverwirklichung bestimmt wird.
[47] vgl. dazu auch Kapitel 2 und Zahn (1992), S. 461ff.; Zahn / Wieselhuber / Fridrich (1991), S. 21ff.; Picot / Reichwald / Wigand (1996), S. 245ff.; Reiß (1995), S. 527ff.. Nach der Transaktionskostentheorie bieten marktliche, dem Preismechanismus und Selbstabstimmung beruhende Koordinationsformen ihre Vorteile bei potenziell opportunistisch handelnden und zwangsläufig nur begrenzt rationalen Wirtschaftssubjekten, die spezifische, unsichere und strategisch bedeutsame Austauschbeziehungen eingehen, ein, vgl. Picot et al. (1999) S. 80ff. Eine vertiefte Betrachtung von Ansätzen zur Teamarbeit erfolgt i.R. der Auseinandersetzung mit intra-organisatorischen Netzwerkansätzen in Kapitel 2 des Abschnitts.
[48] vgl. Bullinger et al. (1995), S. 384f.; Warschat / Berndes (1994), S. 191f.

Mitarbeiter durch Seminare zu Moderations- und Präsentationstechniken auf die veränderten Anforderungen vorbereitet werden.[49]

Zusätzlich zu diesen Maßnahmen existieren verschiedene Methoden bzw. Integrationsinstrumente, die auf die Umsetzung der drei Grundprinzipien Parallelisierung, Standardisierung und Integration zielen. Hierzu werden am häufigsten Quality Function Deployment (QFD), Wertanalyse, Failure Mode and Effect Analysis (FMEA), Taguchi-Methode, Zielkostenmanagement (Target Costing), Design-for-Manufacturing (DFM) sowie Design for Assembly (DFA) gezählt.[50] Eine nähere Beschreibung dieser Ansätze würde die Zielsetzung dieser Arbeit sprengen, so dass hierfür auf entsprechende Literaturangaben verwiesen wird.[51]

Die Prinzipien des Concurrent Simultaneous Engineering (CSE) zielen auf eine gegenüber herkömmlichen Ansätzen verbesserte Koordination der Entwicklungsaktivitäten. Weitgehende Einigkeit besteht in der wissenschaftlichen Literatur bezüglich des Verbesserungspotentials des CSE bei der Entwicklungszeit.[52] Auch hinsichtlich Kosten- und Qualitätsverbesserungen werden dem Ansatz überwiegend hohe Verbesserungspotenziale gegenüber einer sequentiellen Produktentwicklung zugeschrieben.[53] Empirische Bestätigungen hierzu bestehen jedoch nicht.[54] Auch wenn ein empirischer Nachweis und der Umfang von Verbesserungspotenzialen offen bleiben, werden die aufgezeigten Ansätze übereinstimmend als Stand der Forschung mit einer deutlichen Verbesserung gegenüber einer sequentiellen Produktentwicklung bewertet.[55]

Ergänzend zu den aufgezeigten Grundprinzipien neuerer Konzeptionen zum Produktentwicklungsprozess, soll im folgenden Kapitel die Frage der Organisation komplexerer Entwicklungsvorhaben vertieft werden.

---

[49] vgl. Bullinger / Warschat (1996), S. 32

[50] vgl. Specht / Beckmann (1996), S. 160ff.; Gerpott / Winzer (1996), S. 135f. Die Abgrenzung zwischen den Ansätzen zum Produktentwicklungsmanagement, wie dem Simultaneous Engineering oder dem Concurrent Engineering und den hier aufgeführten Methoden findet sich nicht immer durchgängig und eindeutig in der hier beschriebenen Form. So bezeichnet Steinmetz sowohl Simultaneous Engineering und Concurrent Engineering als auch QFD oder FMEA auf einer Ebene als ''Konzepte zur Integration in der Produktentwicklung'', vgl. Steinmetz (1993), S. 45ff.

[51] vgl. z.B. Specht / Beckmann (1996), S. 160ff; Steinmetz (1993), S. 45ff

[52] vgl. z.B. Ehrlenspiel (1995), S. 179ff.;

[53] vgl. z.B. Bullinger / Warschat (1995), S. 11ff.; Bullinger / Warschat / Berndes / Stanke (1995), S. 179f.; Eversheim (1989), S. 6ff.; Ehrlenspiel (1995), S. 179ff.; Wildemann (1992), S. 18; Meerkamm (1994), S. 11ff.; Steinmetz (1993), S. 67.

[54] Kritisch zur theoretischen und empirischen Fundierung der Konzepte und ihrer postulierten Vorteilhaftigkeit äußern sich auch z.B. Gerpott und Winzer, die darauf verweisen, dass als ‚Beweis' für die Vorteilhaftigkeit der Ansätze entweder auf Einzelbeispiele Bezug genommen wird oder auf Ergebnisse empirischer Studien, die - sofern die Untersuchungsmethodik überhaupt offengelegt wird - fast durchgängig mit schwerwiegenden methodischen Mängeln behaftet sind, vgl. Gerpott / Winzer (1996), S. 131f., s. hierzu auch Gemünden (1993), S. 100ff.

[55] vgl. z.B. Bullinger / Warschat / Berndes / Stanke (1995), S. 380ff; Ehrlenspiel (1995), S. 179ff.; Eversheim (1989), S. 6ff; Prasad (1996), S. 205ff.

1.2 Organisation komplexer Entwicklungsprojekte

Die aufgezeigten Konzeptionen zum Management des Produktentwicklungsprozesses verweisen auf verschiedene organisatorische Prinzipien, wie die funktionale Organisation oder die Projektorganisation. Diese Betrachtungen sollen im folgenden vertieft und systematisiert werden. Als grundlegende Organisationsformen werden ein- und mehrdimensionale Ansätze unterschieden[56]. Als eindimensionale Ansätze finden sich die verrichtungsorientierte funktionale Organisation, die objekt- oder marktorientierte divisionale Organisationsform und verschiedene Mischformen beider Ansätze[57]. Bei den mehrdimensionalen Ansätzen kommt v.a. der (zweidimensionalen) Matrixorganisation im Entwicklungsbereich besondere Bedeutung zu[58].

Bei der Ausrichtung nach Verrichtungen oder Funktionen erfolgt eine Zusammenfassung gleichartiger Tätigkeiten zu Funktionsbereichen.[59] Dies erlaubt ein hohes Maß an Arbeitsteilung und Spezialisierung, da jeder Funktionsbereich lediglich für eine Funktion oder Wertschöpfungsstufe zuständig ist. Die Koordination der Funktionsbereiche in Hinblick auf die Unternehmensziele obliegt der Unternehmensführung.[60] Die ausgeprägte Spezialisierung ermöglicht Lern- und Übungseffekte, die aus der Verrichtung immer wieder ähnlicher Aufgaben resultieren. Insbesondere für know-how-intensive Aufgabenstellungen wie die Automobilentwicklung kommt diesem Aspekt eine besondere Bedeutung zu. Synergieeffekte durch Zusammenlegung und Konzentration homogener Handlungseinheiten unterstützen eine effiziente Nutzung vorhandener Ressourcen. Jeder Mitarbeiter erhält nur von einem Vorgesetzten Weisungen (Einliniensystem), so dass eindeutige, ungeteilte Weisungskompetenzen vorliegen.

Diesen Vorteilen stehen jedoch insbesondere in großen Unternehmen, die in einem dynamischen Umfeld mit einem heterogenen Produktprogramm agieren, verschiedene Nachteile entgegen.[61] Die funktionale Organisation ist verbunden mit einer weitgehenden Zentralisierung der Entscheidungsrechte auf der obersten Hierarchieebene.[62] Dies liegt darin begründet, dass die Funktionen als einzelne Stufen des Wertschöpfungsprozesses per definitionem interdependent sind. Eine Abstimmung der hieraus resultierenden Teilprobleme und –sichtweisen erfordert eine übergeordnete Instanz, die

---

[56] vgl. z.B. Gomez / Zimmermann (1992), S. 63
[57] vgl. z.B. Kieser / Kubicek (1992), S. 86ff.; Gomez / Zimmermann (1992), S. 63ff.;
[58] vgl. z.B. Clark / Fujimoto (1992), S, 241ff; Wheelwright (1994), S. 259ff.
[59] Zu unterscheiden ist das Prinzip der organisatorischen Arbeitsteilung und die Hierarchieebene, auf der die Arbeitsteilung erfolgt. Die Entscheidung über eine Strukturierung von Organisationseinheiten nach dem Funktionsprinzip stellt sich auf jeder Hierarchieebene neu, vgl. Schreyögg (1996), S. 128. Von einer (rein) funktionalen Organisation spricht man dann, wenn ''die zweitoberste Hierarchieebene eines Stellengefüges (Unternehmung, Geschäftsbereich etc.) eine Spezialisierung nach *Sachfunktionen* vornimmt und das *gesamte* System funktional prägt'', vgl. Schreyögg (1996), S. 127. Im folgenden wird die Bezeichnung ‚funktionale Entwicklungsorganisation' in einem weiteren Begriffsverständnis unabhängig von der Hierarchieebene verwendet, da sich diese unternehmensspezifisch unterscheiden kann (abhängig z.B. von den Geschäftsfeldern eines Unternehmens), dies jedoch keinen Einfluss auf das aufgezeigte Grundprinzip der funktionalen Organisationsform hat.
[60] ebenda, S. 263
[61] vgl. z.B. Frese (1998), S. 381ff.; Picot / Dietl / Franck (1999), S. 263ff.; Gomez / Zimmermann (1992), S. 63ff.; Staehle (1999), S. 740f.
[62] vgl. Picot / Dietl / Franck (1999), S. 268

eine Koordination aus Unternehmensgesamtsicht vornimmt.[63] Dies führt zu einer Einschränkung der Freiheitsgrade der Funktionsbereichsmanager durch die Zentrale. Mit zunehmend heterogenem Produktprogramm, Größe des Unternehmens, Komplexität des Produktes sowie Dynamik und Instabilität des Unternehmensumfeldes nehmen Interdependenzen und Abstimmungsnotwendigkeiten zwischen den Funktionen i.a. zu, so dass diese Nachteile stärker ins Gewicht fallen. Da kein Bereich alle zur Erstellung eines Produktes erforderlichen Funktionen verantwortet, ist eine unternehmens- und marktorientierte Koordination über Ergebnisbeteiligung nicht oder nur unter restriktiven Prämissen möglich, so dass insbesondere bei hohen Interdependenzen zwischen den Wertschöpfungsstufen eine intensive Kontrolle erforderlich ist. Damit sind verschiedene Nachteile, wie etwa zusätzliche Kontrollkosten und geringere Identifikation mit der Aufgabe verbunden. Die Nachteile einer rein funktionalen Organisationsform führten zur Entwicklung alternativer Ansätze.[64]

Häufigste Organisationsform für den Geschäftsbereich PKW ist nach Studien von Clark/Fujimoto die zweidimensionale Matrixorganisation als Überlagerung von funktionaler Organisation und Projektorganisation.[65] Die Autoren führen dies darauf zurück, dass der überwiegende Teil von Unternehmen, die ein technisch anspruchsvolles Produkt wie das Automobil entwickeln, aufgrund von Spezialisierungsvorteilen eine funktionale Grundorganisation aufweisen. Für eine bessere Markt- und Prozessorientierung wird diese häufig durch verschiedene Formen der Projektorganisation[66] er-

---

[63] ebenda, S. 268

[64] Eine Orientierung an Objekten auf der zweitobersten Hierarchieebene wird divisionale Organisation, Spartenorganisation oder Geschäftsbereichsorganisation genannt, vgl. Schreyögg (1996), S. 130. Waren 1960 noch mehr als 80% der 78 größten Unternehmen in deutschem Besitz funktional organisiert, so lag bereits 1970 dieser Anteil bei unter 40%. Die divisionale Organisation bzw. Geschäftsbereichsorganisation stellt mittlerweile die dominierende Organisationsform in Großunternehmen dar, vgl. Picot / Dietl / Frank (1999), S. 288. Die Objektorientierung kann sowohl durch eine Gliederung nach Produkten erreicht werden, z.T. auch als Spartenorganisation bezeichnet, vgl. Frese (1998), S. 397, als auch sich an Gliederungskriterien orientieren, die Merkmale der Abnehmer abbilden. Dies können wie bei der Regionalorganisation Regionen, vgl. ebenda, S. 397, oder z.B. bestimmte Kundengruppen sein. (Analysen der historischen Entwicklung von Organisationsstrukturen wie auch die Überprüfung der gegenwärtigen Verbreitung von Strukturen zeigen jedoch, dass marktorientierte Gesamtstrukturen nahezu ausnahmslos regional orientiert sind. Andere marktorientierte Kriterien, insbesondere die Ausrichtung nach bestimmten Kundengruppen (z.B. Großkunden), lassen sich wohl bei der organisatorischen Gliederung von Teilbereichen, nicht aber bei der Strukturierung der Gesamtunternehmung nachweisen, vgl. Frese (1998), S. 436ff.) Die Bildung von Divisionen mit i.a. geringen Interdependenzen zwischen den einzelnen Einheiten erlaubt es, diesen weitreichende Entscheidungskompetenzen zuzuweisen. Dies führt nicht nur zu höherer Flexibilität, sondern ermöglicht auch die Zuteilung von Erfolgsverantwortung. Die Divisionen können so i.S. eines Profit-Centers (von ,Unternehmen im Unternehmen' sprechend) geführt werden. Wie die Bezeichnung ,Geschäftsbereichsorganisation' nahe legt, handelt es sich dabei i.a. um Unternehmen mit mehreren Geschäftseinheiten, vgl. Picot / Dietl / Franck (1999), S. 288ff. Im Bereich der Fahrzeugentwicklung erhält die divisionale Organisationsform daher insbesondere Bedeutung bei Herstellern, die nach verschiedenen Geschäftsbereichen, wie z.B. PKW, LKW und Nutzfahrzeugen organisiert sind, oder im Bereich eines regional orientierten Vertriebes.

[65] vgl. Clark / Fujimoto (1992), S. 79ff. Clark / Fujimoto untersuchten in ihrer Studie 29 Projekte von größeren Pkw-Neuentwicklungen in der amerikanischen, europäischen und japanischen Automobilindustrie. Die Bewertung der Leistungsfähigkeit erfolgte anhand der drei Parameter Entwicklungszeit, Produktivität und Totale Produktqualität (TPQ)' Letztere stellt das Maß dar, in dem das Produkt Kundenanforderungen erfüllt. Die Studie umfasste sowohl Projekte bei Massen- als auch bei Oberklasseherstellern.

[66] Bei der Projektorganisation werden alle einem Fahrzeugprojekt zugehörigen Prozessschritte unter der Führung eines Projektleiters zusammengefasst. Unterschiede zur Prozessorganisation bestehen darin, dass ein Projekt per definitionem zeitlich beschränkt ist und i.a. durch Einmaligkeit gekennzeichnet ist, vgl. z.B. Picot / Frank / Dietl (1999), S. 284. Demgegenüber stellt die Prozessorganisation eine dauerhafte Organisationsform dar (z.B.

gänzt.[67] Da die organisatorische Einbettung von Entwicklungsprojekten in die Gesamtorganisation eine hohe Bedeutung für die betrachtete Problemstellung hat, werden diese Überlegungen auf Basis der Ausführungen von Clark/Fujimoto sowie Wheelwright/Clark[68] im folgenden kurz vertieft.

Die moderateste Änderung des rein funktionalen Ansatzes stellt das "Leichtgewichtsproduktmanagersystem"[69] dar. Die Bezeichnungen "Leichtgewicht" bzw. "niedrigkarätig"[70] beziehen sich in doppelter Hinsicht auf den Projektleiter[71]. Erstens stammt dieser i.a. aus der mittleren bis unteren Managementebene, verfügt zwar über beträchtliche Sachkompetenz, jedoch über relativ geringen Einfluss in der Organisation. Zweitens sind ihm die Schlüsselressourcen, d.h. insbesondere die Verfügung über Mitarbeiter und Budget, entzogen: die Entwicklungsingenieure verbleiben nach wie vor in der Funktionalorganisation. Jeder Funktionsbereich bestimmt aber eine Verbindungsperson (auch Liasion genannt), die den Fachbereich im Ausschuss für Projektkoordination vertritt.

Die Hauptaufgabe des ‚leichtgewichtigen' Projektleiters liegt in der Koordination des Projektes und zwar ohne Dispositionsbefugnis hinsichtlich Personal oder sonstigen Einsatzmitteln. Er sammelt Informationen über den Status der Arbeit, hilft den funktionalen Teams bei der Konfliktbewältigung und überwacht Terminpläne. Dafür ist er i.a. nicht Vollzeit für das Projekt abgestellt, sondern bringt sich in der Regel maximal nur zu einem Viertel seiner Arbeitszeit in das Projekt ein. Die Stärken und Schwächen dieses Ansatzes gleichen weitgehend denen der funktionalen Organisationsform. Vorteilhaft wirkt sich im Vergleich dazu aus, dass durch den Projektleiter eine funktionsübergreifende Koordination erfolgt. Damit wird nicht nur auf übergreifende Fragestellungen aufmerksam gemacht, sondern es ist auch, - insbesondere bei Tätigkeiten auf dem kritischen Pfad - für eine Überwachung der Terminpläne gesorgt. Dennoch bleibt der niedrigkarätige Projektleiter ein ‚Leichtgewicht' hinsichtlich seiner Durchsetzungsmöglichkeiten und -befugnisse.[72] Die Erwartungen an diese Organisationsform hinsichtlich Zeit- Kosten und Qualitätsverbesserungen im Vergleich zur funktionalen Organisation erfüllen sich daher nur selten.[73]

Diese Situation ist anders bei der "Schwergewichtsmanagerstruktur"[74] bzw. dem "hochkarätigen" Projektleiter[75]. Hochkarätig ist dieser nicht nur, da er aus dem höheren Management kommt und oft gleichen oder höheren Rang hat als die Funktionsbe-

---

die Organisationseinheit ‚mittlere Baureihe', die die Prozesse zum Projekt XR400 und alle Nachfolgeprojekte dergleichen Baureihe beinhaltet).

[67] vgl. Wheelwright / Clark (1993), S. 259ff.

[68] vgl. ebenda

[69] vgl. Clark / Fujimoto (1992), S. 248ff.; Wheelwright / Clark (1993), S. 265ff.

[70] vgl. Wheelwright / Clark (1993), S. 265ff.

[71] vgl. Wheelwright / Clark (1993), S. 266ff. Clark / Fujimoto sprechen gleichbedeutend vom 'Produktmanager', vgl. Clark / Fujimoto (1992), S. 249.

[72] vgl. Wheelwirght / Clark (1993), S. 266ff.: "Wenn er Glück hat, wird er toleriert, ansonsten ignoriert oder umgangen."

[73] vgl. ebenda, S. 267. Das Leichtgewichtsproduktmanagersystem entspricht weitgehend den Ansätzen der Stabs-Projektorganisation, vgl. Frese (1998), S. 479, Picot / Dietl / Franck (1999), S. 284,; Schreyögg (1996), S. 191 oder der Einfluss-Projektorganisation, vgl. Burghardt (1997), S. 79.

[74] vgl. Clark / Fujimoto (1992), S. 249f.

[75] vgl. Wheelwright / Clark (1993), S. 267ff.

reichsleiter. Seine im Unternehmen anerkannte Erfahrung und persönlichen Kontakte führen auch zu einem entsprechenden Rückhalt im Unternehmen. Je nach ‚Gewichtigkeit' verfügt er sogar über direkten Zugriff auf die ausführenden Projektingenieure.[76]

Die Projektleiter arbeiten eng mit entsprechenden Verbindungspersonen, den Liaisons, zusammen. Ihnen kommt höhere Bedeutung zu als im Fall des ‚leichtgewichtigen' Projektleiters. Oft sind sie voll für das Projekt abgestellt und auch räumlich mit dem Projektleiter zusammengelegt[77]. Da die Arbeit im Projektteam keine auf Dauer angelegte Aufgabe darstellt, verbleiben die längerfristigen Laufbahnbelange weiterhin beim jeweiligen Funktionsbereichsleiter.

Das ‚Gewicht' des Projektleiters ist weniger eine Frage von Rang oder Titel als von Persönlichkeit und Einfluss.[78] Clark/Fujimoto führen sechs wichtige Erfolgskriterien für die Rolle des ‚schwergewichtigen' Projektleiters an:[79]

- *Direkte Marktkontakte:* Die Projektleiter verfolgen neben der internen auch die externe Integration, d.h. die Übereinstimmung zwischen Produkt und Kundenerwartungen. Dazu leiten sie das Konzeptteam, das die Umsetzung der Kundenanforderungen in ein Produktkonzept verfolgt. Zudem pflegen sie, ergänzend zu den aus dem Marketing kommenden Informationen, direkte Kundenkontakte. Diese inspirieren den Produktmanager, der als ,,Konzeptinspirator (...) eine Vision und ein aktives, ganzheitliches Weltbild braucht''.

- *Mehrsprachige Übersetzer:* Effektive Produktmanager beherrschen die Sprache des Kunden, der Marketingleute, der Ingenieure und der Designer und können dementsprechend übersetzen.

- *Direktkontakte mit Ingenieuren:* Obgleich die Projektleiter normalerweise keine formale Autorität bezüglich detaillierter Entwicklungsentwürfe haben, können sie wichtige Details des Produktentwurfes durch funktionsübergreifende Koordination und Konfliktlösung beeinflussen. In einem japanischen Unternehmen, das nach dem Schwergewichtsprinzip arbeitet, ist es dazu üblich, dass der Projektleiter direkt mit den ausführenden Ingenieuren über die Substanz einer Detailkonstruktion diskutiert. Diese allgemein akzeptierte Einmischung in die Belange des Funktionsmanagers beschränkt sich jedoch auf die für das (Gesamt-)Konzept wirklich wichtigen und schwierigen Umfänge.

- *Produktmanager in Bewegung:* Produktkonzepte und –pläne können nicht nur schriftlich vermittelt werden. Während sein ‚leichtgewichtiger' Kollege primär am Schreibtisch tätig ist, verbringt der ‚schwergewichtige' Projektleiter seine Zeit hauptsächlich ‚vor Ort', im persönlichen Gedankenaustausch mit den Entwicklern.

---

[76] Während Clark / Fujimoto hier von ''gegebenenfalls direkten Zugriff'' sprechen, vgl. Clark / Fujimoto (1992), S. 249, sehen Wheelwright / Clark den Projektleiter mit ''primären Zugriff auf die Projektmitarbeiter'', vgl. Wheelwright / Clark (1993), S. 267. Dies verdeutlicht, dass sich bei einer Diskussion um ein Kontinuum zwischen rein funktionaler Organisation und reiner Projektorganisation handelt, vgl. Clark / Fujimoto (1992), S. 250. Die aufgezeigten Organisationstypen können dabei modellhaft nur einen Punkt im Kontinuum beschreiben.

[77] vgl. ebenda, S. 267

[78] vgl. Clark / Fujimoto (1992), S. 250

[79] ebenda, S. 252ff.

- *Der Produktmanager als ‚Konzepteinpeitscher':* Im Gegensatz zum ‚leichtgewichtigen Konzeptförderer' stellt der ‚schwergewichtige' Projektleiter eher einen Bewahrer des Konzeptes dar, der zur Verteidigung des Produktkonzeptes zur Not auch bewusst Konflikte erzeugt.

- *Beteiligung der Tester am Konzept:* Eine enge Zusammenarbeit von Testingenieuren und Projektleiter/Konzeptteam stellt eine wichtige Voraussetzung für ein kundenorientiertes Produkt dar. Häufig betätigt sich sogar der Projektleiter selbst als Testfahrer.

Die ‚Schwergewichtsmanagerstruktur' entspricht weitgehend der Matrix-Projektorganisation, bei der sich Projekt- und Funktionsbereichsleitung formal gleichberechtigt gegenüberstehen.[80] Auf Basis ihrer empirischen Untersuchung sagen Clark / Fujimoto eine Evolution der Organisationsformen in Richtung stärkerer Systemintegration voraus. Sie prophezeien den Unternehmen nach Einführung eines stärkeren Produktmanagersystems eine Verbesserung ihrer Entwicklungsleistungen.[81] Eine stärkere Systemintegration gewinnt demnach v.a. bei einer erhöhten Wettbewerbsintensität und – dynamik sowie einem erweiterten Produktprogramm an Bedeutung.[82]

Eine noch stärkere Ausprägung des Produktgedankens findet sich in der "Projektrealisierungsstruktur"[83] bzw. dem "autonomen Team"[84]. Bei dieser Organisationsform treten die Projektziele gegenüber den Funktionsbereichszielen noch stärker in den Vordergrund.[85] Die zur Projektdurchführung erforderlichen Mitarbeiter und Sachmittel werden direkt einer hochkarätigen Führungskraft als Projektleiter unterstellt. Sie erhält damit uneingeschränkte Weisungsbefugnis für den gesamten Projektablauf. Die Entscheidungsrechte der Funktionsbereichsleiter in bezug auf die betroffenen Ressourcen werden für die Dauer des Projektes ausgesetzt.[86] Es erfolgt eine räumliche Zusammenziehung der Projektmitarbeiter, die voll für das Projekt abgestellt werden[87].

Die Stärke des Ansatzes liegt in der Fokussierung aller Kräfte auf das Projekt. Dadurch kann i.a. eine zügige und effiziente Entwicklung neuer Produkte und Prozesse erreicht werden.[88] Zudem sind die Projektmitarbeiter bei weitem nicht so spezialisiert, wie ihre Kollegen in den Funktionsbereichen, so dass sie eine breitere Verantwortung

---

[80] vgl. Picot / Dietl / Franck (1999), S. 285; analog Frese (1998), S. 479ff.; Schreyögg (1996), S. 190.

[81] vgl. Clark / Fujimoto (1992), S. 264. Auch Wheelwright / Clark bescheinigen dem Ansatz des ‚hochkarätigen' Projektleiters ein "riesiges Verbesserungspotential", vgl. Wheelwright / Clark (1994), S. 268f.

[82] ebenda, S. 267

[83] vgl. Clark / Fujimoto (1992), S. 250

[84] vgl. Wheelwright / Clark (1994), S. 269ff.. Vielfach wird dieser Ansatz auch "reine Projektorganisation" oder "reines Projektmanagement" genannt, vgl. Frese (1998), S. 481ff.; Picot / Dietl / Frank (1999), S. 285f.; Schreyögg(1991), S. 191f.; Kieser / Kubicek (1992), S. 140ff., oder auch als "Tiger-Team" bezeichnet, vgl. Wheelwright / Clark (1994), S. 269.

[85] vgl. Picot / Dietl / Frank (1999), S. 285f

[86] vgl. ebenda, S. 265

[87] Hinsichtlich der Anzahl der von einem Mitarbeiter parallel zu bearbeitenden Projekte finden sich verschiedene Auffassungen. Während Clark / Fujimoto davon ausgehen, dass ein Mitarbeiter gleichzeitig in verschiedenen Projekten tätig sein kann, vgl. Clark / Fujimoto (1992), S. 250, findet sich überwiegend jedoch die Auffassung, dass die Projektmitarbeiter Vollzeit für ein einziges Projekt abgestellt werden, vgl. z.B. Picot / Dietl / Frank (1999), S. 285f ; Schreyögg (1996), S. 191ff.; Wheelwright / Clark (1994), S. 269.; Kieser / Kubicek (1992), S. 140f..

[88] vgl. Wheelwright / Clark (1994), S. 269

übernehmen können. In Verbindung mit der intensiven Zusammenarbeit auf engem Raum wird damit eine ausgezeichnete (funktions-)übergreifende Integration erreicht.

Gleichzeitig erfordert dies jedoch auch eine breitere Qualifizierung der Mitarbeiter. Zudem können die dem Projekt zugeteilten Personal- und Sachmittel bei weitem nicht so flexibel eingesetzt werden wie bei den alternativen Projektorganisationsformen. Häufig sind sie am Spitzenbedarf orientiert. In Phasen der Projektarbeit, in denen ein geringerer Ressourcenbedarf besteht, erfolgt dann häufig nicht ein entsprechender Abbau, da der Projektleiter nicht das Risiko eingehen will, bei einem Ansteigen der Anforderungen diese Ressourcen nicht wieder zu erhalten, oder weil andere Einsatzmöglichkeiten der Ressourcen nicht so schnell ausfindig gemacht werden können.[89] Für die Projektleitung ergibt sich damit eher der ungewünschte Anreiz, Überkapazitäten durch nicht notwendigerweise erforderliche Tätigkeiten an sich zu binden, als die Kapazitäten abzugeben bzw. einzusparen. Eine Bezahlung der Kapazitäten aus einem eigenen Projektbudget kann hier vielfach nur begrenzte Abhilfe schaffen.[90]

Auch die hohe Eigenständigkeit des Projektes kann zu Problemen führen. Es besteht die Gefahr, dass in den Fachbereichen vorhandene Erfahrungen und Know-How nicht genutzt werden, sei es, dass sie nicht bekannt sind, oder dass sie als ‚nicht passend' eingeschätzt werden. Dies führt nicht nur zu höherem Kapazitätsbedarf, sondern verlängert auch die strategisch bedeutsame Entwicklungszeit. Als problematisch stellt sich vielfach auch die Re-Integration der Projektmitarbeiter in die ‚alte' Organisation dar.[91] Bei längeren Projekten müssen die Projektmitarbeiter entsprechend lange aus ihren funktionalen Teilbereichen abgezogen werden. Gerade bei know-how-intensiven Aufgaben wie der Automobilentwicklung und bei schneller Änderung des den Aufgaben zugrundeliegenden Fachwissens, kann sich eine reine Projektorganisation dann als nachteilig erweisen, da die für das Projekt abgestellten Mitarbeiter den Anschluss an neue, fachspezifische Entwicklungen verpassen können.[92]

Clark/Fujimoto kommen auf Basis ihrer Untersuchungen zu den Ergebnissen, dass das Schwergewichtsmanagersystem im Vergleich zu den anderen beschriebenen Organisationsalternativen zu den besten Leistungen hinsichtlich der Zielgrößen Entwicklungszeit, Produktivität und Qualität[93] führt. Im weiteren ist daher zu klären, welche Lösungspotentiale das CSE und die von Clark/Fujimoto untersuchten Ansätze zur Projektorganisation für die in der Fallstudie aufgezeigte Problematik eröffnen. Im folgenden Kapitel wird daher zunächst der Frage nach der Umsetzung des CSE und der Ansätze zur Projektorganisation bei Automóviles Deportivos und ihrer Bedeutung für die betrachtete Problemstellung nachgegangen.

---

[89] vgl. Kieser / Kubicek (1992), S. 140f. Ebenso ist natürlich auch ein Kapazitätsmangel oder das Fehlen von erforderlichem Fachwissen denkbar, da die erforderlichen Kapazitäten in anderen Projekten gebunden sind, vgl. ebenda, S. 140f.

[90] Eine Budgetierung stellt in vielen Fällen keine grundsätzliche Lösung des Problems dar, weil das Projektbudget zuvor i.a. auf Basis von Plandaten bestimmt oder gemeinsam vereinbart wird. Die Plandaten basieren u.a. auf dem voraussichtlichen Kapazitätsbedarf. Bei Ermittlung dieser Zahlen ergibt sich damit der gleiche ungewünschte Anreiz, sofern die Plandaten direkt oder indirekt durch die Betroffenen, z.B. die Projektleitung, erstellt oder beeinflusst werden können. Bei dieser Problematik handelt es sich um ein Beispiel der im folgenden Teil unter dem Stichwort Emergenz näher betrachteten, ungeplanten Entwicklungen.

[91] vgl. Wheelwright / Clark (1994), S. 270;

[92] vgl. Frese (1998), S. 482

[93] vgl. Clark / Fujimoto (1992), S. 74ff.

1.3 Vertiefung der Fallstudie – Umsetzung der Prinzipien des Concurrent Simultaneous Engineerings und der Projektorganisation bei Automóviles Deportivos S.A.

Kern des CSE stellen die drei Prinzipien Parallelisierung, Standardisierung und Integration dar. Parallelisierung zielt primär auf eine Verkürzung der Entwicklungszeit. Dies führt i.d.R. zu zusätzlichen Interdependenzen und damit indirekt zu erhöhten Anforderungen an Koordination. Standardisierung und Integration betreffen dagegen direkt die Koordination der Entwicklungsaktivitäten.

Für den Entwicklungsprozess bei Automóviles Deportivos besteht eine standardisierte Prozessbeschreibung, die bedarfsweise projektspezifischen Erfordernissen angepasst wird. Bei den aufgezeigten Problemfeldern wirft v.a. die Problematik inkonsistenter Prozess- und Systemschnittstellen beim Gewichtscontrolling die Frage nach höherem Standardisierungsbedarf auf. Die Analyse emergenter Phänomene in Teil III zeigt, dass die zentrale Herausforderung nicht in der Erkenntnis und der Erarbeitung von Konzepten zur Einführung einheitlicher Prozesse/Systeme liegt, sondern darin, die bestehenden Umsetzungsbarrieren hierfür zu verstehen und zu überwinden.[94] Bei den übrigen Problemfeldern, die v.a. den Zielmanagementprozess sowie das Schnittstellenmanagement betreffen, steht der Aspekt der Standardisierung nicht unmittelbar[95] im Vordergrund.

Eine Standardisierung im Bereich der Produktstrategie z.B. in Form von Gleich-/Synergieteilstrategien[96] wird bei dem spanischen Automobilhersteller im Rahmen der Differenzierungserfordernisse der Fahrzeuge verfolgt. Durch den Verzicht auf Neuentwicklungen kann dies u.U. den Koordinationsaufwand reduzieren. Durch projektübergreifende Nutzung von Gleich-/Synergieteilen entstehen gleichzeitig jedoch zusätzliche, projektübergreifende Schnittstellen und Abstimmungsbedarf.[97] Dies kann dazu führen, dass die mit dem Verzicht auf Neuentwicklungen verbundenen Potenziale zur Reduzierung des Koordinationsaufwands durch zusätzliche projektübergreifende Koordinationserfordernisse überkompensiert werden. Zudem sind den projektübergreifenden Standardisierungsmöglichkeiten z.B. in Form von Ableitungsstrategien Grenzen gesetzt: mit zunehmendem Wettbewerbsdruck gewinnen fahrzeugspezifisch auf Segment- und Kundenbedürfnisse abgestimmte Produktcharakteristika an Bedeutung. Dies gilt v.a. für Premiumhersteller, die gegenüber Produkten aus den Basissegmenten einen zusätzlichen (emotionalen) Mehrwert bieten müssen. Der Ansatz der Standardi-

---

[94] Es handelt sich um ein Beispiel dafür, wie durch das Zusammenwirken der individuellen Verhaltensschemata der betroffenen Akteure, (emergente) Entwicklungen entstehen, die von niemandem in der Form geplant oder beabsichtigt wurden. Die Fachbereiche scheuen die für eine Standardisierung erforderliche Umstellung der bestehenden Prozesse und Datensysteme aus Kosten- und Zeitgründen. Der Projektleitung des XR400 kommt weder die Funktion einer projektübergreifenden Prozess- und Systemoptimierung zu, noch würde sie - im Falle einer solchen durch das Projekt durchgeführten Optimierungsmaßnahme - über die hierfür erforderlichen Kapazitäten verfügen.

[95] Die Neugestaltung des Zielmanagementprozesses kann u.U. mit der Beschreibung neuer Standards für den Prozessablauf einhergehen, so dass der Aspekt ‚Standardisierung' mittelbar betroffen ist.

[96] Synergieteile sind im Gegensatz zu Gleichteilen nicht identisch, weisen jedoch einen hohen Ähnlichkeitsgrad auf, so dass z.B. Entwicklungs-, Produktions- oder Einkaufssynergien realisiert werden können.

[97] Dies gilt insbesondere für eine A-priori-Berücksichtigung der Anforderungen der betroffenen Fahrzeugprojekte bei der Entwicklung projektübergreifender Baugruppen.

sierung zeigt damit keine grundsätzlichen Lösungsmöglichkeiten für die aufgezeigten Probleme auf.

Für das Prinzip der Integration kommt der Arbeit in interdisziplinären Teams - etwa Simultaneous Engineering Teams (S.E.-Teams) - oder bestimmten Formen der Projektorganisation besondere Bedeutung zu. Die Untersuchungen von Clark/Fujimoto zeigen, dass eine Matrixorganisation mit ‚Schwergewichtsproduktmanager' die leistungsfähigste Alternative der Projektorganisation für den Automobilentwicklungsprozess darstellt. Im folgenden soll daher die Form der Projektorganisation bei der Entwicklung des XR400 genauer betrachtet werden.

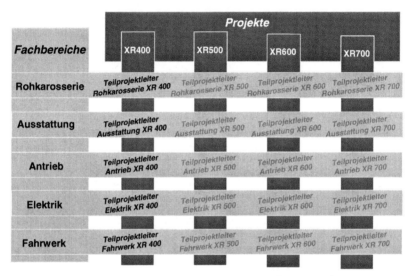

Abb. II.1: Matrixorganisation bei Automóviles Deportivos

Der Entwicklungsbereich des Unternehmens weist eine Matrixorganisation aus Fachbereichen, den funktionalen Fachstellen, und den Fahrzeugprojekten auf. Jedes Projekt wird durch einen Projektleiter geführt, ihm unterstellt sind Teilprojektleiter, die für die Koordination aller einen Fachbereich betreffenden Aktivitäten im jeweiligen Projekt verantwortlich sind. Als Bereichsleiter ist der Projektleiter auf gleicher Ebene wie die Fachbereichsleiter direkt dem Entwicklungsvorstand unterstellt. Unterstützt wird der Projektleiter durch ein interdisziplinäres Team aus der Entwicklung, dem Marketing/Vertrieb, dem Einkauf, der Produktion und dem Controlling.

Mit Abschluss der Initialphase, d.h. Start der Konzeptphase, ist er in vollem Umfang für das Projekt mit Erfüllung der angestrebten Ziele verantwortlich. Entsprechend dieser hohen Verantwortung handelt es sich um eine im Unternehmen angesehene und akzeptierte Führungskraft mit ausgeprägtem Netzwerk im Unternehmen und langjähriger Berufserfahrung v.a. im Entwicklungsbereich. Gerade diese Erfahrung und Kenntnis der personellen Gegebenheiten im Unternehmen erleichtert dem Projektleiter seine

Aufgabe erheblich. Der Schwerpunkt seiner Tätigkeit besteht in der Arbeit ‚vor Ort‘, d.h. in Abstimmung mit Mitarbeitern im Projekt oder den Fachbereichen, Teamsitzungen zur Koordination der Projektaktivitäten, der Klärung von Konflikten etc. Diese Charakteristika lassen eine starke Stellung des Projektleiters bei Automóviles Deportivos erkennen. Es entspricht der von Clark / Fujimoto beschriebenen ‚Schwergewichtsmanagerstruktur‘.[98]

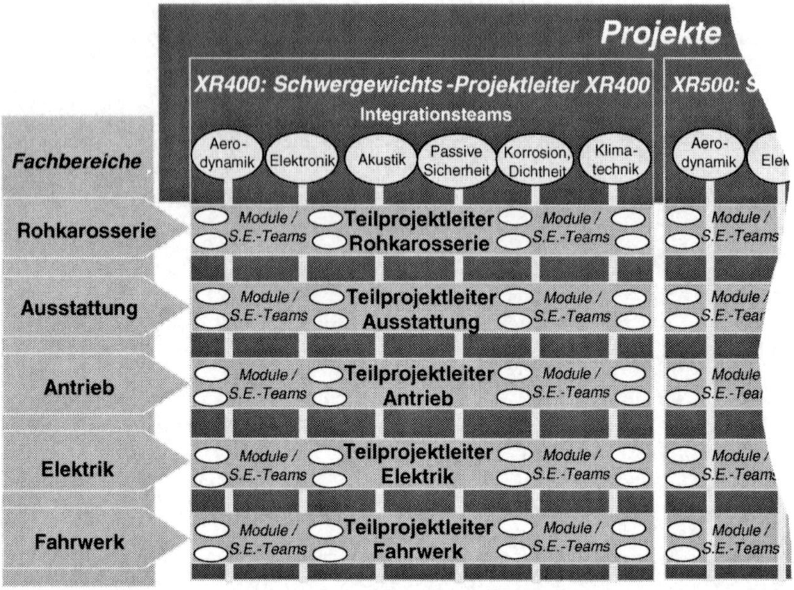

Abb. II.2: Module und Integrationsteams in der Matrixorganisation
beim Entwicklungsprojekt XR400

Im Rahmen der Zielsetzung verbesserter Integration wird in den aufgezeigten Ansätzen zudem der Arbeit in interdisziplinären Teams besondere Bedeutung beigemessen. Im Ansatz des CSE wird in diesem Zusammenhang v.a.auf Simultaneous Engineering-Teams (S.E.-Teams) verwiesen, in denen auch externe Projektbeteiligte wie Zulieferer frühzeitig in den Entwicklungsprozess eingebunden werden. Solche S.E.-Teams finden sich auch im Rahmen der Modulorganisation von Automóviles Deportivos. Die Module sind kleine, für das Projekt tätige Organisationseinheiten. Sie sind für bestimmte, abgegrenzte Entwicklungsumfänge zuständig und werden entsprechend der Matrix gemeinsam durch den Fachbereich und den Teilprojektleiter im Projekt geführt.

---

[98] Dass bei Automóviles Deportivos dennoch die aufgezeigten Koordinationsprobleme auftreten, widerspricht den Ergebnissen von Clark/Fujimoto keinesfalls. Sie belegen in ihrer Untersuchung nur die Vorteilhaftigkeit der ‚Schwergewichtsmanagerstruktur‘ gegenüber den beschriebenen Organisationsalternativen. Eine grundsätzliche Lösung aller im Entwicklungsprozess auftretenden Koordinationsprobleme durch die Einführung eines ‚Schwergewichtsproduktmanagers‘ postulieren sie nicht.

Zur fachbereichsübergreifenden Koordination wichtiger Querschnittsthemen wie z.b. Aerodynamik, Elektronik oder Akustik existieren zudem Integrationsteams. Diese sind jedoch nicht im Sinne einer zusätzlichen Matrix als gleichwertig zu den Fachbereichen zu sehen. Die Integrationsteams stellen kleine Teams von Mitarbeitern dar, die aus den Fachbereichen kommend, temporär für das Projekt tätig sind. Sie verfügen über kein eigenes Budget, der Integrationsteamleiter ist i.a. keine obere Führungskraft. Ihre Aufgabe besteht in themenspezifischer, bereichsübergreifender Koordination, ohne dass sich dies jedoch auf Durchsetzungs- oder Weisungsbefugnisse bezieht.

Diese Organisationsform bei Automóviles Deportivos läßt eine erste Umsetzung der Forderung nach interdisziplinärer Teamarbeit erkennen. Trotzdem sind gerade im Bereich der bereichsübergreifenden Koordination die aufgezeigten Problemfelder zu beobachten. Im folgenden wird daher der Stand der Forschung zu teambasierten Organisationsansätzen und ihrer Anwendung bei dem spanischen Automobilhersteller vertieft, was zur Auseinandersetzung mit der internen Netzwerkorganisation führt. Zuvor erfolgt eine kurze Zusammenfassung der bisherigen Ergebnisse.

1.4 Zwischenfazit

Die sich aus den Betrachtungen dieses Kapitels ergebenden Schlussfolgerungen werden in folgenden sechs Punkten zusammengefasst:

1. Die aufgezeigten Ansätze zum Management im Produktentwicklungsprozess sehen insbesondere bei komplexen Produkten explizit oder unter anderen Begrifflichkeiten[99] die Koordination der Entwicklungsaktivitäten als zentralen Erfolgsfaktor.[100]

2. Die funktionale Organisationsform ermöglicht gerade bei der Entwicklung von Hoch-Technologie-Produkten eine sehr gute Spezialisierung mit entsprechender Entwicklung von Fachwissen. Aufgrund ihrer geringen Prozessorientierung führt sie jedoch insbesondere bei umfangreicheren und komplexeren Entwicklungsvorhaben i.a. zu Nachteilen bei der funktionsübergreifenden Koordination und zu geringerer Marktorientierung.[101]

3. Untersuchungen in der Automobilindustrie weisen darauf hin, dass eine Ergänzung der funktionalen Organisation i.S. einer ‚Schwergewichtsmanagerstruktur‘ die leistungsfähigste Projektorganisationsform darstellt. Trotz einer solchen Projektorganisation zeigen sich im Fallbeispiel die aufgezeigten Koordinationsprobleme. Hieraus wird gefolgert, dass eine solche Organisationsform zwar im Vergleich der von Clark / Fujimoto untersuchten Alternativen die beste Organisationsform darstellt,

---

[99] Unter dem Begriff ‚Integration‘, der - dem weiten Koordinationsverständnis folgend - einen Teilaspekt von Koordination darstellt, vgl. Teil I, Kap. 2.3.2.

[100] Clark / Fujimoto heben dies besonders hervor: ''Nach unseren Erkenntnissen ist für eine außergewöhnliche Leistung in der Autoindustrie nicht die Beherrschung einer speziellen Technik, sondern eine abgestimmte Vorgehensweise bei Prozess, Struktur, Einstellung und Fertigkeit entscheidend, die wir integrierte Problemlösung nennen. (...) In der Fachpresse werden die Vorzüge funktionsübergreifender Teams, das 'Simultaneous Engineering' und die verschiedenen Methoden (...) ausführlich dargestellt. Alle zielen auf die Integration von Tätigkeiten über traditionelle Bereichsgrenzen hinweg '', vgl. Clark / Fujimoto (1992), S. 208.

[101] Aufgrund der Vorteile der funktionalen Organisation v.a. bei der Entwicklung von Fach- bzw. Expertenwissen, bildet sie die Grundlage für den weitaus überwiegenden Teil der Organisationsstrukturen, die Clark/ Fujimoto in ihrer Studie der Automobilindustrie vorfanden.

die Bewältigung der aufgezeigten Koordinationsprobleme jedoch weitere Verbesserungen bei der Koordination/Organisation im Entwicklungsprozess erfordert.

4. Auch die aufgezeigten, beim Fallstudienunternehmen umgesetzten Ansätze des Concurrent Simultaneous Engineerings, insbesondere die Arbeit in interdisziplinären Simultaneous-Engineering-Teams, führen nicht zu einer grundsätzlichen Lösung der in der Fallstudie beschriebenen Problematik. Ein entsprechender Lösungsansatz für die aufgezeigten Probleme bleibt damit offen. Auch Clark / Fujimoto weisen darauf hin, dass trotz allgemeiner Einigkeit hinsichtlich der Bedeutung bereichsübergreifender Integration ihre Realisierung als eigentliche Herausforderung noch nicht gelöst ist:

> "In der Fachpresse werden die Vorzüge funktionsübergreifender Teams, das 'Simultaneous Engineering' und die verschiedenen Methoden (...) ausführlich dargestellt. Alle zielen auf die Integration von Tätigkeiten über traditionelle Bereichsgrenzen hinweg. Die Herausforderung besteht darin zu verstehen, was 'effektive Integration' bedeutet und wie sie zu verwirklichen ist"[102]

5. Die Überlegungen zeigen einerseits die hohe Bedeutung, die den Prinzipien des CSE, insbesondere dem Aspekt Integration, zukommt. Andererseits wird deutlich, dass trotz weitgehender Umsetzung dieser Prinzipien bei Automóviles Deportivos zahlreiche Defizite im Bereich der Koordination, v.a. bei der bereichsübergreifenden Integration, bestehen. Die zentrale Herausforderung liegt damit nicht in der Erkenntnis der aufgezeigten Prinzipien, sondern in ihrer weitergehenden organisatorischen Umsetzung.[103] Besondere Bedeutung kommt den aufgezeigten Konzepten zufolge ,teambasierten', vielfach temporären, ,spontan' gebildeten Organisationsansätzen zu (,Ad-hoc-Teams'). Auch das Auftreten emergenter Phänomene und der damit verbundenen Systemeigendynamik wird in den aufgezeigten Konzepten nur unzureichend thematisiert.

Im folgenden Kapitel werden die stark durch die ingenieurwissenschaftliche Disziplin geprägten Konzepte zum Produktentwicklungsprozess daher vertieft durch eine Auseinandersetzung mit Ansätzen zu teambasierten Organisationsformen, die vorwiegend aus der Betriebswirtschaftslehre stammen. Neben der Betrachtung grundlegender Koordinationsprinzipien führt dies zur Auseinandersetzung mit der internen Netzwerkorganisation als einer in Theorie und Praxis vielfach betrachteten Alternative zu herkömmlichen Koordinationsformen. Gemäß der Zielsetzung dieser Arbeit liegt der Fokus dabei auf struktureller Koordination, d.h. der auf organisatorischen Regelungen basierenden Koordination.[104] Der hohen Bedeutung der beobachteten Eigendynamik im Produktentwicklungsprozess wird anschließend in Teil III nachgegangen.

---

[102] vgl. Clark / Fujimoto (1992), S. 208
[103] vgl. Bullinger / Kugel / Ohlhausen / Stanke (1995), S. 17; Clark / Fujimoto (1992), S. 208
[104] vgl. z.B. Bernard (1968), Martinez / Jarillo (1989) und Kieser / Kubicek (1992)

2. Intraorganisatorische Netzwerkansätze – Koordination im Spannungsfeld von Markt und Hierarchie

Netzwerkansätze erfreuen sich zunehmender Beliebtheit in Publikationen zur Organisations- und Managementforschung jüngeren Datums. Dies ist nicht zuletzt darauf zurückzuführen, dass der Koordination über Netzwerke eine intermediäre Position zwischen den Koordinationsansätzen Hierarchie und Markt[105] zugeschrieben wird. Im Sinne einer ‚gelenkten Selbstorganisation des Marktes' werden Netzwerkansätzen dabei vielfach zahlreiche Vorteile zugeschrieben. Nachdem in Kapitel 2.1 zunächst grundlegende Koordinationsprinzipien im Spannungsfeld von Selbst- und Fremdorganisation betrachtet werden, vertieft Kapitel 2.2 den intraorganisatorischen Netzwerkgedanken und stellt verschiedene Formen intraorganisatorischer Netzwerke vor. Abschließend erfolgt in Kapitel 2.3 eine Anwendung des aufgezeigten Stands der Forschung auf die Fallstudie: Durch Abgleich von Problemlage und Umsetzungsstand der Netzwerkansätze bei Automóviles Deportivos werden Lösungsimpulse für einen Ansatz ‚gelenkter Selbstorganisation' hergeleitet.

2.1 Koordinationsprinzipien im Spannungsfeld von Markt und Hierarchie

Als grundlegende Koordinationsprinzipien wirtschaftlicher Aktivitäten gehen klassische Betriebs- und Volkswirtschaftslehre von zwei Ansätzen aus: Markt und Hierarchie[106]. Zwischen beiden Extrema liegen zahlreiche Zwischenformen[107]. In der Betriebswirtschaftslehre kommt dies insbesondere in den Ansätzen der Neuen Institutionenökonomik[108] zum Ausdruck. Ein bekannter Ansatz zur Erklärung der Koordination ökonomischer Aktivitäten findet sich in der Tranksaktionskostentheorie[109]. Die Transaktionskostentheorie geht auf Coase (1937) zurück. Dieser geht als Effizienzmaßstab und Auswahlkriterium unterschiedlicher Koordinationsformen von den Transaktionskosten wirtschaftlicher Aktivitäten aus.[110] Dabei handelt es sich um Kosten der Anbahnung, Vereinbarung, Abwicklung, Kontrolle und Anpassung von Transaktionen.[111]

---

[105] vgl Thorelli (1986), Jarillo / Ricart (1987), Jarillo (1988), Delfmann (1989), Büchs (1991), Picot (1991), Siebert (1991) und Sydow (1995)

[106] In Hinblick auf Unternehmensentscheidungen zur Koordination ökonomischer Leistungen wird die Koordination über den Markt vielfach mit Fremdbezug, die über Hierarchie mit Eigenfertigung gleichgesetzt, vgl. Siebert (1991), S. 291.

[107] vgl. ebenda, S. 291

[108] Neben der Transaktionskostentheorie gehören hierzu die Property-Rights-Theory, die Principal-Agent-Theory sowie die Vertragstheorie. Im Mittelpunkt des Untersuchungsfeldes der Neuen Institutionenökonomik stehen Institutionen, die der Rationalisierung von Informations- und Kommunikationsprozessen dienen. Dabei wird insbesondere die Bedeutung von Information und Kommunikation für die Koordination wirtschaftlicher Tätigkeiten betont, vgl. Picot / Reichwald / Wigand (1996), S. 34ff.; Picot (1991), S. 143ff. Für die Volkswirtschaftslehre vgl. exemplarisch Neumann (1982), S. 240f..

[109] Daneben finden sich zahlreiche ergänzende oder alternative Erklärungsansätze, vgl. z.B. Richardson (1972), der zur Begründung unternehmerischer Entscheidungen über Fremdbezug, Eigenfertigung oder Kooperation die Kriterien Komplementarität (complementary) und Verschiedenartigkeit (dissimilarity) unterscheidet. Demnach sieht er bei hoher Komplementarität und geringer Verschiedenartigkeit eher eine unternehmensinterne Umsetzung als geeignet, umgekehrt bei geringer Komplementarität und hoher Verschiedenartigkeit eher einen Zukauf (Bezug über den Markt).

[110] Als eine Transaktion wird die Übertragung von Verfügungsrechten verstanden, vgl. Picot / Reichwald / Wigand (1996), S. 41.

[111] vgl. Picot (1991), S. 344; . Picot / Reichwald / Wigand (1996), S. 22ff.

Coase erklärt die Existenz einer Institution "firm" mit Kostenvorteilen einer nicht-marktlichen Koordination ökonomischer Aktivitäten (der "Hierarchie"), die vorliegen, je größer Spezifität, strategische Bedeutung, Unsicherheit und Häufigkeit einer Transaktion sind.[112] Sind diese Eigenschaften nicht oder nur in sehr geringem Maß ausgeprägt, sehen die Vertreter der Transaktionskostentheorie die Koordinationsform des Marktes als kostengünstiger und damit besser geeignet an.[113] Netzwerken wird - auch über die Transaktionskostentheorie hinaus - von einer Reihe von Autoren eine intermediäre Position in dem Kontinuum zwischen Markt und Hierarchie zugewiesen, mit dem Verweis, dass sich dadurch die Vorteile von marktlicher und hierarchischer Koordination verbinden lassen[114]. Seitens einer Koordination über den Markt wird dabei vielfach auf die Vorteile der Funktionsspezialisierung (kompetenzbezogene Arbeitsteilung) und des marktbedingten Effizienzdrucks verwiesen (keine dauerhafte Ausnutzung einer Monopolsituation möglich), seitens der Hierarchie auf die Charakteristika Vertrauen (kooperatives Verhalten, dass sich v.a. in der Weitergabe erfolgsrelevanter Informationen äußert) und Informationsintegration (elektronische Daten- und Informationsverknüpfung mit dem Ziel eines vergleichbaren Informationsstands für alle Netzwerkbeteiligten)[115].

Während die Frage einer Koordination über Markt oder Hierarchie organisationstheoretisch die Frage nach unternehmensexterner oder –interner Koordination aufgreift, stehen die beiden Pole steuerungstheoretisch für die Prinzipien Selbst- und

---

[112] Die *Spezifität* wird insbesondere durch das für die Transaktion erforderliche Know-How, die zu tätigen Investitionen, die Standort- und Logistikanforderungen, besondere Geheimhaltungs- und Sicherheitsbedürfnisse oder andere Verfahrensbesonderheiten determiniert;
die *Strategische Bedeutung* beschreibt den Einfluss einer Transaktion auf wettbewerbsrelevante Faktoren;
Unsicherheit wird i.S. von Umfeld- oder Verhaltensunsicherheiten verstanden, z.B. in Hinblick auf rechtliche Rahmenbedingungen, Standards oder individuellem Verhalten wie das Verschweigen oder Verzerren von Informationen;
Häufigkeit steht für die Chance zur Realisierung von Lerneffekten, Spezialisierungsvorteilen oder Möglichkeiten zur Kostendegression, vgl. Picot (1991), S. 345ff; Neuburger (1997), S. 55. Ähnlich auch Müller (1994), S. 36 für strategische Allianzen und Hanke (1993), S. 11ff. Williamson selbst weist als relevante Einflussfaktoren nur auf Spezifität, Unsicherheit und Häufigkeit der Transaktion hin, vgl. Williamson (1979), S. 239.

[113] Kritik an der Transaktionskostentheorie betrifft insbesondere die geringe Operationalisierung in bezug auf die Entscheidung, welcher Organisationstyp bei welcher Ausprägung der Determinanten (Spezifität, Unsicherheit, strategische Bedeutung und Häufigkeit) anzustreben ist, vgl. z.B. Bogaschewsky (1995), S. 170; Sydow (1992), S. 272ff. Zudem stellt das Problem der mangelnden Bestimmtheit und Messbarkeit der Transaktionskosten einen häufigen Kritikpunkt dar. Letzteres gilt insbesondere für die Kosten der internen Organisation und hier vor allem dann, wenn diese nur in einem indirekten Bezug zur betrachteten Aktivität bestehen, vgl. Bogaschwesky (1995), S. 170.

[114] vgl. z.B. Delfmann (1989), Büchs (1991), Siebert (1991), Sydow (1995). Für Vertreter der Transaktionskostentheorie vgl. z.B. Thorelli (1986), Jarillo (1988), Picot (1991; 1991a), Picot / Reichwald / Wigand (1996). Auch Williamson erweitert in Zusammenarbeit mit Ouchi die klassische dichotome Sicht um "Clans", d.h. um die Entwicklungen hin zu einer Integration von Marktkräften in Unternehmen, vgl. Ouchi (1989), Williamson / Ouchi (1983). In der in der klassischen Organisationslehre wohl bekanntesten, frühen Auseinandersetzungen mit dem Konzept der Hierarchie stellen Burns / Stalker (1961) der Hierarchie als "mechanistischer Aufbauorganisation" eine "organische Prozessorganisation" gegenüber, die sich, wie ein Netzwerk, durch polyzentrische Entscheidungen und laterale Interaktion und Kommunikation auszeichnet.

[115] vgl. Siebert (1991), S. 293ff.. Gleichzeitig werden demnach bei Koordination über Netzwerke die nachteiligen Charakteristika der beiden polaren Koordinationsansätze - beim Markt insbesondere "Opportunismus" und die "Entstehung von Informationsinseln", bei der Hierarchie die "Funktionsintegration" sowie der "Schutz vor Marktdruck" - vermieden.

Fremdorganisation[116] bzw. Selbst- und Fremdsteuerung. Am Markt erfolgt die Koordination weitgehend in Selbstorganisation ohne zentralen Koordinator über das Instrument des Preises, der alle wettbewerbsrelevanten Faktoren impliziert. In der Hierarchie dagegen findet Koordination über persönliche Weisung statt oder über Pläne, die alle Einzeltätigkeiten festlegen[117]. Eine gängige Klassifizierung organisationsinterner Koordinationsprinzipien unterscheidet daher zwischen den Polen Koordination durch persönliche Weisung bzw. Hierarchie einerseits, Koordination durch Selbstabstimmung andererseits sowie den Zwischenformen Koordination durch Programme und Koordination durch Pläne.[118]

Koordination durch Hierarchie bzw. persönliche Weisung ist durch einen vertikalen Kommunikationsfluss und ein fest geordnetes System von Über- und Unterordnung gekennzeichnet. Abstimmungsprobleme werden vom jeweils untergeordneten Mitarbeiter bzw. der untergeordneten Abteilung nach ‚oben' weiter gereicht, bis sie zu einem Vorgesetzten gelangen, der die zu koordinierenden Mitarbeiter oder Bereiche gemeinsam umspannt und die Kompetenz hat, die Abstimmungsaufgabe durch Anweisung zu lösen.[119]

Da Hierarchien pyramidal aufgebaut sind, existiert damit bis zur obersten Ebene immer eine Instanz, die für die Abstimmung zuständig ist. Mit dem System der aufsteigenden Regelungskompetenz verbindet sich die Vorstellung, dass mit steigender Höhe auch die fachliche Breite zunimmt, so dass die entsprechenden Abstimmungsschwierigkeiten verstanden und sachgerecht gelöst werden können.[120]
Das klassische Organisationsprinzip der Hierarchie, das eng mit dem Bürokratiemodell von Max Weber und dem Taylorismus[121] verbunden ist, erfuhr in der weiteren Entwicklung der organisationstheoretischen Literatur zahlreiche Kritik. Es ist jedoch darauf hinzuweisen, dass durch hierarchische Koordination Abstimmungsprobleme gebündelt[122] und damit vereinfacht werden können:

"Hierarchy arises because of the complexity of the information-processing requirements of the large-scale organization. We do not have the information and social technologies to allow 1000 people to interact, communicate, and decide upon their collective actions in short time frames, there are simply too many interfaces among 1000 people. The commmunication complexity is reduced if one person is selected to represent each group of ‚say, 10 people."[123]

---

[116] Die Bezeichnungen Selbst-/Fremdorganisation, Selbst-/Fremdsteuerung oder auch Selbst-/Fremdabstimmung, und werden in der Literatur sehr unscharf und uneinheitlich verwendet. Eine Differenzierung des Begriffsverständnisses erfolgt bei der Betrachtung zur Selbstorganisation in Teil III, Kapitel 1.3.

[117] Da in dieser Arbeit intraorganisatorische Koordination betrachtet wird, soll im folgenden der steuerungstheoretische Aspekt im Vordergrund stehen. Der Begriff Hierarchie wird also nicht zur Unterscheidung zwischen unternehmensinterner und -externer Koordination verwendet, sondern zur Bezeichnung unternehmensinterner Koordination über persönliche Weisungen i.S. einer ‚hierarchischen Koordination'.

[118] vgl. Kieser / Kubicek (1992), S. 103ff.. Zu anderen Systematisierungsansätzen vgl. z.B. March / Simon (1958), Lawrence / Lorsch (1967), Thompson (1967), Galbraith (1973), Hoffmann (1980), Gaitanides (1983), Frese (1987), Schreyögg (1996). Schreyögg unterscheidet die vertikale und die horizontale Verknüpfung. Horizontale Koordination sieht er vor verschiedene Formen der Selbstabstimmung institutionalisiert, die vertikale Verknüpfung als "erstes Mittel" durch die Hierarchie und zu ihrer Entlastung und Ergänzung durch Programme und Pläne, Schreyögg (1996), S. 151ff..

[119] vgl. Schreyögg (1996), S. 154ff.

[120] vgl. ebenda, S. 154

[121] vgl. Weber (1972); Taylor (1913)

[122] vgl. Kieser / Kubicek (1992), S. 96

[123] vgl. Galbraith (1994), S. 9. Auch Kieser / Kubicek verweisen auf den hierarchischen Charakter von Koordination. Über Abteilungsbildung erfolge eine Entkopplung zwischen einzelnen Stellen; Abstimmungsprobleme werden hierdurch gebündelt und auf einer Ebene größerer Verantwortungsbereiche gelöst, vgl. Kieser / Kubicek (1992), S. 96ff.

Gleichzeitig weist Galbraith jedoch auch auf die Probleme hierarchischer Koordination hin:[124] Je mehr ein Problem von der Routine abweicht, je komplexer es sei und je größer die Aufgabenunsicherheit sei, umso weniger wahrscheinlich sei es, dass es durch (formale) Regeln[125] sinnvoll und effizient gelöst werden könne.[126] Es müsse solange über mehrere Hierarchieebenen ‚nach oben' getragen werden, bis sich ein (kompetenter) Vorgesetzter finde, der darüber entscheiden könne. Anschließend werde die Entscheidung wieder umgekehrt ‚nach unten' getragen, um ‚vor Ort' ausgeführt werden zu können. Aus diesen Betrachtungen ergeben sich die typischen Dysfunktionalitäten hierarchischer Organisationsformen, auf die heute vielfach hingewiesen wird:[127]

- lange Entscheidungswege auf dem ‚Instanzenweg' und damit Inflexibilität gegenüber Marktveränderungen sowie hohe Koordinationskosten bei turbulenten Marktbedingungen,
- Markt- und Prozessferne der Entscheidungsträger
- Probleme der Informationsfilterung und –verzerrung
- Konzentration auf Bereichsziele, da nur auf den obersten Ebenen die Möglichkeit einer ganzheitlichen Prozesssicht besteht,
- mangelnde Akzeptanz der hierarchischen Koordination durch Weisungen, insbesondere im Zusammenhang mit einem autoritären Führungsstil

Diese Überlegungen zeigen das Paradoxon auf, das sich bei Koordination wechselseitiger Abstimmungserfordernisse über Hierarchie ergibt: Hierarchie zielt einerseits auf eine Verminderung der Kommunikationskomplexität, wenn viele Menschen miteinander zu interagieren haben. Bei der hohen Anzahl der an einer Fahrzeugneuentwicklung beteiligten unternehmensinternen und –externen Mitarbeitern ist dies von zentraler Bedeutung. Andererseits treten die Dysfunktionalitäten der Hierarchie gerade bei Aufgaben des Typus A[128] auf, die sich - wie der Entwicklungsprozess eines neuen Fahrzeugs - durch hohe Komplexität und Abstimmungsintensität auszeichnen.

Koordination über Hierarchie oder über Selbstabstimmung, z.B. in Form von Gruppenentscheidungen, kann sowohl zum Zweck einer Voraus- als auch einer Feedbackkoordination eingesetzt werden[129]. Bei Koordination über *Programme*, d.h. generelle Handlungsvorschriften, oder über *Pläne* ist dagegen ausschließlich eine Vorauskoordination möglich. Pläne können auf Basis von Programmen erstellt werden, enthalten im Gegensatz zu diesen immer Ziele, können aber auch Verfahren vorgeben. Im Gegensatz zu Programmen beziehen sich die Vorgaben hier nur auf eine bestimmte Periode. Die Anwendung beider Prinzipien ist unter dem Stichwort ‚Standardisierung' bereits aus dem Ansatz des Concurrent Simultaneous Engineering (CSE) bekannt.

Koordination über Programme beruht auf Lernprozessen, die in Verfahrensrichtlinien festgehalten werden. Solche generelle Handlungsvorschriften reduzieren den Bedarf an Anweisungen durch Vorgesetzte. Auch wenn sie sich hinsichtlich Detaillierung und Flexibilität, z.B. durch konditionelle Programme, unterscheiden, führen sie zu Standardisierung, so dass sich hierdurch oft ein Zielkonflikt zwischen den Vorteilen geringeren Abstimmungsbedarfes und den Nachteilen geringerer Individuali-

---

[124] vgl. Galbraith (1977), S. 44ff.

[125] Diese formalen Regeln entsprechen den im folgenden betrachteten "Programmen", s. Kieser / Kubicek (1992), S. 110ff.

[126] Galbraith weist gleichzeitig darauf hin, dass der Einsatz formaler Regeln nicht anstatt, sondern sich in Verbindung mit hierarchischer Strukturierung vollziehe, vgl. Galbraith (1977), S. 44ff.

[127] vgl. stellvertretend für andere Zahn (199.), S. ; Picot / Reichwald / Wigand (1996), S. 208ff.; Kieser / Kubicek (1992), S. 105ff; Galbraith (1977), S. 44ff.; Schreyögg (1996), S. 162ff.; Gomez / Zimmermann (1992), S. 91ff.

[128] vgl. Teil I, Kap. 2.2.2

[129] vgl. Kieser / Kubicek (1992), S. 104

sierung und Flexibilität ergibt.[130] Für eine flexible Bewältigung wechselseitiger Abstimmungserfordernisse eignet sich dieser Ansatz i.d.R. daher ebenso wenig wie die Koordination über Pläne.

Bei *Koordination über Selbstabstimmung* geht die Initiative zur Abstimmung von den Aufgabenträgern selbst aus, häufig wird daher auch von Selbstkoordination gesprochen.[131] Koordinationsentscheidungen werden als Gruppenentscheide gefällt, was zu hohen Zeit- und Qualifikationsanforderungen führt. Das reine Modell der Selbstabstimmung, bei dem es keine auf Koordinationsaufgaben spezialisierten Mitglieder gibt, sondern eine Beteiligung aller Mitglieder an den zu treffenden Entscheidungen angestrebt werden, scheitert daher in der Realität i.a. an Zeit- und Qualifikationsanforderungen.[132] Aus diesem Grund finden sich zumeist strukturelle Regelungen zur Unterstützung der Selbstabstimmung. Diese können sich z.B. auf die Einrichtung von Kommunikationskanälen, auf die Ausstattung bestimmter Gremien mit Entscheidungskompetenzen, auf die Vorgabe von Anlässen für Koordinationsmaßnahmen oder die Spezifikation abstimmungsbedürftiger Fragen beziehen.

Unter Berücksichtigung solcher Regelungen unterscheiden Kieser/Kubicek drei grundlegende Arten von Selbstabstimmung[133]: Bei *fallweiser Interaktion nach eigenem Ermessen* liegen keine spezifizierten, strukturellen Regelungen vor, die Selbstabstimmung obliegt der Eigeninitiative der Betroffenen. Diese Freiräume erfordern ein starkes Interesse der Organisationsmitglieder an der Verfolgung der Organisationsziele und umfassende Information und Qualifikation jedes einzelnen. Wird bei Meinungsverschiedenheiten die übergeordnete Hierarchieebene eingeschaltet, liegt nur begrenzte Selbstabstimmung vor. Bei *themenspezifischer Selbstabstimmung* wird für bestimmte Stellen festgelegt, welche Aspekte sie untereinander selbst abstimmen müssen. Für diese Themen wird Selbstabstimmung zur Pflicht. Ergänzend werden Verfahren zur Herbeiführung von Entscheidungen und zur Konfliktlösung eingerichtet. *Institutionalisierte Interaktion* unterliegt noch weitergehenden Regelungen. Die Koordination erfolgt i.a. durch teamorientierte Strukturen, z.B. in Form von Gremien bzw. Koordinationsorganen wie Komitees, Ausschüssen, Arbeitskreisen, Besprechungen, Konferenzen u.ä.. Art und Zeitpunkt der Zusammenkunft, Teilnehmerkreis und behandelte Fragen werden dabei entweder im voraus extern festgelegt oder durch das Team selbst bestimmt.

Koordination durch Selbstabstimmung kann die auf persönlichen Anweisungen basierende, hierarchische Koordination entlasten und damit vor allem den vertikalen Kommunikationsfluss vermindern. Unterstützt durch die i.a. motivationsfördernde Wirkung von Selbstabstimmung ergeben sich Potenziale zur Qualitäts- und Flexibilitätserhöhung. Gleichzeitig kann der durch Gruppenarbeit erhöhte Zeitbedarf einem Flexibilitätsgewinn auch entgegenwirken. Auch die i.a. höheren Qualifikationsanforderungen, die sich an die Betroffenen stellen, führen dazu, dass Selbstabstimmung sich i.a. nur situationsspezifisch und nur für bestimmte Fragestellungen oder in Kombination mit anderen Koordinationsinstrumenten eignet. Insbesondere für die Abstimmung wechselseitiger Abhängigkeiten bietet die Selbstkoordination jedoch i.a. hohe Flexibilität.

---

[130] Manche Autoren betonen den Standardisierungseffekt von Programmen so sehr, dass sie anstatt von Programmen von Standardsierung sprechen, vgl. z.B. Pugh et al. (1968).

[131] vgl. Kieser / Kubicek (1992), S. 106

[132] vgl. ebenda, S. 106

[133] vgl. Kieser / Kubicek (1992), 103ff.. Eine andere Klassifizierung von ‚Koordination durch Selbstabstimmung' findet sich z.B. bei Schreyögg (1996), S. 169ff. oder Specht / Beckmann (1996), die die Klassifizierung von Kieser / Kubicek um das ''Prinzip Vernetzung organisatorischer Einheiten'' erweitern. Da es sich hierbei jedoch auch um (sich überlappende) Gruppen handelt, bei denen die Koordination letztlich nach dem Prinzip der Selbstabstimmung und/oder durch hierarchische Koordination erfolgt, wird dieser Ansatz auf die beiden anderen zurückgeführt und der Klassifizierung Kieser / Kubiceks gefolgt.

Mit den Begrifflichkeiten Koordination durch Hierarchie bzw. persönliche Anweisungen[134] (i.S. Fremdsteuerung) auf der einen Seite und Selbstabstimmung (i.S. Selbststeuerung) auf der anderen Seite stellt sich die Frage nach der Beziehung zu den bisher betrachteten Organisationsformen wie etwa der funktionalen Organisation. Frese verweist diesbezüglich darauf, dass in der organisationstheoretischen Literatur vielfach die These vertreten werde, der Koordinationsbedarf zwischen den einzelnen Funktionsbereichen zwinge die Unternehmensleitung bei der funktionalen Organisation zu "stärkerem Engagement im laufenden Geschäft" als bei der objektorientierten Organisation.[135] Hierzu gebe es jedoch keine "umfassende, methodischen Ansprüchen genügende empirische Untersuchungen", so dass er der These spekulativen Charakter zuweist. Eine erhöhter Bedarf zu hierarchischer Koordination bei der funktionalen Organisation ist daher empirisch nicht nachgewiesen.

Durch die hohe Anzahl von Schnittstellen zwischen den Funktionen besteht allerdings die Gefahr von Abstimmungsschwierigkeiten zwischen den Funktionen und resultierenden Ressortegoismen.[136] Ungenügende dezentrale Abstimmung zwischen den Ressorts ist durch Koordination auf übergeordneten Hierarchieebenen entgegenzuwirken. Im Fall von Ressortegoismen oder Bereichsdenken mit ungenügender Abstimmung zwischen den Funktionsbereichen, wie in der Fallstudie geschildert, ist daher bei der funktionalen Organisation mit zusätzlichen Erfordernissen zu hierarchischer Koordination zu rechnen. Umgekehrt wird bei internen Netzwerkansätzen überwiegend die Bedeutung dezentraler, nicht-hierarchischer, auf Selbstabstimmung beruhender Koordination hervorgehoben.[137]

Ein Ansatz zur Zuordnung der Koordinationsprinzipien zu bestimmten Situationen bzw. Koordinationserfordernissen stammt von Thompson[138] bzw. in einer Weiterentwicklung von Malone[139]. Ausgangspunkt des Ansatzes ist das Verständnis von Koordination als "managing dependencies between activities".[140] Thompson unterscheidet in seinem in der betriebswirtschaftlichen Literatur weit verbreiteten Ansatz drei aufeinander aufbauende Grundformen von Interdependenzen: "pooled interdependencies" (gebündelte Abhängigkeiten), bei denen Beziehungen zwischen Akteuren oder organisatorischen Einheiten auf der Inanspruchnahme knapper Ressourcen beruhen[141], "sequential interdependencies", bei denen Prozessbeziehungen vorliegen, d.h. der Output einer Organisationseinheit wird zum Input eines nachfolgenden Teilbereiches/Prozessschrittes und "reciprocal interdependencies" (wechselseitige Ab-

---

[134] vgl. z.B. Picot / Dietl / Franck (1999), S. 264

[135] vgl. Frese (1998), S. 385

[136] vgl. Schreyögg (1996), S. 128

[137] vgl. z.B. z.B. Miles / Snow (1994), S. 130, bzw. für die "Adhokratie" Mintzberg (1979), S. 436ff; die "Heterarchie" als flukturierende Hierarchie, Klimecki / Probst / Eberl (1991), S. 137ff. bzw. Kogut (1990), S. 264ff; die "Cluster-Organisation" Mills (1991), S. 29ff bzw. Gomez / Zimmermann (1991), S. 105ff; für das "Konzept der Modularisierung" Picot / Reichwald / Wigand (1996), S. 201ff..

[138] vgl. Thompson (1967), S. 54ff

[139] vgl. Malone (1997), S. 15ff.

[140] vgl. Malone / Crowston (1994), S. 92

[141] Die Charakterisierung dieser Interdependenzart ist bei Thompson eher vage: "We can describe this situation as one in which each part renders a discrete contribution to the whole and each is supported by the whole", vgl. Thompson (1967), S. 54. Es kann jedoch davon ausgegangen werden, dass die gemeinsame Nutzung knapper Ressourcen (z.B. Arbeitskräfte, Budget) durch verschiedene organisatorische Einheiten gemeint ist, vgl. zu dieser Interpretation z.B. Mintzberg (1979a), S. 22.

hängigkeiten). Letztere beinhalten die beiden vorangegangenen Interdependenzarten und stellen damit die "komplexeste und am schwierigsten zu handhabende"[142] Form dar.[143] Malone bezeichnet diese drei Interdependenzarten anschaulich und prägnant mit den Bezeichnungen "share", "flow" und "fit".[144] Thompson unterstellt in der genannten Reihenfolge der Interdependenzen zunehmendende Anforderungen an Koordination und ordnet den Interdependenzarten verschiedene Koordinationsprinzipien zu: "coordination by standardization" für die gepoolte Interdependenz, "coordination by plan" für die sequentielle Interdependenz und "coordination by mutual adjustment" für die reziproke Interdependenz.[145]

Bei der Fahrzeugentwicklung treten i.a. alle drei Interdependenzarten auf: *Share-Abhängigkeite'* finden sich z.b. bei Zugriff verschiedener Abteilungen eines Bereiches auf ein gemeinsames Budget oder bei gemeinsamer Nutzung von z.b. Test- und Versuchseinrichtungen durch verschiedene Entwicklungsbereiche. Die Festlegung bestimmter Zugriffsregeln als Standards kann hier häufig die Abstimmung der Beteiligten sinnvoll regeln.

Flow-Abhängigkeiten ergeben sich schon durch die bereits beschriebenen Phasen des Entwicklungsablaufes. Die fahrzeugprojektspezifische Entwicklung greift z.b. auf Ergebnisse der projektungebundenen Vorentwicklung zurück, die Serienentwicklung auf die Vorgaben und Ergebnisse aus der Konzeptphase, bzw. in der Test- und Optimierungsphase auf Ergebnisse des Versuchs. Eine für alle Fahrzeugprojekte einheitliche Prozessbeschreibung des Entwicklungsablaufes ergänzt durch projektspezifische Planungsvorgaben erleichtert die Koordination der Entwicklungsaktivitäten hier erheblich.

Dennoch bedürfen i.a. auch Prozessabläufe, die eine Flow-Abhängigkeit nahe legen, einer wechselseitigen Abstimmung der Prozesspartner, da aufgrund der hohen Komplexität der Entwicklungsaufgabe nur eine gemeinsame, wechselseitige Optimierung in kurzen Rückkopplungsschleifen eine Zielerreichung erlaubt.[146] Die Aufteilung des Fahrzeugs in Komponenten bzw. Module bedeutet nicht, dass diese isoliert voneinander bearbeitet werden können. Auch zwischen den Modulen bestehen geometrische, funktionale oder produktionstechnische Abhängigkeiten, die als *Fit-Abhängigkeiten* wechselseitiger Abstimmung bedürfen.

---

[142] vgl. Hoffmann (1980), S. 310. Auch Thompson unterstellt implizit der reziproken Interdependenz aufgrund der wechselseitigen Abhängigkeiten den höchsten Schwierigkeitsgrad, vgl. Thompson (1967), S. 66ff..

[143] Vereinzelt wird als vierte, noch komplexere Interdependenzart die "teamorientierte Interdependenz'" unterschieden, vgl. z.B. Picot / Dietl / Frank (1999), S. 74; van de Ven / Ferry (1980). Teamorientierte Interdependenzen liegen vor, wenn Bereiche zur Bewältigung einer Aufgabe interaktiv und gleichzeitig tätig werden müssen. Diese Interdependenzart soll hier nicht gesondert unterschieden werden, da im Entwicklungsprozess zwar in den meisten Fällen wechselseitiger Beziehungen ein enger zeitlicher Bezug zwischen den Aktivitäten besteht, eine Unterscheidung i.S. zwingender Gleichzeitigkeit jedoch schwer klassifizierbar und damit vielfach nicht eindeutig ist.

[144] vgl. Malone (1997), S. 15ff.

[145] Die Zuordnung der Koordinationsprinzipien erfolgt in Anlehnung an March/Simon (1958), S. 158ff.

[146] vgl. auch die aus dem Ansatz des Simultaneous Engeneering resultierenden Anforderungen an jeweils vor- und nachgelagerte Entwicklungsstellen, Kap. 1.1 bzw. Clark / Fujimoto (1992), S. 233ff..

Eine klare Trennung der drei von Thompson bzw. Malone beschriebenen Abhängigkeiten ist, wie die Beispiele zeigen, in der Praxis nicht immer möglich.[147] Unabhängig davon zeigen die Überlegungen, dass wechselseitige Interdependenzen (''reciprocal-,, bzw. fit-interdependencies'') wesentliches Kennzeichen einer Fahrzeugneuentwicklung ist:

> ''Reciprocal interdependencies characterize the internal activities of the product development process.''[148]

Koordination über gegenseitige Abstimmung i.s.v. ''coordination by mutual adjustment'' wird damit zentraler Erfolgsfaktor des Entwicklungsprozesses.

Neben der Bewältigung des Koordinationsbedarfes durch die oben beschriebenen Koordinationsprinzipien existieren verschiedene Konzepte, die auf eine Reduzierung von Koordinationsaufwand zielen. Dabei können zwei grundlegende Ansätze unterschieden werden: während Kieser / Kubicek auf die Bedeutung von Entkopplung hinweisen[149], stellt Schreyögg den Abbau von Differenzierung in den Mittelpunkt der Betrachtungen.[150] Eine exakte Abgrenzung zu den Koordinationsprinzipien ist dabei nicht immer gegeben. Dies zeigt sich schon an den Möglichkeiten der Entkopplung. Durch Abteilungsbildung kann eine Bündelung der Abstimmung erfolgen, indem das Abstimmungsproblem zumeist auf einer Ebene größerer Verantwortungsbereiche gelöst wird.[151] Damit ist aber eine solche Entkopplung durch Abteilungsbildung gleichzeitig mit Koordination über Hierarchie verbunden.[152] Weitere Entkopplungsmöglichkeiten bestehen in der Bildung von Puffern bzw. (Zwischen-)Lagern, dem Einsatz flexibler Ressourcen oder Überschusskapazitäten, der Reduzierung von Anforderungen bzw. der Erhöhung von Toleranzen sowie der Festlegung von Standards bzw. Bandbreiten. In diesem Fall wird der Koordinationsaufwand durch ein ''management by exception''[153] reduziert, eine Abstimmung wird nur dann erforderlich, wenn die Standards nicht eingehalten werden können bzw. die Bandbreiten nach oben oder unten überschritten werden.[154]

Abbau von Differenzierung wird insbesondere unter dem Stichwort ''Business Reengineering'' propagiert[155] und zielt darauf, durch Reduzierung von Arbeitsteilung Integrationskosten zu reduzieren.[156] Nach den Vertretern dieses Ansatzes ermögliche insbesondere die moderne Informationstechnologie mit ihren stark gestiegenen Anwendungsmöglichkeiten diese (Um-)Orientierung[157]. Trotz aller Möglichkeiten moderner Informationstechnologie beschränkt sich eine solche Re-Integration jedoch nur auf ganz bestimmte Aufgabenfelder und –typen, in erster Linie Routineprozesse in der Administration.[158] Als Beispiel für Prozesse, die dieses ''niemals zulassen'' führt Schreyögg den Bau eines Auto-

---

[147] Der Zugriff auf gemeinsam genutzte Versuchseinrichtungen kann z.B. auch Einfluss auf den (zeitlichen) Ablauf des Entwicklungsprozesses haben und damit indirekt zu Flow-Abhängigkeiten führen. Ebenso ist zwischen Versuch und Entwicklung oft eine wechselseitige Abstimmung mit möglichst kurzen Rückkopplungsschleifen zur Optimierung bzw. zum Test von Komponenten erforderlich.

[148] vgl. auch Verganti (1997), S. 380

[149] vgl. Kieser / Kubicck (1992), S. 102f.

[150] vgl. Schreyögg (1996), S. 198ff.

[151] vgl. Kieser / Kubicek (1992), S. 96. Eine noch weitgehende Orientierung an dem Prinzip 'Entkopplung' wird mit dem Ansatz der 'Modularisierung' verfolgt, vgl. Kapitel 2.2.

[152] vgl. ebenda, S. 102

[153] vgl. z.B. Staehle (1999), S. 545f.; Richards / Greenlaw (1972), S. 384. Diese klassische Feedback-Kontrolle ist jedoch mit dem Nachteil verbunden, dass Fehlentwicklungen immer erst ex post erkannt werden können. Aus diesem Grund wird in jüngerer Zeit verstärkt auf ex ante oder Forward-Kontrollen Wert gelegt, vgl. Staehle (1999), S. 546; Luthans / Kreitner (1985), S. 94ff.

[154] vgl. Kieser / Kubicek (1992), S. 103. Auch hier wird die Schwierigkeit einer Abgrenzung zu den Koordinationsprinzipien deutlich, da Koordination über Programme ebenfalls auf Standardisierung beruht (s.o.).

[155] vgl. z.B. Hammer / Champy (1994); Davenport (1993); Osterloh / Frost (1996)

[156] vgl. Schreyögg (1996), S. 199

[157] vgl. Hammer / Champy (1994), S. 112ff.

[158] vgl. Schreyögg (1996), S. 201

mobils an, bei dem die Differenzierung eher zunehmen werde und Integrationsprobleme daher hochaktuell bleiben werden[159].

Die bisherigen Betrachtungen zeigen, dass keine der beiden Pole Hierarchie oder Selbstabstimmung den hohen Anforderungen zur Koordination der ''reciprocal interdependencies" im Automobilentwicklungsprozess gerecht werden kann. Stattdessen sind Zwischenformen im Sinne ,gelenkter Selbstabstimmung' erforderlich. Als vielversprechende Konzepte werden in diesem Zusammenhang zunehmend Netzwerkansätze diskutiert. Eine vernetzte Zusammenarbeit unterschiedlicher Einheiten wie z.b. Teams oder Cluster zielt bei intraorganisatorischen Netzwerkansätzen zudem auf die organisatorische Umsetzung interdisziplinärer Teamarbeit, wie sie in allen neueren Ansätze zum Produktentwicklungsprozess als zentraler Erfolgsfaktor gesehen wird.

2.2 Intraorganisatorische Netzwerkansätze

Lange Zeit wurden in der Managementpraxis und –literatur unter dem Aspekt der Primärorganisation fast ausschließlich nur zwei Organisationsansätze diskutiert: die funktionale und die divisionale Organisation. Sie wurden ergänzt durch verschiedene Formen der Sekundärorganisation (z.B. Projektmanagement)[160]. In jüngerer Zeit treten mit der Netzwerkorganisation (''N-Form''[161]) und der Prozessorganisation weitere Formen auf, die sich an einem zunehmend dynamischen Unternehmensumfeld orientieren. Grundsätzlich lassen sich die vier Organisationsformen miteinander kombinieren.

Insbesondere in der Automobilindustrie findet sich häufig eine Kombination der Organisationsformen, im Entwicklungsbereich insbesondere der Netzwerk-, Prozess- und Funktionalorganisation. Die Prozessorganisation ist durch eine Ausrichtung der Unternehmensorganisation an den Geschäftsprozessen gekennzeichnet. Teilaufgaben werden nicht top-down aus der Gesamtaufgabe der Unternehmung abgeleitet, sondern bottom-up an dem Grundsatz einer möglichst ganzheitlichen Organisation der Prozessbearbeitung orientiert[162]. Differenzierung und Integration orientieren sich zur Vermeidung abstimmungs- und ablaufhemmender Schnittstellen an der Prozessausrichtung.

Oft reichen die Unternehmensprozesse über traditionelle Abteilungs-/Bereichsgrenzen oder sogar Unternehmensgrenzen hinaus, so dass die Prozessorganisation zu einer (intra- und/oder interorganisatorischen) Netzwerkorganisation führt. Netzwerk- und Prozessorganisation hängen daher insbesondere im Entwicklungsbereich eng zusammen. Die im weiteren vorgestellten intraorganisatorischen Netzwerkansätze beinhalten daher vielfach auch Grundelemente der Prozessorganisation (vgl. z.B. Ansatz der Modularisierung), eine eindeutige Trennung der Ansätze ist aufgrund dieser Überschneidungen vielfach nicht möglich[163].

---

[159] vgl. ebenda
[160] Von einer Unterscheidung zwischen Primär- und Sekundärorganisation wird bei der Darstellung der Organisationsansätze in diesem Kapitel abgesehen, da die Diskussion der unterschiedlichen Ansätze hierzu in Hinblick auf die Aufgabenstellung keinen zusätzlichen Problemlösungsbeitrag liefert.
[161] vgl. Hedlund (1994)
[162] vgl. Sydow (2002), S. 297ff.
[163] Eine solche Zuordnung ist auch nicht lösungsrelevant. Der in Teil IV vorgestellte Ansatz ,gelenkter Selbstorganisation' beinhaltet Elemente beider Organisationsansätze (inkl. Charakteristika der funktionalen Organisa-

Bedingt durch die Entwicklung verschiedener Fahrzeugprojekte ergibt sich insbesondere im Entwicklungsbereich der Automobilindustrie eine stark projektorientierte Arbeitsweise. Im Sinne einer ‚fluiden Organisation' besteht eine laufende Neubildung
von Projekten, die über eine bestimmte Zeit bearbeitet werden, um dann wieder in
neue Aufgaben einzugehen. Damit wird die Basis für das Prinzip der (intraorganisatorischen) Netzwerkorganisation gelegt, bei der "laufend in Frage gestellt werden
kann, welche in- oder externen Einheiten die einzelnen Aktivitäten in einem Wert-
schöpfungsprozess erbringen"[164].

Der Netzwerkorganisation wird daher grundsätzlich in sehr dynamischen Industrien
mit sehr raschen Entwicklungen in Technologie und Markt hohe Bedeutung beigemessen sowie in arbeits- und wissensintensiven Branchen, wo laufend eine problemspezifische Zusammenführung zahlreicher Spezialisten erforderlich ist[165]. In Kombination
mit der Prozessorganisation ist sie daher insbesondere auch für die Automobilindustrie
von besonderem Interesse. Neben dem häufig diskutierten Lieferantennetzwerk konzentrieren sich die Überlegungen dabei v.a. auf die intraorganisatorische Netzwerkorganisation im Entwicklungsbereich.

Manche Autoren sehen die Netzwerkorganisation aufgrund der ihr zugesprochenen
Potenziale als die zentrale Organisationsform der Zukunft:

> "There is little doubt that the future will see the development of more and more net-
> worked organizations. They are an effective response to the many changes taking place in
> the business environment, particulary because they can create the advantage of large or-
> ganizations without creating the large organization itself."[166]

Der Begriff ‚Netzwerk' ist keineswegs auf die Organisationstheorie beschränkt, sondern findet sich in interdisziplinärer Bedeutung.[167] Die Vielfalt und Heterogenität sowohl der in der Organisationstheorie entwickelten Netzwerkansätze als auch der in der
Unternehmenspraxis zu beobachtenden Netzwerkformen hat bislang eine einheitliche
Begriffsfassung weitgehend verhindert.[168]

> "In some companies, networks imply a set of external relationships – a global web of al-
> liances and joint ventures. In others, networks mean informal ties among managers –
> floating teams that work across functions and manoeuvre through bureaucracy. Still other
> companies define networks as new ways for executives to share information (…)"[169]

---

tion). Diese Kennzeichen lassen sich jedoch unter der Bezeichnung ‚intraorganisatorische Netzwerkorganisation' zusammenfassen, so dass zur sprachlichen Vereinfachung auf eine weitere begriffliche Differenzierung
verzichtet wird.
[164] vgl. Müller-Stewens (1997), S. 11
[165] vgl. Sydow (2003) S. 296ff.
[166] vgl. Galbraith (1998), S. 102
[167] Neben den Wirtschaftswissenschaften beschäftigen sich auch Psychologie, Soziologie und Politikwis-
senschaften mit diesem Phänomen, vgl. Sydow (1995), S. 75. Grundsätzlich ist ein Netzwerk ein "vergleichsweise alltägliches Phänomen: Personen bzw. Organisationen unterhalten oder suchen Beziehungen zu anderen
Personen bzw. Organisationen; diese Verbindungen ergeben ein Geflecht sozialer, ökonomischer oder politischer Beziehungen", vgl. Schubert (1994), S. 9.
[168] vgl. zur Kritik an den "Netzwerkforschern" auch Rössl (1994), S. 19.
[169] vgl. Charan (1991), S. 104

Entsprechend der Differenzierung des Organisationsbegriffes lassen sich auch beim Netzwerkbegriff eine institutionelle und eine instrumentelle Sichtweise unterscheiden. Nach dem institutionellen Netzwerkverständnis kann ein Netzwerk in erster Begriffsannäherung als eine irgendwie geartete Aggregation von Beziehungen ('Kanten') zwischen Personen oder Organisationen ('Knoten') aufgefasst werden. In einer häufig zitierten Begriffsfassung werden soziale Netzwerke[170] definiert als

> ''(…) the specific set of linkages among a defined set of actors, with the additional property that the characteristics of these linkages as a whole may be used to interpret social behavior of the actors involved''.[171]

Soziale Netzwerke stellen somit ein Beziehungsgeflecht zwischen Akteuren bzw. sozialen Einheiten mit gemeinsamen Interessen[172] dar. Aus der gemeinsamen Interessenlage läßt sich eine gemeinsame Themenorientierung ableiten.[173] Auch die Freiwilligkeit der Teilnahme wird als ein Charakteristikum sozialer Netzwerke angeführt.[174] Sie bewirkt, dass die Beziehungsgestaltung zwischen den Akteuren offener ist als in Organisationen. Netzwerke werden daher auch als offen und zeitorientiert verstanden.[175]

Als Bedingung für die Bestandssicherung eines Netzwerkes kommt dem Mehrnutzen, den die Beteiligten aus der Zusammenarbeit im Netzwerk in Summe ziehen, im Gegensatz zu den damit verbundenen Mehrkosten entscheidende Bedeutung zu. Barnard hat diese beiden Bedingungen für die Entstehung und Überlebensfähigkeit von Organisationen allgemein herausgearbeitet und als Effektivität (effectiveness) und Effizienz (efficiency) bezeichnet. Jarillo hat das Konzept auf Netzwerke übertragen:

> ''Während die Effektivitätsbedingung für Netzwerke eine höhere Leistungsfähigkeit als bei anderen Koordinationsformen verlangt, d.h. einen größeren Kuchen schafft, fordert die Effizienzbedingung eine Zufriedenstellung aller Beteiligter, d.h. eine gerechte Verteilung des Kuchens.''[176]

Bei der Behandlung von Netzwerken im Rahmen intraorganisatorischer Gestaltungsansätze steht in der Managementliteratur häufig die Frage nach Alternativen zur klassischen Koordinationsform der Hierarchie im Mittelpunkt.[177] Dies führt zur instrumentellen Sichtweise der Netzwerkorganisation als einem Ansatzpunkt zur Flexibilisierung hierarchisch-bürokratischer Organisationsstrukturen[178]. Burns / Stalker[179]

---

[170] In seinem Ursprung geht das Konzept des sozialen Netzwerkes auf den Anthropologen Barnes (1954) zurück. Aufgrund seines relativ geringen Abstraktionsgrades und damit einfachen Verständlichkeit und Realitätsnähe zur Beschreibung sozialer Beziehungen in der soziologischen Forschung erfeut es sich gerade im angloamerikanischen Raum großer Beliebtheit, vgl. Schenk (1984), S. 30.

[171] vgl. Mitchell (1969), S. 2

[172] vgl. Tichy / Tushman / Fombrun (1982), S. 2. Das Charakteristikum gemeinsamer Interessen ist nicht unumstritten. Sandner geht z.B. davon aus, dass die gemeinsame Handlung das entscheidende sei und eine Zielkongruenz nicht zwingend erforderlich sei, vgl. Sandner (1991), S. 154.

[173] vgl. Boos/ Exner /Heitger (1992), S. 54ff.

[174] vgl. Mueller (1988), S. 44

[175] vgl. ebenda, S. 44

[176] vgl. Siebert (2003), S. 307ff.

[177] vgl. z.B. Oliver (1990), S. 167: Über mehr als die Aussage einer ''relevance of networking thinking to classical models of formal organization'' ist man allerdings noch nicht hinausgekommen.

[178] vgl. Weber (1972).

[179] vgl. Burns / Stalker (1961)

stellen in ihrer Auseinandersetzung mit dem Konzept der Hierarchie dieser als "mechanistischer Aufbauorganisation" eine "organische Prozessorganisation" gegenüber. Für diese fanden sich im Laufe der Zeit verschiedenste Begriffe in synonymer Bedeutung, die den nicht-hierarchischen Charakter von Netzwerkstrukturen zum Ausdruck bringen. In der praxisnahen Managementliteratur findet sich typischerweise ein Verständnis interner Netzwerkansätze, nach dem keine festen Stellenbeschreibungen existieren, sondern die Akteure sich in wechselnden Aufgaben einem wechselnden Rollenverständnis gegenüber sehen.[180] Mit der ‚Fluidität' sich wandelnder Rollen und Strukturen wird eine zunehmende Auflösung von Grenzen sowohl im Unternehmen, d.h. intraorganisatorischer Grenzen, als auch zu anderen Unternehmen bzw. zwischen Unternehmen, d.h. interorganisatorischer Grenzen, in Verbindung gebracht.

"In an bureaucracy, the boundaries are clear and well understood: you are either in or out. (…) In network organizations, the information flows freely acrosss departmental boundaries at lower levels as well as senior levels, so the required information gets to the right places for action more quickly."[181]

Häufig wird darauf verwiesen, dass der Übergang von hierarchischen zu dezentralen, netzwerkartigen Organisationsstrukturen erst durch die Potenziale moderner Informationssysteme ermöglicht wurde.[182] Demnach begründet sich die Hierarchie auf einem Informationsmonopol weniger. Ein dezentraler, freier Zugang zu allen Informationen führt dazu, dass "Überwachung durch Ausbildung ersetzt wird".[183]

Im Zusammenhang von Informationstechnologie und Netzwerkstrukturen findet zunehmend auch der Begriff ‚Virtuelle Unternehmung' bzw. ‚Virtuelle Organisation' Beachtung. Auch wenn das Begriffsverständnis Virtueller Organisationen z.T. sehr unterschiedlich ist, besteht doch weitgehend Einigkeit darüber, dass (inter- oder intraorganisatorische) Netzwerke einen Kernaspekt der ‚Virtuellen Unternehmung' darstellen.[184] Aus intraorganisatorischer Perspektive ist der Begriff der Virtuellen Organisation vor allem durch zwei Charakteristika geprägt: teambasierte Organisationsformen sowie die Delokalisation von Arbeitsplätzen mit besonderem Fokus auf die hierfür erforderliche Gestaltung von Informations- und Kommunikationsbeziehungen.[185] Für die in dieser Arbeit untersuchte Problemstellung ist v.a. die Thematik teambasierter Organisationsformen relevant. Dieser Aspekt kann auf die Ansätze zur Netzwerkorganisation zurückgeführt werden, so dass das Konzept der Virtuellen Unternehmung für diese Arbeit nicht als Alternative zu Netzwerkorganisation sondern als eine Teilmenge

---

[180] vgl. Nolan / Pollock / Ware (1988), S. 3ff.

[181] vgl. ebenda S. 6.. Zur Auflösung der klassischen Grenzen der Unternehmung s. auch Picot / Reichwald / Wigand (1996), S. 2

[182] vgl. z.B. Davidow / Malone (1992), S. 74ff.; Picot / Reichwald / Wigand (1996), S. 5; Spence (1990), S. 91ff.

[183] vgl. Davidow / Malone (1992), S. 74ff.

[184] vgl. z.B. Klein (1994), Reiß (1996), Sydow (1996), Bullinger / Thaler (1994), Tapscott (1996)

[185] vgl. Krystek / Redel / Reppegather (1997), S. 39ff; zur besonderen Bedeutung der Gestaltung Informations- und Kommunikationsbeziehungen vgl. auch Müller-Stewens (1997), S. 84ff.; Tapscott (1996), S. 94ff.; Klein (1994), S. 309. Der Begriff der ‚Virtuellen Organisation' wird dabei v.a. im inter-organisatorischen Kontext diskutiert, vgl. z.B. Müller-Stewens (1997); Wüthrich / Philipp (1997); Bellmann / Hippe (1996); Frigo-Mosca et al. (1996); Hinterhuber / Stahl (1996); Hippe (1996); Reiß (1996); Scholz (1996); Sydow (1996a/b); Sydow / van Well (1996); Sydow (1995); Bullinger / Thaler (1994); Deiß (1994); Snow / Miles / Coleman (1992); Siebert (1991); Jarillo (1988); Thorelli (1986). Das aufgezeigte Grundprinzip einer Vernetzung ohne - auch nur temporär - zentrale Einheiten ist jedoch gleichermaßen sowohl im inter- als auch im intra-organisatorischen Kontext umsetzbar.

dieser betrachtet wird. Eine ‚virtuelle Organisationsform' soll im weiteren im intra-organisatorischen Kontext als eine im Zeitverlauf wechselnde Vernetzung von Einheiten verstanden werden, die sich dadurch auszeichnet, dass zu keinem Zeitpunkt zentrale Elemente zu erkennen sind.[186]

Eine systematische, akzeptable Typologie von Netzwerkansätzen existiert bisher nicht.[187] Für Teilaspekte im Bereich organisatorischer Netzwerke existieren jedoch verschiedene Ansätze[188]. Anfang der 80er Jahre entwickelten Miles und Snow die Vorstellung einer neuen Organisationsform.[189] Dabei unterscheiden sie drei Typen netzwerkartiger Kooperationen mit z.T. fließenden Übergängen.

Das *interne Netzwerk* versucht, Unternehmertum und Marktorientierung ohne bzw. fast ohne Externalisierung zu realisieren.[190] Es entsteht als konsequente Weiterentwicklung einer Matrixstruktur[191] innerhalb großer Organisationen bei zunehmendem Kostendruck und Unsicherheit[192]. Die einzelnen Unternehmensbereiche sind meist rechtlich selbstständig, allerdings über Beteiligungen an eine zentrale Einheit gebunden. Die zentrale Führungseinheit gibt lediglich strategische Gesamtvorgaben an die Unternehmensbereiche vor.

> ''The basic operating logic is that if internal units have to operate with prices set by the market (instead of artifical transfer prices), then they will constantly seek innovations that improve their performance.''[193]

Durch markttypische Koordinationsprinzipien soll unternehmerisches Denken und Handeln gefördert werden, ohne notwendigerweise Funktionen aus dem Gesamtkonzern auszugliedern. Aufgabe des Managements ist es, die einzelnen Einheiten zu motivieren und zusätzlich netzwerkexterne Abnehmer für ihre Produkte zu finden.

---

[186] vgl. auch die im folgenden beschriebene Typologie nach Meckl (1997), S. 16
[187] vgl. Bleicher (2002), S. 60.
[188] vgl. die Typisierungsmöglichkeiten für interorganisationale Netzwerke bei Sydow (2003), S. 298ff.
[189] vgl. Miles / Snow (1986). Für weitere Typologisierungen vgl. exemplarisch Bartlett / Goshal (1990), S. 81ff. In einer internationalen Studie (insgesamt 236 Interviews mit Managern u.a. aus Unternehmen wie Procter & Gamble, Unilever, Kao, Philips, Matsushita, NEC, ITT, General Electrics, Ericsson) untersuchten sie die Veränderung der Organisationsstruktur weltweit agierender Großkonzerne, die nach Miles et al. ''also gravitate toward internal networks'', vgl. Miles et al. (1992), S. 13. Auf Basis ihrer Ergebnisse definieren die Autoren das idealtypische Modell eines transnationalen Unternehmens, das sich als integriertes Netzwerk von – zwischen Hauptquartier, Inlands- und Auslandsfilialen – verteilten, aber spezialisierten Vermögenswerten und Kernfähigkeiten darstellt: ''Unsere Konzeption des transnationalen Unternehmens zeigt keine reale, sondern eine idealtypische Organisation'', vgl. Barlett / Goshal (1990), S. 81. Wildemann (1996), S. 13, unterscheidet horizontale, vertikale und laterale Netzwerke, denen jeweils unterschiedliche Wettbewerbsstrategien zugrunde liegen. Pfohl / Buse (1994), S. 17f, typologisieren Produktionsnetzwerke in strategische, regionale, operative Netzwerke und Virtuelle Unternehmungen.
[190] ''The internal-network firm owns most of all of the assets associated with a particular business'', vgl. Miles et al. (1992), S. 19
[191] Die Matrixorientierung an Produkten und Funktionen wird durch die Komponenten Märkte und Regionen ergänzt, vgl. Miles / Snow (1994), S. 112
[192] vgl. Miles / Snow (1994), S. 60
[193] vgl. Snow / Miles / Coleman (1992), S. 11

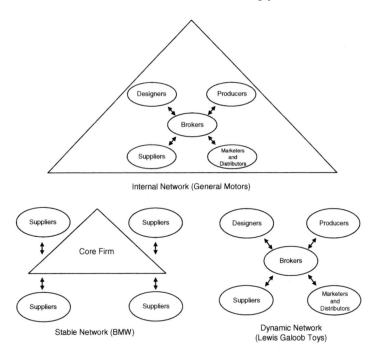

Abb. II.3: Typologie von Unternehmungsnetzwerken
(Quelle: Snow/Miles/Coleman (1992), S. 12)

Im Gegensatz zum internen Netzwerk weisen das stabile und das dynamische Netzwerk einen höheren Externalisierungsgrad auf. Das *stabile Netzwerk* ist gekennzeichnet durch partielle Funktionsausgliederung und einem fokalen Unternehmen ("hub firm"), das zumeist die strategische Führung für mehrere Unternehmen übernimmt.[194] Joint Ventures, Zulieferketten sowie Strategische Allianzen und Strategische Netzwerke sind Erscheinungsformen stabiler Netzwerke.[195] Die Kernaufgabe bei der Entstehung solcher Netzwerkstrukturen besteht in der Harmonisierung der Ziele des Gesamtnetzwerkes mit den strategischen Zielen der einzelnen Akteure. Dem Vorteil von Stabilität und potenziell größeren Innovationspotentialen[196] stehen die Nachteile der Kosten gegenseitiger Koordination und Inflexibilitäten durch Abhängigkeiten gegenüber. Dabei ist jedoch zu berücksichtigen, dass Koordinationskosten auch im internen Netzwerk anfallen. Nach Miles et al. dürfte das effizienz-orientierte stabile Netzwerk die dominierende Organisationsform in reifen, gutgehenden Branchen werden.

---

[194] Das fokale Unternehmen wird auch als "core firm" oder "lead firm" bezeichnet, vgl. Miles / Snow (1994), S. 101; Sydow (1995), S. 81. Das fokale Unternehmen hat oft direkten Zugang zum Kunden wie z.b. der Endproduthersteller oder eine Handelsunternehmung, vgl. Pfohl / Buse (1997), S. 17

[195] Während Strategische Allianzen nach Weber eine zeitlich nicht begrenzte Kooperation in funktionalen Teilbereichen (z.B. F&E, Vertrieb) bezeichnet, erfolgt bei Strategischen Netzwerken ein gemeinsamer Marktauftritt der Partner, vgl. Weber (1996), S. 184f. Zu Strategischen Netzwerken vgl. auch Sydow (1995).

[196] Bedingt durch die enge Zusammenarbeit mit organisationsexternen Partnern.

In einem Umfeld, das durch extensive Veränderungsgeschwindigkeit und Diskontinuitäten gekennzeichnet ist, evolvieren *dynamische Netzwerke.*[197] Kennzeichnend für diesen Organisationstyp ist eine hohe Arbeitsteiligkeit zwischen spezialisierten Akteuren, die in hochflexiblen, fallweise aktivierten Wertschöpfungsketten zusammengeführt werden. Dynamische Netzwerke werden in der Literatur auch als Grundmodell der Virtuellen Unternehmung verstanden.[198] Im Idealfall werden aus einem Pool potenzieller Partner (Kooperationspotenzial) immer wieder auftragsbezogen zeitlich begrenzte Netzwerke gebildet. Die Anzahl der Partner im Kooperationspotenzial ist sehr viel größer als in den aktivierten Netzwerken, so dass es bedarfsweise in kurzen Abständen zum Austausch einzelner spezialisierter Akteure kommen kann. Das dynamische Netzwerk basiert auf 4 Kernelementen: einer völligen Desintegration der beteiligten Akteure, einem fokalen ''Broker'', der die Koordination der Leistungserstellung übernimmt, einem marktähnlichen Koordinationsmechanismus und einem ''Full-Disclosure Information System'', das die Transparenz über und für alle Partner im Kooperationspotential sichert.[199] Die entstehende Hybridform ist gekennzeichnet durch eine Kombination aus zentralen und dezentralen Elementen, durch

> ''(…) central evaluation (corporate) and local operating autonomy (divisions). (…) Thus, the dynamic network's operating logic is partner-firm independence coupled with the lead's firm's overall vision.''[200]

In Erweiterung der ursprünglichen Variante entwarfen Miles/Snow auch den Ansatz des ''Verbundes mit offener Systemführerschaft'', in dem sich die Akteure ohne eine zentrale Koordinationseinheit mittels ''self-managing-teams'' je nach Kundenwunsch unter optimaler Wertschöpfungsverteilung in aktivierten Netzwerken zusammenfinden.[201]

Im Ansatz von Miles/Snow werden sowohl intra- als auch interorganisatorische Netzwerkelemente beschrieben. Alle drei von den Autoren aufgezeigten Konzepte zeichnen sich jedoch durch ein gemeinsames Prinzip aus: einer zentralen Einheit, der Unternehmenszentrale, der ''hub-firm'' oder dem ''broker'' mit einer Führungsrolle und einer nach dem Marktprinzip erfolgenden Koordination der Netzwerkteilnehmer. Allein beim ‚Verbund mit offener Systemführerschaft' entfällt die Führungsrolle einer zentralen Einheit. Die Frage nach der Unternehmensgrenze verliert gegenüber diesem unternehmensintern und -übergreifend angewandten Koordinationsprinzip an Bedeu-

---

[197] vgl. Snow / Miles / Coleman (1992), S. 14: Dynamische Netzwerke evolvieren dort, ''where there are myriad players, each guided by market pressure to be reliable and to stay at the leading edge of its speciality''. Dies gilt insbesondere dann, wenn Entwicklungs- und Produktionslebenszyklen kurz sind, Rechte gesetzlich geschützt sind und Standardprodukte, -teile vergeben werden können. Dies kann sowohl in ''low-tech-industries'' mit kurzen Produktlebenszyklen (z.B. Spielzeuge, Textil/Kleidung) der Fall sein, als auch in ''evolving-high-tech-industries'' (z.B. Elektronik, Biotechnologie, Multimedia), vgl. Miles / Snow (1994), S. 107; Miles / Snow (1986). S. 14.

[198] vgl. z.B. Bleicher (1997), S. 16; Sydow (1996), S. 10; Mertens / Faisst (1995), S. 63

[199] vgl. Miles / Snow (1986). S. 64f.

[200] vgl. Miles / Snow (1994), S. 110ff, vgl. hierzu auch die Aussagen des früheren CEOs von General Electric Co. zu seiner Vorstellung von zukünftigen Organisationen: ''Our dream [...] is a boundary-less corporation [...], where we knock down the wall that seperates us from each other on the inside and from our key constituencies on the outside,'' vgl. Bleicher (2002), S. 59.

[201] Diese Form des dynamischen Netzwerkes wird auch als ''Spherical Firm'' bezeichnet. In diesem Zusammenhang sprechen die Autoren auch von einer ''Virtual Organization'', vgl. Miles / Snow (1994), S. 130. Zu Praxisbeispielen von „Virtual Networks" vgl. auch Strebel (2000), S. 1-4.

tung. Die Gegensätze ‚intern' und ‚extern' weichen dem Externalisierungsgrad, der keine klare Trennung mehr zwischen intern und extern ermöglicht, sondern nur stärker oder weniger stark ausgeprägt sein kann.[202]

Miles/Snow gehen in ihren ersten drei Ansätzen jeweils von einer fokalen Einheit aus, in ihrer Weiterentwicklung, dem "Verbund offener Systemführerschaft" verzichten sie auf einen Systemführer. Diesen Gedanken greift Meckl in seinem an der Ausbildung von Zentren orientierten Typisierungsansatz auf.[203] Danach unterscheidet er vier Grundtypen von Netzwerken.

Das *fokale Netzwerk* ist durch ein dominierendes Zentrum für die Gesamtkoordination gekennzeichnet. Ein Beispiel hierfür wäre der Generalunternehmer bei der Erstellung einer Großanlage. Ähnliches gilt auch für das *hierarchisch-pyramidale Netzwerk*, bei dem die einzelnen Netzwerkakteure nicht alle wie bei der fokalen Struktur miteinander in Verbindung stehen.[204] Beim *polyzentrischen Netzwerk* findet sich dagegen kein dominierendes Zentrum, sondern mehrere Akteure, die gleichberechtigt Koordinationsaufgaben übernehmen. Diese können selbst wieder Bestandteil von separaten Netzwerken sein. Keine auch nur temporäre Zentrale lässt sich beim *virtuellen Netzwerk* erkennen. Alle Netzwerkteilnehmer stehen gleichberechtigt über eine ausgefeilte technische Infrastruktur miteinander in Verbindung. Eine alternative Unterscheidung von Netzwerktypen zeigt z.b. Warnecke im Rahmen der Diskussion von Wertschöpfungspartnerschaften auf[205]. Danach differenziert er zwischen Baum-, Bus- Stern- und Ringnetzwerken, wobei letzteres dem Ansatz des ‚Virtuellen Unternehmens' entspricht.[206]

Auch die *Adhokratie* stellt einen Organisationstypus dar, der auf die Kriterien Flexibilität und Dezentralisierung zielt. Mintzberg greift die von den Autoren Bennis/Slater[207] und Toffler[208] geprägte Idee auf und integriert sie in einen organisatorischen Gesamtansatz, in dem er fünf verschiedene Konfigurationen[209] unterscheidet. Die Adhokratie

---

[202] vgl. hierzu auch Picot / Reichwald / Wigand (1996), S. 2: "Die klassischen Grenzen der Unternehmung beginnen zu verschwimmen, das nach innen wie nach außen zu verändern, teilweise auch aufzulösen." Wird in dieser Arbeit dennoch der Begriff des ‚intraorganisatorischen Netzwerkansatz' verwendet, so soll damit auf den Schwerpunkt der Überlegungen abgezielt werden. Die mit zunehmendem Externalisierungsgrad verbundene Auflösung einer klaren Trennung von ‚intern' und ‚extern' mit Einbeziehung externer Partner wie z.B. Zulieferer wird dabei vorausgesetzt.

[203] vgl. Meckl (1997), S. 15ff. Dieser Ansatz wird stellvertretend für alternative Differenzierungsansätze vorgestellt, da er besonders für die Charakterisierung des in Teil IV vorgestellten Ansatzes ‚gelenkter Selbstorganisation geeignet ist.

[204] vgl. auch Wildemann (1997), S. 423f.; Rößl (1996), S. 312f.

[205] vgl. Warnecke (2002), S. 267ff.

[206] Für weitere Ansätze zur Klassifizierung von Netzwerkstrukturen vgl. Sydow (2003), S. 298ff..

[207] vgl. Bennis / Slater (1968)

[208] vgl. Toffler (1985)

[209] Der Begriff "Konfigurationen" entstammt dem Konfigurationsansatz. Die Konfigurationshypothese besagt, dass aus einer Vielzahl von Variablen einige wenige Kombinationen ausreichen, um die Mehrzahl der realen Organisationen zu beschreiben und damit zu klassifizieren. Der daraus resultierende Informationsverlust ist im Vergleich zur Komplexitätsreduktion vernachlässigbar. Niemeier (1986), S. 258. Die hohe Komplexität bei der Beschreibung von Organisationen mittels verschiedener Variablen ergibt sich durch die Anzahl der zur Beschreibung möglichen Variablenkombinationen, die mit zunehmender Anzahl von Variablen exponentiell zunimmt. Bei nur 8 Variablen, die auf einer Rating-Skala von eins bis neun angegeben werden können, ergeben sich über 130 Millionen (8^9) mögliche Kombinationen von Variablenausprägungen. Methodisch sind zwei Arten für die Entwicklung von Konfigurationen zu unterscheiden, vgl. Miller / Friesen (1984), S. 26f.: Typologien basieren auf rein hypothetischen Überlegungen, während eine Taxonomie von Konfigurationen das Er-

ist insbesondere geeignet für ein dynamisches Umfeld mit komplexen Aufgaben und hohem Innovationsanspruch, wie es in der Automobilindustrie zu finden ist. Sie zeichnet sich durch eine hoch organische Struktur mit geringem Formalisierungs- und Programmierungsgrad aus, ausgeprägter horizontaler Arbeitsspezialisierung, keine Standardisierung sowie Gruppengliederung von Spezialisten, die in marktorientierten Projektteams arbeiten. Die Koordination erfolgt schwerpunktmäßig über gegenseitige Abstimmung durch informale, sehr intensive Kommunikation (mutual adjustment). Die zumeist hoch spezialisierten Mitarbeiter bilden den ''support staff'' und werden meist in Task Forces zu aufgabenspezifischen Teams zusammengeführt.

Die Adhokratie wird in die beiden Hauptgruppen ''operating adhocracy'' und ''administrative adhocracy'' unterschieden.[210] Die ''operating adhocracy'' handelt direkt auf Auftrag des Kunden. Verwaltungstätigkeit und auftragsbezogene Arbeit können nicht mehr unterschieden werden:

''In ad hoc project work it is difficult to differenciate the planning and design work from its actual execution.''[211]

Die ''administrative adhocracy'' bildet ebenfalls Projektteams, allerdings nicht zur direkten Bearbeitung von Kundenaufträgen. Das Charakteristische an dieser Konfiguration ist die Abspaltung der auszuführenden Arbeit (operating core) vom Rest der Organisation.

In Abb.II.4 wird für die Darstellung der im weiteren betrachteten Organisationsansätze zwischen den Begriffen ‚Struktur' und ‚Organisation' unterschieden. *Struktur* bezeichnet

'' (...) das Beziehungsgefüge von Elementen innerhalb eines Systems''[212]

Organisation bezeichnet gemäß des engeren *instrumentalen Organisationsverständnis*

'' (...) die Gesamtheit aller Regelungen zur Gestaltung von Aufbau- und Ablaufstrukturen der Unternehmung''[213],

bzw. gemäß des weiteren *institutionalen Organisationsverständnis* ein

''(...) zielorientiertes sozio-technisches System interaktiver Elemente, welches mit Hilfe von expliziten und impliziten Strukturen ein arbeitsteiliges, koordiniertes Zusammenwirken seiner Mitglieder anstrebt''[214].

Entgegen dem strukturalen Organisationsbegriff, der Struktur und Organisation gleichsetzt,[215] wird hier entsprechend dem in Teil I erläuterten Organisationsverständnis

---

gebnis empirischer Untersuchungen mit statistischen Methoden darstellt. Der Adhokratismus stellt eine von fünf Strukturkonfigurationen nach der Typologie von Mintzberg dar, vgl. z.B. Mintzberg (1990a), (1990b), (1990c), (1991).

[210] vgl. Mintzberg (1979), S. 436ff.

[211] ebenda, S. 437

[212] vgl. Grochla (1980), Sp. 2209

[213] vgl. Bleicher (1991), S. 35

[214] vgl. ebenda

Struktur untergeordnet zu Organisation verstanden, d.h. Strukturen können sich innerhalb einer bestimmten Organisation als übergeordneter Ordnung verändern.

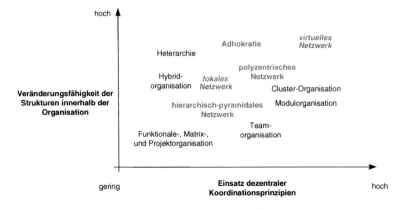

Abb. II.4: Übersicht zu ausgewählten Organisationsansätzen

In Abb.II.4 werden die Organisationsansätze nach zwei Kriterien differenziert: der Grad des Einsatzes dezentraler Koordinationsprinzipien[216] (Ordinate, inhaltlicher Aspekt) und die Veränderungsfähigkeit der Strukturen innerhalb der Organisation (Abszisse, zeitlicher Aspekt).[217] Aufgrund unterschiedlicher Ausgestaltungsformen des Modells im Detail ist die Einordnung der Ansätze im Diagramm näherungsweise zu verstehen (Streuung/Zuordnung zu Feldern). Ansätze wie die Modul-, Team- oder Clusterorganisation finden sich dabei eher auf der rechten Hälfte im Diagramm, weil sie entscheidend durch dezentrale Koordinationsprinzipien gekennzeichnet sind. In der funktionalen, Matrix- und Projektorganisation ist ebenfalls der Einsatz dezentraler Koordinationsprinzipien möglich, sie stellen jedoch nicht den Kern des Ansatzes dar und sind vielfach geringer ausgeprägt.

Eine hohe Veränderungsfähigkeit der Strukturen innerhalb der Organisation, d.h. eine ausgeprägte Flexibilität ist gegeben, wenn sich die Strukturen ohne Erfordernisse zur Veränderung der Organisationsform an neue Anforderungen ausrichten können. Ein Beispiel hierfür stellt das virtuelle bzw. das dynamische[218] Netzwerk dar: aus einem Pool von Mitarbeitern bilden sich themen- und problemspezifisch laufend Teams un-

---

[215] vgl. Grochla (1980), Sp. 1427

[216] Trotzdem die Begriffe 'Zentralisierung' und 'Dezentralisierung' wie kaum ein anderes Begriffspaar in verschiedensten Disziplinen Bedeutung erlangt haben, ist bisher selten versucht worden Zentralisierungs- und Dezentralisierungsmaße operational zu definieren, vgl. Frese (1998), S. 88ff. Die den verschiedensten organisationstheoretischen Ansätzen zugrunde liegenden Vorstellungen der (De-) Zentralisierung von Entscheidungen lassen sich durch folgende Beschreibung von Simon umreißen: "Eine Organisation ist in dem Maße zentralisiert, in dem Entscheidungen auf relativ hohen Ebenen der Hierarchie gefällt werden; sie ist in dem Maße dezentralisiert, in dem Entscheidungen vom Top-Manager auf untere Ebenen delegiert werden", vgl. Simon / Guetzkow et al. (1954), S. 1 in Frese (1998), S. 89.

[217] Die Bewertung bezieht sich dabei immer auf den im Modell beschriebenen Idealtypus der Organisation. Typologien sind grau gekennzeichnet.

[218] Nach der Typologie von Miles / Snow (1986).

terschiedlicher Größe und Zusammensetzung, die für eine gewisse Zeit zusammenarbeiten und sich nach Lösung der Aufgabe oder Veränderung der Anforderungen wieder auflösen bzw. restrukturieren. Ohne Veränderung der grundsätzlichen Organisationsform des Virtuellen Netzwerks ergibt sich damit dennoch hohe Flexibilität auf struktureller Ebene.

Die beiden Kriterien sind grundsätzlich unabhängig voneinander. So kann z.b. in der oben aufgezeigten, flexiblen Organisationsform die Auflösung und Restrukturierung der Teams nach (hierarchisch) festgelegten Regeln erfolgen, und auch die Teammitglieder können, je nach ihrer Aufgabe und Qualifikation, hierarchisch geführt werden. Die dargestellten Netzwerkansätze zielen in unterschiedlichem Maße jedoch auf beide Aspekte, so dass sich in der Darstellung eine Streuung um die Diagonale von links unten nach rechts oben ergibt.[219] Im Gegensatz zu den schwarz eingezeichneten Organisationsansätzen sind die zuvor beschriebenen, grundsätzlichen Netzwerktypologien grau gekennzeichnet.[220]

Hybridstrukturen bezeichnen wörtlich ''aus Verschiedenem zusammengesetzte'' bzw. ''gemischte'' Strukturen.[221] Alle Hybridmodelle verbindet die Vereinigung jeweils unterschiedlicher organisatorischer Konfigurationen in einem Gesamtmodell.[222] Als

---

[219] Ähnliche Klassifizierungskriterien finden sich bei z.b. Gomez / Zimmermann (1992), S. 28ff. Während das von Gomez / Zimmermann aufgezeigte Spannungsfeld ''Paläste – Zelte'' in Form von Organisationen auf Dauer bzw. auf Zeit den dynamischen Aspekt aufgreift, beschreibt das Spannungsfeld ''Hierarchien – Netze'' den Grad der Dezentralisierung und Aufgabenzergliederung. In Abgrenzung zu Gomez / Zimmermann wird die zusätzliche Unterscheidung ''Technostruktur – Soziostruktur'' nicht gesondert betrachtet, da hierbei v.a. kulturelle Aspekte im Vordergrund stehen. Zudem zielt diese Unterscheidung stärker auf die Differenzierung verschiedener Ansätze in der Organisationstheorie ab, so dass ihre Bedeutung für die hier betrachtete, unmittelbare Ableitung praxisnaher Gestaltungsempfehlungen geringer ist, vgl. auch Gomez / Zimmermann (1992), S. 42. Das letzte von Gomez / Zimmermann aufgeführte Spannungsfeld ''Fremd- und Selbstorganisation'' wird in Teil III weitergehender Differenzierung behandelt. Eine Beschränkung ausschließlich auf den Aspekt von Selbstorganisation i.S.v. Selbstgestaltung würde in Hinblick auf die Zielsetzung der Arbeit nicht ausreichen und wäre zudem nicht überschneidungsfrei zu dem im Spannungsfeld ''Hierarchien – Netze'' erfassten Aspekt der Dezentralisierung.

[220] Da sich die Typologie von Miles / Snow nicht allein auf intraorganisatorische Netzwerke bezieht ist sie in der Abb. II.4 nicht eingetragen. Das Prinzip des dynamischen Netzwerkes nach Miles / Snow entspricht im intraorganisatorischen Sinne dem hier verwendeten Begriff des virtuellen Netzwerkes.
Die Abgrenzung von Typologie und Organisationsansatz ist nicht immer eindeutig. Bei einer Typologie wird über eine wissenschaftliche Methode mittels eines oder mehrerer Merkmale zur Charakterisierung von Erscheinungen eine zweckorientierte (zielorientierte) Ordnung der jeweils betrachteten Erscheinungen erstellt; liegen nicht abstufbare Merkmale vor, wird die hiernach vorgenommene Ordnung der Erscheinungen auch als Klassifikation bezeichnet, vgl. Grochla (1980), Sp. 691. Unterstellt man die Abstufbarkeit der unterschiedenen Merkmale, handelt es sich sowohl bei Miles / Snow als auch bei Meckl jeweils um eine Typologie von Netzwerken. Auch bei der Unterscheidung verschiedener Organisationsansätze wird eine Einteilung von Erscheinungen in eine zweckorientierte Ordnung verfolgt. Bei den Organisationsansätzen steht jedoch weniger die Unterscheidung der Erscheinungen im Vordergrund der Betrachtungen, als konkrete Gestaltungsempfehlungen für die unternehmerische Praxis. Demnach handelt es sich bei den Organisationsansätzen eher um Beschreibungsmerkmale mit geringerer Konsistenz, dafür aber höherer Konkretisierung und Detaillierung als bei den Unterscheidungsmerkmalen der Typologie. Die Abgrenzung von ‚Organisationstypologie' und ‚Organisationsansatz' ist aufgrund der i.a. nur qualitativ bewertbaren Kriterien Konsistenz, Konkretisierung und Detaillierung nicht immer eindeutig. Für die weiteren Überlegungen ist dies jedoch auch nicht lösungsrelevant, so dass der Aspekt nicht weitergehend vertieft wird.

[221] Hybrid [lat] aus Verschiedenem zusammengesetzt, gemischt, von zweierlei Herkunft, vgl. Brockhaus (1989), S. 328; Kieser / Kubicek (1992), S. 285; Bergquist (1993), S. 173ff.

[222] ''(...) all organizations contain various organizational structures. Network, bureaucratic, hierarchies, and entrepreneurial units may all exist in the same corporation. The issue is the market share commanded by each'', vgl. Bomba (1986), S. 21.

Formen für die konkrete Ausgestaltung von Hybridmodellen sind verschiedene Möglichkeiten denkbar.[223] Im folgenden soll ein Hybridansatz betrachtet werden, der auf organisatorische Flexibilisierung in einem dynamischen Umfeld zielt. Für die Automobilindustrie ergeben sich Flexibilitätserfordernisse insbesondere durch das Ziel trotz der sehr langen Entwicklungszeiten[224] flexibel auf z.b. markt- oder wettbewerbsinduzierte Veränderungsanforderungen reagieren zu können.

Geht man von einem sehr dynamischen Umfeld und einer auf Stabilität ausgerichteten, eher statischen Organisation aus, so wird ein Zeitgefälle[225] zwischen Umsystem und System, der Organisation, deutlich. Der Grundgedanke des beschriebenen Hybridansatzes besteht darin, dieses Zeitgefälle durch die Einrichtung von zeitvariablen Grenzsystemen und zeitinvarianten Kerneinheiten zu harmonisieren. Die zentralen Kerneinheiten zielen auf eine möglichst hohe organisatorische Effizienz programmierbarer Verrichtungen. Klassische Kerneinheiten stellen die Funktionen Einkauf, Logistik und Produktion dar. Als dauerhafte[226] Einheiten wirken sie stabilisierend für das Gesamtsystem.

Weiten sich diese Kerneinheiten jedoch auch auf wenig programmierbare Aufgaben aus, so besteht die Gefahr, dass sich diese Stabilisierung schnell zu einer ungewollten Erstarrung der Gesamtorganisation i.S. einer ''Palastorganisation''[227] entwickelt. Diesem wirken zeitlich befristete Grenzeinheiten entgegen.[228] Sie befinden sich - quasi als Puffer - an der Peripherie, da das Zeitgefälle zwischen der dynamischen Entwicklung im Unternehmensumfeld und den langfristigeren Veränderungszyklen der Kerneinheiten sich am deutlichsten an den Unternehmensgrenzen zeigt. Im Gegensatz zu den routinierten Aufgaben der Kerneinheiten zielen die Grenzeinheiten darauf, einen Rahmen für Innovationen und kreative Problemlösungen zu schaffen. Das ''ständige Erschaffen, Entwickeln und Wieder-Aufgeben neuer organisatorischer Einheiten''[229] ist in ''Zeltorganisationen''[230] quasi institutionalisiert. Idealtypische Anwendungsgebiete stellen z.B. Aufgaben dar, die sich stark an schnellen Entwicklungen in Technologie, Absatz- und Beschaffungsmärkten orientieren, wie anwendungsbezogene Forschungs-

---

[223] Bleicher z.B. plädiert für eine integrativ zentral-dezentrale Organisationskonfiguration, die verrichtungsorientierte Zentraleinheiten, Kern- bzw. 'Pfeiler-Geschäfte', neu aufzubauende sowie abzuschöpfende Geschäftseinheiten vereint und die zeitliche Differenzierung der Organisation durch die unterschiedliche Positionierung der einzelnen teilorganisatorischen Einheiten auf der Lebenszykluskurve zum Ausdruck bringt, vgl. Bleicher (1985), S. 59.

[224] Zwischen dem Start der Fahrzeugentwicklung und der Markteinführung können bis zu 5 Jahre liegen.

[225] vgl. Bleicher (1985), S. 56

[226] Dauerhaft bedeutet nicht, dass die Kerneinheiten unabhängig von organisatorischen Veränderungszyklen wären, allerdings weisen diese Veränderungszyklen einen vergleichsweise langfristigen Horizont auf.

[227] vgl. Hedberg / Nystrom / Starbruck (1976), S. 43ff.

[228] Die Grenzeinheiten lassen sich im Gegensatz zur ''Palastorganisation'' auch als ''Zeltorganisation'' beschreiben.

[229] vgl. Leberl (1988), S. 139

[230] Der Begriff Zeltorganisation orientiert sich an Hedberg: Organisationszelte werden ''auf ihre Überlebensfähigkeit in einer wechselhaften, feindseligen Umwelt geplant. Ihre Bewohner überwachen Prozesse, ändern Signale und fördern Aufgeschlossenheit, Beweglichkeit, Schlagfertigkeit und Umlernen'', vgl. Hedberg (1984), S. 27. ''An organizational tent places greater emphasis on flexibility, creativity, immediacy, and initiative than on authority, clarity, decisiveness or responsivness, and an organizational tent neither asks for harmony between activities of different organizational components, nor asks that todays behavior resemble yesterday's or tomorrow's. Why behave more consistently than one's world does?'', vgl. Hedberg / Nyström / Starbruck (1976), S. 45.

und Entwicklungsaufgaben oder kunden- bzw. marktbezogene Vertriebs- und Service-einheiten. Als Hybridorganisation besteht ein Unternehmen dann sowohl aus "palast-artigen" Kerneinheiten, als auch aus "zeltartigen" Grenzeinheiten.[231]

Der Ansatz der Hybridorganisation stellt das Ziel der Flexibilität in den Vordergrund. Die zeltartigen Grenzeinheiten ermöglichen eine hohe Veränderungsfähigkeit der Strukturen innerhalb der Hybridorganisation. Der Aspekt 'Zentralisierung - Dezentra-lisierung' ist demgegenüber von untergeordneter Bedeutung. Auch wenn mit dem An-satz bei Random House Inc. ein konkretes Umsetzungsbeispiel aufgezeigt wird[232], verbleibt der Ansatz dennoch auf einem hohen Abstraktionsgrad. Dies eröffnet einer-seits breite Anwendungsmöglichkeiten, andererseits erfordert es jedoch auch eine wei-tere, anwendungsbezogene Konkretisierung. Auf Gesamtunternehmensebene wird durch das Hybridmodell eine Einordnung anwendungsbezogener Forschungs- und Entwicklungsaufgaben als zeltartige, flexible Grenzeinheit empfohlen. Eine weiterge-hende Anwendung des Ansatzes auf Koordination im Entwicklungsprozess bleibt je-doch offen. Angesichts der über den gesamten Entwicklungsablauf unterschiedlichen Integrations- und Spezialisierungserfordernisse von unternehmensinternen und -exter-nen Mitarbeitern könnte die organisatorische Differenzierung zwischen dauerhaften und zeitlich befristeten Organisationseinheiten Potenziale für einen Ansatz 'gelenkter Selbstorganisation' bieten, die über den bekannten Einsatz von Projektorganisation und S.E-Teams hinausgehen.

Die *Heterarchie* wurde bisher in organisationstheoretischen Beiträgen eher selten refe-riert[233]. Da sie aber auch als eine Form eines flexibilitätsorientierten Netzwerkansatzes verstanden werden kann, soll sie im folgenden kurz vorgestellt werden.[234]

- Heterarchien haben i.a. mehrere, verschiedenartige Zentren, d.h. sie strukturieren sich nach verschiedenen Organisationsprinzipien (z.B. funktional, divisional etc.), ohne dass eine Dimension bestimmend ist.

- Die unterschiedlichen Organisationseinheiten können unterschiedlich lose gekop-pelt sein, was zu hoher Flexibilität bei der Auswahl des Steuerungsmodus führt.[235]

- Integration wird vornehmlich durch normative Kontrolle erreicht.[236]

---

[231] vgl. Probst (1993), S. 580.

[232] Das US-amerikanische Verlagshaus Random House, Inc. besteht im Kern aus selbstständig am Markt operie-renden, kleineren, auf bestimmte Kundensegmente ausgerichtete Verlagsunternehmen mit jeweils zwischen 5 und 25 Mitarbeitern, die die redaktionelle Entwicklung und das Design der Bücher und Zeitschriften über-nehmen. Für den Absatz der Publikationen aller Unternehmen der Verlagsgruppe ist eine hierauf spezialisierte Markteinheit zuständig. Die Kerngesellschaft Random House, Inc. unterstützt die Verlagsgruppe zentral durch die Koordination der Buchproduktion über verschiedene Druckereien mit einem gruppenweiten Finanzmana-gement sowie einem einheitlichen Auftritt auf dem Personalmarkt. "Strukturmäßig ist Random House, Inc. gross und klein - eine Mischung aus reaktiver Fähigkeit und zentralen Dienstleistungen", vgl. Peters (1992), S. 351.

[233] vgl. z.B. Probst (1987), S. 81f.; Hedlund (1986), S. 9f.; Klimecki / Probst / Eberl (1991), S. 46f.

[234] Bei der Beschreibung der Heterachie wird zumeist auf Hedlund zurückgegriffen, vgl. z.B. Kogut (1990), S. 58ff.; Hakanson (1990), S. 264ff.; Ledin (1990), S. 350f., die sich auf Hedlund (1986) bzw. Hedlund / Rolan-der (1990) beziehen.

[235] "The range of types of relationships between units in the company, as well as in relation to outside actors, will increase", vgl. Hedlund (1986), S. 2.

[236] "So, heterarchy may contain more of hierarchy, in its etymological sense, than does bureaucratic hierarchy itself", vgl. Hedlund (1986), S. 24.

- Die Manager der Subsysteme haben eine strategische Aufgabe, die sich nicht nur auf ihre Einheit, sondern auf die Gesamtorganisation bezieht.

In der Heterarchie besitzt, ähnlich einem Hologramm, jeder Teil die Informationen über das Ganze, d.h. es besteht insbesondere ein allgemein geteiltes Wissen über die zentralen Ziele, Strategien sowie über die kritischen Interdependenzen zwischen den Einheiten.

Bühl sowie Klimecki/Probst/Eberl ergänzen das Konzept der Heterarchie noch um den Aspekt der Dynamik. Sie verdeutlichen dies mit dem Begriff der "flukturierenden Hierarchie".[237] Das "Wandern der Führung von Potenzial zu Potenzial"[238], wie Bühl es beschreibt, beruht maßgeblich darauf, in welchem Zentrum für welche Situation die geeignetsten Fähigkeiten zur Problembehandlung lokalisiert sind. Hinter diesem Ansatz steht der Grundgedanke, dass nicht alles Wissen und Können in der hierarchischen Spitze angesiedelt ist, sondern über das gesamte System verteilt ist.[239] Das Prinzip der Heterarchie stellt somit kein Gegenteil der Hierarchie dar:

> "Denn die formale Hierarchie ist ja funktional (…) und ebenfalls ist es funktional, diese Hierarchie dauerhaft zu konstruieren, da diese Konstanz z.B. aus rechtlicher Sicht erforderlich ist. Die Fluktuation sollte deshalb nur dort einsetzen, wo die Problemlage eine andere Hierarchie erfordert."[240]

Die Heterarchie entspricht nach der Netzwerktypologie von Meckl einem polyzentrischen Netzwerk, in dem die Bildung der Zentren flukturiert. Das gleichzeitige Vorliegen verschiedener Organisationsprinzipien erinnert an hybride Organisationsformen. Ähnlich der Hybridorganisation weist die Heterarchie durch die problemspezifische Fluktuation der Zentren auch eine hohe Anpassungsfähigkeit der Strukturen auf. Die Koordination beruht jedoch weitgehend auf hierarchischen Koordinationsprinzipien, so dass sie im Abb.II.4 links oben zu finden ist.

Zu den Vertretern *netztypischer* Strukturansätze, die in der klassischen Organisationslehre unter dem motivationsorientierten Ansatz[241] subsumiert werden, gehört neben Mayo, McGregor, Herzberg u.a. auch Likert[242] mit seinem *Modell überlappender Gruppen.*[243] Ausgangspunkt seines Modells ist der Teamgedanke: Die gesamte Organisation sieht er als *Teamorganisation* aus "Teams von Gruppen"'[244], die durch soge-

---

[237] vgl. Klimecki / Probst / Eberl (1991), S. 137f.; Probst (1993), S. 494ff.

[238] "Heterarchien sind aus mehreren, voneinander unabhängigen Akteuren, Entscheidungsträgern oder Potenzialen zusammengesetzte Handlungs- und Verhaltenssysteme, in denen es keine zentrale Kontrolle gibt, sondern die Führung des Systems in Konkurrenz und Konflikt, in Kooperation und Dominanz, in Sukzession und Substitution immer wieder neu ausgehandelt wird oder von Subsystem zu Subsystem bzw. von Potenzial zu Potenzial wandert", vgl. Bühl (1987), S. 242.

[239] Dies unterstützt die Sicht von Management als "Eigenschaft des Systems" und der Anerkennung jedes Beteiligten als (potenziellen) Gestalter, vgl. Klimecki / Probst / Eberl (1991), S. 137.

[240] vgl. ebenda, S. 138

[241] vgl. Hill / Fehlbaum / Ulrich (1994), S. 420ff.

[242] vgl. Likert (1997), Likert (1961)

[243] Likert will mit seinem Modell aufzeigen, dass nicht, wie der Human-Relations Ansatz es annimmt, die Zufriedenheit der Mitarbeiter, sondern ihre Motivation ausschlaggebend für den Unternehmenserfolg ist, vgl. Gomez / Zimmermann (1992), S. 93f..

[244] vgl. ebenda, S. 95. Nach dem Verständnis der Gruppenforschung ergibt sich der Begriff der Gruppe übergeordnet zum Teambegriff: eine Gruppe zeichnet sich durch direkte Interaktion zwischen den Mitgliedern (face-

nannte "Linking Pins" (Bindeglieder) miteinander verbunden sind.[245] Mit dieser überlappenden Gruppenstruktur soll eine vertikale, horizontale und laterale Vernetzung der
Gruppen sichergestellt werden. Jede Arbeitsgruppe ist hierarchisch über das "Linking
Pin" mit der nächsthöheren Arbeitsebene verbunden. Ein Mitarbeiter ist Mitglied in
beiden Gruppen und an beiden Entscheidungsprozessen beteiligt, in dem einen Fall als
Vorgesetzter, in dem anderen Fall als einfaches Gruppenmitglied. Auf diese Weise
erfolgt Kommunikation in beide Richtungen: der Vorgesetzte bringt in der übergeordneten Gruppe die Meinungen, Ziele und Vorschläge seiner Gruppe ein, gleichzeitig be-
spricht er die Pläne, Entscheidungen und Ziele der übergeordneten Gruppe mit seiner
Gruppe und bereitet ggf. die Umsetzung vor.

Für die horizontale Vernetzung schlägt Likert eine matrixartige Lösung vor: die verti-
kal überlappende Grundstruktur soll durch sogenannte Querschnitts-Gruppen (cross-
function work groups) überlagert werden. Als Teil der formalen Organisationsstruktur
sind diese zur Sicherung einer effektiven horizontalen Koordination nach geographi-
schen oder, insbesondere im Entwicklungsbereich, nach produktmäßigen Kriterien
gebildet.[246] Innerhalb dieser Gruppen bleibt das hierarchische Prinzip insofern ge-
wahrt, als ihnen zum Zwecke der Abstimmung und Führung ein Vorgesetzter aus einem der Funktionsbereiche vorsteht. Damit ergibt sich für die Mitglieder dieser Gruppen, wie auch in der Matrixorganisation, eine Abweichung vom Einliniensystem, sie
sind zwei Vorgesetzten direkt unterstellt. Likert hält somit auch in den cross-function
work groups an dem hierarchischen Prinzip fest. Ohne Anweisungsbefugnis würden
die Querschnittsgruppen zu leicht zu überflüssigen Anhängseln der (funktionalen) Linie verkommen.[247] Die Vorgesetzten in den Querschnittsgruppen tragen damit auch
Personalverantwortung für die ihnen unterstellten Mitarbeiter, d.h. sie sind ebenso wie
die Linienvorgesetzten an Leistungsbeurteilungen, Gehaltsentscheidungen, Promoti-
onsentscheidungen etc. beteiligt. Dem Vorteil, dass hierdurch unterschiedliche Stand-
punkte und Sichtweisen berücksichtigt werden, steht ein zusätzliches Konfliktpotenzi-
al mit entsprechendem Zeit- und Kapazitätsbedarf entgegen.

Neben den Querschnittsgruppen erfolgt zudem eine laterale Vernetzung durch sogenannte cross-linking groups. Im Sinne einer lateralen Integration sichern sie als Teil
der formalen Organisationsstruktur die Abstimmung über verschiedene Funktionen
und hierarchische Ebenen hinweg. Selektionskriterium ist einzig das Problemlösungspotenzial. Zusammenfassend stellt die von Likert skizzierte Organisationsstruktur ein
Netzwerk aus sich überlagernden Gruppen mit vertikalen, horizontalen und lateralen
Kanälen für Entscheidungs- und Koordinationsprozesse dar. Als Voraussetzung für

---

to-face), physische Nähe, gemeinsame Ziele, Werte und Normen, Rollendifferenzierung und Statusverteilung
sowie relativ langfristiges Überdauern des Zusammenseins aus, vgl. Staehle (1999), S. 267ff.; Cartwright /
Zander (1968); Schneider (1975), Forster (1978). Das 'Team' bezeichnet eine formelle Arbeitsgruppe, wenn
sie besondere Merkmale aufweist, wie z.B. relativ intensive, wechselseitige Beziehungen, spezifische Arbeits-
formen (teamwork), ausgeprägter Gemeinschaftsgeist (teamspirit) und eine relativ starke Gruppenkohäsion,
vgl. Staehle (1999), S. 270.
[245] vgl. Gomez / Zimmermann (1992), S. 95
[246] vgl. Schreyögg (1996), S. 256ff.
[247] vgl. ebenda, S. 258

eine erfolgreiche Umsetzung seines Konzepts sieht Likert die Prinzipien der Gruppen-
führung[248].

Likerts Modell der überlappenden Gruppen beruht zur vertikalen Abstimmung durch
die hierarchische Vernetzung der Gruppen einerseits auf dem klassischen Prinzip der
Hierarchie. Anderseits ist ''der zentrale Mechanismus der Entscheidungsfindung nicht
die klassische Autoritätslinie, sondern die Abstimmung zwischen Gruppen''[249] Die
Entscheidungsfindung erfolgt damit in Form eines (hierarchisch eingebetteten) Kon-
sens[250]. In Bezug auf den Einsatz dezentraler Koordinationsprinzipien kommt diesem
Ansatz der 'Teamorganisation' aufgrund der Kombination aus Selbstabstimmung und
Hierarchie in Abb.II.4 daher eine mittlere Position zu. Hinsichtlich der Veränderungs-
bzw. Anpassungsfähigkeit der Strukturen weist sie aufgrund der eindeutig festgelegten
Vernetzungsprinzipien kaum mehr Veränderungsspielraum auf als z.B. die funktionale
Organisation[251].

Als konsequente Weiterentwicklung von Likerts Modell kann die von Mills beschriebene *Cluster-Organisation* bezeichnet werden.[252] Sie bezeichnet einen Verbund aus
permanenten, semipermanenten und temporären Organisationseinheiten, die in Form
von Teams und Projektgruppen als scheinbar ''strukturlose'' Gebilde gegenüber hierarchisch aufgebauten Subsystemen in den Vordergrund treten.[253] Ein solches Cluster
steht neben funktional ausgerichteten Organisationseinheiten und verfügt dabei bis zu
einem bestimmten Grad über Entscheidungs- und Handlungsautonomie.

> ''A cluster is an group of people drawn from different disciplines who work together on
> an semipermanent basis. (…) Clusters may vary inside, but a range of 30 to 50 members
> in common. (…) A cluster is made up of many such clusters and a small residual hierar-
> chy, which administers the whole.''[254]

Innerhalb der Clusters gibt es keine formale Hierarchie, die Stellung der Mitglieder
richtet sich nach ihrer jeweiligen Fachkompetenz. Demgegenüber bestehen in dem
Unternehmen als Ganzes bestimmte Hierarchiestufen, deren Anzahl jedoch sehr begrenzt ist. Neben der Erfüllung von Clearing-Funktionen beschränken sich die Aufga-

---

[248] Das oben beschriebene Prinzip der ''multiplen, überlappenden Organisationsstruktur'', stellt einen Teilaspekt
des sogenannten ''Systems 4'' dar, vgl. Likert (1961), S. 103ff. Als ergänzende Eckpfeiler diese Konzeptes
und Voraussetzung für die überlappende Gruppenorganisation sieht Likert das Prinzip der ''unterstützenden
Beziehungen'' (principle of supportive relationships), sowie das Prinzip der ''Gruppenarbeit, -entscheidung
und –kontrolle'', vgl. Likert (1967), S. 48f; Likert (1961), S. 103. Das Prinzip der ''unterstützenden Beziehungen'' folgt der Maxime, dass die Führung und andere Prozesse in der Organisation so einzurichten sind, dass
alle Interaktionen und Beziehungen von dem Organisationsmitgliedern als unterstützend und wertschätzend er-
lebt werden', vgl. Likert (1961), S. 103. Nach dem Prinzip der ''Gruppenarbeit, -entscheidung und –kontrolle''
stellt die Gesamtorganisation ein Netz interagierender Gruppen dar. Entscheidungen und Kontrolle der Entscheidungen sollen dabei vornehmlich auf Gruppenbasis stattfinden. Likert sieht sein ''System 4'' als Gegen-
npol zu der klassischen, bürokratischen Organisationsstruktur, die er ''System 1'' nennt. Die Übergänge zwischen beiden werden als ''System 2'' und ''System 3'' bezeichnet.

[249] vgl. Schreyögg (1996), S. 262

[250] vgl. ebenda

[251] Eine geringfügig höhere Anpassungsfähigkeit ergibt sich durch Freiräume innerhalb der Gruppen.

[252] vgl. Mills (1991)

[253] Auch wenn in Cluster-Organsationen das Arbeiten in nicht-hierarchischen Strukturen die Regel bildet, weist
Mills darauf hin, dass ein gänzlicher Verzicht auf formelle Weisungen nicht möglich ist: ''The complete ab-
sence of a hierarchy is (…) an impossible dream'', vgl. Mills (1991), S. 3.

[254] vgl. Mills (1991), S. 29

ben dieser Hierarchie auf zentrale Dienste wie etwa die Koordination der Cluster. Die Koordination innerhalb der Cluster wird durch Teams von fünf bis sieben Personen sichergestellt. Die Clusterorganisation verletzt bewusst einige grundlegende Ordnungsprinzipien ''konventioneller'' Organisationsformen:[255]

- Verzicht auf direkte Unterstellungen

  Das einzelne Cluster-Mitglied ist keinem Vorgesetzten rechenschaftspflichtig, direkte Überwachung fehlt. Jeder einzelne ist jedoch dem Cluster als Ganzem rechenschaftspflichtig und für seine Leistungen verantwortlich.

- Weitest mögliche Delegation von Entscheidungskompetenzen:

  Entscheidungen sollten soweit wie möglich an der Basis getroffen werden, ''die Front wisse am besten, was der Markt verlange''.

- ‚Fließende' Strukturen, klare Kompetenzorientierung

  Es wird auf Stellenbeschreibungen verzichtet, jeder Mitarbeiter wird in dem Bereich seiner Stärken eingesetzt, die er durch Job-Rotation erweitern kann. Aufgrund des hohen Ausbildungsniveaus in der ganzen Organisation können Cluster bei Bedarf gekoppelt werden, so dass ''fließende Strukturen'' entstehen.[256]

- Entlohnung nach individuellem Beitrag

  Die Entlohung richtet sich nach individuellen Beiträgen und Fähigkeiten, so dass sie projektabhängig schwankt.

Durch den hohen Grad an Delegation und die leistungsorientierte Entlohnung werden unternehmerisches Denken und Handeln gefördert, die Beförderung ungeeigneten Personals wird vermieden. Die breite Mitarbeiterqualifikation fördert den horizontalen und vertikalen Wissenstransfer. Dennoch stellt sich die Frage, was der grundlegende Unterschied zwischen dezentralen Teams und Clustern ist. Mills verweist darauf, dass es sich bei ''self-managing teams'' wie z.B. Qualitätszirkeln im Gegensatz zu Clustern nur um ''inkrementelle'' Veränderungen gegenüber der traditionellen Hierarchie handelt:

> ''Self-managing teams continue to a large degree to involve the hierarchical managerial process, although persons in the teams do the managerial tasks themselves. Cluster depend less on direction (…) From a cluster point of view, self-managing teams are best described as non-traditional hierarchies. (…) A cluster organization is neither a self-managed work team nor a quality circle. Self-managed teams and quality circles are incremental changes to hierarchies.''

Das Prinzip der ''weitest möglichen Delegation von Entscheidungskompetenzen'' sowie der Verzicht auf direkte Unterstellungen zeigen den hohen Grad der Dezentralisierung, der in einer Cluster-Organisation angestrebt wird. Zu berücksichtigen ist jedoch, dass die Cluster herkömmliche Organisationsansätze nicht vollständig ersetzen, sondern entsprechend den Erfordernissen neben z.B. einer funktionalen Organisation be-

---

[255] vgl. Gomez / Zimmermann (1992), S. 105ff.
[256] Im Gegensatz zu zeitlich begrenzten Projektteams stellen Cluster jedoch dauerhafte, stabile Gebilde dar, vgl. ebenda, S. 106.

stehen. Damit betrifft das hohe Maß an Dezentralisierung primär die Aufgaben, die innerhalb eines solchen Clusters bewältigt werden. Auch wenn ein Cluster eine dauerhafte, stabile Organisationseinheit darstellt, werden durch den Verzicht auf klare Stellenbeschreibungen, die klare Kompetenzorientierung in den Clustern sowie die Möglichkeit zur Kopplung von Clustern ‚fließende‘, sich laufend anpassende Strukturen ermöglicht. Die Cluster-Organisation findet sich daher in Abb.II.4 im rechten, oberen Quadranten. Gegenüber dem Ansatz der virtuellen Organisation weist sie aufgrund der Kombination mit funktionalen Organisationsprinzipien jedoch eine geringere Ausprägung der in Abb.II.4 dargestellten Kriterien auf.

Ein weiterer Organisationsansatz, der auf Teams bzw. kleinen Organisationseinheiten mit dezentraler Entscheidungskompetenz basiert, stellt die *Modularisierung* dar. In Anlehnung an Picot/Reichwald/Wigand[257] umfasst der Ansatz der Modularisierung eine Vielzahl von Ansätzen teilautonomer Gruppen, selbststeuernder Teams[258] bzw. self-managing Work-Teams[259]:

> ''Modularisierung bedeutet die Restrukturierung der Unternehmensorganisation auf der Basis integrierter, kundenorientierter Prozesse in relativ kleine, überschaubare Einheiten (Module). Diese zeichnen sich durch dezentrale Entscheidungskompetenz und Ergebnisverantwortung aus, wobei die Koordination zwischen den Modulen verstärkt durch nichthierarchische Koordinationsformen erfolgt.''[260]

Der Ansatz der Modularisierung beinhaltet damit auch Elemente der Prozessorientierung, was verdeutlicht, wie die Prinzipien von Prozess- und Netzwerkorganisation ineinander übergehen (s.o.). Picot Reichwald/Wigand unterscheiden zwischen Modularisierung auf Unternehmens-, Prozessketten- und Arbeitsorganisationsebene. Während das Konzept auf Unternehmensebene die Einführung von Profit-Center-Strukturen mit zentralen und dezentralen Modulen z.B. in Form einer Management-Holding empfiehlt,[261] stehen auf der Ebene der Prozesskette bzw. der Arbeitsorganisation v.a. Segmentierungs- und Inselkonzepte bzw. vollintegrierte Einzelarbeitsplätze und teilautonome Gruppenarbeit im Vordergrund.[262] Die von den Autoren vorgestellte Umsetzung der Modularisierung auf Arbeitsebene verfolgt durch vermehrte Rückintegration von dispositiven Aufgaben in sogenannte teilautonome Gruppen von 8-10 breit qualifizierten Personen vornehmlich bessere Möglichkeiten zur Selbstentfaltung und damit eine verbesserte Leistungsbereitschaft. Auf Prozessebene zielt die Modularisierung in Form der Produktinsel[263] oder der Fertigungssegmentierung[264] primär auf eine höhere Prozess- und Kundenorientierung in der industriellen Fertigung.[265] Neben

---

[257] vgl. Picot / Reichwald / Wigand (1996), S. 201ff.

[258] vgl. hierzu auch z.B. Bleicher (1991), S. 113ff; Gomez / Zimmermann (1992), S. 126ff.; Schreyögg (1996), S. 240ff;

[259] vgl. z.B. Klein / Maurer (1995), S. 93ff.; Kristof / Brown / Sims / Smith (1995), S. 229ff.; Polley / van Deyne (1994) S. 1ff; Cohen (1994), S. 67ff.

[260] vgl. Picot / Reichwald / Wigand (1996), S. 201

[261] vgl. ebenda S. 215ff.

[262] vgl. ebenda, S. 222ff.

[263] vgl. ebenda, S. 223ff. nach Wagner / Schumann (1994)

[264] vgl. ebenda, nach Wildemann (1994)

[265] Die Autoren weisen jedoch daraufhin, dass sich das Spektrum der Modularisierungsansätze auf der Prozessebene zu einer immer weitreichenderen Integration von Wertschöpfungsschritten entwickelt, vgl. ebenda, S. 224f.

diesen Ansätzen der Modularisierung wird das Konzept zunehmend auch auf die Produktentwicklung angewandt.[266] Wegen ihrer hohen Bedeutung für die weiteren Betrachtungen soll das Grundprinzip der Modularisierung im folgenden daher kurz genauer betrachtet werden.

Modulare Systemarchitekturen[267] sind durch die relative Unabhängigkeit der Subsysteme eines Systems gekennzeichnet.[268] Simon bezeichnet ein System, bei dem die Beziehungen zwischen den Subsystemen im Vergleich zu den Beziehungen innerhalb der Subsysteme nur schwach ausgeprägt sind als "nearly decomposable".[269] Aus der relativ schwachen Beziehung zwischen den Subsystemen schließt er auf eine relative Verhaltensautonomie dieser. Dies drückt er in den zwei Theoremen der "Near-Decomposability" aus:

1. Das kurzfristige Verhalten eines Subsystems ist relativ unabhängig von dem kurzfristigen Verhalten anderer Subsysteme.

2. Langfristig wird das Verhalten eines Subsystems lediglich vom aggregierten Verhalten anderer Subsysteme beeinflusst.

Eine Systemarchitektur ist dann modular, wenn zwischen den Subsystemen nur relativ schwache Beziehungen bestehen, während die Beziehungen innerhalb der Subsysteme stark ausgeprägt sind.[270] Entscheidend dabei ist das Verhältnis externer zu interner Beziehungsstärken, der absolute Wert der Beziehungsintensität spielt eine untergeordnete Rolle.

Der Ansatz der Modularisierung kann als ein Konzept zum Management von Komplexität, d.h. dem Management hoher Beziehungs- und Elementevielfalt in einem System, verstanden werden. Innerhalb der Subsysteme besteht dann zwar eine hohe Beziehungsvielfalt und -intensität und damit hohe Komplexität[271]. Auf der nächsthöheren Ebene, also zwischen den Subsystemen, sind Beziehungsvielfalt und -intensität und damit die Komplexität des modularen Systems jedoch deutlich geringer als ohne Modularisierung. Abstimmungserfordernisse bestehen damit primär innerhalb der Module. Das Prinzip der Modularisierung kann in unterschiedlichen Bereichen angewendet werden. Für die Produktentwicklung sind vor allem modulare Produkt- und Organisationsarchitekturen von Bedeutung, d.h. sowohl die technische als auch auf die organisatorische Anwendung des Modularisierungsprinzips. Zwischen beiden Dimensionen bestehen dabei enge Wechselbeziehungen[272].

---

[266] vgl. z.B. Göpfert / Steinbrecher (2000), S. 20ff.

[267] Die Systemarchitektur bezeichnet die Aufbaustruktur eines Systems, vgl. Rechtin (1991), S. 75.

[268] Dabei wird eine systemtheoretischen Betrachtungsweise zugrunde gelegt, vgl. Teil III, Kapitel 1.

[269] vgl. Simon (1962), S. 473; Simon (1973), S. 9

[270] Demgegenüber zeichnet sich eine integrale Systemarchitektur durch stark ausgeprägte Beziehungen zwischen den Subsystemen aus. Eine isolierte Bearbeitung einzelner Subsysteme ist damit nicht möglich.

[271] Sowohl hohe Beziehungsvielfalt als auch hohe Beziehungsintensität wirken sich i.S. ausgeprägter Vernetzung der Elemente komplexitätssteigernd aus.

[272] Zur Gestaltung modularer Produkt- und Organisationsarchitekturen unter Berücksichtigung der Wechselbeziehungen zwischen Technik und Organisation existieren mit der Methode "Metus" bereits erste Konzepte mit Anwendung in der Unternehmenspraxis, vgl. Göpfert / Steinbrecher (2000), S. 20ff.

Entsprechend der Definition von Picot/Reichwald/Wigand zielt eine modulare Entwicklungsorganisation darauf, in bestimmter Weise abgegrenzte Aufgaben durch Module als kleine, überschaubare Einheiten zu bearbeiten. Dies ermöglicht die Bildung
relativ autonomer Arbeitsumfänge mit dezentraler Entscheidungskompetenz und Er-
gebnisverantwortung. Die Abstimmung zwischen den Modulen, erfolgt durch nicht-
hierarchische Koordinationsformen unterstützt durch moderne Informations- und
Kommunikationstechnik. Hierbei verweisen die Autoren auf Koordination über marktorientierte Koordinationsansätze wie etwa durch interne Verrechnungspreise i.S. einer
Selbststeuerung im Gegensatz zu einer ''Fremdsteuerung der Organisationsmitglieder
durch das Management innerhalb der Hierarchie''[273]. Eine weitere Konkretisierung der
Koordinationsansätze, wie auch eine Anwendung auf die Produktentwicklung findet
sich jedoch nicht.

Im Bereich nicht-struktureller Koordinationsinstrumente verweisen Picot/Reich-
wald/Wigand auf die koordinierende Funktion der Unternehmenskultur. In Hinblick
auf die Koordinationsproblematik, d.h. die Ausrichtung modularer Organisationseinheiten auf die Ziele des Gesamtunternehmens, sehen die Autoren noch viele offene
Fragen.[274] Göpfert/Steinbrecher betonen bei ihrer Anwendung des Modularisierungsansatzes auf Entwicklungsprojekte zwar auch die Bedeutung nicht-hierarchischer Koordination[275], sehen in der Praxis jedoch stets auch das Erfordernis zu einer Gesamtkoordination des Entwicklungsprojekts durch übergeordnete Instanzen.[276] Eine
weitere Detaillierung der Koordinationsproblematik verfolgen die Autoren nicht, sie
konzentrieren sich auf die wechselseitige Beeinflussung von technischer und organisatorischer Modularisierung.

Zusammenfassend ist der vorgestellte Modularisierungsansatz im wesentlichen durch
drei Kernelemente charakterisiert: die Umsetzung des Modularisierungsprinzips, eine
weitgehend dezentrale Koordination der Module sowie eine ausgeprägte Prozessorientierung. Durch Einbeziehung externer Partner in die Module - z.B. durch Integration
von Zulieferern - verschwimmen zunehmend die klassischen Unternehmensgrenzen.
Die temporäre Zusammenführung von Entwicklungspartnern in einem Modul eröffnet
eine relativ hohe Flexibilität. Zudem stellt die Modularisierung einen Ansatz dar, der
ein hohes Maß an Dezentralisierung bzw. dezentraler Koordination verfolgt. Dabei ist
jedoch einschränkend festzuhalten, dass sich die in Abb. II.4 vorgenommene Einordnung der Modulorganisation auf den Idealzustand bezieht.

Im folgenden Kapitel wird das Problemlösungspotenzial der vorgestellten Netzwerkansätze für die Aufgabenstellung untersucht. Hierzu wird geprüft, inwieweit die Entwicklungsorganisation bei Automóviles Deportivos Charakteristika der aufgezeigten
Organisationsansätze aufweist. Auf dieser Basis erfolgt abschließend eine Bewertung
der Ansätze in Hinblick auf die Problemstellung mit kurzer Zusammenfassung der Ergebnisse.

---

[273] vgl. Picot / Reichwald / Nippa (1996), S. 205
[274] vgl. ebenda, S. 206. Auch in späteren Textstellen findet sich nur der Hinweis auf Koordination über ''weitgehende Selbststeuerung'', vgl. S. 223 bzw. das Linking-Pin-Modell von Likert, vgl. S. 230ff. Eine weitere Konkretisierung der Forderung nach nicht-hierarchischen Koordinationsansätzen wird für die Modularisierung auf
der Ebene der Prozessketten und Arbeitsorganisation nicht aufgezeigt.
[275] vgl. Göpfert / Steinbrecher (2000), S. 23
[276] vgl. ebenda, S. 25

2.3 Vertiefung der Fallstudie – die Entwicklungsorganisation bei Automóviles Deportivos S.A.

Die Entwicklungsorganisation bei Automóviles Deportivos stellt eine Matrixorganisation dar aus Fachbereichen als Center of Competences (CoC's) und Projekten, die in Form einer Modulorganisation gegliedert sind. Die hohe Komplexität eines Fahrzeuges erforderte bei Automóviles Deportivos eine Untergliederung in ca. 30 Module, deren Aufteilung sich überwiegend an Fahrzeugbaugruppen orientiert. Die Module ihrerseits bestehen aus verschiedenen Funktionsgruppen, die sich weiter bis auf Komponentenebene aufgliedern.[277]

Entsprechend des Ansatzes der Modularisierung zeichnen sich die Module erfahrungsgemäß[278] dadurch aus, dass die technischen Abhängigkeiten innerhalb der Module sehr viel größer sind als zwischen ihnen. Die Interdependenzen bestehen dabei vor allem aus funktionalen oder geometrischen Abhängigkeiten. Darüberhinaus können auch produktionstechnische Beziehungen bestehen. Entsprechend der Produktmodularisierung wurde eine organisatorische Modularisierung eingeführt. Die Entwicklung einer Fahrzeugbaugruppe/-moduls[279] erfolgt in einem Modulteam,[280] das einem Projekt, wie dem XR 400, zugeordnet wird, vgl. Abb.II.5.

Die ca. 8-10 Mitarbeiter dieses Modulteams stammen überwiegend aus den Fachbereichen. Durch Einbeziehung externer Partner wie z.B. Zulieferern bilden sich Teil-Teams, die bereits erwähnten Simultaneous Engineering-Teams (S.E.-Teams). Auch wenn die Modulteams genau einem Projekt zugeordnet werden, sind v.a. hochspezialisierte Mitarbeiter i.a. in Modulteams verschiedener Projekte gleichzeitig tätig. Die Modulstruktur ist dabei über alle Projekte einheitlich. Sie entwickelte sich bei Automóviles Deportivos vor ca. 15 Jahren aus einer funktionalen Entwicklungsorganisation. Dabei wurde an den Entwicklungsfunktionen - Rohkarosserie, Ausstattung, Antrieb, Elektrik/Elektronik und Fahrwerk - aufgrund der hohen fachlichen Anforderungen in diesen Bereichen auch weiterhin festgehalten. Ziel dieser Fachbereiche sind Know-How-Aufbau und -Weiterentwicklung in den entsprechenden Funktionen. Demgegenüber verfolgen die Projekte eine möglichst hohe Integrität und Marktorientierung des Produktes.

---

[277] So besteht z.B. das Modul Türen aus den Funktionsgruppen ‚Türstruktur mit Außenhaut,' ‚Dichtungssysteme', ‚Schließsysteme', ‚Fensterheber', ‚Seiten-Airbag', ‚Blenden Einstieg', ‚Außenspiegel', ‚Lautsprecher' und ‚Elektrik/Elektronik'. Die Funktionsgruppe ‚Türstruktur mit Außenhaut' besteht ihrerseits wieder aus den Komponenten ‚Türrohbau', ‚Türscheiben/Seitenscheiben', ‚Schallisolirungen', ‚Türmechanik' sowie ‚Blenden und Abdeckungen'.

[278] Diese Feststellung beruht auf übereinstimmenden Aussagen aller im Rahmen der Datenerhebung involvierten Fach- und Führungskräfte.

[279] Der Modulbegriff kann sich sowohl auf technische Umfänge als auch auf organisatorische Einheiten beziehen (s.o.). Zur Unterscheidung der Begrifflichkeit wird für die technischen Module die Bezeichnung Baugruppen bzw. Fahrzeugmodul verwendet, während die organisatorischen Einheiten als Modul oder Modulteam bezeichnet werden.

[280] Zwischen technischer und organisatorischer Modularisierung bestehen enge Wechselwirkungen. Für die Gestaltung modularer Organisationsstrukturen im Entwicklungsbereich hat sich eine Vorgehensweise bewährt, die die Produktmodularisierung als Ausgangsbasis für eine Modularisierung der Organisation sieht, vgl. Göpfert / Steinbrecher (2000), S. 25ff.

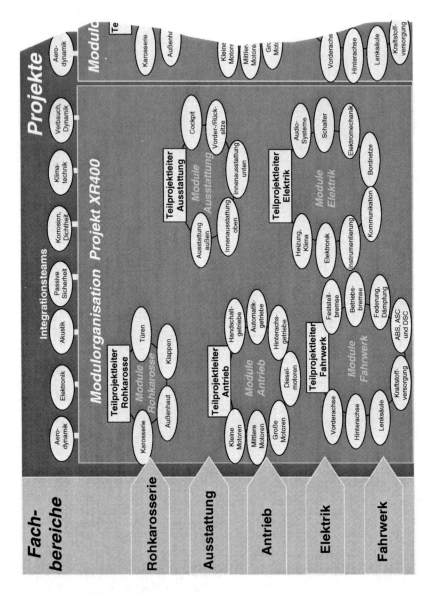

Abb. II.5: Modulorganisation und Einbindung der Module in die Matrixorganisation am Beispiel des Projektes XR400 bei Automóviles Deportivos

Die so realisierte Matrixorganisation zielt auf eine Verbindung der Vorteile einer funktionalen Organisation mit denen einer Projekt- und Modulorganisation. Die Module bilden dabei einen entscheidenden Baustein der Matrix: 4-9 Module sind einem Matrixschnittpunkt aus Fachbereich und Projekt zugeordnet und werden durch den für diesen Funktionsumfang verantwortlichen Teilprojektleiter geführt. Abb.II.5 gibt einen zusammenfassenden Überblick über die organisatorische Einbindung der über 30 Module in die Matrixorganisation. Den Integrationsteams kommt eine modul- und fachbereichsübergreifende Integrationsfunktion zu. Sie haben als ,fachliche Heimat' das Center of Competenz (CoC) Gesamtfahrzeug. Im Vergleich zu den 5 (funktionalen) Fachbereichen[281] ist der Bereich Gesamtfahrzeug bzgl. Mitarbeiterzahl und Budget deutlich kleiner und damit ohne vergleichbare Durchsetzungsmöglichkeiten.

Die Module stellen als Teile des Projektes temporäre Organisationseinheiten dar. Die Mitarbeiter in den Modulen werden aus den Fachbereichen für die Projektarbeit rekrutiert, ihre fachliche Heimat bleibt jedoch der Fachbereich, in dem sie auch räumlich verbleiben. Entsprechend ist auch der Vorgesetzte aus dem Fachbereich für die Mitarbeiterentwicklung und -beurteilung verantwortlich. Damit ergibt sich für die Mitarbeiter in den Modulen eine Kombination aus temporärer Abstellung für das Projekt im Rahmen der Modulorganisation bei gleichzeitig fachlich und personeller Verankerung im Fachbereich. Durch die funktional an den Fachbereichen orientierte Modularisierung wird die Gewichtung der Fachbereiche aufgewertet, obwohl eine ,Schwergewichtsproduktmanagerstruktur' vorliegt.

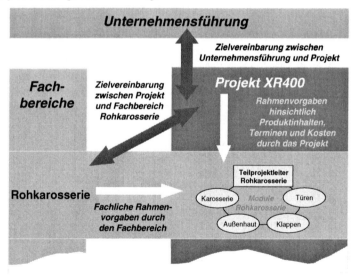

Abb. II.6: Zielvereinbarungsprozess bei Automóviles Deportivos am Beispiel des Projektes XR 400 und des Fachbereichs Rohkarosserie

---

[281] Rohkarosserie, Ausstattung, Antrieb, Fahrwerk, Elektrik/Elektronik

Abb.II.6 zeigt den Ziel- bzw. Leistungsvereinbarungsprozess bei Automóviles Deportivos. Ausgehend von der Zielvereinbarung zwischen Unternehmensführung und Projekt erfolgt eine Vereinbarung verbindlicher Ziele zwischen dem Projekt und den Fachbereichen als internen Dienstleistern. Die Koordination innerhalb der Module beruht weitgehend auf Selbststeuerung der Module. Die Ausrichtung der Module auf übergeordnete Projektziele erfolgt durch Vorgaben im Rahmen der zwischen Projekt und Fachbereich getroffenen Zielvereinbarungen. Dabei obliegt den Fachbereichen die fachliche Führung, dem Projekt schwerpunktmäßig die Führung durch Rahmenvorgaben hinsichtlich Produktinhalten, Terminen und Kosten.

Die Abstimmung zwischen den Modulen erfolgt in Selbstabstimmung der Module bzw. durch die Modulleiter mit unterstützender Koordination durch die Teilprojektleiter. In kritischen Projektsituationen werden zudem kurzfristig Ad-hoc-Teams gebildet. Im Sinne von Task-Forces arbeiten in diesen Ad-hoc-Teams Mitarbeiter der unterschiedlichsten Bereiche und z.T auch Hierarchieebenen zusammen, um schnell auf kritische Situationen reagieren zu können. Diese Form der Zusammenarbeit ist jedoch auf Ausnahmesituationen beschränkt und wird i.a. ausschließlich auf Initiative der (Teil-)Projektleitung initiiert. Die Bildung von Ad-Hoc-Teams zwischen Mitarbeitern aus verschiedenen Modulen ist im Sinne einer modulübergreifenden Besprechung jederzeit möglich. Da hierfür jedoch keine besonderen Regelungen oder Anreize existieren, beschränkt sich eine solche Ad-hoc-Team-Bildung i.a. auf informelle Besprechungen mit ‚bekannten Kollegen'.

Ausgehend von dieser Entwicklungsorganisation bei Automóviles Deportivos stellt sich die Frage, welche Elemente der zuvor beschriebenen Netzwerkansätze[282] sich wiederfinden. Die beschriebenen *Hybridstrukturen* zielen durch zentrale, effizienzorientierte Kerneinheiten und zeitlich befristete Grenzeinheiten auf hohe Flexibilität in einem dynamischen Umfeld. Die Matrix-Projektstruktur, wie sie bei Automóviles Deportivos verwirklicht ist, nimmt einen Grundgedanken dieses Ansatzes auf. Die Fachbereiche stellen dauerhafte ‚Palasteinheiten' dar, in denen neben der projektbezogenen Unterstützung die langfristig orientierte, projektunabhängige Vorentwicklung erfolgt. Die Projekte sind zeitlich begrenzte Organisationseinheiten, die sich in ihrer Zusammensetzung durch fallweise Einbeziehung der für die entsprechende Phase erforderlichen Partner - etwa Zulieferern oder Mitarbeitern aus den Fachbereichen - auszeichnen. Da sich die Entwicklung eines Automobils jedoch über einen Zeitraum von ca. 30-60 Monate erstreckt[283], stellen selbst die zeitlich begrenzten Projekte gewissermaßen dauerhafte Organisationseinheiten dar. Als sehr flexible, ‚zeltartige' Elemente - sind Ad-hoc-Teams zu bewerten, wie z.B. die Bildung von Task-Forces. Sie finden sich bei Automóviles Deportivos nur in Ausnahmesituationen oder in Form informeller Besprechungen. Erste Elemente des flexibilitätsorientierten Hybridansatzes wie er z.B. von Bleicher[284] oder Probst[285] beschrieben wird, finden sich damit zwar in der

---

[282] Dabei erfolgt eine Konzentration auf die (in Abb.II. 4 schwarz) Organisationsansätze, da sie gegenüber den allgemeineren Typologien (grau) konkretere Gestaltungsempfehlungen aufzeigen.

[283] Die Zeitdauer ist stark abhängig davon, ab welchem Zeitpunkt vom Übergang der Strategieüberlegungen zu den Entwicklungstätigkeiten ausgegangen wird, d.h. mit welchen Aktivitäten der Start der Entwicklung definiert wird. Zudem bestehen hersteller- und segmentspezifische Unterschiede.

[284] vgl. Bleicher (1985), S. 56

[285] vgl. Probst (1993), S. 580.

Projekt-Matrixstruktur von Automóviles Deportivos wieder. Der Bildung zeltartiger, sehr flexibler Grenzeinheiten wird die Organisation jedoch i.S. des Modells nicht gerecht. Die Arbeit in Ad-Hoc-Teams, die eine Umsetzung dieses Gedankens darstellen könnte, bleibt i.a. auf Ausnahmesituationen beschränkt.

Die *Heterarchie* wurde ebenfalls als ein flexibilitätsorientierter Ansatz beschrieben, der sich durch laufend auf die erforderlichen Kompetenzen ausrichtende und restrukturierende Organisationseinheiten auszeichnet. Dem Grundgedanken permanent wechselnder bzw. fluktuierender Zentren entspricht bei Automóviles Deportivos am ehesten der Wechsel zwischen verschiedenen Teamorganisationen insbesondere im Zeitraum zwischen der frühen Phase des Entwicklungsprozesses und dem Start der Serienentwicklung. Die ersten Aktivitäten der Entwicklung erfolgen in einem von der Konzernplanung geleiteten Initialteam. Die Konzeptdefinition wird anschließend im Konzeptteam durchgeführt. Mit zunehmendem Umfang der Entwicklungsaktivitäten erweitert sich dies dann auf weitere Entwicklungsingenieure im Rahmen der aufgezeigten Modulorganisation.

Mit Übergang von der Initialphase zur Konzeptentwicklung erfolgt auch ein Wechsel des für die Leitung des Fahrzeugprojektes verantwortlichen Projektleiters. Hierbei handelt es sich jedoch eher um den mit einem Projektauftrag verbundenen Verantwortungswechsel und eine sukzessive Erweiterung der am Entwicklungsprozess Beteiligten, als um das für die Heterarchie charakteristische ''Wandern der Führung von Potenzial zu Potenzial''[286]. In der Phase der Serienentwicklung besteht bis auf die nur in Ausnahmesituationen gebildeten Ad-Hoc-Teams eine fixe Modulorganisation. Mit der Zielvereinbarung sind damit nicht nur die Organisationsform, sondern auch die Beiträge der einzelnen Bereiche bzw. Module zum Entwicklungsergebnis verbindlich festgelegt. Eine flexible Orientierung an unterschiedlichen Potenzialen zur bestmöglichen Nutzung der vorhandenen Kompetenzen kann dann nicht mehr erfolgen. Abgesehen von dem institutionalisierten Wechsel der Verantwortlichkeiten in der frühen Phase des Entwicklungsprozesses, ist der Ansatz der Heterachie in der Entwicklungsorganisation bei Automóviles Deportivos damit nicht umgesetzt.

Die *Teamorganisation* bzw. das *Modell überlappender Gruppen* nach Likert findet sich demgegenüber in hohem Maße bei Automóviles Deportivos wieder. Hauptabteilungs-, Abteilungs-, Gruppen-, und Modulleiter sind über entsprechende Gremien jeweils als Mitglied in einem Team ihrer jeweiligen Hierarchieebene eingebunden. Geleitet wird dieses Gremium i.a. von ihrem Vorgesetzten, der seinerseits wieder auf seiner Hierarchieebene in ein entsprechendes Gremium eingebunden ist. Damit wird sowohl eine vertikale als auch eine horizontale Vernetzung zu den Kollegen gewährleistet. Eingeschränkt wird die Umsetzung des Grundprinzips der Teamorganisation jedoch dadurch, dass sich die beschriebene Vernetzung i.a. nur auf die Organisationseinheiten eines Bereiches z.B. auf die Module eines Fachbereichs bezieht. Die horizontale Vernetzung besteht damit primär nur zu Kollegen des gleichen Bereiches. Daher wird die horizontale Vernetzung ergänzt durch die bereits beschriebenen Integrationsteams, deren Durchsetzungsbefugnisse und Machtstellung allerdings in keiner Weise vergleichbar mit denen der Fachbereiche sind. Da in den Integrationsteams

---

[286] vgl. Bühl (1987), S. 242.

teilweise auch Vertreter unterschiedlicher Hierarchieebenen involviert sind (z.B. Gruppenleiter-/Mitarbeiterebene), wird eine laterale Vernetzung erreicht. Der Ansatz der Teamorganisation nach Likert ist also im Grundsatz bei Automóviles Deportivos umgesetzt. Einschränkungen ergeben sich insbesondere bei der horizontalen Vernetzung, die faktisch stark auf die Funktionen bzw. Fachbereiche beschränkt ist.

Die *Cluster-Organisation* nach Mills stellt durch Verzicht auf direkte Unterstellungen und Stellenbeschreibungen, die Ausbildung von Strukturen nach klarer Kompetenzorientierung sowie die Entlohnung nach individuellem Beitrag eine grundlegende Abkehr von einer hierarchisch geprägten Organisationsform dar. Elemente der Cluster-Organisation, wie die Ausbildung von Strukturen nach klarer Kompetenzorientierung sowie die Entlohnung nach individuellem Beitrag, finden sich häufig bei dem projektorientierten Organisationsprinzip, dass sich vielfach bei Unternehmensberatungen findet. Auch bei unternehmensinternen Abteilungen, die in hohem Maße projektorientiert arbeiten, wie internen Beratungen oder z.T. Stabsstellen, wechselt die Projektleitung vielfach je nach Projektinhalt und Kompetenz der Mitarbeiter über verschiedene Projekte, wodurch eine Ausbildung der Strukturen nach Kompetenzorientierung erfolgt. Durch wechselnde Leitung bei verschiedenen Projekten variieren auch Unterstellungen. Dennoch liegen auch in diesen Fällen i.a. je Projekt eindeutige Verantwortlichkeiten und Unterstellungen sowie eine Hierarchie der Funktionen (z.B. Mitarbeiter/Berater, Projektleiter oder Hauptabteilungsleiter/Partner) vor.

Auch die Arbeitsweise in den Modulen, die als Team ihre Arbeitsweise weitgehend selbst bestimmen können, entspricht eher dem Ansatz selbststeuernder Teams, als den Prinzipien der Cluster-Organisation. Mit der Koordination durch einen Modulleiter und Unterstellung zu einem (Teil-) Projektleiter stellen die Module letztlich keine grundlegende Abkehr von dem hierarchischen Organisationsprinzip dar. Dennoch kann innerhalb der Module durch einen eher partizipativen als hierachischen Führungsstil des Modulleiters ein Verzicht auf direkte Unterstellungen und eine Bildung von Teilstrukturen nach klarer Kompetenzorientierung erfolgen. Damit kann festgehalten werden, dass die Entwicklungsorganisation bei Automóviles Deportivos trotz der Verwirklichung von Ansätzen selbststeuernder Module nicht grundsätzlich auf hierarchische Organisationsprinzipien verzichtet. Eine Umsetzung der Prinzipien der Cluster-Organisation besteht somit nicht.

Die Entwicklungsorganisation bei Automóviles Deportivos wird als Kombination aus Modularisierung und Projekt-Matrixorganisation bezeichnet. Dennoch ist zu prüfen, inwieweit der bei Automóviles Deportivos realisierte Ansatz der Modularisierung dem zuvor vorgestellten Konzept entspricht. Als ''nearly decomposable systems[287]'' sind bei dem spanischen Automobilhersteller die Beziehungen und Abstimmungserfordernisse innerhalb der Module i.a. höher als zwischen den Modulen. Es handelt sich um kleine Organisationseinheiten, bei denen für modulinterne Belange weitgehend dezentrale Entscheidungskompetenz und -verantwortung besteht. Die geforderte Prozessorientierung ist allerdings nur teilweise erfüllt: die Module sind zwar Teile der Projektorganisation, werden jedoch funktional entsprechend der Fachbereichsorganisation

---

[287] vgl. Simon (1962), S. 473; Simon (1973), S. 9

zusammengefasst und entsprechend dieser Funktionen durch einen Teilprojektleiter geleitet.

Auch nicht-hierarchische Koordinationsformen zwischen den Modulen, die Picot / Reichwald/Wigand als weiteres Kriterium der Modularisierung angeben, sind im vorliegenden Fall nicht umgesetzt. Auch wenn innerhalb der Module – abhängig vom Führungsstil der Modulleiter – die Mitarbeiter weitgehend in Selbstabstimmung agieren, erfolgt die Koordination der Module selber jedoch durch die (Teil-)Projektleiter und damit nach bekannten hierarchischen Prinzipien. Der Ansatz bei Automóviles Deportivos entspricht damit nur z.T. dem vorgestellten Konzept der Modularisierung. Prozessorientierung und übergeordnete Koordination der Module sind nicht entsprechend des Modularisierungskonzeptes gelöst. Die Ausführungen verdeutlichen, dass sich die in der Literatur aufgezeigten Organisationsmodelle in der Praxis selten in ihrer Reinform wiederfinden. Die Bezeichnung ‚Modulorganisation' bei Automóviles Deportivos entspricht nur in Teilaspekten dem Konzept der Modularisierung, weist jedoch auch Charakteristika anderer Ansätze wie der Teamorganisation nach Likert auf.

2.4 Zwischenfazit

Die Ergebnisse aus Kapitel 2 werden in 8 Punkten zusammengefasst:

1. Das Koordinationsproblem besteht im "managing dependencies between activities". Der Entwicklungsprozess eines Automobils ist aufgrund der hohen Produktkomplexität stark durch wechselseitige Abhängigkeiten zwischen Entwicklungsaufgaben bzw. Teilprozessen gekennzeichnet. Diese stellen die komplexeste i.a. und am schwersten zu bewältigende Interdependenzart dar.[288]

2. Eine gängige Unterscheidung differenziert zwischen Koordination durch persönliche Weisung/Hierarchie, durch Programme oder Pläne und durch Selbstabstimmung. Für die Bewältigung wechselseitiger Abhängigkeiten sieht Thompson eine Koordination über "mutual adjustment" i.S. einer ‚gelenkten Selbstabstimmung' als geeignetsten an.[289]

3. Netzwerken wird von einer Reihe von Autoren eine solche intermediäre Position zwischen Markt und Hierarchie bzw. zwischen Selbstabstimmung und Hierarchie[290] i.S. ‚gelenkter Selbstabstimmung' zugeschrieben. Dabei wird vielfach dar-

---

[288] vgl. Thompson (1967), S. 66ff.; Hoffmann (1980), S. 310. Im Entwicklungsprozess treten grundsätzlich alle drei von Thompson bzw. Malone unterschiedenen Abhängigkeiten[288] auf, eine genaue, dem Modell entsprechende Differenzierung ist jedoch vielfach nicht möglich. Dabei bestehen insbesondere funktionale, geometrische oder produktionstechnische Interdependenzen.

[289] Auch wenn sich Koordination über Hierarchie häufig zur Verringerung von Koordinationskomplexität bei Sozialsystemen bzw. Aufgaben mit einer großen Anzahl von Akteuren findet, zeigen sich die Dysfunktionalitäten dieses Koordinationsprinzips gerade bei der Koordination der zahlreichen Akteure komplexer, hoch interdependenter und abstimmungsintensiver Automobilentwicklungsprozesse. Programme und Pläne eignen sich i.a. zur Voraus-Koordination standardisierbarer und planbarer Aufgaben. Die reine Selbstkoordination scheitert in diesen Fällen i.a. an Zeit- und Qualifikationserfordernissen sowie der Notwendigkeit zur Ausrichtung auf übergeordnete Zielsetzungen.

[290] Während das Begriffspaar Markt und Hierarchie primär auf den interorganisatorischen Anwendungsbezug referiert, entspricht dies im intraorganisatorischen Kontext den Koordinationsprinzipien Hierarchie bzw. Koordination durch persönliche Weisung und Selbstabstimmung.

auf verwiesen, dass sich mit Netzwerkansätzen die Vorteile beider Koordinationsprinzipien verbinden lassen[291]. Gemeinsames Kennzeichen intraorganisatorischer Netzwerkansätze ist das Ziel einer gegenüber der Hierarchie höheren Dezentralisierung und Flexibilisierung, ohne jedoch das (theoretische) Modell der reinen Selbstabstimmung zu verfolgen. Vielfach findet sich ein Verständnis, nach dem die Akteure in einem Netzwerk ohne feste Rollenbeschreibungen in wechselnden Aufgaben und Rollenverständnissen[292] in fließenden Strukturen zusammenarbeiten.[293]

4. Der Automobilentwicklungsprozess zeichnet sich aus durch vergleichsweise hohe Dynamik mit raschen technologischen und marktseitigen Entwicklungen bei gleichzeitig hoher Bedeutung wissensintensiver Spezialisierung, die eine laufend problem- bzw. aufgabenbezogene Zusammenführung von Spezialisten und ihre Ausrichtung auf die übergeordneten Unternehmensziele erfordert. Für den automobilen Entwicklungsprozess wird daher häufig einer Kombination der Netzwerkorganisation mit der Prozess- und funktionalen Organisation besondere Eignung zugesprochen. Ziel eines solchen Ansatzes ist es, die Vorteile der drei Organisationsformen, insbesondere eine hohe Flexibilität mit bestmöglicher Kompetenznutzung (Netzwerkorganisation), eine Verringerung von Schnittstellenproblemen (Prozessorganisation) sowie eine bestmögliche Know-How-Entwicklung in spezifischen Entwicklungsbereichen/-funktionen (funktionale Organisation) miteinander zu verbinden. Insbesondere die Prinzipien von Netzwerk- und Prozessorganisation liegen dabei oft eng beieinander bzw. gehen ineinander über.[294]

5. Die Untersuchung verschiedener Formen von Netzwerkansätzen zeigt, dass sich der flexibilitätsorientierte Hybridansatz sowie die Prinzipien der Heterarchie und Cluster-Organisation kaum in der Entwicklungsorganisation von Automóviles Deportivos wiederfinden. Die durch die hohe Produktkomplexität starke Vernetzung von Teilaufgaben erfordert bei der Automobilentwicklung laufend eine situativ wechselnde, problembezogene Zusammenarbeit unterschiedlicher Spezialisten. Die gleichzeitig hohe Unsicherheit und damit geringe Planbarkeit der Prozesse lassen daher insbesondere im Prinzip der flukturierenden Zentren der Heterarchie bzw. der kompetenzbezogen flexiblen Bildung von Strukturen der Cluster-Organisation Potenziale vermuten.

6. Die Prinzipien der Teamorganisation finden sich dagegen in höherem Maße in der Entwicklungsorganisation von Automóviles Deportivos wieder. Dabei ist die horizontale Vernetzung der Teams jedoch vorwiegend nur innerhalb der Bereiche realisiert, eine bereichsübergreifende Vernetzung ist i.a. der Eigeninitiative der Mitarbeiter überlassen und stößt damit auf die in der Fallstudie aufgezeigten Probleme.

---

[291] vgl. Thorelli (1986), Jarillo / Ricart (1987), Jarillo (1988), Delfmann (1989), Büchs (1991), Picot (1991), Siebert (1991) und Sydow (1995)

[292] vgl. Nolon / Pollock / Ware (1988), S. 3ff.

[293] Mit der Fluidität von Rollenverständnissen und Strukturen wird eine zunehmende Auflösung von herkömmlichen Grenzen sowohl im Unternehmen, d.h. intra-organisatorischer Grenzen, als auch zwischen Unternehmen, d.h. inter-organisatorischer Grenzen, in Verbindung gebracht. Picot et al. sprechen in diesem Zusammenhang auch von der grenzenlosen Unternehmung, vgl. Picot / Reichwald / Wigand (1996), S. 2; Nolon / Pollock / Ware (1988), S. 6.

[294] vgl. z.B. die Verbindung von Prozessorientierung und Elementen der (intraorganisatorischen) Netzwerkorganisation bei der Modulorganisation.

7. Der Ansatz der Modularisierung mit Einsatz dezentraler Koordinationsmechanismen ist auf der Ebene der (Organisations-)Module in hohem Maße erfüllt.
Die organisatorische Zusammenfassung dieser Module auf der übergeordneten E-
bene erfolgt dagegen wieder nach funktionalen Prinzipien. Auch der Einsatz dezentraler Koordinationsprinzipien findet sich nur innerhalb der Module. Die modulübergreifende Koordination erfolgt durch die (Teil-)Projektleiter bzw. in fachlichen
Belangen durch die Fachbereiche. Die Forderung nach Prozessorientierung ist bei
Automóviles Deportivos nur eingeschränkt umgesetzt.

8. Der Abgleich zwischen den aufgezeigten Netzwerkansätzen und der Entwicklungsorganisation von Automóviles Deportivos weist auf vier grundlegende Verbesserungspotenziale hin:

- Organisation mit flukturierenden Zentren bzw. flexible Bildung von Strukturen
  nach klarer Kompetenzorientierung (analog Heterarchie und Cluster-Organisation),

- Bereichsübergreifende, problembezogene, ggfs. ‚spontane' Vernetzung (Ad-
  Hoc-Teams) von Bereichen (z.B. Teams/Modulen/Abteilungen) nicht nur in
  Ausnahmesituationen (Task-Forces),

- Konsequente Anwendung des Modularisierungsprinzips nicht nur auf Kompo-
  nenten-, sondern auch auf übergeordneten Ebenen,

- Klare Prozessorientierung gemäß den Grundsätzen der Modulorganisation bzw.
  der Prozessorganisation,

- Einsatz dezentraler Koordinationsmechanismen für die Koordination der Module.

9. Bei der Analyse des Praxisfalls zeigten sich häufig ungeplante und unbeabsichtigte
Nebenwirkungen vermeintlich zielorientierter Koordinationsmaßnahmen. Auf die
geringe Planbarkeit und hohe Eigendynamik von Entwicklungs-/Innovationspro-
zessen wird in entsprechender Fachliteratur vielfach hingewiesen[295], eine weitergehende Berücksichtigung dieser Aspekte in Hinblick auf die Gestaltung von Koordinationsstrukturen für den Produktentwicklungsprozess findet sich jedoch selten.

In systemtheoretischer Literatur stellt diese Thematik und die damit verbundene ‚policy resistance', bei der ein System auf steuernde Eingriffe in unerwarteter Form reagiert bzw. Maßnahmen zur Korrektur von Problemfeldern zu einer Verschlimmerung
der Situation führen, einen zentralen Aspekt dar. Im weiteren erfolgt daher eine kurze
Auseinandersetzung mit der Systemtheorie als theoretischen Bezugsrahmen bevor im
Anschluss Ansätze zur Selbstorganisation betrachtet werden.

---

[295] vgl. z.B. Zahn (1995a), S. 22; Reinertsen (1998), S. 118ff.; Bullinger / Kugel / Ohlhausen / Stanke (1995), S.
39ff.; Bullinger / Warschat (1995), S. 31ff.; Ehrlenspiel (1995), S. 169 mit Beschreibung von Eigendynamik
bei Entwicklungsteams.

III. Selbstorganisation

1. Ansätze der Selbstorganisation und ihre Anwendung auf Automóviles Deportivos S.A.

Bevor in Kap. 1.1 die Wurzeln der Selbstorganisationstheorie in den Naturwissenschaften vorgestellt werden, wird zunächst der Frage nach dem theoretischen Bezugsrahmen für die Arbeit nachgegangen. In Kap. 1.2 werden dann ausgewählte Selbstorganisationskonzepte in den Sozialwissenschaften diskutiert. Die Anwendung auf die Fallstudie im folgenden Kapitel zeigt, dass für die Untersuchung der beobachteten Phänomene ein differenziertes Selbstorganisationsverständnis erforderlich ist, das als Grundlage für den Ansatz ‚gelenkter Selbstorganisation' aufgezeigt wird. Abschließend wird die Bedeutung der in Kapitel 1 aufgezeigten Überlegungen für die Problemstellung zusammengefasst.

1.1 Systemtheorie und Grundlagen der Selbstorganisationstheorie in den Naturwissenschaften

1.1.1 Systemtheorie als theoretischer Bezugsrahmen

Da sich die Auswahl des theoretischen Bezugsrahmens maßgeblich am betrachteten Problem zu orientieren hat, wird auf Basis eines durch Abgleich von Fallstudie und Stand der Forschung vertieften Problemverständnis nun der Frage nach dem theoretischen Bezugsrahmen nachgegangen. Jeder der mehr oder minder unvollkommenen theoretischen Ansätze betont bestimmte Aspekte und rückt damit gleichzeitig auch andere aus dem Blickfeld, was nahezu unvermeidbar zur Bildung von ‚blinden Flecken' führt. Die Frage des geeigneten theoretischen Bezugsrahmens hängt eng mit der Selbstorganisationsthematik zusammen. Im Mittelpunkt der Konzepte zur Selbstorganisation steht

> "(...) die Untersuchung der spontanen Entstehung, Höherentwicklung und Ausdifferenzierung von Ordnung in dynamischen Systemen fern ab vom Gleichgewicht."[1]

Frühe Ursprünge der Selbstorganisationsideen finden sich in unterschiedlichsten Wissenschaftsgebieten, wie z.B. - in eher spekulativen Ansätzen - in der Philosophie (z.B. Aristoteles, Lukrez, Leibniz, Kant, Schelling), oder nachfolgend in der Kybernetik und Informationstheorie, der Thermodynamik, der Biologie, Ökologie und Psychologie[2]. Neuere Ansätze der Selbstorganisationstheorie finden sich z.B. in der Chemie, (Neuro-)Biologie und Biochemie, Physik, Meteorologie, Kybernetik und Ökologie. Entscheidend für die Entstehung der modernen Ansätze zur Selbstorganisationsforschung war die Erkenntnis,

> ''(...), dass Strukturbildung als Entstehung von Ordnung nur weit weg vom thermodynamischen Gleichgewicht möglich ist. Dies verlangt die Offenheit der Systeme für Materie- und Energiefluss. Wird ein gleichgewichtsfernes System instabil, so geht es von

---

[1] vgl. Paslack (1991), S.1
[2] vgl. ebenda, S. 5ff.

einem Ordnungszustand in einen anderen über. Instabilitäten bilden demnach den Ursprung der Systementwicklung."[3]

Selbstorganisation basiert in dieser Definition auf dem Systembegriff. Auch die im Fallbeispiel beschriebenen emergenten Phänomene legen über den Emergenzbegriff die Auseinandersetzung mit systemtheoretischen Gedanken nahe:

> "(...) In einer modernen Version spricht man von Emergenz, wenn durch mikroskopische Wechselwirkungen auf einer makroskopischen Ebene eine neue Qualität entsteht, die nicht aus den Eigenschaften der Komponenten herleitbar (kausal erklärbar, formal ableitbar) ist, die aber dennoch allein in der Wechselwirkung der Komponenten besteht."[4]

Vor diesem Hintergrund verwundert es nicht, dass Probst zu dem Schluss kommt:

> "Grundsätzlich wird die Meinung vertreten, dass Systemtheorie und Kybernetik die Grundlage bieten, um komplexe Systeme verstehen und ein Phänomen wie Selbstorganisation erfassen zu können."[5]

Auch die Erkenntnis, dass das Management von Prozessinterdependenzen einen zentralen Erfolgsfaktor bei der Entwicklung komplexer Produkte darstellt, lenkt den Untersuchungsfokus auf die Beziehungen zwischen Elementen eines Systems bzw. auf ein systemtheoretisches Koordinationsverständniss i.S.v. Koordination als

> "(...) managing dependecies between activities (...) "[6]

Die hohe Bedeutung des Netzwerkansatzes mit dem Verständnis sozialer Netzwerke als soziales System i.S. eines

> "(...) Beziehungsgeflechtes zwischen Akteuren bzw. sozialen Einheiten mit gemeinsamen Interessen (...) "[7]

legt ebenso eine systemtheoretische Betrachtungsweise nahe. Im Vordergrund stehen dabei die Interaktionen und Beziehungen zwischen den am Entwicklungsprozess beteiligten Akteuren. Aufgrund dieser Überlegungen wird ein systemtheoretischer Bezugsrahmen zugrunde gelegt und die Grundzüge der Systemtheorie im folgenden kurz erläutert.

1.1.2 Grundlagen der Systemtheorie

Zu Anfang des 19. und zum Teil auch noch zu Beginn des 20. Jahrhunderts war das Erkenntnisstreben vieler Forscher primär auf das

---

[3] vgl. ebenda, S. 7
[4] vgl. Krohn / Küppers (1992), S. 389
[5] vgl. Probst (1987), S. 26
[6] vgl. Malone / Crowston (1994), S. 92.
[7] vgl. Tichy / Tushman / Fombrun (1982), S. 2. Das Charakteristikum ‚gemeinsame Interessen' ist nicht unumstritten. So geht Sandner z.B. davon aus, dass die gemeinsame Handlung das entscheidende sei und eine Zielkongruenz nicht zwingend erforderlich sei, vgl. Sandner (1991), S. 154.

''(...) Identifizieren und Charakterisieren von einzelnen Teilen realer Komplexe sowie ihrer Eigenschaften und weniger auf die Gesamtheit der Interaktionen von Entitäten sowie ihrer Veränderungen gerichtet.''[8]

Mit zunehmender Spezialisierung der Wissenschaften entwickelte sich eine exponentielle Vermehrung von Detailwissen, während anderseits eine Stagnation des Erkenntnisfortschritts bezüglich von Systemen als Ganze und ihrem Verhalten zu konstatieren war.[9] Die Systemtheorie versucht als Metawissenschaft dieser Entwicklung entgegenzuwirken.

''Die Systemforschung ist eine auf interdisziplinäre Integration gerichtete wissenschaftliche Tätigkeit mit dem Zweck, strukturale und funktionale Aspekte von komplexen Phänomenen zu beschreiben und zu analysieren. Ihre Betrachtungsobjekte sind Systeme, d.h. ganz allgemein Gesamtheiten von geordneten, miteinander in Wechselbeziehungen stehenden Elementen. (...) Die Systemforschung ist weniger an der Existenz solcher Komplexe, sondern vielmehr an ihrem Funktionieren interessiert. (...) Der für die Systemforschung charakteristische Ansatz beruht weiterhin auf der Annahme, dass das Verhalten von Systemen primär von der Interaktion ihrer Elemente determiniert wird.''[10]

Die Systemtheorie stellt allerdings bis heute kein geschlossenes Konzept i.S. einer konsolidierten Gesamtheit von Grundbegriffen, Axiomen und abgeleiteten Aussagen dar.[11] Die Ursprünge der Systemtheorie liegen in der Steuer- und Regelungstechnik.[12] Ihre weitere Entwicklung wurde jedoch auch stark durch Erkenntnisse aus der Biologie[13] und der Soziologie[14] beeinflusst.

Ein System stellt eine Einheit von mehreren in Beziehung stehenden Teilen dar.[15] Der Systembegriff setzt eine Abgrenzung gegenüber der Umwelt des Systems voraus, was zur Perspektive des Beobachters führt. Für einen solchen Beobachter ist ein System nur wahrnehmbar, wenn es sich von seiner Umwelt unterscheidet.[16] Die Differenz zwischen System und Umwelt konstituiert die Systemgrenze. Die Entscheidung darüber, was Teil eines Systems ist und was nicht, scheint vielfach vorgegeben, ist aber letztlich ein willkürlicher Akt:

---

[8] vgl. Zahn (1972), S. 8ff.

[9] vgl. ebenda

[10] vgl. ebenda, vgl. hierzu auch Beer (1982), S. 63: ''Relation is the stuff of system.''

[11] vgl. Luhmann (1991), S. 34

[12] vgl. unter dem Begriff „Kybernetik" Wiener (1948) und Ashby (1957). Zur Beziehung von Systemtheorie und Kybernetik vgl. Aschenbach (1995), S. 10-14

[13] Dabei sind insbesondere die Beiträge der Kognitionsbiologen Maturana und Varela hervorzuheben, vgl. z.B. Maturana / Varela (1987).

[14] Im deutschsprachigen Raum wurde die Systemtheorie in der Soziologie insbesondere durch Niklas Luhmann beeinflusst und für die Analyse sozialer Systeme fruchtbar gemacht, vgl. hierzu insbesondere Luhmann (1991).

[15] Auch das Verständnis von einzelnen ‚Teilen' basiert auf einer modellhaften Vorstellung: ''Wenn man dieses Netzwerk von Beziehungen genau betrachtet, entdeckt man, dass es letzten Endes überhaupt keine Teile gibt, dass das, was wir ein Teil oder Teilchen nennen, letztlich Muster sind, die eine gewisse Dauerhaftigkeit haben und daher unsere Aufmerksamkeit auf sich ziehen. Und das, was wir dann machen, ist, dass wir diese Muster in Gedanken aus ihrer Umgebung herauslösen und als einen Gegenstand oder Teil definieren (...)'', vgl. Capra (987), S. 26ff..

[16] ''Als Ausgangspunkt jeder systemtheoretischen Analyse hat (...) die Differenz von System und Umwelt zu dienen. Systeme sind nicht nur gelegentlich und nicht nur adaptiv, sie sind strukturell an ihrer Umwelt orientiert und könnten ohne Umwelt nicht bestehen. Sie konstituieren und sie erhalten sich durch Erzeugung und Erhaltung einer Differenz zur Umwelt, und sie benutzen ihre Grenzen zur Regulierung dieser Differenz (...) in diesem Sinne ist Grenzerhaltung (boundary maintenance) Systemerhaltung'', vgl. Luhmann (1991), S. 35.

"(...) a system is a way of looking at the world."[17]

Jede Aussage über ein System ist also eine Aussage aus der spezifischen Perspektive eines Beobachters, welche durch die von ihm durchgeführte Unterscheidung zwischen System und Umwelt zum Ausdruck kommt.[18]

"Alles was gesagt wird, wird von einem Beobachter gesagt."[19]

Das Hauptkriterium, nach dem Systeme in der Vergangenheit differenziert wurden, ist das Austauschverhältnis zwischen System und Umwelt, d.h. dem Austausch von Energie, Materie und Informationen zwischen den Elementen.[20] Die Grenze zwischen System und Umwelt ist nur im hypothetischen Fall geschlossener Systeme völlig undurchlässig. In der Realität existieren Beziehungen zwischen System und Umwelt, reale Systeme sind offen.[21]

Mit den Forschungsergebnissen der Neurobiologie rückte dann seit etwa Anfang der 80er Jahre zunehmend eine neue Perspektive in den Mittelpunkt. Mit der Erkenntnis, dass allein über den Stoffaustausch das Verhalten von sozialen Systemen nicht verstanden werden kann, verliert dieses Gliederungskriterium an Relevanz.

"(...) cybernetics und systems theory as it is developed today is incomplete. (...) What it leaves aside is (…) the quality of autonomy, the quality of living systems of having an assertion of their internal coherences, their internal determination, as well as the fact that it is this internal determination the one that shapes or imbues a world with meaning."[22]

Im Gegensatz zur Beschränkung auf eine Input-Output-Betrachtung wird in neueren Überlegungen die interne Strukturierungs- und Steuerungsleistung durch die zugrundeliegende Regelstruktur, die das System charakterisiert, thematisiert:

"(...) Instead of inputs and their transformation, one shifts to operational closure, as a characterization of internal network. (…) Inputs become simply a background of perturbations which are undefined, 'background noise'. They do not enter into the definition of the machine, system or procedure. (…)

---

[17] vgl. Weinberg (1975), S. 18; vgl. auch Riedl.

[18] Allerdings ist nur ein bestimmter Ausschnitt der Umwelt für das System von Bedeutung. Daher differenziert Luhmann zwischen der Welt als grenzenlosem, allumfassendem Bezugsfeld und der Umwelt als einem, für das System relevantem Teilbereich dieser Welt, vgl. Luhmann (1970), S. 115.

[19] vgl. Maturana (1982a), S. 34; Maturana (1981); S. 31; Marurana (1982b), S. 148; Willke (1989), S. 65f.; Foerster (1979), S. 5. "Damit entfällt gewissermaßen die Objektivität einer positivistischen Wissenschaftsauffassung, in welcher vermieden werden soll, dass die Eigenheiten des Beobachters auf die Beschreibung des Beobachteten einen Einfluss nehmen", vgl. Probst (1987), S. 44. Zusammen mit den Erkenntnissen der Neurobiologie, nach denen "alle vermeintliche ,Repräsentationen' der Außenwelt im Grunde immer nur eine besondere Form der Selbstrepräsentation eines kognitiven Systems sind", stellt dies eine der "zentralen Prämissen des später sogenannten Programms des Radikalen Konstruktivismus" dar, vgl. Paslack (1991), S. 155.

[20] Diese Dreiteilung der Input- und Outputgrößen, die sich, wenn auch naturwissenschaftlich und philosophisch umstritten, für reale Systeme (z.B. technische Systeme) durchgesetzt hat, geht auf Norbert Wiener zurück, vgl. Ropohl (1975), S. 37.

[21] Ein geschlossenes System stellt ein Modell dar, das in der Realität nicht anzutreffen ist, vgl. Rapoport (1985), S. 159f.; Fuchs (1972), S. 51-53. Die Systemdifferenzierung in "geschlossen" und "offen" geht auf Bertalanffy zurück, vgl. Bertalanffy (1969), S. 39f.

[22] vgl. Varela (1986), S. 117

Every time there is operational closure, there is also the emergence of internal regularities which arise out of the interconnectedness. Such internal regularities can be thought of as 'stabilities' or, more appropriately, one can talk about eigen-behaviours, that is, self-determined behaviours."[23]

Entsprechend ändert sich auch das Verhältnis von System und Umwelt: das System weist ein Eigenverhalten auf, durch das es - determiniert durch seine Regelstruktur - selbst die für sich relevanten Umwelteinflüsse bestimmt. Derart operationell geschlossene Systeme können daher nicht direkt, instruktiv durch ihre Umwelt gesteuert werden. Umgekehrt können sie aktiv in ihre Umwelt eingreifen und in gewissen Grenzen ihre Umweltbedingungen beeinflussen. Operationell geschlossene Systeme interagieren also mit ihrer Umwelt und sind daher offene Systeme. Wie aber diese Interaktionen organisiert werden, wird nur durch das System in einem operationell geschlossenen Modus bestimmt. Ihre Geschlossenheit bezieht sich also nicht auf ihre Umwelt, sondern auf das rekursive Ordnungsprinzip ihrer Operationen, die die Organisation des Systems produzieren, dabei aber nicht durch ihre Umwelt bestimmt bzw. determiniert sind.[24]

Damit stellt sich die Frage nach der Unterscheidung von Organisation und Struktur eines Systems:

"Every system, once distinguished through a certain criterion, has two complementary aspects: its organization, which are the necessary relations which define the system, and its structure, which are the actual relations between the components which integrate the system as such."[25]

Die Organisation des Systems kann auch als seine Identität interpretiert werden.[26] Ein Mobile z.B. besteht aus Gewichten und Stäben, die durch Fäden miteinander verbunden sind. Seine Organisation und damit die Identität als Mobile wird festgelegt durch

"(...) solche Relationen, die existieren oder gegeben sein müssen, damit Etwas ist."[27]

Während die Organisation das System als solches erkennbar macht und damit seine Identität prägt, stellt die Struktur die aktuelle Realisierung der ihr zugrundeliegenden Organisation dar. Sie kann sich ändern, ohne dass das System seine Identität verändert.[28] Damit kann dieselbe Systemorganisation auch durch verschiedene Strukturen realisiert werden.

---

[23] vgl. ebenda, S. 118

[24] vgl. Probst (1989), S. 79; Kirsch / Knyphausen (1991), S. 79; Ulrich (1989), S. 23; Willke (1987), S. 336. Varela definiert eine organisationell geschlossene Einheit über zwei zentrale Eigenschaften: "Eine organisationell geschlossene Einheit wird als zusammengesetzte Einheit bestimmt durch ein Netzwerk von Interaktionen der Bestandteile, die (I) durch ihre Interaktionen rekursiv das Netzwerk derjenigen Interaktionen regenerieren, das sie hergestellt hat, und die (II) das Netzwerk als eine Einheit in demjenigen Raum verwirklichen, wo die Bestandteile existieren, indem sie die Grenze der Einheit als Ablösung vom Hintergrund konstituieren und spezifizieren", vgl. Varela (1991), S. 121.

[25] vgl. Varela (1984), S. 25; s. auch Maturana (1981), S. 24f.; Maturana / Varela (1987), S. 54; Varela (1979), S. 9

[26] vgl. Maturana (1981), S. 24; Maturana (1990), S. 59

[27] vgl. Maturana / Varela (1987), S. 49; Knyphausen (1988), S. 226; Gomez (19), S. 103;

[28] vgl. hierzu Maturana: "Since a particular organization can be realized by systems with otherwise different structures, the identity of a system may stay invariant while its structure changes within limits determined by its organization. If these limits overstepped, that is, if the structure of the system changes so that its organiza-

Ein einfaches Modell zum Verständnis operationell geschlossener Systeme stellt die Unterscheidung zwischen "trivialen" und "nicht-trivialen" Maschinen dar.[29] Der Begriff Maschine ist dabei nicht im technischen Sinne zu verstehen, sondern bezeichnet ganz allgemein verhalten-produzierende Systeme.[30] Eine triviale Maschine ist gekennzeichnet durch eine eindeutige Beziehung zwischen ihrem Input (Reiz, Stimulus, Ursache) und ihrem Output (Reaktion, Antwort, Wirkung). Ihre Funktionsweise wird dabei von vorangegangenen Operationen nicht beeinflusst, sie ist somit vergangenheits-unabhängig[31], auch ein eigenständig gestalteter Wandel ist ihr nicht möglich. Die Transformationsbeziehung ist eindeutig für allemal festgelegt, so dass das Verhalten, der Output, bei gegebenen Input vorhersagbar ist. Die Input-Output-Beziehungen können aus Beobachtungen abgeleitet werden, was triviale Maschinen analytisch bestimmbar macht. Zusammenfassend sind triviale Maschinen daher

- im Verhalten vorhersagbar,
- von der Geschichte unabhängig,
- analytisch determinierbar,
- synthetisch deterministisch[32].

Im Gegensatz dazu reagiert eine nicht-triviale Maschine nicht nur auf Inputs, sondern auch auf interne Zustandsänderungen.

> ''In einer nicht-trivialen Maschine beeinflussen die internen Zustände sich selbst. Sie wirken auf sich selbst zurück (...). Damit erhalten sie eine Art ‚Eigenleben'. Diese internen Zustände können gleichsam als eine Quelle von Geschichten interpretiert werden; diese ist jedoch nicht von außen beobachtbar. Das Verhalten der Maschine kann weder aus den Inputs noch aus den internen Zuständen abgeleitet werden. Es ist ein Produkt von Beiden.''[33]

Eine nicht-triviale Maschine weist damit nicht immer dieselben Antworten bzw. Ouputs auf dieselben Stimuli bzw. Inputs auf. Damit ergibt sich das Verhalten nicht-trivialer Maschinen als

- von der Vergangenheit abhängig,
- analytisch unbestimmbar,
- analytisch nicht vorhersagbar,
- synthetisch nicht-deterministisch

Während triviale Maschinen als ‚black-box' mit unveränderter Arbeitsweise behandelt werden können, sind nicht-triviale Maschinen in ihrem Verhalten mehrdeutig und nicht-trivialisierbar. Soziale Systeme weisen ein solches nicht-triviales und nicht-

---

tion cannot anymore realized, the system looses its identity and the entity becomes something else, a unity defined by another organization", vgl. Maturana (1980), Introduction, XX, vgl. auch Maturana (1981), S. 24.

[29] vgl. v. Foerster (1985); Probst (1987), S. 77ff.

[30] vgl. Probst (1987), S. 77, Fußnote 23

[31] vgl. v. Foerster (1990), S. 80f.

[32] vgl. Probst (1987), S. 77; Foerster (19), S. 9f.; Ulrich (1978), S. 18. Triviale Maschinen sind synthetisch deterministisch, da sie aus vollkommen deterministischen Komponenten konstruierbar sind, vgl. Probst (1987), S. 78.

[33] vgl. ebenda, S. 78

trivialisierbares Verhalten auf[34], sie besitzen das von Probst zitierte ‚Eigenleben'. Dies führt zum Stichwort ‚Selbstorganisation'. Hierzu sollen im folgenden zunächst kurz naturwissenschaftliche Wurzeln der Selbstorganisationsforschung betrachtet werden, bevor auf ihre Rezeption in der Betriebswirtschaftslehre eingegangen wird.

1.1.3. Ansätze zur Selbstorganisation in den Naturwissenschaften

Während die frühen Ansätze zur Selbstorganisationstheorie bereits in den unterschiedlichsten Wissenschaftsgebieten zu finden sind, liegen die Wurzeln der moderneren Konzepte zur Selbstorganisationsforschung vornehmlich in den Naturwissenschaften. Paslack verweist hierbei auf sieben Konzepte[35]: Der systemtheoretisch-kybernetische Ansatz mit dem Prinzip "Order from Noise" von von Foerster[36], die Autopoiese und Selbstreferentialität von Maturana und Varela[37], die Chaostheorien[38], die Theorie dissipativer Strukturen[39], die Synergetik[40], die Theorie autokatalytischer Hyperzyklen[41], sowie die Theorien Elastischer Ökosysteme[42].

Während das Verständnis von ‚Selbstorganisation' in den Sozialwissenschaften z.T. sehr unterschiedlich ist[43], weist das *Begriffsverständnis* in den Naturwissenschaften bei allen Konzepten wichtige gemeinsame Charakteristika auf:

> ''Es handelt sich dabei um keine abgeschlossenen Systeme. (...) Im Gegensatz zur Thermodynamik behandeln wir also offene Systeme fern vom thermischen Gleichgewicht, durch die hindurch ein ständiger Strom von Energie, Materie oder in komplizierten Systemen auch Information hindurchfließt.
> Schließlich haben alle diese Systeme die Fähigkeit, sich spontan auf einem makroskopischen Maßstab selbst zu organisieren.[44] (...) Es ist gerade das zustande kommen dieser Ordnungsmuster, die eine Theorie zu klären hat.''[45]

Organisieren bezeichnet alle Aktivitäten und Prozesse, die eine Ordnung produzieren.[46]

> ''Ordnung bedeutet, dass Ganzheiten ein erkennbares Muster aufweisen.[47] (...)
> Muster bedeuten also nicht eine strenge Reihenfolge oder Anordnung im Sinne einer gleichartigen Gruppierung von Farben, Grössen, usw.; sondern die Teile stehen zueinander in irgendeiner bestimmten Beziehung.[48] (...)
> Aus den Relationen oder Vernetzungen entstehen Ordnungsmuster''.[49]

---

[34] vgl. Probst (1987), S. 78
[35] vgl. Paslack (1991), S. 91ff.
[36] vgl. z.B. von Foerster (1960), S. 31ff.; von Foerster (1984), S. 2ff.
[37] vgl. z.B. Maturana (1981); Maturana / Varela (1980)
[38] vgl. z.B. Lorenz (1963); Binning (1989)
[39] vgl. z.B. Prigogine / Glansdorf (1971); Nicolis / Prigogine (1977); Nicolis / Prigogine (1987)
[40] vgl. z.B. Haken (1988), S. 163ff.und S. 225ff.; Haken (1984a); Haken (1993); Haken / Wunderlin (1986a)
[41] vgl. z.B. Eigen (1971); Eigen / Schuster (1979); Schuster (1988); Jantsch (1975)
[42] vgl. z.B. Holling (1976); Holling (1984); Margalef (1968); Schütze (1985); Bertalanffy (1968)
[43] vgl. Kap. 1.2.
[44] vgl. Haken (1984c), S. 132f.
[45] vgl. Haken / Wunderlin (1986b), S. 21f. Fn. d. Verf.
[46] vgl. Probst (1987), S. 10, 84; Ashby (19), S. 287; Ulrich (19), S. 22f.
[47] vgl. Ulrich / Probst (1990), S. 77
[48] vgl. ebenda, S. 67

Diese Beziehung kann z.b. darin bestehen, dass bei einer Ansammlung von Bauklötzen immer einer roten Reihe von Bauklötzen eine blaue Reihe folgt. Bemerkt ein Beobachter nun in einer Reihe blauer Bauklötze einen roten Bauklotz, kann er dies als fehlerhaft erkennen.

"Ordnung bedeutet Regelhaftigkeit, die einem Beobachter erlaubt, Fehlendes in einem System zu ergänzen oder Fehlerhaftes zu erkennen."[50]

Ein Erkennen von Regelmäßigkeiten mit Unterscheiden von Ähnlichkeiten und Unähnlichkeiten bedarf eines Bezugspunktes, den Beobachter.[51] Ordnung als Systemmerkmal gilt dabei gleichermaßen für statische und dynamische Systeme:

"Wenn wir in der Natur einen Baum über längere Zeit beobachten, so verändert er sich ständig: neue Blätter kommen dazu, Knospen treiben, Blüten gehen auf, Früchte reifen, Blätter fallen usw.. Trotzdem erscheint uns diese ständige Sichverändern auch als Ordnungsmuster."[52]

Selbstorganisation bezeichnet also die Fähigkeit eines Systems, sich spontan selbst zu organisieren, d.h. intrasystemisch Ordnung zu produzieren.[53] Im folgenden wird kurz auf einige ,moderne Wurzeln' der Selbstorganisationsforschung eingegangen.

Der systemtheoretisch-kybernetische Ansatz zur Erklärung von Selbstorganisation wurde insbesondere durch die Arbeiten des Physikers und Kybernetikers Heinz von Foerster geprägt. Zentrale Elemente dieses Ansatzes sind die Entstehung von Ordnung durch rekursive Vernetzungsprozesse, also v.a. rekursive Rückkopplungsschleifen i.S. der Kybernetik, sowie die epistemologische Beobachterproblematik[54]. Insgesamt ergibt sich hiermit die Entwicklung zur Kybernetik 2. Ordnung mit dem Kennzeichen der operationellen Geschlossenheit. Im Gegensatz zur klassischen Kybernetik, der Kybernetik 1. Ordnung, werden dabei insbesondere Prozesse der positiven Rückkopplung ("deviation amplifying") betont[55].

Von Foerster unterscheidet zwei Arten der Entstehung von Ordnung: das Prinzip "order from order", d.h. des Imports von Ordnung aus der Umwelt in das System, und das Prinzip "order from noise", d.h. der selektiven Verwendung von Störungen aus der

---

[49] vgl. Probst (1987), S. 20. Probst weist zudem daraufhin, dass das, was wir als ,Objekte' bezeichnen, letztlich nur Muster aus Beziehungen mit einer bestimmten Dauerhaftigkeit sind: "Physiker wie G. Chew, F. Capra, D. Bohm und I. Prigogin, vorher auch W. Heisenberg, kommen zum Schluss, dass es kein objektiv feststellbares Objekt mehr gibt, sondern nur noch Annäherungen an Muster aus Beziehungen (vgl. z.B. die Teil/Ganzheitsdiskussion bei W. Heisenberg oder F. Capra)", vgl. Probst (1987), S. 20.

[50] vgl. Probst (1987b), S. 242

[51] Auch Bresch betont, dass es nur sinnvoll sein kann von Ordnung mit dem Zusatz "in bezug auf" etwas zu sprechen, vgl. Bresch (1978), S. 280; vgl. auch Popper (1984), S. 374ff..

[52] vgl. Ulrich / Probst (1990), S. 69.

[53] vgl. v. Foerster (1060), S. 42f.; Probst (1987), S. 76; Capra (1983), S. 298

[54] vgl. Kap. 1.1.2. Der Beobachter wird in die Beschreibung des Systems mit eingeschlossen, wodurch die Objektivität einer positivistischen Wissenschaftsauffassung, die er vermieden werden soll, dass die Eigenheiten des Beobachters auf die Beschreibung des Beobachteten Einfluss nehmen, entfällt. "Eine objektive Wirklichkeit gibt es nicht, nur eine vom Beobachter konstruierte", vgl. Probst (1987), S. 44 bzw. s.o. Dies führt zum Ansatz des ,Radikalen Konstruktivismus', der postuliert, dass die Erkenntnis "nicht mehr eine ,ontologische' Wirklichkeit betrifft, sondern ausschließlich die Ordnung und Organisation von Erfahrungen in der Welt unseres Erlebens", vgl. Glaserfeld (1981), S. 23.

[55] vgl. Paslack (1991), S. 133

Umwelt zum selbstaktiven Aufbau systeminterner Ordnung. Wenn ein System in engem Kontakt zu einer Umwelt steht, die für das System verfügbare Ordnung und Energie besitzt, so dass extern vorgegebene Ordnung bloß "einverleibt wird", würde Ordnung nicht "selbst organisiert".[56] Daher kann nach v. Foerster im Fall der Entstehung von Ordnung nach dem Prinzip "order from order" nicht von selbstorganisierenden Systemen gesprochen werden. Die Selbstorganisation eines Systems dürfe man sich nicht als "Import" von Ordnung vorstellen, sondern als einen eigendynamischen Prozess, bei dem energiereiche Störungen der Umwelt durch das selbstorganisierende System zur Vergrößerung seiner inneren Ordnung genutzt werden. In diesem Prinzip "order from noise" sieht v. Foerster den Schlüssel zum Verständnis selbstorganisierender Systeme.[57] Die Selbstorganisation des Systems wird in diesem Fall durch die Umwelt lediglich angeregt, nicht aber kontrolliert.[58]

Die Kybernetik 2. Ordnung weist damit Parallelen zum Ansatz ‚operationell geschlossener Systeme' auf. Im Gegensatz zur Kybernetik 1. Ordnung, bei der Systeme untersucht werden, die, wie z.B. ein Thermostat, systemexterne Störungen durch "negative Feedbacks" ausgleichen, steht bei der Kybernetik 2. Ordnung die Entstehung neuer Ordnung durch sich verstärkende "positive feedbacks" im Vordergrund.[59] Angeregt durch externe Störungen entstehen durch Wechselwirkung der Elemente eines Systems spontan neue Ordnungsmuster. Diese Erzeugung neuer Eigenschaften eines netzwerkartig strukturierten Systems ohne Rückgriffe auf externe Steuerungseinwirkungen oder ein internes Steuerungsprogramm steht im Mittelpunkt des kybernetischen Selbstorganisationsverständnis.

Parallelen zu dem Ansatz v. Foersters finden sich auch in den Arbeiten von Maturana und Varela zu autopoietischen[60] Systemen. Im Zentrum steht dabei die Frage nach den Prinzipien der Organisation des Lebendigen. Während traditionelle Ansätze lebende Systeme primär durch ihre Beziehung zur Umwelt bzw. durch Aufzählung bestimmter Eigenschaften charakterisieren, schlagen Maturana und Varela zur Kennzeichnung des Lebendigen eine grundlegende Neuorientierung vor:

> ''Wenn wir von Lebewesen sprechen, haben wir bereits angenommen, dass es etwas gemeinsames zwischen ihnen gibt, andererseits würden wir sie nicht zu der einen Klasse zählen, die wir ‚das Lebendige' bezeichnen. (...) Unser Vorschlag ist, dass sie sich – buchstäblich – andauernd selbst erzeugen. Darauf beziehen wir uns, wenn wir die sie definierende Organisation autopoietische Organisation nennen.''[61]

Basis für diese Sichtweise waren v.a. die Forschungsergebnisse Maturanas im Bereich der Sinnesphysiologie und Neuroanatomie. Maturana folgerte aus seinen Experimen-

---

[56] vgl. v. Foerster (1960), S. 31ff.
[57] vgl. ebenda, S. 42f.
[58] vgl. Paslack (1991), S. 142
[59] Maruyama unterscheidet zwei Arten von Systemen: der eine Systemtyp operiere nach dem "model of deviation-counteracting", d.h. Abweichungen bzw. Störungen würden über "negative feedbacks" ausgeglichen. Bei dem anderen Systemtyp würden Prozesse des "deviation amplifying" dazu führen, dass über "positive feedbacks" neue Strukturen entstehen könnten. Während der erste Systemtyp unter die "Kybernatik 1. Ordnung" falle, gehöre der zweite Systemtyp zur "Kybernetik 2. Ordnung", vgl. Maryama (1963), S. 164ff.
[60] griechisch *autos* = selbst und *poiein* = machen
[61] vgl. Maturana / Varela (1987), S. 50f.; Maturana / Varela (1980), S. 73ff.; Maturana / Varela (1982), S. 180ff; Varela (1979), S. 4ff.

ten, dass das Nervensystem als ein geschlossenes Netzwerk angesehen werden kann, dass ausschließlich über Relationen operiert, die von seiner Struktur festgelegt werden.[62] Damit handelt es sich um ein operationell geschlossenes System. Daraus folgt,

> ''(...) dass es für ein geschlossenes System kein Innen und Außen gibt, und dass ich jede Sehweise, Sprache oder Beschreibung aufzugeben hatte, die das Nervensystem so darstellten, als ob es bei der Erzeugung des Verhaltens eines Organismus mit Repräsentationen einer Umwelt operiere.[63] (...) Das Gehirn errechnet keine Verhaltensweise aus ‚Informationen', die durch die Sensoren aus der Umwelt ‚eingeholt' werden.''[64]

Das Gehirn bildet damit keine Außenwelt i.s. bloßer ‚Repräsentationen' ab, sondern erzeugt immer nur (neue) netzwerkinterne Relationen zwischen neuronalen Zuständen. An die Stelle der Repräsentation der Umwelt tritt der Begriff der strukturellen Kopplung: die Umwelt wird nicht abgebildet, sondern wirkt lediglich im Form von Reizen bzw. Störeinflüssen auf das Nervensystem. Die Interpretation dieser Reize verläuft vollkommen systemintern. Hier werden die Parallelen zu der Entstehung von Ordnung durch das Prinzip "order from noise" durch von Foerster ersichtlich.

Einer völligen Entkopplung der Wahrnehmung von der vorliegenden Umweltsituation wird dabei durch den Zwang zur Anpassung des Lebewesens an seine Umwelt entgegengewirkt. Das Überleben eines Systems wird davon abhängen, inwieweit das neuronal instruierte Verhalten zu mit der Umwelt kompatiblen Interaktionen führt. Eine solche Angepasstheit des Verhaltens auf Umweltbedingungen ist also nicht durch erfolgreiche Abbildung von Umweltinformationen gekennzeichnet, sondern durch eine systemimmanente Produktion von Informationen aus externen Reizen bzw. Störeinflüssen, die eine bestmögliche Überlebensfähigkeit garantiert.

Das zentrale Kennzeichen lebender Systeme sehen die Autoren daher in der Besonderheit ihrer Organisation:

> ''Es gibt eine Klasse von Systemen, bei der jedes Element als eine zusammengesetzte Einheit (System), als ein Netzwerk der Produktionen von Bestandteilen definiert ist, die (a) durch ihre Interaktionen rekursiv das Netzwerk der Produktionen bilden und verwirklichen, das sie selbst produziert hat; (b) die Grenzen des Netzwerks als Bestandteile konstituieren, die an seiner Konstitution und Realisierung teilnehmen; und (c) das Netzwerk als eine zusammengesetzte Einheit in den Raum konstituieren und realisieren, in dem es existiert.''[65]

Die Merkmale solcher "autopoietischer Systeme"[66] bestehen damit in drei Kennzeichen: Rekursivität der Prozesse, Reproduktion der elemente-produzierenden Prozesse und Bildung einer Systemgrenze.

Rekursivität ist bereits vom Kennzeichen der operationellen Geschlossenheit her bekannt:

---

[62] vgl. Maturana (1982a), S. 18f.
[63] vgl. ebenda, S. 19
[64] vgl. ebenda, S. 25
[65] vgl. Maturana (1991), S. 94; vgl. auch Maturana (1981), S. 21f; Maturana / Varela (1980), S. 87f.; Varela (1979), S. 13
[66] vgl. Maturana (1991), S. 94f.

''Es gibt selbstreferentielle Systeme. Das heißt zunächst nur in einem ganz allgemeinen Sinne: Es gibt Systeme mit der Fähigkeit, Beziehungen zu sich selbst herzustellen und diese Beziehungen zu differenzieren gegen die Beziehungen zu ihrer Umwelt.''[67]

Die Reproduktion der elemente-produzierenden Prozesse dient der dauerhaften Aufrechterhaltung der Organisation des autopoietischen Systems[68] und damit der Bewahrung seiner Identität. Jeder Wandel und alles Operieren des Systems sind seiner Autopoiese, d.h. der Aufrechterhaltung seiner Organisation bzw. Identität untergeordnet.[69] Mit der Selbstreproduktion existiert keine Trennung mehr zwischen Erzeuger und Erzeugnis.[70]

Das dritte Merkmal autopoietischer Systeme, die Grenze eines autopoietischen Systems, ist nicht als etwas zusätzliches, nicht in die Systemprozesse eingebundenes, zu verstehen, sondern entsteht vielmehr aus dem Operieren des Systems und wird durch diese Operationen reproduziert.[71] Damit stellen die Grenzen der Operationen auch die Grenzen des Systems dar. Hinsichtlich des Raumes, in dem autopoietische Systeme existieren, bestehen jedoch unterschiedliche Sichtweisen. Während Maturana keine Restriktionen bezüglich des Raumes sieht, in dem ein autopoietisches System existiert[72], vertritt Varela die Ansicht, dass autopoietische Systeme nur im physikalisch-chemischen Bereich existieren[73].

Vergleicht man die Definitionen von Autopoiese bei Maturana[74] und operationeller Geschlossenheit bei Varela[75], so zeigt sich, dass sie gleich sind. Daher kommt auch zu Knyphausen zu dem Schluss, dass beide Begriffe als gegenseitige Übersetzungen verwendet werden können.[76] Folgt man Varela, stellt operationelle Geschlossenheit einen Oberbegriff zu Autopoiese dar, weil letztere nur im dreidimensionalen, physikalischen Raum vorliegt. Da die Abgrenzung beider Begriffe für die vorliegende Problemstellung keine weitergehende Bedeutung hat, unterbleibt an dieser Stelle eine vertiefende Auseinandersetzung mit der Beziehung beider Begriffe.

Im Mittelpunkt der *Theorie dissipativer Strukturen*, die maßgeblich von Ilya Prigogine geprägt wurde, steht die Ordnungsentstehung in energiestreuenden (dissipativen) Systemen. Im Fall nicht-linearer Ungleichgewichte kann ein System durch kleinste energetische, systemexterne oder -interne Fluktuationen in einen ganz neuen Zustand getrieben werden. Ein häufig zitiertes Beispiel für diese Ordnungsentstehung aus Fluktuation stellt die Bénard-Flüssigkeit[77] dar. Die Systementwicklung ist hierbei von ihren Anfangsbedingungen i.S. der ‚Geschichte' des Systems abhängig.

---

[67] vgl. Luhmann (1984), S. 31
[68] vgl. Beer (1982), S. 66; Maturana / Varela (1982), S. 184f.
[69] vgl. Maturana (1981), S. 94; Maturana (1991), S. 95; Maturana / Varela (1982), S. 186; Varela (1979), S. 15
[70] vgl. Maturana (1981), S. 94; Maturana / Varela (1987), S. 56; Maturana / Varela (1982), S. 186; Maturana / Varela (1980), S. 78f.
[71] vgl. Probst (1987), S. 79; Varela (1991), S. 120ff.; Varela (1979), S. 54ff.; Zeleny (1981), S. 6f.
[72] vgl. Maturana (1981) S. 22f.
[73] vgl. Varela (1991), S. 120; Varela (1979), S. 15
[74] vgl. Maturana (1981), S. 20
[75] vgl. Varela (1981), S. 15
[76] vgl. zu Knyphausen (1988), S. 225
[77] Prigogine untersuchte die sogenannte Bénard-Flüssigkeit, die in einem Glasbehälter mittels einer Flamme erwärmt wurde, vgl. Prigogine / Glansdorff (1971), S. XIII; Prigogine (1967), S. 371ff. Nach Erreichen einer

Die *Theorie der Synergetik*, der ‚Lehre vom Zusammenwirken', geht der Frage nach gemeinsamen, universellen Prinzipien, die der Strukturbildung in den unterschiedlichsten Systemen zugrunde liegen, nach. Ihr Begründer, Hermann Haken, demonstrierte am Beispiel eines Lasers, wie aus zunächst völlig ungeordneten Lichtwellen unterschiedlichster Frequenz durch spontane Selbstorganisation der Laseratome das Laserlicht als ein einziger monochromatischer Wellenzug von hoher Kohärenz entstehen kann.[78] Entscheidend ist dabei, dass diese Selbstorganisation vom System selbst ausgeht: die besondere Konstruktion der Laserapparatur führt dazu, dass ein Wellenzug einen minimalen Vorteil gegenüber allen anderen erhält. Dadurch verstärkt er sich und zwingt schlagartig alle anderen Laserelektronen dazu, ihre Photonen in gleicher Phase zu emittieren. Der siegreiche Wellenzug wird zum "Ordner", Haken nennt dies Prinzip "Versklavung".[79] Die aus diesen Erkenntnissen entwickelte Theorie der Synergetik betrachtet verschiedene Phänomene der Entstehung von Ordnung aus Unordnung nach dem Vorbild des Lasers. Im Zentrum steht dabei die Entstehung von Selbstorganisation durch das "Zusammenwirken von Teilen" mit Anwendungen von der Populationsdynamik bis hin zur Mustererkennung in "synergetischen Computern".

Die *Chaostheorien* wurden von zwei Seiten entscheidend geprägt: Der Mathematiker und Meteorologe Edward N. Lorenz stellte bei der Entwicklung eines globalen Wettermodells 1960 fest, dass seine Simulationen zwar gewisse Grundmuster produzierten, niemals aber exakte Wiederholungen. Es herrschte eine Art von ‚geordneter Unordnung'. Die Simulationen zeigten, dass bereits geringste Inputabweichungen zu drastischen Outputdifferenzen führen konnten. Zwei Wetterkurven, die nahezu von demselben Punkt ausgingen bzw. sich nur durch Rundungsfehler unterschieden, führten zu grundsätzlich unterschiedlichen Ergebnissen.[80] Lorenz spricht in diesem Zusammenhang auch vom "Schmetterlingseffekt": Ein einziger Flügelschlag eines Schmetterlings kann zur völligen Umstellung der Großwetterlage führen.[81] Potenziell chaotische Strukturen sind immer nicht-lineare, rückgekoppelte Strukturen, die ganz stark von den Anfangsbedingungen abhängen. Die im Verlaufe des Prozesses entstehenden Globalstrukturen werden dabei in nicht-vorhersagbarer Weise durch die Details der Ausgangssituation beeinflusst.[82] Schon einfache deterministische Systeme wie etwa ein Pendel können in Abhängigkeit der Anfangsbedingungen ein solches aperiodisches, chaotisches Verhalten aufzeigen. Lorenz erkannte jedoch auch, dass innerhalb

---

kritischen Temperatur restrukturierte sich die Flüssigkeit in ein hochorganisches Muster sogenannter Benard-Zellen, das seine wabenartige Form behält, solange die Erhitzung anhält. "Der Prozess dieser Selbstorganisation ist gleichsam die Antwort auf eine neue Herausforderung einer neuen Systembedingung", vgl. Zahn / Dillerup (1995), S. 48f. Übersteigt in offenen Systemen der Durchfluss an Energie und Materie einen gewissen Schwellenwert, so kommt es nicht einfach nur zu immer größeren Fluktuationen, sondern es treten häufig spontan räumliche und zeitliche Muster auf, die relativ stabile, aber ungleichgewichtige Strukturen darstellen.

[78] Eine wichtige Vorarbeit zur Lehre der Synergetik bildet der von Haken zusammen mit Sauermann publizierte Aufsatz über die nicht-lineare Interaktion zwischen zwei Laserlichtmoden, vgl. Haken / Sauermann (1963), S. 261ff. Eine populäre Darstellung findet sich Haken (1984a), S. 61ff.

[79] Das Auftreten des "Ordners" und das kohärente Verhalten der Elektronen bedingen sich wechselseitig, beides "synergiert".

[80] Lorenz selbst war anfangs fest davon überzeugt, dass man dem Wettergeschehen mit Hilfe von Computersimualtionen auf Basis von Näherungswerten auf die Spur kommen könne: kleine Fehler im Input würden auch nur kleine Abweichungen im Output hervorrufen, womit sich der Wetterverlauf zumindest im Prinzip vorhersagen ließe, vgl. Gleick (1988), S. 24.

[81] vgl. Cramer (1988), S. 160

[82] vgl. Lorenz (1963), S. 448ff; Lorenz (1964), S. 1ff.

des Chaos Ordnung existierte: Obwohl zwei Verlaufsformen von Systemprozessen niemals identisch waren, liegt ihnen dennoch eine gemeinsame geometrische Struktur zugrunde, die innerhalb der Unregelmäßigkeit für Ordnung sorgte.

Eine zweite wichtige Entwicklungsschiene der Chaostheorien stellt die "fraktale Geometrie" des Mathematikers Benoit Mandelbrot dar. Mandelbrot erkannte, dass sich die unregelmäßigen Raum-/Zeit-Strukturverläufe von z.B. Küstenverläufen, Bergketten oder Störungen im Telegrafennetz unabhängig vom Analysemaßstab wiederholten. Da sich diese "Selbstähnlichkeit" mit der euklidischen Geometrie nicht mehr adäquat beschreiben ließ, schlug Mandelbrot hierfür die "fraktale Geometrie" vor.[83] Mandelbrots Beitrag zur Theorie der Selbstorganisation besteht darin, dass alle selbstorganisierenden Systeme, die aus wechselwirkenden Subsystemen aufgebaut sind, diesen fraktalen Charakter aufweisen. Unabhängig von der betrachteten Organisationsstufe sind sie durch komplexe Strukturen mit unterschiedlichen emergenten Eigenschaften gekennzeichnet. Ebenso wie die Forschungsergebnisse von Prigogine, Haken oder Lorenz zeigt dies die irreduzible Komplexität und Unvorhersagbarkeit dynamischer Systeme.

Die Theorie *autokatalytischer Hyperzyklen* ging aus den Arbeiten des Biochemikers Manfred Eigen hervor. Eigen zeigte, dass die Entstehung des Lebens ein Resultat von molekularen Ausleseprozessen ist, womit ihm eine Erweiterung der darwinistischen Selektionstheorie auf den präbiotischen Bereich gelang. Damit legte er den Grundstein für eine Theorie der molekularen Selbstorganisation, für die er vier Voraussetzungen sieht[84]:

1. Die Evolution der Materie über Selbstorganisation geht stets von Zufallsereignissen aus. Dies bedeutet jedoch nicht, dass sich hochkomplexe Organismen auf ‚zufällige' Art bilden, denn:

2. Selbstorganisation erfordert bestimmte Eigenschaften schon auf molekularer Ebene. Ein grundlegendes Merkmal selbstorganisierender Systeme ist die Reproduktion und Erhaltung des eigenen Informationsinhaltes. In dieser "Urinformation" ist die Fähigkeit sich selbst zu erhalten niedergelegt.[85]

3. Über den evolutionären Wert einer neuen Information entscheidet die natürliche Selektion. Das Besondere selbstorganisierender Systeme zeigt sich daran, dass die Erzeugung der Information zur Selbstreproduktion als "Urinformation" einem reflexiblen Selektionsprozess unterliegt: "Ein selbstorganisierendes System selektiert für eine optimale Selektionsleistung."[86] Eine solcher Selektionsprozess geht zwar von Zufallsereignissen aus, unterliegt dann jedoch bestimmten Selektionsregeln. Selektion ist jedoch keine allgemeine Eigenschaft der Materie:

---

[83] vgl. Mandelbrot (1977). Bisweilen wird bestritten, dass Mandelbrots Ansatz der "fraktalen Geometrie" die Bezeichnung "mathematisch" verdient hat, da er nicht nach dem Schema "Definition-Satz-Beweis" formuliert sei, vgl. Franks (1989).
[84] vgl. Eigen (1972), S. 171ff.
[85] vgl. ebenda, S. 174
[86] vgl. ebenda, S. 175

4. Selektion tritt nur bei geeigneten Substanzen und unter bestimmten Bedingungen auf. Eigens Interesse gilt insbesondere der Ausbildung sogenannter selbstreproduktiver "Hyperzyklen".[87] Diese Hyperzyklen sind Zusammenschaltungen mehrerer katalytischer Zyklen, die ihrerseits wieder aus mehreren Enzymen zusammengeschaltet sind. Jeder dieser Katalysezyklen enthält sowohl die Informationen für seine eigene Reproduktion als auch die Information für die Synthese eines spezifischen Enzyms, das die Tätigkeit im Hyperzyklus katalytisch unterstützt. Untereinander konkurrieren die Hyperzyklen um knappe Aminosäuren. Die Selektion erfolgt nach dem "Alles-oder-Nichts-Prinzip". Damit stimulieren die Hyperzyklen wechselseitig ihre Evolution. Schwächere Hyperzyklen mutieren entweder vorteilhaft oder fallen auseinander. In diesem Fall bilden sich aus den frei werdenden Bausteinen wieder neue Hyperzyklen mit neuen Eigenschaften.

Eigens Theorie des Hyperzyklus liefert eine mathematische Beschreibung des Wechselspiels von Mutation und Selektion im Bereich unbelebter Materiesysteme. Seine "revolutionäre Bedeutung erhält das Eigensche Hyperzyklus-Modell dadurch, dass es erstmals eine allgemeine mathematische Formulierung aller möglichen evolvierenden Systeme liefert, indem es dem rückgekoppelten Charakter der Evolution Rechnung trägt."[88]

Als letzter Baustein moderner Selbstorganisationstheorien wird auf Erkenntnisse der Ökologie eingegangen, die v.a. durch das *Konzept der Koevolution* (P. Ehrlich)[89], und die Untersuchungen zur Stabilität von *Ökosystemen fernab des Gleichgewichts* (C. S. Holling)[90] geprägt wurden.[91] Das Konzept der Koevolution[92] beruht darauf, dass Ökosysteme strukturell gekoppelt sind, indem sie durch Materie- und Energieflüsse sowie Kommunikation in Verbindung stehen. Dadurch entwickeln sich benachbarte Ökosysteme koevolutiv, d.h. in vernetzter Abhängigkeit voneinander. Veränderungen in den Systemen stimulieren sich gegenseitig. Durch eine solche „koevolutive Kommunikation" wird die Komplexität von Ökosystemen zunehmend gesteigert.

---

[87] Eigen führt drei grundsätzliche Evolutionsphasen auf: eine präbiotische, rein chemische Phase, eine Phase des Übergangs vom "Unbelebten" zum "Belebten" und eine phylogenetische Phase, in der die Entwicklung der Arten stattfindet, das lange Zeit im Vordergrund der biologischen Betrachtungen stand. Die Ausbildung der Hyperzyklen betrifft die zweite dieser Phasen.

[88] vgl. Paslack (1991), S. 116; Cramer (1988), S. 131

[89] vgl. z.B. Ehrlich / Raven (1965)

[90] vgl. z.B. Holling (1976), (1984)

[91] Nach der Theorie offener Systeme von Ludwig v. Bertalanffy handelt es sich bei Ökosystemen um thermodynamisch offene Systeme, die beständig Materie und Energie importieren bzw. exportieren und ihre Ordnung über "Fließgleichgewichte" aufrechterhalten, vgl. v. Bertalanffy (1968). Für derartige Ökosysteme gelten nach Schütze die vier Gesetze der Ökodynamik: das Streben nach Strukturerhaltung, nach Stabilität, der Vorrang des Ganzen vor den Teilen sowie die Selbststeuerung, vgl. Schütze (1985), S. 43ff. Als offene, dynamische Systeme sind Ökosysteme demnach in der Lage innerhalb bestimmter Grenzen ihre Umwelt und damit die Bedingungen ihrer Entwicklung selbst zu gestalten.

[92] Der Ursprung des Konzeptes der "Koevolution" wird auf Ehrlich und Raven zurückgeführt, vgl. Ehrlich / Raven (1965), S. 586ff. Bei koevolvierenden Systemen handelt es sich um "ein stochastisches System der Veränderung, indem zwei oder mehr Spezies aufeinander einwirken, dass Veränderungen in der Spezies A die Stufe für die natürliche Selektion der Veränderung in der Spezies B setzen. Spätere Veränderungen in der Spezies B setzen wiederum die Stufe für die Selektion von weiteren ähnlichen Veränderungen in der Spezies A", vgl. Bateson (1982), S. 274

Gegenüber der klassischen Betrachtungsweise, die ökologische Systeme primär unter dem Aspekt der auf Stabilität gerichteten Homöostase[93] betrachtete, zielen die Arbeiten des Ökologen Hollings auf die Selbstorganisationsdynamik ökologischer Systeme ab.[94] Über seine Untersuchungen zur Populationsdynamik von Jäger- und Beutetieren kam Holling zu dem Schluss, dass die Widerstandsfähigkeit eines Ökosystems umso geringer wird, je mehr es sich dem Gleichgewichtszustand annähert. In diesem Fall kann es durch eine zufällige Fluktuation wie z.b. eine dramatische Klimaschwankung oder das Auftreten einer neuen Spezies, völlig zerstört werden. Umgekehrt ermöglichen lokale Fluktuationen, die ein Erreichen eines absoluten Gleichgewichtszustands verhindern, eine bessere Anpassungsfähigkeit bzw. Selbstregulation des Systems.[95]

Holling beschreibt diese Phänomene mit den beiden Begriffen „stability" und „resilience". Während „stability" die Fähigkeit eines Systems beschreibt, nach einer kurzzeitigen Störung einen Gleichgewichtszustand einzunehmen, bezeichnet resilience

''(...) a measure of the persistence of systems and the ablity to absorb change and disturbance and still maintain the same relationships between populations or stable variables.''[96]

Ökosysteme mir hoher "resilience" können stark flukturieren und weisen nur eine geringe Homogenität auf. Gerade dadurch sind sie jedoch in hohem Maße überlebensfähig. Für solche ungleichgewichtige und anpassungsfähige Ökosysteme geht Holling von mehreren "Stabilitätsdomänen" bzw. "Attraktionsdomänen" aus, zwischen denen das System entsprechend den Randbedingungen wechseln kann.[97] Instabilität bedeutet damit also Multistabilität. Dabei können durch die eigendynamischen Fluktuationen bei selbstorganisierenden Systemen sprunghafte Übergänge von einem Ordnungsregime in ein anderes auftreten.[98] Ein "scharfer" Ordnungswechsel wird umso wahrscheinlicher, je mehr eine gegebene Stabilitätsdomäne schrumpft. Dies kann z.B. gerade durch den Versuch entstehen, ein Ökosystem gegen Störungen abzuschotten, da es hierdurch seine Fähigkeit verliert, sich "elastisch" auf plötzlich auftretende dramatische Störungen anzupassen. Die Aufrechterhaltung interner Fluktuationen erhöht dagegen die Anpassungs- und damit Überlebensfähigkeit eines Ökosystems.

Holling fasst seine Überlegungen in zwei gegensätzlichen Strategien für das "Designen" von Ökosystemen zusammen: die "fail-safe strategy" zielt auf "stabilitätsoptimierte" Systeme mit Minimierung von Fluktuationen. Dies erfordert vollständige Kenntnis der Systemdynamik und Randbedingungen, was selten gewährleistet ist. Daher ist in solchen Fällen die "safe-fail strategy" zielführender, die i.S.v. "resilience"

---

[93] Homöostasische Systeme verfügen über die Fähigkeit ''eine oder mehrere essentiellen Variablen innerhalb der ‚physiologischen Grenzen' zu halten, vgl. Probst (1987), S. 18.

[94] vgl. Holling (1976)

[95] Holling wendet sich damit gegen die herkömmliche Vorstellung, dass Ökosysteme endogenen Fluktuationen nur in geringem Maße ausgesetzt seien: "(...) the behaviour of ecological systems is profound affected by random events", vgl. Holling (1976), S. 80.

[96] vgl. ebenda, S. 80f.

[97] vgl. ebenda, S. 84. Hier lassen sich Parallelen zur Chaostheorie erkennen, vgl. z.B. den sogenannten "Lorenzattraktor", vgl. Gleick (1988), S. 47.

[98] "Discontinuos change is an internal property of each system. For long periods change is gradual and discontinuous behavior is inhibited. Conditions are reached, however, when a jump event becomes increasingly likely and ultimately inevitable", vgl. Holling (1984), S. 6.

über interne Fluktuationen eine höhere Anpassungsfähigkeit verfolgt und damit auf "Fehlerfreundlichkeit" statt auf "Fehlervermeidung" zielt.[99] Für reale Ökosysteme (und Sozialsysteme) empfiehlt Holling eine Mischung beider Strategien: die Vermeidung grober Fehlschläge bei Erhaltung einer größtmöglichen Anpassungsfähigkeit:

> "We must learn to live with disturbance, live with variability, and live with uncertainty. Those are the ingredients for persistence."[100]

Im folgenden wird auf die Rezeption der Gedanken der Selbstorganisation in ausgewählten Ansätzen in der Betriebswirtschaftslehre eingegangen, was zur Notwendigkeit eines differenzierten Selbstorganisationsverständnis führt.

1.2 Ansätze zur Selbstorganisation in sozialen Systemen

1.2.1 Aussagen der St. Gallener Schule – der Ansatz von Probst

Die St. Gallener Schule entwickelte seit Ende der 60er Jahre Konzepte, die eine ganzheitliche Managementsicht verfolgen. Ausgehend von einer systemtheoretischen Sichtweise entwickelte Probst sein Konzept "Selbst-Organisation – Ordnungsprozesse in sozialen Systemen aus ganzheitlicher Sicht".[101] Mit der ihm eigenen Schreibweise bezeichnet Probst "Selbst-Organisation" als ein Meta-Konzept für das "Verstehen, der Entstehung, Aufrechterhaltung und Entwicklung von Ordnungsmustern".[102] Die Bezeichnung "Konzept" drückt nach Probst aus, dass es ihm darum geht einen prätheoretischen Rahmen zu legen:

> "Von einer Theorie selbstorganisierender sozialer Systeme lässt sich noch nicht sprechen, schon gar nicht von empirisch getesteten Hypothesen."[103]

Probst' Verständnis von Selbstorganisation basiert auf einem interdisziplinären Ansatz:

> "Phänomene der Ordnung oder der Ordnungszunahme, die nicht einfach als Resultat eines gestaltenden und lenkenden Teils verstanden werden können, sondern aus den Interaktionen im System als Ganzes entstehen, sind in den unterschiedlichsten physikalischen, biologischen und sozialen Systemen festzustellen. (...) Um Selbstorganisation handelt es sich, weil eine resultierende Ordnung vom Beobachter aus unabhängig seiner Interventionen oder der Interventionen isolierbarer einzelner Gestalter/Gestaltungssysteme und Lenker/ Lenkungssysteme feststellbar ist."[104]

Sowohl die Wahrnehmung von Ordnung, als auch die Feststellung, dass Ordnungsentstehung unabhängig von Interventionen erfolgt ist, werden vom Beobachter definiert.

---

[99] vgl. ebenda, S. 89f.
[100] vgl. ebenda, S. 90f.
[101] vgl. Probst (1987a)
[102] vgl. ebenda, S. 14. Probst differenziert dabei: ist der Prozess gemeint spricht er von "Selbstorganisation", handelt es sich um das Konzept, so verwendet er die Schreibweise "Selbst-Organisation", vgl. ebenda, S. 12, Fußnote 2.
[103] ebenda, S. 11
[104] ebenda, S. 10ff.

Probst kommt daher zum Schluss, dass Selbstorganisation beobachterabhängig ist, was die Unterscheidung von System, Umwelt und Beobachter verlangt.[105]

"Ordnung ist von uns wahrgenommene Regelmäßigkeit und Zuschreibbarkeit.[106] (...) Ordnung bedeutet Gesetzmäßigkeit, die es dem Systembeobachter erlaubt, Fehlendes in einem System zu ergänzen oder Fehlerhaftes zu erkennen.'[107] (...) Um Ordnung zu verstehen, müssen wir die Emergenz von Mustern verstehen.[108]

Ordnungsentstehung, -aufrechterhaltung und -entwicklung i.s. emergenter Phänomene ist nach Probst in humanen, sozialen Systemen vielfach nicht auf individuelle Interventionen oder Handlungen rückführbar. Probst versteht humane, soziale Systeme daher als selbstorganisierend.[109] Sie entwickeln ihre eigene Dynamik und haben ihre eigenen (Teil-)Ziele, was niemals das Resultat einer geplanten Vorstellung sein könne. Er folgert daraus, dass die Entwicklung humaner, sozialer Systeme nicht gestaltet, sondern nur unterstützt und gefördert werden kann.[110] Die Akzeptanz begrenzter "Machbarkeit" führe schnell zur "geplanten Evolution"[111].

Selbstorganisierende Systeme zeichnen sich nach Probst durch vier intrinsische Charakteristika aus: Komplexität, Selbstreferenz, Redundanz und Autonomie.[112] Diese sind "deutlich miteinander verbunden, überlappen und definieren und produzieren sich gegenseitig"[113].

Komplexität versteht Probst als Produkt aus Kompliziertheit und Dynamik. Etwas ist kompliziert, wenn es aus einer Vielzahl verschiedenartiger Elemente besteht.[114] Dynamik bezeichnet die Veränderlichkeit von Systemelementen und -beziehungen im Zeitablauf.[115] Komplexität führt nach Probst zu "unvollständiger Beschreibbarkeit und geringer, uneindeutiger Voraussagbarkeit"[116]. Probst verweist in diesem Zusammenhang auf das bereits bekannte Modell "Trivialer- und Nicht-trivialer Maschinen"[117] von von Foerster. Soziale Systeme können, so Probst, nicht als Triviale Maschinen

---

[105] vgl. ebenda, S. 11. Vgl. hierzu auch v. Foerster (1960), (1984); Luhmann (1984); Morgan (1986).

[106] vgl. Probst (1987a), S. 9

[107] vgl. ebenda, S. 37

[108] vgl. ebenda, S. 86

[109] vgl. ebenda, S. 51, S. 68ff., S. 86f.: Das Entstehen von Ordnung erfolgt dabei durch das Zusammenwirken der Menschen: "Das Entstehen von Ordnung aufgrund des Verhaltens und Zusammenwirkens der Menschen ohne das planmäßige Erlassen von Regeln durch damit beauftragte Instanzen können wir als 'Selbstorganisation' bezeichnen", vgl. Ulrich / Probst (1990), S. 245; vgl. auch Probst (1991), S. 336.

[110] vgl. ebenda, S. 24 und S. 51

[111] Entwicklung grenzt Probst dabei klar von Wachstum ab, vgl. Probst (1987b), S. 252; Ulrich / Probst (1990) S. 91. Entwicklung bedeutet, dass neue Eigenschaften oder Beziehungen entstehen, neu geschaffen werden oder integriert werden, vgl. auch Gharajedaghi / Ackoff (1985) S. 293. Ein Beispiel hierfür stellt die Entwicklung von der Raupe zum Schmetterling dar. Ein Schmetterling hat andere Eigenschaften als eine Raupe: er kann fliegen, hat besondere Farben, ernährt sich anders etc.

[112] vgl. Probst (1987a), S. 76ff. Für einen Ansatz zur Operationalisierung dieser Kriterien vgl. Zahn / Dillerup (1995), S. 52ff..

[113] vgl. ebenda

[114] vgl. Ulrich / Probst (1990), S. 58; Wilms (1994), S. 87

[115] vgl. Probst (1981), S. 149. Das Komplexitätsverständnis von Ulrich / Probst entspricht damit der bereits aus Teil I bekannten Definition, nach der sich komplexe Systeme durch einen hohen Varietätsgrad bzw. eine hohe Elementevielfalt und einen hohen Konnektivitätsgrad bzw. eine hohe Beziehungsvielfalt auszeichnen, vgl. Zahn (1972), S. 15.

[116] vgl. Probst (1987a), S. 76f.

[117] vgl. Teil III, Kap. 1.1.

bzw. als Input-Output-Modelle behandelt oder als Black-Box trivialisiert werden. Daraus folgert er, dass im Rahmen selbstorganisierender sozialer Systeme eine Nichtreduzierbarkeit der Komplexität anzuerkennen ist.

Selbstreferenz" bedeutet nach Probst Rückkoppelung in dem Sinne, dass jedes Verhalten des Systems auf sich selbst zurückwirkt und damit Ausgangspunkt für weiteres Verhalten wird.[118] Nach Probst sind soziale Systeme zudem operationell geschlossen, d.h. sie produzieren jene Elemente, die sie als soziale Systeme auszeichnen, mit Hilfe der Elemente, aus denen sie bestehen[119]. Die operationelle Geschlossenheit bildet dabei nicht nur die Grundlage für Grenzbildung und -erhaltung, sondern ist auch Bedingung zum Erhalt der Systemidentität.[120]

Redundanz steht dafür, das in selbstorganisierenden Systemen keine Trennung zwischen dem organisierenden oder lenkenden Teil und dem organisierten oder gelenktem Teil besteht. "Gestaltung und Lenkung sind über das System verteilt"[121]. Es ist damit "mehr vorhanden, als notwendig", da viele Teile in der Lage sind, dasselbe zu tun. Es besteht das Prinzip, dass jene Teile gestaltend und lenkend handeln, die (am meisten) Informationen haben. Redundanz der Funktionen schafft potenziell interne Flexibilität. Sie ist Voraussetzung für ein selbstorganisierendes System.

Autonomie liegt nach Probst vor, wenn das System selbst die Beziehungen und Interaktionen bestimmt, die es als Einheit definieren. Damit bezeichnet Autonomie "Selbstgestaltung, -lenkung und –entwicklung und wird durch diese wiederum selbst reproduziert".[122] In Anlehnung an Susmann[123] bezieht sich Probst damit auf ein relatives Autonomieverständnis: Autonomie bedeutet nicht vollkommene Unabhängigkeit, da auch autonome Systeme starken Einflüssen von außen ausgesetzt sein können, z.B. durch Abhängigkeit von Ressourcen, Absatzmärkten oder Technologien.[124] Probst betont dabei, dass Autonomie ebenso wie operationelle Geschlossenheit nicht per se gut oder schlecht seien. So besteht bei Autonomie z.B. die Gefahr von Rigidität, Isolierung und Verstärkung von Schwächen. Zur Selbstlenkung spielen Rückkoppelung und Selbstreflexion eine bedeutende Rolle. Insbesondere zugunsten eines umfassenderen Ganzen kann auf Autonomie teilweise verzichtet werden.

Probst versteht sein Konzept der Selbst-Organisation nicht als Alternative zum "Organisieren". Erst durch bewusstes Einbeziehen von Phänomenen der Selbstorganisation

---

[118] vgl. ebenda, S. 79

[119] vgl. Luhmann (1984)

[120] vgl. Probst (1987a), S. 79. Probst betont gleichzeitig, dass soziale Systeme nur in der Produktion der Organisation (operationell) geschlossen sind, jedoch offen gegenüber Energie, Materie oder Informationen, vgl. ebenda, S. 79. Im Gegensatz zu biologischen Systemen geht es dabei nach Probst nicht um Selbstreproduktion, sondern um "jene geistig-sinnhaften Elemente, die einen humanen sozialen Bereich spezifizieren und damit die Identität einer Einheit", vgl. ebenda, S. 79.

[121] vgl. ebenda, S. 81f.

[122] vgl. ebenda, S. 82; Unter "Lenkung" versteht Probst das "unter Kontrolle halten von Ordnungszuständen eines Systems, sowie der Entwicklung von Systemen", vgl. ebenda, S. 38. Damit wird verhindert, "dass das System sich in ungewollte Bahnen bewegt, d.h. Zustände annimmt, die nicht wünschbar oder nicht sinnvoll erscheinen", vgl. ebenda, S. 40.

[123] vgl. Susmann (1976)

[124] "Kein System, das Teil eines umfassenderen ökologischen Systems ist, kann vollkommen autonom (oder unabhängig) sein", vgl. Probst (1987a), S. 82.

in das organisatorische Denken und Handeln sieht er die Entstehung lebensfähiger Ordnungen.[125] Ohne Berücksichtigung von Selbstorganisation entsteht eine nicht mehr anpassungsfähige Bürokratie, ohne Ordnung des Organisierens führt Selbstorganisation zum Systemverfall. Nur das Zusammenspiel beider Kräfte lässt soziale Systeme entstehen, die der steigenden Umfelddynamik gewachsen sind.[126]

Als Konsequenzen für Organisieren in selbstorganisierenden Systemen folgert Probst daher Extreme zu balancieren, da diese systemzerstörend sind, sowie Redundanz in Funktionen zu schaffen[127]. Letzteres zielt darauf, dass Einheiten mit ''überflüssigen Funktionen'' ausgestattet werden und dadurch multiple Fähigkeiten erlangen[128] sowie die Entwicklung von Generalisten statt Spezialisten.[129] Eine solche Redundanz führt, so Probst, ''von hierarchischen zu heterarchischen Idealen, von der Konzentration auf wenige Entscheidungseinheiten zu einer Verteilung des Potentials''[130]. Zudem empfiehlt Probst bei der Gestaltung in selbstorganisierenden Systemen nicht Teile und Beziehungen im Detail festzulegen, sondern einen ''Kontext zu schaffen, der einem System erlaubt, seine eigene Gestaltung zu finden und zu erfahren''[131]. Ziel muss demnach eine minimale Festlegung kritischer Regeln sein. Statt der Bestimmung eindeutiger Ziele, könne es sinnvoller sein, Zustände auszuschließen, oder unerwünschte Systemzustände zu vermeiden. Der Organisator wird dabei zum ''Unterstützer, Katalysator und Förderer von Organisationsprozessen''.[132] Insgesamt resümiert Probst, dass noch wenig Kenntnis über Möglichkeiten, Grenzen und Instrumente der Flexibilisierung durch Selbstorganisationsprozesse erforscht ist. Entsprechend folgert er, dass der Umgang mit selbstorganisierenden Systemen noch herausgearbeitet und konkretisiert werden muss.

---

[125] vgl. Probst / Scheuss (1984), S. 487f. Unter Organisieren versteht Probst das bewusste Eingreifen in die Ordnungsprozesse eines Systems. ''Mit Organisation wird alles bezeichnet, was für eine wahrgenommene Ordnung verantwortlich zeichnet'', vgl. ebenda, S. 68f. Probst unterscheidet substantielles Organisieren, dass alle Strukturierungsmaßnahmen auf der materiellen Ebene umfasst (organisatorische Vorschriften und Regelungen) und symbolisches Organisieren, das der ''Vermittlung oder Erfassung von Sinn, der Stützung und Legitimierung von Handlungen, der Mobilisierung von Mitarbeiterpotentialen, der Herstellung und dem Verständnis einer konsequenten Zielorientierung und der Implementierung von Neuerungen und Veränderungen'' dient, vgl. Probst (1987a), S. 113ff. Beide Formen der Organisation hängen auf kaum zu trennende Weise zusammen, stützen und bedingen sich gegenseitig.

[126] vgl. ebenda, S. 488. Auch Bleicher sieht die Notwendigkeit einer Steuerung im Rahmen organisierender Eingriffe: ''Entweder ein System verharrt in seiner Entwicklung in Apathie, Desinteresse, Arroganz und Selbstzufriedenheit oder es läuft in ständiger Selbstverstärkung eines aus der Vergangenheit bewährten Erfolgsrezepts voll in eine Extremsituation mit pathologischen Merkmalen hinein'', vgl. Bleicher (1995), S. 14.

[127] vgl. Probst (1987a), S. 114ff.; S. 137ff.. Als Beispiele nennt Probst die Balance zwischen Flexibilität und Rigidität, Wandel und Stabilität, Autonomie und Integration, Freiheit und Sicherheit, Individualität und Kollektivität, Einzigartigkeit und Gleichheit, Varietätserhöhung und –reduktion oder die Balance zwischen Lang- und Kurzfristzielen.

[128] Auf die Umsetzung dieser Forderung zielen Konzepte wie z.B. autonome Gruppen, Qualitätszirkel, Job-Rotation, Job-Enlargement etc, vgl. ebenda, S. 137.

[129] Probst verweist in diesem Zusammenhang auf Ouchi, der die Unterschiede im Karriereverlauf in westlichen und japanischen Unternehmen – hier die Entwicklung zum Experten, da die Wanderung durch viele Funktionen, Abteilungen, Niederlassungen, Stellen etc. – aufgezeigt hat, vgl. ebenda, S. 137 bzw. Ouchi (1981).

[130] vgl. Probst (1987a), S. 138

[131] vgl. ebenda, S. 141

[132] vgl. ebenda, S. 148

1.2.2 Aussagen der Münchner Schule – der Ansatz zu Knyphausen's

Im Rahmen seiner "Überlegungen zu einem evolutionären Konzept für die Organisationstheorie" beschreibt zu Knyphausen unter dem Stichwort "Management von Selbstorganisation von Unternehmungen" seine Gedanken zu einem Ansatz der "geplanten Evolution". Zu Knyphausen versteht den Begriff Selbstorganisation dabei als "Etikett für eine Reihe von familienähnlichen Ansätzen"[133].

Selbstorganisation sieht zu Knyphausen nicht bei "Import" von Ordnung aus der Umwelt gegeben, sondern nur dann, wenn die Ordnungsbildung "intrinsische bzw. emergente" Eigenschaft des Systems ist. Im Sinne von von Foersters Order-from noise-Prinzip werden Anstöße aus der Umwelt in systemspezifischer Weise verarbeitet, so dass es zur Ordnungsbildung kommt. Er kommt damit zum Schluss, dass selbstorganisierende Systeme auf der Ebene der Ordnungsbildung "organisationell geschlossen" sind. Von einem selbstorganisierenden System könne daher nur gesprochen werden, wenn es sich gleichzeitig um ein autopoietisches System handelt.[134] Abweichend von z.b. Hejl[135] vertritt er die These, dass soziale Systeme und insbesondere Organisationen bzw. Unternehmungen als autopoietische Systeme und damit auch als selbstorganisierende Systeme zu verstehen sind.[136] Mit Blick auf hierarchische Unternehmensstrukturen verweist zu Knyphausen jedoch darauf, dass Selbstorganisation nicht das einzige Struktur(ierungs)muster[137] in Unternehmen darstellt. Die entscheidende Frage sieht er darin, in welchem Ausmaß Selbst- oder Fremdorganisation im Unternehmen vorliegen.[138]

Zu Knyphausen stellt fest, dass Selbstorganisation eine doppelte Bedeutung hat. Dynamisch betrachtet stellt Selbstorganisation einen Weg der Strukturbildung bzw. ein Strukturierungsmuster dar und steht damit im Gegensatz zu Fremdorganisation. Statisch gesehen bezeichnet Selbstorganisation im Gegensatz zur Hierarchie eine Struktur. Damit kann sich z.B. im Zuge eines selbstorganisierenden Prozesses eine hierarchische Struktur herausbilden, oder es kann z.B. Fremdorganisation bewusst eingreifen, um "hierarchische Verfestigungen" aufzubrechen. Es besteht immer ein "Hinund-Her" zwischen Selbst- und Fremdorganisation, Selbstorganisation ist ohne Fremdorganisation, ohne eine bestimmte Arena für Selbstorganisation, nicht zu denken.[139]

Die Vorteile von Selbstorganisation als Struktur(ierungs)muster sieht zu Knyphausen darin, dass hierdurch mehr "Komplexität verarbeitet werden kann" als bei anderen

---

[133] vgl. zu Knyphausen (1988), S. 259
[134] vgl. ebenda, S. 262ff.
[135] vgl. z.B. Hejl (1985), S. 72
[136] In Anlehnung an Probst (1987a), S. 86f. verweist zu Knyphausen darauf, dass ein Entscheider in der Außerperspektive sich als handelndes Subjekt sehen kann und das System ihm damit fremdorganisiert erscheinen kann. Die Organisation würde damit eine triviale Maschine darstellen. Dies würde, so zu Knyphausen, der internen Komplexität einer Organisation jedoch nicht angemessen sein, so dass es sich bei Organisationen zumindest um nicht-triviale Maschinen handeln müsse, vgl. zu Knyphausen (1988), S. 269f..
[137] Da es sich bei Ordnungsbildung um die Beziehung von Elementen in einem System handelt, spricht zu Knyphausen von Struktur bzw. Strukturbildung, vgl. ebenda, S. 264ff.
[138] vgl. ebenda, S. 261ff.
[139] vgl. ebenda, S. 309

Strukturmustern.[140] Beim Umgang mit Komplexität sieht zu Knyphausen außer dem Extremfall der ''Komplexitätseliminierung'' die beiden Optionen der ''Komplexitäts-bejahung'' - das Lösungssystem ist so gestaltet, dass dessen Komplexität der Problem-komplexität entspricht - oder der ''Komplexitätsverneinung'', bei der das Lösungssys-tem unterdimensioniert ist. Im letzteren Fall kann dies bewusst in Form einer ''Verge-waltigung'' erfolgen, wenn das Lösungssystem zur Vereinfachung der Entscheidungs-findung bewusst zu klein gehalten wird, oder auf ''Leugnung'', d.h. Unterschätzung der Problemkomplexität beruhen.[141]

Ein Problem selbstorganisierender Prozesse sieht er in ihrem Zeitbedarf. Im Fall, dass ein System aufgrund langwieriger Kommunikation droht zu spät zu einer Entschei-dung zu gelangen, empfiehlt er eine ''fremdorganisatorische'' Ersatzstruktur zu schaf-fen:

> ''Um der Chance einer besseren Lösung willen lässt man sich zunächst auf Selbstorgani-sation ein, um im Falle eines Scheiterns dann noch die Möglichkeit zu haben, der Ge-fährdung der Autopoiesis einen Riegel vorzuschieben: Das ist die Lösung des Struktur-problems, die man als ''organisch mit Netz'' bezeichnen kann.''[142]

Aus den gleichzeitigen Erfordernissen zu Selbst- und Fremdorganisation leitet zu Knyphausen sein Konzept der ''geplanten Evolution''[143] ab. Dieses beruht auf dem Gedanken,

> ''(...) die Selbstorganisation von Organisationen zu organisieren und auf diesem Wege der Entstehung des Neuen einen ''systematischen Rahmen'' zu geben, der zwar auf Zu-fälle angewiesen bleibt, dann aber doch mit Notwendigkeit zu einem besseren Ende führt.''[144]

''Geplante Evolution'' besteht in der Kombination aus dem evolutionären Aspekt, d.h. Dingen ihren Lauf zu lassen, Handhabung von Problemen in dezentraler Weise, in-krementalem Wandel und – zumindest im Verständnis der Außenperspektive – Zufall einerseits sowie Planung als ''Trial-and-Error-Verfahren'' bzw. ''Muster von Stimulus und Response'' und dem Weiterentwickeln von Plänen auf Basis von Feedback und Lernprozessen andererseits. Planung als Mittel zur Komplexitätsreduzierung kann sei-nerseits jedoch auch wieder Komplexität schaffen: Es können vorher nicht mitberück-sichtigte Reaktionsmöglichkeiten erzeugt werden, die ihrerseits wieder mit einzupla-nen sind. Überzogene Bedarfsmeldungen durch Budgetplanung sind ein Beispiel hier-

---

[140] vgl. ebenda, S. 303. Zudem verweist zu Knyphausen darauf, dass die ''Entstehung des Neuen'' bei der Dis-kussion um ein Management von Innovationen mit Selbstorganisation in Verbindung gebracht wird. Als Bei-spiele hierfür führt er u.a. die in Teil II, Kap. 2.1 bereits erwähnten Arbeiten von Burns und Stalker zur ''me-chanischen Prozessorganisation'' an, vgl. Burns / Stalker (1961), sowie die Ansätze von Weick zu ''Loosely Coupled Systems'', vgl. Weick (1976), Cohen et al. (1976), Hedberg et al. (1976), vgl. Kap. 2.2, und Mintz-berg Ansatz der Adhokratie, vgl. Mintzberg (1979).

[141] vgl. zu Knyphausen (1988), S. 299ff.

[142] vgl. ebenda, S. 303

[143] Zu Knyphausen bezieht sich mit dem Konzept der ''geplanten Evolution'' auf Kirsch und Trux, vgl. z.B. Kirsch / Trux (1981), S. 322ff.; Kirsch / Esser / Gabele (1979), S. 423ff.; Trux / Müller / Kirsch (1984), S. 6ff., die diesen Ansatz in das Zentrum des Übergangs von der älteren Konzeption der strategischen Planung zum strategischen Management stellen.

[144] vgl. zu Knyphausen (1988), S. 312ff.

für.[145] Aber auch die "reflexive Planung der Planung" kann wieder zu Nebeneffekten bzw. Reaktionen führen, die sich ihrerseits wieder komplexitätssteigernd auswirken können.

Das Konzept der "geplanten Evolution" beruht auf der Erkenntnis, dass "komplexe Systeme sich nicht so einfach planen lassen".[146] Die Entwicklung von Organisationen wird i.s. einer Evolution als eine Abfolge kleiner Schritte aufgefasst, "ausgelöst durch akute Ereignisse, Mängel oder Störungen, die im System selber oder der Umwelt wahrgenommen werden"[147]. Planung sorgt dafür, dass i.s. begrenzten Einflusses nicht einfach die Dinge ihren Lauf nehmen, sondern auf eine konzeptionelle Gesamtsicht ausgerichtet werden. "Geplante Evolution" besteht damit aus dem Zusammenspiel von akuten, i.a. als zufällig wahrgenommenen Ereignissen und der Ausrichtung dieser auf eine konzeptionelle Gesamtsicht. Die zentrale Aufgabe der Führung sieht zu Knyphausen darin, eine solche "Synthesis" zwischen Evolution und Planung herzustellen.[148]

Abschließend geht zu Knyphausen auf drei verschiedene Instrumente ein, mit denen die Führung die einzelnen "Kontexte" so beeinflussen kann, dass die selbstorganisatorische Evolution auf die Interessen des Gesamtsystems ausgerichtet werden können.[149] Als erstes und schwächstes dieser Instrumente nennt er den Ansatz, durch "Interferenz" eine Art gemeinsame Sprache zu schaffen, auf deren Grundlage die Kommunikation geführt wird. Dies kann z.B. durch einen Planungsrahmen erfolgen, der u.a. festlegt, welche Pläne es geben soll, wie diese zueinander in Beziehung stehen, welche Planungsgrößen erfasst werden sollen, wie diese definiert sind etc. Auf diese Weise wird der Rahmen für die weitere Kommunikation festgelegt.

Eine etwas direktere Beeinflussung sieht er im Falle der "Modulation". Hierbei wird dem selbstorganisierenden Prozess durch Vorgabe bestimmter Randbedingungen eine Richtung gegeben. Offen bleibt jedoch, wie die Erfüllung dieser Randbedingungen bewerkstelligt wird. Die Vorgabe von Faktorpreisen z.B. lässt ohne direkte Vorschriften die Nutzung bestimmter Ressourcen wahrscheinlicher oder unwahrscheinlicher werden. Als weiteres Beispiel führt zu Knyphausen die Möglichkeit an, durch Schulungsleistungen z.B. durch eine Abteilung "Marketing Services" langfristig Problemlösungsbemühungen zu prägen.

Als drittes Instrument führt er mit Bezug auf Willke[150] "Konditionierung" an, das Setzen von Stimuli als Inputgrößen für selbstorganisatorische Prozesse. Über "Tem-

---

[145] Luhmann spricht in diesem Zusammenhang von Hyperkomplexität, vgl. Luhmann (1984), S. 637f..

[146] vgl. zu Knyphausen (1988), S. 318. Zu Knyphausen verweist in diesem Zusammenhang auch auf Willkes Gedanken zur Neueren Systemtheorie, vgl. Kap. 1.2: "The behavior of complex systems often is counterintuitive because their elements are connected non-lineary in reactive, recursive or deviation-amplifying networks. In practice this means for example, that complex systems within society do not react at all to various changes of policy or startegy or to new goals',' vgl. Willke (1985), S. 17.

[147] vgl. zu Knyphausen (1988), S. 318

[148] vgl. ebenda S. 322ff. Hierbei bezieht sich zu Knyphausen eine weiteres Mal auf Willke mit seinem Konzept der "Guidance" auf der Ebene der Gesellschaftstheorie, vgl. Willke (1985), S. 5ff.

[149] vgl. zu Knyphausen (1988), S. 325ff.

[150] "The influencing system sets stimuli as antecedental conditions for triggering specfic internal operations of the influenced system. For example, this can be temporal conditioning, e.g. timing, sequencing, pace-setting or

poral Conditioning" können z.b. im Rahmen eines Planungskalenders Prozessmeilensteine gesetzt werden. "Material Conditioning" wirkt ähnlich wie die Modulation, statt Preis- werden jedoch Mengenvorgaben festgelegt. Zu Knyphausen bemerkt hierbei selbst, dass die drei Instrumente sich sehr nahe kommen.

Zusammenfassend sieht zu Knyphausen Führung als einen Balanceakt zwischen der Akzeptanz des Nicht-Planbarem mit der Förderung von Selbstorganisation zur besseren Komplexitätsbewältigung sowie der Ausrichtung dieses "Evolutionären" auf eine konzeptionelle Gesamtsicht. Selbst- und Fremdorganisation werden nicht als sich ausschließende Gegensätze verstanden, sondern bedingen sich zum Teil gegenseitig. Im Sinne eines Wechsels, eines "Hin-und-Her" zwischen Evolution und Planung[151] versteht er Führung damit als "geplante Evolution".

1.2.3 Aussagen aus der angloamerikanischen Literatur – der Ansatz von Goldstein

In seinem Werk "The Unshackled Organization"[152] stellt Goldstein dem traditionellen auf Planung und Antizipation basierendem Modell des Wandels ein "revolutionäres", auf Selbstorganisation basierendes Modell gegenüber. Für letzteres sieht er vier zentrale Charakteristika[153]:

Selbstorganisation entsteht als emergente Ordnung aus "Chaos" durch Verstärkung zufälliger, unerwarteter Entwicklungen. Kennzeichen von Prozessen der Selbstorganisation ist spontane und radikale Reorganisation, die durch Nicht-Gleichgewichtsbedingungen in nicht-linearen Systemen hervorgerufen wird.[154] Es handelt sich um einen selbstgenerierten und selbstgelenkten Prozess, der nicht durch Hierarchie initiiert oder gesteuert wird. Die zentrale Aufgabe besteht somit nicht darin, ein System mit Druck zum Wandel zu bewegen, sondern über entsprechende Bedingungen die Selbstorganisation des Systems zu entfesseln.[155]

Selbstorganisation kann nur in nicht-linearen Systemen stattfinden. Diese zeichnen sich durch wechselseitige Beziehungen bzw. Rückkoppelungen aus. Ihr Verhalten ist nicht vorhersehbar, kleine Veränderungen in den Ausgangsbedingungen können zu weitreichenden Veränderungen führen, "das Ganze ist mehr als die Summe seiner Teile".[156]

Als Beispiel für einen solchen Prozess der Selbstorganisation führt Goldstein die Bildung neuer Strukturen bei Erhitzung der Bénard-Flüssigkeit an[157]. Durch Erhitzung der

defining changes in activity levels. Or it can be material conditioning, when ressources, opportunities or other preconditions for systemic operations are arranged by an external actor", vgl. Willke (1985), S. 31.
[151] vgl. ebenda, S. 322
[152] vgl. Goldstein (1994)
[153] vgl. ebenda, S. 6ff.
[154] vgl. ebenda, S. 34ff.
[155] vgl. ebenda, S. 9
[156] vgl. ebenda, S. 23ff.
[157] vgl. Kap. 1.2. Bei Erwärmung der Bénard-Flüssigkeit, in einem Glasbehälter über einer Flamme entsteht ab Erreichen einer kritischen Temperatur ein hochorganisches Muster, die sogenannten Bénard-Zellen. Diese

Flüssigkeit werden Nicht-Gleichgewichtsbedingungen geschaffen, die Prozesse der Selbstorganisation in der Flüssigkeit nach sich ziehen.[158] Bei den entstehenden Mustern der Bénardzellen handelt es sich um selbstgenerierte Ordnung, die jedoch nur bei zum System "passenden" Nicht-Gleichgewichtsbedingungen entsteht:

> "(...) the necessary far-from-equilibrium condition is the application of heat to one side of the system. Self-organization is the systems's response to a challenge or a new condition.[159] (…) Efforts to effect change don't succeed if the resulting far-from-equilibrium conditions do not effect the specific kind of nonlinearity in that system."[160]

In Analogie zur Bénard-Flüssigkeit folgert Goldstein, dass zur Aktivierung von Wandel in Organisationen Nicht-Linearitäten genutzt werden müssen.[161] Wie bei der Flüssigkeit sind dabei feste, aber durchlässige Grenzen ein Erfolgskriterium.[162] Organisationen weisen eine Vielzahl unterschiedlicher Typen von Nicht-Linearitäten auf, die durch geeignete Interventionen für den Wandel genutzt werden müssen.[163]

Die langfristigen Verhaltensmuster eines Systems in einer bestimmten Phase seiner Entwicklung wird durch Attraktoren bestimmt.[164] Widerstand gegenüber Veränderungen versteht Goldstein daher nicht als eine Systemen inhärente Eigenschaft, sondern als einen temporären Gleichgewichtszustand nicht-linearer Systeme, der durch einen bestimmten Attraktor geprägt wird.[165] Ein Attraktor kann verstanden werden als der "Context" eines Systems. Goldstein verdeutlicht dies am Beispiel eines Thermostats:

> "In this simple system the context is defined as the set range that determines the possibilities for the temperature. This setting is the context defining the limits of behavior of the room's temperature. Content, however, is defined as the actual temperature in the room that the thermostat senses. (…) Content can change, but only within the limits of context. To change the content permanently requires a change in the context; that is, a shift in the attractor."[166]

Strukturen bestehen fort, solange die Erhitzung anhält. Der Prozess dieser Selbstorganisation ist gleichsam die Antwort auf eine neue Herausforderung oder eine neue Systembedingung, vgl. z.B. auch Zahn / Dillerup (1995), S. 48f..

[158] vgl. ebenda, S. 37ff.. Die Entstehung solcher Nicht-Gleichgewichtsbedingungen ist auf die durch die Erhitzung der Flüssigkeit entstehenden Dichteunterschiede in der Flüssigkeit zurückzuführen. Die Flüssigkeitsschichten nahe der Wärmequelle weisen eine geringe Dichte auf, die in weiterer Entfernung von der Wärmequelle eine hohe Dichte.

[159] vgl. ebenda, S. 38

[160] vgl. ebenda, S. 46

[161] vgl. ebenda, S. 47

[162] Die Grenzen müssen fest genug sein, um den Prozess der Selbstorganisation zu begrenzen. Im Falle der Bénard-Flüssigkeit ist z.B. ein Glasbehälter erforderlich, der die Flüssigkeit beinhaltet und den Prozess der Selbstorganisation von der Umgebung abgrenzt. Gleichzeitig müssen die Grenzen jedoch auch einen regen Austausch mit der Umgebung zulassen, damit durch Nicht-Gleichgewichtsbedingungen Selbstorganisation aktiviert werden kann. Im Fall der Bénard-Flüssigkeit muss der Glasbehälter wärmedurchlässig sein, da erst hierdurch die Selbstorganisationsprozesse in der Flüssigkeit hervorgerufen werden, vgl. ebenda, S. 48ff.

[163] vgl. ebenda, S. 47

[164] Goldstein vergleicht diese Attraktoren mit Stationen in der menschlichen Entwicklung: das Säuglingsalter, die Kindheit, die Jugend und das Erwachsensein, vgl. ebenda, S. 30. Auch wenn sich ein Kind wie ein Erwachsener verhalten kann – oder umgekehrt – hat jedes Stadium seine eigenen, typischen Verhaltensweisen und Denkmuster, die das Langfristverhalten im jeweiligen Alter prägen.

[165] vgl. ebenda, S. 58. "Therefore, equilibrium is not the only state a system seeks or attracts: it is only one phase of a much more complex trajectory of a system", vgl. ebenda, S. 67.

[166] vgl. ebenda, S. 61

Selbstorganisation stellt einen nicht-linearen Übergang von einem Attraktor zum nächsten dar.[167] Zur Förderung von Selbstorganisation sind daher, ''Gleichgewichts-Attraktoren'' zu erkennen und über Schaffung von Nicht-Gleichgewichtsbedingungen der Übergang zu einem neuen Attraktor zu unterstützen.

''Equilibrium-seeking processes'' führen dazu, dass sich ein System gegenüber Umweltveränderungen, kreativen Impulsen aus dem Umfeld und damit Wandel im System abschottet. Unter diesen ''Gleichgewichts-Attraktoren'' kommt ''self-fulfilling prophecies'' eine zentrale Bedeutung zu. Es handelt sich hierbei um eine selbstverstärkende Rückkopplung zwischen Glauben und Verhalten, die ein System im Gleichgewichtszustand beharren lässt. Als Beispiel führt Goldstein den Verlust des Vertrauens in eine Bank an. Die Furcht vor dem Zusammenbruch einer Bank führt dazu, das die Kunden das bei ihr angelegte Vermögen abheben. Dies überfordert zunehmend die Liquidität der Bank, was wiederum die Befürchtung eines Zusammenbruchs der Bank steigen lässt und den ''Run on the bank'' verstärkt bis die Bank tatsächlich zusammenbricht.[168]

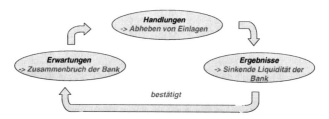

Abb: III.1 Self-fulfilling prophecy am Beispiel des Vertrauensverlustes in eine Bank (in Anlehnung an Goldstein (1994), S. 71)

Auch die Bestätigung von Finanzexperten, dass die Bank in einer soliden finanziellen Situation ist, würde im oben genannten Beispiel mit hoher Wahrscheinlichkeit den Kreislauf nicht durchbrechen. Die Kunden der Bank sind nicht offen für neue Informationen, es handelt sich um einen geschlossenen, selbst-verstärkenden Kreislauf der Rückkopplung. Self-fulfilling prophecies können damit zu erheblichem Widerstand gegenüber Veränderungen führen. Kleine anfängliche Einflüsse und Überzeugungen können so zu überwältigenden Konsequenzen führen.[169]

Goldstein unterscheidet verschiedene Arten von self-fulfilling prophecies: der ''Pygmalion Effect'' beschreibt eine sich verstärkende Rückkopplung zwischen den Erwartungen eines Managers und den Leistungen seines Angestellten.[170] Beim ''Joseph Ef-

---

[167] vgl. ebenda, S. 66ff.
[168] Wie sehr der beschriebene Kreislauf ein solches System vom Zugang zu neuen Informationen und Interaktionen mit seiner Umwelt abhalten kann, zeigt das Beispiel eines religiösen Kultes Mitte der 50er Jahre, der das von seinem Führer prophezeite Ende der Welt nach offensichtlich nicht erfüllter Vorhersage auf eine falsche Kalenderrechnung zurückführte und weiterhin an den unmittelbaren Weltuntergang glaubte, vgl. ebenda, S. 73f.
[169] Paradoxerweise handelt es sich bei den self-fulfilling prohecies um ein nicht-lineares System, das dazu führt, dass sich ein System in linearer Weise verhält, vgl. ebenda, S. 77.
[170] Der Psychologe Robert Rosenthal untersuchte den ''Pygmalion Effect'' am Beispiel einer Lehrer-Schüler-Beziehung: Schüler, über die die Lehrer fälschlicherweise die Informationen bekamen, sie seien ''A-Level-

fect'' setzt sich zwischen zwei konkurrierenden Entwicklungen eine der beiden aufgrund positiver Rückkopplung eines geringfügigen Anfangsvorsprungs durch. Ein
Beispiel hierfür war die Durchsetzung des VHS-Video-Formates gegenüber dem Beta-
Format.[171] Weitere, häufig vorkommende Muster von self-fulfilling prophecies stellen
der v.a. in Zusammenhang mit Medikamenten bekannte ''Placebo Effect'' sowie der
''Identity Effect'' dar, die positive Rückkoppelung aus Unternehmensidentität, Markt-
wahrnehmung und Strategieformulierung[172].

Self-fulfilling prophecies verhindern die Aufnahme neuer Informationen und führen
damit zu Widerstand gegenüber Wandel. Der Informationsbegriff in sozialen Systemen geht nach Goldstein über den der Daten[173] hinaus und bezeichnet Aussagen über
Beziehungen zwischen Fakten bzw. Elementen und damit Aussagen über die Organisation eines Systems.[174] Selbstorganisation führt zur Reorganisation der Beziehungen
in einem System und führt dem System damit neue Informationen zu. Daraus folgert
Goldstein, dass ''far-from-equilibrium conditions'' geschaffen werden müssen, um
ein System zur Selbstorganisation anzuregen, neue Informationen in das System zu
bringen und damit Wandel zu unterstützen. Hierfür stellt Goldstein verschiedene Ansätze vor, die darauf zielen, ein solches ''kreatives'' Ungleichgewicht zu fördern.

In Analogie zur Bernard-Flüssigkeit sieht Goldstein hierfür die Notwendigkeit fester,
aber durchlässiger Grenzen zwischen den Organisationseinheiten und ihrem Umfeld[175]. Mit Bezug auf Hirschhorn/Gilmore befürwortet er hierbei den Ersatz traditioneller, organisatorischer Grenzen, die genau festlegen, was ein Mitarbeiter zu tun hat,
wem er zu berichten hat und was genau von ihm erwartet wird, durch psychologische
Grenzen:

> ''(...) The transition from authoritarian to authority boundaries can be a rough journey.
> (...) new boundaries need to be demarcated in the following four areas: authority (who is
> in charge of what?), task (who does what?), political (what's in it for us?), identity (who
> is – and isn't – us?)''.[176]

Schüler'' schnitten in Prüfungen besser ab, als solche, die den Informationen zufolge schlechter seien, obwohl
alle Schüler objektiv das gleiche Leistungsniveau erfüllten, vgl. Rosenthal / Jacobsen (1968).

[171] Erfolgskriterium für die Durchsetzung der Formate war ihr Marktanteil: Je mehr Videogeschäfte ein Format
verkauften und je mehr Filme in einem Format erhältlich waren, umso attraktiver war es für die Kunden. Auch
der Wettbewerb zwischen den beiden Betriebssystemen Windows und Apple Macintosh für Personal Computer ist ein Beispiel für den ''Joseph Effect''.

[172] Goldstein verdeutlicht den ''Identity Effect'' am Beispiel eines Schreibmaschinenherstellers: die Identifizie-
rung des Unternehmens als Schreibmaschinenhersteller beschränkt die Umweltwahrnehmung auf den Markt
der Schreibmaschinenkäufer und die Strategie auf z.B. die Marktführerschaft im Bereich von Schreibmaschi-
nen. Erfolg mit dieser Strategie wird Unternehmensidentität und –strategie bestärken. Hierdurch werden neue
Informationen und Verhaltensweisen, wie z.B. die Erweiterung des Marktes um Käufer bzw. Nutzer von Do-
kumenten verhindert, was bei Strukturumbrüchen wie dem Übergang auf den Personal Computer bzw. das Internet für das Unternehmen existenzgefährdend sein kann, vgl. Goldstein, (1994), S. 84f.

[173] ''Whereas data is a set of facts, information in a social system goes beyond facts about the system to the relationship between facts, or among the people in the system who know the facts'', vgl. ebenda, S. 94.

[174] vgl. ebenda, S. 94ff.

[175] vgl. Hirschhorn / Gilmore (1992). Neben der Durchlässigkeit der Grenzen für z.B. neue Informationen sind
feste Grenzen erforderlich, da in sozialen Systemen Grenzen den Beteiligten Sicherheit geben, vgl. Goldstein
(1994); S. 114. Diese Sicherheit durch feste Grenzen ist gerade dann von besonderer Bedeutung, wenn ein System z.B. durch eine Flut neuer Informationen aus dem Gleichgewicht gebracht wird.

[176] vgl. Goldstein (1994), S. 109

Gleichzeitig ist jedoch auch die Überwindung von Grenzen, d.h. die Verbindung von Organisationseinheiten mit ihrer Umwelt wichtig. Harley Davidson z.B. lud hierfür Kunden in die Firma ein, um mit ihnen Probleme und Anregungen für Veränderungen zu diskutieren.[177] ''Difference questioning'' ist ein Ansatz, um neue Informationen zu schaffen: Einer Gruppe bzw. Organisationseinheit neue Informationen vorzugeben, ist vielfach mit Widerstand gegenüber dem Neuen verbunden und verstärkt nur die Gleichgewichtsbestrebungen in der Gruppe. Difference Questioning zielt darauf, eine Gruppe anzuregen, selbst neue Informationen zu schaffen. Hierzu werden bewusst Unterschiede in der Sichtweise der Teilnehmer hervorgehoben und verstärkt, um das unerwünschte Gleichgewicht zu durchbrechen.[178] ''Purpose contrasting'' zielt darauf, Unterschiede zwischen den aktuellen Aktivitäten und den eigentlichen Zielen einer Organisationseinheit hervorzuheben, um einer ''Verselbstständigung'' der eigentlichen Mission von Unternehmen bzw. Organisationseinheiten entgegenzuwirken.[179]

Das direkte Aufbrechen von self-fulfilling prophecies durch ''far from equilibrium challenges'' kann z.B. erreicht werden, indem eine Gruppe bzw. Organisationseinheit mit einem Übermaß an Informationen konfrontiert wird, um sie so aus ihrem Gleichgewicht zu bringen.[180] Solches Aufbrechen alter Verhaltensmuster kann i.a. nicht von außen kommen, z.B. durch Druck des Managements, sondern muss aus dem System selbst herauskommen. Das bloße Aufsetzen einer Teamstruktur führt allein nicht zu einem Aufbrechen alter Verhaltensmuster, sondern kann u.U. sogar noch Konsenssuche und ''lineares Verhalten'' der Gruppe/Organisationseinheit verstärken.[181] Auch die Anwendung von Kreativitätstechniken sowie die Nutzung von ''Noise'' und Zufall kann kreatives Ungleichgewicht herbeiführen.[182]

Zusammenfassend ist Goldsteins Ansatz stark auf Wandel durch Selbstorganisation ausgerichtet. In Orientierung an Beispielen aus den Naturwissenschaften steht dabei die selbst-generierte Bildung neuer Ordnungsmuster durch Förderung von Nicht-Gleichgewichtsbedingungen im Zentrum seiner Überlegungen. Die daraus abgeleiteten Empfehlungen für das Management zielen daher weniger auf die direkte Beeinflussung von Wandel als auf die Unterstützung von Wandel durch Selbstorganisation durch Förderung kreativer ''Nicht-Gleichgewichtsbedingungen''.

---

[177] Auch die Harley Davidson ''owner's clubs'', an dessen Rallies und Veranstaltungen nicht nur die Kunden, sondern auch das Top Management teilnahmen, ermöglichten Aufnahme bzw. Austausch neuer Informationen, vgl. ebenda, S. 120f.

[178] Anwendungen dieses Prinzips finden sich z.B. auch in der Familientherapie, Auch das Aufdecken und die bewusste Diskussion kultureller Unterschiede kann eine Quelle für neue Informationen und Kreativität sein, vgl. ebenda, S. 127ff.

[179] Eine solche ''Verselbstständigung'' von Zielen und Aktivitäten eines Unternehmens bzw. einer Organisationseinheit ist insbesondere aus der Kritik an Bürokratien bekannt, wenn diese sich von der Erfüllung ihrer eigentlichen Ziele lösen und letztlich nur noch der Absicherung ihrer eigenen Existenz dienen, vgl. ebenda, S. 136ff.

[180] vgl. ebenda, S. 138ff.

[181] vgl. ebenda, S. 141ff.

[182] Die Entdeckung des Penicillins durch Alexander Flemming ist ein bekanntes Beispiel für eine solche Nutzung von Zufall. Es zeigt zudem, dass die erfolgreiche Nutzung des glücklichen Zufalls auch Offenheit hierfür sowie weiterer Fähigkeiten wie z.B. einer scharfen Beobachtungsgabe, Kreativität und der Fähigkeit zu logischen Schlussfolgerungen bedarf, vgl. ebenda, S. 158ff.

1.2.4 Aussagen der ‚Complexity Theory'

Trotz häufiger Bezugnahme auf die Begriffe "Complexity Theory", "Complex Systems Theory" (CST) oder "Complex Adaptiv Systems" (CAS)[183] verweisen z.B. Cohen, Horgan und Anderson darauf, dass es verfrüht ist, von einer einheitlichen Theorie der Komplexität oder komplexer Systeme zu sprechen.[184] Dennoch soll die Bezeichnung Complexity Theory als Sammelbegriff verwendet werden, um die Vielzahl der Ansätze zu bezeichnen, die sich mit der interdisziplinären Erforschung des Verhaltens komplexer Systeme auseinandersetzen. Besondere Bedeutung für die Organisationstheorie kommt dabei den Complex Adaptive Systems (CAS) zu. In Unterscheidung zur Kybernetik, Chaostheorie oder Allgemeinen Systemtheorie, bei denen die Systementwicklung durch ein Gleichungssystem modelliert wird, werden bei Complex Adaptiv Systems Verhaltensmuster untersucht, die durch die wechselwirkende Interaktion von Akteuren emergieren.[185]

> "(...) i.e. the appearance of patterns which are due to the collective behavior of the components of the system. These patterns are not to be confused with the well-known ability of the human mind to detect patterns even when the data is random. The emergent properties we refer to are independently observable and empirically verifiable patterns."[186]

Zur Charakterisierung von Complex Adaptive Systems-Modellen finden sich nach Anderson vier zentrale Charakteristika:[187]

1. Akteure mit Schemata

Die Akteure können z.B. Individuen, Gruppen oder größere Zusammenschlüsse von Gruppen sein. Im Sinne von Emergenz wird Ordnung, die auf einer bestimmten Ebene beobachtet wird, auf das Verhalten untergeordneter Ebenen zurückgeführt.[188] Das Handeln der Akteure wird bestimmt durch sogenannte Schemata, kognitive Strukturen, die Verhalten und Wahrnehmung der Akteure bestimmen. In CAS-Modellen werden diese Schemata häufig als ein Satz von Regeln modelliert. Vor allem in Situationen hoher Unsicherheit sind diese jedoch weniger als "recipes" denn als "blueprints" zu verstehen.[189]

---

[183] vgl. z.B. Morel / Ramanujam (1999); Pascale (1999); Bonabeau / Meyer (2001)

[184] vgl. Cohen (1999), S. 375; Anderson (1999), S. 217; Horgan (1995), S.104

[185] vgl. Anderson (1999), S. 219ff. bzw. unter "Emergent Phenomena", vgl. Bonabeau (2002), S. 109ff.

[186] vgl. Morel / Ramanujam (1999), S. 279ff.

[187] vgl. Anderson (1999), S. 219ff. Bezeichnung und Strukturierung der Charakteristika sind nicht immer einheitlich, die aufgezeigten Kriterien finden sich jedoch, z.T. mit anderen Bezeichnungen, auch bei weiteren Autoren, z.B. Brown / Eisenhardt (1998), S. 18ff. ; Morel / Ramanujam (1999), S. 281; Kelly / Allison (1999), S. 11ff.; Pascale (1999), S. 84ff.; Bonabeau (2001), S. 38ff; (2002), S. 109ff.

[188] In Anlehnung an Beispiele aus der Natur findet sich auch die Bezeichnung "nested open systems": "A good example is a cell within a human body. (...) As open systems at a microlevel (cells) are enveloped in a more macro system (human body), they are referred to as nested open systems," vgl. Kelly / Allison (1999), S. 12ff. "Each level is, in or of itself, a system. And, each is located – or nested – in a larger, more complex level. The incredible profusion of different plants and animals on earth has emerged in part from the self-reorganization of the surprisingly simple set of four nitrogenous bases in DNA," vgl. ebenda, S. 23ff.

[189] "In routinezed situations, actors can employ recipes, but in face of greater uncertainty, problem-solving responses bases on these blueprints are necessary (March and Simon 1958). In social pyschology, such blueprints are termed 'schemata' (Rummelhart 1984)", vgl. Anderson (1999), S. 221. Akteure können dabei mehrere, auch im Wettbewerb stehende Schemata haben. "Because schemata can evolve more rapidly than agents can, complex adaptiv systems enjoy similar selective advantages when they allow schemata to compete and reinforce those that seem to be associated with favorable outcomes", vgl. ebenda S. 221.

2. Selbstorganisierende Netzwerke

Die Selbstorganisation folgt aus der Entstehung von Emergenz: Die Akteure stehen durch Rückkopplungsschleifen miteinander in Wechselwirkung. Die Verhaltensmuster des Systems emergieren ohne Intervention einer zentralen Steuerungseinheit. Selbstorganisation wird damit nicht als ein individuelles, von Akteuren geplantes Verhalten verstanden, sondern als eine systemimmanente Eigenschaft komplexer, rückgekoppelter, nicht–linearer Systeme.

> "Self-organization, or ‚autogenesis', is the natural result of nonlinear interaction, not any tendency of individual agents to prefer or to seek order. (…) Social entities always self-organize as long as their members contribute work; this is why informal structures emerge and persist in a way that is remarkably robust to changes in the formal organizational structure."[190]

Im Gegensatz zu geschlossenen Systemen, die nach dem 2. Hauptsatz der Thermodynamik einem Zustand maximaler Entropie entgegen streben, handelt es sich hierbei um offene Systeme. In sogenannten "Dissipative Structures" entstehen durch permanente Energiezufuhr fern ab vom thermodynamischen Gleichgewicht Ordnungsmuster in einem "Dissipativen Gleichgewichtszustand".[191]

Obwohl das Verhalten in CAS eine hohe Komplexität aufweist, basiert es auf einfachen Regeln. Als Beispiel hierfür führen Brown/Eisenhardt die Simulation eines Schwarms fliegender Vögel an, deren Verhalten durch drei einfache Regeln gesteuert werden kann.[192]

3. Koevolution am ‚Rande des Chaos'

Die Complex Adaptive Systems Theory geht davon aus, dass die Anpassung eines Systems an seine Umwelt aus den Anpassungsbemühungen der individuellen Akteure resultiert. Diese streben danach, ihre eigenen "Pay-Offs" zu verbessern. Die Akteure sind jedoch i.d.R. nicht imstande die Konsequenzen ihres individuellen Verhaltens auf Gesamtsystemebene zu verstehen.[193] Ihr Agieren ist damit nur aus individueller Sicht, nicht aber aus Sicht des Gesamtsystems möglich. Complex Adaptiv Systems befinden sich damit fern vom Gleichgewichtszustand eines globalen Optimums.[194] Gleichzeitig stehen die Akteure miteinander in Wechselbeziehungen. Jede Aktion beeinflusst die Ausgangssituation für andere Akteure, was wiederum auf ihr Verhalten zurückwirkt, die Akteure koevolvieren.[195] Um zu betonen, dass es sich hierbei um einen Lernpro-

---

[190] vgl. Anderson (1999), S. 222. vgl. analog z.B. Pascale (1999), S. 85 bzw. Morel / Ramanujam (1999), S. 282: "Self-organization is a feature of any group of individuals and organizations."

[191] vgl. Brown / Eisenhardt (1998), S. 29ff; Anderson, S. 222. Derartige Prozesse der Selbstorganisation sind bereits von Beispiel der Bérnard-Flüssigkeit bekannt.

[192] vgl. Brown / Eisenhardt (1998), S. 19. Simulationen zeigen, dass unabhängig von Startposition und Hindernissen die Akteure, d.h. die simulierten Vögel, immer in einem Schwarm fliegen. Sie orientieren sich dabei an drei einfachen Regeln: 1. Versuche einen minimalen Abstand zu anderen Objekten bzw. Artgenossen einzuhalten, 2. Versuche Deine Geschwindigkeit der von Deinen Artgenossen um Dich herum anzupassen, 3. Versuche Dich zum Mittelpunkt des Schwarms zu bewegen. Auch bei Bienen- und Ameisenvölkern resultiert komplexes, kollektives Verhalten aus der Befolgung einfacher Regeln, vgl. Bonabeau / Meyer (2001), S. 44ff.

[193] vgl. Anderson (1999), S. 229

[194] vgl. ebenda, S. 223

[195] vgl. z.B. Kaufmann (1995a) S. 125ff.; McKelvey (1999), S. 295ff.; Anderson (1999) S. 223ff.; Kelly / Allison (1999), S. 16ff.

zess handelt, aus dem alle beteiligten Akteure Nutzen hinsichtlich einer besseren und
schnelleren Anpassung an ihr Umfeld ziehen, sprechen Brown/Eisenhardt auch von
Coadaption.[196]

Mit dem Modell der "Fitness Landscape" können die in wechselseitiger Abhängigkeit
stehenden Optimierungsanstrengungen der Akteure anschaulich dargestellt werden.[197]
In Anwendung auf Organisationen kann Fitness eine einzige Zielgröße, wie z.B. Umsatz oder Gewinn oder eine Kombination verschiedener Zielgrößen darstellen.[198] Bei
einer Gruppe von Individuen kann es die gemeinsame Performance der Gruppe re-
präsentieren, oder bei einer Person, die individuelle Performance unter Berücksichtigung der Aktivitäten anderer Akteure. Die Fitness befindet sich auf der Z-Achse in
einem dreidimensionalen Diagramm, der „Landscape" mit i.a. zahlreichen lokalen Optima, in der sich die Akteure bewegen. Je höher die Wechselwirkungen zwischen den
Akteuren sind, umso ‚rauer' ist die Landschaft, d.h. umso mehr lokale Optima existieren.[199] Auch die ‚individuelle' Fitness Landscape eines einzelnen Akteurs wird durch
jedes Handeln anderer Akteure, mit denen er in Wechselbeziehung steht, verändert.
Dadurch wird die Optimierung der Fitness ein komplexer, zyklischer Prozess, bei dem
häufig auch eine temporäre Verschlechterung der Fitness erforderlich sein kann, um
sich von einem lokalen Optimum aus zu verbessern.
Kauffman vergleicht sowohl die Entwicklung in der Evolution als auch die in der
Technologie mit der Bewegung in einer Fitness Landscape, die durch zahlreiche Zielkonflikte „zerklüftet" ist.[200] Mit zunehmend erreichter Fitness wird eine weitere Optimierung immer schwerer, was Kauffman als den „Red Queen Effect" bezeichnet:

"You have to run faster and faster just to stay in the same place!"[201]

---

[196] Brown / Eisenhardt (1998), S. 59ff. "Coadaption is the process whereby systems of related agents take mutual advantage of each other to change more effectively, yet still be adaptive in each agent's particular situation. For example, any particular animal in a species can adapt to its own surroundings, but it can also learn
from other animals in its species and coordinate with them in mutually beneficial activities – like hinting in
packs. The result is complicated yet successful behavior", vgl. ebenda, S. 60.

[197] Die Idee einer "Fitness Landscape" war ursprünglich in der Biologie eingeführt durch Sewall Wright, vgl.
Wright (1932). Die Weiterentwicklung zu einem Modell der "Fitness Landscapes" und das "NK-Modell" wurden im weiteren maßgeblich durch Kauffman geprägt, vgl. z.B. Kauffman (1993); Kauffman (1995a); Kauffmann (1995b).

[198] Auch wenn Kauffmans Fitness-Modell für zahlreiche Veröffentlichungen zur Complexity Theory prägend
war, wird auch Kritik an dem Modell geäußert, vgl. z.B. McKelvey (1999), S. 294ff. So ist z.B. gerade bei der
Entwicklung komplexer Produkte, mit ihren zahlreichen, vielfach miteinander in Konflikten stehenden Zielgrößen, die Verwendung integrierter Zielgrößen zur Messung der ‚Fitness' bzw. ‚Performance' von hoher Bedeutung. In der im Rahmen dieser Arbeit betrachteten Fallstudie erfolgt daher eine gleichzeitige, integrierte
Betrachtung von Kosten- und Gewichtszielen.

[199] In Kauffmans NK-Modell stellt N die Anzahl von Elementen dar, die das Gesamtsystem ausmacht (z.B. Gene
in der Biologie oder Handlungsalternativen bei Anwendung auf Organisationen) während K den Grad der
Vernetzung der Elemente bezeichnet. Bei K = 0 sind die Elemente völlig unabhängig voneinander, es existiert
ein glatte Landschaft mit nur einem Optimum. Bei K = N-1, dem höchstmöglichen Wert, liegt eine vollständig
zerklüftete Landschaft vor mit zahlreichen lokalen Optima, vgl. Kauffman (1995a), S. 122f. Zahlreiche Zielkonflikte implizieren eine hohe Anzahl von Wechselwirkungen, so dass eine zerklüftete Landschaft vorliegt.
Im Extremfall fehlender Interdependenzen, trägt jeder Akteur durch Optimierung seines individuellen Beitrags
unabhängig von den anderen Akteuren zu höherer Gesamtfitness bei. Es existiert nur ein globales Maximum,
das von jedem Punkt der Landschaft erreicht werden kann, vgl. Levinthal / Warglien (1999), S. 344.

[200] vgl. Kauffmann (1995a) S. 121ff.

[201] vgl. ebenda, S. 121. Als Beispiele hierfür führt Kauffman in der Biologie die sogenannte "Cambrian Explo-
sion" an, einen Zeitraum vor über 500 Millionen Jahren, innerhalb dessen eine unglaubliche Vielfalt verschiedener Formen von Leben auftauchte. Die verschiedenen Lebewesen entwickelten sich weiter in Unterarten, die

Die Vertreter der Complexity Theory gehen davon aus, dass die effektivste Koevolution sich in einem dynamischen Gleichgewichtszustand „am Rande des Chaos" entwickelt.[202] In diesem Zustand können kleine Inputveränderungen gemäß der sogenannten „Power Laws" zu kleinen, mittleren oder großen Outputveränderungen führen[203]. Ein System in einem sehr stabilen, geordneten Zustand ist zu fest in seinen Strukturen verankert, um sich von einem lokalen Optimum aus weiterzuentwickeln.

"On the other hand, if small changes in behavior lead to widly different fitness levels (as occurs in chaotic environments), systems can reach extraordinary fitness peaks but cannot remain on them. The slightest change in behavior will send the system tumbling off its peak, perhaps plunging into a region of very low fitness. It is the intermediate region that maximum system fitness will be found."[204]

"In contrast to these two extrems, the edge of chaos lies in an intermediate zone where organizations never quite settle into a stable equilibrium but never quite fall apart, either."[205]

Brown / Eisenhardt nennen ihr Buch, in dem sie einen Strategischen Ansatz auf Basis der Complexity Theory vorstellen, auch "Competing on the edge of chaos", da sie diesem Aspekt ganz besondere Bedeutung beimessen, so dass er sich als ein Grundprinzip durch alle weiteren Kennzeichen ihres Strategieansatzes zieht.

---

ihrerseits wieder weitere Unterarten ausbildeten etc, wobei die Unterschiede der neuen Arten immer geringer wurden. Die gleiche Entwicklung ist in der Technologie zu beobachten, wo eine Grundlageninnovation zunächst die Basis für weitere, größere Innovationen darstellt. Im weiteren Verlauf werden zusätzliche Innovationen zunehmend schwieriger, Verbesserungsmöglichkeiten mit der gleichen Technologie immer geringer, vgl. auch das S-Kurven-Konzept der Technologieentwicklung, vgl. z.B. Specht (1996), S. 68ff.

[202] vgl. z.B. Brown / Eisenhardt (1998), S. 11ff.; Kauffman (1995a), S. 125ff.; Pascale (1999), S. 91ff.; Anderson (1999), S. 213ff., z.T. findet sich auch die Bezeichnung "bounded instability", vgl. z.B. Kelly / Anderson (1999), S. 29ff

[203] „Power Laws" können in unterschiedlichen Formen auftreten, die allgemeine Form besteht in der Gleichung: $y = 8x^\varepsilon$. Sie implizieren, dass größere Systemveränderungen exponentiell weniger häufig auftreten als kleinere. Ein anschauliches Beispiel für einen dynamischen Gleichgewichtszustand der diesen Gesetzmäßigkeiten unterliegt, stellt ein Sandhaufen dar, auf den laufend weitere Sandkörner fallen, vgl. Bak (1996). Mit zunehmender Steilheit des Sandhaufens lösen sich i.a. kleinere Mengen Sand. Größere Lawinen sind ebenso möglich, treten jedoch entsprechend des Power Laws exponentiell weniger häufig auf. Dieser Zustand wird auch als "Self-Organized Critical" (SOC) bezeichnet, vgl. Morel / Ramanujam (1999), S. 281ff.; Anderson (1999), S. 223ff.

[204] vgl. Anderson (1999), S. 224. Eine andere Begründung, warum Koevolution am Rande des Chaos am effektivsten ist, stützt sich nach Bak darauf, dass dies der Zustand ist, in dem als Ergebnis eines Evolutionsprozesses die Fitness des schwächsten Elementes geändert wird. Selektionsprozesse, so Bak, ersetzen i.a. das schwächste Element einer Gemeinschaft durch ein neues, das zufällig aus einem Pool von Möglichkeiten ausgewählt wird, vgl. Bak (1996), S. 12ff.

[205] vgl. Brown / Eisenhardt (1998), S. 12. Das Verhalten zweier Vogelarten, der "Titmouse" und dem "Red Robin" liefert ein anschauliches Beispiel dafür, dass Coadaption "on the edge of chaos" am effektivsten ist: Im frühen 19 Jahrhundert wurde die Milch in Großbritannien in Flaschen ohne Deckel verteilt. Beide Vogelarten, die Titmouse und der Red Robin, lernten, die Milch am Flaschenhals zu trinken. Als zum Schutz davor Aluminiumdeckel verwendet wurden, passte sich die ca. 1 Millionen Vögel große Population der Titmouse an, indem sie eine Methode entwickelten, die Aluminiumdeckel zu durchbohren, während die Red Robins dies nicht schafften. Der Unterschied bei beiden Vogelarten lag darin, dass Titmice über 2-3 Monate pro Jahr in Schwärmen von 8-10 Vögeln lebten. Dadurch kommunizierten sie, allerdings nicht immer in denselben Gruppen, sondern bildeten ständig neue Schwärme. Im Gegensatz dazu waren die Red Robins territorial, männliche Red Robins verjagen Artgenossen aus ihrem Territorium, so dass die Vögel selten kommunizieren. "Generally, related agents adapt most effectively when they partially interact with one another. If related agents are always together, they adapt quickly. However, they have too little diversity to cope with sudden change. If they are never together, the population of agents adapts very slowly to change and ultimately evolve into a different species that cannot communicate", vgl. Brown / Eisenhardt (1998), S. 75.

4. Rekombination and System Evolution

Complex Adaptive Systems (CAS) sind "lebende" Systeme, die ihrerseits wieder weitere CAS enthalten bzw. in diese eingebettet sind, es sind "nested open systems"[206].
Die Akteure beeinflussen dabei das Verhalten des übergeordneten Systems, was seinerseits wieder auf die Akteure zurückwirkt. Im Gegensatz zu traditionellen Modellen
sind diese Feedback-Loops nicht konstant, sondern ändern sich selber wieder durch
diese Wechselwirkungen.

> "A fundamental aspect of complex adaptive systems is that they allow local behavior to
> generate global characteristics that then alter the way agents interact (Burkhart, 1996).
> Actions not only proceed along feedback loops, they can also change these loops."[207]

Complex Adaptive Systems evolvieren zudem nicht nur durch die Entwicklung einzelner Akteure bzw. Schemata, sondern auch durch Ein- bzw. Austritt neuer Akteure
bzw. Schemata oder z.b. durch Rekombination von Schemata. In zahlreichen CAS-
Modellen werden z.b. die Schemata der erfolgreichsten Akteure kopiert und dann zu
neuen Schemata verbunden, ähnlich der Rekombination von Chromosomen in der biologischen Reproduktion. Levinthal/Warglien sehen in dieser Fähigkeit zur Rekombination eine grundlegende Voraussetzung für die Anpassungsfähigkeit "rauer Fitness-
Landscapes".[208]

Als Konsequenz aus diesen Überlegungen folgern z.b. Kelly/Anderson, dass Manager
nicht die Wandlungsprozesse selber im Detail planen können, sondern einen Kontext
schaffen müssen, in dem Innovationen und Anpassungsprozesse emergieren können.[209]
Zur Veranschaulichung hierfür wird vielfach das Bild von "Patches" bzw. "Firms as
Ecosystems of Patches" verwendet.[210] Ein komplexes Problem ist dazu in einzelne,
nicht-überlappende (modulare) Teilprobleme, sogenannte "Patches" aufzuteilen. Bei
Unternehmen können diese "Patches" z.B. Organisationseinheiten darstellen. Koevolution ist dann am erfolgreichsten, wenn die "Patches" bzw. Organisationseinheiten
"loosely communicate"[211]. Um sich am "Rande des Chaos" zu befinden, dürfen sie
nicht zu groß und nicht zu hierarchisch koordiniert sein, was zur "Überstrukturierung"
führen würde, aber auch nicht zu klein und zu sehr selbstgesteuert sein, damit kein
Chaos vorliegt. Das richtige Strukturierungsmaß kann dabei vielfach durch wenige,
einfache Regeln gefunden werden, wie das Beispiel des Vogelschwarms zeigt.[212] Die
Regeln stellen die Rahmenbedingungen für die Selbstorganisation im System dar, die
Steuerung des Systems erfolgt in der Selbstorganisation der Akteure, nicht durch einen
Führer.

> "Although the behavior that emerges is complex, the rules that guide it are necessary
> simple. In fact, it is their simplicity that creates the freedom to behave in complicated,
> adaptive and surprising ways. Further, the rules are associated with the system, not with
> any individual agent (i.e, there is no 'lead' agent). Systems, that exhibit this type of lead-

---

[206] vgl. Kelly / Allison (1999), S. 12ff.
[207] vgl. Anderson (1999), S. 225
[208] vgl. Levinthal / Warglien (1999), S. 343ff.
[209] vgl. Kelly / Allison (1999), S. 128; Anderson (1999), S. 228ff.
[210] vgl. z.B. Brown / Eisenhardt (1998), S. 228ff.; Kelly / Allison (1999) S. 204ff.; Kauffman (1995a), S. 127ff.
[211] vgl. Brown / Eisenhardt (1998), S. 229
[212] vgl. ebenda, S. 18ff.

erless yet orderly behavior are said to be self-organized because the agents themselves figure out how to organize to change. This principle of self-organization governs change in complex adaptive systems.''[213]

Kernaspekt für das Management von Complex Adaptive Systems ist somit die Herbeiführung und Aufrechterhaltung des "edge of chaos", die Wahl des richtigen Strukturierungsmaßes, die Einfachheit der Steuerungsregeln sowie das Prinzip der Selbstorganisation.

1.3 Zwischenfazit

1.3.1 Notwendigkeit eines differenzierten Selbstorganisationsverständnis

Die Rezeption der Selbstorganisationsansätze in der Betriebswirtschaft zeigt Gemeinsamkeiten, aber auch einige grundlegende Unterschiede in den Ansätzen auf. Die Wurzeln der Selbstorganisationsansätze liegen in den neueren Konzepten der Naturwissenschaften. Selbstorganisation besteht in der ''Entstehung, Erhaltung und Höherentwicklung von Ordnung'', die auf ''elementare Wechselwirkungen zwischen Systemelementen bzw. zwischen System und Umwelt'' zurückzuführen ist.[214] Damit ergibt sich ein Selbstorganisationsverständnis i.s.v. Emergenz, d.h. dass durch

> ''(...) mikroskopische Wechselwirkungen auf einer makroskopischen Ebene eine neue Qualität entsteht, die nicht aus den Eigenschaften der Komponenten herleitbar (kausal erklärbar, formal ableitbar) ist, die aber dennoch allein in der Wechselwirkung der Komponenten besteht.''[215]

Das ,Selbst' im Begriff Selbstorganisation steht damit ganz allgemein für die Elemente im System. Diese können z.b. bei naturwissenschaftlichen Betrachtungen Moleküle oder bei sozialen, humanen Systemen neben Akteuren, auch Aktivitäten, Ziele und Ressourcen sein.[216] Der Begriffsteil ,Organisation' bezeichnet dabei die Entstehung von Regelmäßigkeiten bzw. Ordnung in den Beziehungen zwischen diesen Elementen. Dabei sind sowohl die Systemabgrenzung als auch die Feststellung von Regelmäßigkeiten und Ordnung und damit auch Selbstorganisation i.S. der Entstehung emergenter Phänomene beobachterabhängig.

Die Anwendung des Emergenzverständisses auf soziale Systeme findet sich bei allen zuvor vorgestellten Ansätzen:

> ''Humane soziale Systeme sind selbstorganisierend, d.h. ihre Ordnung ist nicht auf individuelle Interventionen oder Handlungen rückführbar. Sie ist das Resultat autonomer, interaktiver, auf sich selbst bezogener Operationen und Handlungen.''[217]

---

[213] vgl. ebenda, S. 18
[214] vgl. Paslack (1991) S. 173
[215] vgl. Krohn / Küppers (1992), S. 389. In gleichem Sinne äußern sich z.B. auch Willke (1993), S. 148, S. 178 bzw. Checkland (1984), S. 314, für weiterführende Überlegungen Locker (1981), S. 213f.
[216] Malone / Crowston führen in ihrem "framework for coordination theory" "actors, activities, goals, and ressources" als Elemente ihres systemorientieren Ansatzes an, vgl. Malone / Crowston (1994), S. 90ff.
[217] vgl. Probst (1987), S. 68. Zu Knyphausen sieht Selbstorganisation wesentlich auf dem „Order from Noise-Prinzip" beruhend und kommt damit zum Schluss, dass Ordnung ''emergente Eigenschaft des fokalen Systems selber ist'', vgl. zu Knyphausen (1988), S. 263.

''(...) order is an emergent property of individual interactions at a lower level of aggregation''.[218]

Die entstehenden Ordnungsmuster sind zwar ''Resultat menschlichen Handelns, nicht aber detaillierter menschlicher Absichten''[219], d.h. sie entstehen unabhängig von individuellen Gestaltungsabsichten und -plänen. Ein Beispiel hierfür sind die aus dem Ansatz von Goldstein bekannten self-fullfilling prophecies, vgl. Kap. 1.2.3. Die sich selbst verstärkende Rückkopplung aus der Befürchtung einer Finanzkrise und dem daraus resultierenden ‚Run' auf die Banken beruhen nicht auf menschlichen Absichten oder Zielen, sind aber Ergebnis menschlichen Handelns. Diese auf dem naturwissenschaftlichen Emergenzverständnis basierende Begriffsauffassung von Selbstorganisation findet sich neben den aufgezeigten Ansätzen in Naturwissenschaften und Betriebswirtschaft auch bei zahlreichen anderen Autoren in der Betriebswirtschaftslehre.[220]

Selbstorganisation in Unternehmen allein aus dieser naturwissenschaftlich geprägten Sicht zu betrachten würde jedoch der Bedeutungsvielfalt des Begriffes nicht gerecht.[221] In Anwendung auf die Sozialwissenschaften wird Selbstorganisation häufig auch anders verstanden, nämlich i.s. der Freiheit von Organisationsmitgliedern ‚sich bzw. ihre Aufgaben selbst zu organisieren'.[222] Das ‚Selbst' bezieht sich dann nur auf die Akteure des Systems bzw. auf bestimmte Akteure z.b. eines ‚selbstorganisierenden Teams'.

Kieser unterscheidet in diesem Zusammenhang als praxisorientierte Ansätze zur Selbstorganisation die *Selbstkoordination*, d.h. Selbstorganisation als Reduzierung organisatorischer und planerischer Vorgaben im Arbeitsprozess, und die *Selbststrukturierung*, Selbstorganisation als Gestaltung der Organisationsstruktur durch die von ihr betroffenen Individuen. Als Prototyp einer sich selbstkoordinierenden Arbeitsgruppe kann z.b. eine Fertigungsinsel oder der Ansatz "selbststeuernder Gruppen"[223] verstanden werden, bei der die Mitglieder ihre Arbeits- und Kooperationsprozesse weitgehend selbst steuern können. Ziele dieses Ansatzes sind v.a. höhere Flexibilität und höhere Arbeitsmotivation/–leistung.[224] Unter Selbststrukturierung versteht Kieser, dass den Organisationsmitgliedern die Möglichkeit zur Selbstorganisation i.S. der Selbstbestimmung formaler Organisations-strukturen eingeräumt wird.[225] Hierbei vertritt er jedoch die These, dass

---

[218] vgl. Anderson (1999), S. 220ff, ähnlich auch weitere Vertreter der Complexity Theory, vgl. z.B. Brown / Eisenhardt (1998), S. 18ff; Morel / Ramanujam (1999), S. 279ff; Pascale (1999), S. 85ff.

[219] vgl. Probst (1987), S. 31

[220] vgl. Hayek (1991), S. 293ff; Zahn / Dillerup (1995), S. 46ff.; Zahn / Dillerup / Foschiani (1997), S. 136ff; Kirsch (1997), S. 375ff.; Willke (1993), S. 148ff; , Schreyögg (1996), S. 405ff.

[221] vgl. Zahn / Dillerup / Foschiani (1997), S. 139

[222] vgl. z.B. Kieser / Kubicek (1992). S. 467ff.; Kieser (1994), S. 218ff.; Gomez / Zimmermann (1992), S. 124ff.; Reichwald (1996), S. 230ff. Gerade in der Anwendung auf den Produktentwicklungsprozess findet sich häufig dieses Selbstorganisationsverständnis, vgl. z.B. Bullinger / Warschat (1995), S. 60f.; Fricke / Lohse (1997), S. 38ff..

[223] vgl. z.B. Schreyögg (1996), S. 241ff.; Polley / Van Dyne (1994), S. 3ff; Kristof / Brown / Sims / Smith (1995), S. 229ff. bzw. im Sinne selbststeuernder Module Picot / Reichwald / Wigand (1996), S. 201ff. Für eine Fallstudie im Produktentwicklungsprozess vgl. Klein / Maurer (1995), S. 93ff.

[224] vgl. Kieser (1994), S. 218ff.

[225] vgl. ebenda, S. 219ff.

''(...) in diesen Prozessen Strukturen produziert würden, die sich nicht wesentlich von den Akteuren vertrauten, größtenteils ‚fremdorganisierten' Strukturen unterscheiden.''[226]

Hierauf begründet sich auch seine Kritik v.a. am St. Gallener Ansatz zur Selbstorganisation und Hayeks Konzept der "spontanen Ordnung"[227], auf das der St. Gallener Ansatz Bezug nimmt. Er sieht für die Entstehung spontaner Ordnung nur einen geringen Spielraum, da er die generelle Handlungsfähigkeit der Organisation nur sichergestellt sieht, wenn bestimmte Vertretungsrechte für das System als ganzes formal geregelt sind und damit eine Einschränkung der Gestaltungsrechte des Einzelnen bestehen. Es kann, so Kieser, somit nur von planmäßiger Selbst- oder Fremdorganisation gesprochen werden, wobei Selbstorganisation immer eines fremdorganisatorischen Rahmens bedarf.[228]

Kieser's Kritik an der Selbststrukturierung, d.h. der Selbstbestimmung formaler Organisationsstrukturen durch die hiervon betroffenen Individuen, ist aus den von ihm aufgezeigten Gründen zu zustimmen. Das Prinzip der Selbstkoordination dagegen bewertet auch Kieser für geeignete Anwendungsfälle positiv.[229] In Hinblick auf Kieser's Kritik am St. Gallener Ansatz zeigt sich die Notwendigkeit eines differenzierten Selbstorganisationsverständnisses.

Im Falle von Kieser's Selbstorganisationsverständnis bezieht sich das ‚Selbst' ausschließlich auf die Individuen eines sozialen Systems. Selbstorganisation bezeichnet damit - sowohl im Falle der Selbstkoordination als auch der Selbststrukturierung - ein Gestaltungsprinzip[230]. Bei spontaner[231] Selbstorganisation i.S.v. Emergenz - wie sie auch im St. Gallener Ansatz zugrundegelegt wird - bezieht sich das ‚Selbst' jedoch nicht nur auf die Akteure eines Systems, die sich spontan, ohne Regelungen selbst eine neue Ordnung schaffen, sondern - wie im Beispiel der self-fullfilling-prophecies - auf das System als Ganzes, einschließlich z.B. der Aktivitäten, Ziele und Ressourcen der Akteure.[232] Auf ‚Selbstorganisation i.S.v. Emergenz' kann sich Kieser's Kritik daher nicht beziehen, da emergente Phänomene zwar ''Resultat menschlichen Handelns, nicht aber detaillierter menschlicher Absichten''[233] sind, d.h. sie entstehen unabhängig von individuellen Gestaltungsabsichten.

Zur Unschärfe des Begriffs trägt auch bei, dass Autoren, die das eher naturwissenschaftlich geprägte Selbstorganisationsverständnis i.S.v. Emergenz in den Mittel-

---

[226] vgl. ebenda, S. 220

[227] Hayek unterscheidet zwei Arten der Ordnungsentstehung: einerseits absichtlich und individuell gestaltete bzw. gemachte Ordnung, andererseits interaktiv aus individuellen Handlungen entstandene Ordnung, die ohne die Absicht entstanden ist, Ordnung zu kreieren, vgl. Hayek (1991), S. 293ff., Hayek (1972).

[228] vgl. ebenda S. 251ff.

[229] vgl. Kieser (1992), S. 222ff.

[230] Wie etwa die Möglichkeit zur eigenverantwortlichen Verteilung und Koordination bestimmter Aufgabenumfänge bei einer Fertigungsinsel in der Produktion. Hinsichtlich der Notwendigkeit einer Ergänzung von Selbst- und Fremdorganisation besteht dabei breiter Konsens, vgl. Probst (1987a), S.138; zu Knyphausen (1988), S. 313 ; Zahn / Dillerup (1995), S. 51ff.; Zahn / Dillerup / Foschiani (1997), S. 139ff.; Kieser (1994), S. 218ff.; Kirsch (1997), S. 375ff.

[231] Die Bezeichnung ‚spontan' wird in unterschiedlicher Hinsicht verwendet, vgl. Kirsch (1997), S. 378ff, z.B. i.S.v. "nicht von außen vorgegeben", vgl. Hayek (1976); Probst (1989), "ungeplant" (Probst 1989) oder auch "schnell", vgl. Hejl (1985), S. 20; Roth (1986), S. 153f.

[232] vgl. Malone / Crowston (1994), S. 90ff.

[233] vgl. Probst (1987), S. 31

punkt ihrer Betrachtungen stellen, als Konsequenz für Management in derart emergenten Systemen vielfach die Rücknahme detaillierter Vorgaben, die Erhöhung von Freiheitsgraden und die Schaffung geeigneter Kontexte zur Förderung der Evolution der
Systeme fordern.[234] Damit findet eine Verknüpfung beider Begriffsverständnisse statt,
die eine Differenzierung der unterschiedlichen Bedeutungsinhalte erschwert.

Dennoch ergeben sich Unterschiede zwischen den Ansätzen, die ausgehend vom
Emergenzverständnis größere Spielräume zu Selbstorganisation i.S.v. Selbstgestaltung
fordern, und den Ansätzen, die unabhängig von Emergenzverständnis zu dieser Empfehlung kommen. Das Entstehen von Emergenz erfordert Nicht-Gleichgewichtsbedingungen. Selbstorganisation i.S.v. Emergenz wird also durch die Unterstützung von
Nicht-Gleichgewichtsbedingungen gefördert. Die Einführung partizipativer Strukturen
ist hiermit nicht gleichzusetzen, kann dabei sogar hinderlich sein:

> ''(...) it is important to point out that a new participative structure, by itself, is not neces-
> sarily a far-from-equilibrium challenge for organizational transformation. This is a mis-
> take, that proponents of TQM, CI, and reengineering may make. (…) the mere imposition
> of a team structure may be nothing more than a linear change in a linear system. A team
> structure, indeed, may not be the far-from-equlibrium match to the system's hidden
> nonlinearity, and therefore, the team structure will not release the self-organizing potential
> of the organization or work group. Group participation indeed may have a far-from-
> equilibrium effect, but it may also just easily promote group think, a premature consensus,
> in which the group as a whole sways individuals toward conformity and away from as-
> serting their differing perspectives.''[235]

Damit steht Goldstein in Übereinstimmung mit der Aussage Kieser's, dass bei Selbstorganisation i.S.v. Selbststrukturierung vielfach nur bestehende Strukturen reproduziert werden, da kein grundlegendes Umdenken der Beteiligten stattfindet. Es erfolgt
kein "Ausbrechen aus linearen Verhaltensweisen". Aus dem Vorhandensein von
Selbstorganisation i.S.v. Emergenz kann also nicht zwingend auf die Vorteilhaftigkeit
von Selbstorganisation i.S. partizipativer Strukturen geschlossen werden. Dies verdeutlicht, dass die Diskussion von Selbstorganisation i.S.v. Selbstgestaltung weit über
die klassische Frage der Dezentralisierung hinausgeht. Dennoch bestehen zwischen
beiden Aspekten enge Beziehungen, denn Computersimulationen legen nahe,

> ''(...) that complex adaptive systems are most effective when intelligence is decentre-
> lized.''[236]

Der Ansatz zur Koordination dieser ‚Intelligenz' hat gleichzeitig zu berücksichtigen,
dass dabei eine hohe Ausrichtung auf ein übergeordnetes Gesamtoptimum garantiert
wird. Denn Selbstorganisation i.S.v. Selbstgestaltung bzw. ''spontaner Selbstregelung'' führt zwar i.a. ''zu schnellen Lösungen, die aber nicht immer im Sinne eines
Gesamtoptimums liegen''.[237]

---

[234] vgl. Probst (1987), S. 113ff; zu Knyphausen (1988), S. 309ff.; Anderson (1999), S. 228ff.
[235] Goldstein (1991), S. 141ff.
[236] vgl. Eisenhardt / Galunic (2000), S. 92
[237] vgl. Zahn / Dillerup (1995), S. 52

Die Voraussetzungen für einen solchen Ansatz der Selbstorganisation können vielfach erst durch hierarchische Eingriffe geschaffen werden.[238] Hinsichtlich der Komplementarität von Selbst- und Fremdorganisation herrscht daher breite Einigkeit.[239] Die Vielzahl der hierfür gefundenen Bezeichnungen wie z.b. "gelenkte Selbstorganisation"[240], "planmäßige Selbstorganisation"[241], "geplante Evolution"[242], "koordinierte Selbstorganisation"[243], "gelenkte Entwicklung"[244], "gelenkte und gestaltete Evolution"[245], "Strategie der Evolution"[246] oder "entwicklungsorientiertes Management"[247] veranschaulichen dies.[248] Antworten zum erforderlichen Ausmaß von Selbst- bzw. Fremdorganisation und v.a. der anwendungsspezifischen Ausgestaltung des Zusammenspiels von Selbst- und Fremdorganisation – etwa der Frage in welcher Form lenkende Eingriffe zur Ausrichtung auf ein übergeordnetes Gesamtoptimum erforderlich sind – bleiben bisher jedoch noch weitgehend unbeantwortet.[249]

Diese Überlegungen führen zum dritten Verständnis von Selbstorganisation, der Fähigkeit eines Systems sich auf ein turbulentes Umfeld mit sich laufend verändernden Anforderungen anzupassen und auf übergeordnete Zielsetzungen ,selbstlenkend' auszurichten. Hierbei besteht wieder eine enge Verbindung zu Vorbildern aus der Natur und Gedanken aus der Systemtheorie und Kybernetik wie sie z.b. bei Ashby oder zu Knyphausen zu finden sind:

''Innerhalb eines Paradigmas offener Systeme ging es dabei zunächst einmal darum zu zeigen, wie es möglich ist, dass Systeme in einer ständig sich verändernden Umwelt überleben können. Solche Systeme wurden nicht nur als stabil, sondern auch als ultrastabil begriffen: Sie sind in der Lage, nicht nur durch Abgleich mit vorgegebenen Führungsgrößen Störungen zu kompensieren, sondern auch die Führungsgrößen selbst zu verändern und damit die ,Requisite Variety' zur Umweltkomplexität immer wieder herzustellen. Die

---

[238] Zahn weist mit der Perestoika auf ein anschauliches Beispiel hin, wie hierarchische Eingriffe erforderlich sein können, um Freiheitsgrade zu erhöhen: ''Hierarchische Kontrolle muss unter Umständen dazu benutzt werden, um totale Kontrolle aufzugeben. Revolutionen von oben kommen auf diese Weise zustande. Die von Gorbatschow inszenierten Perestroika und Glasnost sind ein Beleg dafür'', vgl. ebenda, S. 56.

[239] vgl. Probst (1987a), S. 138; zu Knyphausen (1988), S. 313; Zahn / Dillerup (1995), S. 51ff.; Zahn / Dillerup / Foschiani (1997), S. 139ff.; Kieser (1994), S. 218ff.; Kirsch (1997), S. 375ff.

[240] vgl. Zahn / Dillerup / Foschiani (1997), S. 139ff.

[241] vgl. Kieser (1994), S. 217ff.

[242] vgl. Kirsch / Trux (1981), S. 322ff; Kirsch / Esser / Gabele (1979), S. 423ff; zu Knyphausen (1988), S. 313ff.

[243] vgl. Zülch / Brinkmeier / Rinn (1997), S. 79ff.

[244] vgl. Ulrich (1978), S. 100

[245] vgl. Bleicher (1986), S. 99

[246] vgl. Willke (1989), S. 123

[247] vgl. Klimecki / Probst / Eberl (1991)

[248] Auch der Ansatz der „Kontextsteuerung", der im deutschsprachigen Raum vor allem von Willke und Teubner, vgl. Willke (1987), (1989), Teubner (1989), Teubner / Willke (1984) in gesellschaftstheoretischer Anwendung gebraucht wird und vereinzelt auch in der betriebswirtschaftlichen Anwendung aufgegriffen wird, zielt auf die Kombination von Selbstorganisation und fremdorganisatorischer Vorgaben: ''(...) Grundprinzip einer solchermaßen gearteten Führung ist die zielgerichtete Gestaltung von Arenen für selbstorganisatorische Prozesse durch die Herstellung der Bedingungen, die für das Auftreten gewünschter Ereignisse am günstigsten ist,'' vgl. Naujoks (1994), S. 261ff. Bei der ''zentral-direktiven Kontextsteuerung'' wird beabsichtigt, über ''die Variation von Kontextvorgaben eine begrenzte, direkte Beeinflussung der gesteuerten Systeme zu erreichen'', vgl. ebenda, S. 266ff. Bei der 'dezentralen Kontextsteuerung'' erfolgt keine Rahmensteuerung mehr durch Kontextvorgaben, sondern die Steuerung zielt darauf, jedes System dahingehend zu beeinflussen, dass es ''immer wieder seine Richtung selbst findet'', vgl. ebenda, S. 269ff.

[249] vgl. Zahn / Dillerup / Foschiani (1997), S. 139ff.

Eigenschaft von Systemen sich in diesem Sinne an ihre Umwelt anzupassen: Das ist es, was Ashby (1962) dann auch als ,Selbstorganisation' bezeichnet.[250,]

Es handelt sich damit also nicht nur i.s. der Kybernetik 1. Ordnung[251] um "homöostasische Systeme", d.h. Systeme, die ''eine oder mehrere essentiellen Variablen innerhalb der ,physiologischen Grenzen'[252] halten'' können und damit Störungen ausgleichen. Derartig ,selbstlenkende Systeme' können auch i.s. der Kybernetik 2. Ordnung durch "innovative Selbstorganisation"[253] neue Strukturen und neue Lösungen schaffen, was die langfristige Überlebensfähigkeit des Systems sichern kann.[254]

Die Evolution ist ein Beispiel dafür, wie durch innovative Selbstorganisation Vielfalt i.s.v. *Variation* geschaffen wird, die dann durch *Selektion* der – i.s. der übergeordneten Zielsetzung ,Überleben' – besten Lösungen die Überlebensfähigkeit des Systems erhöht. Brown/Eisenhardt sehen daher die Evolutions-Theorie neben der Complexity Theory als zweiten zentralen Baustein ihres naturwissenschaftlich geprägten Verständnisses von Wandel in Organisationen.[255] Während die Complexity Theory den schnelleren Prozess der Emergenz neuer Muster und der optimalen Anpassung in Strukturen, die "partially connected" sind, darstellt, handelt es sich bei der Evolution um einen sehr viel langsameren Prozess, der durch Variation und Selektion zu einer Steigerung der Überlebensfähigkeit von Systemen führt.[256] In Brown / Eisenhardt's Ansatz finden sich alle drei oben aufgezeigten Verständnisse von Selbstorganisation: Emergenz, die Entstehung neuer Ordnungsmuster i.s.v. Selbstorganisation als ,Phänomen', Selbstorganisation als ,Gestaltungsprinzip' mit der Komplementarität von Selbst- und Fremdorganisation i.s.v. "partially connected structures", sowie Selbstorganisation i.s.v. ,Selbstlenkung', nicht nur durch selbsttätigen Ausgleich von Störungen, sondern auch durch Innovation aus dem System heraus, die, wie beim Prozess der Evolution, auf die bestmögliche Erfüllung der übergeordneten Zielsetzung ,Überleben' ausgerichtet ist.

Probst spricht von "organischer Lenkung", bei der es ''nicht möglich ist, das lenkende System vom zu lenkenden System zu isolieren".[257] Unter "Lenkung" versteht er dabei nicht nur das ''unter Kontrolle halten von Ordnungszuständen eines Systems'', d.h. den Prozess der "Homöostase", sondern auch die Entwicklung von Systemen mit der Fähigkeit zielorientiert zu lernen, Ziele zu ändern, und neue auch Eigenschaften zu erfinden.[258]

---

[250] vgl. zu Knyphausen (1988), S. 256f.
[251] vgl. Kap. 1.1 diese Abschnitts
[252] vgl. Probst (1987), S. 18
[253] vgl. ebenda, S. 19ff.
[254] Auch bei Ben Ari finden sich diese beiden Hauptaspekte ,selbstlenkender' Systeme, die Kompensation von Störungen und die Schaffung von Neuem durch Verstärkung zufälliger Fluktuationen: ''The crucial point is that the designation of a ,self-organizing system' embodies two key ideas: the idea of consitent identity and the idea of dynamic variations essential for its continuous viability'', vgl. Ben-Eli (1981), S. 171.
[255] vgl. Brown / Eisenhardt (1998), S. 14
[256] vgl. ebenda, S. 14
[257] vgl. Probst (1987), S. 40
[258] vgl. ebenda, S. 42. Probst verbindet dabei das Problem der (Selbst-)Lenkung eng mit Ashbys Varietätsgesetz (''law of requisite variety''), nach dem die Überlebensfähigkeit eines Systems nur dann gegeben ist, wenn eine Angleichung der Eigenkomplexität des Systems an die Umweltkomplexität besteht (''Only variety can absorb variety''), d.h. ''die Varietät des lenkenden Systems muss mindestens gleich groß sein, wie die Varietät der

Der Gedanke der ‚Selbstlenkung' hängt auch eng mit dem aus der Complexity Theory bekannten Ansatz der ‚Fitness Landscapes' zusammen. Betrachtet man eine ‚Fitness Landscape' auf z.b. Gesamtunternehmensebene, so kann ‚Selbstlenkung' als das Streben aller Teilsysteme - z.b. Organisationseinheiten oder Projekte - nach Erreichung eines globalen Maximums des Gesamtsystems Unternehmen verstanden werden. Dies kann implizieren, dass hierfür nicht unbedingt das Fitnessmaximum eines Teilsystems erreicht wird, da die Summe der Optima der Teilsysteme nicht notwendigerweise ein Optimum für das Gesamtsystem darstellt. Daher müssen Regeln bzw. Anreize i.s. fremdorganisatorischer Vorgaben gefunden werden, die eine solche Ausrichtung der Teilsysteme auf das Gesamtoptimum garantieren.

Selbstlenkung erfordert daher immer auch fremdorganisatorische Rahmenbedingungen.[259] Das Besondere selbstlenkender Systeme besteht jedoch darin, dass sich diese Rahmenbedingungen auf ein Minimum möglichst einfacher Regeln beschränken, innerhalb derer sich das System auch in einem turbulenten Umfeld ohne weitere Steuerungsvorgaben selbsttätig auf die übergeordneten Gesamtziele ausrichtet. Dies geschieht sowohl durch Ausgleich von Störungen i.S. homöostasischer Systeme als auch durch Beeinflussung der Führungsgrößen durch das System selbst i.S. innovativer Selbstorganisation. Selbstlenkung ist daher immer i.S. einer Komplementarität von Fremd- und Selbstorganisation zu verstehen, bezeichnet jedoch weit mehr als das Erfordernis zur Ergänzung selbst- und fremdorganisatorischer Strukturen.

Die Überlegungen zeigen, dass der Begriff Selbstorganisation drei verschiedene Sachverhalte bezeichnen kann, die zwar eng miteinander verbunden sind, jedoch unterschiedliche Bedeutungsinhalte haben: Selbstorganisation als *Phänomen i.S.v. Emergenz*, Selbstorganisation als *Gestaltungsprinzip, i.S.v. Selbstgestaltung bzw. Selbstabstimmung/-koordination* und Selbstorganisation als *Zielsetzung/Fähigkeit i.S.v. Selbstlenkung*, d.h. die Fähigkeit zu weitgehend selbsttätiger Ausrichtung eines Systems auf übergeordnete Zielsetzungen auch in einem turbulenten Umfeld.

Zahn / Dillerup / Foschiani zeigen mit einem Ansatz zur Führung in fraktalen Unternehmen auf Basis der Prinzipien ''gelenkte Selbstorganisation und geplante Evolution'' sowohl das Erfordernis zur Festlegung des Spannungsfeldes aus Selbst- und Fremdorganisation für die Fraktale auf, was Selbstorganisation als Gestaltungsprinzip betrifft, als auch die Bedeutung von Wandel durch zufällige Vorgänge mit unvorhersehbaren Ereignissen i.S.v. Selbstorganisation als Emergenz. Gleichzeitig

> ''(...) verfügen die Fraktale nicht nur über Freiräume zur Selbstorganisation, Selbstoptimierung und Selbststeuerung. Sie agieren weitgehend eigenständig, wirken an ihrer Entstehung, Veränderung und Auflösung aktiv mit und richten ihre Ziele an übergeordneten Unternehmenszielen aus.''[260]

Störungen, die auf das zu lenkende System wirken können'', vgl. Probst (1987), S. 40; Probst (1981), S. 137ff; Ashby (1957), S. 202.
[259] Diese sind schon allein durch Bestehen übergeordneter Ziele erforderlich.
[260] vgl. Zahn / Dillerup / Foschiani (1997), S. 143ff.

Begriffsverständnis von Selbstorganisation / Klassifizierungskriterien	Selbstorganisation als 'Phänomen:' *,Emergenz'*	Selbstorganisation als 'Gestaltungsprinzip:' *,Selbstgestaltung/ Selbstkoordination'*	Selbstorganisation als 'Zielsetzung/Fähigkeit' *,Selbstlenkung'*
Verständnis des 'Selbst'	Gesamtes System, insbesondere Beziehungen zwischen den Elementen des Systems (Elemente z.B. als Akteure, Aktivitäten, Ressourcen, Ziele)	Akteure im System	Akteure und ihre Aktivitäten in Wechselwirkungen mit dem System
Organisationsverständnis	Ordnungsentstehung i.S. der Entstehung von Regelmäßigkeiten in Beziehungen zwischen Systemelementen	Gestaltung von Regeln des Zusammenlebens/-arbeitens durch die Akteure (z.B. Aufgabenverteilung, Vorgehensweise etc.)	Ausrichtung auf übergeordnete Zielsetzungen durch Ausgleich von Störungen und Weiterentwicklung durch Innovationen
Zielorientierung von Selbstorganisation	Selbstorganisation orientiert sich nicht an Zielen der Akteure oder übergeordneten Zielen	Übergeordnete Ziele und individuelle Ziele der Akteure beeinflussen maßgeblich den Prozess der Selbstorganisation	Laufende Ausrichtung des Systems auf übergeordnete Ziele durch Akteure
Beispiel	Self-fullfilling prophecies	Fertigungsinsel mit eigenverantwortlicher Verteilung der Aufgaben	Projektteam, dass sich laufend an den übergeordneten Unternehmenszielen ausrichtet

Abb. III.2: Differenziertes Selbstorganisationsverständnis für humane, soziale Systeme

Der Ansatz der "Fraktale" beinhaltet analog dem Konzept von Brown/Eisenhardt[261] implizit die Grundidee, alle drei zuvor diskutierten Selbstorganisationsverständnisse miteinander zu verbinden. Diese Zielsetzung stellt auch einen Kerngedanken des in Teil IV vorgestellten Ansatzes ,gelenkter Selbstorganisation' dar: Ausgangspunkt ist die Feststellung, dass in sozialen Systemen immer Selbstorganisation in Form emergenter Phänomene auftritt. Dies stellt eine wichtige Ausgangsbedingung für die Gestaltung von Koordinationsstrukturen dar und ist hierfür zu berücksichtigen. Koordination wird am besten und effizientesten in Strukturen "am Rande des Chaos"[262] stattfinden, in "partially connected structures". Diese stellen eine Mischung aus Selbstorganisation i.S.v. Gestaltungsfreiheiten der Organisationsmitglieder eines Systems und Fremdorganisation i.S.v. Vorgaben durch wenige, möglichst einfache Grundregeln zur Steuerung des selbstorganisierenden Prozesses dar. Wichtig ist dabei, dass diese Grundregeln auf das ,Eigenverhalten' des Systems, die emergenten Ordnungsmuster wie z.B. die Entstehung von self-fulfilling prophecies, abgestimmt sind.

Ziel ist es, durch entsprechende Koordinationsregeln eine bestmögliche Selbstlenkung des Systems zu erreichen, d.h. innerhalb dieser Regelungen eine selbsttätige Ausrichtung des Systems auf die Ziele des übergeordneten Gesamtsystems bzw. des Unternehmens. Ein solcher Ansatz ,gelenkter Selbstorganisation' geht damit weit über das Spannungsfeld von Selbst- und Fremdorganisation bzw. der Forderung nach vermehrter Einführung partizipativer Strukturen hinaus. Im folgenden Zwischenfazit werden

---

[261] vgl. Brown / Eisenhardt (1998), S. 14ff.
[262] vgl. vgl. z.B. Brown / Eisenhardt (1998), S. 11ff.; Kauffman (1995a), S. 125ff.; Pascale (1999), S. 91ff.; Anderson (1999), S. 213ff.

die Ergebnisse dieses Kapitels kurz zusammengefasst und in Hinblick auf die Problemstellung interpretiert.

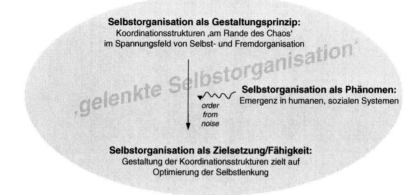

Abb. III.3: Grundverständnis des Ansatzes ‚gelenkter Selbstorganisation'

1.3.2 Zusammenfassung und Interpretation der Konzepte zur Selbstorganisation

1. Die Systemtheorie als Metawissenschaft bildet eine geeignete Grundlage sowohl zum Verständnis komplexer Systeme als auch zur Erfassung von Phänomenen der Selbstorganisation. Das Management prozess- und produktbedingter Interdependenzen bildet den Kern des Koordinationsproblems bei der Entwicklung komplexer Produkte. Die Systemtheorie bildet daher einen geeigneten wissenschaftlichen Bezugsrahmen für die vorliegende Arbeit.

2. Die neuere Systemtheorie ist stark durch den Begriff der operationellen Geschlossenheit geprägt. Durch ihre interne Strukturierungs- und Steuerungsleistung sind operationell geschlossene Systeme nicht umweltdeterminiert, sondern weisen durch interne Rückkopplungsprozesse Eigenverhalten auf. Im Sinne ‚nicht-trivialer Maschinen' sind sie vergangenheitsabhängig und analytisch unbestimmbar. Damit besteht eine enge Verbindung zum Begriff der Emergenz und Selbstorganisation. Aufgrund der aus zahlreichen produkt- und prozessbedingten Interdependenzen resultierend hohen Komplexität wird der Produktentwicklungsprozess in dieser Arbeit als eine ‚nicht-triviale Maschine' mit Eigenverhalten aufgefasst.

3. Die Selbstorganisationsansätze in den Naturwissenschaften sind geprägt durch Selbstorganisation i.S.v. Emergenz. Nach systemtheoretischem Verständnis ist dies nicht als Import von Ordnung in ein System, sondern als systeminterne Ordnungsentstehung durch Verwendung von Störungen zu verstehen (‚order from noise'). Die systeminterne Ordnungsentstehung ist aus der Wechselwirkung der System-

elemente herleitbar[263] und bildet die Grundlage zu Selbstorganisation i.S.v. Emergenz.

4. Die Theorie dissipativer Strukturen brachte die Erkenntnis, dass kleinste energetische Fluktuationen ein System in einen ganz neuen Zustand treiben können. Auch chaotische Systeme weisen eine derart hohe Sensitivität auf Anfangsbedingungen auf. Eigen zeigte, dass Entwicklungsprozesse autokatalytischer Hyperzyklen zwar von Zufallsereignissen ausgehen, die Evolution der Materie in Erweiterung der darwinistischen Selektionstheorie jedoch ein Ergebnis von Ausleseprozessen ist und damit nicht zufällig[264] abläuft. In Übertragung auf Selbstorganisation in sozialen Systemen finden sich diese Charakteristika z.b. in den von Goldstein beschriebenen self-fulfilling prophecies. Sie haben i.a. ihren Ursprung in kleinen, zufälligen Ereignissen, die - durch Rückkopplungsprozesse und daher nicht zufallsgesteuert - ein System in einen neuen Zustand treiben können. Auch bei den aus der Synergetik bekannten ,Versklavungsprozessen' sind ähnlich dem Systemarchetyp "Erfolg dem Erfolgreichen"[265] Parallelen zu selbstverstärkenden Rückkopplungsprozessen in sozialen Systemen (z.B. Erosion der Zielvision in der Fallstudie) zu erkennen.

5. Das Konzept der Koevolution ökologischer Systeme (P. Ehrlich) mit der Erkenntnis struktureller Kopplung ökologischer Systeme und ihrer Entwicklung in vernetzter Abhängigkeit erinnert an die Entwicklung von Complex Adaptive Systems im Entwicklungsprozess. Die Akteure stehen in gegenseitiger Wechselbeziehung, die Lernprozesse mit dem Ziel einer besseren und schnelleren Anpassung an die Umwelt ermöglichen. Die gegenseitigen Abhängigkeiten im Entwicklungsprozess erfordern derart aufeinander abgestimmte Optimierungs- und Lernprozesse. Das Koordinationsproblem im Entwicklungsprozess kann daher auch als eine Optimierung der Koevolution der beteiligten Akteure im Hinblick auf die angestrebten gesamtunternehmerischen Zielsetzungen interpretiert werden. Die Entwicklung in vernetzter Abhängigkeit führt zu Lern- und Optimierungsprozessen und damit zu besserer Überlebensfähigkeit der koevolvierenden Systeme. Ein solches Verständnis von Koevolution kann auch als ,Selbstlenkung' i.S. der aufgezeigten Definition verstanden werden.

Auch die Erkenntnisse Hollings, dass die Widerstandsfähigkeit eines Ökosystems umso geringer wird, je mehr es sich dem Gleichgewichtszustand annähert, zeigen Parallelen zu komplexen Entwicklungsprozessen. Im Falle eines Gleichgewichtszustands sieht Holling die Gefahr, dass das Ökosystem durch zufällige Fluktuationen völlig zerstört wird. Umgekehrt ermöglichen lokale Fluktuationen, die ein Erreichen eines absoluten Gleichgewichtszustands verhindern, eine bessere Anpassungsfähigkeit bzw. Selbstregulation des Systems.[266] Eine stabilitätsorientierte "fail-safe-strategy" mit Minimierung von Fluktuationen kann demnach nur bei

---

[263] vgl. Krohn / Küppers (1992), S. 389

[264] Es wird in diesem Fall auf die Formulierung Eigen's zurückgegriffen, eine Vertiefung zum ,Zufallsbegriff', würde den Rahmen der Arbeit sprengen.

[265] vgl. Senge (1998), S. 465

[266] Holling wendet sich damit gegen die herkömmliche Vorstellung, dass Ökosysteme endogenen Fluktuationen nur in geringem Maße ausgesetzt seien: "(…) the behaviour of ecological systems is profound affected by random events", vgl. Holling (1976), S. 80.

vollständiger Kenntnis von Systemdynamik und Randbedingungen sinnvoll sein. Aufgrund hoher Komplexität und geringer Vorhersehbarkeit kann auch im Entwicklungsprozess eine vollständige Kenntnis der relevanten Randbedingungen kaum gegeben sein. Sowohl interne Unsicherheitsfaktoren, wie die v.a. anfänglich hohe Unsicherheit, in welchem Umfang und auf welchem Wege Zielkonflikte auflösbar sind, als auch externe Unsicherheitsfaktoren wie z.b. Marktentwicklungen und Wettbewerbsverhalten, lassen eine "fail-safe-strategy" unrealistisch werden. Für reale Ökound Sozialsysteme empfiehlt Holling daher eine kombinierte Strategie, die über Fehlerfreundlichkeit statt Fehlervermeidung eine höhere Anpassungsfähigkeit verfolgt, d.h. die Kombination einer "safe-fail-strategy" mit der Vermeidung grober Fehlschläge durch eine "fail-safe-strategy".[267]

Diese Überlegungen erinnern an den Ansatz der Complexity Theory, nach dem sich Koevolution am effektivsten in ,Strukturen am Rande des Chaos' entwickelt. In diesem Fall befindet sich die Organisation nicht im Gleichgewichtzustand, weist aber auch nicht chaotisches Verhalten auf. Im Kontext der Diskussion um Selbstorganisation findet sich dieser Grundgedanke in unterschiedlichen Bezeichnungen wieder. Im Rahmen dieser Arbeit wird dem Begriffsverständnis von Zahn/Dillerup/Foschiani i.S. "gelenkter Selbstorganisation"[268] gefolgt: dies umfasst neben der Kombination von Selbst- und Fremdorganisation ebenso die gezielte Berücksichtigung von Emergenz i.s. des Prinzips ,order from noise' mit dem Ziel der ,Selbstlenkungsfähigkeit' i.S. einer unter gegebenen Randbedingungen eigenständigen Ausrichtung eines Sozialsystems auf die übergeordneten, gesamtunternehmerischen Ziele.

6. Auch bei Probst finden sich alle drei Elemente dieses Begriffsverständnisses: Ausgehend vom Phänomen der Emergenz folgert er, dass i.S. (relativer) Autonomie und Redundanz Möglichkeiten zur Selbstgestaltung bestehen sollten sowie "Verteilung und Lenkung" über das System verteilt sein sollten[269] (Selbstorganisation i.S.v. ,Selbstgestaltung'). Sozialen Systemen schreibt Probst eine Lern- und Anpassungsfähigkeit mit Zielorientierung i.s. "organischer Lenkung" zu. Auch wenn er hierbei nicht explizit auf die Ausrichtung auf übergeordnete Zielsetzungen verweist, sind die Parallelen zum aufgezeigten Verständnis von ,Selbstlenkung (-sfähigkeit)' zu erkennen. Im Sinne einer solchen ,Selbstlenkung' fordert er dann auch beim "Umgang mit selbstorganisierenden sozialen Systemen"[270] ein "Minimum an Regeln". Hierzu empfiehlt er einen ''Kontext zu schaffen, der einem System erlaubt seine eigene Gestaltung zu finden'' und dazu eher bestimmte Zustände auszuschließen, als eindeutige Ziele vorzugeben.

---

[267] vgl. ebenda, S. 89f.
[268] vgl. Zahn / Dillerup / Foschiani (1997), S. 139ff. bzw. unter anderen Begrifflichkeiten "planmäßige Selbstorganisation" (Kieser (1994), S. 217ff.), "geplante Evolution" (vgl. Kirsch / Trux (1981), S. 322ff; Kirsch / Esser / Gabele (1979), S. 423ff.; zu Knyphausen (1988), S. 313ff.), "koordinierte Selbstorganisation" (Zülch / Brinkmeier / Rinn (1997), S. 79ff.), "gelenkte Entwicklung" (Ulrich (1978), S. 100), "gelenkte und gestaltete Evolution" (Bleicher (1986), S. 99), "Strategie der Evolution" (Willke (1989), S. 123) oder "entwicklungsorientiertes Management" (Klimecki / Probst / Eberl (1991).
[269] vgl. Probst (1987), S. 81f.
[270] vgl. ebenda, S. 121ff.

7. Zu Knyphausen's Selbstorganisationsverständnis basiert auf dem systemtheoretischen Ansatz des ‚Order from Noise-Prinzips'. Damit versteht er Ordnungsbildung als eine intrinsische bzw. emergente Eigenschaft des Systems. Im Sinne "geplanter Evolution" empfiehlt er die Bestimmung von Arenen zur Selbstorganisation, eine Kombination aus Freiräumen zur Selbstorganisation ("den Dingen ihren Lauf lassen") und einer Führung zur Ausrichtung auf übergeordnete Zielsetzungen. Damit zeigen sich Parallelen zu Hollings "safe-fail-strategy" bzw. "fail-safe-strategy". "Arenen für Selbstorganisation" sollen Raum für Selbstgestaltung und damit auch eine selbsttätige Ausrichtung auf übergeordnete Ziele ermöglichen.

Im Hinblick auf ‚Selbstlenkung' verweist zu Knyphausen auf das Selbstorganisationsverständnis von Ashby i.S. eines selbststeuernden Systems. Zur Ausrichtung auf übergeordnete Ziele sieht er jedoch ergänzend immer wieder die Notwendigkeit zu "fremdorganisatorischen Eingriffen"[271]. Eine solche lenkende, planerische Führung könne jedoch auch nicht erwartete Reaktionsmöglichkeiten erzeugen, die in der Planung wieder zu berücksichtigen sind. Zahlreiche emergente Phänomene in der Fallstudie wie etwa die ‚Zielvereinbarung nach Gießkannenprinzip' stellen Beispiele hierfür dar. Aus der begrenzten Möglichkeit zur Führung sozialer Systeme folgert er eine Nachteilhaftigkeit fremdorganisatorischer gegenüber selbstlenkender Ausrichtung auf übergeordnete Zielsetzungen.

Wie auch Kieser unterscheidet zu Knyphausen bei Selbstorganisation einerseits den dynamischen Aspekt der Strukturbildung, d.h. der Gestaltung der Organisationsstrukturen durch die Betroffenen, was weitgehend Kieser's Aspekt der Selbststrukturierung entspricht[272]. Andererseits versteht er Selbstorganisation auch in statischer Hinsicht, einer Organisationsstruktur, die i.S. der Reduzierung organisatorischer Vorgaben mehr Freiräume zur Selbstkoordination ermöglicht[273]. Kieser sieht bei Selbststrukturierung in hohem Maße die Gefahr, dass "fremdorganisierte Strukturen reproduziert werden"[274]. Diesem Gedanken wird in dieser Arbeit gefolgt. Unter Selbstorganisation i.S.v. ‚Selbstgestaltung' wird daher nicht Selbststrukturierung verstanden, sondern Selbstkoordination (Kieser) im Rahmen von Organisationsstrukturen, die hierfür entsprechende Freiräume erlauben (zu Knyphausen). Nicht nur zu Knyphausen sieht bei einem solchen Ansatz bessere Möglichkeiten zur Komplexitätsverarbeitung als bei anderen Strukturmustern. Auch nach Kieser handelt es sich hierbei um eine vielversprechende Organisationsstrategie.[275]

8. Mit dem Verständnis von Selbstorganisation als Verstärkung zufälliger, unerwarteter Entwicklungen in nicht-linearen Systemen basiert Goldsteins Selbstorganisationsverständnis ebenso wie das von Probst und zu Knyphausen stark auf dem Emergenzbegriff. Goldstein differenziert dabei ausdrücklich zwischen Selbstorganisation i.S.v. ‚Selbstgestaltung' einerseits und i.S. der Entstehung von ‚Neuem' z.B. durch Emergenz. Das bloße Auferlegen einer Teamstruktur kann nach Goldstein die Entstehung neuer Ordnung in nicht-gleichgewichtigen Systemen behin-

---

[271] vgl. zu Knyphausen (1988), S. 309ff.
[272] vgl. Kieser (1994), S. 218ff.
[273] vgl. zu Knyphausen (1988), S. 281ff.
[274] vgl. Kieser (1994), S. 220
[275] vgl. Kieser (1994), S. 225

dern. Er wendet sich damit gegen ein häufig anzutreffendes (Miss-)Verständnis, dass Selbstorganisation ausschließlich mit Selbstgestaltung bzw. der Einführung von Teamstrukturen gleichsetzt. Dies kann Selbstorganisation i.S. der Entstehung neuer Ordnung durch Emergenz sogar behindern, was die Notwendigkeit für ein differenziertes Begriffsverständnisses verdeutlicht.

Mit verschiedenen Formen von self-fulfilling prophecies zeigt er Beispiele für Grundmuster emergenter Selbstorganisationsvorgänge auf. Die praxisrelevante Bedeutung seiner Beispiele zeigt sich bei der Analyse der Fallstudie. Die Rückkopplung von Erwartungen, Handlungen und Ergebnissen bei den self-fulfilling prohecies ist aufs engste mit einer systemtheoretischen Sicht- und Darstellungsweise verbunden, wie sie bei der weiteren Analyse emergenter Phänomene erfolgt. Das in der Systemtheorie häufig zitierte Phänomen, dass kleine Ursachen zu überwältigenden Konsequenzen führen können, zeigt Parallelen zu den Selbstorganisationsansätzen der Naturwissenschaften auf. Zum Aufbrechen solcher self-fulfilling prohecies kommt nach Goldstein der Konfrontation mit neuen Informationen zentrale Bedeutung zu. Dieser Ansatz wird im Rahmen des Konzeptes 'gelenkter Selbstorganisation' aufgegriffen.

9. In der Complexity Theory finden sich alle drei der zuvor unterschiedenen Begriffsverständnisse. Die Untersuchung von Verhaltensmustern, die durch wechselwirkende Interaktion von Akteuren emergieren, basiert zumeist auf Rückkopplungsprozessen. Die Analyse emergenter Phänomene in der Fallstudie mittels der 'Causal-Loop-Diagramme' veranschaulicht dies im folgenden Kapitel. Dabei emergiert das Systemverhalten auf übergeordneter Ebene maßgeblich aus der Vernetzung individueller Verhaltensweisen der einzelnen Akteure, die sich - wie auch in der Complexity Theory beschrieben - vorwiegend an ihren individuellen 'Pay-Offs' orientieren. Da sie dabei nicht imstande sind, die Konsequenzen ihres individuellen Verhaltens auf Gesamtsystemebene zu verstehen, führt dies i.a. nicht nur zu geringerer 'Gesamtfitness', sondern auch zur Verfehlung der individuellen Ziele. Das Gefangenendilemma stellt eine Interpretation dieser Situation aus spieltheoretischer Sicht dar, vgl. Kap. 2.

Damit sind diese Complex Adaptive Systems zwar selbstorganisierend (i.S. der Entstehung von Emergenz), jedoch nicht automatisch selbstlenkend, da ohne weitere, lenkende Rahmenbedingungen i.a. keine Ausrichtung auf ein übergeordnetes Gesamtoptimum erreicht wird. Das Modell der Fitness Landscapes veranschaulicht die Zielsetzung der Selbstlenkung: es wird ein globales Maximum ('übergeordnetes Gesamtoptimum') angestrebt, wobei lenkende äußere Eingriffe auf ein Minimum an möglichst einfachen Regeln zu reduzieren sind. Ein solches übergeordnetes Gesamtoptimum kann in Übertragung auf ein Entwicklungsprojekt in der Erfüllung des angestrebten Zielkatalogs bestehen, der die Unternehmenszielsetzungen für das Projekt zusammenfasst. Beispielhaft erfolgt in der Fallstudie eine Fokussierung auf die beiden Zielgrößen (Herstell-) Kosten- und Gewicht, deren Optimierung die vom Ansatz der Complexity Theory bekannte 'Evolution of conflicting constraints' verdeutlicht. Die starke Abhängigkeit beider Zielgrößen veranschaulicht, dass die verschiedenen (internen) Entwicklungspartner sich nur in Koevolution, d.h. in vernetzter Abhängigkeit zueinander, weiterentwickeln können.

Die Aussagen der Complexity Theory, dass diese Koevolution am effektivsten in ‚Strukturen am Rande des Chaos' erfolgt, zeigt Parallelen zur Forderung nach Verbindung von Selbst- und Fremdorganisation wie sie aus den Ansätzen von Probst, zu Knyphausen, Goldstein sowie weiteren Autoren[276] bekannt ist. Auch Beispiele aus der Biologie[277] legen nahe, dass sich Koevolution i.a. am effektivsten in Strukturen einer ‚losen Kopplung' ergibt. Diese geben Raum zur Veränderung und damit zur Entstehung von ‚Neuem', sorgen gleichzeitig aber auch für Kommunikation zwischen den Teilen, so dass ein gemeinsamer, koevolutiver Lernprozess mit Weitergabe und -entwicklung des Gelernten erfolgt. Hier sind Parallelen zum Ansatz der Modularisierung erkennbar, der eine solche ‚lose Kopplung' der Module verfolgt. Der Lernprozess ist dabei i.a. mit steigendem Aufwand verbunden. Die zunehmend erschwerte Optimierung zahlreicher Produkteigenschaften zeigt sich in dem von Kauffman formulierten „Red Queen Effect": ''You have to run faster and faster just to stay in the same place!"[278] Je mehr in der Fitness Landscape das globale Maximum naht, umso schwerer wird jede weitere Optimierung.

Insgesamt verweist auch der Ansatz zu Complex Adaptive Systems auf alle drei aufgezeigten Begriffsverständnisse von Selbstorganisation: Durch wechselwirkende Interaktion von Akteuren entsteht emergentes Systemverhalten auf übergeordneter Ebene. Das Verhalten der Akteure wird dabei durch individuelle Schemata geprägt. Selbstlenkung, i.S. eines (weitgehenden) Erreichens des globalen Maximums der Fitness-Landschaft als übergeordnete Zielsetzung mit möglichst wenigen, lenkenden, systemexternen Steuerungsvorgaben wird aufgrund der hohen wechselseitigen Abhängigkeiten und der begrenzten Verständnismöglichkeiten der Akteure i.a. nicht automatisch erreicht. Strukturen am Rande des Chaos i.S.v. Selbstorganisation als Gestaltungsprinzip fördern eine effektive Koevolution im Hinblick auf ein besseres Erreichen des globalen Maximums bzw. eine Verbesserung der Selbstlenkungsfähigkeit.

Die weitere Vorgehensweise erfolgt in Orientierung an das in Abb.III.3 dargestellte Verständnis ‚gelenkter Selbstorganisation'. Das folgende Kapitel vertieft zunächst emergente Phänomene in der Fallstudie. Unter Berücksichtigung der aus den vorangegangenen Abschnitten resultierenden Lösungsimpulse werden dann Koordinationsstrukturen im Spannungsfeld von Selbst- und Fremdorganisation entwickelt. Diese basieren maßgeblich auf einer Datenerhebung bei einem dem Fallstudienunternehmen in wichtigen Aspekten vergleichbaren Automobilhersteller. Abschließend erfolgt eine Bewertung der Ansätze in Hinblick auf ‚optimierte Selbstlenkung'.

---

[276] vgl. Probst (1987a), S. 138; zu Knyphausen (1988), S. 313; Zahn / Dillerup (1995), S. 51ff.; Zahn / Dillerup / Foschiani (1997), S. 139ff.; Kieser (1994), S. 218ff.; Kirsch (1997), S. 375ff.; Kieser (1994), S. 217ff.; Kirsch / Trux (1981), S. 322ff; Kirsch / Esser / Gabele (1979), S. 423ff; zu Knyphausen (1988), S. 313ff.; Zülch / Brinkmeier / Rinn (1997), S. 79ff.; Ulrich (1978), S. 100; Bleicher (1986), S. 99; Willke (1989), S. 123; Klimecki / Probst / Eberl (1991)

[277] Das Beispiel der beiden Vogelarten ''Titmice" und ''Red Robin" zeigt ein Beispiel dafür, wie nur über eine solche ‚lose Kopplung' ein Überleben bei veränderten Umfeldbedingungen gesichert werden konnte, vgl. Brown / Eisenhardt (1998), S. 12.

[278] vgl. Kauffman (1995a), S. 121

2. Vertiefung der Fallstudie: Emergente Phänomene bei der Entwicklung des XR 400

Zur vertiefenden Betrachtung der in der Fallstudie beschriebenen emergenten Phänomene werden in diesem Kapitel wichtige, für die aufgezeigten Problemfelder relevante Wechselwirkungen mittels ‚Causal-Loop-Diagrammen' dargestellt. Dazu erfolgt zunächst in Kap. 2.1 eine kurze Einführung zur Technik der ‚Causal-Loop-Diagramme', bevor anschließend die in den Problemfeldern auftretenden emergenten Phänomene untersucht werden. Im abschließenden Zwischenfazit erfolgt eine Zusammenfassung der Ergebnisse und ihre Interpretation in Bezug auf die zuvor vorgestellten Ansätze zur Selbstorganisationstheorie.

2.1 Exkurs: ‚Causal-Loop-Diagramme'

Emergenz bezeichnet die Entstehung neuer Eigenschaften eines Systems, "die aus den Eigenschaften ihrer Elemente gerade nicht mehr erklärbar sind, die mithin neu und charakteristisch nur und erst für diese Ebene des jeweiligen Systems sind"[279]. Das Entstehen dieser neuen Eigenschaften beruht maßgeblich auf den Wechselwirkungen zwischen den Systemelementen[280]. Im System Thinking wird für die Darstellung solcher Wechselbeziehungen die Methodik der ‚Causal-Loop-Diagramme' verwendet. Sie soll im folgenden kurz beschrieben werden, um sie dann zur Analyse emergenter Phänomene in der Fallstudie zu verwenden.

Wie bereits aus der Fallstudie bekannt, führen häufig Maßnahmen zur Korrektur der aufgezeigten Problemfelder zu einer Verschlimmerung der Situation.[281] Ein System reagiert auf steuernde Eingriffe in unerwarteter Form. Der Schlüssel zum Verständnis einer solchen ‚policy resistance' liegt in der Auseinandersetzung mit der ihr zugrundeliegenden Selbstorganisation bzw. Emergenz. Dabei handelt es sich wie bereits erläutert um eine Beobachterproblematik.

> ''Policy resistance arises because we often do not understand the full range of feedbacks operating in the system. As our actions alter the state of the system, other people react to restore the balance we have upset. Our actions may also trigger side affects. We frequently talk about side effects as if they were a feature of reality. Not so. In reality there are no side affects, there are just effects. When we take action, there are various effects. The effects we thought of in advance, or were beneficial, we call the main, or intended effects. The effects we didn't anticipate, the effects which fed back to undercut our policy, the effects which harmed the system – these are the ones we claim to be side effects.

---

[279] vgl. Willke (1993), S. 148, s. hierzu auch Krohn / Küppers (1992), S. 389 bzw. Checkland (1984), S. 314, sowie für weiterführende Überlegungen Locker (1981), S. 213f, Stephan (1999), S. 232ff..

[280] vgl. Krohn / Küppers (1992), S. 389

[281] vgl. z.B. Stermann (2000) S. 5ff. In diesem Zusammenhang wird häufig von ''counterintuitive behavior of social systems'' gesprochen, vgl. Forrester (1969), S. 107ff.; Zahn (1972); S. 14ff. Die Autoren weisen neben dem ''kontra-intuitiven Systemreaktionen'' komplexer Systeme auf weitere typische Verhaltenseigenschaften komplexer Systeme hin wie etwa ''(...) Insensibilität auf der einen und Sensibilität auf der anderen Seite gegenüber bestimmten systeminternen und -externen Änderungen, Resistenz gegen Strategieänderungen, die das Verhalten beeinflussen sollen, Kompensationseffekte und Diskrepanzen zwischen Kurz- und Langzeitwirkungen von Aktionen'', vgl. Zahn (1972), S. 17f.

Side effects are not a feature of reality but a sign that our understanding of the system is narrow and flawed."[282]

Ein solches, begrenztes Verständnis der Zusammenhänge ist häufig auf eine lineare ‚event-oriented' Denkweise zurückzuführen, vgl. Abb.III.4.: Die fehlende Übereinstimmung von Zielen und bestehender Situation erfordert Entscheidungen, die zu bestimmten Ergebnissen führen.

Abb. III.4: Lineare, ‚event-oriented' Denkweise
(Quelle: Stermann (2000), S. 10f.)

In der Realität besteht jedoch eine Wechselwirkung zwischen unseren Entscheidungen und der Umwelt.

Abb. III.5: Sichtweise im System Thinking

Neben den beabsichtigten Ergebnissen wirken sich auch die bereits angesprochenen Nebeneffekte auf unsere Umwelt aus. Zudem sind die Aktivitäten anderer Akteure zu berücksichtigen, vgl. Abb.III.5. Das Verhalten eines Systems wird dabei durch seine Struktur geprägt.[283] ‚Causal-Loop-Diagramme' stellen eine Möglichkeit dar, die dieser Struktur zugrunde- liegenden Wechselwirkungen zwischen Elementen bzw. Variablen in einem System aufzuzeigen. Dazu werden kausale Verknüpfungen zwischen Variablen durch Pfeile dargestellt. Jeder Pfeil erhält eine Markierung, positiv (+) oder negativ (-), um zu kennzeichnen, wie sich die abhängige Variable verhält, wenn sich die unabhängige Variable verändert.

---

[282] vgl. Stermann (2000), S. 10f.
[283] vgl. ebenda, S. 107

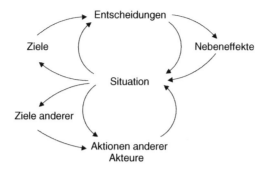

Abb. III.6: Ergänzende Berücksichtigung weiterer Einflüsse

Eine positive (+) Verknüpfung bedeutet, dass - ceteris paribus[284] - Ursache (unabhängigen Variable) und Wirkung (abhängige Variable) stets in die gleiche Richtung gehen.[285] Wenn also die unabhängige Variable (Ursache) zunimmt bzw. ansteigt, steigt auch die abhängige Variable (Wirkung) über den Wert an, den sie andernfalls (d.h. ohne Veränderung der unabhängigen Variable) aufweisen würde bzw. wenn die unabhängige Variable abnimmt, nimmt auch die abhängige Variable unter den Wert ab, den sie andernfalls hätte, vgl. Abb.III.7: Je mehr Hühner vorhanden sind, umso mehr Eier werden gelegt (ceteris paribus). Umgekehrt bezeichnet eine negative (-) Verknüpfung eine gegensinnige Wirkungsbeziehung zwischen den Variablen[286]. Mit Anstieg des Wertes für die unabhängige Variable (Ursache), nimmt die abhängige Variable (Wirkung) unter das Niveau ab, das sie andernfalls aufweisen würde, bzw. mit Verringerung des Wertes für die unabhängige Variable, nimmt die abhängige Variable über das Niveau zu, das sie andernfalls hätte.

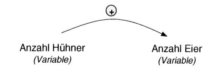

Abb. III.7: Beispiel für positive Verknüpfung zweier Variablen

Die Berücksichtigung von Wechselwirkungen führt zu ‚Feedback-Loops'. Jegliche Systemdynamik beruht auf zwei grundsätzlichen Arten von Wechselwirkungen bzw. ‚Feedback-Loops': positiven bzw. selbst-verstärkenden (‚self-reinforcing') und negativen bzw. selbst-korrigierenden (‚self-correcting') ‚Feedback-Loops'.[287] Mehr Hühner führen nicht nur zu mehr Eiern, sondern es entschlüpfen auch wieder mehr Kücken. Es handelt sich um einen ‚self-reinforcing Loop' (‚R'), was durch eine entsprechende Kennzeichnung innerhalb des ‚Loops' deutlich gemacht wird.[288]

[284] unter der Annahme, dass alle übrige Variablen und Randbedingungen konstant bleiben
[285] vgl. Sterman (2000), S. 137ff.
[286] unter der Bedingung ceteris paribus
[287] vgl. ebenda S. 12ff; Kim (1994), S. 14ff.; Senge (1998), S. 88ff.
[288] vgl. Sterman (2000), S. 13ff.

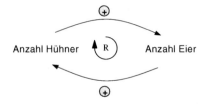

Abb. III.8: Beispiel für eine ‚self-reinforcing' Feedback-Struktur (‚R')

Ohne weitere Einflüsse würde die Hühner- und Eier-Population exponentiell wachsen. In der Realität bestehen daher immer wieder ‚self-correcting' Einflüsse. Liegt der Hühnerhof z.b. neben einer befahrenen Straße, würden mit zunehmender Anzahl von Hühner auch wieder mehr Hühner die Straße überqueren, was sich durch das Verkehrsrisiko reduzierend auf die Hühnerpopulation auswirkt. Entsprechend handelt es sich um einen ‚Balancing-Loop' (‚B').

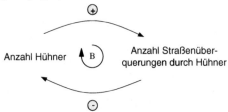

Abb. III.9: Beispiel für eine ‚self-correcting' Feedback-Struktur (‚B')

Jede Systemdynamik resultiert aus der Interaktion dieser Grundarten von ‚Feedback-Loops'. Zu beachten ist dabei, dass diese Darstellungen nur die Beziehungen zwischen Variablen darstellen und keine Aussage über das tatsächliche Verhalten der Variablen treffen. Wenn in Abb.III.9 die Anzahl der Hühner steigt, werden mehr Hühner die Straße überqueren. Ob die Hühnerpopulation wirklich zunimmt oder ob sie abnimmt und daher weniger Hühner die Straße überqueren werden, wird durch die dargestellte Struktur nicht beantwortet.[289] Zudem werden keine Korrelationen, sondern nur ursächliche Verknüpfungen aufgezeigt.[290]

Ursache und Wirkung liegen nicht immer - wie bei ‚linearer Denkweise' fälschlicherweise häufig angenommen - räumlich und zeitlich nahe zusammen.[291] In ‚Causal-Loop-Diagrammen' werden daher wichtige Verzögerungen entsprechend gekennzeichnet, vgl. Abb.III.10. Bei Interaktionen mit verschiedenem Zeithorizont, liegen die längerfristig wirksamen Beziehungen im äußeren ‚Loop'.

---

[289] vgl. ebenda, S. 139ff. Es findet keine Unterscheidung zwischen ‚stocks' - d.h. der Akkumulation von Ressourcen - und ‚flows' - den Veränderungsraten der Ressourcen - statt. Eine entsprechende Unterscheidung ist für die folgenden Betrachtungen in der Fallstudie nicht erforderlich, so dass auf eine Beschreibung der hierfür bestehenden Methodik verzichtet wird.

[290] vgl. ebenda, S. 141ff.

[291] vgl. ebenda, S. 11

Abb. III.10: Kennzeichnung von relevanten Verzögerungen

Das Studium der Systemdynamik auf Basis von Computermodellen zeigte, dass bestimmte, ständig wiederkehrende Strukturmuster beobachtet wurden.[292] In Form der sogenannten „System-Archetypen"[293] wurden diese Strukturmuster in einfacher Form dargestellt.[294] Im folgenden sollen emergente Phänomene in dem aus der Fallstudie bekannten Entwicklungsprozess des XR400 untersucht werden. Wichtige Strukturmuster werden dabei durch ‚Causal-Loop-Diagramme' dargestellt.

2.2 Emergente Phänomene bei der Entwicklung des XR 400 bei Automóviles Deportivos S.A.

In Teil I, Kap. 3, erfolgte eine Einführung zu zentralen Problemfeldern bei der Koordination der Entwicklungsaktivitäten für das Sportcoupé XR400. Sie wurden in die Bereiche Ziel-, Informations- und Maßnahmenmanagement strukturiert, s. Abb.III.11. Häufig zeigten sich dabei nicht beabsichtigte Nebenwirkungen z.b. aufgrund unvorhergesehener Verhaltensweisen der Akteure. Unter dem Stichwort ‚emergente Phänomene' soll dies im folgenden näher betrachtet werden.

Die Entwicklung des XR400 steht im Spannungsfeld aus einem deutlich erhöhten Wettbewerbsdruck im prestigeträchtigen Premiumsegment der Mittelklasse-Sportcoupés und dem strategischen Ziel der Segmentführerschaft (Preis- und Volumenführerschaft).

Entsprechend hohe Anforderungen ergeben sich damit nicht nur bei der Verteidigung des Kernmarkenwertes Dynamik mit hohen Gewichtsreduzierungserfordernissen bei gleichzeitig intensivem Kostendruck, sondern auch in einem breiten Spektrum weiterer Produktanforderungen. Die gegenüber dem Vorgängermodell erhöhten Volumenziele erfordern zwingend auch die Erschließung neuer Kundengruppen. Daher werden auch deutliche Verbesserungen bei Produkteigenschaften angestrebt, in denen sich die Fahrzeuge des Sportwagenherstellers bisher nicht durch einen Wettbewerbsvorteil auszeichneten, wie z.B. Komfort oder Alltagstagstauglichkeit.

---

[292] vgl. Senge (1998), S. 118ff; Senge et. al. (1997), S. 139ff; Kim (1994), S. 20ff.

[293] Das Wort kommt vom griechischen *archetypos* mit der Bedeutung ‚erstes seiner Art'.

[294] Diese Archetypen sollen die mit Hilfe von Modellen gewonnenen Erkenntnisse in vereinfachter Form vermitteln. Zusammen mit Goodman und Senge entwickelte Kemeny ausgehend von Merkmalen, die Sterman beschrieben hatte, acht Diagramme zur Klassifikation der häufigsten Verhaltensformen. ''Einige Archetypen, wie die ‚Grenzen des Wachstums' und die ‚Problemverschiebung' waren Übertragungen ‚generischer Strukturen' – Mechanismen, die Jay Forrester und andere Pioniere des Systemdenkens in den sechziger und siebziger Jahren beschrieben hatten'', vgl. Senge / Kleiner / Smith / Roberts / Ross (1997), S. 139.

Festgestellte Problemfelder	**Resultierende Herausforderungen**	**Übergeordnete Anforderung**
1. Ungenügende Zielpriorisierung in der frühen Phase	Festlegung von Differenzierungsfeldern: Frühzeitige, klare Priorisierung	
2. Zielvereinbarung nach ‚Gießkannenprinzip'	Festlegung und Aufteilung der Zielanspannung: bestmögliche Kompetenznutzung	Zielmanagement
3. Erosion der Zielvision	Verfolgung der Ziele: Gewährleistung der Zielerreichung	
4. Ungenügende Informationen über relative Kompetenzvorteile	Ausrichtung Informationssysteme/-prozesse: Kenntnis von (relativen) Kompetenzvorteilen	
5. Eingeschränkter Informationsaustausch beim Umgang mit frühen Daten	Offenheit fördern (individueller/kultureller Aspekt) Informationsaustausch	Informationsmanagement
6. Prozess- und Systemschnittstellen beim Gewichtscontrolling	Konsistenz gewährleisten (technischer Aspekt)	
7. Anreizsysteme mit ‚Boomerang-Effekt'	Anreizsysteme: Ausrichtung auf Gesamtoptimum	
8. Steuerung über Bereichsziele/ bereichsbezogene Optimierung	Bereichsübergreifende Zusammenarbeit beim Maßnahmenmanagement: Priorisierung aus Gesamtprojektsicht und Ausrichtung auf Gesamtoptimum	Maßnahmenmanagement

Abb. III.11: Übersicht zu Problemfeldern und resultierenden Herausforderungen bei Automóviles Deportivos

Vor diesem Hintergrund startet die Konzeptentwicklungsphase mit einem umfangreichen ‚Strategischen Zielkatalog'. Die hier festgelegten strategischen Produkt- und Projektziele wurden in der Zieldefinitionsphase im Spannungsfeld aus Unternehmenszielsetzungen und Plausibilisierung realistischer Umsetzungsmöglichkeiten erarbeitet. Erschwerend wirkt sich dabei aus, dass das Anforderungsniveau zusätzlich durch den sogenannten ‚Anforderungskatalog', den für alle Produkte des Unternehmens festgelegten Mindestansprüchen, verschärft wird.

Im Laufe der Konzeptentwicklungsphase sind entscheidende Zielkonflikte noch nicht gelöst. Maßgebliche Ursache hierfür ist die hohe Anzahl gleichzeitig verfolgter, stark vernetzter und vielfach konkurrierender Zielsetzungen zur Erfüllung der äußerst anspruchsvollen Produktanforderungen[295]. Für die Bewältigung dieser Zielkonflikte

---

[295] So stellt sich z.B. beim XR400 die Frage, ob das Fahrzeug mit einem neuen Fahrdynamikregelsystem ausgestattet werden soll. Hiermit wäre eine deutliche Verbesserung der Fahrdynamik möglich, gleichzeitig wäre dies aber auch mit Herstellkosten- und Gewichtsmehrungen verbunden. Zudem ist das technische Risiko der Innovation abzuschätzen. Im Falle einer positiven Entscheidung wäre zudem frühzeitig die Elektrikarchitektur des Fahrzeugs auf die damit verbunden Anforderungen auszurichten. Gleichzeitig wird zur Verbesserung der Traktion ein neuartiges Allradsystem geprüft. Auch diese Weiterentwicklung wäre mit Herstellkosten- und Gewichtsmehrungen sowie mit zusätzlichem Entwicklungsaufwand und Risiken verbunden. Für ein entsprechend weiterentwickeltes Allradsystem ist frühzeitig im Fahrzeug ein entsprechender Packagevorhalt zu gewährleisten. (Das Package eines Fahrzeugs beschreibt technische Bauteile nach Lage und räumlicher Ausdehnung. Hierdurch werden die Hauptproportionen des Fahrzeugs sowie die Innenraumverhältnisse festgelegt. Zur Abstimmung zwischen Package und Design, vgl. Clark / Fujimoto (1992), S. 116ff.) In ähnlicher Weise ergibt

kommt der frühen Entwicklungsphase besondere Bedeutung zu. Mit zunehmendem Fortschritt des Entwicklungsprozesses verringert sich der verbleibende Beeinflussungsspielraum. Bei unzureichender Konzentration auf die für das Projekt entscheidenden Zielkonflikte in der frühen Phase werden daher häufig wichtige Weichenstellungen für die Zielkonfliktbewältigung versäumt. Fehler bzw. ungenutzte Potenziale können später häufig nicht mehr oder nur noch mit erheblich höherem Aufwand revidiert bzw. erschlossen werden.

Eine frühzeitige Fokussierung auf entscheidende Zielkonflikte kann bei unzureichender Zielpriorisierung in der frühen Phase mit resultierend zu hoher Anzahl bzw. Anspannung der im Strategischen Zielkatalog festgelegten Ziele nicht bzw. nur unzureichend erfolgen. Ressourcenverzettelung führt zu ungenügender Bewertung der Zielkonflikte. Transparenz hinsichtlich Umsetzbarkeit von Lösungsmaßnahmen sowie damit verbundenen Risiken und Auswirkungen auf andere Zielgrößen bildet eine zentrale Entscheidungsgrundlage für die Zielkonfliktbewältigung. Bei nicht absehbarer Lösbarkeit der Zielkonflikte stellt eine solche Bewertung zudem die Grundlage für eine weitergehende, an den Unternehmens-/Gesamtprojektzielen orientierte Priorisierung zwischen konkurrierenden Zielgrößen dar.[296]

Damit ergibt sich der in Abb.III.12 dargestellte Wirkungszusammenhang: durch die *hohe Anzahl von Zielen/Zielkonflikten mit hoher Priorität* reduziert sich angesichts der begrenzten Projektressourcen (z.B. Kapazitäten, Zeit, Budget) der mögliche *Ressourceneinsatz je Zielkonflikt*. Die eingeschränkten Untersuchungsmöglichkeiten der Zielkonflikte führen zu nicht ausreichender *Transparenz hinsichtlich der Zielkonflikte* bzw. einer unzureichenden Aussagefähigkeit darüber, ob bzw. in welchem Umfang eine *Zielerreichbarkeit* unter den gegebenen Umständen überhaupt möglich ist[297]. Bei einer Unauflösbarkeit der Zielkonflikte ist eine Priorisierungsentscheidung zwischen den konkurrierenden Zielsetzungen erforderlich. Eine *Zielpriorisierung aus gesamtoptimaler Sicht* erfordert jedoch ausreichende Transparenz insbesondere in Bezug auf die Opportunitätskosten der Alternativen. Ohne diese Transparenz können notwendige Priorisierungsentscheidungen nicht getroffen werden. Dies führt wieder zum Ausgangspunkt der Überlegungen, der hohen *Anzahl von Zielen/-konflikten mit hoher Pri-*

---

sich eine Vielzahl weiterer Zielkonflikte, bei denen die Verbesserung bestimmter Produkteigenschaften im Zielkonflikt mit z.B. Kosten, Gewicht oder anderen Produkteigenschaften steht.

[296] Die Erarbeitung des Strategischen Zielkatalogs mit Festlegung der Zielvision und einhergehender Zielpriorisierung erfolgt im Rahmen der Zieldefinitionsphase zu Beginn des Projektes aus markt-, marken- und gesamtunternehmensstrategischen Überlegungen. Im Verlauf der Konzeptentwicklung werden grundsätzliche, konzeptseitige Lösungsmöglichkeiten erarbeitet und bewertet. Dabei treten i.a. laufend Zielkonflikte auf, die hinsichtlich Kosten, Gewicht, technischer Umsetzbarkeit, Risiken und Auswirkungen auf andere Zielgrößen zu bewerten sind. Ist ein solcher Zielkonflikt nicht lösbar, sind Priorisierungsentscheidungen zu treffen. Maßgebend hierfür ist neben den im Zielkatalog enthaltenen strategischen Produkt- und Projektzielen die auf der durchgeführten Bewertung basierende Transparenz hinsichtlich erreichten Status, Potenzialen, Risiken und Aufwand zur Zielerreichung. Die Priorisierung zwischen konkurrierenden Zielen stellt damit einen Prozess dar, der sich von der Zielvision zu Beginn der Entwicklung bis hin zur Serienentwicklung erstreckt.

[297] So stehen z.B. die Untersuchungen verschiedener Szenarien zur Umsetzung eines innovativen Dachkonzeptes im Rahmen der gegebenen Anforderungen an Design und Karosseriesteifigkeit sowie der bestehenden Kostenrestriktionen im Zielkonflikt zur Gewichtsreduzierung. Zudem sind sowohl die Untersuchungen zum Dachkonzept als auch zur Gewichtsreduzierung durch Mitarbeiter im Entwicklungsbereich Karosserie durchzuführen. Die Zeit-, Budget- und Kapazitätsrestriktionen in der Konzeptphase führen dazu, dass nicht alle ursprünglich anvisierten Szenarien betrachtet. Maßnahmen untersucht werden können, andere Ansätze werden nur in einer groben Abschätzung betrachtet.

orität. Insgesamt ergibt sich die in Abb.III.12 dargestellte *Rückkopplung aus ungenügender Priorisierung und unzureichender Ressourcenfokussierung.*

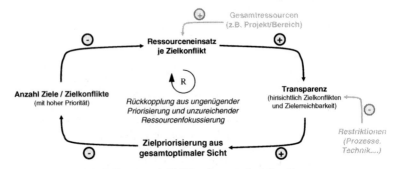

Abb. III.12: Ungenügende Zielfokussierung in der frühen Phase

Als Konsequenz werden die für das Projekt entscheidenden Ziele aufgrund von ‚Verzettelung' bei weniger wichtigen Themen verfehlt. Dabei zeigt sich auch, wie unzureichende Priorisierung *(hohe Anzahl Ziele/Zielkonflikte)* zu einer grundsätzlichen Schwächung der ‚Priorisierungsfähigkeit' *(Zielpriorisierung aus gesamtoptimaler Sicht)* führt. Dieser Wirkungszusammenhang basiert auf der gerade für Premiumhersteller verführerischen Zielsetzung, ohne ausreichende Fokussierung in nahezu allen Produkteigenschaften eine Benchmark-Position anzustreben.

Verstärkt wird die unzureichende Transparenz bezüglich der Zielkonflikte auch durch die mit hoher Anzahl konkurrierender Ziele steigende Bewertungskomplexität. Die hohe Interdependenz der Zielgrößen erschwert mit zunehmender Anzahl von Zielkonflikten eine Aussage über mögliche Nebenwirkungen neuer Lösungsansätze[298].

Die Probleme führen dazu, dass selbst zum Meilenstein der Zielvereinbarung noch eine erhebliche Abweichung zwischen erreichtem Planstand und den in der Zielvision festgelegten Kosten- und Gewichtszielen besteht. Die noch ausstehenden Optimierungserfordernisse werden über die - bereits aus Teil I bekannte - ‚Zielvereinbarung nach Gießkannenprinzip' auf die Bereiche bzw. Module verteilt. Diese Vorgehensweise wird im folgenden näher betrachtet.

In der Zieldefinitionsphase war eine auf das Gesamtfahrzeug bezogene Gewichtszielvision festgelegt worden. Unter Berücksichtigung konzept- und ausstattungsbedingter Mehrungen gegenüber dem Vorgängermodell ergibt sich die effektiv zu errei-

---

[298] Zur Bewertung von Zielkonflikten zwischen Kosten- und Gewichtsreduzierungsmaßnahmen hat sich z.B. die Einführung eines ‚Grenzkostensatzes Gewicht' als hilfreich erwiesen. Dieser Quotient aus zusätzlicher Gewichtsmehrung zu zusätzlicher Herstellkostenmehrung kann als Maß für die mit 1kg Gewichtsreduzierung verbundenen Herstellkostenmehrungen interpretiert werden (Grenzwertbetrachtung). Während bei zwei Zielen für eine solche Bewertung nur ein Quotient erforderlich ist, steigt mit zunehmender Anzahl der Zielgrößen die Anzahl der für die Bewertung aller Beziehungen erforderlichen Quotienten exponentiell an, was zu entsprechender Zunahme des Bewertungsaufwandes führt. Hinzu kommt das Problem der Quantifizierung schwer messbarer Ziele.

chende Gewichtsreduzierung, die i.a. über der (nominellen) Gewichtsdifferenz zwischen Vorgänger- und Nachfolgermodell liegt, vgl. Abb.III.13.

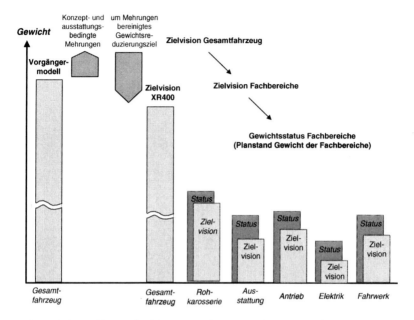

Abb. III.13: Gesamtfahrzeug-Gewichtszielvision für den XR400, Zielvisionen für die Fachbereiche und Gewichtsstatus der Fachbereiche zum Zeitpunkt der Zielvereinbarung

Im Rahmen der Konzeptentwicklung wird die auf das Gesamtfahrzeug bezogene Gewichtszielvision auf die Fachbereiche aufgeteilt[299]. Der am Ende der Konzeptphase zum Zeitpunkt der Zielvereinbarung erreichte Gewichtsstatus liegt bei allen Fachbereichen deutlich über den, aus der Zielvision abgeleiteten Ansprüchen.[300]

Die Zielvereinbarung befindet sich nun im Spannungsfeld aus Realisierbarkeit und Anspruch: Einerseits sind Wege zum Erreichen der Zielvision unter den gegebenen technisch-wirtschaftlichen Rahmenbedingungen und dem angestrebten Fahrzeugeigenschaftsprofil nicht ersichtlich, andererseits werden mit dem erreichten Gewichts- und Herstellkostenstatus die in der Zielvision definierten strategischen Produkt- und Projektziele nicht erreicht. Aufgrund der hohen strategischen und betriebswirtschaftlichen

---

[299] Bei der Aufteilung auf die Fachbereiche erfolgt i.a. eine Orientierung am Vorgängermodell des XR400 unter Korrektur von konzept- und ausstattungsbedingten Änderungen sowie der durch die Gesamtfahrzeugzielvision festgelegten Verbesserungsanspannung. Gegenüber dem Vorgängermodell ergibt sich beim XR400 z.B. ein Gewichtsanstieg sowohl aus der geplanten Größenzunahme (konzeptbedingte Gewichtsmehrungen) als auch durch zusätzliche Ausstattungsumfänge (ausstattungsbedingte Gewichtsmehrungen, z.B. durch zusätzliche Komfort- und Sicherheitsausstattung). Bereinigt um diese Ausstattungsmehrungen liegt die tatsächlich zu realisierende Gewichtsreduzierung deutlich über der nominellen Gewichtsdifferenz zwischen Vorgänger- und Nachfolgermodell.

[300] Eine vergleichbare Situation besteht bei den Herstellkosten, vgl. Teil I, Kap. 3.

Bedeutung der in der Zielvision festgelegten Ansprüche wird das Projekt im Vorstand
nicht entlastet. In Abwägung aus Ansprüchen und Realisierbarkeit wird eine Verbesserung um 5% gegenüber dem bis zum Berichtstermin erreichten Herstellkosten- und
Gewichtsstatus verbindlich vereinbart.

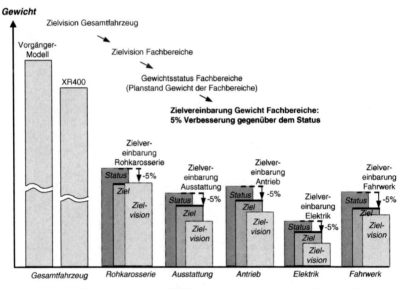

Abb. III.14: ‚Zielvereinbarung nach Gießkannenprinzip' am Beispiel der Gewichtsziele

Da im Projektplanungsstand bereits alle von den Fachbereichen als realisierbar eingeschätzten Potenziale berücksichtigt sind, wird die zusätzliche Zielanspannung i.S. einer ‚gerechten Lastenaufteilung' gleichmäßig auf alle Fachbereiche bzw. Module verteilt (‚Zielvereinbarung nach Gießkannenprinzip'). Daraus resultiert für alle Betroffenen eine gleiche Verbesserungsanspannung von 5% gegenüber dem bis zum Berichtstermin als realisierbar aufgezeigten Status, vgl. Abb.III.14. Mangels besserer Alternativen wird diese Vorgehensweise trotz schlechter Erfahrung aus früheren Projekten gewählt: Damals erfolgte aufgrund der gleichen Problematik ebenfalls eine ‚Zielvereinbarung nach Gießkannenprinzip'. Dabei zeigte sich mit jedem Projekt eine zunehmende Verschlechterung der Situation, gerade in der entscheidenden frühen Phase vor der
Zielvereinbarung.

Zum Verständnis dieser Zusammenhänge wird im folgenden die Situation aus Sicht
der betroffenen Fachbereiche bzw. Entwickler betrachtet, vgl. Abb.III.15. Sie haben
i.d.R. schon vor der Zielvereinbarung durch intensive Optimierungsanstrengungen alle
unter den gegebenen Umständen als realisierbar eingeschätzten Potenziale zur Ge-
wichts- und Herstellkostenreduzierung berücksichtigt. Je intensiver diese *Ausschöpfung von Optimierungspotenzialen vor der Zielvereinbarung* bereits erfolgte, umso
schwerer wird es für sie nach der Zielvereinbarung weitere Verbesserungen zu errei-

chen. Eine intensive, frühzeitige Optimierung schränkt also ihre Handlungsspielräume für weitere *Optimierungspotenziale nach der Zielvereinbarung* ein.

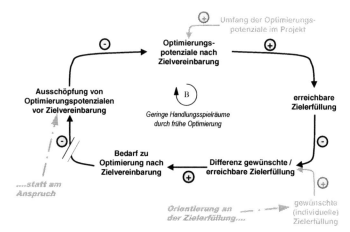

Abb. III.15: Konsequenz der 'Zielvereinbarung nach Gießkannenprinzip' aus individueller Sicht: Einschränkung von Handlungsspielräumen

Bei unveränderten Zielen verringert sich damit die *erreichbare Zielerfüllung* für die Entwickler. Damit verringern sich ihre Möglichkeiten, als Basis für eine gute Leistungsbewertung eine möglichst geringe *Differenz zwischen gewünschter und erreichbarer bzw. erreichter Zielerfüllung*[301] zu erreichen. Dies ist für die Betroffenen unter den gegebenen Umständen nur möglich, wenn sie sich genügend Handlungsspielräume für die Optimierung nach der Zielvereinbarung aufrechterhalten. Dieser *Bedarf zu Optimierung nach* Zielvereinbarung provoziert so ein 'Zurückhalten' gerade noch unsicherer Potenziale und widerspricht damit der aus Projektsicht angestrebten, möglichst frühzeitigen Optimierung (*Ausschöpfung von Optimierungspotenzialen vor der Zielvereinbarung*). Die Ausrichtung auf das Gesamtoptimum steht im Konflikt zur Verfolgung individueller Vorteile und provoziert damit das Verhaltensmuster *'Orientierung an der Zielerfüllung statt am (Ziel-)Anspruch'*, vgl. Abb.III.15.

Die 'Zielvereinbarung nach Gießkannenprinzip' führt jedoch nicht nur dazu, dass eine frühzeitige Optimierung mit erschwerter individueller Zielerfüllung einhergeht. Gleichzeitig steigt mit besserem *Planstand Gewicht vor Zielvereinbarung* (Gewichtsstatus inklusive Potenzialen) auch der Optimierungsanspruch, da sich die Zielvereinbarung nach Gießkannenprinzip ja an diesem Status orientiert[302]. Je geringer also der Planstand Gewicht, umso anspruchsvoller wird das *Zielgewicht gemäß Zielvereinbarung*.

---

[301] für den von Ihnen verantworteten Umfang
[302] Im Rahmen der 'Zielvereinbarung nach Gießkannenprinzip' wurde für jeden Bereich eine Verbesserung von 5% gegenüber dem erreichten Plangewicht vereinbart, vgl. Abb.III.14.

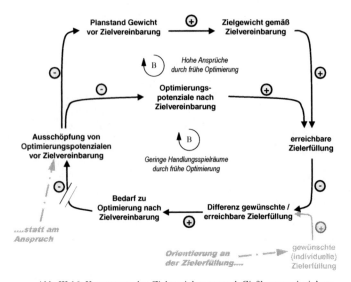

Abb. III.16: Konsequenz der ‚Zielvereinbarung nach Gießkannenprinzip' aus individueller Sicht: Einschränkung von Handlungsspielräumen und höhere Ansprüche

Als Konsequenz führt eine frühzeitige Optimierung aus Sicht der Betroffenen daher sowohl zu *geringeren Handlungsspielräumen*, als auch zu *höheren Ansprüchen*. Beides wirkt sich für sie negativ auf die *erreichbare (individuelle) Zielerfüllung* aus, vgl. Abb.III.16. Für die Betroffenen ist es daher vielfach besser, nicht alle ‚Potenzialideen' gleich im frühen Stadium einzubringen. Gerade bei unsicheren, noch weiter zu prüfenden Potenzialen ergibt sich durch die ‚Zielvereinbarung nach Gießkannenprinzip' der Anreiz, eine solche Prüfung eher auf die Phase nach der Zielvereinbarung zu verschieben. Damit wird den Bemühungen einer frühzeitigen Optimierung entgegengewirkt. Wichtige, konzeptbezogene Optimierungspotenziale können in späteren Phasen jedoch i.a. nicht mehr erschlossen werden. Diese unerwünschten Auswirkungen basieren letztlich auf der - bereits aus der Complexity Theory bekannten - unzureichenden Berücksichtigung individueller Verhaltensschemata der Akteure.

Die beschriebenen Verhaltensmuster wirken sich langfristig, d.h. über den Verlauf mehrerer Projekte aus. Erst die Erfahrung des wiederholten Einsatzes der ‚Zielvereinbarung nach Gießkannenprinzip' bewirkt die aufgezeigte, ungewünschte Verhaltensweise. Durch die Verschiebung von Optimierungsanstrengungen in die Phase nach der Zielvereinbarung lässt sich auch die zunehmende Verschlechterung der Situation im Laufe der Projekte erklären. Im Rahmen der Serienentwicklung kann dann aufgrund sehr viel geringerer Beeinflussungsmöglichkeiten die in der Konzeptentwicklung verursachte Zielverfehlung nicht mehr kompensiert werden.

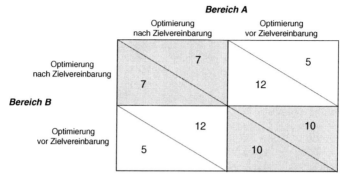

Abb. III.17: Interpretation der ,Zielvereinbarung nach Gießkannenprinzip' aus Sicht der Spieltheorie:
Anwendung des ,Gefangenendilemmas'[303]

Die aufgezeigten Zusammenhänge lassen sich in Anlehnung an die Spieltheorie auch als „Gefangenendilemma"[304] interpretieren. Hierzu sei vereinfachend von zwei Bereichen ausgegangen, die gemeinsam ein bestimmtes Ziel (z.b. Gewichtsziel) anstreben. Zur (gemeinsamen) Zielerfüllung sind von beiden Bereichen Verbesserungsmaßnahmen einzubringen. Ist der Beitrag des einen Bereiches zur Zielerfüllung geringer, sind durch den anderen Bereich entsprechend mehr Maßnahmen einzubringen (und umgekehrt). Für beide Bereiche erfolgt - wie bereits bei allen Projekten der Vergangenheit - eine ,Zielvereinbarung nach Gießkannenprinzip'. Vereinfachend wird angenommen, jeder Bereich verfüge über die Handlungsmöglichkeit ,Optimierung vor Zielvereinbarung' und ,Optimierung nach Zielvereinbarung'. Daraus ergeben sich die vier in Abb.III.17 dargestellten ,Spielkonstellationen'.

Eine frühzeitige Gewichtsoptimierung (,Optimierung vor Zielvereinbarung') in beiden Bereichen würde aufgrund besserer Beeinflussungsmöglichkeiten in dieser Phase für beide Bereiche in Summe zur besten Gesamtzielerfüllung führen (s. unten rechts, 20 Punkte). Wenn A jedoch frühzeitig alle Potenziale ausschöpft, bei B dagegen der Schwerpunkt der Optimierung erst nach der Zielvereinbarung stattfindet (oben rechts), werden durch die ,Zielvereinbarung nach Gießkannenprinzip' die Ziele für A im Vergleich zu B anspruchsvoller. Bei konstantem Gesamtziel wird dann die Zielanspannung für B geringer. Für B stellt sich diese Konstellation daher günstiger dar (12 Punkte) als im zuvor betrachteten Fall beidseitiger Optimierung in der frühen Phase (unten rechts). Entsprechend ist für A ungünstiger (5 Punkte). In Summe werden jedoch weniger Gewichtsreduzierungspotenziale erschlossen (17 Punkte), als im zuvor betrachteten Fall, da bei B wichtige konzeptseitige Optimierungspotenziale der frühen Phase nicht genutzt werden. Analog stellt sich die umgekehrte Situation dar (unten links).

[303] vgl. Picot / Reichwald / Wigand (1996) S. 36ff.

[304] vgl. ebenda: "Gefangenendilemma-Situationen sind dadurch charakterisiert, dass die Akteure zwischen mehreren Handlungsmöglichkeiten frei wählen können und die Konstellation der zu erwartenden Handlungsergebnisse so gestaltet ist, dass die für alle Beteiligten beste Lösung systematisch verfehlt wird, weil jeder der Akteure versucht, das für ihn individuell beste Ergebnis zu erzielen, gegebenenfalls auf Kosten der anderen Akteure."

Beim Gefangenendilemma wird den Akteuren opportunistisches Verhalten unterstellt: Sie nehmen zum Zwecke individueller Nutzenmaximierung gegebenenfalls auch negative Konsequenzen für andere Menschen billigend in Kauf[305] - es erfolgt eine Orientierung an der (individuellen) Zielerfüllung statt am Anspruch'. Damit wird die insgesamt ungünstigste Situation im Feld oben links (14 Punkte) erreicht. Die ‚Zielvereinbarung nach Gießkannenprinzip' führt dann systematisch zum schlechtesten Ergebnis.

Eine weitere, langfristig wirkende Konsequenz des aufgezeigten Zielvereinbarungsprozesses besteht in der *Erosion der Zielvision*[306]. Auch hier ist weniger die Erfahrung einer einmaligen Anpassung der Zielvision problematisch, als das wiederholte Muster von Verfehlung und resultierender Anpassung der Zielvision. Im Falle einer solchen, wiederholten Reduzierung der ursprünglichen Zielansprüche erfolgt eine systematische Erosion des Glaubwürdigkeitsanspruchs der Initialzielsetzungen.

So besteht schon zu einem relativ frühen Zeitpunkt seitens der im Projekt involvierten Fachstellen aufgrund der Erfahrung aus vergangenen Projekten die *Erwartung einer Verfehlung der Zielvision* zum Gewicht des XR400, vgl. Abb.III.18. Es wird implizit von einer Anpassung der Zielvision ausgegangen, so dass eine *Ausrichtung auf geringere Zielansprüche* erfolgt. Optimierungsdruck und –bemühungen nehmen damit ab, wodurch weniger Potenziale erschlossen werden. Es resultiert eine tatsächliche *Verfehlung der Zielvision* (Planstand Gewicht), die aus Sicht der Betroffenen die anfängliche *Erwartung einer Verfehlung der Zielvision* zu bestätigen scheint.

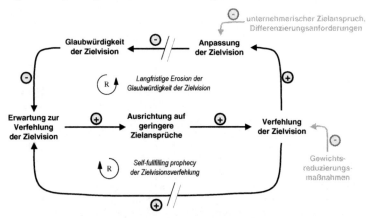

Abb. III.18: Erosion der Gewichts-Zielvision mit ‚self-fulfilling-prophecy'

Dieses Muster ist - nicht zuletzt auch aus dem Ansatz von Goldstein - unter der Bezeichnung ‚self-fulfilling prophecy' bekannt, vgl. Abb.III.1: Die *Erwartung* einer Zielverfehlung verursacht Verhaltensweisen *(Handlungen)*, die dann tatsächlich zu einer Verfehlung der Zielvision mit anschließender Anpassung der Initialziele *(Ergeb-*

---

[305] vgl. ebenda, S. 44ff.
[306] vgl. auch z.B. die Bezeichnungen "floating goals" bei Sterman (2000), S. 532ff. bzw. "erodierende Ziele", Senge (1998), S. 462ff.

nisse) führt. Das Eintreten der Erwartung wird als Bestätigung für ihre Richtigkeit verstanden, es entsteht die in Abb.III.18 dargestellte, ungewünschte Rückkopplung. So führt die Erwartung einer Zielverfehlung zur tatsächlichen Zielverfehlung. Dies wird häufig dadurch verstärkt, dass auf die *Verfehlung der Zielvision* mit *einer Anpassung der Zielvision* reagiert wird, wodurch die Erosion der *Glaubwürdigkeit der Zielvision* nochmals beschleunigt wird.

Die aufgezeigten Zusammenhänge sind aufgrund der Langfristigkeit ihrer Auswirkungen den Beteiligten selten bewusst. Eine punktuelle Wahrnehmung der Zielvisionsverfehlung führt dann zu vereinzelten, auf eine bessere Gewichtszielerfüllung wirkenden Gegenmaßnahmen, vgl. Abb.III.18. Die Entwicklung der self-fulfilling prophecy mit entsprechender Glaubwürdigkeitserosion wird dadurch jedoch nicht verhindert, da eine ursächliche Problemlösung ausbleibt. Punktuelle Korrekturmaßnahmen mit der Praxis wiederholter Zielanpassungen auch bei Projekten der jüngeren Vergangenheit bewirken langfristig eine Schwächung der grundsätzlichen Problemlösungsfähigkeit.

Grenzen für eine zu weitreichende Anpassung der Zielvision ergeben sich insbesondere durch grundlegende unternehmerische Anforderungen. Sowohl betriebswirtschaftliche Zielansprüche[307] als auch markt- und wettbewerbsseitige Differenzierungsanforderungen oder gesetzliche Vorschriften[308] lassen eine zu weitgehende Anpassung der in der Zielvision definierten Ansprüche nicht zu. Im Falle einer ausgeprägten Verfehlung der Zielvision besteht eine konsequente Alternative zur Anpassung der Zielvision nur darin, das Projekt zum Berichtstermin nicht zu entlasten. Wiederholter ,Nicht-Entlastung' eines Projektes zu einem Berichtstermin kann in letzter Konsequenz dann nur mit einem Projektneustart oder einem Projektabbruch begegnet werden.

Mit einer solchen, der Glaubwürdigkeitserosion entgegenwirkenden Entscheidung, steht die Unternehmensleitung jedoch vor einem schwerwiegenden Dilemma: v.a. bei Projekten, bei denen aufgrund ihrer hohen strategischen Bedeutung ein Neustart bzw. u.U. sogar ein Projektabbruch besonders erforderlich wäre, ist eine solche Entscheidung häufig auch mit erheblichen Risiken durch negative markt- und/oder unternehmensstrategische Konsequenzen verbunden. Verspätete Markteinführung mit unzureichender Besetzung attraktiver Marktsegmente, eine imageschädigende Öffentlichkeitswirkung im Falle bereits kommunizierter Serienanlauftermine mit negativen Konsequenzen für die Bewertung durch Kapitalmärkte sowie v.a. erhebliche Volumen- und Deckungsbeitragsverluste erschweren die Entscheidung zu einer derart weitreichenden Maßnahme.

Neben der strategischen Relevanz des Projektes für das Unternehmen kommt bei einer Entscheidung über Projektabbruch oder -neustart auch dem Zeitpunkt der Entscheidung eine hohe Bedeutung zu. In weiter fortgeschrittenen Phasen des Entwicklungsprozesses wurden i.a. schon hohe Aufwendungen für das Projekt getätigt, so dass ein Projektstopp mit hohen ,sunk costs' verbunden wäre. Zudem ist die Markteinführung des Modells - zumeist mit beabsichtigtem Markteinführungstermin - vielfach bereits kommuniziert, so dass auch mit einer negativen, gegebenenfalls imageschädigenden Öffentlichkeitswirkung einschließlich verschlechterter Kapitalmarktbewertung zu rechnen ist. Gleichzeitig ist jedoch bei Projekten mit hoher strategischer Bedeutung mit einer derart gravierenden Entscheidung selten in der frühen Phase eines bereits beschlossenen und z.T schon kommunizierten Fahrzeugprojektes zu rechnen, da in diesem Stadium noch eher die Chance für die Korrektur der Situation gesehen wird.

Bei Projekten mit hohen Volumina und hoher wirtschaftlicher Bedeutung sind zudem Projektstopp oder -verschiebung aufgrund der erheblichen Auswirkungen auf die langfristige Ergebnis- und Absatzplanung des Unternehmens kaum realistisch. Da es sich i.a. um Segmente handelt, in denen der

---

[307] z.B. die Forderung nach einer Mindestrendite eines Fahrzeugprojekts
[308] z.B. die aus der ACEA resultierende Notwendigkeit zu deutlicher Reduzierung der CO_2-Emissionen

Hersteller über eine starke Marktposition verfügt, wäre eine solche Maßnahme auch aus markt- und markenstrategischer Sicht kaum vertretbar. Gleichzeitig wirkt sich aber bei diesen Projekten eine deutliche Abweichung von der Zielvision sowohl bei Herstellkosten und Einmalaufwand als auch beim Gewicht[309] aufgrund der hohen Volumina und ihrer hohen wirtschaftlichen Bedeutung für das Unternehmen umso gravierender aus. Daher ist gerade bei diesen Projekten ein Erreichen der Zielvision von besonderer Bedeutung.

Unabhängig von diesen Sachverhalten stellt sich bei einer Projektverschiebung die Frage, ob bei einem Projektneustart bessere Bedingungen für eine Zielerfüllung gewährleistet werden können. Selten bestehen im Unternehmen freie Kapazitäten, die es ermöglichen, ein anderes Entwicklungsteam mit dem Neustart des Projektes zu beauftragen. Bei überwiegender Beibehaltung der Projektbesetzung muss daher gewährleistet sein, dass dieselben Mitarbeiter neue Wege und Lösungsmöglichkeiten v.a. in der Konzeptentwicklungsphase erschließen, um die Situation grundlegend zu verbessern.

Im Rahmen der Zielvereinbarung mit den Fachbereichen sind die im Vorstand vereinbarten Optimierungserfordernisse bestmöglich auf die Fachbereiche bzw. Module[310] aufzuteilen. *Informationen über relative Kompetenzvorteile* - d.h. welcher Bereich unter den gegebenen Umständen mit geringsten Zielkonflikten Herstellkosten bzw. Gewicht reduzieren kann - liegen nicht vor. Mangels dieser Kenntnisse wird im Rahmen der ‚Zielvereinbarung nach Gießkannenprinzip' eine Gleichverteilung der Verbesserungsanspannung auf die Bereiche vorgenommen, vgl. Abb.III.14.

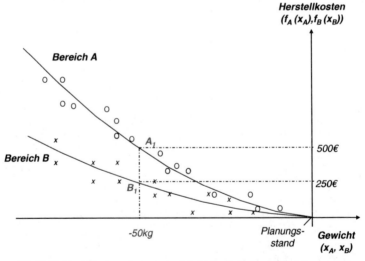

Abb. III.19: Herstellkostenmehrungen durch Leichtbaumaßnahmen (Bereiche A und B)

---

[309] Aufgrund der hohen Volumina ist bei einer erheblichen Verfehlung der Gewichtsziele mit deutlich negativen Auswirkungen auf den Gesamtflottenverbrauch des Unternehmens zu rechnen, was vor dem Hintergrund der Selbstverpflichtung der Europäischen Automobilindustrie zur Reduzierung des CO_2-Ausstoßes (vgl. Teil I, Kap. 3) kritisch zu bewerten ist.

[310] im weiteren zusammenfassend als ‚Bereiche' bezeichnet

Werden alle Gewichtsreduzierungsmaßnahmen, die mit einem Zielkonflikt zur Herstellkostenreduzierung verbunden sind,[311] beginnend mit den ‚günstigsten'[312] Maßnahmen kumuliert in einem Diagramm Gewichtsreduzierung vs. Herstellkostenmehrungen aufgetragen, so ergeben sich einzelne Werte, wie sie beispielhaft in Abb.III.19 dargestellt sind (x für Bereich B, o für Bereich A). Die Angaben beziehen sich auf den Planungsstand, der sich als Ausgangssituation im Ursprung des Diagramms befindet. In einer modellhaften Betrachtung können die Einzelwerte durch eine Funktion angenähert werden.[313] Es ergibt sich i.a. für beide Bereiche ein unterschiedlicher Verlauf. Während zunächst Gewichtsreduzierungsmaßnahmen umgesetzt werden können, die mit relativ geringen Herstellkostenmehrungen verbunden sind, steigen die Kostenmehrungen mit zunehmender Gewichtsreduzierung i.a. überproportional an[314].

In Abb.III.19 ist eine Gewichtsreduzierung in Höhe von 50kg im Bereich A mit einer nahezu doppelt so hohen Herstellkostenmehrung verbunden wie eine gleiche Gewichtsreduzierung im Bereich B. Verfügt A umgekehrt über bessere Möglichkeiten bzw. ‚Kompetenzen' zur Herstellkostenreduzierung, könnten die angestrebten Ziele durch Spezialisierung jedes Bereichs auf seinen Kompetenzvorteil insgesamt besser erreicht werden. Für die Zielvereinbarung würde dies jedoch bedeuten, dass A eine höhere Anspannung bei den Herstellkostenzielen erhalten müsste, während für B ein größerer Beitrag zur Gewichtsreduzierung erforderlich wäre. Eine solche Differenzierung der Beiträge zur Zielerreichung führt bei der Vielzahl interdependenter Zielgrößen und beteiligter Bereiche (Fachbereiche und Module) zu erheblicher Komplexität und Informationsvielfalt. Eine über vereinzelte Abstimmungsgespräche und ‚freiwillige' Zusagen hinausgehende, systematische Berücksichtigung dieser Zusammenhänge findet daher im Zielvereinbarungsprozess des XR400 nicht statt.

Systemimmanent bestehen geringe Anreize für die Beteiligten, ihre spezifischen Kompetenzvorteile in der Zielvereinbarung einzubringen: Hierzu tragen v.a. die Erfahrungen aus der ‚Zielvereinbarung nach Gießkannenprinzip' bei (eine frühzeitige Optimierung führt für die Betroffenen zur Verringerung ihrer Handlungsspielräume und einer anspruchsvolleren Zielvereinbarung). Zudem besteht kein Ausgleich für eine freiwillige Zielübererfüllung bei anderen Zielgrößen. Gerade diese Kompensation bei einer Zielgröße (z.B. Kosten) als Ausgleich für die verstärkte Optimierung bei einer anderen Zielgröße (z.B. Gewicht) bildet die Grundlage für einen Anreiz zur Spezialisierung mit Nutzung entsprechender Kompetenzvorteile.

Die Konsequenzen dieser systemimmanenten Fehlsteuerung werden aus Abb.III.20 ersichtlich: Das Verfehlen der Zielvision (*Differenz Zielvision / Planstand*) wird durch die symptomatische Lösung ‚Anpassung' bzw. ‚*Erosion der Zielvision*' kompensiert (vgl. Abb.III.18), was zu einem immer geringeren *Anspruch der Zielvision* führt. Der

---

[311] Für Maßnahmen ohne Zielkonflikte zwischen Kosten- und Gewichtsreduzierung wird - unter der Prämisse ausschließlicher Betrachtung von Gewicht und Kosten, ausreichender Kapazitäten sowie technischer Umsetzungsmöglichkeiten - eine sofortige Umsetzung unterstellt.

[312] d.h. beginnend mit den Maßnahmen, die zu relativ geringsten Herstellkostenmehrungen führen

[313] Der funktionale Zusammenhang stellt ein Modell dar: Da zwei Maßnahmen gleicher Gewichtseinsparung mit verschiedenen Kostenmehrungen verbunden sein können, liegt eine funktionale Beziehung nicht zwingend vor. Für die weiteren Betrachtungen ist dies jedoch ohne Bedeutung.

[314] D.h. mit zunehmender Umsetzung von Gewichtsreduzierungsmaßnahmen wird jede weitere Gewichtsreduzierung ‚immer schwerer', sie ist mit zunehmenden Herstellkostenmehrungen verbunden.

(scheinbare) Ausweg einer als ,noch akzeptabel' eingeschätzten Anpassung der Zielvision verringert den ,Leidensdruck', so dass keine grundsätzliche Verhaltensänderung erfolgt.[315] Für Ansätze einer grundsätzlichen Lösung mit besserer *Nutzung von relativen Kompetenzvorteilen bzw. von Spezialisierungseffekten*, die zu einer Verbesserung des *Planstandes Gewicht* führen würden, bestehen daher weder Anreize noch Konzepte. Eine ursächliche Verbesserung der Situation mit resultierend besserer Zielerfüllung bleibt damit aus.

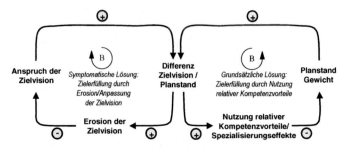

Abb. III.20: Anpassung der Zielvision (symptomatische Lösung) statt
Nutzung relativer Vorteile (grundsätzliche Lösung)

Erschwerend für eine Nutzung relativer Kompetenzvorteile ist zudem eine Ungleichverteilung von Informationen: Detailkenntnisse über Verbesserungspotenziale und die genaue Bewertung einzelner Kosten- und Gewichtsreduzierungsmaßnahmen besitzt i.a. ausschließlich der betroffene Entwickler/Entwicklungsbereich. Über die Gesamtsicht aller Maßnahmen und Zielkonflikte mit aktuellem Projektstatus und resultierender Zielanspannung verfügt i.a. nur die Projektleitung. Beide Informationen sind jedoch für die Nutzung relativer Kompetenzvorteile erforderlich. Im Rahmen der gegebenen zeitlichen und kapazitiven Restriktionen sowie der individuellen, z.T. divergierenden Interessenlagen erfolgt im Rahmen der Verhandlungen zur Zielvereinbarung nur ein begrenzter Informationsaustausch.

Divergierende Interessen zwischen Projektleitung und Entwicklern/Entwicklungsbereichen können z.B. aus rollenbedingt unterschiedlichen Zielsetzungen beider Seiten resultieren. Während die Projektleitung in ihrer Koordinationsfunktion bereichsübergreifend das Management der Zielkonflikte mit einem am Lastenheft orientierten Ausgleich konkurrierender Zielansprüche verfolgt, vertreten die Entwicklungsbereiche ihre Fachfunktion mit Optimierung ihrer Technikumfänge. Die stark technikorientierte Kultur des Unternehmens mit hohem Perfektionsstreben kann hieraus resultierende, divergierende Interessenslagen verstärken. Der ,Zielverhandlungsprozess' wird daher auch stark durch spezifische Interessenlagen, Asymmetrie bei der Informationsverteilung sowie Faktoren wie ,Verhandlungsgeschick' und ,informeller Machtstellung im Unternehmen' geprägt.

---

[315] Dieser Zusammenhang ist ein Beispiel für die in systemtheoretischer Literatur vielfach aufgezeigten "side effects", vgl. z.B. Stermann (2000), S. 10f. bzw. Kap. 2.1. Die Schwächung der ,grundsätzlichen Lösung' durch eine ,symptomatische Lösung' beschreibt auch Senge (Systemarchetyp "Problemverschiebung"), vgl. Senge (1998), S. 458f.

Weitere Problemfelder im Bereich des Informationsmanagements zeigen sich beim *eingeschränkten Informationsaustausch im Umgang mit frühen Daten* sowie bei *Prozess- und Systemschnittstellen im Gewichtsdatencontrolling*. Die zur Abschätzung regelmäßiger Gewichts- und Kostenstati sowie möglicher Zielkonflikte erforderliche Datenbereitstellung erfolgt gerade in der hierfür so wichtigen frühen Phase schleppend. Selten liegen die Daten zum notwendigen Zeitpunkt und in der erforderlichen Offenheit vor, zumeist mit dem Hinweis, dass eine genauere Aussage aufgrund zahlreicher Unsicherheiten in diesem frühen Stadium noch nicht möglich ist.

Da dennoch frühzeitige Informationen über Kosten- und Gewichtsdaten erforderlich sind, wird der Unsicherheit bei der Gewichtsbewertung häufig mit einer Beaufschlagung von ‚Risikofaktoren' begegnet. Neben der eigentlichen Zielsetzung dieser Risikofaktoren - der Berücksichtigung von Bewertungs- und Entwicklungsrisiken - kommt den Risikofaktoren i.S.v. ‚Sicherheitspolstern' auch eine emergente Bedeutung zu. Dies v.a. dann, wenn sich der seitens der Betroffenen erwartete *Anspruch der Zielvereinbarung* gemäß ‚Zielvereinbarung nach Gießkannenprinzip' an dem bis zur Zielvereinbarung erreichten *Planstand Gewicht* orientiert, vgl. Abb.III.21.

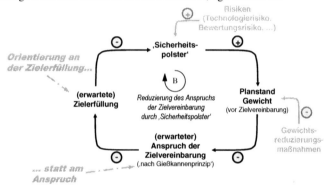

Abb. III.21: Verringerung des Zielanspruchs (‚Zielgewicht') durch Risikoaufschläge bzw. Sicherheitspolster im Rahmen des ‚Zielvereinbarungsprozess nach Gießkannenprinzip'

Dann nämlich führt eine frühzeitige Optimierung zu anspruchsvolleren Zielen (vgl. Abb.III.16). Um die Aussicht auf ihre *(erwartete) Zielerfüllung* zu verbessern, ist es aus Sicht der Betroffenen daher vorteilhafter, die bestehenden Bewertungsunschärfen zu Ihren Gunsten zu nutzen, d.h. höhere Risikofaktoren (‚*Sicherheitspolster'*) anzunehmen. Damit wird der *Planstand Gewicht* erhöht, wodurch sich der *(erwartete) Anspruch der Zielvereinbarung* reduziert, so dass sich die Aussichten auf die *(individuelle) Zielerfüllung* verbessern. Es handelt sich um das gleiche Verhaltensmuster wie bei der ‚Zielvereinbarung nach Gießkannenprinzip': Durch Orientierung an der individuellen Zielerfüllung wird der in der Zielvision festgelegte Anspruch für das Gesamtprojekt unterlaufen (‚*Orientierung an der Zielerfüllung statt am Anspruch'*).

Als Konsequenz werden durch diese Ausrichtung auf geringere Zielansprüche letztlich tatsächlich weniger anspruchsvolle Zielsetzungen erreicht (vgl. Erosion der Zielvision, Abb.III.18). Überhöhte Risikoaufschläge i.S.v. ‚Sicherheitspolstern' verringern zudem

die Transparenz bezüglich tatsächlichen Potenzialen, Zielkonflikten und Opportunitätskosten in den einzelnen Bereichen. Kenntnis und Nutzung relativer Kompetenzvorteile (s.o.) für eine bessere Bewältigung der Zielkonflikte werden so erheblich erschwert.

Als weitere Konsequenz aus dieser Vorgehensweise ergibt sich jedoch nicht nur eine
Erhöhung *des Planstands Gewicht Gesamtfahrzeug* durch die ‚Sicherheitspolster' des
verursachenden Teilumfangs. Durch Auslegung weiterer Entwicklungsumfänge auf
den durch diese Risikoaufschläge erhöhten Gewichtsstatus entstehen Sekundäreffekte,
die zu einer Erhöhung des *Planstands Gewicht auch bei weiteren Teilumfängen* führen: So werden z.b. durch ein höheres Fahrzeuggewicht auch größere und damit
schwerere Bremsen erforderlich, die wieder zu einem höheren *Planstand Gewicht Gesamtfahrzeug* führen. Damit ergibt sich eine ungewünschte *Rückkopplung durch Sekundäreffekte*, vgl. Abb.III.22. Wird dieser Gewichtserhöhung nicht konsequent entgegengewirkt, führt dies in Verbindung mit den zuvor aufgezeigten Zusammenhängen
zu einer weiteren   Erosion der Zielansprüche. Die überhöhten Planstände bewirken
dann i.S. einer self-fulfilling prophecy tatsächlich eine gravierende Zielverfehlung.

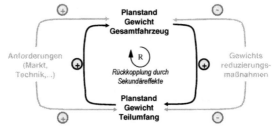

Abb. III.22: ‚Gewichtsspirale' durch Sekundäreffekte

Analog zur Interpretation des ‚Zielvereinbarungsprozesses nach Gießkannenprinzip'
aus Sicht der Spieltheorie bestehen auch bei der Beaufschlagung von Risikoaufschlä-
gen bzw. ‚Sicherheitspolstern' Parallelen zum ‚Gefangenendilemma'. Betrachtet werden vereinfachend zwei Bereiche, die zusammen ein bestimmtes, fixes Gewichtsziel
zu erreichen haben. Die Aufteilung der zu leistenden Zielanspannung untereinander
erfolgt dabei nach dem Prinzip der ‚Zielvereinbarung nach Gießkannenprinzip'. Analog zur Situation beim Zielvereinbarungsprozess sieht jeder Bereich seine Interessen
am besten erfüllt, wenn er (höhere) Risikoaufschläge zugrunde legt (‚*Planung mit
Sicherheitspolstern*', vgl. Abb.III.23). Dann kann er aufgrund des zunächst höheren
Gewichtsstatus von einem geringeren Zielgewicht[316] und damit von einer besseren
Zielerfüllung für sich ausgehen. Da dies für beide Bereiche gilt, wird systematisch die
insgesamt schlechteste Lösung erreicht: Beide Bereiche planen mit überhöhten Risiko-
aufschlägen bzw. ‚Sicherheitspolstern' mit der Konsequenz der bereits aufgezeigten,
ungewünschten Auswirkungen.

Da Bewertungsunschärfen sowie insbesondere Entwicklungs- und Bewertungsrisiken
im frühen Stadium in gewissem Rahmen nicht ausgeschlossen werden können, ist ein

---

[316] in der Fallstudie eine Verbesserung von 5% gegenüber dem erreichten Status

Verzicht auf ein adäquates Risikomanagement nicht zielführend. Von hoher Bedeutung ist jedoch eine möglichst ‚realistische' Bewertung der möglichen Risiken. Dies kann aufgrund des hierfür notwendigen Expertenwissens und Erfahrungshorizontes i.a. nur durch die mit dieser Aufgabe betrauten Spezialisten erfolgen. Da bei der ‚Zielvereinbarung nach Gießkannenprinzip' die bewertenden Experten mit ihrer Bewertung über den Gewichtsstatus gleichzeitig ihre eigene Zielvereinbarung beeinflussen, kann systemimmanent eine solche Objektivierung kaum erfolgen. Der unsicherheitsbedingte Ermessensspielraum bei Bewertung von Potenzialen und Risiken in der frühen Phase provoziert eine an der eigenen Interessenlage ausgerichtete Bewertung i.s. der ‚Orientierung an Zielerfüllung statt am Anspruch'.

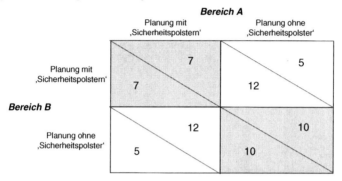

Abb. III.23: Interpretation der ‚Planung mit Sicherheitspolstern' aus Sicht der
Spieltheorie: Anwendung des 'Gefangenendilemmas'[317]

Ein weiteres, aus Teil I bekanntes Problemfeld im Bereich des Informationsmanagements betrifft die *Prozess- und Systemschnittstellen*[318] beim *Gewichtsdatencontrolling* (im weiteren ‚Gewichtscontrolling'). Während für das Kostencontrolling sowohl zentral als auch dezentral eigene Fachstellen existieren, die einen bereichsübergreifend einheitlichen Controllingprozess garantieren, liegt die Erfassung, Dokumentation und Verfolgung von Gewichtsstati und -zielen im Verantwortungsbereich einzelner Fachstellen. Die hierdurch entstehenden Prozess- und Systemschnittstellen behindern nicht nur die Transparenz auf Gesamtfahrzeugebene, sondern auch die fachbereichsübergreifende Zusammenarbeit. Zudem erschwert die historisch bedingte Trennung von Kosten- und Gewichtscontrolling eine integrierte Optimierung beider Zielgrößen. Der bereichsübergreifend koordinierende Einfluss durch die Projektleitung kann diese Prozess- und Systemschnittstellen nur punktuell ausgleichen.

Abb.III.24 zeigt die Rückkopplung aus ungenügender Prozess-/Systemoptimierung beim Gewichtscontrolling und überhöhten Planständen beim Gewicht mit entsprechender Zielverfehlung: Trotz breiten Konsenses zur Notwendigkeit *bereichsübergreifender System-/Prozessoptimierung* als Voraussetzung für bessere *Effizienz/Transparenz im Projekt* und damit geringerem *Planstand Gewicht* erfolgt keine Veränd e-

---

[317] vgl. Picot / Reichwald / Wigand (1996) S. 36ff.
[318] Der Systembegriff bezieht sich hierbei v.a. auf Informationsverarbeitungssysteme im Rahmen des Produktdatenmanagements bzw. Controllingprozesses.

rung der bestehenden Abläufe. Ausschlaggebend hierfür sind Zusammenhänge, die sich im Rahmen der aufgezeigten, begrenzenden Einflüsse gegenseitig verstärken.[319]

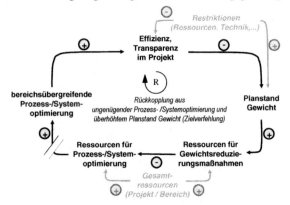

Abb. III.24: Gewichtscontrolling: Rückkopplung aus ungenügender Prozess-/Systemoptimierung und überhöhtem Planstand Gewicht (Zielverfehlung)

Aufgrund des Fehlens einer übergeordneten Funktion mit Verantwortlichkeit für die projektübergreifende Optimierung des Gewichtsprozesses obliegt diese Aufgabe prozessabhängig dem Projekt(-management) oder den (Fach-)Bereichen. Für beide steht jedoch zunächst die unmittelbare Entwicklungsaufgabe mit Lösung der sich dabei ergebenden Zielkonflikte im Vordergrund, da sie an den Ergebnissen dieses ,Tagesgeschäfts' gemessen werden. Gerade bei einem hohen *Planstand Gewicht* mit unzureichender Zielerfüllung werden daher die zur Verfügung stehenden *Ressourcen (z.B. Budget, Kapazitäten, Zeit) für Gewichtsreduzierungsmaßnahmen* benötigt. Bei weitgehend fixen Gesamtressourcen im Projekt bzw. Fachbereich stehen dann weniger *Ressourcen für die Prozess-/Systemoptimierung* zur Verfügung. Trotz erkannter Verbesserungsnotwendigkeit kann dann die *bereichsübergreifende Prozess-/Systemoptimierung* nicht erfolgen. Die dadurch bedingten Schnittstellen führen wieder zu unzureichender *Effizienz und Transparenz im Projekt*, mit der Folge eines schlechteren *Planstands Gewicht* und verschärfter Ressourcenknappheit für *bereichsübergreifende Prozess-/Systemoptimierung*. Unter Berücksichtigung weiterer Einflussfaktoren, die einer zu weitgehenden Selbstverstärkung Einhalt gebieten, ergibt sich die dargestellte Rückkopplung aus mangelnder Zielerfüllung, unzureichenden Ressourcen für die bereichsübergreifende Prozess-/Systemoptimierung, ungenügender Transparenz/Effizienz im Projekt und damit wieder mangelnder Zielerfüllung.

---

[319] Der Wirkungszusammenhang entspricht weitgehend dem u.a. von Senge beschriebenen Systemarchetyp "Erfolg dem Erfolgreichen", vgl. Senge (1998), S. 465. Gemäß den Regeln zur Darstellung von ,Causal-Loop-Diagrammen' sind die aufgezeigten Zusammenhänge mit positiven Begriffsbezeichnungen versehen, vgl. Sterman (2000), S. 153. Diese positive, gewünschte Rückkopplung von geringem Planstand Gewicht, freien Ressourcen und resultierender Prozessoptimierung entspricht der Bezeichnung nach dem Prinzip "Erfolg dem Erfolgreichen". Da in ,Causal-Loop-Diagrammen' jedoch nur die Beziehungen zwischen Variablen aufgezeigt werden, verdeutlicht der gleiche Wirkungszusammenhang auch die ungewünschte Rückkopplung aus ungenügender Systemoptimierung, überhöhten Planständen und damit Gewichtszielverfehlung gemäß aufgezeigter Problemanalyse.

Von zentraler Bedeutung für diesen Zusammenhang ist dabei der erhebliche Umfang und Qualifikationsanspruch der Aufgabe einer übergreifenden Prozess- und Systemoptimierung. Hierfür ist nicht nur die Umstellung der informationstechnischen Infrastruktur erforderlich, die durch entsprechende Spezialisten vorgenommen wird, sondern v.a. eine grundlegende (Neu-) Definition und Beschreibung des ‚Gewichtsprozesses‘. Eine solche Prozessbeschreibung existiert bei Automóviles Deportivos bisher nicht, da den Gewichtszielsetzungen früher erheblich weniger Bedeutung beigemessen wurde. Erst die Veränderung der bereits beschriebenen Ausgangssituation und strategischen Zielsetzungen[320] führt nun dazu, dass das Fahrzeuggewicht nicht mehr als ‚Outputgröße‘ des Entwicklungsprozesses, sondern als zentrale strategische Zielsetzung bzw. ‚Inputgröße‘ verstanden wird.

Der Umfang dieser Aufgabe wird mit genauerem Verständnis der Bezeichnung ‚Gewichtsprozess‘ deutlich: es handelt sich nicht um getrennte, vom übrigen Entwicklungsgeschehen isolierbare Abläufe, sondern um den gesamten Entwicklungsprozess unter integrierter Betrachtung der Zielgrößen Gewicht und Herstellkosten[321]. Der Schwerpunkt der Betrachtungen liegt den Beeinflussungsmöglichkeiten entsprechend in der Konzept- und frühen Serienentwicklungsphase. Die Aufgabe dieser Prozess- und Systemreorganisation erfordert die Zusammenarbeit von Experten mit langjährigem, möglichst unterschiedlichem Erfahrungshintergrund. Auf Basis der Projekterfahrungen, die der Fallstudie zugrunde liegen[322], hat sich hierfür die Zusammenarbeit von Erfahrungsträgern aus Projektarbeit, verschiedenen Fachbereichen und Prozessberatern als vorteilhaft erwiesen.

Angesichts eines solchen Aufgabenumfangs ist eine uneingeschränkte Unterstützung der betroffenen Führungskräfte mit Bereitstellung der dafür erforderlichen Kapazitäten notwendig. Eine solche verbindliche Zusage ist kapazitätsbedingt jedoch i.a. umso weniger zu erwarten, je schlechter die Zielerfüllung im Projekt bzw. (Fach-)Bereich ist, vgl. Abb.III.24 - auch wenn eine Prozess- und Systemreorganisation gerade dann von besonderer Bedeutung wäre. Der aufgezeigte Zusammenhang ist ein Beispiel dafür, wie durch unzureichende Berücksichtigung der langfristigen Nebenwirkungen eines solchen Verhaltens eine Schwächung der ‚grundsätzlichen Problemlösungsfähigkeit‘ erfolgt. Damit zeigen sich Parallelen zu den bereits betrachteten Problemmustern ‚Erosion der Zielvision‘ bzw. ‚ungenügende Nutzung relativer Kompetenzvorteile‘ (vgl. Abb.III.20), bei denen durch Zielanpassung ebenfalls eine grundsätzliche Problemlösung vernachlässigt wird[323]. Abb.III.25 verdeutlicht dies, indem die aus Abb.III.24 bekannten Zusammenhänge in den zwei ‚Loops‘ ‚*symptomatische Problemlösung durch Konzentration allein auf das ‚Tagesgeschäft‘ (Gewichtsreduzierungsmaßnahmen)* und ‚*grundsätzliche Problemlösung durch (zusätzlich) bereichsübergreifende Prozess-/Systemoptimierung‘* dargestellt ist.

---

[320] vgl. die Einführung zur Fallstudie, Teil I, Kap. 3
[321] Die Fokussierung auf Herstellkosten und Gewicht erfolgt gemäß Aufgabenstellung.
[322] vgl. Forschungsansatz, Teil I, Kap. 1.3.
[323] vgl. auch Systemarchetyp "Problemverschiebung", Senge (1998), S. 458.

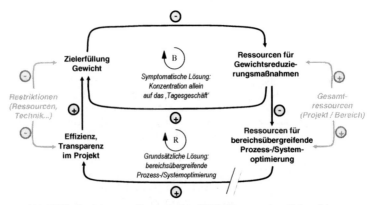

Abb. III.25: Gewichtscontrolling (vgl. Abb. III.24): Konzentration allein auf das
,Tagesgeschäft' (symptomatische Lösung) statt (zusätzlich) auf
bereichsübergreifende Optimierung (grundsätzliche Lösung)

Der kurzfristig orientierte, ,symptomatische' Lösungsansatz wird begünstigt durch die
starke Arbeitsteiligkeit bei der Fahrzeugentwicklung mit resultierend ausgeprägter
Aufteilung der Verantwortlichkeiten in der Entwicklung. Die erforderliche Gesamtsicht erfolgt dann vornehmlich nur noch durch die Projektleitung, die aufgrund ihrer
umfangreichen Aufgabe oft nicht die erforderlichen Kapazitäten für eine grundsätzliche Prozessreorganisation aufbringen kann. Mit Abschluss des Projektes wechselt der
Projektleiter dann i.a. von der Projektaufgabe in eine andere Unternehmensfunktion.
Aufgrund der fehlenden Verantwortlichkeit bzw. Fachstelle für ein projektübergreif-
fendes Gewichtscontrolling werden dann die mit der Projektleitung verbunden Erfahrungen bezüglich des Gewichtscontrollings nicht i.S. eines professionellen Wissensmanagements dokumentiert und genutzt.

Begünstigt wird die Vernachlässigung der grundsätzlichen Problemlösung zudem dadurch, dass sich die Nachteilhaftigkeit eines solchen Verhaltens i.a. erst langfristig
auswirkt und damit zumeist weniger offensichtlich ist. Die positiven Effekte des Einsatzes von Mitarbeitern für die Problemlösung im ,Tagesgeschäft' sind dagegen zumeist schon kurzfristig bemerkbar. Die Erkenntnis dieser Zusammenhänge sowie die
Bereitschaft aller betroffenen Fach-/Führungskräfte zu einer grundlegenden Veränderung stellen daher zentrale Voraussetzungen für eine Verbesserung der Situation dar.

Die aufgezeigten Problemfelder stehen, wie bereits in Teil I aufgezeigt, in enger
Wechselwirkung. Abb.III.26 verdeutlicht dies am Beispiel der Rückkopplung zwischen dem Problemfeld ,eingeschränkter Informationsaustausch beim Umgang mit
frühen Daten' (linke Seite, vgl. Abb.III.21) und ,Prozess- und Systemschnittstellen
beim Gewichtscontrolling' (rechte Seite, vgl. Abb.III.24[324]). Im linken Wirkungskreis
ist zu erkennen, wie der Planstand Gewicht durch überhöhte Risikoaufschläge
(,Sicherheitspolster') verschlechtert wird, vgl. Abb.III.21. Da sich gemäß ,Zielverein-

---

[324] Die Drehrichtung des ,Loops' aus Abb.III.24 wurde dabei aufgrund der Zusammenführung beider Abbildungen gemäß der Darstellungsstandards zu ,Causal-Loop-Diagrammen' umgekehrt.

barung nach Gießkannenprinzip' der *Anspruch der Zielvereinbarung* an der Höhe des *Planstandes Gewicht* orientiert, reduziert sich dieser mit steigendem Plangewicht. Durch *‚Sicherheitspolster'* ergibt sich ein überhöhter *Planstand Gewicht,* der über einen entsprechend reduzierten *Anspruch der Zielvereinbarung* die Chancen auf eine möglichst gute *Zielerfüllung* verbessert.

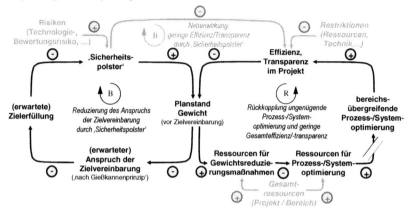

Abb. III.26: Wechselwirkung der Zusammenhänge im Bereich des Informationsmanagements in der frühen Phase (vgl. Abb.III.21 (links) und Abb. III.24 (rechts))

Aufgrund der Gewichtszielverfehlung (überhöhter *Planstand Gewicht)* erfolgt, wie bereits aufgezeigt, eine Konzentration der *Ressourcen auf Gewichtsreduzierungsmaß-nahmen* (Konzentration auf das ‚Tagesgeschäft'), wodurch die *bereichsübergreifende System- und Prozessoptimierung* vernachlässigt wird. Damit ergibt sich geringe *Effizienz und Transparenz* im Projekt, was den Planstand Gewicht nochmals verschlechtert. Verstärkt wird dies dadurch, dass die *‚Sicherheitspolster'* zusätzlich *Effizienz und Transparenz im Projekt* verringern[325]. Die aus einer möglichst guten, individuellen Zielerfüllung heraus motivierten ‚Sicherheitspolster' (linker ‚Loop') führen so zu mangelnder bereichsübergreifender Prozess-/Systemoptimierung (rechter ‚Loop'). Prozessdefizite verursachen so emergent weitere Prozessdefizite.

Hierbei wird sofort ersichtlich, dass weitere Wechselwirkungen mit den zuvor aufgezeigten Problemfeldern bestehen: Bei Reduzierung des (erwarteten) Anspruchs der Zielvereinbarung durch ‚Sicherheitspolster' handelt es sich um eine Erosion des Zielanspruchs, mit den aus Abb.III.18 und Abb.III.20 bekannten Zusammenhängen.

Abb.III.27 zeigt wichtige Konsequenzen der Problemfelder im Bereich des Informationsmanagements. Davon betroffen ist nicht nur das Projekt, sondern es ergeben sich auch gravierende Konsequenzen für die langfristige Unternehmensplanung, vgl. Abb. III.28. Die enge Verzahnung relevanter Kenngrößen führt bei deutlicher Gewichts-/Kostenzielverfehlungen zu einer verzerrten Planungsbasis für die Unternehmensplanung mit erhöhten strategischen und wirtschaftlichen Risiken.

---

[325] Die (Gewichts- und Kosten-)Bewertungen werden durch überhöhte Risikoaufschläge verzerrt.

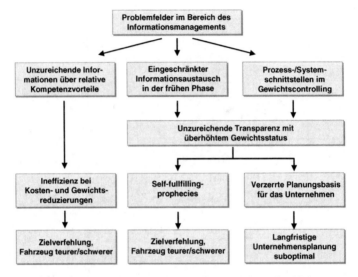

Abb. III.27: Ausgewählte Konsequenzen der Problemfelder im Bereich des
Informationsmanagements

Beim XR400 kommt z.B. dem Fahrzeuggewicht eine hohe Bedeutung für die Zielerreichung bei Fahrleistungen und Fahrdynamik zu. Die ,Best-In-Class-Position' in diesem Bereich ist entscheidend für den Markterfolg, v.a. für das Laufzeitvolumen und
die im Markt durchsetzbare Preisposition des Fahrzeugs (Transaktionspreis[326]). Die
Differenz von (Durchschnitts-)Erlös und Herstellkosten/Fahrzeug bestimmt entscheidend die Höhe des (durchschnittlichen) Deckungsbeitrags/ Fahrzeug und damit die
Projektrendite. Diese Kenngrößen haben ihrerseits wieder hohen Einfluss auf die Unternehmensergebnisplanung sowie über das Laufzeitvolumen auf die Werkebelegungs-
planung.

Abb. III.28: Auswirkungen von Zielverfehlungen bei Fahrzeuggewicht und Herstellkosten auf
wichtige Kenngrößen der Projekt- und Unternehmensplanung (beispielhaft)

---

[326] Listenpreis und Transaktionspreis sind - z.B. aufgrund von Rabatten - nicht zwingend identisch.

Zudem sind die negativen Auswirkungen auf den Fahrzeugverbrauch durch Verfehlung der Gewichtsziele nicht nur mit verringerter Kundenwertigkeit verbunden, sondern auch in Hinblick auf die CO_2-Selbstverpflichtung (ACEA) der europäischen Automobilhersteller kritisch zu bewerten. Der durch gravierende Gewichtszielverfehlungen verursachte Fahrzeugmehrverbrauch[327] ist dann durch aufwendige technische Maßnahmen, z.b. im Bereich des Antriebs, zu kompensieren mit negativen Konsequenzen für Projektrendite und Unternehmensergebnisplanung. Die aufgezeigten Zusammenhänge zeigen beispielhaft die Verzahnung relevanter Kenngrößen im Bereich der Projekt- und Unternehmensplanung auf.

Neben dem Ziel- und dem Informationsmanagement zeigten sich Problemfelder im Bereich des Maßnahmenmanagements als dritte übergreifende Herausforderung. Unter der Bezeichnung *Anreizsysteme mit 'Boomerang-Effekt'* wurden Erfahrungen mit (materiellen) Anreizsystemen zur Kosten- und Gewichtsreduzierung beschrieben, die schon in früheren Projekten gewonnen wurden. Dabei lassen sich drei Problembereiche unterscheiden:

1. Bei Projekten, in denen Anreize sowohl vor als auch nach der Zielvereinbarung gewährt wurden, war bei gleichzeitiger Durchführung einer 'Zielvereinbarung nach Gießkannenprinzip' im Laufe der Projekte eine sich zunehmend verschlechternde Erfüllung der Zielvision (Status) bis zum Zeitpunkt der Zielvereinbarung zu beobachten.

2. Die eingesetzten Anreizsysteme wiesen eine Inflexibilität hinsichtlich wechselnder Anforderungen auf. Die im Laufe des Projektfortschritts z.T. wechselnden Optimierungsprioritäten zwischen konkurrierenden Zielgrößen[328] konnten so nicht (ausreichend) berücksichtigt werden.

3. Durch Orientierung an den Bereichszielen förderten die eingesetzten Anreizsysteme im Konflikt zwischen bereichs- und gesamtoptimalen Maßnahmen eine bereichsbezogene Optimierung.

Im folgenden sollen die drei Problembereiche näher betrachtet werden. Auf Basis projektübergreifender Erfahrungen zu materiellen Anreizen, die sowohl vor als auch nach der Zielvereinbarung gewährt wurden (s. 1.), bestand die Erfahrung, dass hierdurch die bereits aus der 'Zielvereinbarung nach Gießkannenprinzip' bekannte Verlagerung von Optimierungsanstrengungen in spätere Entwicklungsphasen verstärkt wird. Anhand der 'Causal-Loop-Diagramme' zur 'Zielvereinbarung nach Gießkannenprinzip' lässt sich dies leicht erkennen. In die bereits aus Abb.III.16 bekannte Darstellung wurden jeweils die Auswirkungen von Anreiz I (vor Zielvereinbarung) und Anreiz II (nach Zielvereinbarung) aufgenommen, vgl. Abb.III.29.

Anreiz I zielt darauf, eine möglichst frühzeitige *Ausschöpfung von Optimierungspotenzialen vor der Zielvereinbarung* zu fördern. Angesichts i.a. begrenzter Optimierungsmöglichkeiten verringern sich damit die *Optimierungspotenziale nach Zielvereinba-*

---

[327] proportional zu den CO_2-Emissionen

[328] z.B. aufgrund im Laufe des Projektes zunehmender Kostenzielverfehlungen mit resultierend steigender Bedeutung der Kostenreduzierung

rung mit negativen Auswirkungen auf die *erreichbare (individuelle) Zielerfüllung*, die an der Zielvereinbarung gemessen wird.

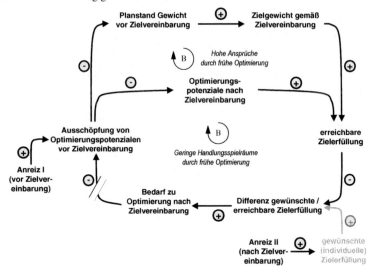

Abb. III.29: Anreizsysteme mit ‚Boomerang-Effekt': Auswirkungen auf Basis der Anwendung der ‚Zielvereinbarung nach Gießkannenprinzip' (vgl. Abb.III.16)

Die *gewünschte (individuelle) Zielerfüllung* kann dann nur erreicht werden, indem die *Ausschöpfung von Optimierungspotenzialen vor Zielvereinbarung* reduziert wird, d.h. insbesondere noch unsichere, noch nicht in der Diskussion befindliche Potenziale für die Phase nach Zielvereinbarung ‚aufgehoben' werden. *Anreiz II* verstärkt dagegen das Streben nach möglichst *geringer Differenz zwischen gewünschter und erreichbarer Zielerfüllung* und damit nach *Bedarf zur Optimierung nach Zielvereinbarung*. Damit wirkt er unbeabsichtigt der von *Anreiz I* geförderten, möglichst frühzeitigen *Ausschöpfung von Optimierungspotenzialen vor Zielvereinbarung* entgegen, vgl. auch die vereinfachte Darstellung hierzu in Abb.III.30.

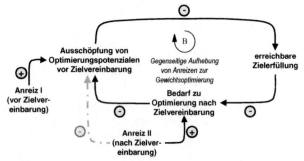

Abb. III.30: Anreizsysteme mit ‚Boomerang-Effekt' - vereinfachte Darstellung der Zusammenhänge aus Abb.II.29

Positive Effekte durch die Anreize ergeben sich i.a. nur bei einer erstmaligen Durch-führung einer solchen Vorgehensweise, da dann in der frühen Phase, in der Anreiz I gewährt wird, noch nicht bekannt ist, dass später der entgegengesetzt wirkende Anreiz II aufgesetzt wird. Mit zunehmender Kenntnis dieser Vorgehensweise verkehrt sich jedoch erfahrungsgemäß diese positive Auswirkung immer mehr zu einer nicht ge-wünschten Verlagerung von Optimierungsanstrengungen in die Phase nach Zielver-einbarung. Hierdurch lässt sich auch die unter Punkt 1 (s.o.) aufgezeigte, zunehmend verschlechterte Erfüllung der Zielvision (Status) bis zum Zeitpunkt der Zielverein-barung erklären. Dies insbesondere dann, wenn - wie die Erfahrung mit zurückliegen-den Projekten gezeigt hat - die Höhe von Anreiz II i.a. über der von Anreiz I liegt, da mit zunehmendem Projektfortschritt die festgestellte Zielabweichung und damit der Handlungsdruck zunehmen.

Als Konsequenz erhält man letztlich *Anreize mit ‚Boomerang-Effekt'*, d.h. die durch die Anreize angestrebte Verbesserung der Gewichtszielerfüllung verkehrt sich ins Ge-genteil, da die Optimierungsbemühungen von der Phase vor der Zielvereinbarung in die Phase nach der Zielvereinbarung verlagert werden. Wichtige, konzeptseitige Ge-wichtsreduzierungsmaßnahmen können dann nicht mehr erschlossen werden, die Ge-wichtszielverfehlung kann nur noch teilweise und durch sehr viel aufwendigere Leichtbaumaßnahmen kompensiert werden.

Eine weitere Problematik bei den in der Vergangenheit eingesetzten Anreizsystemen bestand in ihrer Inflexibilität bezüglich wechselnder Optimierungserfordernisse.[329] Kostenreduzierung gewinnt i.a. an Bedeutung, je besser die Gewichtsziele erfüllt sind und umgekehrt: Je besser also die (relative) Zielerfüllung bei einer Größe, umso be-deutender wird m.E. die Verbesserung bei der anderen Zielgröße.[330] Die in der Ver-gangenheit eingesetzten Anreizsysteme zeigten diesbezüglich kaum Flexibilitätsspiel-raum; eine Anpassung der Anreize stieß neben hohem Koordinationsaufwand auf ein gravierendes Vermittlungsproblem bei den Betroffenen.

In Abb.III.31 wurde vereinfachend von gleicher Priorisierung beider Zielgrößen aus-gegangen. Für die Verdeutlichung des grundsätzlichen Zusammenhangs ist dies jedoch nicht erforderlich.[331] Da mit zunehmender Erfüllung einer Zielgröße die (relative) Be-deutung der Verbesserung bezüglich der anderen Zielgröße zunimmt, liegen die Punk-te ‚gleichen Nutzens' nicht auf einer Geraden, sondern auf Kurven, im Beispiel sym-metrisch zur Ursprungsgeraden[332]. In Punkt A entspricht z.B. eine Gewichtsredu-zierung von 15 kg dem gleichen Nutzenzuwachs wie eine Kostenreduzierung von 200€ (Verbesserung von N1 auf N2). In B besteht im Vergleich zu A eine bessere Kostenzielerfüllung, allerdings eine schlechtere Gewichtszielerfüllung. Folglich ist für den gleichen Nutzenzuwachs (von N1 auf N2) nur eine geringere (kostenneutrale)

---

[329] So würde z.B. nach anfänglich hoher Priorisierung von Gewichtsreduzierungmaßnahmen eine im Laufe des Projektfortschritts gute Gewichtszielerfüllung bei gleichzeitig noch deutlicher Verfehlung der Herstellkosten-ziele eine stärkere Priorisierung von Kostenreduzierungsmaßnahmen nahe legen.

[330] Eine Ausnahme ergibt sich, wenn der Erfüllung einer Zielgröße, z.B. der Herstellkostenreduzierung, eine so hohe Priorität beigemessen wird, dass statusunabhängige Optimierungsprioritäten bestehen.

[331] Entscheidend für die Überlegungen ist allein die Abhängigkeit der Optimierungsprioritäten vom erreichten Status.

[332] aufgrund der gleichen Priorisierung beider Zielgrößen

Gewichtsreduzierung von 9kg erforderlich, oder aber eine umso größere (gewichts-neutrale) Kostenreduzierung von 300€.

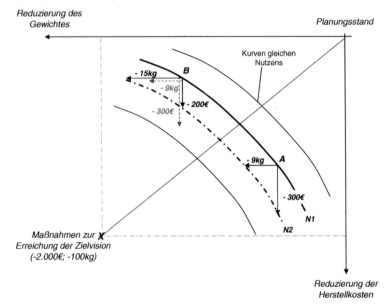

Abb. III.31: Statusabhängige Priorisierung von Gewichts- und Herstellkostenreduzierung

Aufgrund des häufigen Zielkonflikts zwischen Kosten- und Gewichtsreduzierungs-maßnahmen[333] sind i.d.R nicht, wie in Abb.III.31 vereinfacht angenommen, kosten-bzw. gewichtsneutrale Maßnahmen realisierbar, sondern es erfolgt i.a. mit Verbesse-rung bei einer Zielgröße eine Verschlechterung bei der anderen Zielgröße. In Abb.III.32 führt die Kostenreduzierungsmaßnahme von A nach B zu leichten Ge-wichtsmehrungen, die Gewichtsreduzierungsmaßnahme zu Kostenmehrungen. Aus der Kombination beider Maßnahmen resultiert jedoch eine bessere Gesamtzielerfüllung.[334]

Die Erfahrung der Inflexibilität bei den in vergangenen Projekten eingesetzten Anreiz-systemen bezieht sich darauf, dass mit einem fixen Anreiz diese über den Projektab-lauf variierenden Optimierungsprioritäten nicht berücksichtigt werden können.

---

[333] Der (triviale) Fall von Zielindifferenz (die Erfüllung eines Ziels hat keinen Einfluss auf die Erfüllung der anderen Zielgröße) oder Zielkomplementarität (die Erhöhung des Zielerreichungsgrads von einem Ziel führt auch zu einer Erhöhung des Zielerreichungsgrads beim anderen Ziel) wird nicht betrachtet, da in diesen Fällen – bei Unterstellung von Konfliktfreiheit zu weiteren Zielgrößen – von einer sofortigen Umsetzung der Maß-nahmen ausgegangen werden kann.

[334] Abb.III.33 verdeutlicht auch, dass neben dem erreichten Status bzw. der aktuellen Zielanspannung auch der ‚Aufwand‘ zur Zielerfüllung in die Entscheidung über die Realisierung einer Maßnahme eingeht. Bei aus-schließlicher Betrachtung der beiden Zielgrößen Herstellkosten und Gewicht sind dies die Herstellkostenmeh-rungen bei Umsetzung von Gewichtsreduzierungsmaßnahmen bzw. die Gewichtsmehrungen, die bei Maßnah-men zur Herstellkostenreduzierung anfallen. Es handelt sich also um die Opportunitätskosten, die bei Optimie-rung konkurrierender Ziele entstehen. Anschaulich kann dies mit dem ‚Grenzkostensatz Gewicht‘ ausgedrückt werden. Dieser Quotient gibt an, welche Herstellkostenmehrungen [€] mit 1kg zusätzlicher Gewichtsreduzie-rung verbunden sind.

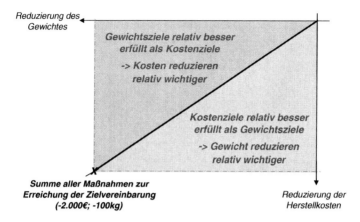

Abb. III.32: Optimierung im Zielkonflikt aus Herstellkosten- und Gewichtsreduzierung

Dies betrifft sowohl die grundsätzliche Ausrichtung des Anreizes - d.h. die Frage, ob ein Anreiz zur Gewichts- oder Kostenreduzierung gewährt wird - als auch die Höhe des Anreizes, die i.a. nicht - ähnlich etwa einem ‚Marktpreis' - laufend auf die jeweils aktuellen Anforderungen abgestimmt werden kann. [335]

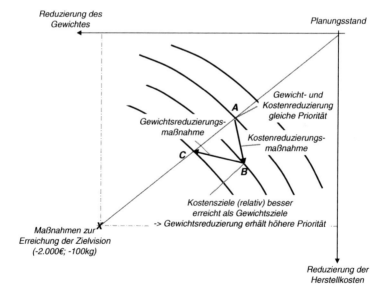

Abb. III.33: Wechselnde Optimierungsprioritäten in Abhängigkeit von der Zielerfüllung

---

[335] Die Realisierung einer schnellen, flexiblen Anpassung eines solchen Anreizsystems stößt der Projekterfahrung zufolge sowohl an operative Umsetzungsprobleme durch den hohen damit verbundenen Koordinationsaufwand, als auch auf Akzeptanzprobleme bei den Betroffenen.

Das Kernproblem der in der Vergangenheit angewandten, fixen Anreizsysteme besteht somit darin, dass sich zwar die Anforderungen laufend - ähnlich der Nachfrage auf dem freien Markt - ändern, sich aber gleichzeitig das Steuerungssystem - auf dem freien Markt der Preis - nicht in gleicher Flexibilität auf die veränderten Anforderungen anpassen kann. Bei der Vielzahl vernetzter und i.a. in Konkurrenz zueinander stehender Zielgrößen sowie der hohen Anzahl zu bewertender Potenziale kann die Projektleitung in ihrer auf ein Gesamtoptimum ausgerichteten Koordinationsaufgabe eine solche Steuerung nur bei wenigen, ausgewählten Umfängen vornehmen.

Als drittes Problemfeld der in vergangenen Projekten eingesetzten Anreizsysteme zeigte sich, dass die Anreize durch Kopplung an Bereichsziele im Falle eines Konflikts zwischen bereichs- und gesamtoptimalen Maßnahmen eine bereichsbezogene Optimierung förderten. Eine zentrale Problematik bereichsübergreifender Zusammenarbeit, der Konflikt zwischen *Steuerung über Bereichsziele* und Ausrichtung auf das (Projekt-/Unternehmens-) Gesamtoptimum, wird damit zusätzlich verstärkt[336]. Auch die von allen im Projekt involvierten Fach- und Führungskräften betonte Überzeugung, dass die hohen funktionalen, geometrischen und prozessbedingten Abhängigkeiten im Produktentwicklungsprozess zwingend bereichsübergreifende Denk- und Arbeitsweisen erfordern, führt nicht zu einer grundsätzlichen Lösung dieser Problematik. Vielfach zeigte sich sogar gerade bei hohem Bedarf zu bereichsübergreifender Optimierung aufgrund besonders schlechter *Zielerfüllung im Gesamtprojekt* eine Verschärfung dieser Problematik, vgl. Abb.II.34.

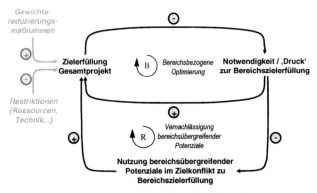

Abb. III.34: Vernachlässigung bereichsübergreifender Optimierungspotenziale
durch Steuerung über Bereichsziele

Aufgrund der dann nämlich besonders hohen *Notwendigkeit und des damit verbundenen ‚Drucks'* zur Bereichszielerfüllung konzentriert sich in diesem Fall jeder Bereich verstärkt auf die Zielerfüllung in seinem Bereich. Die *Nutzung bereichsübergreifender Potenziale* wird *im Falle eines Zielkonflikts zur Bereichszielerfüllung* dann kaum noch verfolgt. Die Verbesserung einer Gesamtprojektzielerfüllung zu Lasten der Bereichsziele wird im bestehenden Zielsystem ja nicht honoriert. Der erhöhte Optimierungs-

---

[336] Diese dritte, mit Anreizsystemen verbundene Problematik wird daher zusammen mit dem Problemfeld ‚Steuerung über Bereichsziele / bereichsbezogene Optimierung' betrachtet.

druck zur Bereichszielerfüllung wirkt sich so - wie in den aus systemtheoretischen Ansätzen bekannten Verhaltensmustern - kontraintuitiv und kontraproduktiv aus. Das aus reiner Bereichssicht noch zielführend erscheinende Verhaltensmuster führt aus Gesamtsicht zu suboptimalem Verhalten mit der Konsequenz schlechterer Zielerfüllung auf Gesamtprojektebene.

Aus Teil I ist bereits ein Beispiel hierzu bekannt: Durch Maßnahmen im Modul Innenausstattung könnte die Torsionssteifigkeit der Rohkarosserie soweit verbessert werden, dass die damit im Bereich der Innenausstattung verbundenen Kosten- bzw. Gewichtsmehrungen wieder durch Kosten- bzw. Gewichtseinsparungen im Bereich der Rohkarosserie überkompensiert würden. Die Umsetzung der Maßnahme scheitert allerdings daran, dass die angespannte Situation im Bereich Innenausstattung eine Kosten- und Gewichtsverschlechterung in diesem Bereich nicht zulässt. Zudem wäre noch erheblicher Entwicklungsaufwand zu leisten, der, so die Entscheidung bei den Verantwortlichen, zunächst auf Maßnahmen zur Zielerfüllung im eigenen Bereich konzentriert werden soll. Daher wird die Idee nicht weiter mit dem Projekt diskutiert, sondern in den Themenspeicher für folgende Projekte aufgenommen. Wie in Abb.III.35 dargestellt, handelt es sich bei diesem Beispiel um eine Maßnahmenkombination, die bei beiden Zielgrößen in einem Bereich zu einer Verschlechterung, in einem anderen Bereich jedoch zu einer Verbesserung führt, wodurch sich aus Gesamtprojektsicht insgesamt ein Vorteil ergibt.

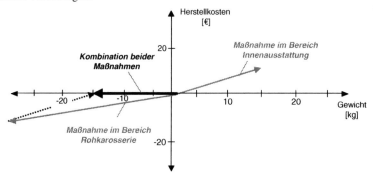

Abb. III.35: Fehlender Anreiz zu bereichsübergreifender Optimierung aufgrund verschlechterter Zielerfüllung im Bereich ‚Innenausstattung‘

Eine ähnliche Problematik liegt vor, wenn in zwei verschiedenen Bereichen Optimierungspotenziale hinsichtlich einer Zielgröße bestehen, diese allerdings in beiden Fällen mit einem Zielkonflikt bezüglich der anderen Zielgröße verbunden sind, sich durch Kombination der Maßnahmen beider Bereiche jedoch eine (gesamtoptimale) Verbesserung für das Projekt erreichen ließe, vgl. Abb.III.36. Es handelt sich also um Gewichtsreduzierungsmaßnahmen, die zu Herstellkostenmehrungen führen, oder um Kostenreduzierungsmaßnahmen, die - z.B. durch Verzicht auf teure Leichtbauwerkstoffe - zu Gewichtsmehrungen führen.

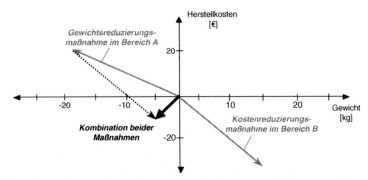

Abb. III.36: Ungenügender Anreiz zu bereichsübergreifender Optimierung aufgrund von Zielkonflikten in den Bereichen

Trotz des aus Bereichssicht bestehenden Zielkonfliktes kann auf Gesamtfahrzeugebene die Kombination der Maßnahmen zu einer Verbesserung bei beiden Zielgrößen führen, wie der Summenvektor verdeutlicht. Ein Anreiz für die Bereiche zur Umsetzung ihrer Maßnahmen besteht jedoch aufgrund des Zielkonfliktes oft nicht bzw. ist abhängig von der aktuellen Zielerfüllung bei Kosten bzw. Gewicht in den beiden Bereichen. Wie bereits aus anderen Problemfeldern bekannt, setzt sich im Konfliktfall zwischen Bereichs- und Gesamtprojektzielerfüllung i.a. eine Orientierung an den Bereichszielen durch (‚Orientierung an der (individuellen) Zielerfüllung statt am Anspruch'). Im aufgezeigten Beispiel erfolgt die Umsetzung der Maßnahmen i.a. nur im Ausnahmefall, wenn die Maßnahmen auf Basis einer fundierten Bewertung durch die Projektleitung in ihrer auf ein Gesamtoptimum ausgerichteten Koordinationsfunktion durchgesetzt werden.

Doch auch in diesem günstigeren Fall bestehen zwei grundsätzliche Probleme: der Konflikt zu den bereichsspezifischen Interessenlagen bleibt ungelöst und die Koordinationsfunktion der Projektleitung ist angesichts der Vielzahl der zwischen den Bereichen vernetzten Maßnahmen mit dieser Aufgabe nicht nur kapazitiv, sondern auch inhaltlich schnell überlastet. Sie verfügt zwar über die zur Steuerung des Maßnahmenmanagements erforderliche Gesamtsicht. Das zur Bewertung der Potenziale erforderliche Expertenwissen liegt allerdings bei den Spezialisten in den Fachbereichen. Für eine an einer bestmöglichen Gesamtzielerfüllung orientierte Maßnahmensteuerung im Projekt ist aber eine Zusammenführung beider Kompetenzen erforderlich. Diese Problematik ist bereits aus dem Problemfeld ‚ungenügende Informationen über relative Kompetenzvorteile' bekannt, womit sich erneut die enge Vernetzung der betrachteten Problemfelder zeigt.

Aufgrund dieser engen Vernetzung der aufgezeigten Problemfelder[337] erfolgt im Weiteren keine isolierte Betrachtung einzelner, problemspezifischer Lösungsansätze, sondern es wird ein gesamthafter Ansatz ‚gelenkter Selbstorganisation' verfolgt. Zuvor werden im folgenden Zwischenfazit die in diesem Teil aufgezeigten emergenten Phänomene zusammengefasst und ihre Bedeutung für die Ansätze zur Selbstorganisation interpretiert.

---

[337] vgl. auch Teil I, Kap. 3.2

2.3 Zwischenfazit: Emergente Phänomene bei Automóviles Deportivos - Zusammenfassung und Interpretation auf Basis der Ansätze zur Selbstorganisationstheorie

Die Fallstudie liefert verschiedene Beispiele dafür, wie Systemverhalten auf einer übergeordneten Ebene emergent durch individuelles Verhalten auf einer untergeordneten Ebene geprägt wird. Damit werden Praxisbeispiele für die Aussagen der zuvor dargestellten Ansätze der Selbstorganisationstheorie aufgezeigt. Insbesondere zur Complexity Theory besteht dabei eine große Nähe: Prägendes Schemata der Akteure war in Übereinstimmung mit den Aussagen der Complexity Theory die Orientierung an individuellen ‚Pay-Offs', z.B. in Form der ‚Orientierung an Zielerfüllung statt an Anspruch'. Die langfristigen, unerwünschten Auswirkungen dieses Verhaltens wurden dabei von den Akteuren nicht gesehen bzw. nicht als verhaltensrelevant berücksichtigt. Im einzelnen ergeben sich in den betrachteten Problemfeldern folgende Ergebnisse, vgl. auch die Zusammenfassung in Abb.III.37 und III.38:

1. Im Bereich des **Zielmanagements** zeigt sich durch die ehrgeizige Zielsetzung, in nahezu allen relevanten Produkteigenschaftsfeldern eine Best-in-Class-Position zu erreichen, eine *ungenügende Zielpriorisierung* mit unzureichender Konzentration auf die wirklich entscheidenden Fragestellungen. Der hohe Anspruch führt zu unzähligen Zielkonflikten, die hiermit verbundene Bewertung von Lösungspotenzialen und Risiken erfordert einen umfangreichen Ressourceneinsatz, der eine frühzeitige Fokussierung auf die erfolgskritischen Fragestellungen verhindert bzw. verzögert. In Konsequenz erfolgt eine unzureichende Konzentration auf die zentralen, konzeptbedingten Gewichts- und Kostenoptimierungspotenziale der frühen Phase. Damit ergibt sich ein ‚Reenforcing Loop' aus ungenügender Priorisierung mit mangelnder Ressourcenfokussierung sowie unzureichender Transparenz mit resultierend ungenügender Nutzung zentraler Optimierungspotenziale der frühen Phase.

   Die geringe Fokussierung führt im Laufe des Prozesses aufgrund sich abzeichnender, gravierender Zielverfehlungen zur Notwendigkeit der Anpassung besonders konflikträchtiger Initialzielsetzungen. Die Erfahrung von Zielanpassungen in vergangenen Projekten verstärkt dabei die *Erosion der Zielvision*. Das Muster entspricht der von Goldstein bekannten self-fulfilling prophecy: Durch häufige Zielkorrekturen in der Vergangenheit werden Glaubwürdigkeit und Verbindlichkeit der Zielvision unterlaufen, wodurch bereits zu einem frühen Zeitpunkt implizit eine Ausrichtung auf weniger anspruchsvolle Ziele erfolgt. Unzureichende Sanktionsmöglichkeiten bei Nichterfüllung der Zielvision verschärfen die Situation. In Wechselwirkung mit weiteren Problemfeldern im Bereich des Ziel-, Informations- und Maßnahmenmanagements wird ein Erreichen der Initialzielsetzungen unter den gegeben Randbedingungen schließlich tatsächlich nicht mehr möglich, so dass eine Zielanpassung unausweichlich wird. Glaubwürdigkeit und Verbindlichkeit der Zielvision für folgende Projekte werden damit erneut unterlaufen, wodurch die self-fulfilling prophecy neue ‚Nahrung' erhält.

   Der Versuch, die Zielverfehlung über Anreizsysteme zu vermeiden, verursacht ‚Nebenwirkungen' mit langfristiger Verschlechterung der Problematik. Dieses

Muster erinnert m.E. an zu Knyphausens Beobachtung des "Hin-und-Her" zwischen Fremd- und Selbstorganisation.[338] Die resultierenden, fremdorganisatorischen Eingriffe sind ein Beispiel für die These, wie durch "Planung als Mittel zur Komplexitätsbewältigung" seinerseits wieder nicht berücksichtigte Reaktionsmöglichkeiten (z.B. Orientierung an individuellen ‚Pay-Offs', vgl. Complexity Theory) bzw. "Hyperkomplexität"[339] geschaffen werden kann.

Die Vorgehensweise der ‚*Zielvereinbarung nach Gießkannenprinzip'* zeigt auf, welche Konsequenzen die ungenügende Berücksichtigung der individuellen Schemata von Akteuren hervorrufen kann. Eine vermeintlich zielführende und ‚gerechte' Vorgehensweise zur Aufteilung erforderlicher Verbesserungserfordernisse führt zum Gegenteil des Beabsichtigten: die Vorgehensweise führt dazu, dass eine frühzeitige Optimierung für die Betroffenen mit anspruchsvolleren Zielen und geringeren Handlungsspielräumen verbunden ist. Folglich ist bei ihnen eine ‚Orientierung an der (eigenen) Zielerfüllung statt am Anspruch' zu beobachten: eine spätere Optimierung wirkt sich für sie vorteilhafter aus. Dadurch wird die unzureichende Erschließung grundsätzlicher Optimierungspotenziale in der frühen Phase verstärkt mit entsprechend negativen Konsequenzen für die Gesamtprojektzielerfüllung.

In Hinblick auf die Complexity Theory lässt sich ein derartiges Verhalten als Verfolgung individueller ‚Pay-Offs' ohne Verständnis der übergeordneten Gesamtzusammenhänge interpretieren. Das globale Maximum der ‚Fitness-Funktion' kann dadurch nicht erreicht werden. Jeder Akteur strebt sein lokales Optimum an. Die Interpretation dieses Verhaltens nach dem Muster des Gefangenendilemmas zeigt Parallelen hierzu: die aus Gesamtsicht beste Spielkonstellation mit der höchsten ‚Gesamtfitness' wird verfehlt. Stattdessen wird systematisch die schlechteste Spielkonstellation angestrebt. In Übertragung auf die ‚Fitness-Funktion' bedeutet dies, dass die Akteure noch nicht einmal ihr ‚lokales Optimum' erreichen. Die wechselseitigen Abhängigkeiten im Entwicklungsprozess führen dazu, dass die Akteure sich durch Verfolgung ihrer individuellen Zielerfüllung gegenseitig so behindern, dass keiner von ihnen sein lokales Optimum erreicht. In Hinblick auf den Ansatz von Goldstein kann die konsequente Orientierung der Akteure an ihrer individuellen Zielerfüllung auch als ein ‚Attraktor' interpretiert werden, durch den das System in einem unerwünschten Gleichgewichtszustand beharrt.

2. Im Bereich des **Informationsmanagements** behindern *unzureichende Informationen über relative Kompetenzvorteile* eine an den spezifischen Optimierungsmöglichkeiten (Gewichts-Kostenreduzierung) bzw. Bereichskompetenzen orientierte Spezialisierung im Zielvereinbarungsprozess. Verbesserungserfordernisse, die im frühen Stadium noch nicht von den Bereichen durch einen Bottom-Up-Prozess mit Maßnahmen hinterlegt werden konnten, werden in Form prozentual fixer Verbesse-

---

[338] vgl. zu Knyphausen (1988) S. 309ff.. Es sind Parallelen zu zu Knyphausens Ansatz erkennbar, auch wenn zu Knyphausen den Wechsel von Selbst- und Fremdorganisation primär auf Strukturen der Selbst- und Fremdorganisation bezieht z.B. i.S.v. Arenen der Selbst- bzw. Fremdorganisation i.S. des bewussten Eingreifens zum Aufbrechen hierarchischer Verfestigungen. Im Beispiel der Fallstudie besteht die Selbstorganisation weniger in den Strukturen zur ‚Selbstgestaltung' (vgl. differenziertes Selbstorganisationsverständnis, Kap. 1.3), sondern in Selbstorganisation i.S.v. ‚Emergenz'.

[339] vgl. Luhmann (1984), S. 637ff.

rungsanforderungen Top-Down auf alle Bereiche umgelegt. Optimierungspotenziale durch flexible, laufend an den aktuellen Möglichkeiten bzw. relativen Kompetenzvorteilen der Bereiche orientierte Zielbeiträge können so kaum genutzt werden. Mangels Informationen über solche relative Kompetenzvorteile kann eine kompetenzbezogene Spezialisierung auf z.b. Kosten- oder Gewichtsreduzierung nicht bzw. nur unzureichend im Zielvereinbarungsprozess berücksichtigt werden.

In Übertragung auf die ‚Fitness Landschaft‘[340] bedeutet dies, dass die (Ausgangs-) Lage der Akteure in der ‚Fitness Landschaft‘ nicht berücksichtigt wird. Einige Akteure können im ‚Fitness-Gebirge‘ leichter durch Gewichtsoptimierung zu höherer Gesamtfitness beitragen, andere leichter durch Kostenoptimierungen. Durch bessere Nutzung dieser unterschiedlichen Ausgangssituationen könnte insgesamt eine höhere Gesamtfitness erreicht werden, ‚Umwege‘ würden vermieden, die Akteure könnten einen ‚direkteren Weg in Richtung Fitness-Gipfel nehmen‘. Informationsvielfalt und –detaillierung zur Beurteilung solcher relativer Kompetenzvorteile im gesamten Projekt führen für die (zentrale) Projektleitung jedoch zu einem derartig hohen Koordinationsaufwand, dass sie mit einer solchen Aufgabe i.a. vollkommen überlastet ist.

Die Ausrichtung an individuellen Zielsetzungen, notfalls auch bei Vernachlässigung einer besseren Gesamtprojektzielerfüllung, i.S. des Verhaltensmusters ‚Orientierung an Zielerfüllung statt an Anspruch‘ zeigt sich auch beim *Umgang mit frühen Daten*. Bei Orientierung der Zielvereinbarung am erreichten (Gewichts-) Status (Prinzip der Zielvereinbarung nach Gießkannenprinzip‘) können über Ermessensspielräume bei der Bewertung von (Gewichts-)Risikopauschalen die bewertenden Experten - über den damit beeinflussten Gewichtsstatus - Einfluss auf den Anspruch ihrer Zielvereinbarung nehmen. Da eine solche Risikobewertung im Detail nur durch die mit dieser Aufgabe betrauten Spezialisten erfolgen kann und damit schwer ‚objektivierbar‘ ist, besteht v.a. bei einer kritischen Projektsituation mit hohem Optimierungsdruck die Gefahr, dass diese Freiräume durch die Beaufschlagung von ‚Sicherheitspolstern‘ zugunsten einer besseren individuellen Zielerfüllung genutzt werden. Neben Sekundäreffekten tendiert dann der überhöhte Gewichtsplanstand über das aufgezeigte Prinzip der self-fulfilling prophecy zu seiner Realisierung mit resultierender Zielverfehlung. Analog zur Situation bei der Zielvereinbarung ergeben sich die Interpretationen aus Sicht der Spieltheorie und der Complexity Theory.

Auch die Problematik der zahlreichen *Prozess- und Systemschnittstellen beim Gewichtscontrolling* verdeutlicht die aus der Complexity Theory bekannte Grundproblematik der Orientierung an individuellen ‚Pay Offs‘. Entgegen aller Absichtsbekundungen erfolgt aufgrund unzureichender Zielerfüllung bei knappen Kapazitäten eine Ressourcenkonzentration auf das ‚Tagesgeschäft‘. Für eine grundsätzliche, an den Ursachen der Zielverfehlung orientierte Prozess- und Systemoptimierung beim Gewichtscontrolling fehlen dadurch die erforderlichen Kapazitäten. Es entsteht eine selbstverstärkende Rückkopplung, die aus sich selbst heraus nicht durch-

---

[340] Betrachtet wird die ‚Gesamtfitness‘ im Projekt, d.h. die Erfüllung des aus Gesamtunternehmenszielen abgeleiteten Zielkatalogs.

brochen werden kann. Auch in diesem Fall ist die zentrale Projektsteuerungsfunktion mit der Aufgabe einer bereichs- und projektübergreifenden Optimierung
des Gewichtscontrollingprozesses kapazitiv überlastet. Mangels Verantwortlichkeit
und Kapazitäten für eine solche Aufgabe erfolgen i.a. nur kurzfristige, bereichsbezogene, symptomatische Lösungsversuche.

Die Orientierung des Entwicklungsprojekts bzw. der Entwicklungsbereiche an
teamorientierten Organisationsstrukturen[341] kann die aufgezeigte Problematik nicht
verhindern. Damit bestätigt sich Goldsteins These, dass allein die Einführung bzw.
Umsetzung teamorientierter Strukturen nicht zum Aufbrechen alter Verhaltensmuster führt, sondern u.U. sogar noch Konsenssuche und ‚lineares Verhalten' der
Gruppe bzw. Organisationseinheit verstärken kann.[342] Selbstorganisation i.S. vermehrter Dezentralisierung bzw. ‚Selbststeuerung in dezentralen Gruppen' kann,
wie das Beispiel zeigt, diesen ungewünschten Effekt noch verstärken. Die Entwicklungsteams unterliegen systematisch dem ‚Attraktor' der kurzfristig orientierten,
bereichsbezogenen Optimierung.

3. Im Bereich des **Maßnahmenmanagements** findet sich mit den Erfahrungen zu
Anreizsystemen ein weiteres Beispiel dafür, wie durch Planung bzw. ‚Fremdorganisation' als Mittel zur Komplexitätsbeherrschung (Hyper-)Komplexität verursacht
wird. Dies entspricht den aus dem System Thinking bekannten "side effects"[343].
Dabei zeigt sich, wie entgegen der erhofften positiven Auswirkungen zwei kombinierte Anreize in Verbindung mit der ‚Zielvereinbarung nach Gießkannenprinzip'
zu gegenseitiger Wirkungslosigkeit führen. Durch ungünstige Kombination der
Anreize wird i.a. sogar noch die aus der ‚Zielvereinbarung nach Gießkannenprinzip' bekannte Verlagerung von Optimierungsmaßnahmen in spätere Entwicklungsphasen verstärkt. Eine Anpassung der Anreize auf die i.a. wechselnden Optimierungsprioritäten im Projekt führt zu kaum realisierbarer Komplexität und Überlastung der zentralen Projektsteuerung. Neben dieser Inflexibilität besteht durch
Kopplung der Anreize an die Bereichsziele die Gefahr, eine bereichsbezogene Optimierung zu fördern mit entsprechender Vernachlässigung bereichsübergreifender
Potenziale. Diese Erfahrungen mit Anreizsystemen zeigen ein weiteres Mal, wie
für Entscheidungen und Handeln der Akteure eine ‚Orientierung an der Zielerfüllung statt am Anspruch', d.h. an den individuellen ‚Pay-Offs', ausschlaggebend ist.

Die Probleme bei der *bereichsbezogenen Optimierung* sind ein Beispiel für die Optimierung von ‚conflicting constraints' in der ‚Fitness Landschaft'. Jede Maßnahme
in einem Bereich führt zu einer Veränderung der ‚Fitness Landschaft' für die anderen Bereiche, so dass bei den ausgeprägten Abhängigkeiten der Entwicklungsaufgabe eine hohe Instabilität besteht. Entsprechend schwer gestaltet sich eine gesamtunternehmerische Bewertung von Maßnahmenkombinationen in Hinblick auf
den maximalen ‚Fitnesszuwachs' bzw. das Erreichen eines Gesamtoptimums. Die
Problematik wächst mit steigender Anzahl von Akteuren, Maßnahmen und Abhängigkeiten. Eine Summenbildung über alle Maßnahmen ist daher zur Auswahl der
‚am besten geeigneten Maßnahmenkombinationen' nicht möglich.

---

[341] z.B. die Arbeit in Simultaneous-Engineering-Teams, vgl. Fallstudie, Teil II, Kap. 1.3
[342] vgl. Goldstein (1994), S. 141ff.
[343] vgl. z.B. Stermann (2000), S. 10ff.; Zahn (1972), S. 18ff.

Problemfeld	Problembeschreibung	Emergenzmuster	Konsequenzen
1. Ungenügende Zielprio- risierung in früher Phase	Rückkopplung ungenügende Priorisierung/unzureichende Bewertungsmöglichkeiten/ mangelnde Transparenz	'Reeinforcing Loops'	Zielkonflikte, Ressourcenmangel

⇒ Vernachlässigung zentraler Verbesserungspotenziale durch unzureichende Konzentration auf die entscheidenden Zielkonflikte
⇒ Problemmuster: 'Schwächung der grundsätzlichen Problemlösung durch unzureichende Priorisierung'
(vgl. z.B. zu Knyphausen bzw. Luhmann: Hyperkomplexität durch fremdorganisatorische Eingriffe)

Problemfeld	Problembeschreibung	Emergenzmuster	Konsequenzen
2. Zielvereinbarung nach Gießkannenprinzip'	Bei früher Optimierung anspruchs- vollere Zielvereinbarung und gerin- gere Handlungsspielräume für die Betroffenen	Gefangenendilemma, Fehlkorrekturen	Vertagerung von Optimierungs- anstrengungen in spätere Phasen

⇒ Höhere Zielanspannung für Bereiche mit besserem Zielerreichungs-Status führt langfristig zu schlechterer Zielerreichung in früher Phase
⇒ Problemmuster: 'Orientierung an Zielerfüllung statt an Anspruch'
(vgl. z.B. Complexity Theory: Orientierung an individuellen 'Pay-Offs', 'Fitness Landscapes': systematische Verfehlung lokaler Optima, Spieltheorie: Gefangenendilemma, Goldstein: Systemverharren bei Attraktor)

Problemfeld	Problembeschreibung	Emergenzmuster	Konsequenzen
3. Erosion der Zielvision	Glaubwürdigkeitsverlust der Zielvision durch wiederholte Zielanpassungen	Erodierende Ziele, self-fulfilling prophecy	Ausrichtung auf geringere Ziel- Ansprüche, geringerer Optimierungsdruck

⇒ Aufgrund unzureichender 'Sanktionsmöglichkeiten' bei Zielverfehlungen zunehmende Glaubwürdigkeitserosion der Zielvision
⇒ Problemmuster: 'Schwächung der grundsätzlichen Problemlösung durch symptomatische Lösung (Zielanpassung)'
(vgl. z.B. Goldstein: self-fulfilling prophecy)

Problemfeld	Problembeschreibung	Emergenzmuster	Konsequenzen
4. Ungenügende Informationen über relative Kompetenzvor- teile	Unzureichende Informationen über unterschiedlicher Kompetenzen/ Möglichkeiten zur Kosten-/Gewichts- reduzierung bei der Zielvereinbarung	Fehlkorrekturen	Unzureichende Nutzung relativer Kompetenzvorteile, Zielverfehlung mit Zielanpassung statt grundsätz- licher Problemlösung

⇒ Nutzung relativer Kompetenzvorteile durch zentrale Projektsteuerung aufgrund von Informationsfülle und -detaillierung nicht möglich
⇒ Problemmuster: 'Überlastung der zentralen Projektsteuerungsfunktion, Schwächung der grundsätzlichen Problemlösung'
(vgl. z.B. Complexity Theory: Lage bzw. 'Landschaft' im 'Fitness-Gebirge' der Akteure nicht berücksichtigt)

Abb. III.37: Übersicht zu Problemfeldern und emergenten Phänomenen bei Automóviles Deportivos (I)

Problemfeld	Problembeschreibung	Emergenzmuster	Konsequenzen
5. Eingeschränkter Informationsaustausch beim Umgang mit frühen Daten	Rückkopplung aus Optimierungsdruck und überhöhten Risikopauschalen	Gefangenendilemma, 'self-fulfilling-prophecy'	Geringere Transparenz durch höhere Bewertungsunsicherheiten, Sekundäreffekte

⇒ Entwickler beeinflussen mit 'Sicherheitspolstern' in Verbindung mit Zielvereinbarung nach 'Gießkannenprinzip' die eigene Zielvereinbarung
⇒ **Problemmuster: 'Orientierung an Zielerfüllung statt an Anspruch'**
(vgl. z.B. Complexity Theory: Orientierung an individuellen 'Pay-Offs'; Spieltheorie: Gefangenendilemma)

| 6. Prozess- und Systemschnittstellen beim Gewichtscontrolling | Rückkopplung aus fehlenden Verantwortlichkeiten/Kapazitäten für den Gewichtsprozess, Systeminkonsistenz, Zielverfehlung und Kapazitätsmangel | 'Reeinforcing Loops' (Erfolg dem Erfolgreichen) | Unzureichende, schnittstellenbedingte Transparenz und Effizienz |

⇒ Fehlende Verantwortlichkeit/Kapazitäten für Gewichtsprozessoptimierung führen zur Vernachlässigung der grundsätzlichen Problemlösung
⇒ **Problemmuster: 'Schwächung der grundsätzlichen Problemlösung, Überlastung der zentralen Projektsteuerungsfunktion'**
(vgl. z.B. Goldstein: Teamstruktur kann 'alte', lineare Verhaltensweisen nicht aufbrechen, sondern sogar zu Verstärkung führen, 'Attraktor')

| 7. Anreize mit 'Boomerang-Effekt' | Gegenseitige Aufhebung von Anreizen, Inflexibilitäten bei wechselnden Anforderungen und Förderung bereichsbezogener Optimierung | Fehlkorrekturen | Wirkungslosigkeit, Verstärkung der Auswirkungen der Zielvereinbarung nach 'Gießkannenprinzip' |

⇒ Inflexibles, an Bereichsziele gekoppeltes Steuerungssystem wird Wechsel und Differenziertheit der Anforderungen nicht gerecht
⇒ **Problemmuster: 'Überlastung der zentralen Projektsteuerungsfunktion, Orientierung an Zielerfüllung statt an Anspruch'**
(vgl. z.B. zu Knyphausen/Luhmann: Hyperkomplexität durch Fremdorganisation, Complexity Theory: Orientierung an individuellen 'Pay-Offs')

| 8. Steuerung über Bereichsziele, bereichsbezogene Optimierung | Schaffung von Konflikten zwischen Bereichs- und Gesamtprojektzielverfolgung, Förderung von 'Bereichsdenken' | Fehlkorrekturen, u.U. Gefangenendilemma | Vernachlässigung wichtiger bereichsübergreifender Potenziale |

⇒ Zentrale Steuerung durch fixe Bereichsziele fördert bereichsbezogene Optimierung
⇒ **Problemmuster: 'Überlastung der zentralen Projektsteuerungsfunktion, Orientierung an Zielerfüllung statt an Anspruch'**
(vgl. z.B. Optimierung von 'conflicting constraints', Konflikt aus Verbesserung von 'Gesamtfitness' und 'Bereichsfitness')

Abb. III.38: Übersicht zu Problemfeldern und emergenten Phänomenen bei Automóviles Deportivos (II)

Kosten- und Gewichtsreduzierungsmaßnahmen sind vielfach mit Zielkonflikten verbunden, die dazu führen können, dass einzelne Maßnahmen - z.b. zur Gewichtsreduzierung - aus Bereichssicht als nicht vorteilhaft bewertet werden, da sie bei einer aus Bereichssicht kritischen Zielgröße - z.b. Herstellkosten - zu ungewünschten Mehrungen führen. Dennoch kann sich bei bereichsübergreifender Maßnahmenkombination für das Gesamtprojekt eine verbesserte Zielerreichung ergeben.[344] Auch in diesem Fall ergibt sich für die Bereiche ein Konflikt zwischen Bereichs- und Gesamtoptimierung.

In Übertragung auf den Ansatz der ‚Fitness-Landschaft' bedeutet dies, dass ein Aufstieg im ‚Fitnessgebirge eines Bereiches mit einem Abstieg im ‚Gesamtfitnessgebirge' des Projektes verbunden ist und umgekehrt. Jeder Bereich steht also vor der Wahl zwischen Optimierung der ‚Bereichsfitness' oder der ‚Gesamtprojektfitness'. Gemäß des Verhaltensmusters ‚Orientierung an der Zielerfüllung statt am Anspruch' erfolgt erfahrungsgemäß dann überwiegend eine Ausrichtung an den Bereichszielen. Die Projektleitung kann diesem Verhalten aufgrund der Vielzahl der zu bewertenden Maßnahmen nur in sehr wenigen, ausgewählten Fällen entgegenwirken.

Bevor im folgenden Teil der Ansatz ‚gelenkter Selbstorganisation' vorgestellt wird, erfolgt im nächsten Kapitel zunächst eine Ableitung der Anforderungen an einen solchen Ansatz auf Basis der bisherigen Ergebnisse.

---

[344] In diesem Fall werden die ungewünschten, mit der Einzelmaßnahme verbundenen Mehrungen bei z.B. den Herstellkosten durch gegenläufige Effekte bei anderen Maßnahmen überkompensiert.

IV. Auf dem Weg zur „gelenkten Selbstorganisation"

In den bisherigen Betrachtungen erfolgte ein wechselseitiger Abgleich von Problemlage in der Fallstudie und dem Stand der Forschung. Die wesentlichen, aus dieser Analyse resultierenden Anforderungen an den Ansatz ‚gelenkter Selbstorganisation' werden zunächst in Kap. 1 kurz zusammengefasst. Aus den in Teil III aufgezeigten, drei grundlegenden Problemmustern werden dann Koordinationsprinzipien für den Ansatz ‚gelenkter Selbstorganisation' abgeleitet. Zur Umsetzung dieser Koordinationsprinzipien in den diskutierten Problemfeldern werden mit dem ‚Virtuellen Marktplatz' und der Modularisierung auf Basis von ‚Architectural Knowledge' zwei Grundelemente des Ansatzes ‚gelenkter Selbstorganisation' aufgezeigt. Eine Vertiefung der Modularisierung auf Basis von ‚Architectural Knowledge' auf Basis der Datenerhebung zum Produktentwicklungsprozess erfolgt in Kap. 2, während der ‚Virtuelle Marktplatz' in Kap. 3 behandelt wird.

1. Herleitung und Strukturierung des Ansatzes

1.1 Anforderungen aus der Fallstudie und Herleitung von Koordinationsprinzipien für ‚gelenkte Selbstorganisation'

Aus der Analyse der Fallstudie wurden 8 Problemfelder in den Bereichen Ziel-, Informations- und Maßnahmenmanagement hergeleitet. Dabei kam emergenten Phänomenen eine zentrale Bedeutung zu. In einer weitergehenden Analyse wurden daher die für diese Problemfelder zentralen Emergenzmuster untersucht. Dabei zeigte sich, dass alle aufgezeigten Koordinationsprobleme - jeweils mit verschiedenen Schwerpunkten - auf drei grundlegende, aufeinander aufbauende Problemmuster zurückführbar sind:

1. Überlastung der zentralen Projektsteuerungsfunktion
2. Schwächung der grundsätzlichen Problemlösungsfähigkeit
3. Orientierung an der Zielerfüllung statt am Anspruch

Die Überlastung der zentralen Projektsteuerungsfunktion (Projektleitung mit Projektmitarbeitern zur Koordination der Entwicklungsaufgabe) ist nicht allein in kapazitiver Hinsicht zu verstehen. Auf Basis der aufgezeigten Analysen wird die These vertreten, dass es sich um eine systembedingte Überlastung der zentralen Steuerungsfunktion handelt: Im Sinne des Koordinationsverständnisses ‚managing dependencies between activities' betrifft dies die Regeln, nach denen der Koordination der Entwicklungsaktivitäten im Projekt XR400 erfolgt bzw. die Art und Weise, nach der die Beziehungen zwischen den Akteuren (‚Elemente des sozialen Systems Entwicklungsprojekt XR400') und ihre Handlungen und Entscheidungen (‚activities') geregelt werden.

Werden die mit der Entwicklungstätigkeit betrauten Mitarbeiter als ein soziales System verstanden, Projektleitung/–mitarbeiter, denen eine Koordinationsfunktion für diese Entwicklungsaktivitäten zukommt, als ‚systemexterne Steuerungsfunktion', so kann diese Steuerungsfunktion auch als ‚fremdorganisatorisch'[1] bezeichnet werden. Die

---

[1] Fremdorganisation wird hier als Gegenteil von Selbstorganisation i.S.v. ‚Selbstgestaltung bzw. Selbstkoordination' verstanden, vgl. Begriffsdifferenzierung Teil III, Kap. 1.3. Mit Bezug auf die Begriffsbeziehung

Überlastung der fremdorganisatorischen Steuerung wirft die Frage nach alternativen Ansätzen mit stärkerer Betonung des Aspektes Selbstorganisation i.s.v. ‚Selbstgestaltung bzw. ‚Selbstkoordination' auf. Die hohe Bedeutung der aufgezeigten emergenten Phänomene sowie die Notwendigkeit zur Ausrichtung der Entwicklungsaktivitäten auf ein unternehmerisches Gesamtoptimum[2] mit geringst möglichem Koordinationsaufwand[3] implizieren, dass auch Selbstorganisation i.s.v. ‚Emergenz' und Selbstorganisation i.s.v. ‚Selbstlenkung' eine zentrale Bedeutung für einen solchen Koordinationsansatz zukommt. ‚Gelenkte Selbstorganisation' setzt daher bei allen drei aufgezeigten Begriffsverständnissen von Selbstorganisation an.

Die drei grundlegenden Problemmuster bauen aufeinander auf: als Konsequenz aus der Überlastung der zentralen Projektsteuerungsfunktion bzw. aus unzureichender Zielerfüllung bei Einsatz der aufgezeigten Koordinationsansätze werden vielfach weitere, neue Steuerungseingriffe, wie z.b. die Zielvereinbarung nach ‚Gießkannenprinzip' oder die aufgezeigten Anreizsysteme eingesetzt. Unzureichender Zielerfüllung durch ‚Fremdorganisation' wird damit durch weitere fremdorganisatorische Steuerungseingriffe begegnet. Diese bergen ihrerseits wieder das Risiko ungewünschter Nebenwirkungen, was neuerliche Korrekturen durch weitere Eingriffe erforderlich scheinen lässt. Dieses Problemmuster wird in systemtheoretischer Literatur vielfach thematisiert.[4] Dabei wird durch ein solches Verhalten häufig die ‚grundsätzliche Problemlösungsfähigkeit' geschwächt wie das Beispiel der Zielvereinbarung nach ‚Gießkannenprinzip' zeigt (vgl. z.B. die Verlagerung von Optimierungsanstrengungen in spätere Entwicklungsphasen).

Gleichzeitig führen diese ‚fremdorganisatorischen Eingriffe' zu ungenügender Berücksichtigung individueller Verhaltensschemata. Unbeabsichtigte Nebenwirkungen wie die ‚Orientierung an der Zielerfüllung statt am Anspruch' sind die Konsequenz. Die Ausrichtung auf das Projektziel i.S. eines Gesamtoptimums kann dann nicht bzw. nur unzureichend erreicht werden. Die aufgezeigten Problemmuster stehen damit in enger Beziehung zueinander. Ausgangspunkt stellt i.a. die grundsätzliche Überlastung der zentralen, ‚fremdorganisatorischen' Projektsteuerungsfunktion dar.

Der Ansatz ‚gelenkter Selbstorganisation' zielt daher auf verstärkte Selbstgestaltung/ -koordination durch die betroffenen Mitarbeiter mit dem Ziel weitgehend selbsttätiger Ausrichtung auf die Projektziele als übergeordnetes Gesamtoptimum (‚Selbstlenkung') unter Berücksichtigung der aufgezeigten emergenten Phänomene (‚Emergenz'). Als ‚fremdorganisatorischer Rahmen' wird die Ausrichtung des Projektes auf die übergeordneten Projektziele mittels möglichst weniger, einfacher Regeln verfolgt.

---

von Organisation und Koordination, vgl. Teil I, Kap. 2.3 werden die Begriffe ‚Fremdkoordination' und ‚Fremdorganisation' in diesem Zusammenhang synonym verwendet.

[2] Für das Projekt XR400 durch den in der Initialphase festgelegten strategischen Zielkatalog definiert.

[3] Vor dem Hintergrund des erheblichen Wettbewerbs- und Kostendrucks in der Automobilindustrie, vgl. Teil I, Kap. 2.2, kommt insbesondere auch der Effizienzsteigerung in nicht direkt wertschöpfenden Bereichen wie Koordinationsfunktionen eine hohe Bedeutung zu.

[4] vgl. z.B. Stermann (2000), S. 10ff.; Zahn (1972), S. 18ff.; Willke (1985), S. 17.; Luhmann (1984), S. 637f.; Ulrich, (1970b), S. 127; zu Knyphausen (1988), S. 312ff.; Probst (1987a), S. 33ff.; Senge (1998), S. 469ff. (Systemarchtyp "Fehlkorrekturen")

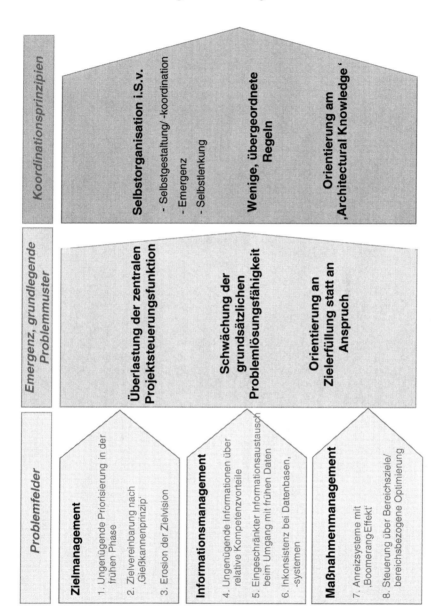

Abb. IV.1: Übersicht zu Problemfeldern, grundlegenden Problemmustern und
Koordinationsprinzipien des Ansatzes ‚gelenkter Selbstorganisation'

Als weiterer, bei der bisherigen Organisation unzureichend berücksichtigter Rahmen für die Projektaktivitäten wird das ‚Architectural Knowledge' berücksichtigt, dass die als gegeben vorausgesetzten, durch die Produktarchitektur bestimmten Beziehungen zwischen Baugruppen und Komponenten und ihre Auswirkungen auf die Informationsabläufe im Unternehmen widerspiegelt[5]. Ziel der verbesserten Berücksichtigung des ‚Architectural Knowledges' ist es, Abstimmungs*möglichkeiten* besser auf Abstimmungs*erfordernisse* auszurichten, um ungeplante und unerwünschte Nebenwirkungen (i.s. unerwünschter, emergenter Phänomene) zu vermeiden.

Damit basiert der Ansatz ‚gelenkter Selbstorganisation' auf drei grundlegenden Koordinationsprinzipien:

1. Verstärkter Einsatz des Prinzips der Selbstorganisation i.s. des aufgezeigten, differenzierten Begriffsverständnisses:

   - Förderung von Selbstgestaltung/-koordination
   - Stärkere Berücksichtigung individueller Verhaltensschemata als Basis emergenten Systemverhaltens
   - Weitmöglichste Umsetzung von ‚Selbstlenkung'

2. Festlegung weniger, übergeordneter Regeln (‚Fremdorganisation') zur Gewährleistung einer bestmöglichen Ausrichtung der stärkeren Selbstorganisation auf die Gesamtunternehmensziele.

3. Orientierung des Koordinationsansatzes an den produktbedingten Abstimmungserfordernissen (‚Architectural Knowledge') zur Vermeidung ungewünschter, emergenter Phänomene sowie zur Steigerung von Abstimmungsqualität und -effizienz.

Die Prinzipien 2 und 3 leiten sich dabei aus Prinzip 1 ab: Punkt 2 gibt in Form weniger übergeordneter Regeln den fremdorganisatorischen Rahmen für die Selbstorganisation der Beteiligten vor. Die Orientierung der Organisationsstruktur an den produktbedingten Abstimmungsnotwendigkeiten (3) unterstützt eine bessere Orientierung an den (individuellen) Kommunikationserfordernissen in der Entwicklung. Damit trägt dies zu einer besseren Berücksichtigung individueller Verhaltensschemata als Basis emergenten Systemverhaltens bei.

---

[5] vgl. Henderson / Clark (1990), S. 9ff.

1.2. Grundelemente und Lösungsimpulse aus Abgleich des Stands der Forschung mit der Fallstudie

Die Umsetzung der Koordinationsprinzipien erfolgt über den ‚Virtuellen Marktplatz' und die Modularisierung auf Basis von ‚Architectural Knowledge'. Der ‚Virtuelle Marktplatz' betrifft schwerpunktmäßig den Prozess zur Vereinbarung von Leistungsbeiträgen zwischen Projekt und Fachbereich (Center of Competence), d.h. den Zielvereinbarungsprozess.[6] Dabei erfolgt eine grundlegende Neugestaltung der Koordination zwischen den Modulen, die auf eine bessere Nutzung relativer Kompetenzunterschiede zielt. Durch Beschränkung auf wenige Rahmenvorgaben wird gemäß der Prinzipien 1 und 2 weitgehende Selbstgestaltung/-koordination der Beteiligten i.s.v. "Arenen für Selbstorganisation"[7] umgesetzt.

Die Modularisierung auf Basis von ‚Architectural Knowledge' zielt auf eine Optimierung des Schnittstellenmanagements zwischen den Modulen im Projekt.[8] Da bei gegebener Modularisierung[9] keine Reduzierung der Anzahl organisatorischer Schnittstellen erreicht werden kann, hat sich die Verbesserung des Schnittstellenmanagements auf eine in Hinblick auf die Abstimmungserfordernisse optimierte Schnittstellenlage und schnittstellenübergreifende Zusammenarbeit zu konzentrieren, vgl. Abb.IV.2. Grundlage hierfür bildet die Ausrichtung der Organisationsstruktur an den produktbedingten Abstimmungserfordernissen, die auf einer Datenerhebung zum ‚Architectural Knowledge' eines europäischen Automobilherstellers basiert. Mit der Modularisierung auf Basis von ‚Architectural Knowledge' werden v.a. die Koordinationsprinzipien 1 und 3 umgesetzt.

---

[6] Mit der Zielvereinbarung wird festgelegt, wann, von wem, welcher Leistungsbeitrag zur Erfüllung der Projektziele zu erbringen ist. Hohen Einfluss auf diese Vereinbarung von Leistungsbeiträgen haben dabei nicht nur die in der Fallstudie aufgezeigten Herausforderungen im Bereich des Zielmanagements, sondern auch die aus dem Bereich des Informations- und Maßnahmenmanagements bekannten Problemstellungen wie z.B. die Problematik des unzureichenden Informationsaustausches in der frühen Phase (überhöhte Risikoaufschläge), die Gestaltung von Anreizsystemen (Berücksichtigung projektstatusabhängig wechselnder Optimierungsschwerpunkte sowie ungenügende bereichsübergreifende Zusammenarbeit) oder die Problemstellungen im Bereich des Maßnahmenmanagements (Konflikt zwischen Bereichs- und Gesamtoptimierung).

[7] vgl. z.B. zu Knyphausen (1988), S. 312ff.; Probst (1987a), S. 141f.; Zahn / Dillerup / Foschiani (1997), S. 143ff.; Brown / Eisenhardt (1998), S. 229; Anderson (1999), S. 228ff.

[8] Unter der Prämisse, dass aus Gründen der Führbarkeit (Beschränkung der Führungsspanne) max. 8-9 Module in einer übergeordneten organisatorischen Einheit zusammengefasst werden sollten. Als Schnittstellen werden dabei organisatorische Grenzen zwischen Modulen durch Zuordnung zu unterschiedlichen, übergeordneten organisatorischen Einheiten (z.B. Fachbereichen) verstanden. Die Herausforderung eines optimierten Schnittstellenmanagements leitet sich aus allen drei aus der Fallstudie bekannten Problembereichen (Zielmanagement, Informationsmanagement und Maßnahmenmanagement) ab. Ein Beispiel für Schnittstellenmanagement beim Zielvereinbarungsprozess stellt z.B. die gegenseitige Vereinbarung von Leistungsbeiträgen sowohl zwischen Projekt und Fachbereich als auch zwischen den Modulen innerhalb des Projektes dar. Die Problematik unzureichenden Informationsaustauschs in der frühen Phase und die Berücksichtigung relativer Kompetenzvorteile sind mit Schnittstellenproblemen im Bereich des Informationsmanagements verbunden. Zudem ist aus der Fallstudie die Problematik der bereichs- bzw. schnittstellenübergreifenden Zusammenarbeit im Bereich des Maßnahmenmanagements bekannt.

[9] vgl. Teil II, Kap. 2.3. Die Größe und Zusammensetzung der Module hat sich gemäß der Erfahrungen im Fallstudienunternehmen bewährt, so dass sie im Rahmen der Aufgabenstellung als gegeben betrachtet wird.

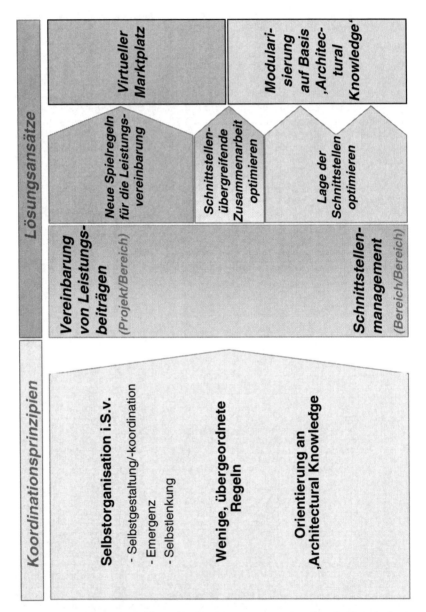

Abb. IV.2: Grundelemente des Ansatzes ‚gelenkter Selbstorganisation: Der ‚Virtueller Marktplatz' und die ‚Modularisierung auf Basis von Architectural Knowledge'

‚Gelenkte Selbstorganisation' verfolgt damit das aus der Complexity Theory bekannte Ziel, ‚Strukturen am Rande des Chaos' zu schaffen. Ein komplexes Problem ist dazu in einzelne, nicht überlappende (modulare) Teilprobleme, sogenannte "patches" aufzuteilen.[10] Im vorliegenden Fall entsprechen diese "patches" Organisationseinheiten (Modulen). Koevolution ist dann am erfolgreichsten, wenn die ''patches loosely communicate''[11]. Um ‚Strukturen am Rande des Chaos' zu erhalten, dürfen sie nicht zu groß und nicht zu hierarchisch koordiniert sein, was zur Überstrukturierung führen würde, aber auch nicht zu klein und zu sehr selbstgesteuert sein, damit umgekehrt nicht zu geringe Ordnung besteht. Das richtige Strukturierungsmaß kann dabei vielfach durch wenige, einfache Regeln gefunden werden, wie das bereits erwähnte Beispiel des Vogelschwarms zeigt[12].

Die Thematik betrifft damit eine Kerndiskussion in der Organisationstheorie, die Frage nach Differenzierung und Integration. Die Aufteilung in Organisationseinheiten bzw. "patches" erfolgt beim Ansatz ‚gelenkter Selbstorganisation' auf Basis des Modularisierungsprinzips mit Orientierung am ‚Architectural Knowledge'. Differenzierung erfordert jedoch auch wieder Integration, wobei die Teileinheiten - gemäß der diskutierten Ansätze zur Selbstorganisation - gelenkt durch wenige, einfache Regeln "in loser Kopplung" stehen sollten. Dies wird v.a. durch den ‚Virtuellen Marktplatz' verfolgt: Durch wenige, übergeordnete Regeln werden Rahmenbedingungen für die Selbstorganisation der Akteure im System gegeben.

Der enge Bezug zur Complexity Theory stellt ein Beispiel für die Umsetzung wichtiger Lösungsimpulse dar, wie sie aus dem Abgleich zwischen Problemanalyse und Stand der Forschung zu den Themenfeldern ‚Koordination im Produktentwicklungsprozess' und ‚Selbstorganisation' gewonnen wurden. Im folgenden werden kurz die wichtigsten aus diesem Abgleich resultierenden Ergebnisse zusammengefasst (vgl. Teile II und III):

1. Lösungsimpulse aus Abgleich der Ansätze zum Produktentwicklungsmanagement und der Fallstudie (Teil II, Kap. 1)

   - Weitergehende organisatorische Umsetzung der Prinzipien Standardisierung, Parallelisierung und Integration. Besondere Bedeutung kommt dabei teambasierten Organisationsansätzen mit z.T. temporären und ‚spontan' gebildeten Teams zu.

2. Lösungsimpulse aus Abgleich der Ansätze zur intraorganisatorischen Netzwerkorganisation und der Fallstudie (Teil II, Kap. 2)

   - Organisation mit flukturierenden Zentren bzw. flexible Bildung von Strukturen nach klarer Kompetenzorientierung (analog Heterarchie und Cluster-Organisation),

---

[10] vgl. Kauffman (1995a), S. 127ff.
[11] vgl. Brown / Eisenhardt (1998), S. 229
[12] vgl. ebenda, S. 19 bzw. Teil III, Kap. 1.2

- Bereichsübergreifende, problembezogene, ggfs. spontane Vernetzung von Teams/Modulen/Abteilungen (Ad-Hoc-Teams) - nicht nur in Ausnahmesituationen (Task-Forces),

- Konsequente Anwendung des Modularisierungsprinzips nicht nur auf Komponentenebene, sondern auch auf übergeordneten Ebenen, Einsatz dezentraler Koordinationsmechanismen für die Koordination der Module.

3. Lösungsimpulse aus den Ansätzen zur Selbstorganisationstheorie und dem differenzierten Selbstorganisationsverständnis (Teil III)

Systemtheorie

- ,Order-from-Noise-Prinzip': Nutzung von ,Noise' (i.s. ungewünschter Störungen) zur Anregung von Reorganisation.

Ökologie

- Erhaltung von (Multi-)Stabilität durch Aufrechterhaltung lokaler Fluktuationen zur Verhinderung eines absoluten Gleichgewichtszustandes,

- Kombination einer stabilitätsorientierten ,fail-safe strategy' zur Minimierung von Fluktuationen und einer ,safe-fail strategy' mit dem Ziel der Fehlerfreundlichkeit statt Fehlervermeidung.

Probst

- Verteilung der Systemlenkung über das System (Redundanz),

- Autonomie i.S.v. Selbstbestimmung/-gestaltung durch das System,[13]

- Schaffung eines Kontext zur Selbstorganisation mit einem Minimum an Regeln,

- Ausschluss unerwünschter Systemzustände statt eindeutiger Vorgaben.

Zu Knyphausen

- Gestaltung eines Kontextes für Selbstorganisation, z.B. durch Interferenz (Schaffen einer gemeinsamen Basis für Kommunikation), Modulation (Vorgabe von Rahmenbedingungen) oder Konditionierung (Setzen von Stimuli).

Goldstein

- Aufbrechen von Gleichgewichtsprozessen z.B. durch Einbringung neuer Informationen in das System, Konfrontation mit einem Übermaß an Informationen oder Ersatz traditioneller Grenzen durch psychologische Grenzen.

---

[13] Probst bezieht sich hierbei in Anlehnung an Susmann auf ein relatives Autonomieverständnis, vgl. Probst (1987a) S. 81ff. Ergänzend zu "Redundanz" und "Autonomie" sind die anderen beiden Aspekte der vier intrinsischen Charakteristika selbstorganisierender Systeme, "Komplexität", und "Selbstreferenz", per se Eigenschaften des Entwicklungsprozesses komplexer Produkte.

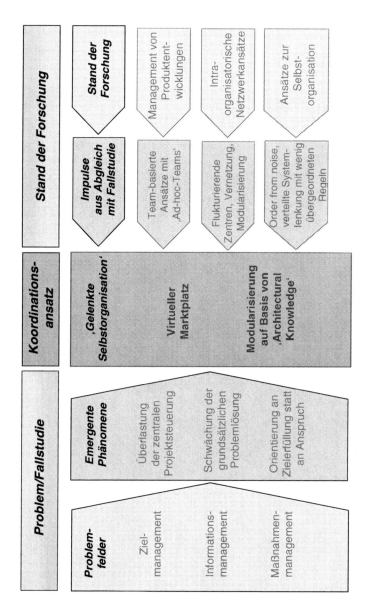

Abb. IV.3: Wechselseitiger Abgleich von Fallstudie und Stand der Forschung zur Herleitung der Grundelemente 'gelenkter Selbstorganisation'

Complexity Theory

- Gestaltung eines Rahmens für Selbstorganisation, z.B. durch Förderung von ,Strukturen am Rande des Chaos' mit loser Kopplung,

- Vorgaben beschränkt auf möglichst wenige, einfache Regeln (Bsp. Vogelschwarm).

Die aufgezeigten Lösungsimpulse bilden die Grundlage für die beiden Elemente des Ansatzes ,gelenkter Selbstorganisation', den ,Virtuellen Marktplatz' und die Modularisierung auf Basis von ,Architectural Knowledge'. Der ,Virtuelle Marktplatz' basiert v.a. auf teamorientierten Ansätzen mit Selbstkoordination über bereichsübergreifende Vernetzung, Bildung von Ad-hoc-Teams, flukturierenden Zentren nach klarer Kompetenzorientierung in Anlehnung an die Prinzipien der Heterarchie und Cluster-Organisation sowie eine weitgehende Selbstkoordination der Beteiligten bei Vorgabe weniger Regeln zur Ausrichtung der Aktivitäten auf die übergeordneten Unternehmens- bzw. Projektziele. Ergänzend wird durch die Modularisierung auf Basis von ,Architectural Knowledge' das auf der Ebene der Module bereits realisierte Prinzip der Modularisierung auch auf der übergeordneten Ebene umgesetzt mit konsequenter Orientierung an den durch die Produktarchitektur bedingten Abstimmungserfordernissen. Entsprechend des von Picot/Reichwald/Wigand beschriebenen Modularisierungsverständnisses erfolgt die Koordination zwischen den Modulen dabei verstärkt durch nichthierarchische Koordinationsformen[14].

Bei der nachfolgenden Beschreibung der Ansatzes ,gelenkter Selbstorganisation' wird zunächst auf die Modularisierung auf Basis von ,Architectural Knowledge' eingegangen, da sich hieraus Konsequenzen für die Vereinbarung von Leistungsbeiträgen (,Virtueller Marktplatz') ergeben.

---

[14] vgl. Picot / Reichwald / Wigand (1996), S. 201ff.

2. Modularisierung auf Basis von ‚Architectural Knowledge'

2.1. Zielsetzung des Ansatzes

Die Fallstudie zur frühen Entwicklungsphase des XR400 zeigt, dass die Ursachen für zahlreiche Problemfelder in ungenügender bereichsübergreifender Abstimmung bzw. in unzureichendem Informationsaustausch zwischen den Bereichen bzw. Akteuren begründet liegen. Die dadurch hervorgerufenen Defizite können durch die zentrale Koordination der Projektsteuerungsfunktionen i.a. nicht ausgeglichen werden. Die Überlastung der zentralen Projektsteuerung sowie zahlreiche, ungewünschte und ungeplante, emergent entstandene Entwicklungen durch den Einsatz der fremdorganisatorischen und symptomatisch ausgerichteten Koordinationsansätze sind die Konsequenz. Einer stärker ‚selbstorganisierten' Koordination von Informationsfluss[15] bzw. Kommunikation und Wissensaustausch kommt daher eine entscheidende Bedeutung für die Problemlösung zu.

Zur Erläuterung der weiteren Überlegungen wird auf die Kommunikationstheorie von Shannon / Weaver (1949) zurückgegriffen. Die Theorie basiert auf der Annahme, dass die Übermittlung einer Nachricht von einem Sender ausgeht, der diese über einen Kommunikationskanal an einen Empfänger übermittelt. Da die Nachricht auf Seiten des Senders kodiert wird, ist sie durch den Empfänger zu decodieren. Dies setzt ein gemeinsames Verständnis der Kommunikationspartner über das verwendete Decodierungsverfahren voraus.[16] Kommunikation beruht in erheblichem Maße auf der Verwendung von Symbolen. Kommunikationsprobleme sind in den meisten Fällen auf Unterschiede in der Benutzung und Interpretation der Symbole zurückzuführen.[17] Ihre Verwendung wird stark durch das Zusammenspiel der individuellen und soziokulturellen Ebene der Kommunikationspartner geprägt.[18] Kodierung und Entkodierung einer Nachricht sind vielfach kontextspezifisch geprägt durch Erfahrungswissen vergangener Ereignisse sowie bestimmte Annahmen, Werte und Normen der Kommunikationspartner.

Dies ist v.a. beim Austausch von implizitem Wissen der Fall.[19] Gerade bei der Entwicklung komplexer Produkte stellen Austausch und Management von implizitem Wissen einen entscheidenden Erfolgsfaktor dar. Ein Großteil des für die Produktentwicklung benötigten Wissens liegt nicht in expliziter Form vor. Explizites Wissen

---

[15] Während in der alltagssprachlichen Verwendung die Begriffe ‚Zeichen', ‚Daten', ‚Informationen' und ‚Wissen' vielfach synonym verwendet werden, hat sich in der wissenschaftlichen Literatur eine Begriffshierarchie etabliert: Zeichen umfassen einfache Elemente wie Buchstaben, Ziffern und Sonderzeichen. Werden aus den Zeichen einzelne Elemente zusammengefügt entstehen Daten (z.B. die Zahl ‚256' oder die Begriffe ‚Preis' und ‚Euro'). Die Kombination der Daten (z.B. Preis: 256 Euro) ergibt eine Information. Wissen besteht aus der vernetzten Information und bezeichnet die Gesamtheit der Kenntnissen die Individuen zur Lösung von Problemen einsetzen, vgl. Gissler (1999), S. 6ff.

[16] vgl. z.B. Picot / Reichwald / Wigand (1996), S. 69ff., Dretske (1981), S. 40ff.

[17] Littlejohn (1983) zeigt die besondere Bedeutung von Symbolen für die Kommunikation auf.

[18] vgl. Pedersen (1996), S. 30ff.

[19] Die Unterscheidung zwischen explizitem und implizitem Wissen geht auf Polanyi (1966) zurück. Neben der Bezeichnung "implizit" findet sich in synonymer Verwendung auch die Begriffsbezeichnungen "sticky" und "tacit knowledge", vgl. Hippel (1994); Reichwald / Möslein (2003) bzw. "non-tacit", "articulated" anstelle von "explizit", vgl. auch Hedlund / Nonaka (1993); Nonaka (1991). Zu Wissensmanagement in transnationalen R&D-Projekten mit einer weitergehenden Differenzierung zu explizitem und implizitem Wissen vgl. Gerybadze (2003), S. 12ff.

kann in formaler, systematischer Form beschrieben werden. Physikalische Kenngrößen oder der Austausch von Produktdaten sind im Entwicklungsprozess typische Beispiele hierfür. Es handelt sich um Wissen mit starkem Formalisierungsgrad, das in der Regel ohne individuelle Werte oder Normen kodiert und decodiert werden kann.

Der weitaus größere Teil des Gesamtwissens in einem Unternehmen besteht jedoch in Form von implizitem Wissen. Kommunikation und Verständnis impliziten Wissens ist hochgradig kontextspezifisch, da es wenig formalisierbar ist und nicht auf objektiv nachvollziehbaren Messverfahren oder Wirkungszusammenhängen beruht. Häufig ist es eng an Personen gebunden und stellt daher einen zentralen Teil der Humanressourcen eines Unternehmens dar.[20] Alles Wissen, das im Entwicklungsprozess nicht über objektiv nachvollziehbare Messverfahren beschrieben wird, ist implizitem Wissen zu zuordnen: Länderspezifische, kulturell differenzierte Nutzungsbedingungen eines Fahrzeugs oder intuitives Erfahrungswissen zur Gesamtabstimmung von Baugruppen eines Fahrzeugs sind Beispiele dafür.

Implizites Wissen ist aufgrund seiner hohen Kontextabhängigkeit sehr viel schwerer zu dokumentieren und kommunizieren. Aus dem gleichen Grund ist es jedoch auch sehr viel schwerer zu imitieren. Differenzierungsmerkmale, die auf implizitem Wissen basieren, sind daher sehr viel dauerhaftere Wettbewerbsvorteile. Gerade für Premiumhersteller, für die eine starke, profilierte Marke ein zentraler Erfolgsfaktor ist, kommt bei der Produktentwicklung den mit diesen Markenwerten verbundenen Werten und Normen sowie dem darauf basierenden impliziten Wissen eine zentrale Bedeutung zu. Hierzu gehört z.b. auch das vielfach implizite Wissen um eine stimmige, authentisch auf markenspezifische Charakteristika abgestimmte Gesamtfahrzeugauslegung.

Die Verbindung zwischen Kommunikationspartnern wird durch ein Medium, den Kommunikationskanal, hergestellt[21]. Daft und Lengel unterscheiden anhand des Begriffs der "media richness" (Medienreichhaltigkeit) vier idealtypische Ausprägungen von Kommunikationskanälen. Die "media richness" der Kommunikationskanäle orientiert sich dabei an der sozialen Präsenz, die mit den Kommunikationskanälen verbunden ist[22]:

1. ‚face-to-face' Kommunikation ist das reichhaltigste Medium. Neben den gesprochenen Worten erfolgt die Kommunikation auch über weitere Ausdrucksformen wie z.B. Körpersprache. Eine unmittelbare Rückantwort ist jederzeit möglich.

2. Telefongespräche oder andere an Personen gebundene, elektronische Medien (z.B. Voice Mail) sind Kommunikationskanäle auf der nächste Stufe der Informationsreichhaltigkeit. Nonverbale Ausdrucksformen wie Blickkontakt oder Körpersprache können nicht übertragen werden. Eine unmittelbare Rückantwort ist teilweise nur verzögert möglich.

3. Personengebundene, geschriebene Dokumente (z.B. Briefe) sind mit nochmals verminderter Geschwindigkeit der Rückantwort verbunden. Sie sind daher auf der nächsten Stufe einzuordnen.

---

[20] vgl. Teece / Pisano / Shuen (1997)
[21] vgl. z.B. Holland / Stead / Leibrock (1976)
[22] vgl. Daft / Lengel / Trevino (1987)

4. Unpersönliche Dokumente wie z.b. wiederkehrende Berichte, finden sich auf der untersten Stufe der ‚media richness'. Sie erlauben nur selten Rückantworten. Ihr Inhalt ist größtenteils quantitativer Natur.[23]

Aufgrund der hohen Kontextabhängigkeit und damit schweren Kommunizierbarkeit von implizitem Wissen, ist ein Transfer zumeist nur durch direkte, persönliche ‚face-to-face' Kommunikation möglich.[24] Räumliche Nähe ist somit zentraler Erfolgsfaktor für den Austausch impliziten Wissens.[25] Auch hohe Komplexität der abzustimmenden Sachverhalte, wie es überwiegend bei der Automobilentwicklung der Fall ist, erfordert ein Kommunikationsmedium mit hoher ‚media richness'.[26]

Der Einfluss räumlicher und organisatorischer Barrieren auf das Kommunikationsverhalten in Organisationen wurde am MIT unter der Leitung von Allen untersucht.[27] Die Ergebnisse zeigen eindeutig die hohe Bedeutung räumlicher Nähe und gemeinsamer organisatorischer Zugehörigkeit für das Kommunikationsverhalten auf. Eine besondere Rolle spielt dabei auch die Stimulation informeller Kommunikation als wichtiges Element zur Übertragung impliziten Wissens.[28] Mit zunehmender räumlicher Distanz nimmt die Kommunikationswahrscheinlichkeit deutlich ab. Auch durch Zugehörigkeit zur gleichen Abteilung erhöht sich die Kommunikationswahrscheinlichkeit. Die Bedeutung einer gemeinsamen Problembearbeitung für neue Lösungskonzepte wird an anderer Stelle vielfach betont.[29] In Verbindung mit den zuvor aufgezeigten Überlegungen legen die Ergebnisse dieser Studien damit nahe, dass räumliche Nähe als Basis für ‚face-to-face' Kommunikation eine wichtige Voraussetzung für Austausch und Weiterentwicklung impliziten Wissens ist.

Die in diesem Kapitel aufgezeigten Überlegungen können damit in folgenden drei Punkten zusammengefasst werden:

1. Die in der Fallstudie aufgezeigten Koordinationsprobleme beruhen in erheblichem Maße auf Defiziten im Bereich des Informationsaustausches bzw. der bereichsübergreifenden Kommunikation. Die beschriebenen Problemfelder können durch eine zentrale Projektsteuerung nicht ausreichend gelöst werden, was zu ihrer Überlastung führt. Der Versuch, dies durch weitere, fremdorganisatorische Steuerungs-

---

[23] Die aufgezeigten Kommunikationskanäle werden laufend durch Weiterentwicklungen in der Informations- und Kommunikationstechnologie ergänzt. Zu solchen neueren Entwicklungen gehören z.b. Videokonferenzsysteme, Groupware oder multimediale Kommunikationssysteme. In der aufgezeigten Einteilung der Kommunikationskanäle sind sie überwiegend zwischen ‚face-to-face' Kommunikation und Telefongespräch einzuordnen, vgl. hierzu auch Picot / Reichwald / Wigand (1996), S. 91ff.

[24] Die Ansicht, dass implizites Wissen aufgrund seiner starken Personengebundenheit nur durch persönliche Kontakte übertragen werden kann und daher soziale Präsenz für den Transfer impliziten Wissens von zentraler Bedeutung ist, vertreten z.b. Nonaka / Takeuchi (1995) und Zmud et al. (1990). Zu anderen Ergebnissen kommt z.b. Rice (1993). Die besondere Bedeutung räumlicher Nähe für den Abstimmungsprozess im Produktentwicklungsprozess zeigen sowohl Studien, vgl. Allen (1977) als auch Bestrebungen zahlreicher Automobilhersteller zur räumlichen Zusammenlegung von F&E-Zentren und Entwicklungsteams, vgl. z.b. der Bau des Forschungs- und Ingenieurszentrum (FIZ) von BMW sowie die Optimierung der F&E-Zentren von Mercedes-Benz, Chrysler und Renault nach diesen Gesichtspunkten.

[25] vgl. Nonaka / Takeuchi (1995), S. 70ff.

[26] vgl. z.b. Reichwald et al. (1998), S. 57

[27] vgl. Allen (1977)

[28] Allen (1970) zeigt die Bedeutung informeller Kommunikation auf. Vgl. hierzu auch Allen (1977); de Meyer (1991); Moenaert et al. (1994), S. 31ff.

[29] vgl. z.b. Katz / Tushman (1979); Shotwell (1971); Allen / Cohen (1969)

instrumente auszugleichen, führt vielfach zu ungeplanten Nebenwirkungen mit einer weiteren Verschärfung der Problematik. Einer stärker an den Prinzipien der Selbstorganisation ausgerichteten Koordination von Informationsfluss bzw. Kommunikation und Wissensaustausch kommt daher eine zentrale Rolle zur Problemlösung zu.

2. Von besonderer Bedeutung ist dabei der Austausch impliziten Wissens. Das Management impliziten Wissens ist gerade für Premiumhersteller zentraler Erfolgsfaktor.

3. Der Austausch impliziten Wissens sowie die Abstimmung komplexer Sachverhalte erfordern überwiegend ‚face-to-face' Kommunikation".[30] Hierfür ist räumliche Nähe erforderlich. Die positiven Auswirkungen räumlicher und organisatorischer Nähe auf die Stimulation von Kommunikation sowie neuartige, kreative Problemlösungen wurden in Studien nachgewiesen.

In Orientierung an diesen Überlegungen zielt die Modularisierung auf Basis von ‚Architectural Knowledge' darauf, Modulteams mit ausgeprägten produktbedingten Abstimmungserfordernissen und hoher Abstimmungskomplexität organisatorisch und räumlich zusammenzufassen. Die so entstehenden ‚Großmodule' mit dezentralen, stärker selbstorganisierten Koordinationsmechanismen sind eine Alternative zur funktionalen Zusammenfassung der Module mit weitgehend hierarchischer Koordination.

Ein solcher Ansatz verfolgt die Umsetzung der oben aufgezeigten Kernherausforderungen als Basis für die Bewältigung der diskutierten Koordinationsprobleme:

1. Verbesserung von bereichsübergreifendem Informationsfluss und Austausch insbesondere impliziten Wissens durch Orientierung der Organisation an den produktbedingten Abstimmungserfordernissen.

2. Umsetzung stärker auf Selbstorganisation beruhender Koordinationsmechanismen mit Entlastung der (zentralen) Projektleitung/-steuerung i.S. ‚gelenkter Selbstorganisation'.

Da durch die Modularisierung auf Basis von ‚Architectural Knowledge' eine Neugestaltung der Strukturen im Entwicklungsprojekt erfolgt, wird hiermit v.a. die Umsetzung von Punkt 1 erreicht. Eine stärkere Vernetzung über Regel- und Ad-HocTeams zielt zudem auf die Realisierung einer stärker selbstorganisierten Abstimmung. Mit dem ‚Virtuellen Marktplatz' wird dann ein neuer Ansatz zur Koordination der Abstimmungsprozesse innerhalb der neuen Strukturen aufgezeigt (Herausforderung 2).

---

[30] vgl. Picot / Reichwald / Wigand (2003) 111ff.

2.2 Grundprinzip des Ansatzes und Übersicht zur Vorgehensweise

Der Ansatz der Modularisierung auf Basis von ‚Architectural Knowledge' basiert auf der Beobachtung, dass insbesondere bei der Entwicklung komplexer Produkte eine enge Wechselwirkung zwischen Produktarchitektur und Organisationsstruktur[31] besteht. Die Produktarchitektur beschreibt das Produkt in funktionaler und physischer Hinsicht.[32] Sie wird durch folgende Charakteristika definiert:

1. Die *Funktionsstruktur*, d.h. die Dekomposition der geforderten Produktfunktion in Teilfunktionen und deren Beziehungen.

2. Die *Baustruktur*, d.h. die physische Zusammensetzung der einzelnen Komponenten eines Produktes und deren Beziehungen.

3. Die *Transformation zwischen Funktions- und Baustruktur*, d.h. der Zusammenhang zwischen funktionaler und physischer Beschreibung des Produktes.[33]

Die Überlegungen zur Systemarchitektur[34] lassen sich auf die Produktarchitektur übertragen: bei einer stark modularen Produktarchitektur kann das Produkt in seine physischen Eigenschaften zerlegt werden und weitgehend unabhängig voneinander bearbeitet werden. Die funktionale und physische Unabhängigkeit der Komponenten ist also relativ groß. Umgekehrt liegen bei einer stark integralen Produktarchitektur hohe funktionale und physische Abhängigkeiten vor.[35]

Analog zu den Überlegungen zur Modularisierung von Organisationsstruktur und Systemarchitektur handelt es sich auch bei der Anwendung des Modularitätsbegriffs auf die Produktarchitektur um relative Eigenschaften: Bestehen innerhalb eines Subsystems (Komponente) deutlich stärkere Interdependenzen als zum Systemumfeld (zu anderen Komponenten) bieten sich i.a. Potenziale zur Modularisierung, d.h. zur Zusammenfassung relativ stark interdependenter Subsysteme zu einem Modul. Daraus folgt, dass auch bei einer (integralen) Produktarchitektur, die sich durch relativ hohe Interdependenzen zwischen den Komponenten auszeichnet, Potenziale zur Modula-

---

[31] Struktur bezeichnet das "Beziehungsgefüge von Elementen innerhalb eines Systems", vgl. Grochla (1980), Sp. 2209. Während das Organisation das System als solches erkennbar macht und damit seine Identität prägt, stellt die Struktur die aktuelle Realisierung der ihr zugrunde liegenden Organisation dar, vgl. Maturana (1980), Introduction, XX; Maturana (1981), S. 24, vgl. Teil III.

[32] vgl. Ulrich (1995), S. 420; Göpfert (1998), S. 91ff.

[33] Bsp: Die Baustruktur des Fahrzeugs besteht u.a. aus der Rohkarosserie mit dem Modul Türen. Das Modul Türen umfasst seinerseits wieder verschiedene Baugruppen, z.B. ‚Dichtungssysteme', ‚Seiten-Airbag', ‚Schließsysteme' etc., vgl. Abb. III.6. Die Baustruktur steht in Beziehung zur Funktionsstruktur: Die Gesamtfahrzeugfunktion ‚Mobilität im Straßenverkehr' besteht u.a. aus der Funktion ‚Tragen und Innenraum für Passagiere und Fracht' mit der Teilfunktion ‚Innenraumzugang/-sicherung'. Hierbei werden z.B. die Einzelfunktionen ‚Abdichtung gegenüber Umwelteinflüssen', ‚Innenraumsicherung beim Seiten-Crash', ‚Zugangsregelung / Zugangssicherung gegenüber Unbefugten' realisiert. Die Zuordnung von Funktionsstruktur zur Baustruktur ist nicht zwingend eindeutig. So kommt z.B. den ‚Schließsystemen' nicht nur für die Einzelfunktion ‚Zugangsregelung/-sicherung zu, sondern z.B. auch für die Einzelfunktion ‚Innenraumsicherung beim Seiten-Crash' Bedeutung zu. Je höher diese Interdependenzen, umso geringer ist die Unabhängigkeit zwischen den Baugruppen/Komponenten (vgl. Abb. III.6), d.h. es liegt eine mehr integrale Produktarchitektur vor.

[34] vgl. Teil II, Kap. 2.2

[35] Funktionale Abhängigkeit liegt vor, wenn eine Baugruppe (bzw. Komponente) mehr als eine Teil- bzw. Einzelfunktion übernimmt. Die physische Abhängigkeit orientiert sich an der physischen Trennbarkeit der Baugruppen (Komponenten): Schraubverbindungen sind z.B. leichter zu trennen als verschweißte Komponenten.

risierung bestehen, sofern diese Interdependenzen unterschiedlich stark ausgeprägt sind.

Henderson und Clark führten den Begriff ‚Architectural Knowledge' ein um zu beschreiben, wie die Produktarchitektur Informationsabläufe und Organisationsstrukturen von Unternehmen prägt. Insbesondere bei wissens- und abstimmungsintensiven Produkten wie dem Automobil beeinflusst das ‚Architectural Knowledge' entscheidend die formellen und informellen Informationskanäle in einer Organisation. ‚Architectural Knowledge' stellt insofern ‚Interface Knowledge' dar, das beschreibt, wer mit wem kommuniziert.

Morelli/Eppinger/Gulati haben aufgezeigt, in welchem Umfang Interaktionen bei der Produktentwicklung auf Basis dieses Erfahrungswissens vorhersagbar waren. Ingenieure, die bezüglich des für ein Entwicklungsprojekt erwarteten Informationsaustausches befragt wurden, waren in der Lage, 80% des später tatsächlich aufgetretenen Kommunikationsbedarfs vorherzusagen.[36] Dies zeigt nicht nur die hohe Bedeutung, die dem ‚Architectural Knowledge' zukommt, sondern auch, dass das Erfahrungswissen von Vorgängerprodukten in hohem Umfang auf Nachfolgeprodukte übertragen werden kann, solange diese nicht auf einer grundlegend neuen Technologie basieren. Umgekehrt unterliegt die Produktarchitektur über Festlegung insbesondere der formellen Kommunikationswege auch dem Einfluss der Organisationsstruktur. Es besteht somit eine Wechselwirkung zwischen Produktarchitektur und Organisationsstruktur.

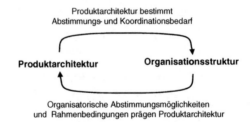

Produktarchitektur bestimmt
Abstimmungs- und Koordinationsbedarf

Produktarchitektur   Organisationsstruktur

Organisatorische Abstimmungsmöglichkeiten
und Rahmenbedingungen prägen Produktarchitektur

Abb. IV.4: Wechselwirkung zwischen Produktarchitektur und
Organisationsstruktur

Orientiert an der Unternehmenspraxis wird gemäß Aufgabenstellung die Produktarchitektur aufgrund des hohen Aggregationsgrads (Modulebene[37], vgl. Abb.IV.5). als gegeben betrachtet: Eine Veränderung der Produktarchitektur auf einem so hohen Aggregationsniveau erfordert eine entscheidende Neugestaltung des Fahrzeugs bzw. seiner Funktionen.

---

[36] vgl. Morelli / Eppinger / Gulati (1995), S. 215ff.
[37] Auf der nächst untergeordneten Ebene der Baugruppen wurden sehr gute Erfahrungen mit der bestehenden Modularisierung gemacht, so dass kein Änderungsbedarf identifiziert wurde.

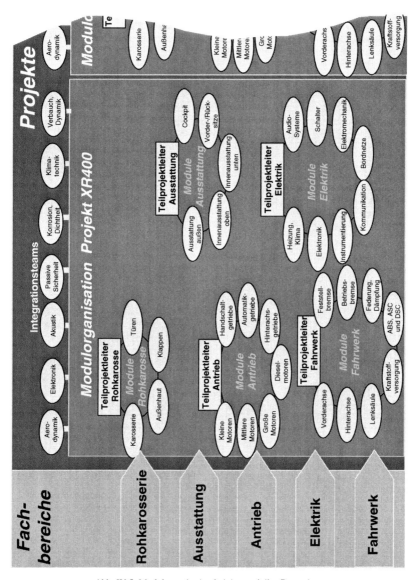

Abb. IV.5: Modulorganisation bei Automóviles Deportivos

Hierfür ist i.a. ein grundlegender Technologiesprung notwendig (z.B. Ersatz der Dampfmaschine durch den Verbrennungsmotor), was in der Automobilindustrie bisher nur selten stattgefunden hat[38]. (Evolutionäre)[39] Veränderungen der Organisationsstruktur finden dagegen ungleich häufiger statt.[40]

Auch unter der Prämisse einer auf der Modulebene gegebenen Produktarchitektur zeigt sich die Wechselwirkung zwischen Produktarchitektur und Organisationsstruktur: Vor dem Hintergrund wachsender strategischer Bedeutung der Produktintegration v.a. im Premiumsegment der Ober- und Mittelklasse kommt der Organisationsstruktur eine zentrale Rolle für die Befähigung für diese Integrationserfordernisse zu. Hohe Integrationsleistung erfordert i.a. intensiven Abstimmungsbedarf zwischen den an der Entwicklung beteiligten Spezialisten. Dies wird durch eine Organisationsstruktur unterstützt, die sich am ‚Architectural Knowledge' orientiert. In diesem Fall entsprechen die formellen, durch die Organisationsstruktur festgelegten Kommunikationskanäle den produktbedingten Abstimmungserfordernissen. Organisatorische Schnittstellen, die den bereichsübergreifenden Abstimmungsprozess behindern, werden vermieden. Eine so an der Produktarchitektur orientierte Organisationsstruktur stellt damit einen entscheidenden Erfolgsfaktor für die wachsenden Integrationserfordernisse dar.

Die Bezeichnung Modularisierung auf Basis von ‚Architectural Knowledge' mag zunächst widersprüchlich erscheinen, da die Orientierung am ‚Architectural Knowledge' wie aufgezeigt auf eine hohe Integrationsleistung zielt, die Modularisierung jedoch darauf basiert, weitgehend autonome Subsysteme zu bilden. Beide Aspekte ergänzen sich jedoch in besonderer Weise: Die erhöhten Anforderungen an die Gesamtfahrzeugintegration sind i.a. aufgrund steigender Interdependenzen im Entwicklungsprozess mit erheblicher Komplexitätszunahme verbunden. Damit werden Strategien zur Komplexitätsbeherrschung umso bedeutsamer. Die Modularisierung ist ein solcher Ansatz: Für die Anwendbarkeit bzw. die Vorteile der Modularisierung ist nicht die absolute Autonomie von Subsystemen. sondern ihre relative Autonomie entscheidend, d.h. das Verhältnis systemübergreifender zu systeminternen Interdependenzen.

---

[38] vgl. Braess / Seiffert (2000), S. 10ff.

[39] Bei den Veränderungen der Organisationsstrukturen wird entgegen den Voraussetzungen für eine grundlegend neue Produktarchitektur nicht ein sprunghafter Übergang zu einem neuen Organisationstypus gefordert, da Literatur und Unternehmenspraxis in diesem Fall überwiegend eine kontinuerliche Entwicklung in Richtung neuer Organisationsformen (z.B. Netzwerkorganisation) zeigen.

[40] Pfaffmann zeigt mit dem Fallbeispiel ‚smart' auf, wie das Geschäftsmodell des ‚smart-Projektes' Einfluss auf die Produktarchitektur ausübt, vgl. Pfaffmann (2001), S. 19ff. Im Vergleich zum Fallbeispiel XR400 ergeben sich sowohl hinsichtlich Produktkonzept als auch hinsichtlich Prozessgestaltung grundlegende Unterschiede. Insbesondere durch die vollständige Fremdvergabe von Modul- und Systementwicklung an unterschiedliche Systempartner mit Koordination der Aktivitäten durch das Unternehmen MCC ergeben sich gegenüber dem hier betrachteten Fallbeispiel neue Anforderungen, die dazu führen können, das sich auch die Definition der Produktarchitektur auf Modulebene an den neuen organisatorischen Erfordernissen orientiert. Auch wenn eine weitere Verlagerung von Entwicklungs- und Produktionsumfängen an Zulieferer auch bei Premiumherstellern der Ober- und Mittelklasse zu erwarten ist, vgl. Radtke et al. (2004), S. 116ff., wird eine direkte Übertragbarkeit des smart-Ansatzes auf Premiumhersteller der Ober- und Mittelklasse sowohl aufgrund unterschiedlicher Produktkonzepte als auch aufgrund des Prozessansatzes nicht zu erwarten sein. Insbesondere in diesem Segment werden Produktsubstanz und markenspezifische Abstimmung der Gesamtfahrzeugeigenschaften zentrale Differenzierungskriterien bleiben. Konzept- und grundlegende Systementwicklung werden aus diesem Grund weiterhin maßgeblich durch die OEM bestimmt werden. Dies zeigt sich in der Unternehmenspraxis auch im Falle der Auslagerung von Fahrzeugprojekten an einen Generalunternehmer, die sich in diesem Segment in der Regel ausschließlich auf Serienentwicklung und Produktion beziehen (vgl. z.B. Serienentwicklung und Produktion des BMW X3 durch die Firma Magna Steyr Fahrzeugtechnik).

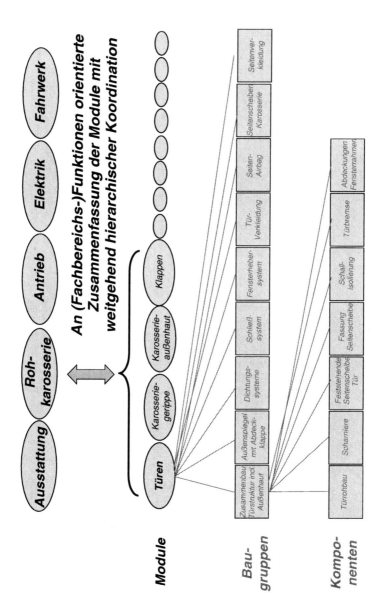

Abb. IV.6: Ausgangslage: funktionale Zusammenfassung der Module mit weitgehend
hierarchischer Koordinationsform

Durch Erfassung des ‚Architectural Knowledges' können diese Unterschiede hinsichtlich Interdependenzen und resultierenden Abstimmungserfordernissen dargestellt werden und für die Entwicklung einer modularen Organisation genutzt werden. Modularisierung und Orientierung der Organisationsstrukturen am ‚Architectural Knowledge' ergänzen sich somit in besonderer Weise gerade bei der Entwicklung komplexer Produkte mit hohen Integrationserfordernissen.

Aus der Fallstudie ist bekannt, dass bei Automóviles Deportivos bereits das Modularisierungsprinzip angewendet wird, das Fahrzeug ist in ca. 30 Module aufgeteilt, vgl. Abb.IV.5. Dabei entsprechen sich Produktarchitektur und Organisationsstruktur: für jedes Fahrzeugmodul besteht eine Organisationseinheit mit einem Modulentwicklungsteam. Der Begriff Modul wird dabei gleichzeitig für den (physischen) Fahrzeugumfang wie auch für die Organisationseinheit verwendet.

Die Module bestehen aus einzelnen Baugruppen, die sich ihrerseits wieder in Komponenten untergliedern. Auf der Ebene der Baugruppen erfolgt so eine konsequente Anwendung des Modularisierungsprinzips, mit dem sehr gute Erfahrungen gewonnen wurden. Auf der übergeordneten Ebene, der Zusammenfassung und Koordination der einzelnen Module, besteht jedoch eine funktionale Orientierung ohne Anwendung des Modularisierungsprinzips oder Einsatz dezentraler Koordinationsansätze.

Die Module sind einzelnen Teilprojektleitern unterstellt, wobei sich diese Zuordnung an den Funktionen bzw. Fachbereichen orientiert: alle Module des Fachbereichs Rohkarosserie unterliegen der Verantwortung des Teilprojektleiters Rohkarosserie, analog die Module der Funktionen Ausstattung, Elektrik, Antrieb und Fahrwerk. Entsprechend dieser Organisation erfolgt eine weitgehend hierarchische Koordination durch die (Teil-)Projektleiter. Ausgehend von dieser Organisationsform wird die These vertreten, dass eine solche Zusammenfassung der Module nach Fachbereichen keine konsequente Orientierung an den produktbedingten Abstimmungserfordernissen darstellt.[41] Auf Grundlage der Datenerhebung zum ‚Architectural Knowledge' wird diese These belegt.

Ausgehend von dieser Erkenntnis zielt die Modularisierung auf Basis von ‚Architectural Knowledge' auf eine verbesserte Orientierung der Organisationsstrukturen an den produktbedingten Abstimmungserfordernissen. Der Ansatz betrifft dabei ausschließlich die Neugestaltung der Koordination (Differenzierung und Integration) auf Modulebene. Die Zusammensetzung der Module auf Baugruppenebene bleibt - aufgrund der positiven Erfahrungen hiermit - unverändert. Auch die modulinterne Koordination durch weitgehend selbststeuernde Teams wird nicht modifiziert.

Die Anwendung des Modularisierungsprinzips auf die Module stellt damit gewissermaßen eine ‚Modularisierung der Module' dar, d.h. die Bildung von ‚Großmodulen' mit verstärktem Einsatz nicht-hierarchischer Koordinationsprinzipien. Entsprechend des Modularisierungsprinzips bilden diese Großmodule dann Subsysteme, innerhalb derer der Abstimmungsbedarf größer ist als zu Modulen außerhalb der Großmodule.

---

[41] Erfahrungen zurückliegender Entwicklungsprojekte legen z.B. nahe, dass gerade die Trennung von Module in die Bereiche Rohkarosserie und Elektrik nicht dem ‚Architectural Knowledge' entspricht.

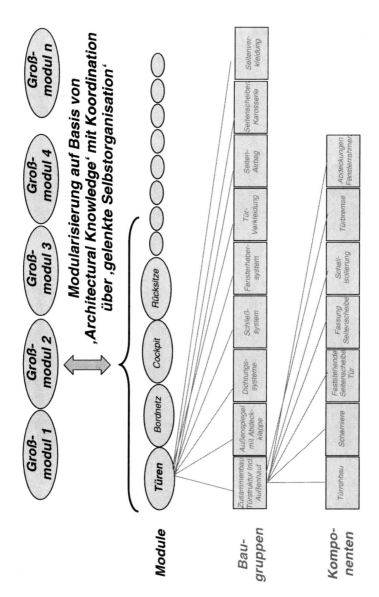

Abb. IV.7: Zielsetzung: Modularisierung auf Basis von ‚Architectural Knowledge' mit
Koordination über ‚gelenkte Selbstorganisation'

Durch Orientierung der Organisationsstruktur an den durch die Produktarchitektur bestimmten Abstimmungserfordernissen werden also Module mit hohem gegenseitigem Abstimmungsbedarf organisatorisch und räumlich zusammengefasst. Eine solche Schnittstellenoptimierung unterstützt sowohl den formellen als auch insbesondere den informellen Kommunikationsfluss als Basis eines verbesserten Austausches impliziten Wissens.

Die Entwicklung des Ansatzes 'gelenkter Selbstorganisation' gliedert sich in vier Schritte, vgl. Abb.IV.8. Zunächst erfolgt die Erfassung des 'Architectural Knowledges'. Hierfür werden sowohl die produktbedingten Wechselwirkungen zwischen den Modulen als auch die zwischen ihnen bestehenden Abstimmungserfordernisse erhoben und in zwei Portfolien zusammengefasst. Auf dieser Grundlage erfolgt eine Clusterung der Module[42], die die Grundlage für eine optimierte Prozessorientierung bildet. Auf Basis der sich aus den Daten ergebenden Vernetzung der Module wird dann ein Ansatz erarbeitet, der eine optimierte Zusammenfassung der Module zu Großmodulen aufzeigt. In Kombination mit der zuvor entwickelten Prozessorientierung ergibt sich eine Projekt-Matrixorganisation (Schritt 3). Die bis dahin auf die Projektorganisation beschränkten Überlegungen werden dann in Schritt 4 auf die Betrachtung von Strukturen für 'gelenkte Selbstorganisation' im Entwicklungsprozess erweitert.

Im Rahmen der Datenerhebung zum 'Architectural Knowledge' wurde das Erfahrungswissen von Führungskräften im Produktentwicklungsprozess des Fallstudienunternehmens erfasst. Die Ergebnisse zum 'Architectural Knowledge' basieren damit auf dem 'State-of-the-Art' der Fahrzeugtechnologie des untersuchten Premiumherstellers. Angesichts der hohen Innovationsdynamik in der Automobilindustrie wird am Ende von Kapitel 2 der Blick in die Zukunft gerichtet und der Frage nachgegangen, welche Auswirkungen sich durch Einsatz neuer Technologien auf das 'Architectural Knowledge' bzw. die Anforderungen zur Organisationsgestaltung ergeben.

2.3 Erfassung des 'Architectural Knowledges'

Das 'Architectural Knowledge' stellt nach Morelli / Eppinger / Gulati[43] ein Maß dafür dar, wie die Produktarchitektur Informationsabläufe und Organisationsstrukturen im Unternehmen prägt. Die Überlegungen aus Kap. 2.1. zeigen dabei, dass in Hinblick auf die aufgezeigten Problemfelder v.a. der persönlichen Abstimmung ('face-to-face' Kommunikation) als Basis für den Austausch impliziten Wissens und der Lösung komplexer Sachverhalte besondere Bedeutung zukommt. Neben der Abstimmung der für komplexe Aufgaben besonders bedeutsamen wechselseitigen Abhängigkeiten („Fit-Interdependencies"[44]) sowie des Zugriffs auf gemeinsame Ressourcen („Share-Interdependencies") sind in Hinblick auf eine Optimierung der Prozessorientierung auch „Flow-Interdependencies" zu berücksichtigen. Für die Datenerhebung wurden daher zwei Aspekte unterschieden:

---

[42] Zur Erläuterung der Cluster-/Modulbezeichnungen (Schritt 2) vgl. Kap. 2.4.
[43] vgl. Morelli / Eppinger / Gulati (1995), S. 215ff.
[44] vgl. Malone (1997), S. 15ff. bzw. Teil II, Kap. 2.1

1. Umfang des **Abstimmungsbedarfs** über 'face-to-face' Kommunikation zwischen den Modulen

2. Umfang der **Beeinflussung** zwischen den Modulen

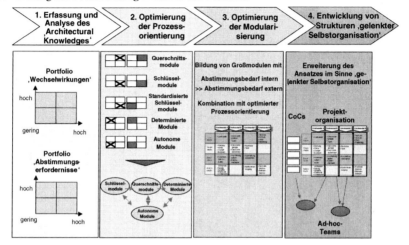

Abb. IV.8: Vorgehensweise zur Modularisierung auf Basis von 'Architectural Knowlegde' - Entwicklung von Strukturen 'gelenkter Selbstorganisation'[45]

Ergänzend zum Abstimmungsbedarf über 'face-to-face Kommunikation berücksichtigt der Aspekt 'Beeinflussung' auch 'Flow-Abhängigkeiten', die nicht zwingend persönlicher Abstimmung bedürfen, für eine Optimierung der Prozessorientierung jedoch von Bedeutung sind. Da i.a. eine hohe Beeinflussung zu hohem Abstimmungsbedarf führt, korrelieren zwar beide Aspekte häufig. Dies ist jedoch nicht zwingend der Fall, wie verschiedene Datenpaare bestätigen. Im Falle eines weitgehend standardisierbaren Abstimmungsprozesses kann z.B. ein hoher Wert für die Beeinflussung zwischen zwei Modulen auch mit relativ geringem Bedarf zu persönlicher Abstimmung einhergehen. Für die Bewertung des Abstimmungsbedarfs über 'face-to-face Kommunikation wurden als zentrale Einflussfaktoren die Häufigkeit, die Dauer und die Komplexität/Intensität der persönlichen Abstimmung vorgegeben[46].

---

[45] Zur Erläuterung der Cluster-/Modulbezeichnungen (Schritt 2) vgl. Kap. 2.4.

[46] Aus den aufgezeigten Gründen wird im Hinblick auf Problemstellung und Zielsetzung der Arbeit das 'Architectural Knowlegde' über die beiden Aspekte 'Beeinflussung' und 'Umfang des Abstimmungsbedarfs über 'face-to-face' Kommunikation sowie die angegebenen Indikatoren operationalisiert.

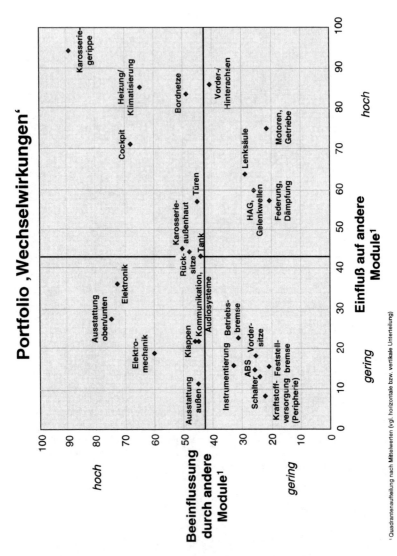

Abb. IV.9: Wechselwirkungen zwischen den Modulen: Bewertung des Einflusses auf bzw. der Beeinflussung durch andere Module (Summenwerte)

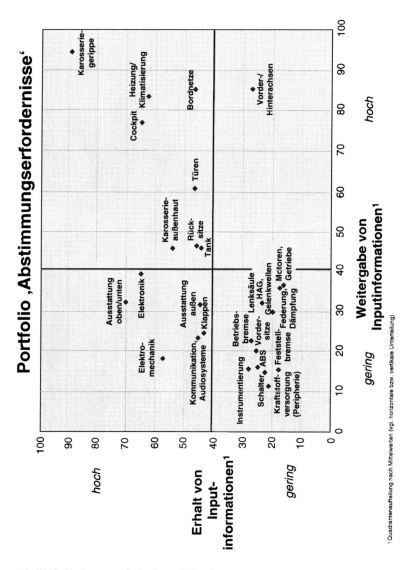

Abb. IV.10: Abstimmungserfordernisse zwischen den Modulen: Bewertung des Informationsbedarfs durch bzw. der Informationsweitergabe an andere Module (Summenwerte)

Die Erfassung beider Aspekte erfolgte in einem iterativen Prozess. Zunächst wurde in teilstrukturierten, persönlichen Einzelinterviews beide Aspekte durch Führungskräfte bewertet. In einem offenen Interviewteil wurde ergänzend die Begründung für diese Bewertung erkundet. Die Ergebnisse wurden auf Konsistenz und Plausibilität überprüft und den Interviewpartnern zur Verfügung gestellt mit der Möglichkeit, Korrekturen vorzunehmen. Abschließend erfolgte ein Workshop, bei dem die Bewertung gemeinsam diskutiert wurde und insbesondere kritische Punkte bzw. Bewertungen mit divergierender Sicht einer einheitlichen Bewertung zugeführt wurden.

Die Befragung richtete sich an Führungskräfte mit fundierter Projekt-/Teilprojektleitungsfunktion in Fahrzeugprojekten der gehobenen Ober- oder Mittelklasse aus dem in der Fallstudie untersuchten Automobilunternehmen[47]. Die Befragung der Führungskräfte ermöglichte gegenüber den unmittelbar mit der Entwicklung betrauten Spezialisten eine aus ihrer Koordinationsfunktion heraus resultierende Gesamtsicht mit Bewertung (nahezu) aller Module durch eine Person. Mögliche, aus der Befragung unterschiedlicher Personen resultierende Differenzen bei der Einordnung im Bewertungsmaßstab konnten dadurch weitgehend vermieden werden.

In der ersten Stufe der Datenerhebung erfolgte eine Befragung von insgesamt 5 Teilprojektleitern zu den Modulen ihres Fachbereichsumfanges (Rohkarosserie, Ausstattung, Elektrik, Antrieb oder Fahrwerk). Während das Bewertungsschema in den persönlichen Einzelinterviews fest vorgegeben war, wurde in einem nicht-strukturierten Teil ergänzend die Begründung der Bewertung analysiert. Für die Bewertung der beiden aufgezeigten Aspekte wurden die Module in Zeilen und Spalten einer Tabelle aufgetragen, vgl. Anhang 1, jeweils eine Tabelle für Wechselwirkungen und eine für Abstimmungserfordernisse. In den daraus entstehenden Matrixfeldern wurde die Intensität des Einflusses bzw. des Informationsflusses[48] von dem Modul in der Zeile auf das Modul bzw. zu dem Modul in der Spalte bewertet. Auf diese Weise wurden für jedes Modulpaar beide Richtungen des Einflusses bzw. Informationsflusses erfasst.

Die Bewertung erfolgte auf einer ganzzahligen Skala von 0 für ‚kein Einfluss' bzw. ‚keine Abstimmungserfordernisse/Informationsfluss' bis 10 für ‚äußerst hoher Einfluss' bzw. ‚äußerst intensive Abstimmungserfordernisse/Informationsfluss'[49]. Aus der Summe der Zeilenwerte ergibt sich damit für jedes Modul das Maß, in dem dieses andere Module beeinflusst bzw. Information an andere Module weitergibt. Aus den Spaltensummen erschließt sich die Beeinflussung bzw. das Maß, in dem das Modul durch

---

[47] Hierdurch konnte Konsistenz zwischen Problem- und Datenanalyse garantiert werden.

[48] Die Begriffe ‚Abstimmungserfordernisse', ‚Abstimmungsbedarf' und ‚Informationsfluss' werden i.S. des aus den persönlichen Abstimmungserfordernissen/-bedarfs resultierenden Informationsflusses (s.o.) zur Vereinfachung synonym verwendet.

[49] Zum Beispiel wurde der Einfluss des Moduls ‚Karosseriegerippe' auf das Modul ‚Karosserieaußenhaut' mit ‚9' sehr hoch bewertet, vgl. Anhang, S. 392. Analog wurde der Einfluss des Moduls ‚Karosseriegerippe' auf alle übrigen 24 Module bewertet. In Summe aller dieser Einzelbewertungen ergibt sich für die Gesamtbewertung des Einflusses vom ‚Karosseriegerippe' auf alle anderen Module der im Portfolio ‚Wechselwirkungen' ersichtliche Ordinatenwert von ‚94' (vgl. Abb.IV.9 bzw. Anhang, S. 393). Mit dieser Vorgehensweise erfolgte die Erfassung der Bewertungen auf einer Rating-Skala mit numerischen Marken, vgl. Bortz / Döring (1995), S. 163ff. Die Anzahl der Skalenstufen hat dabei weder auf die Reliabilität (Genauigkeit, mit der das geprüfte Merkmal gemessen wird) noch auf die Validität (Testgütekriterium, d.h. Maß dafür, wie gut der Test in der Lage ist das zu messen, was er vorgibt) Einfluss, wie Matell / Jacoby belegen konnten, vgl. Matell / Jacoby (1971), S. 657ff.

alle anderen Module Informationen erhält. Die Übertragung dieser Summenwerte wurde in jeweils einem Portfolio für ‚Wechselwirkungen' und einem für ‚Abstimmungserfordernisse'[50] zusammengefasst.

Bei der Befragung wurde betont, dass die Bewertung der Module wertneutral zu verstehen ist, d.h. weder eine hohe noch eine geringe Bewertung als positiv oder negativ aufzufassen ist. Ebenso konnte aus der Intention der Befragung für die Interviewpartner nicht auf einen eventuellen ‚Wertmaßstab' ihrer Bewertung gefolgert werden, um eine Verzerrung der Bewertung durch entsprechende Einflüsse zu vermeiden.

Die Befragung von drei Projektleitern im zweiten Schritt der Erhebung zielte auf eine ergänzende Gesamtbewertung der Daten. Interviewmethodik und -ziele glichen der Befragung der Teilprojektleiter, allerdings wurden hier entsprechend des größeren Verantwortungsbereiches der Zielpersonen alle Module von einem Befragten bewertet.

Die so aus der 1. und 2. Befragungsrunde erhaltenen Portfolien führten bei vielen Bewertungen zu gegenseitiger Bestätigung, zeigten allerdings auch einige wichtige Unterschiede. Während z.B. bei einigen Bewertungen das Modul ‚Kraftstoffversorgung' im 3. Quadranten zu finden war, fand es sich bei einer anderen Bewertung diagonal dazu im 1. Quadranten. Konfliktäre Aussagen wurden daher in einem gemeinsamen Workshop mit allen Befragten diskutiert und zu einer gemeinsamen Bewertung zusammengeführt. Gleichzeitig erfolgte auf diese Weise eine wiederholte Reflektion der Ergebnisse durch alle Beteiligten i.S. einer Feinoptimierung. Die Erfahrung zeigte, dass es sich bei der Bewertung um einen iterativen Prozess handelte, der sich durch abwechselnde Bewertung und Reflektion mit Diskussion einem zunehmend stabilen Ergebnis näherte.

Die Bewertungsergebnisse ergaben für einige Module mit hoher Verwandtschaft gleiche Ergebnisse, so dass sie zu übergeordneten Gruppen zusammengefasst werden konnten. So wurden z.B. die Module ‚Kleine Motoren', ‚Mittlere Motoren', ‚Große Motoren' und ‚Dieselmotoren' sowie ‚Automatikgetriebe' und ‚Handschaltgetriebe' unter der Bezeichnung ‚Motoren und Getriebe' subsummiert, da sie hinsichtlich ihrer Wechselwirkung mit anderen Modulen und des produktbedingten Abstimmungsbedarfs identisch waren. Analog erfolgte eine Zusammenfassung der Module ‚Ausstattung oben' und ‚Ausstattung unten' zu ‚Ausstattung oben/unten', der Module ‚Vorderachse' und ‚Hinterachse' zu ‚Achsen', sowie der Module ‚Kommunikation' und ‚Audiosysteme' zu ‚Kommunikation und Audiosysteme'.

Umgekehrt ergab die Diskussion zur Bewertung des Moduls ‚Kraftstoffversorgung', dass eine Differenzierung zwischen dem Tank und der Peripherie der Kraftstoffversorgung erforderlich war. Während zwischen Tank und verschiedenen Karosseriemodulen hoher packagebedingter Abstimmungsbedarf besteht, handelt es sich bei der Peripherie der Kraftstoffversorgung um weitgehend standardisierte Umfänge, die in ge-

---

[50] Die Abstimmungserfordernisse wurden in ‚Weitergabe von Inputinformationen' auf der Ordinate und ‚Erhalt von Inputinformationen' auf der Abszisse unterteilt. Als Inputinformationen werden die Informationen bezeichnet, die von einem Modul zu einem anderen weitergegeben werden müssen, damit in diesem eine optimale Weiterbearbeitung sichergestellt werden kann.

ringer Interdependenz mit anderen Umfängen stehen und daher auch geringeren Abstimmungsbedarf erfordern. Die gemeinsame Abschlussbewertung durch alle Beteiligten ist in Abb.IV.9 und IV.10 dargestellt.

2.4. Optimierung der Prozessorientierung

Aus dem Vergleich beider Portfolien lässt sich erkennen, dass bei den Modulen, bei denen hohe Interdependenzen bestehen, i.a. auch ausgeprägter Abstimmungsbedarf vorliegt. Durch Kombination der jeweils vier Quadrantenfelder beider Portfolien ergeben sich 4x4 theoretische Kombinationsmöglichkeiten. Die Auswertung zeigt, dass de facto jedoch nur 5 Kombinationsmöglichkeiten existieren, vgl. Abb.IV.11.

Bei vier der fünf Kombinationen finden sich die Module in beiden Portfolien im jeweils gleichen Quadrantenfeld. Hoher bzw. geringer Einfluss/Beeinflussung gehen dann mit entsprechend hohem bzw. geringen Abstimmungserfordernissen (Erhalt/Weitergabe von Inputinformationen) einher.

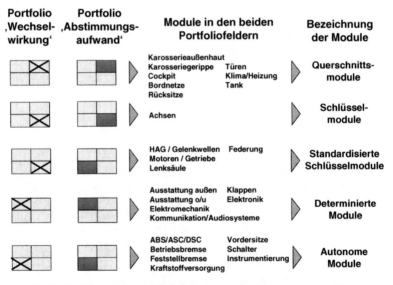

Abb.IV.11: Clusterung der Module nach Quadrantenzugehörigkeit zu den Portfolien ‚Wechselwirkung' und ‚Abstimmungsaufwand'

Eine Ausnahme bilden diejenigen Module, die zwar im Portfolio ‚Wechselwirkung' einen hohen Einfluss auf andere Module ausüben, sich dennoch gemäß der Ergebnisse des zweiten Portfolios durch geringere Abstimmungserfordernisse auszeichnen (‚Standardisierte Schlüsselmodule'). Dies sind die Module ‚Hinterachsgetriebe/Gelenkwellen', Motoren/Getriebe', ‚Lenksäule' und ‚Federung/Dämpfung'. Es handelt sich dabei überwiegend um Umfänge, die in aller Regel mit einer entsprechenden projektspezifischen Anpassung bei mehreren Fahrzeugprojekten eingesetzt werden. Bei den Motoren z.b. existiert bereits eine ‚Motorenfamilie', deren Entwicklung in einem separaten Entwicklungsprojekt erfolgte. Die für den Einsatz im XR400 geplanten Motoren werden - mit erforderlichen Anpassungen - auch bei anderen Fahrzeugen des Unternehmens verwendet. Diese als ‚standardisierte Schlüsselmodule' bezeichneten Umfänge weisen einen hohen Einfluss auf andere Module auf; der Bedarf zu persönlicher Abstimmung liegt jedoch aufgrund der bereits erfolgten projektübergreifenden Vorentwicklung unter dem Durchschnitt[51].

Module, die ebenso hohen Einfluss auf andere Module ausüben, bei denen gleichzeitig jedoch auch - im Gegensatz zu den standardisierten Schlüsselmodulen - ein hoher persönlicher Abstimmungsbedarf mit einem Informationsfluss überwiegend zu anderen Modulen besteht, werden als ‚Schlüsselmodule' bezeichnet. Eine Standardisierung der Abstimmung ist in diesen Fällen kaum möglich.

Überraschend mag zunächst erscheinen, dass mit dem Modul ‚Achsen' nur ein Modul in diese Kategorie fällt. Dies liegt darin begründet, dass i.a. bei hohem Abstimmungsbedarf fast immer ein wechselseitiger Austausch erforderlich ist (s. ‚Querschnittsmodule'). Bei dem Modul ‚Achsen' besteht demgegenüber eine Ausnahme: Einerseits wird aus Kostengründen das Ziel verfolgt, Achsen soweit wie möglich als Gleich- bzw. Synergieteile in mehreren Modellen zu verwenden[52], so dass hierdurch bereits eine hohe Determinierung bei davon betroffenen Modulen sowohl durch packagebedingte als auch durch funktionale Anforderungen gegeben ist. Andererseits bestehen selbst bei entsprechender Gleich- bzw. Synergieteiligkeit in der Regel derartig umfangreiche Interdependenzen zu anderen Umfängen, dass eine hohe Standardisierung des resultierenden Abstimmungsaufwandes kaum möglich ist. Dadurch liegt sowohl ein hoher Einfluss durch das Modul Achsen auf andere Module vor, als auch ein ausgeprägter Abstimmungsbedarf, wobei der Informationsfluss entsprechend des Entwicklungsablaufs überwiegend vom Modul Achsen zu den anderen Modulen verläuft.

Querschnittsmodule werden stark beeinflusst, weisen umgekehrt jedoch auch einen hohen Einfluss auf andere Module auf. Bei nur geringer Standardisierbarkeit der dadurch hervorgerufenen Abstimmungserfordernisse unterliegen sie hohem wechselseitigen, persönlichen Abstimmungsbedarf. Dabei kommt der Karosserieaußenhaut insofern eine besondere Rolle zu, da hier der Abgleich von Package, Design, Karosseriekonzepten und produktionstechnischer Umsetzbarkeit erfolgt. Gerade diese Abstimmung der technisch-wirtschaftlichen Rahmenbedingungen für den Produktionsprozess ist aufgrund der hohen Kosten, die durch die Werkzeugherstellung ausgelöst werden, von hoher Bedeutung. Neben Karosseriegerippe und Türen gehören auch das Modul Fahrzeugbordnetz sowie die Module Cockpit und Heizung/Klima zu den ‚Querschnittsmodulen'. Die ausgeprägte Querschnittsfunktion des Moduls ‚Bordnetze' wird verstärkt durch die wachsende Bedeutung von Elektrik/Elektronik im Fahrzeug[53] mit zunehmendem Einsatz von Fahrdynamikregel- und Fahrerassistenzsystemen und Vernetzung entsprechender Fahrzeugfunktionen v.a. in der automobilen Oberklasse.

---

[51] Bezogen auf die durchschnittlichen Abstimmungserfordernisse zwischen den Modulen gemäß Datenerhebung.
[52] D.h. es wird angestrebt, Achsen zu verwenden, die hohe Konzeptähnlichkeit zu bereits in anderen Modellen eingesetzten Achsen aufweisen.
[53] vgl. Radtke et al. (2004), S. 131ff.

Entgegen dem aktuellen Organisationsansatz, bei dem ‚Tank' und ‚Kraftstoffversorgung' zu einem Modul zusammengefasst sind, ergab die Diskussion auf dem Abschlussworkshop hierzu Änderungsnotwendigkeiten: Während die ‚Kraftstoffversorgung' geringer wechselseitiger Beeinflussung mit entsprechend geringem Abstimmungsbedarf unterliegt, besteht beim Tank v.a. zu den Rücksitzen hoher packagebedingter Abstimmungsbedarf. Daher erfolgt eine Trennung der beiden Umfänge in zwei Module mit organisatorischer Zuordnung des Moduls ‚Tank' zu den Querschnittsmodulen.

Entsprechend ihrer Bezeichnung unterliegen die ‚Determinierten Module' überwiegend der Beeinflussung durch andere Module. Gleichzeitig erhalten sie auch primär Informationen von anderen Modulen. Zu diesen Modulen gehören die Ausstattungsumfänge (z.B. Frontend/Stoßfänger, Schallisolierungen, Schiebedach, Himmel, Boden-/Gepäckraumverkleidung), die sich weitgehend an Vorgaben und Anforderungen aus anderen Modulen orientieren müssen. Auch die Front- und Heckklappe mit Verkleidungsteilen und Scharnieren, die Instrumentierung mit der Anzeigeeinheit sowie das Modul Elektromechanik (elektrische Antriebe z.B. für Fensterheber, Lüfter/Gebläse, Zentralverriegelung) sind dieser Kategorie zu zuordnen.

Vergleichsweise geringere Interdependenzen und Abstimmungsbedarf bestehen bei den ‚Autonomen Modulen'. Es handelt sich hierbei vielfach um Umfänge, die von Zulieferern entwickelt werden. Neben Vordersitzen, Bremsen sowie den Regelsystemen ABS, ASC, DSC[54] finden sich hier auch die weitgehend standardisierte Peripherie der Kraftstoffversorgung, sowie die Schalter. Aufgrund ihres hohen Einflusses auf andere Module bei gleichzeitig geringer Beeinflussung durch andere Module kommt den Schlüsselmodulen, und im weiteren Ablauf den Querschnittsmodulen, v.a. zu Beginn der Entwicklung eine hohe Bedeutung zu. Letztere erhalten Input v.a. von den Schlüsselmodulen, zeichnen sich gleichzeitig jedoch auch durch hohen Einfluss auf die Determinierten Module aus. Parallel hierzu erfolgt - vielfach bei Zulieferern - die Entwicklung der Autonomen Module.

Die auf diesem Wege erhaltene Clusterung[55] orientiert sich an den Summenwerten bezüglich Wechselwirkungen (Einfluss/Beeinflussung) bzw. Informationsfluss (persönliche Abstimmungsfordernisse, Erhalt/Weitergabe von ‚Inputinformationen') zwischen den Modulen. Die Summe der Einflüsse auf ein Modul bzw. der Beeinflussung durch das Modul spiegelt dabei die Stellung bzw. ‚Rolle' des Moduls im Entwicklungsprozess wider.

---

[54] Bei dieser Betrachtung handelt es sich nur um die Einzelsysteme. Der Frage der grundsätzlichen Elektrikarchitektur im Fahrzeug kommt v.a. vor dem Hintergrund zunehmender Bedeutung der Elektrik/Elektronik und damit von Regel-/Assistenzsystemen eine zentrale Rolle in der ‚Frühen Phase' zu.

[55] Die Clusteranalyse zielt darauf, untersuchte Objekte so zu gruppieren, dass die Unterschiede zwischen den Objekten einer Gruppe / eines Clusters bezüglich des Kriteriums zur Clusterung möglichst gering und die Unterschiede zwischen den Clustern möglichst groß sind. Entscheidend für das Ergebnis einer Clusteranalyse ist damit die Definition des Kriteriums zur Clusterung von Objekten, vgl. Bortz (1999), S. 547ff. Bei der vorliegenden Clusterung besteht das Kritierum in der Kombination aus Wechselwirkung und Abstimmungsaufwand (Kombination der Quadranten beider Portfolien).

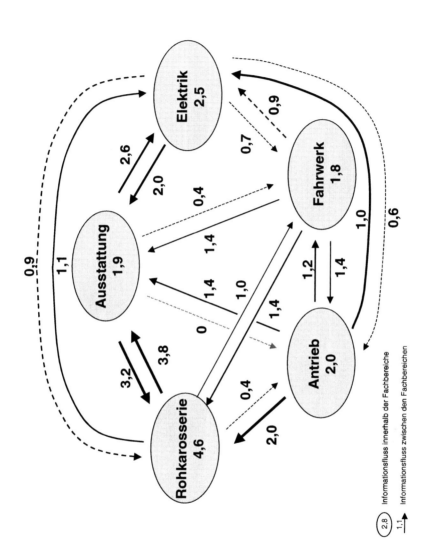

Abb. IV.12: Informationsfluss innerhalb und zwischen den Modulen
bei fachbereichsorientierter Organisationsform

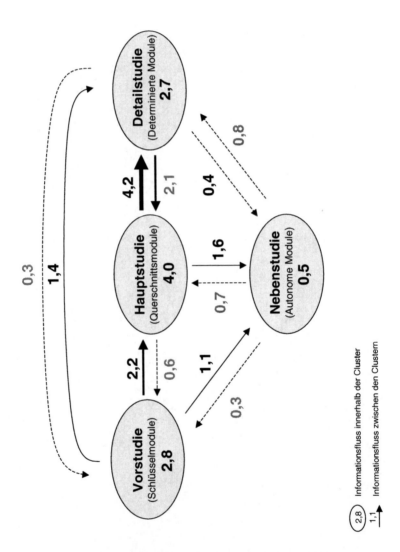

Abb. IV.13: Informationsfluss innerhalb und zwischen den Modulen
bei Ausrichtung der Organisation am ‚Architectural Knowledge'

Da die Entwicklung i.d.R. von den beeinflussenden zu den beeinflussten Umfängen verläuft, kann durch die Orientierung der Organisation an diesen Zusammenhängen eine optimierte Prozessorientierung erreicht werden.

Die Darstellung des Informationsflusses auf Basis der Daten zum ‚Architectural Knowledge' (vgl. Abb.IV.12-13) belegt dies[56]: Während beim herkömmlichen Fachbereichsansatz keine Ausrichtung der Organisation auf den prozessbedingten Informationsfluss zu erkennen ist, zeigt sich bei der aufgezeigten Clusterung eine ausgeprägte Prozessorientierung. Der Informationsfluss in Prozessrichtung, d.h. von den Schlüsselmodulen über die Querschnittsmodule zu den Determinierten Modulen ist fast 3 mal größer als entgegen dieser Ausrichtung[57].

Die organisatorische Ausrichtung auf den Prozessablauf ermöglicht eine Verringerung zeitintensiver Iterationen entgegen der Prozessrichtung. Neben einer Beschleunigung des Entwicklungsprozesses und damit geringerer ‚Time-to-Market' und höherer Angebotsflexibilität ist hierdurch v.a. durch geringere Änderungskosten - auch eine Kostenreduzierung zu erwarten. Die Abbildungen zeigen gleichzeitig, dass durch die Clusterung eine bessere Umsetzung des Modularisierungsprinzips[58] erreicht werden kann. Während sich beim Fachbereichsansatz eine durchschnittliche (intraorganisatorische) Abstimmungsintensität innerhalb der Fachbereiche von ca. 2,3 ergibt, steigt dieser Wert bei der aufgezeigten Clusterung auf den Wert 2,6 (vgl. Anhang 1), obwohl die Anzahl der Cluster gegenüber der Anzahl der Fachbereiche von 5 auf 4 verringert wurde. Damit ergibt sich gleichzeitig eine Reduzierung der Anzahl der Schnittstellen zwischen den Clustern im Vergleich zu denen zwischen den Fachbereichen, wodurch der interorganisatorische Informationsfluss reduziert werden kann.[59] Inwieweit sich weitere Potenziale für eine optimierte Umsetzung des Modularisierungsprinzips ergeben, wird im folgenden Kapitel geprüft.

---

[56] Für die Werte wurde aus den Daten zum ‚Architectural Knowledge' (s. Anhang) der Durchschnittswert für den Informationsfluss zwischen allen Modulen innerhalb eines Fachbereichs (Abb.IV.12) bzw. Clusters (Abb.IV.13) und der Durchschnittswert für alle Module zwischen jeweils zwei verschiedenen Fachbereichen (Abb.IV.12) bzw. Clustern (Abb.IV.13) bewertet. Bsp: Im Fachbereich Rohkarosserie sind gemäß bestehendem / aktuellen Organisationsansatz 4 Module zusammengefasst. Damit wurden - abzüglich des Informationsflusses eines Moduls ‚zu sich selber' - insgesamt 4 x 4 - 4 = 12 Bewertungen erfasst. Die Summe aller dieser Informationsflüsse zwischen den 4 Modulen beträgt gemäß der Daten zum ‚Architectural Knowledge' ,55' (vgl. S. 394). Damit ergibt sich als durchschnittliche Abstimmungsintensität im Bereich Rohkarosserie der Wert 55 / 12 = 4,6, s. Abb.IV.12.

[57] Aufgrund laufend erforderlicher Iterationsschleifen bei der Entwicklung sind entgegen gesetzte Abstimmungserfordernisse nicht grundsätzlich vermeidbar, sie bestehen allerdings nur in vergleichsweise geringem Umfang. Die Werte geben die durchschnittliche Intensität der Abstimmungserfordernisse zwischen bzw. innerhalb der Clustern wieder. Entsprechend der zunehmenden Detaillierung der Entwicklungsaufgaben wurden in Abb. IV.13 die Begriffe Vorstudie (Schlüsselmodule), Hauptstudie (Querschnittsmodule) und Detailstudie (Determinierte Module) bzw. Nebenstudie (Autonome Module) eingeführt.

[58] Der Abstimmungsbedarf innerhalb der Module / Cluster ist größer als zwischen ihnen.

[59] Mit zunehmender Anzahl von Organisationseinheiten (Fachbereiche / Cluster / Module) ergeben sich bessere Möglichkeiten abstimmungsintensive Module zusammenzulegen, so dass die durchschnittlichen Abstimmungsintensitäten innerhalb dieser Organisationseinheiten dann i.d.R. steigen.

2.5. *Optimierung der Modularisierung*

Das Modularisierungsprinzip wurde bereits in Teil II, Kap. 2 als ein Ansatz zum Management von Komplexität vorgestellt. Eine Systemarchitektur ist modular, wenn zwischen ihren Subsystemen nur relativ schwache Beziehungen bestehen, während die Beziehungen innerhalb der Subsysteme stark ausgeprägt sind. Als Messgröße für die Bewertung dieser Beziehungsstärke werden gemäß der zuvor aufgezeigten Überlegungen die Abstimmungserfordernisse zwischen den Modulen zugrunde gelegt. Während die Wechselwirkungen ein Maß für die ‚Stellung' bzw. ‚Rolle' eines Moduls im Entwicklungsablauf darstellen, kommt den Abstimmungserfordernissen die entscheidende Rolle für die Zusammenfassung der Module zu Großmodulen zu. Die organisatorische und räumliche Zusammenlegung von Modulen mit hohem Abstimmungsbedarf zu einem Großmodul stellt wie bereits aufgezeigt einen zentralen Erfolgsfaktor für schnittstellenübergreifende Abstimmung und den Austausch impliziten Wissens dar. Umgekehrt ergeben sich bei Modulen mit hohem Einfluss auf andere Module, allerdings nur geringem Bedarf zu persönlicher Abstimmung (z.B. ‚Standardisierte Schlüsselmodule') i.a. weniger Vorteile durch die mit einer organisatorischen und räumlichen Zusammenlegung intensivierte Kommunikation.[60]

Zur Überprüfung weiterer Verbesserungspotenziale bezüglich der Modularisierung wurden die Hauptinformationsflüsse zwischen den Modulen (Wert > 4) in einem Vernetzungsdiagramm dargestellt, vgl. Abb.IV.14.[61] Die Diskussion dieses Vernetzungsdiagramms sowie des daraus abgeleiteten, optimierten Modularisierungsansatzes auf einem Abschlussworkshop mit den in der Untersuchung befragten Führungskräften ermöglichte zudem die Berücksichtigung von zusätzlichem, impliziten Wissen. Als Rahmenvorgabe für die neue Zusammenfassung der Module wurde berücksichtigt, dass aus Gründen der organisatorischen Führbarkeit kein neues Großmodul mehr als ca. 9 Module umfasst.

---

[60] Da die Abstimmungserfordernisse v.a. aus den Wechselwirkungen bzw. dem Maß ihrer Standardisierung resultieren und durch den fahrzeugprojektübergreifenden Entwicklungsprozess (z.B. Motoren) vorgegeben sind (vgl. Schritte 1 / 2), gehen indirekt dabei auch die Wechselwirkungen ein (s.o.).

[61] Da zur Festlegung einer optimierten Modularisierung in Ergänzung zur Auswertung der Daten zum ‚Architectural Knowledge' auch weiches, implizites Erfahrungswissen der befragten Führungskräfte zu berücksichtigen ist, das über die mit dem verwendeten Bewertungsschema zu Abstimmungserfordernissen erfassten Erfahrungen hinausgeht, ist eine rechnerunterstützte Lösungsfindung gemäß Aufgabenstellung nicht Bestandteil der Arbeit. Eine solche, rechnerunterstützte Untersuchung wäre jedoch ein sinnvoller ergänzender Schritt für die Fortsetzung des Forschungsprozesses i
n folgenden Arbeiten, vgl. Ausblick, Teil IV, Kap. 4.3.

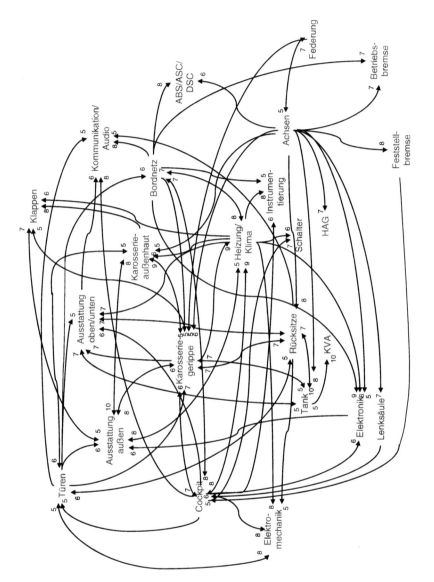

Abb. IV.14: Hauptinformationsflüsse zwischen den Modulen

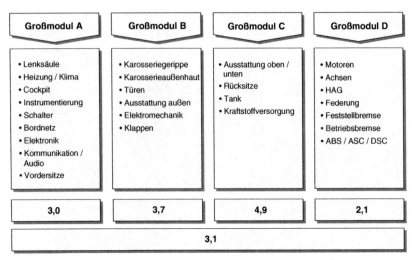

Abb. IV.15: Optimierter Ansatz zur Bildung von Großmodulen[62]

In einer iterativen Vorgehensweise wurde so eine Zusammenfassung der Module zu Großmodulen entwickelt, in die neben den Daten zum ‚Architectural Knowledge' auch weitere Erfahrungen (z.B. Risiko bei unzureichender Abstimmungsqualität) aufgenommen wurden. Das Abschlussergebnis spiegelt auch eine Berücksichtigung wichtiger geometrischer Zusammenhänge wieder, z.B. bei den besonders abstimmungsintensiven Bauräumen Stirnwand / Cockpit (Großmodul A) oder Heck (Großmodul C).[63]

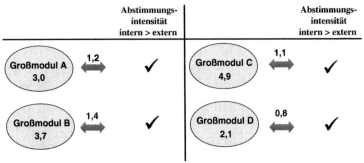

Abb. IV.16: Erfüllung des Modularisierungsprinzips bei allen vier Großmodulen

Der so erhaltene Modularisierungsansatz zeigt mit einer durchschnittlichen Abstimmungsintensität innerhalb der Module von 3,1 eine deutliche Verbesserung sowohl gegenüber dem Fachbereichsansatz (2,3) als auch gegenüber der Clusterung (2,6). Im

---

[62] Werte für den Informationsfluss innerhalb der Großmodule bzw. Durchschnittswert
[63] Eine weitere Optimierung des Ansatzes ist durch eine weitergehende Aufteilung der Module (z.B. Differenzierung zwischen Vorder- / Hinterachse, Vorder- / Hinterbremse, Front- und Heckklappe) möglich.

Gegensatz zum Fachbereichsansatz, bei dem das Modularisierungsprinzip (Abstimmungsintensität intern > Abstimmungsintensität extern) nur bei zwei Fachbereichen (Rohkarosserie und Fahrwerk) erfüllt ist, ergibt sich beim neuen Ansatz zur Zusammenfassung der Module bei allen vier Großmodulen eine Umsetzung des Modularisierungsprinzips, vgl. Abb.IV.16. Dabei ist die Abstimmungsintensität innerhalb der Module durchschnittlich ca. drei mal größer als die modulübergreifenden Abstimmungserfordernisse.

Großmodul A	Großmodul B	Großmodul C	Großmodul D
Vorstudie	• Lenksäule			• Motoren • Achsen • HAG • Federung
Hauptstudie	• Heizung / Klima • Cockpit • Bordnetz	• Karosseriegerippe • Karosserieaußenhaut • Türen	• Rücksitze • Tank	
Detailstudie	• Kommunikation / Audio	• Ausstattung außen • Elektromechanik	• Ausstattung oben / unten	
Nebenstudie	• Instrumentierung • Schalter • Elektronik • Vordersitze		• Kraftstoffversorgung	• Feststellbremse • Betriebsbremse • ABS / ASC / DSC

Abb. IV.17: Optimierte Projektorganisation

Um für eine optimierte Projektorganisation sowohl die Vorteile der verbesserten Prozessorientierung (Kap. 2.4) als auch der optimierten Modularisierung zu nutzen, werden beide Ansätze in Form einer Matrix kombiniert. Dabei handelt es sich jedoch nicht im herkömmlichen Sinn um eine Matrixorganisation, da die Ausrichtung auf die Prozessorientierung den zeitlichen Schwerpunkten im Entwicklungsablauf folgt, während die Bildung der Großmodule weitgehend zeitinvariant über die Gesamtdauer des Entwicklungsprojektes besteht.

Mit diesem Ansatz wird im Rahmen der - per definitionem zeitlich begrenzten - Projektorganisation das aus dem Hybridansatz bekannte Prinzip der Kombination von zeitlich sehr flexiblen Elementen mit für die Dauer des Projektes zeitinvarianten Elementen umgesetzt.

Abb.IV.18 zeigt zusammenfassend die Effekte des neuen Organisationsansatzes: durch die Umsetzung des Modularisierungsprinzips wird der *intra*organisatorische Informationsfluss innerhalb der Großmodule gegenüber dem *inter*organisatorischen Informationsfluss zwischen den Modulen verstärkt. Ergänzend bewirkt die Prozessorientierung gewissermaßen eine ‚Modularisierung über den Ablauf des Entwicklungsprozesses'. Abstimmungserfordernisse finden in hohem Maße innerhalb einer Prozess-/Detaillierungsstufe bzw. in Richtung des Prozessablaufes statt. Dieser Ausrichtung entgegen gesetzte Abstimmungserfordernisse bestehen nur in vergleichsweise geringem Umfang. Sie sind aufgrund der hohen Produktkomplexität und damit laufend erforderlicher Iterationsschleifen bei der Entwicklung nicht grundsätzlich vermeidbar. Der Informationsfluss in Prozessrichtung ist jedoch fast dreimal höher als entgegen der Prozessrichtung.

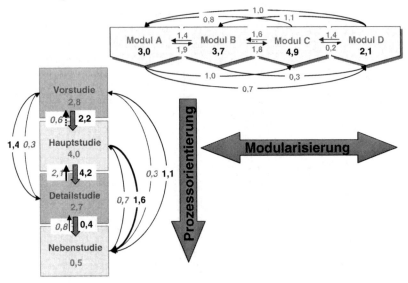

Abb. IV.18: Kombination von Prozessorientierung und Modularisierungsprinzip

Mit der Modularisierung und der Prozessorientierung werden zwei wesentliche Kernelemente des in Teil II, Kapitel 2, vorgestellten Modularisierungsansatzes von Picot / Reichwald / Wigand umgesetzt. Ein Konzept für die Umsetzung des dritten Grundprinzips des Modularisierungsansatzes - die Forderung nach weitgehend dezentraler Koordination der Module - wird neben der im folgenden beschriebenen Koordination über Regel- und Ad-Hoc-Teams im Rahmen des ‚Virtuellen Marktplatzes' aufgezeigt (Kap. 3).

Die organisatorische Leitung der Großmodule erfolgt durch Teilprojektleiter (TP), denen die Verantwortung hinsichtlich Zielerreichung in dem von ihnen verantworteten Großmodul und Modulen zukommt. Gegenüber dem herkömmlichen Organisationsansatz erfährt ihr Aufgabenprofil durch neuartige Ansätze zur Vernetzung der Großmodule sowie insbesondere durch die Neugestaltung des Zielvereinbarungsprozesses eine grundlegende Wandlung gegenüber dem Ausgangszustand (vgl. Kap. 2.5).

Die bisherigen Überlegungen beschäftigten sich mit der Frage der Modularisierung auf Basis von ‚Architectural Knowledge'. Im Gegensatz zur fachbereichsorientierten Zusammenfassung der Module wird durch die Ausrichtung der Organisation auf die produktbedingten Abstimmungserfordernisse eine verbesserte bereichs- bzw. schnittstellenübergreifende Zusammenarbeit zwischen den Modulen im Entwicklungsprojekt verfolgt. Der Ansatz bezieht sich damit ausschließlich auf die organisatorische Ausrichtung der Entwicklungtätigkeit in den einzelnen Projekten.

Im folgenden Kapitel erfolgt ergänzend eine Ausweitung der Betrachtungen auf die projektübergreifende Entwicklungsorganisation. Die aufgezeigten Grundzüge der Modularisierung auf Basis von ‚Architectural Knowledge' werden in einen übergeordneten Ansatz zu Strukturen ‚gelenkter Selbstorganisation' im Entwicklungsprozess eingeordnet.

2.6. Strukturen ‚gelenkter Selbstorganisation' auf Basis des Modularisierungsansatzes

Die fachbereichsbezogene Zusammenfassung der Module beim herkömmlichen Ansatz orientiert sich an der Organisation des Entwicklungsbereichs in Fachbereiche, vgl. Abb.IV.19. Diese stellen projektunabhängige Center of Competences (CoCs) zu den jeweiligen Fachgebieten dar. Aufgrund dieser Funktion und ihrer Größe kommt ihnen hohe Bedeutung im Unternehmen zu. Neben der Durchführung fahrzeugprojektunabhängiger Forschung und Vorentwicklung sind die Fachbereiche durch Bereitstellung von Mitarbeitern für die Entwicklungsaufgaben auch zentraler interner Dienstleister für die Projekte. Die Fachbereichsleiter unterstehen direkt dem Entwicklungsvorstand. Die in Abb.IV.19 dargestellten Integrationsteams sind beim herkömmlichen Ansatz demgegenüber keine eigene Organisationseinheit, sondern sind kleine Teams von ca. 6-12 Mitarbeitern innerhalb eines Entwicklungsprojektes. Es handelt sich damit nicht um Linienaufgaben mit eigenem Budget, Mitarbeitern und Durchsetzungsbefugnissen, sondern eher um Beratungsfunktionen innerhalb der Projekte.

Analog zur organisatorischen Ausrichtung der Projekte wird im Ansatz ‚gelenkter Selbstorganisation' auch bei der Optimierung der Entwicklungsorganisation eine Stärkung der fachbereichsübergreifenden Integrationsfunktion verfolgt. Dabei kommt den Fachbereichen nach wie vor ihre oben beschriebene Rolle als funktionsbezogene CoCs zu. Der hohen und absehbar weiter steigenden Bedeutung von Integrationskompetenzen gerade bei Premiumherstellern wird jedoch ergänzend durch Ausbau der Integrationsfunktionen Rechnung getragen. Hierzu wird beim Ansatz ‚gelenkter Selbstorganisation' eine übergreifende Funktion ‚Gesamtfahrzeugintegration' gebildet, die aus einzelnen Integrations-CoCs[64] besteht.

Jedes der Integrations-CoCs ist - im Gegensatz zu den Integrationsteams der bestehenden Entwicklungsorganisation - bezüglich seiner Bedeutung im Unternehmen grundsätzlich vergleichbar mit den Fachbereichen (funktionsbezogene CoCs).

---

[64] Die Integrations-CoCs stellen damit die fachliche Heimat für die Integrationsthemen dar.

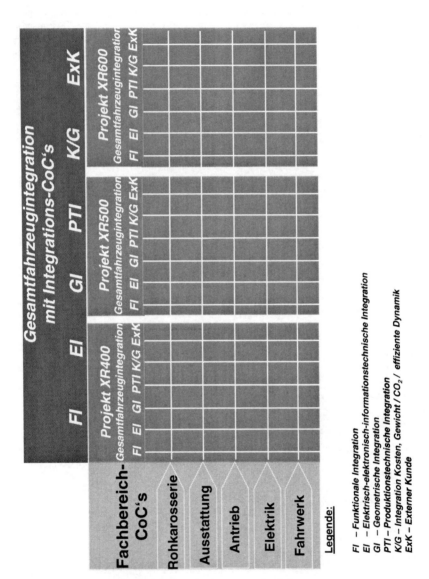

Abb. IV.19: Ergänzung der Fachbereichs-CoCs durch Integrations-CoC's

Bei den Leitern des Bereichs Gesamtfahrzeugintegration und der Integrations-CoCs handelt es sich um ‚Senior-Manager' mit großer, bereichsübergreifender Erfahrung, z.B. als ehemalige Projektleiter von Produktprojekten. Wie die Fachbereichsleiter berichten sie direkt dem Entwicklungsvorstand. Dem Bereich Gesamtfahrzeugintegration kommt eine Koordinationsfunktion für die 6 Integrations-CoCs zu. Aufgrund ihrer hohen Bedeutung werden die Integrationsfunktionen ergänzend zu dieser projektübergreifenden Verankerung auch in den einzelnen Fahrzeugprojekten in Form eigener Abteilungen etabliert. Durch sie erfolgt ein Abgleich der einzelnen Anforderungen und Lösungsansätze im Fahrzeugprojekt. Den übergeordneten Integrations-CoCs kommt neben dem fahrzeugprojektübergreifenden Abgleich von Anforderungen und Lösungsansätzen v.a. auch die Aufgabe der grundsätzlichen Kompetenzentwicklung zu den entsprechenden Integrationsfunktionen zu.

Die funktionale Integration (FI) verfolgt einen bestmöglichen, fachbereichsübergreifenden Abgleich zwischen den i.a. konfliktären Anforderungen und Lösungsansätzen der zentralen Fahrzeugfunktionen[65]. Neben dieser Auflösung funktionaler Zielkonflikte erfolgt durch die geometrische bzw. produktionstechnische Integration die package- bzw. produktionsseitige Abstimmung von Herstellbarkeit und Vorteilhaftigkeit alternativer Lösungsansätze.

Bei der herkömmlichen Organisationsform fanden sich diese Funktionen nur in Form vergleichsweise unbedeutender, kleiner und durchsetzungsschwacher Integrationsteams. Beim neuen Ansatz erfolgt demgegenüber nicht nur eine erhebliche Aufwertung dieser Integrationsfunktionen im Projekt, sondern durch die Bildung übergreifender CoCs auch die Förderung eines gezielten, projektübergreifenden Kompetenzaufbaus zu diesen Themen. Ein solches ‚Wissensmanagement' zielt auf besseren Austausch projektbezogener Erfahrungen und eine projektübergreifende Vertiefung grundlegender Problemstellungen und Lösungsansätze.

Ergänzend erfolgt die Etablierung von drei weiteren, völlig neuen Integrationsfunktionen: Mit dem CoC ‚Integration Kosten, Gewicht/CO_2/Dynamik (K/G)' erfolgt die aus der Problemanalyse bereits bekannte, dringend erforderliche Zusammenführung eng zusammenhängender, häufig konfliktärer Zielgrößen. Neben dieser integrativen Betrachtung stellt schon die Einführung einer Zentralfunktion zur Förderung eines projektunabhängigen, produkt- und prozessbezogenen Kompetenzaufbaus in den Bereichen Gewicht, CO_2 und Dynamik gegenüber dem herkömmlichen Organisationsansatz eine wichtige Neuerung dar. Damit wird den Analysen der Fallstudie gefolgt, die v.a. beim Gewichtsprozess eine unzureichende Dokumentation, Nutzung und Weiterentwicklung im Projekt gewonnener Erfahrungen mit resultierend ungenügendem Kompetenzaufbau und unzureichenden, projektübergreifenden Know-How-Transfer offenlegte.

Kernaufgabe eines solchen Kompetenzcenters stellt die Unterstützung des Ziel-, Informations- und Maßnahmenmanagements zu den sie betreffenden Themengebieten dar. Dabei erfolgt der überwiegende Teil der Aufgabenbewältigung hierzu in Selbstorganisation der an dem Prozess Beteiligten (vgl. Kap. 3). Den Kompetenzcentern

---

[65] z.B. Fahreigenschaften, (Akkustik-, Klima-)Komfort oder aktive/passive Sicherheit.

kommt - z.B. in Form projektübergreifenden Know-How Transfers - eine Unterstüt-
zungs- und Kontrollfunktion hierfür zu. Damit ist ihre Aufgabe eher als Gestalter der
erforderlichen Randbedingungen und Voraussetzungen i.S.d. Etablierung von „Arenen
für Selbstorganisation"[66] zu verstehen.

Im Bereich des Zielmanagements liegen typische Aufgabengebiete des Kompetenzcenters in der Ableitung von Zielgrößen für einzelne Fahrzeugprojekte aus   übergeordneten Unternehmensstrategien (z.b. Strategie ‚Effiziente Dynamik' mit Leichtbau-
und CO_2-Strategie), im Monitoring dieser Zielgrößen i.S. eines ‚Frühwarnsystems' bei
Zielabweichungen und einer entsprechenden Ursachenanalyse sowie dem strategischen Benchmarking. Aufgaben im Bereich des Informationsmanagements betreffen
vor allem die Gestaltung und bereichsübergreifende Abstimmung der Datenverarbei-
tungs- und Informationssysteme. Beim Maßnahmenmanagement stehen Erfassung,
Dokumentation und Weiterentwicklung der Erfahrungen in den Fahrzeugprojekten im
Vordergrund (‚Lessons Learned') sowie die Analyse von Aktivitäten und Maßnahmen
bei Wettbewerbern (‚Wettbewerbsanalyse') mit operativem Benchmarking. Eine weitere Hauptaufgabe des CoCs liegt in der Optimierung des Entwicklungsprozesses unter
der Zielsetzung einer besseren Erreichung der Gewichts- bzw. Kosten-, CO_2- und Dy-
namikzielerreichung. Der Aufbau eines einheitlichen Systems zum Gewichtscontrolling mit integrierter Betrachtung insbesondere der Zielgrößen Kosten und Gewicht
betrifft alle drei Handlungsfelder.

Die steigende Bedeutung von Elektrik/Elektronik und vernetzten Fahrdynamikregel-
und –assistenzsystemen v.a. für Premiumfahrzeuge erfordert zunehmend eine ‚elektrisch-elektronisch-informationstechnische' Integrationsfunktion. Während Einzelsysteme häufig durch Zulieferer entwickelt werden, liegt eine entscheidende, differenzie-
rende Kernkompetenz von Premiumherstellern im Bereich der Vernetzung dieser Einzelsysteme. Besondere Bedeutung kommt dabei der Vernetzung von Einzellösungen
i.S. einer informationstechnischen Gesamtintegration zu.

Eine weitere, neue Integrationsfunktion ist das CoC ‚Externer Kunde' (ExK). In enger
Verbindung mit Marktforschung und Vertrieb wird mit diesem CoC eine bessere Abstimmung zwischen Markt- und Entwicklungsfunktionen/-projekten verfolgt. Vor dem
Hintergrund der hohen Technologieorientierung bei Automóviles Deportivos mit resultierender Gefahr des ‚Overengineerings' zielt diese Funktion auf eine konsequente
Kundenorientierung der Entwicklungsaktivitäten in den Projekten. Im Gegensatz zum
bisherigen Ansatz, bei dem durch die Trennung von Markt- und Entwicklungsfunktionen vielfach Spannungen durch Einflussnahme des Marktbereichs auf Entwicklungsaktivitäten entstehen, zielt die Integration dieser Funktion im Entwicklungsbereich auf eine höhere Akzeptanz bei der Vertretung marktseitiger Belange[67]. Voraussetzung für den Erfolg eines solchen Ansatzes ist die Leitung des CoCs ‚Externer
Kunde' durch einen ‚Senior-Manager' mit fundierter Erfahrung und breiter Akzeptanz
sowohl in Markt- als auch in Entwicklungsbereichen.

---

[66] vgl. zu Knyphausen (1988), S. 312ff.; Probst (1987a), S. 141f.; Zahn / Dillerup / Foschiani (1997), S. 143ff.
[67] vgl. Seidel (1998), S. 62ff.. Durch Zusammenführung zweier i.a. unterschiedlicher Kulturen und Denkweisen,
    dem ‚Ingenieur' und dem ‚Marketingexperten', wird eine grundsätzliche Verbesserung bei der Zusammenar-
    beit verfolgt.

Die neuen CoCs bringen gegenüber den funktionalen CoCs neue Qualifikationsanforderungen mit sich. Anstelle vertiefter Spezialisierung in einem Fachgebiet erfordern die Integrationsaufgaben funktions- und fachgebietsübergreifendes Know-How.
Implizitem Wissen als Träger wichtiger Integrationserfahrung kommt dabei eine zentrale Bedeutung zu. Auch die steigende Bedeutung von Elektrik/Elektronik wirkt sich
auf das Anforderungsprofil für die Integrations-CoCs aus. Ein zentrales Aufgabenfeld
in diesem Bereich stellt die Abstimmung der grundlegenden Elektrik-Architektur und
–Vernetzung im Fahrzeug dar, die verstärkten Kompetenzaufbau im Bereich Elekt-
rik/Elektronik und 'Software-Engineering' erfordert. Im Vergleich zu den funktions-
bezogenen CoCs werden für die Integrationsfunktionen jedoch weniger Mitarbeiter
benötigt, da die Integrationsfunktionen in der Regel keine eigenen, mitarbeiterinten-
siven Entwicklungstätigkeiten durchführen.

Die auf dieser Stärkung der Integrationsfunktionen basierende Entwicklungsorganisation stellt den Rahmen für die zuvor beschriebene Projektorganisation dar. Die Verbindung beider Ansätze ist am Beispiel des Projektes XR400 in Abb.IV.20 dargestellt.
Dabei wird zwischen der aus 'dauerhaften, festen' Organisationseinheiten bestehenden
Primärorganisation und der aus flexiblen, zumeist temporären Strukturen bestehenden
Sekundärorganisation unterschieden.[68] Sowohl bei den COCs als auch bei den Modulen und ihrer Zusammenfassung zu Großmodulen handelt es sich um feste Organisationseinheiten, sie bilden die Primärorganisation.

Die Analyse des Informationsflusses zwischen den Modulen verdeutlichte, dass trotz
der Orientierung der Primärorganisation am 'Architectural Knowledge nach wie vor
(groß-)modulübergreifende 'face-to-face' Abstimmungserfordernisse existieren. Oft
zeigt sich dabei eine geringe Planbarkeit, z.B. weil sich Abstimmungsbedarf spontan
aus bestimmten Problemstellungen heraus entwickelt bzw. nur temporäre, auf einen
bestimmten Zeitpunkt bzw. eine begrenzte Entwicklungsphase beschränkte Abstimmungserfordernisse bestehen. In diesem Fall stellen Ad-Hoc-Teams eine geeignete
Bearbeitungsform dar. Hierbei bilden sich dezentral, auf Initiative von Integrations-
themen-/Fachbereichs-Koordinatoren aus den erforderlichen CoCs oder beteiligten
Entwicklern aufgabenbezogene Teams zur Lösung aktueller Fragestellungen. Themen-
bearbeitung, Organisation der Teamarbeit, Abstimmung zu anderen Teams bzw. Entwicklern sowie die Auflösung des Teams erfolgen dezentral in Selbstorganisation der
Beteiligten.

In der Regel übernimmt ein Teammitglied die Aufgabe des Projektleiters, dem weniger eine hierarchisch-steuernde, als eine koordinierende Funktion zukommt. Die Festlegung des Koordinators orientiert sich dabei i.a. an fachlichen Anforderungen: Zu
übergreifenden Integrationsthemen übernehmen diese Aufgabe in der Regel Koordinatoren aus den Integrations-CoCs, die als Experten ihres jeweiligen Bereichs die Funktion eines 'Thementreibers' und 'Wissensmanagers' im Projekt wahrnehmen. Analog
entfällt die Aufgabe bei eher modulübergreifenden, fachbereichsbezogenen Themen
auf die Fachbereichskoordinatoren bzw. bei modulbezogenen Themen auf die Modulleiter. Die Bildung und bereichsübergreifende Zusammenarbeit in Ad-Hoc-Teams
wird zudem durch den 'Virtuellen Marktplatz', vgl. Kap. 3, maßgeblich unterstützt.

---

[68] vgl. Krystek (1997), S.47ff.

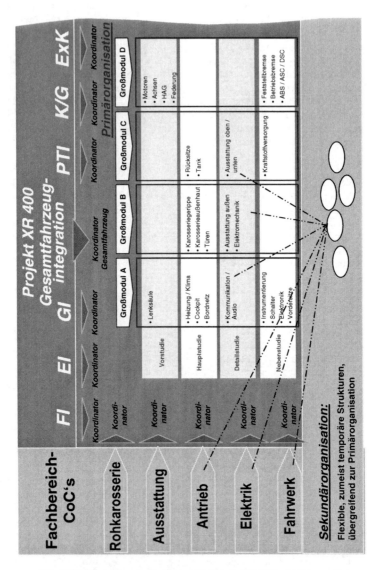

Abb. IV.20: Einordnung der Projektorganisation des XR 400 in die übergeordnete
Entwicklungsorganisation

Ergänzend zu den Ad-hoc-Teams finden sich sogenannte Regel-Teams. Ihrer Bezeichnung entsprechend handelt es sich hierbei um eine regelmäßig stattfindende, übergreifende Vernetzung der (Groß-)Module bzw. Kompetenzcenter, die zumeist vom Gesamtprojektleiter des Fahrzeugprojektes geleitet werden.

Neben dem Projektkernteam, dass aus den Teilprojektleitern (TPs) für die einzelnen Großmodule besteht, findet hier eine Vernetzung der Integrationsthemen (i.S.d. Gesamtfahrzeugintegration) sowie der fachbereichsbezogenen Themen statt, jeweils durch ein Team aus Integrationsthemen- und Fachbereichskoordinatoren. Trotz i.a. regelmäßiger Zusammenkünfte weisen diese Teams aufgrund ihrer hohen Flexibilität - z.b. hinsichtlich der Erweiterung um weitere Teilnehmer oder Art/Umfang der Zusammenarbeit - sowie ihres zur Primärorganisation übergreifenden Charakters eher das Kennzeichen der Sekundär- als der Primärorganisation auf, vgl. Abb.IV.20.

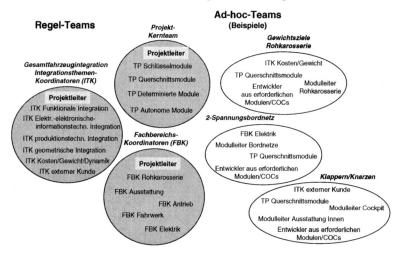

Abb. IV.21: Sekundärorganisation: Regelteams und Ad-Hoc-Teams (Beispiele)

Die Datenerhebung zum ‚Architectural Knowledge' erfolgte schwerpunktmäßig auf Basis von Produktprojekten der oberen Kompakt-, Mittelklasse und Oberklasse in den Premiumsegmenten. Auf der Ebene der aufgezeigten Fahrzeugmodule ist jedoch auch für Standardkonzepte kleinerer Fahrzeugklassen von hoher Ähnlichkeit bei Funktions- und Baustruktur auszugehen, so dass auch für diese Fälle von einer hohen Ähnlichkeit bei der Fahrzeugarchitektur und den daraus resultierenden Wechselwirkungen und Abstimmungserfordernissen ausgegangen werden kann.

Angesichts der hohen Innovationsdynamik in der Automobilindustrie[69] ist jedoch zu prüfen, inwieweit durch Einsatz neuer Technologien in Zukunft Veränderungen für die Fahrzeugarchitektur absehbar sind. Dieser Frage wird im folgenden Exkurs nachgegangen.

---

[69] Ca. 30% des gesamten FuE-Budgets der deutschen Volkswirtschaft entfallen auf die Automobilindustrie, vgl. Radtke et al. (2004), S. 15ff.

2.7. Exkurs: Bedeutung zukünftiger Technologien für das „Archtitectural Knowledge" und für die organisatorischen Anforderungen an den Ansatz „gelenkter Selbstorganisation"

Mit Blick auf die Vergangenheit ist festzustellen, dass sprunghafte Veränderungen der Produktarchitektur auf hoher Aggregationsebene (Modulebene) durch grundlegende Technologiesprünge[70] eher die Ausnahme bildeten. Überwiegend ist eine kontinuierliche Einführung von Innovationen[71] mit begrenzten Auswirkungen auf die Fahrzeugarchitektur auf Modulebene zu beobachten.

Bei Radtke et al. findet sich ein Überblick zu zukünftig im Automobilbereich zu erwartenden Innovationen, vgl. Abb.IV.22[72] Die Übersicht orientiert sich an den bereits aus der Fallstudie bekannten Fahrzeugsegmenten bzw. Fachbereichsfunktionen Ausstattung, Antrieb, Fahrwerk und Karosserie. Da die meisten der aufgezeigten Technologien auf Elektronik basieren, geht der Bereich Elektrik/Elektronik in den anderen Segmenten bzw. Fachbereichen auf. Diese enge Vernetzung des Bereichs Elektrik/Elektronik zeigt sich ebenfalls bei der Modularisierung auf Basis des „Architectural Knowledges": die Module des (ehemaligen) Fachbereichs Elektrik/Elektronik verteilen sich auf die Großmodule 2-4, die zentrale Aufgabe einer Grundkonzeption der Elektrikarchitektur findet sich als übergeordnete, neue, bisher nicht in den Modulen erfasste Aufgabe in der frühen Phase wieder.

Die zeitliche Zuordnung der in Abb.IV.22 aufgezeigten Innovationen bezieht sich auf den Einsatz in der europäischen Kompaktklasse. Für die Mittel- und Oberklasse ist aufgrund der i.a. höheren Produktsubstanz und Produktdeckungsbeiträge in vielen Fällen von einer frühzeitigeren Einführung der Innovationen auszugehen. So finden sich einige in der Darstellung aufgeführten Innovationen heute bereits v.a. bei Ober- und Mittelklassefahrzeugen (z.T. als Sonderausstattung), so z.B. elektrische Bus-Systeme, LED-Heckleuchten, Head-up Display, Hochaufladung Diesel und Diesel-Partikelfilter, Benzindirekteinspritzung, Reifendruckkontrolle, Elektrische Parkbremse, Elektrische Überlagerungslenkung, Aktives Fahrwerk, Elektrohydraulische Bremse, Laserschweißen, Stahl-/Aluminium-Space-Frame-Technologie, Anbauteile aus Kunststoff und der Einsatz von Verbundwerkstoffen. Da sich die Erfassung des „Architectural Knowledges" auf Projekte von Mittel- und Oberklassefahrzeugen bezog, sind einige der aufgezeigten Umfänge im Rahmen der Erhebung bereits berücksichtigt.

---

[70] z.B. durch Ersatz der Dampfmaschine durch den Verbrennungsmotor.

[71] Etwa im Antriebsbereich (z.B. Direkteinspritzung bei Diesel- und Ottomotoren), Karosseriebereich (z.B. Einsatz neuer Werkstoffe / Mischbauweisen) sowie insbesondere im Bereich von Sicherheits- und Komfortausstattungen (z.B. Gurtstraffer, ABS, ESP, DSC).

[72] vgl. Radtke et al. (2004), S. 51ff. Die Darstellung der aufgezeigten Innovationen bezieht sich dabei auf den Einsatz in der europäischen Kompaktklasse. Für die Mittel- und Oberklasse ist aufgrund der i.a. höheren Produktsubstanz und Produktdeckungsbeiträge in vielen Fällen von einer frühzeitigeren Einführung der aufgezeigten Innovationen auszugehen.

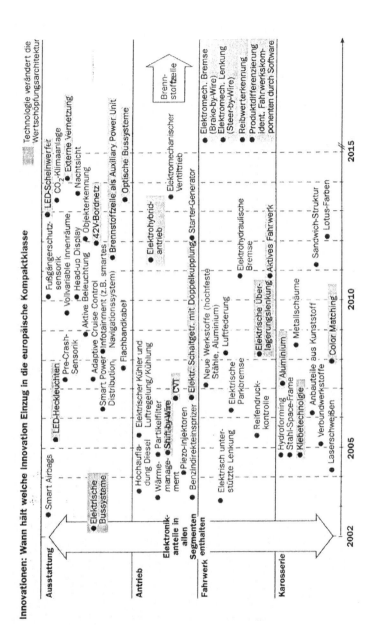

Abb. IV.22: Prognose zu zukünftigen Innovation in der Automobilindustrie
(Quelle: Radtke / Abele / Zielke (2004), S. 50)

Nicht alle der aufgezeigten Innovationen sind für den Kunden direkt wahrnehmbar. Hierzu gehören z.B. Prozessinnovationen - wie etwa die Klebetechnologie - oder ‚Enabler' für andere, direkt kundenwertige Innovationen - z.B. das 42V Bordnetz. Produktneuerungen, die neue Funktionalitäten oder kundenseitig wahrnehmbare Mehrleistung generieren, finden sich v.a. in den Kategorien Infotainment, Sicherheit, Komfort und Antrieb.[73] Die Anbindung des Fahrzeugs an kabellose Breitbanddatennetze ermöglicht zusätzliche Unterhaltungsfunktionen wie z.B. digitales Fernsehen. Die ab 2008 stufenweise wirksam werdenden Fußgängerschutzvorschriften werden voraussichtlich weitere Neuerungen im Bereich der Sicherheitstechnik erfordern. Nach erheblichen Verbesserungen im Bereich der aktiven Sicherheit in den vergangenen Jahren, ergeben sich v.a. durch Einsatz von Fahrerassistenz- und Fahrdynamikregelsystemen erhebliche Optimierungspotenziale im Bereich der passiven Sicherheit, z.B. durch Pre-Crash-Sensorik, Nachtsichtgeräte, Rückfahrkameras, Head-up Display.

Komfortverbesserungen können sich z.B. durch individuell einstellbare Fahreigenschafen (z.B. differenzierte Modi für Fahrwerkseinstellung von Sport bis Komfort über Softwaresteuerung), selbstreinigende Lacke oder intuitive Sitzergonomie ergeben. Im Bereich des Antriebs ist eine Abkehr vom bestehenden Leistungswettbewerb bisher nicht erkennbar. Im Vordergrund für den betrachteten Zeithorizont steht die weitere Verbesserung des konventionellen Antriebs. Neben der weiteren Optimierung der Dieseltechnologie (Direkteinspritzung, Hochaufladung) werden insbesondere auch von der Benzindirekteinspritzung Potenziale für - auslegungsabhängig - Leistungssteigerung bzw. Verbrauchsreduzierung erwartet. Ein weiterer Innovationsschritt stellt die Einführung des elektromechanischen Ventiltriebs dar, der über eine Verbesserung des Wirkungsgrads zyklusabhängig Verbrauchspotenziale von bis zu 10% verspricht.

Derzeit existieren bereits Serienangebote von Fahrzeugen mit Hybridtechnologie (konventioneller Antrieb in Kombination mit Elektroantrieb). Vor dem Hintergrund zukünftiger Emissions- und Verbrauchsreduzierungserfordernisse (z.B. ACEA, CARB[74] etc.) ist eine weitere Verbreitung des Elektrohybridantriebs wahrscheinlich. Vorteile zur Verbrauchsreduzierung ergeben sich hierbei insbesondere durch die Möglichkeit der Bremsenergierückgewinnung, sowie durch die Motor-Start-Stopp-Funktionalität. Zudem ermöglicht der Elektromotor in Verbindung mit Speicherelementen (z.B. Batterie) im Stadtverkehr für eine bestimmte Reichweite emissionsfreies Fahren. Insbesondere in Hinblick auf ‚Zero-Emisson-Anforderungen' in Ballungsgebieten[75] kommt dieser Funktionalität steigende Bedeutung zu.

Bei der überwiegenden Anzahl der aufgeführten Innovationsumfänge handelt es sich um neue Funktionalitäten (z.B. Nachtsichtgeräte) oder um Optimierungen bereits existierender Funktionen (z.B. Benzindirekteinspritzung). Sie sind i.a. nicht mit einer grundsätzlichen Veränderung der Produktarchitektur verbunden (s. Benzindirekteinspritzung), führen aber vielfach zu zusätzlichen Integrationserfordernissen. Als Bei-

---

[73] vgl. ebenda, S. 49ff.

[74] Anforderungen durch das ‚California Air Ressource Board' (z.B. ‚Zero Emission Anforderungen')

[75] Fahrzeughersteller, die in Kalifornien und einigen anderen US-Bundesstatten ein bestimmtes Absatzvolumen überschreiten, fallen unter den Status eines Großserienherstellers (‚Large Volume Manufacturer') und sind damit verpflichtet, verschärfte Emissionsanforderungen zu erfüllen (i.a. Angebot eines ‚Zero-Emission-Vehicles' (Batteriefahrzeuge oder Brennstoffzellenfahrzeuge mit Elektroantrieb) erforderlich).

spiel hierfür wird das aktive Fahrwerk betrachtet.[76] Die Einführung eines aktiven Fahrwerks zielt darauf, unerwünschte Karosseriebewegungen - v.a. Nick-, Wank-, Hubbewegungen - deutlich zu reduzieren. Dies erfolgt durch selektive Beeinflussung der Federung und Dämpfung eines jeden einzelnen Rades. Beim Bremsen werden z.B. die vorderen Federn bzw. Dämpfer auf Befehl des Steuergerätes härter eingestellt, so dass ein Abtauchen des Fahrzeugs erschwert bzw. verhindert wird. Analog werden bei Kurvenfahrten die kurvenäußeren Fahrwerkselemente härter eingestellt, um ungewünschten Wankbewegungen entgegenzuwirken. Eine solche aktive Regelung der Fahrwerkseigenschaften setzt voraus, dass ein Steuergerät die aktuelle Fahrzeugposition und –beschleunigung mittels zahlreicher Sensoren misst und über Aktuatoren die Feder-/Dämpfungseigenschaften der Räder regelt. Für optimales Fahrverhalten sind die Steuergeräte von Fahrwerk, Lenkung und Bremssystem miteinander zu vernetzen oder in einem Steuergerät zu integrieren.

Welche Konsequenzen ergeben sich daraus für das ‚Architectural Knowledge'? Die Mechanikkomponenten (Federn, Stoßdämpfer etc.) werden von Zulieferern geliefert. Angesichts der starken Konsolidierung in der Automobilzulieferindustrie[77] sowie einer weiterhin zu erwartenden, vermehrt integrativen Ausrichtung der Zulieferer[78] i.S.v. Systemlieferanten wird die Zulieferindustrie entsprechend der veränderten Anforderungen verstärkt nach Aufbau neuer (Integrations-)Kompetenzen streben. Aufbau von Mechatronik-Know-How, Entwicklung hydraulischer oder pneumatischer Aktuatoren, Beherrschung von Messtechnik, Softwareprogrammierung sowie des Datenaustausches zwischen den Komponenten sind Beispiele hierfür.

Gleichzeitig werden auch die OEMs - insbesondere Premiumhersteller - danach streben, die Gesamtfahrzeugkompetenz gegenüber den zunehmenden Integrationsbestrebungen bei (System-)Lieferanten zu verteidigen. Der elektrisch-/elektronischen Vernetzung bzw. Integration kommt dabei eine Schlüsselrolle zu. Angesichts einer zunehmenden Angleichung von Produktsubstanz[79] und einer Technikkonvergenz zwischen den Herstellern v.a. im Komponentenbereich kommt der Differenzierung über die Gesamtfahrzeugeigenschaften eine zentrale strategische Bedeutung zu. Gleichzeitig liegt hier der zentrale Stellhebel für die kundenseitige Wahrnehmung der Fahrzeugcharakteristik mit hoher Bedeutung für die Beeinflussung der Markenwerte. Folglich verfolgen v.a. Premiumhersteller eine Strategie, bei der in jeder kooperativen Zusammenarbeit der Kontrolle über alle die Markenwerte beeinflussenden Faktoren oberste Priorität zukommt.[80]

---

[76] vgl. Radtke et al. S. 69ff.

[77] Von 1988 bis 2000 verringerte sich die weltweite Anzahl der unabhängigen Zulieferer in der Automobilindustrie um über 80% von ca. 30.000 auf ca. 5.600, vgl. Radtke et al. (2004), S. 18.

[78] vgl. ebenda. (2004), S. 174

[79] vgl. Ealey / Troyano-Bermúdez (2005), S. 65ff.; Stahl (2002), S. 76ff.; Stahl / Seidel (2005), S. 3ff.

[80] vgl. Milberg (2002), S. 13. Auch Radtke et al. verweisen auf das aufgezeigte Dilemma am Beispiel des Segments ‚Ausstattung': "Für solche Systemspezialisten lohnen sich die hohen Investitionen in Software-Simulationstools und Klimakammern: Durch OEM-übergreifende Plattformkonzepte können sie Skaleneffekte nutzen. (...) Diese Entwicklung setzt die Fahrzeughersteller unter Zugzwang: Einerseits müssen sie im Segment Ausstattung Integrationsleistungen zunehmend an Zulieferer vergeben, andererseits dürfen sie aber nicht ihre Basiskompetenz und ihre Verantwortung für das Design-Gesamtkonzept verlieren. Denn das Gesamtkonzept der Ausstattung ist ein wesentliches Merkmal der Markenbotschaft, mit der sich die OEMs vor allem in der Oberklasse von ihren Wettbewerbern differenzieren", vgl. Radtke et al. (2004), S. 63.

Während Zulieferern zumeist als Lieferanten mehrerer OEMs der strategische Vorteil höherer Economies of Scale zufällt, verfügen OEMs über spezifische Gesamtfahrzeugkenntnisse und -erfahrungen als zentrale Voraussetzung für die Gesamtfahrzeugintegration. Ähnlich der Entwicklung im Bereich von z.b. Regelsystemen (vgl. ABS) wird daher mittel- bis langfristig zu erwarten sein, das Zulieferer vermehrt Integrationsumfänge mit standardisierten (Elektronik-/Software-)Schnittstellen anbieten werden, die eigentliche Gesamtfahrzeugintegration und –abstimmung auf dieser Basis jedoch Kernkompetenz der OEMs bleiben wird. Dies bedeutet, dass die betroffenen Komponenten nach wie vor Zulieferumfänge sind, wobei anzunehmen ist, das die Konzentration auf wenige Systemlieferanten zunehmen wird. Mechanik- und Mechatronik-Umfänge sowie ihre Grundvernetzung entfallen dann auf Zulieferer mit standardisierten Schnittstellen/Steuergeräten.

Den OEMs käme dann dagegen die Aufgabe der Elektrik-/Elektronikintegration für die Einzelumfänge/-funktionen i.s. markenprägender Gesamtfahrzeugeigenschaften zu. Beispielsweise ist eine Integration der Lieferantenumfänge in verschiedene, maßgeblich durch Software gesteuerte Fahrwerksmodi denkbar, bei der gleichzeitig eine Vernetzung mit weiteren Fahrerassistenz- und Fahrdynamikregelsystemen (z.b. Elektronisches Stabilitätsprogramm, Spurhaltassistenzsysteme etc.) erfolgt. Eine solche Aufgabe betrifft vorwiegend die im aufgezeigten Organisationsmodell neu entwickelte Funktion ‚Elektrik-/Elektronik-Integration'. Zudem erhält die frühzeitige, stimmige Festlegung der Elektronikarchitektur eine zentrale Bedeutung. Das Modul Bremsen wird über diese Funktionen mit den erforderlichen Schnittstellenfunktionen z.B. über die aufgezeigten Regel- und Ad-Hoc-Teams vernetzt. Auch beim aktiven Fahrwerk erfolgt die eigentliche Bremsenentwicklung nach wie vor beim Zulieferer.

Die Konsequenzen aus der aufgezeigten Entwicklung bestehen also in einer Aufwertung der im neuen Organisationsansatz geschaffenen Elektrik-/Elektronik-Integrationsfunktionen. Analoge Überlegungen gelten für zahlreiche weitere der aufgezeigten Innovationen: Eine grundsätzliche Veränderung der Produktarchitektur ist nicht zu erwarten, wohl aber neue Integrationsanforderungen, insbesondere eine deutlich zunehmende Bedeutung der elektrisch-elektronisch-informationstechnischen-Integrationsfunktion[81].

Die Chancen dieses zunehmenden Elektrik-/Elektronikeinsatzes im Fahrzeug liegen insbesondere in neuen Differenzierungsfeldern im Bereich der Gesamtfahrzeugintegration sowie in Vorteilen hinsichtlich Package / Unabhängigkeit, Programmierbarkeit, Schnelligkeit und z.T. Gewichtsreduzierung[82]. Die Programmierbarkeit ermöglicht zunehmend auch eine Produktdifferenzierung durch Software- und Elektroniksteuerung. So können z.B. Motorleistung oder Fahrwerksauslegung durch Softwaresteuerung so beeinflusst werden, dass bei identischer ‚Hardware' unterschiedliche Leistungs- bzw. Fahrwerkscharakteristika entstehen. Dies ermöglicht hardwareseitig höhere Economies of Scale mit entsprechenden Kosteneinsparungspotenzialen. Die gegenüber der Produktlaufzeit i.a. kürzeren Softwarelebenszyklen bieten zudem das Potenzial, noch während der Produktlaufzeit durch eine Software-

---

[81] Prognosen sehen den Elektronikanteil in der Kompaktklasse von derzeit 20% auf über 40% steigen. vgl. Radtke et al. (2004) S. 52ff. Allein die Software in den Steuergeräten macht in der Kompaktklasse heute bereits 2% der Herstellkosten aus. Radtke et al. prognostizieren diesbezüglich eine Vervierfachung bis 2015.

[82] Ein Potenzial zur Gewichtsreduzierung ist bei Ersatz von Mechanik durch Elektronik möglich. Insbesondere bei weiterer Marktdurchdringung sind infolge höherer Economies of Scale durch Substitution mechanischer Lösungen auch Kostenvorteile denkbar.

aktualisierung neue Funktionen zu generieren oder die bestehenden Produkteigenschaften zu verbessern. Auch bei bereits produzierten bzw. verkauften Fahrzeugen ist ein solcher ‚Software-Update' denkbar.

Grundlegende Innovationen mit weitreichenden Folgen[83] für das Automobil stellen der Ersatz des herkömmlichen Verbrennungsmotors (ICE – Industrial Combustion Engine) durch Fahrzeuge mit Brennstoffzelle und Elektromotor (Fuel Cell Eletric Vehicles - FCEV) oder die ‚X-by-Wire-Technologien' dar.

Die genauen Auswirkungen dieser neuen Technologien auf die Fahrzeugarchitektur sind gemäß Aufgabenstellung nicht im Rahmen dieser Arbeit zu bewerten. Eine ausreichend fundierte Bewertung erfordert vor dem Hintergrund noch zahlreicher offener Fragen eine gesamthafte Betrachtung der Technologien im Rahmen eines Business-Cases mit Bewertung der technischen Umsetzbarkeit sowie einer gesamthaften Chancen-/Risikenbetrachtung, der Abschätzung der zeitlichen Umsetzungsperspektive, der Infrastrukturproblematik, der Branchenstruktur sowie gesellschaftlicher, politischer, ökologischer und ökonomischer Einflussfaktoren.

Bei beiden Technologien ist angesichts noch zahlreicher offener Fragen nach vorherrschender Einschätzung mit einem Durchbruch nicht vor 2015 zu rechnen: Radtke et al. gehen bei der Brennstoffzelle aufgrund noch hoher Produktionskosten und der noch ungelösten Brennstoffversorgung von einem Einsatz im Massensegment nicht vor 2015 aus[84]. Ewe sieht einen ökologisch-volkswirtschaftlich sinnvollen Einsatz der ''Wasserstofftechnologie'' erst sehr langfristig mit Übergang in eine regenerative Stromerzeugung gegeben[85]. Nach Planung der Bundesregierung wird in 2020 ca. 20% des Stroms in Deutschland aus regenerativen Energiequellen erzeugt, ''in 2050 könnten es 50% sein''.[86] Auch der Einsatz von ‚X-by-Wire-Systemen' wird in einem realistischen Szenario nicht vor 2015 erwartet.[87]

Verschiedene Grundsatzüberlegungen sprechen zudem dafür, dass die hohe Bedeutung der Antriebseinheit als Schlüsselmodul bzw. des Cockpits als Querschnittsmodul auch bei Einführung einer Brennstoffzelle mit Elektromotor bzw. der ‚X-by-Wire-Technologie' bestehen bleibt.

Bei Einsatz einer Brennstoffzelle mit Elektromotor stellt sich in Hinblick auf mögliche Veränderungen des ‚Architectural Knowledges' die Frage, ob Entwicklung und Produktion beider Komponenten Kernkompetenz der OEMs darstellen werden. Als Entscheidungskriterien für den Aufbau einer ent-

---

[83] Insbesondere bei der Brennstoffzelle handelt es sich um eine Innovation mit weitreichenden Folgen auch über die Automobilindustrie hinaus, so dass von einer *Änderung des technisch-wirtschaftlichen Paradigmas* ausgegangen werden kann, vgl. Zahn (1995a), S. 11ff. Da ‚X-by-Wire-Systeme' in anderen Branchen (z.B. Luftfahrt) bereits eingesetzt werden, ist der Neuigkeitscharakter einer solchen Innovation spezifisch für die Automobilindustrie, so dass in diesem Fall eher ein *neues Technologie-System* vorliegt, das weitreichende Folgen für die Branchen haben kann, indem es Innovationshäufungen nach sich zieht, vgl. ebenda S. 11ff.

[84] vgl. Radtke et al. (2004) S. 50

[85] Ewe (2004), S. 86-97

[86] Nach Aussagen von Reinhard Kaiser, Leiter des Stabes Umwelt und Verkehr im Bundesumweltministerium Berlin, vgl. ebenda, S. 97

[87] Insbesondere, da es sich bei Lenk- und Bremssystemen um sicherheitskritische Umfänge handelt, ist bis zu einer vollständig ausfallsicheren Beherrschung der Technologie aus Sicherheitsgründen eine redundante Rückfalloption zu erwarten. Aufgrund der Redundanz der Systeme sind dann zusätzliche Kosten- und Gewichtsmehrungen wahrscheinlich.

sprechenden Kernkompetenz werden wirtschaftliche Vorteilhaftigkeit und strategische Differenzierung im Wettbewerb unterstellt. Beide Komponenten sind nicht ausschließlich auf den Einsatz im Fahrzeug beschränkt, es existieren derzeit bereits spezialisierte Unternehmen für Entwicklung und Produktion der Umfänge. Als (potenzieller) Zulieferer zahlreicher branchenbezogener und - übergreifender Abnehmer verfügen diese Unternehmen i.a. über höhere Economies of Scale (bzw. Potenzial zu höheren Economies of Scale) als einzelne OEMs im Falle der Herstellung für den Eigenbedarf.[88] Eine strategische Differenzierung über dann weitgehend standardisierte Umfänge ist vor allem im Rahmen der Bauteilintegration wahrscheinlich, weniger in der Entwicklung und Produktion der dann voraussichtlich weitgehend standardisierten Komponenten. Die Überlegungen sprechen dafür, dass Entwicklung und Produktion beider Umfänge keine Kernkompetenz der OEMs darstellen würden.[89]

Im Rahmen der dann marktseitig verfügbaren Angebote von Brennstoffzellen/Elektromotoren sind diese also weitgehend vorbestimmt bzw. standardisiert, so dass von einem Schlüsselmodul auszugehen wäre. Die Integration der neuen Antriebseinheit ‚Brennstoffzelle und Elektromotor' in das Fahrzeug wäre dann allerdings als eine zentrale Kernkompetenz der OEMs anzunehmen mit hoher Bedeutung insbesondere bei Festlegung der Fahrzeugarchitektur in der frühen Entwicklungsphase. Auf Basis dieser Überlegungen würde den neuen Umfängen also die Bedeutung eines Schlüsselmoduls zukommen.[90]

Die ‚X-by-Wire-Technologie basiert darauf, die mechanische Verbindung durch ein elektrisches Kabel zu ersetzen. Dies kann sowohl die Verbindung zwischen Lenkradstellung und Vorderrädern betreffen (‚Steer-by-Wire'), die Verbindung zwischen Bremspedal und Bremsanlage (‚Brake-by-Wire') oder die Verbindung zwischen Schalthebel und Getriebe (‚Shift-by-Wire'). Insbesondere die Funktion ‚Steer-by-Wire' ermöglicht über den Wegfall des Lenkrads völlig neue Gestaltungsoptionen für das Cockpit. Über eine entsprechende Neugestaltung der Mensch-Maschine-Schnittstelle (MMI - Man-Machine-Interface) sind grundlegend neue Differenzierungspotenziale denkbar. Dies würde für eine weiterhin hohe, wahrscheinlich sogar noch steigende Bedeutung des Moduls Cockpit[91] sprechen, was eine Beibehaltung als besonders abstimmungsintensives Querschnittsmodul nahe legen würde.

Die Funktion ‚Brake-by-Wire' wird insbesondere bei Bremsenlieferanten einen Wandel im Kompetenzprofil vom Hydraulikexperten zum Elektronik- bzw. Mechatronikexperten erfordern.[92] Für die OEMs werden sich verstärkte Anforderungen an die Elektronikintegration ergeben (vgl. auch Anforderungen aus ‚aktivem Fahrwerk'). Durch elektronische Unterstützung der herkömmlichen Systeme Bremse und Lenkung, wie etwa durch die elektrische Überlagerungslenkung im neuen 5er-BMW, deuten sich bereits erste Entwicklungsschritte zum Übergang zu elektromechanischen Systemen an.

Die Auswirkungen der in Abb.IV.22 aufgezeigten Innovationen für das ‚Architectural Knowledge' bzw. für Überlegungen zu Koordinationsstrukturen im Entwicklungsprozess lassen sich in drei Kategorien zusammenfassen:

---

[88] Dies wäre verstärkt anzunehmen, falls - wie vielfach prognostiziert, vgl. Ewe (2004), S. 87ff., zeitgleich oder sogar noch vor dem mobilen Einsatz der Brennstoffzelle in Kraftfahrzeugen der stationäre Einsatz erfolgen würde.

[89] In einer vertieften Bewertung sind weitere, z.T. unternehmensspezifische Kriterien wie etwa unternehmerische Unabhängigkeit zu berücksichtigen.

[90] Auch der Einsatz der Brennstoffzelle als ‚Auxiliary Power Unit (APU) in Ergänzung zum herkömmlichen Verbrennungsmotor als motor- und batterieunabhängige Stromquelle im Fahrzeug ist aufgrund hoher Kosten und derzeit noch nicht ausreichender Bedingungen für den Großserieneinsatz eher vor einem mittel- bis langfristigen Einsatzhorizont zu sehen. Nach möglichen Übergangslösungen (z.B. Integration im Kofferraumbereich) ist mit zunehmendem Entwicklungsfortschritt (v.a. Größen-, Gewichts und Kostenreduzierung sowie erhöhte Leistungsfähigkeit und Dauerhaltbarkeit) eine Integration der APU im Antriebsbereich möglich. In diesem Fall wäre die Nutzung weiterer Synergien mit der Antriebseinheit denkbar. Auch unter diesen Voraussetzungen wäre von einer Integration der Brennstoffzelle in das Schlüsselmodul ‚Antrieb' auszugehen.

[91] Auch eine Neuordnung der Module ist damit nicht ausgeschlossen.

[92] vgl. Radtke et al. (2004), S. 58

1. Innovationen ohne grundlegende Bedeutung für die aufgezeigten organisatorischen Überlegungen

   Einige der - für die Massenherstellung in der europäischen Kompaktklasse - dargestellten Innovationen, insbesondere zu Beginn der aufgezeigten Zeitleiste, sind in zahlreichen Fahrzeugen der Mittel- und/oder Oberklasse der Premiumsegmente derzeit bereits eingesetzt und wurden daher bei der Erfassung des ‚Architectural Knowledge' bereits berücksichtigt (z.b. elektrische Bussysteme, LED-Heckleuchten, Hochaufladung Diesel, Diesel-Partikelfilter, elektrisch unterstützte Lenkung). Von anderen Innovationen (z.b. Piezo-Injektoren, Benzindirekteinspritzung, Laserschweißen) ist keine grundlegende Änderung für das ‚Architectural Knowledge' auf Modulebene zu erwarten[93].

2. Innovationen, die die Auflösung traditioneller Fahrzeugsegmente und die Anforderungen an segmentübergreifende Integration verstärken

   Insbesondere der verstärkte Einsatz von Elektrik/Elektronik bzw. Mechatronik mit neuen Möglichkeiten zur Vernetzung zuvor weitgehend unabhängiger Systeme beschleunigt die Auflösung traditioneller Fahrzeugsegmente mit verstärkten Integrationsanforderungen. Erfordernisse zur Ausrichtung auf die segmentübergreifenden Abstimmungserfordernisse steigen. (Beispiele: Aktives Fahrwerk, überwiegende Anzahl der Fahrerassistenz- und Fahrdynamikregelsysteme, z.B. Adaptive-Cruise-Control (ACC), Lane Departure Warning System).

   Die im neuen Organisationsansatz geschaffenen Kompetenzcenter zu Integrationsthemen mit gegenüber den Fachbereichs-CoCs deutlich gestiegener Bedeutung, v.a. im Bereich Elektrik/Elektronik, die Vernetzung und Stärkung der Funktionen zur Fahrzeugarchitektur insbesondere der Elektrik-Architektur in der frühen Phase sowie die Maßnahmen zur Intensivierung der modulübergreifenden Vernetzung durch Regel- bzw. Ad-Hoc-Teams zielen auf die Bewältigung dieser Anforderungen und gewinnen daher weiter an Bedeutung. Eine grundlegende Veränderung der Produktarchitektur als Basis für die im neuen Organisationsansatz aufgezeigte Modularisierung zeichnet sich durch diese Innovationsumfänge derzeit nicht ab.

3. Innovationen mit langfristigem Umsetzungshorizont und weitreichenden Neuerungen für die Automobilentwicklung, deren Auswirkungen auf das ‚Architectural Knowledge' und den aufgezeigten Organisationsansatz im Rahmen dieser Arbeit nicht vertieft bewertbar sind

   Innovationen wie z.B. der Ersatz des Verbrennungsmotors durch FCEV oder die ‚X-by-Wire-Technologien' sind weitreichende Veränderungen in der Automobilentwicklung. Aus diesem Grund können die damit verbundenen Konsequenzen im Rahmen dieser Arbeit nicht erschöpfend bewertet werden. Erste Abschätzungen legen jedoch nahe, dass auch in diesen Fällen die Grundzüge des aufgezeigten Orga-

---

[93] Die in Abb. III.22 für einige Innovationen aufgezeigte Veränderung der Wertschöpfungsarchitektur ist nicht gleichzusetzen mit einer Veränderung der Produktarchitektur. Eine Veränderung von Fertigungsverfahren oder ein verstärktes Outsourcing von Entwicklungs-/Produktionsumfängen ist z.B. mit einer Veränderung der Wertschöpfungsarchitektur verbunden, jedoch vielfach nicht mit einer Veränderung von Funktions- oder Baustruktur bzw. ihrer Beziehung zueinander (Produktarchitektur).

nisationsansatzes als zielführend bestätigt werden. Die Innovationen weisen i.a. einen langfristigen Einführungshorizont (2015++) auf.

Die Überlegungen zeigen, dass die aus dem zunehmenden Elektrik-/Elektronikeinsatz (s. 2.) resultierenden Herausforderungen für den aufgezeigten Organisationsansatz von zentraler Bedeutung sind. Im folgenden werden daher die wichtigsten, daraus resultierenden Herausforderungen an Unternehmensführung und Organisationsgestaltung zusammengefasst:

I. Beherrschung der Integrationserfordernisse

Durch vermehrten Elektronikeinsatz im Fahrzeug gewinnen neue Integrationserfordernisse, wie bereits aufgezeigt, zentrale Bedeutung. Die Vernetzung der Einzelkomponenten mit ihrer Abstimmung i.S. (marken-) charakteristischer Gesamtfahrzeugeigenschaften wird eine wettbewerbsentscheidende Kernkompetenz der Automobilhersteller. Dabei stehen die OEMs vielfach vor dem Spannungsfeld aus Differenzierung einerseits und Nutzung von Economies of Scale andererseits. Eine Strategie der Innovationsführerschaft ermöglicht m.E. keine Nutzung herstellerübergreifender Economies of Scale, die sich z.B. ergeben bei Kooperationen zwischen OEMs oder Bezug von Zulieferern, die mehrere OEMs beliefern. Vor dem Hintergrund des hohen Kostendrucks einerseits sowie der hohen strategischen Bedeutung der Gesamtfahrzeugintegration und –vernetzung andererseits kommt der Kombination aus Standardvernetzung und –schnittstellen seitens der Zulieferer und Erschließung von Wettbewerbsvorteilen durch herstellerspezifische Gesamtfahrzeugintegration steigende Bedeutung zu. Den resultierenden Anforderungen an die Organisationsgestaltung der OEMs wird durch die im neuen Organisationsansatz aufgezeigten Vernetzungsansätze und Integrationsfunktionen Rechnung getragen (s.o.).

II. Beherrschung von Zuverlässigkeit und ‚interner' Komplexität

Laut einer Studie des ADAC werden heute bereits knapp 50% aller Autopannen durch fehlerhafte Elektronik verursacht.[94] Auch von Fahrzeugen der deutschen Premiumhersteller sind, sicher nicht zuletzt aufgrund des hohen Innovationsgrades, auch im Bereich Elektrik/Elektronik, derartige Probleme bekannt.[95] Die deutschen Premiumhersteller haben vielfach auf diese Entwicklungen reagiert. Bei der Entwicklung des neuen Audi A6 war z.B. die Zuverlässigkeit der Elektrik/Elektronik eines der "maßgeblichen Entwicklungsziele".[96]

Die Zuverlässigkeitsprobleme ergeben sich maßgeblich durch die hohe Vernetzungs- bzw. Integrationskomplexität. Diese steigt exponentiell zu der Anzahl der

---

[94] vgl. Radtke et al. (2004), S. 55.

[95] "Mercedes wechselte aufgrund der Funktionsstörungen bei der MB E-Klasse nur 6 Monate vor dem Produktionsstart den Lieferanten. Beim VW Phaeton kam es zu Auslieferungsverzögerungen auf Grund nicht identifizierbarer Fehler in den mehr als 90 Steuergeräten. Auch BMW verzögerte die Markteinführung des aktuellen 7er-Modells nicht zuletzt wegen der Schwierigkeiten mit dem neuen Bedienkonzept I-Drive und der Integration der zahlreichen Softwarekomponenten", vgl. ebenda, S. 55. Auch bei Toyota – dem Branchenprimus in der ADAC Pannenstatistik – sind über 50% der Pannen auf Elektronikprobleme zurückzuführen.

[96] vgl. o.V. (2004), S. 7

verknüpften Komponenten. Der entscheidende Schlüssel zur Verbesserung der Zuverlässigkeit liegt damit in der Beherrschung der Integrationskomplexität, eine zentrale Zielsetzung des Ansatzes 'gelenkter Selbstorganisation' (s.o.).

III. Gewährleistung Kundenverständlichkeit, Beherrschung 'externer' Komplexität

Die erhebliche Zunahme neuer Funktionen insbesondere im Bereich von Fahrerassistenz- und Fahrdynamikregelsystemen, sowie die neuen Möglichkeiten zur Individualisierung des Fahrzeugs durch Software erschweren zunehmend die Verständlichkeit der neuen Angebotsvielfalt für den Kunden. Die resultierenden Herausforderungen für die OEMs liegen v.a. in der Produktgestaltung (komplexitätsreduzierte Gestaltung der Mensch-Maschine-Schnittstelle (MMI), z.B. I-Drive-Konzept im 7er-/ 5er-BMW) sowie der Angebotsgestaltung / Kommunikation (Bündelung bzw. Angebotspakettierung von Innovationsumfängen, z.b. Zusammenfassung zahlreicher Einzelinnovationen im Bereich Fahrwerk zu wenigen, übergeordneten Angebotsalternativen).

IV. Personalentwicklung

Die oben aufgezeigten Herausforderungen führen zu verstärktem Bedarf an Ingenieuren mit entsprechend neuen Kompetenzen in den Bereichen Elektrik-/Elektronik, Software-Engineering und elektronisches Qualitätsmanagement.[97] Für die erfolgreiche Bewältigung der Integrationserfordernisse sind neben Spezialisten vermehrt Mitarbeiter mit Gesamtfahrzeugverständnis/-erfahrung und Kompetenzen im Bereich des Schnittstellenmanagements notwendig.

Den Aspekten I und II kommt in Hinblick auf die aufgezeigten Integrationserfordernisse direkte Bedeutung für die Organisationsgestaltung zu. Die Verbesserung bereichsübergreifender Zusammenarbeit mit Stärkung der Integrationskompetenz ist wie aufgezeigt zentrale Zielsetzung des Ansatzes 'gelenkter Selbstorganisation'. Das Ziel einer besseren Kundenverständlichkeit (III) führt den Integrationsgedanken in Form einer (marktseitigen) 'Angebotspakettierung' fort. Die Maßnahmen im Bereich der Personalentwicklung (IV) sind zentrale Voraussetzungen für die Umsetzung des neuen Organisationsansatzes - v.a. für die erfolgreiche Implementierung der Integrations-CoCs - und bilden damit einen Erfolgsfaktor für die Beherrschung der Qualifikationsanforderungen, die aus dem Ansatz 'gelenkter Selbstorganisation' resultieren.

Mit dem Ansatz der Modularisierung auf Basis von 'Architectural Knowledge' wurde durch Ausrichtung der Organisation auf die produktbedingten Abstimmungserfordernisse bei gleichzeitiger Stärkung der Integrationsfunktionen der Weg von einer traditionellen, nach Fahrzeugbereichen organisierten Entwicklungsorganisation zu einer 'wissensbasierten' Entwicklungsorganisation[98] aufgezeigt. Die sich aus den neuen Technologien ergebenden Herausforderungen verstärken durch die Auflösung traditioneller Fahrzeugbaugruppen und –segmente die Erfordernisse zur Ausrichtung der Organisation an den "zu entwickelnden Funktionen und den dazu erforderlichen system-

---

[97] vgl. hierzu auch Radtke et al. (2004), S. 131
[98] vgl. ebenda, S. 156ff.

übergreifenden Wissensspektren"[99]. Sie bestätigen damit nicht nur die Notwendigkeit zu der aufgezeigten Reorganisation, sondern verdeutlichen auch ihre hohe Bedeutung für die zukünftige Wettbewerbsfähigkeit der Automobilhersteller.

Auch der Trend einer für die OEMs weiter abnehmenden Wertschöpfungstiefe verstärkt die Bedeutung des neuen Organisationsansatzes für die Hersteller. Die Kompetenz zur Gesamtfahrzeugintegration erhält gerade in diesem Fall für sie wettbewerbsentscheidende Bedeutung[100]. Verstärktes Outsourcing von immer umfangreicheren Entwicklungsumfängen und Teilsystemen an Zulieferer bzw. große Systemlieferanten erfordert bei den OEMs - neben Kompetenzaus- bzw. -aufbau in ausgewählten Entwicklungsbereichen - eine weitere Kompetenzvertiefung im Bereich der Koordination, Steuerung und Kontrolle des unternehmensinternen und unternehmensübergreifenden Entwicklungsnetzwerkes.

Die Ausrichtung auf die produktbedingten Abstimmungserfordernisse zur Bewältigung der segmentübergreifenden Integrationsanforderungen stellt als Basis für Kontrolle und Beeinflussung aller markenrelevanten Faktoren[101] eine wettbewerbsentscheidende Kernkompetenz der Hersteller dar. Die konsequente Ausrichtung der Organisation auf die fahrzeugsegmentübergreifenden Integrations- und Abstimmungserfordernisse i.S.d. ‚Architectural Knowledges' sowie die Stärkung der aufgezeigten Integrationsfunktionen wird damit zentraler Erfolgsfaktor. Aufgrund der hohen Bedeutung der aufgezeigten Veränderungen bezeichnen Radtke et al. den Übergang zu einer solchen ‚wissensbasierten Entwicklungsorganisation' auch als neue, ‚smarte' Revolution in der Automobilindustrie.

Mit dem Ansatz der Modularisierung auf Basis von ‚Architectural Knowledge' stand das Schnittstellenmanagement, insbesondere die Optimierung der Schnittstellenlage und eine verbesserte schnittstellenübergreifende Zusammenarbeit durch Orientierung der Organisationsstrukturen an den produktbedingten Abstimmungserfordernissen im Vordergrund.

Als weitere, zentrale Herausforderung wurde die Vereinbarung von Leistungsbeiträgen identifiziert, vgl. Abb.IV.2. Mit dem Konzept des ‚Virtuellen Markplatzes' wird dieser Aspekt in den folgenden Kapiteln aufgegriffen. Dabei zielt der Ansatz gleichzeitig auch auf eine weitere Optimierung der schnittstellenübergreifenden Zusammenarbeit.

---

[99] vgl. ebenda , S. 157
[100] vgl. ebenda, S. 117
[101] vgl. Milberg (2002), S.13.

3. Der ‚Virtuelle Marktplatz'

Der 'Virtuelle Marktplatz' zielt auf eine Neugestaltung des Leistungs- bzw. Zielvereinbarungsprozesses. Im Bereich des Zielmanagements liegt eine wichtige, aus der Fallstudie bekannte Problematik in der ungenügenden Zielpriorisierung zu Beginn der Entwicklung des XR 400. Da die Zielpriorisierung die Grundlage für den weiteren Zielvereinbarungsprozess bildet, wird im folgenden zunächst auf eine Methodik für einen solchen Priorisierungsprozess eingegangen (Kap. 3.1). Mit der Übertragung der Theorie ‚Komparativer Vorteile' aus der Volkswirtschaftslehre auf den Entwicklungsprozess (Kap. 3.2) werden dann die Grundlagen für das Konzept des ‚Virtuellen Markplatzes' (Kap. 3.3) gelegt.

3.1 Zielpriorisierung durch das Produkt-Differenzierungs-Profil

Das Produkt-Differenzierungs-Profil (PDP) ist eine Methodik für die Festlegung angestrebter Differenzierungsfelder in der Initialphase einer Fahrzeugentwicklung. Hierzu wird eine Priorisierung gängiger Produkteigenschaftsmerkmale und der sie betreffenden Zielsetzungen vorgenommen. Damit wird der aus der Fallstudie bekannten Problematik ungenügender Zielpriorisierung in der hierfür so bedeutsamen frühen Entwicklungsphase begegnet.

Das PDP besteht aus einer Tabelle, in deren Zeilenkopf alle für die Zielfindung wichtigen Produkteigenschaftsmerkmale aufgetragen sind. Dabei erfolgt eine Gliederung in drei Ebenen:

1. *Übergeordnete Eigenschaftsfelder*
   - Dynamik/Agilität/Aktive Sicherheit
   - Design
   - Komfort/Sensualität
   - Passive Sicherheit
   - Wirtschaftlichkeit/Effizienz
   - Umwelt/Recycling

Jedes dieser Eigenschaftsfelder gliedert sich in weitere *Eigenschaftskategorien (2. Ebene)*. Beispielsweise ergibt sich im Eigenschaftsfeld Dynamik/Agilität/Aktive Sicherheit folgende Gliederung:

2. *Eigenschaftskategorien im Bereich Dynamik / Agilität / Aktive Sicherheit*
   - Maximale, kundennahe Fahrleistungen
   - Fahreigenschaften
   - Off-Road-Eigenschaften
   - Visuelle Wahrnehmungen
   - Fahrer/Fahrzeuginformationen

Jede Eigenschaftskategorie besteht ihrerseits wieder aus bestimmten *Eigenschafts-merkmalen (3. Ebene)*. Bei der Kategorie ‚Maximale/kundennahe Fahrleistungen' sind dies z.b. folgende Merkmale:

3. Eigenschaftsmerkmale in der Kategorie maximale, kundennahe Fahrleistungen

- Beschleunigung 0-100km/h
- Ansprechverhalten von Motor und Fahrzeug
- Subjektiver Beschleunigungseindruck
- Elastizität (Beschleunigungszeit von 80 auf 120 km/h)
- Höchstgeschwindigkeit

Insgesamt ergeben sich mit dieser Strukturierung ca. 70 Produkteigenschaftsmerkmale. In drei Spalten wird für jedes Produkteigenschaftsmerkmal die angestrebte Differenzierung gegenüber dem Wettbewerb und damit die Priorisierung der Produkteigenschaft als Grundlage für die Zielfindung und -priorisierung festgelegt. Grundlage hierfür bildet eine genaue Definition des Wettbewerbumfeldes. Hierzu wird ein Wettbewerbsfahrzeug des gleichen Fahrzeugsegments als ‚Acceptable Standard' bestimmt (1. Spalte). Die Bewertung ‚Acceptable Standard' ist die geringste Priorisierung: für das entsprechende Eigenschaftsmerkmal wird das Niveau des entsprechenden Wettbewerbsfahrzeugs festgelegt.

Mittlere Differenzierung bzw. Eigenschaftspriorisierung wird durch den Standard ‚Niveau innerhalb der Top 3 Kernwettbewerber im Segment' angestrebt (2. Spalte). Hiermit ist in jedem Fall eine bessere Eigenschaftsausprägung als beim ‚Acceptable Standard' verbunden. Stärkste Differenzierung und damit Eigenschaftspriorisierung ist das Ziel der Segmentführerschaft (Benchmark) in der so priorisierten Produkteigenschaft (3. Spalte). In einer abschließenden Spalte für ergänzende Bemerkungen ist eine kurze Erläuterung bzw. Konkretisierung der Bewertung möglich (z.B. die Erläuterung: ‚Erreichen von mindestens 5 Sternen' beim Produkteigenschaftsmerkmal ‚EURO-NCAP' im Eigenschaftsfeld ‚passive Sicherheit').

Ziel des PDP ist es, die aus der Fallstudie bekannte, sehr hohe und dadurch vielfach zielkonfliktbeladene Perfektionsorientierung mit Benchmarkzielen in nahezu allen Produkteigenschaftsmerkmalen auf gezielte, für die Kundenwertigkeit relevante Differenzierungsschwerpunkte zu fokussieren. Dazu wird für jede Spalte eine gewisse Anzahl von Priorisierungen festgelegt: als Leitlinie gilt, dass nahezu die Hälfte der Produkteigenschaftsmerkmale die mittlere Differenzierung erreichen sollten. Ca. 30% Benchmarkausprägungen stehen ca. 20% Ausprägungen mit ‚Acceptable Standard' gegenüber.

Diese Vorgehensweise zielt gegenüber der Ausgangssituation auf Verbesserungen in zwei grundlegenden Punkten: zum einen wird durch die eindeutige Priorisierung die *Transparenz* hinsichtlich der Bedeutung der Produkteigenschaftsmerkmale erhöht. Die klare Positionierung gegenüber Wettbewerbsfahrzeugen führt durch vielfach messbare Kriterien (z.B. Beschleunigung von 0-100km/h) zu einer eindeutigen Bewertung.

Zum anderen wird die angestrebte *Fokussierung auf marken- und kundenrelevante Eigenschaftskriterien* und auf die damit verbundenen, für das Projekt zentralen Zielkonflikte erreicht. Im Vergleich zur umfassenden Perfektionsorientierung der Ausgangssituation erhalten die als ‚Benchmark' priorisierten Eigenschaften durch diese (Ressourcen-)Fokussierung faktisch eine höhere Bedeutung als zuvor. Gegenüber dem überbestimmten Zielsystem mit vielfach unauflösbaren Zielkonflikten in der Fallstudie stellt eine solche Eigenschaftspriorisierung einen entscheidenden Schritt dar zu einem konsistenten, stimmigen Zielsystem für das Fahrzeugprojekt.

Da es sich bei dieser Priorisierung grundlegender Produktmerkmale um markenprägende Differenzierungsfelder handelt, ist das PDP i.S. eines einheitlichen, scharfen Markenprofils für alle Produkte des Unternehmens identisch. Auf Basis dieser an der Differenzierung zum Wettbewerb orientierten Priorisierung von Produkteigenschaften werden im weiteren die Initialziele für den XR 400 abgeleitet.

3.2 Komparative Vorteile bei Herstellkosten- und Gewichtsreduzierung

Der ‚Virtuelle Marktplatz' zielt auf eine Neugestaltung des Ziel- und Leistungsvereinbarungsprozesses. Eine zentrale Herausforderung besteht dabei in der flexiblen Nutzung von relativen, d.h. komparativen[1] Kompetenzvorteilen der einzelnen Bereiche.

Aus Teil III ist bereits die Situation unterschiedlicher Kompetenzpositionen bei der Reduzierung des Fahrzeuggewichts bekannt: Eine Reduzierung des aktuellen Planungsstands (Ursprung) um 50kg führt im Bereich A zu einer fast doppelt so großen Herstellkostenmehrung wie im Bereich B. Damit ergibt sich bei einer Gleichverteilung der Gewichtsreduzierungserfordernisse (z.B. 100kg) auf beide Bereiche (je 50kg) keine ‚kostenoptimale'[2] Konstellation.

Da die frühe Entwicklungsphase betrachtet wird, handelt es sich bei den aufgeführten ‚Maßnahmen' i.a. noch um ‚Maßnahmenideen'[3], die noch im Rahmen des weiteren Planungs-, Entwicklungs- und Absicherungsprozesses zu konkretisieren sind. Hierfür sind ggf. weitere Kapazitäten erforderlich.

Gemäß Aufgabenstellung werden ausschließlich die beiden Zielgrößen Gewicht und Herstellkosten fokussiert mit der Prämisse ceteris paribus, d.h. insbesondere keine Auswirkungen der Maßnahmen auf weitere (z.B. funktionale) Zielgrößen. Ebenso wird davon ausgegangen, dass die Maßnahmen derselben Risikobewertung unterliegen. Als weitere wichtige Randbedingung sind für den Betrachtungszeitraum i.a. konstante Kapazitäten in den Entwicklungsbereichen zu berücksichtigen. Eine kurzfristige Kapazitätsanpassung in einem der Bereiche ist i.d.R. nur in sehr seltenen Fällen möglich, da sich die Kapazitätsplanung für die Bereiche an der Budgetplanung für das Projekt sowie darüber hinaus an der langfristigen Personalentwicklung bzw. der Eigenleistungsstrategie des Unternehmens orientiert. Eine kurzfristige Kapazitätsverlagerung zwi-

---

[1] vgl. von Böventer / Illing (1997), S. 30ff.
[2] Die Bezeichnung ‚Kosten' bezieht sich im folgenden ausschließlich auf die betrachteten Produktherstellkosten.
[3] Im folgenden wird zur sprachlichen Vereinfachung weiter die Bezeichnung ‚Maßnahmen' verwendet.

schen verschiedenen Bereichen (z.B. Antrieb und Karosserie) ist aus Gründen unterschiedlicher Kompetenzprofile/-anforderungen i.d.R. kaum durchführbar.

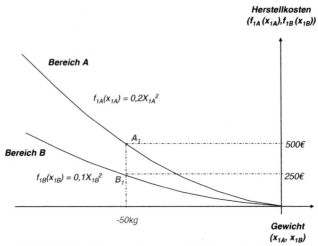

Abb. IV.23: Herstellkostenmehrungen durch Leichtbaumaßnahmen
in den Bereichen A und B

Bei Betrachtung aller Maßnahmen zur Gewichts- und Kostenoptimierung stellt Abb.IV.23 beispielhaft einen Ausschnitt des gesamten Optimierungsbereichs dar (vgl. Abb.IV.24).

Unter den aufgezeigten Prämissen können insgesamt folgende Fälle unterschieden werden:

1. Maßnahmen, die gleichzeitig zu Gewichts- als auch zu Kostenreduzierungen führen (Quadrant 4)

   Unter gegebenen Prämissen (v.a. ceteris paribus, vorhandene Kapazitäten) werden diese Maßnahmen i.a. sofort weiterverfolgt, so dass dieser Fall im weiteren nicht mehr behandelt wird.

2. Gewichts- bzw. Kostenreduzierungsmaßnahmen, die für sich genommen zu Kosten- bzw. Gewichtsmehrungen führen, in Kombination mit einer anderen Kosten- bzw. Gewichtsreduzierungsmaßnahme (des selben oder eines anderen Bereiches) jedoch ggf. zu einer Verbesserung bei beiden Zielgrößen führen können (Quadranten 1 und 3).

   a) Die weitere Prüfung/Konkretisierung der Maßnahmen erfordert keine nennenswerten Zusatzkapazitäten/-aufwand (z.B. für Planung, Entwicklung, Absicherung).

Die Maßnahmen werden weiterverfolgt, erfordern zur weiteren Prüfung und ggf. Umsetzung jedoch häufig eine enge bereichsübergreifende Abstimmung zur Nutzung bereichsübergreifender Potenziale.

b) Die Prüfung/Konkretisierung der Maßnahmen erfordert nennenswerte Zusatzkapazitäten/-aufwand.

Aufgrund der Kapazitätsrestriktionen ist für das Projekt i.a. eine Priorisierung zwischen verschiedenen Maßnahmen vorzunehmen. Da i.S. einer (unternehmens-)gesamtoptimalen Ausrichtung eine solche Priorisierung bereichsübergreifend vorzunehmen ist, erfordert der Priorisierungs- und Umsetzungsprozess eine enge bereichsübergreifende Abstimmung.

3. Maßnahmen, die sowohl zu Gewichts- als auch zu Kostenmehrungen führen (Quadrant 2) sind unter den gegebenen Prämissen nicht zielführend und werden daher nicht weiter betrachtet.[4]

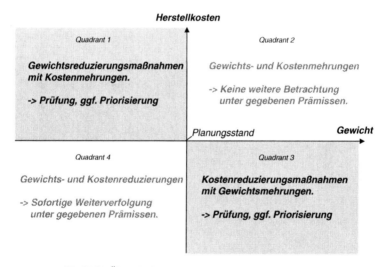

Abb. IV.24: Übersicht Gewichts- und Kostenreduzierungsmaßnahmen

Die Überlegungen zeigen, dass für die weiteren Betrachtungen nur Maßnahmen in den Quadranten 1 und 3 von Bedeutung sind. Hier treten zudem wie aufgezeigt besondere bereichsübergreifende Abstimmungserfordernisse auf.

Besondere Anforderungen ergeben sich bei Fall 2b, da aufgrund der begrenzten Kapazitäten, hierbei zusätzlich gesamtunternehmerische, bereichsübergreifende Priorisierungerfordernisse notwendig sind. Da 2b gegenüber 2a verschärfte Anforderungen an

---

[4] Solche Maßnahmen ergeben sich zumeist aus zusätzlichen Funktionsanforderungen (z.B. Fahrdynamikregelsysteme) bzw. der Optimierung funktionaler Zielgrößen (z.B. Komfort, Wertigkeit), die gemäß Aufgabenabgrenzung im Rahmen dieser Arbeit nicht betrachtet werden.

die bereichsübergreifende Koordination stellt, konzentrieren sich die weiteren Überlegungen auf diesen Fall. Das aus diesen Überlegungen abgeleitete Konzept des ‚Virtuellen Marktplatzes' zielt über die Neugestaltung und Verbesserung der bereichsübergreifenden Zusammenarbeit damit auch auf die Erfordernisse des (einfacheren) Falls 2a.

In Abb.IV.23 wäre aufgrund des Kompetenzvorteils von B bei der Gewichtsreduzierung eine insgesamt bessere Konstellation erreichbar, wenn B einen höheren Beitrag zur Gewichtsreduzierung leisten würde als A. Das Optimum liegt bei den beiden Punkten A_2 und B_2, vgl. Abb.IV.26, auf den Kurven der Bereiche A und B, bei denen die Kostenmehrung für jede zusätzliche Gewichtseinsparung identisch ist[5]. Die Kurven weisen damit an diesen Punkten gleiche Steigungen bzw. gleiche Grenzkosten auf.

Ein Zahlenbeispiel soll dies veranschaulichen: x_{1A} und x_{1B} mit x_{1A}, $x_{1B} < 0$ sind die Gewichtsreduzierungen der Bereiche A bzw. B, $f_{1A}(x_{1A})$ und $f_{1B}(x_{1B})$ mit

(1) $f_{1A}(x_{1A}) = 0,2\ x_{1A}^{\ 2}$ €/kg^2
(2) $f_{1B}(x_{1B}) = 0,1\ x_{1B}^{\ 2}$ €/kg^2

die Funktionen, mit denen die mit den Gewichtsreduzierungsmaßnahmen verbundenen Herstellkostenmehrungen (im Rahmen der Modellbildung) angenähert werden[6].

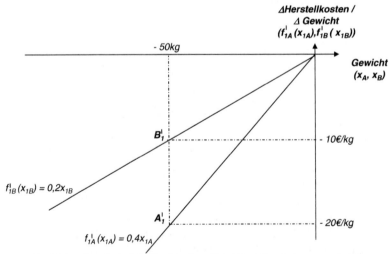

Abb. IV.25: ‚Grenzkosten' der Bereiche A und B bei Gewichtsreduzierung von je 50kg

Die Steigung in den Punkten x_{1A} und x_{1B} kann durch die Ableitung der beiden Funktionen bestimmt werden:

---

[5] vgl. Königsberger (1995), S. 144ff.
[6] vgl. Teil III

(3) $f_{1A}'(x_{1A}) = 0{,}4x_{1A}$
(4) $f_{1B}'(x_{1B}) = 0{,}2x_{1B}$

Die Bedingung gleicher Grenzkosten bzw. gleicher Steigung der Kurven ist bei einer Einsparung von 50kg je Bereich nicht erfüllt: in diesem Fall ergibt sich ein Verhältnis von -20€/kg bei A_1' im Vergleich zu -10€/kg bei B_1', d.h. bei einer solchen Grenzkostenbetrachtung sind die mit einer Gewichtsreduzierung verbundenen Kosten bei A doppelt so hoch wie bei B, vgl.Abb. IV.25.

Für das gesuchte Optimum mit gleicher Steigung bzw. gleichen Grenzkosten gilt:

(6) $f_{1A}'(x_{1A}) = f_{1B}'(x_{1B})$

Da die Gewichtsreduzierung insgesamt 100kg betragen soll, ergibt sich als 2. Bedingung:

(5) $x_{1A} + x_{1B} = -100$

Die Auflösung der beiden Gleichungen nach x_{1A} bzw. x_{1B} liefert als optimale Gewichtseinsparungen für A bzw. B

$X_{1A} = -33{,}3$ kg
$X_{1B} = -66{,}7$ kg

In diesem (optimierten) Fall würden in beiden Bereichen alle Maßnahmen umgesetzt, die mit einer Herstellkostenmehrung von maximal 13,3€/kg verbunden sind.

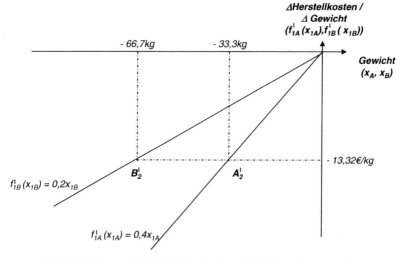

Abb. IV.26: Kostenoptimale Gewichtsreduzierung bei gleichen ‚Grenzkosten'
in den Bereichen A und B

Während bei der ursprünglichen Verteilung der Beiträge zur Gewichtsreduzierung mit 50 kg je Bereich die Gesamteinsparung von 100kg zu Herstellkostenmehrungen von insgesamt 750€ führte, ergeben sich bei der optimierten Konstellation nur Kostenmehrungen i.H.v. 667€. Allein durch die Nutzung der Kompetenzvorteile von B bei der Gewichtsreduzierung konnte eine Kostenreduzierung von 83€ erreicht werden.[7]

Die aufgezeigte Optimierung führt gleichzeitig durch die veränderten Beiträge von A und B zur Gewichtsreduzierung auch zu einer Veränderung bei der Herstellkostenmehrung in beiden Bereichen: bei einer Gewichtsreduzierung von 50kg je Bereich entstanden bei B Herstellkostenmehrungen in Höhe von 250€, nach der Optimierung (Gewichtsreduzierung von 66,7kg) sind es 445€. B wird durch die Optimierung also mehr belastet als A. Bei unveränderten Zielen von B wäre diese aus Gesamtsicht positiv zu bewertende Zielvereinbarung für B also unvorteilhaft. Eine Unterstützung durch B wäre damit ohne entsprechende Kompensation dieses Nachteils nicht zu erwarten. Ähnlich wie bei der Zielvereinbarung nach ‚Gießkannenprinzip' bestünde damit ein Anreiz zu nicht gesamtoptimalen Verhaltensweisen in Form der ‚Orientierung an der Zielerfüllung statt am Anspruch'.

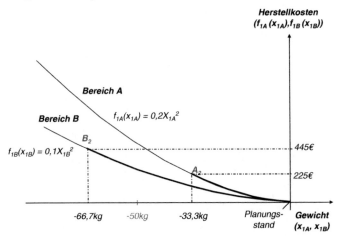

Abb. IV.27: Optimierte Aufteilung der Gewichtsreduzierung auf A und B

Auch die für die weitere Prüfung/Weiterverfolgung der Maßnahmen erforderlichen Ressourcen bzw. Entwicklungs- und Planungskapazitäten wurden noch nicht berücksichtigt. Im besten Fall können die Maßnahmen ohne zusätzlichen Kapazitätsbedarf konkretisiert werden (s. Fall 2a). Oft ist jedoch davon auszugehen, dass z.B. zur Planung, Entwicklung und Absicherung der Maßnahmen zusätzliche Kapazitäten erfor-

---

[7] Gemäß Eingangsprämissen wird dabei ‚ceteris paribus' vorausgesetzt, insbesondere, dass diese Maßnahmen im Bereich B im Vergleich zu den alternativen Maßnahmen im Bereich A zu keiner Veränderung bei weiteren Zielgrößen führen. Diese Annahme ist realistisch, da bei hoher Anzahl von Maßnahmen ein Ausgleich eventueller positiver oder negativer Einzeleffekte unterstellt werden kann. Durch die Verlagerung von Maßnahmen aus dem Bereich A in den Bereich B ist daher von keiner systematischen Verbesserung oder Verschlechterung hinsichtlich weiterer Zielgrößen auszugehen.

derlich sind (s. Fall 2b). Unter der Eingangsprämisse kurzfristig nicht flexibler Kapazitäten erfordert dies eine Entlastung des Bereichs B an anderer Stelle.

Zur Vertiefung dieser Überlegungen werden im weiteren zusätzlich Kostenreduzierungsmaßnahmen im Zielkonflikt zur Gewichtsreduzierung (Quadrant 3) betrachtet.[8] Ein solcher Zielkonflikt kann sich z.b. bei Verzicht auf - zumeist relativ teure - Leichtbaumaterialien zugunsten von Standardbauweisen ergeben (z.b. Ersatz von Aluminiumfrontklappe durch Stahlklappe). Analog zu den Betrachtungen zur Gewichtsreduzierung wird beispielhaft der in Abb.IV.28 dargestellte Zusammenhang zwischen Kostenreduzierung und Gewichtsmehrungen angenommen[9].

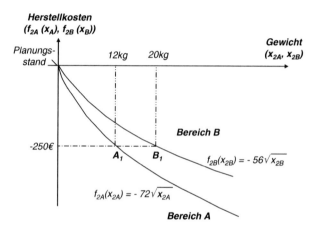

Abb. IV.28: Kostenreduzierungsmaßnahmen in den Bereichen A und B im Konflikt
zu Gewichtsreduzierungsmaßnahmen

Die Erfahrung zeigt, dass insbesondere im frühen Stadium der Fahrzeugentwicklung Kostenreduzierungsmaßnahmen i.a. mit geringeren Zielkonflikten zur Gewichtsreduzierung verbunden sind als umgekehrt (die Sensitivität von Kostenreduzierungsmaßnahmen zum Fahrzeuggewicht ist i.a. geringer als die Sensitivität von Gewichtsreduzierungsmaßnahmen zu den Fahrzeugherstellkosten).[10] Zur Annäherung dieses Sachverhaltes wird für den Zusammenhang zwischen Herstellkostenreduzierung und damit verbundenen Gewichtsmehrungen für den Bereich x_{2A}, $x_{2B} \geq 0$ eine eigene Funktion mit stärkerer Steigung im Bereich des Ursprungs (Planungsstand) zugrunde gelegt als bei der funktionalen Darstellung der Kostenmehrungen durch die Gewichtsreduzierungsmaßnahmen. Als Konsequenz hieraus ergibt sich durch Kombination von

---

[8] Gemäß Eingangsprämissen wird auch hierbei ausschließlich der Zielkonflikt Herstellkosten - Gewicht untersucht, Kostenreduzierungsmaßnahmen, die ohne Einfluss auf das Fahrzeuggewicht sind, werden im weiteren daher nicht betrachtet.

[9] Die Darstellung bezieht sich dabei nur auf den für die folgenden Überlegungen relevanten Betrachtungsausschnitt (eine beliebige Fortsetzung der Kurve ist daher nicht zulässig).

[10] Maßnahmen zur Reduzierung der Herstellkosten führen demgegenüber i.a. stärker zu Konflikten hinsichtlich funktionalen Zielsetzungen (z.B. Fahrleistungen, Komfort) oder z.B. der Wertigkeitsanmutung des Fahrzeugs.

Gewichts- und Kostenreduzierungsmaßnahmen ein Optimierungspotenzial, dass eine gleichzeitige Gewichts- und Kostenreduzierung ermöglicht, vgl. Vektorsumme im 4. Quadranten, Abb. IV.29.

Während die Kombination von Maßnahmen nahe des Ursprungs zu gleichzeitiger Gewichts- und Kostenreduzierung führt, verbleiben mit zunehmender Umsetzung dieser Maßnahmen für die weitere Optimierung nur noch Maßnahmen mit zunehmenden Zielkonflikten im äußeren Bereich der Kurven. Der Vektor in Quadrant 1 wird immer steiler, der in Quadrant 3 immer flacher (s. Pfeile), bis die Vektorsumme schließlich nicht mehr im 4. Quadranten liegt. Dann ist eine gleichzeitige Reduzierung von Gewicht und Herstellkosten mit den aufgezeigten Maßnahmen nicht mehr möglich. Für eine weitere Optimierung ist dann - bei gegebenen Maßnahmen - eine Priorisierung zwischen Gewicht- und Kostenreduzierung vorzunehmen.

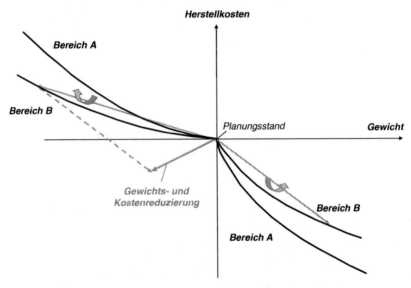

Abb. IV.29: Optimierungspotenziale durch Kombination von Gewichts- und Kostenreduzierungsmaßnahmen

Die Summenkurve aus dem 1. und 3. Quadranten ist daher im Ursprung (zunächst) nicht differenzierbar ableitbar (‚Knick' der Kurve im Ursprung). Dies ist ein Zeichen für noch bestehenden Spielraum für eine gleichzeitige Gewichts- und Kostenoptimierung: Durch Kombination von Gewichtsreduzierungsmaßnahmen mit relativ geringen Kostenmehrungen (flacher Kurvenabschnitt in Quadrant 1) und Kostenreduzierungsmaßnahmen mit relativ geringen Gewichtsmehrungen (steiler Kurvenabschnitt in Quadrant 3) können gegenüber dem Planungsstand sowohl Gewichts- als auch Kosteneinsparungen realisiert werden.

Mit zunehmender Umsetzung von Maßnahmen glättet sich die Summenfunktion im Ursprung[11]. Mit vollständiger Realisierung aller Maßnahmen, die in Kombination eine gleichzeitige Gewichts- und Kostenreduzierung ermöglichen, wird dann eine auch im Ursprung differenzierbar ableitbare, d.h. ‚geglättete' Kurve vorliegen.

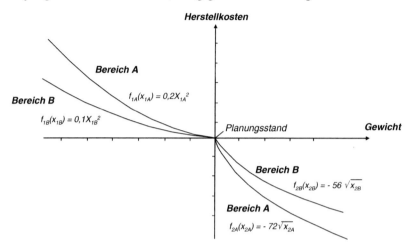

Abb. IV.30: 1. Fall: Absoluter Kompetenzvorteil von A bei der Kostenreduzierung und von B bei der Gewichtsreduzierung

In Abb.IV.30 steht dem Kompetenzvorteil von B bei der Gewichtsreduzierung ein Kompetenzvorteil von A bei der Kostenreduzierung gegenüber. Analog zu den Überlegungen zur Gewichtsreduzierung bedeutet dies, dass im Bereich A Maßnahmen zur Herstellkostenreduzierung zu weniger Gewichtsmehrungen führen als im Bereich B. Insbesondere für den Fall begrenzter Kapazitäten in den Bereichen A und B ergibt sich dann die Möglichkeit zu einer für beide Seiten vorteilhaften Kompetenzergänzung: während sich B verstärkt auf Gewichtsreduzierungsmaßnahmen konzentrieren sollte und dafür weniger Kapazitäten in die Verfolgung von Kostenreduzierungsmaßnahmen investiert, sollte Bereich A seine Ressourcen verstärkt auf Kostenreduzierungsmaßnahmen fokussieren. Dies entspricht dem bekannten Prinzip arbeitsteiliger Spezialisierung: durch Konzentration auf den eigenen Kompetenzvorteil und anschließenden Tausch kann für alle Beteiligten eine Optimierung erreicht werden[12], vgl. Abb.IV.31.

Ein Zahlenbeispiel verdeutlicht dies: Eine Reduzierung der Herstellkosten um je 250€ pro Bereich ist in der Ausgangssituation mit einer Gewichtsmehrung von ca. 12kg (Bereich A) und 20kg (Bereich B) verbunden, vgl. Abb.IV.28. Für eine optimierte Aufteilung der Kostenreduzierung auf die Bereiche A und B ergeben sich analog den Überlegungen zur Gewichtsreduzierung ($f_{2A}'(x_{2A}) = f_{2B}'(x_{2B})$ und $f_{2A}(x_{2A}) = f_{2B}(x_{2B}) = -500€$) folgende Werte:

---

[11] Dabei wird unterstellt, dass die Maßnahmen entsprechend ihrer Vorteilhaftigkeit bzgl. der konkurrierenden Zielgröße (Kosten bzw. Gewicht) - d.h. ausgehend vom Ursprung - umgesetzt werden. Neben den Kurven ist auch der Planungsstand im Ursprung um die jeweils entschiedenen Maßnahmen zu aktualisieren.
[12] vgl. Picot / Dietl / Frank (1999), S. 1ff.

(1) $x_{2A} = -311€$
(2) $x_{2B} = -189€$

Zur Berücksichtigung der bereits erwähnten Kapazitätsrestriktionen (konstante Kapazitäten in den Bereichen A und B) wird angenommen, dass A und B über jeweils 20E Kapazitäten verfügen und der Kapazitätsbedarf zur Umsetzung der Gewichts- und Kostenreduzierungsmaßnahmen (z.b. Planung, Entwicklung, Absicherung) in den Bereichen A und B sich linear verteilt: Die Umsetzung von Gewichtsreduzierungsmaßnahmen in Höhe von 100kg bzw. von Kostenreduzierungsmaßnahmen in Höhe von 500€ erfordert je Bereich 20E Kapazitäten (1E ⇔ -5kg bzw. 1E ⇔ -25€).

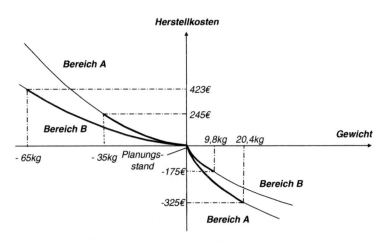

Abb. IV.31: 1. Fall: Absolute Kompetenzvorteile von A <u>und</u> B: Optimierte Maßnahmenaufteilung auf A und B unter Berücksichtigung der Kapazitätsrestriktionen

Bei der Alternative ohne Spezialisierung setzen A und B ihre Kapazitäten zu je 10E für Gewichts- und Kostenreduzierungsmaßnahmen ein. Bei der Spezialisierung orientieren sie sich - unter der Prämisse konstanter Kapazitäten - weitmöglichst an der aufgezeigten, optimierten Aufteilung zwischen Gewichts- und Kostenreduzierungsmaßnahmen. Damit ergibt sich folgendes Ergebnis:

1. Keine Spezialisierung

A: Gewichtsreduzierungsmaßnahmen:	- 50kg,+500€	*(10E)*
Kostenreduzierungsmaßnahmen:	+12kg, -250€	*(10E)*
B: Gewichtsreduzierungsmaßnahme:	-50kg, +250€	*(10E)*
Kostenreduzierungsmaßnahme:	+20kg, -250€	*(10E)*
Summe A + B:	**-68kg, +250€**	

2. Spezialisierung

A: Gewichtsreduzierungsmaßnahmen: - 35kg,+245€   *(7E)*
   Kostenreduzierungsmaßnahmen: +20.4kg, -325€*(13E)*

B: Gewichtsreduzierungsmaßnahme: -65kg, +423€   *(13E)*
   Kostenreduzierungsmaßnahme: +9,8kg, -175€ *(7E)*

Summe A + B: **-69,9kg, +168€**

Durch die Spezialisierung können somit Verbesserungen bei beiden Zielgrößen erreicht werden. Während 1kg Gewichtsreduzierung im 1. Fall durchschnittlich mit Herstellkostenmehrungen von ca. 3,70€ verbunden ist, reduziert sich dies im Fall der Spezialisierung auf ca. 2,40€.

Alternativ könnte B nicht nur über Kompetenzvorteile bei der Gewichtsreduzierung, sondern auch bei der Kostenreduzierung verfügen (Fall 2 ‚Komparative Vorteile'). Sind diese Kostenreduzierungsmaßnahmen auch mit zusätzlichem Kapazitätsbedarf (Planung, Entwicklung, Absicherung) verbunden (s.o.) und die verfügbaren Kapazitäten bei B gleichzeitig gemäß Eingangsprämissen begrenzt, so stellt sich die Frage, wie die Kapazitäten in Bereich B am besten eingesetzt werden können.

Hierzu gibt die Theorie der ‚komparativen Vorteile' Aufschluss. Sie zeigt, dass bei begrenzten Kapazitäten auch im Fall eines relativen, d.h. komparativen, Vorteils Spezialisierungsvorteile genutzt werden können. Gemäß Ricardos Beispiel zweier Länder, die zwei Waren produzieren, sollte sich dann jedes Land auf die Erzeugung der Waren konzentrieren, bei denen sein Vorteil relativ (im Vergleich zur anderen Ware) größer ist.[13]

''Das Theorem der komparativen Vorteile lautet nun: Jedes Land spezialisiert sich auf die Erzeugung jenes Gutes, bei dem es einen komparativen Vorteil besitzt, und tauscht die nicht selbst verbrauchten ‚Überschüsse' gegen andere Güter, die es nur mit komparativen Nachteilen erzeugen könnte.''[14]

Das Prinzip der komparativen Vorteile gilt ebenso für die Spezialisierung zwischen Personen[15] bzw. Organisationseinheiten. Dementsprechend kann es auf das Beispiel im Produktentwicklungsprozess angewendet werden. Den Waren im Beispiel Ricardos entsprechen im Produktentwicklungsprozess die Zielgrößen Gewicht und Kosten. Eine Beschränkung auf zwei Akteure (z.B. Bereiche A und B) und zwei Zielgrößen ist möglich, für die Gültigkeit des Theorems jedoch nicht erforderlich - eine Erweiterung der Betrachtungen auf weitere Bereiche bzw. Zielgrößen ist somit zulässig.

---

[13] vgl. Rose / Sauernheim (1992), S. 353ff. Dabei wird von einer modellhaften Betrachtung ausgegangen mit freiem Außenhandel ohne Wettbewerbsbeschränkungen, vgl. von Böventer / Illing (1997), S. 35f.; Bender (1999), S. 465ff.

[14] vgl. ebenda S. 356. Die Annahme von Kostenunterschieden aufgrund verschiedener Effizienz in den Ländern - eine Voraussetzung, die der Theorie der komparativen Vorteile ursprünglich zugrunde lag - ist nicht zwingend für die Gültigkeit der Theorie. Die Ursachen des Produktionsunterschieds in den Ländern können z.B. ebenso durch größere Mengen an Produktionsfaktoren in einem Land bedingt sein, vgl. ebenda, S. 353ff.

[15] vgl. von Böventer / Illing (1997), S. 35ff.

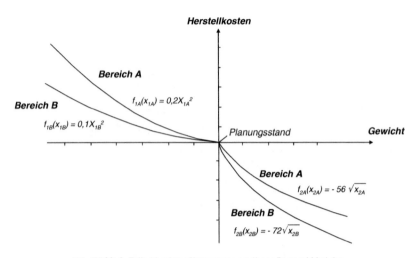

Abb. IV.32: 2. Fall: Absoluter Kompetenzvorteil von B sowohl bei der
Gewichtsreduzierung als auch bei Kostenreduzierung

Wenn B sowohl über Vorteile bei der Kosten- als auch bei der Gewichtsreduzierung
verfügt, ist es demnach für beide Bereiche am vorteilhaftesten, wenn sich Bereich B
auf diejenige Kompetenz konzentriert, bei der er den größeren Vorteil aufweist. Umgekehrt sollte Bereich A seine Ressourcen auf die Kompetenzen fokussieren, bei denen er über einen vergleichsweise geringeren Kompetenznachteil verfügt. Die Konzentration der Bereiche auf ihren relativen Kompetenzvorteil bedeutet eine Fokussierung auf Maßnahmen, in denen sie über relative Opportunitätskostenvorteile[16] verfügen, so dass auf diese Weise die Opportunitätskosten minimiert werden. Dies sind im
vorliegenden Fall die Gewichtsmehrungen, die bei A bzw. B mit einer Kostenreduzierung verbunden sind bzw. die Kostenmehrungen, die mit einer Gewichtsreduzierung
verbunden sind.

Die Berechung des Kompetenzvorteils von B gegenüber A erfolgt über die Ableitungen der aufgezeigten Funktionen. Die Ableitung stellt ein Maß für die Kostendifferenz
im Verhältnis zur Gewichtsdifferenz dar, damit ergibt sich allgemein:

$$f'(x) \approx (f(x_2) - f(x_1)) / (x_2 - x_1) = \Delta f(x) / \Delta x \quad (\Delta \text{Kosten} / \Delta \text{Gewicht})$$

Für x_{1A}, x_{1B} < 0, d.h. Gewichtsreduzierungsmaßnahmen, wird für eine bestimmte Gewichtsreduzierung eine möglichst geringe Kostenzunahme angestrebt (bzw. eine möglichst große Gewichtsreduzierung bei gegebener Kostenmehrung). Die Ableitung $f'(x)$
ist für die angestrebte Optimierung daher zu minimieren:

---

[16] Opportunitätskosten (Alternativkosten) bezeichnen die Mengen eines Gutes, auf welche z.B. eine Volkswirt-
schaft oder ein Unternehmen verzichten muss, um bestimmte Mengen eines anderen Gutes herzustellen, vgl.
Rose / Sauernheim (1992), S. 356 bzw. umgekehrt den Ertrag, "der bei alternativer Verwendung des jeweiligen
Gutes erzielt werden könnte", vgl. Hax (1998), S. 215.

$f'(x) \Rightarrow$ Min.!   für $x_{1A,}\, x_{1B} < 0$.

Für $x_{2A,}\, x_{2B} \geq 0$, d.h. Kostenreduzierungsmaßnahmen, wird für eine bestimmte Kosten-reduzierung eine möglichst geringe Gewichtszunahme angestrebt (bzw. eine möglichst große Kostenreduzierung bei gegebener Gewichtsmehrung). Die Ableitung $f'(x)$ ist für die angestrebte Optimierung daher zu maximieren:

$f'(x) \Rightarrow$ Max.!   für $x_{2A,}\, x_{2B} \geq 0$.

Aus dem Verhältnis der Ableitungen f'_A / f'_B ist ein Vergleich der Vorteile von B gegenüber A möglich, d.h. es wird ersichtlich, wie groß der Vorteil von B gegenüber A bei der Kosten- bzw. bei der Gewichtsreduzierung ist:

Für $x_{1A,}\, x_{1B} < 0$ ergibt sich: $f'_{1A}(x) / f'_{1B}(x) = 0{,}4 / 0{,}2 = 2{,}00$

Für $x_{2A,}\, x_{2B} \geq 0$ gilt: $f'_{2B}(x) / f'_{2A}(x) = 36 / 28 = 1{,}29$

Der Vorteil von B gegenüber A beträgt demnach bei der Gewichtsreduzierung 2, bei der Kostenreduzierung nur 1,29. (Bei B kann für eine bestimmte Kostenmehrung eine doppelte so hohe Gewichtsreduzierung wie bei A erreicht werden, dagegen für eine bestimmte Gewichtsmehrung nur eine 1,29 mal größere Kostenreduzierung als bei A). B verfügt damit über einen komparativen Vorteil bei der Gewichtsreduzierung, während A zwar keinen absoluten, jedoch einen komparativen Kompetenzvorteil bei der Kostenreduzierung aufweist.

Gemäß des Theorems komparativer Vorteile sollte B daher seine begrenzten Kapazitä-ten stärker auf die Weiterverfolgung von Gewichtsreduzierungsmaßnahmen konzentrieren, während sich A aufgrund seines komparativen Vorteils[17] bei der Kostenredu-zierung stärker auf diese Zielgröße fokussieren sollte.[18]

Analog zum 1. Fall (absolute Kompetenzvorteile von A und B) ergibt sich mit den Be-dingungen $f'_{1A}(x_A) = f'_{1B}(x_B)$, $x_{1A,} + x_{1B} = -100\text{kg}$ $x_{2A,} + x_{2B} = -500€$ sowie den gegeben Kapazitätsrestriktionen folgendes Zahlenbeispiel:

1. Keine Spezialisierung

A: Gewichtsreduzierungsmaßnahmen:	- 50kg,+500€	*(10E)*
Kostenreduzierungsmaßnahmen:	+12kg, -250€	*(10E)*
B: Gewichtsreduzierungsmaßnahme:	-50kg, +250€	*(10E)*
Kostenreduzierungsmaßnahme:	+20kg, -250€	*(10E)*
Summe A + B:	-68kg, +250€	

---

[17] Man bezeichnet dies als komparativen (d.h. vergleichsweisen bzw. relativen) Vorteil, obwohl sich A absolut im Nachteil befindet, vgl. von Böventer / Illing (1997), S. 31

[18] Da die Vorteile nicht konstant sind, sondern abhängig von den in A und B bereits vorgenommenen Gewichts-bzw. Kostenreduzierungen sind (vgl. Kurve), ist eine alleinige Konzentration von B auf Gewichtsreduzierung bzw. von A auf Kostenreduzierung nicht gesamtoptimal.

2. Spezialisierung

A: Gewichtsreduzierungsmaßnahmen:　　　　　- 35kg,+245€　　(7E)
　　Kostenreduzierungsmaßnahmen:　　　　　+33,7kg, -325€　　(13E)

B: Gewichtsreduzierungsmaßnahme:　　　　　-65kg, +423€　　(13E)
　　Kostenreduzierungsmaßnahme:　　　　　+5,9kg, -175€　　(7E)

Summe A + B:　　　　　　　　　　　　**-60,4kg, +168€**

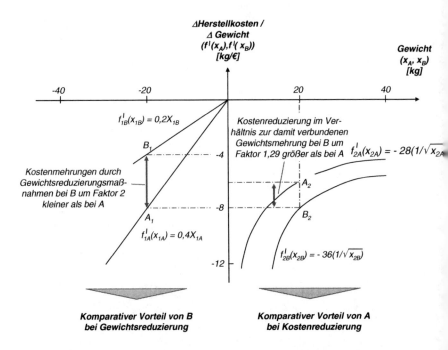

Abb. IV.33: 2. Fall: Komparativer Kompetenzvorteil von B bei der Gewichtsreduzierung, komparativer Kompetenzvorteil von A bei der Kostenreduzierung

Während ohne Spezialisierung eine Gewichtsreduzierung um 1kg durchschnittlich mit 3,68€ verbunden ist, reduziert sich dies auf 2,78€ im Fall der Spezialisierung. Die gegenüber der Situation ohne Spezialisierung geringfügige ‚Verschlechterung' beim Gewicht (-60,4kg ggü. –68kg) kann über die ‚Opportunitätskosten' erklärt werden (d.h. die Gewichtsmehrungen, die bei A bzw. B mit einer Kostenreduzierung verbunden sind bzw. die Kostenmehrungen, die mit einer Gewichtsreduzierung verbunden sind.) Da B sowohl über absolute Kompetenzvorteile bei der Kosten- als auch bei der Gewichtsreduzierung verfügt, liegen die Opportunitätskosten von A sowohl bei der Kosten- als auch bei der Gewichtsreduzierung über denen von B. Aufgrund des komparativen Kompetenzvorteils von A bei der Kostenreduzierung konzentriert sich A auf die Kostenreduzierung. Da dies bei A mit höheren Opportunitätskosten, d.h. Gewichtsmehrungen, als bei B verbunden ist, resultiert daraus eine leichte Verschlechterung beim Gewicht.

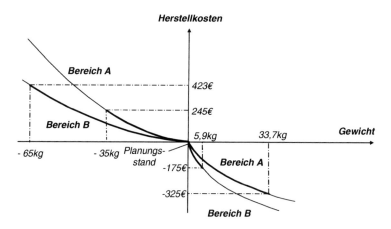

Abb. IV.34: 2. Fall: Komparative Kompetenzvorteile: Optimierte Maßnahmenaufteilung auf A und B unter Berücksichtigung der Kapazitätsrestriktionen

Die Verbesserung beim durchschnittlichen Aufwand je kg Gewichtsreduzierung von ca. 3,7€ auf ca. 2,8€ zeigt in Übereinstimmung mit der Theorie komparativer Vorteile jedoch deutlich die Vorteilhaftigkeit der Spezialisierung. Wird näherungsweise für die Differenz von 7,6kg (68kg - 60,4kg) ein linearer Zusammenhang von Gewichtsreduzierung zu Kostenmehrung auf Basis des Faktors 2,8€/kg unterstellt, so wäre eine zusätzliche Gewichtsreduzierung um die Differenz von 7,6kg mit ca. 21€ verbunden. Eine Gewichtsreduzierung von 68kg wäre im Fall der Spezialisierung dann mit Kostenmehrungen von ca. 190€ verbunden - im Gegensatz zu 250€ ohne Spezialisierung.

3.3 Nutzung komparativer Vorteile durch das Konzept des ,Virtuellen Marktplatzes'

Die bisherigen Überlegungen zeigen, dass die dargestellte Spezialisierung mit dem Ziel der Nutzung komparativer Vorteile zu einer besseren Gesamtzielerreichung[19] führt. Die Analyse emergenter Phänomene in der Fallstudie verdeutlichte jedoch, dass als wichtiges Verhaltensmuster die Orientierung an der individuellen Zielerfüllung dominierte statt am Anspruch der Unternehmenszielsetzungen bzw. den hieraus abgeleiteten Projektzielen. Die Verbindung der aufgezeigten Gesamtprojektoptimierung mit individueller Vorteilhaftigkeit für die Betroffen stellt daher einen zentralen Erfolgsfaktor für die erfolgreiche Nutzung der Spezialisierungsvorteile dar.

---

[19] in Summe der Bereiche A und B

Um dies zu erreichen wird das Prinzip des Tausches eingesetzt. Hierdurch können insbesondere die Fälle ausgeglichen werden, in denen mindestens für einen Bereich die Nachteile durch bereichsbezogene Verschlechterung bei einer Zieldimension die Vorteile durch bessere Zielerreichung bei der anderen Zieldimension überwiegen. Die Kombination aus Spezialisierung (Konzentration auf komparative Vorteile) und anschließendem Tausch eröffnet die Möglichkeit, den Zielkonflikt zwischen besserer individueller Zielerfüllung und Optimierung der Gesamtprojekzielerfüllung aufzuheben.

Zur Abwicklung des Tausches bedarf es eines Koordinationsinstruments. In der Theorie ‚Komparativer Vorteile' erfolgt dies über den Markt. Entsprechend wird auch bei Übertragung dieser Theorie auf den Entwicklungsprozess das Steuerungsprinzip des ‚Virtuellen Marktplatzes' angewendet. Da im Entwicklungsprozess allerdings Gewichts- und Kostenreduzierungsmaßnahmen nicht analog Gütern getauscht werden können, erfolgt ein Tausch der resultierenden Kosten- bzw. Gewichtsreduzierungseffekte ‚virtuell' über eine Variation der Bereichsziele. Die aus strategischen Überlegungen abgeleiteten Gesamtprojektziele bleiben dabei jedoch immer unverändert. Somit können zwei (oder mehr) Bereiche eine Spezialisierung mit entsprechender Veränderung ihrer Bereichsziele vereinbaren, solange jeweils die Summe der Ziele für Herstellkosten und der Ziele für das Fahrzeuggewicht konstant bleiben.

Im folgenden soll dieses Prinzip an einem Beispiel erläutert werden. Hierzu wird der zuvor betrachtete Fall ‚Komparative Vorteile mit Spezialisierung' zugrunde gelegt. Für die Bereiche A und B werden hinsichtlich Gewichts- und Kosten-Zielvorgaben bzw. erreichtem Gewichts- und Kosten-Status[20] die Werte nach Abb.IV.35, angenommen. Dabei hat A bereits seine Kostenziele bzw. B seine Gewichtsziele erreicht. In Anlehnung an die Problemlage in der Fallstudie wird gerade in diesem Fall der Zielkonflikt zwischen Bereichs- und Gesamtoptimierung offensichtlich.

		Zielvorgaben	(Planungs-)Status
Bereich A	Gewicht [kg]	300	370
	Kosten [€]	3.100	3.100
Bereich B	Gewicht [kg]	250	250
	Kosten [€]	2.500	2.600

Abb. IV.35: Zielvorgaben und (Planungs-)Status für Herstellkosten und Gewicht
in den Bereichen A und B

Mit den aus dem Beispiel bekannten Gesamteffekten durch Kosten- bzw. Gewichtsreduzierungsmaßnahmen bei A bzw. B in Höhe von

-1,3kg,   -80€   für Bereich A
-59,1kg, +248€   für Bereich B

ergeben sich die in Tabelle IV.36 aufgezeigten Abweichungen (gerundet) zwischen Ziel und Status vor Durchführung der Maßnahmen (‚Status alt - Ziel alt') bzw. nach Durchführung der Maßnahmen (‚Status neu - Ziel alt').

---

[20] Der Status befindet sich als Ausgangspunkt der Optimierung im Ursprung der Diagramme.

		Ziel alt	Status alt	Status alt - Ziel alt	Effekte Maßnahmen	Status neu	Status neu - Ziel alt
Bereich A	Gewicht [kg]	300	370	+70	-1	369	+69
	Kosten [€]	3.100	3.100	0	-80	3.020	-80
Bereich B	Gewicht [kg]	250	250	0	-59	191	-59
	Kosten [€]	2.500	2.600	+100	+248	2.848	+348

Abb. IV.36: Maßnahmeneffekte in den Bereichen A und B

Der Konflikt zwischen Projekt- und Bereichszielerfüllung wird dabei offensichtlich: Aus Gesamtprojektsicht sind die Maßnahmen positiv zu bewerten, da sie zur dringend erforderlichen Gewichtsreduzierung beitragen bei gleichzeitig - gegenüber bereichsbezogener Optimierung - verringerten Herstellkostenmehrungen.

Aus Bereichssicht sind die Maßnahmen jedoch nicht positiv zu bewerten, wie der Vergleich der Spalten ‚Status alt - Ziel alt' und ‚Status neu - Ziel alt' verdeutlicht: Bereich A verbessert sich hinsichtlich der bei ihm dringend erforderlichen Gewichtsreduzierung kaum. Von der Übererfüllung des Kostenziels profitiert er nicht. Aus Sicht von A wären die für weitere Konkretisierung der Maßnahmenideen erforderlichen Kapazitäten daher zielführender in andere Maßnahmen zu investieren. Noch ungünstiger stellt sich die Situation für Bereich B dar, bei dem die Maßnahmen zur Übererfüllung der Gewichtszielsetzung führen, während sich die angespannte Kostensituation durch die Umsetzung der Maßnahmen noch weiter verschlechtert.

Das Beispiel greift damit die aus der Fallstudie bekannte Situation der beiden Bereiche Rohkarosserie und Innenausstattung auf. Gemäß des Verhaltensmusters ‚Orientierung an individueller Zielerfüllung statt am Anspruch' wurde dort - nicht zuletzt aufgrund der begrenzten Kapazitäten in beiden Bereichen - die aus Gesamtprojektsicht positiv zu bewertende Maßnahmenkombination nicht weiter verfolgt, da sie aus Bereichssicht als nicht förderlich bewertet wurden. Stattdessen wurde beschlossen, die begrenzten Kapazitäten auf Maßnahmen zu konzentrieren, die unmittelbar der Bereichszielerfüllung zugute kommen.

Für die Projektleitung, die in einem solchen Fall die aus Projektsicht vorteilhafte Maßnahme durchzusetzen hätte, ergibt sich aufgrund der Vielzahl von Einzelmaßnahmen und Zielkonflikten eine massive Kapazitätsüberlastung. Ihren koordinierenden Einfluss für die Herbeiführung gesamtoptimaler Entscheidungen kann sie daher nur in Ausnahmefällen geltend machen.

An dieser Problematik setzt der ‚Virtuelle Marktplatz' an. Durch Veränderung der Bereichsziele in selbstorganisierter[21] Abstimmung der Bereiche kann - unter der Rahmenvorgabe Konstanz der Gesamtziele - für alle Bereiche eine vorteilhafte Situation erreicht werden. Die Beteiligten verfügen damit über die Möglichkeit, die aus der bereichsübergreifenden Maßnahmenkombination resultierenden, positiven Effekte unter-

---

[21] Selbstorganisation wird hier i.S.d. Begriffsverständnisses ‚Selbstgestaltung' verwendet. In Verbindung mit der Rahmenbedingung ‚Konstanz der Summenziele' erfolgt über den ‚Virtuellen Marktplatz' gleichzeitig eine selbsttätige Ausrichtung der beteiligten Bereiche auf die übergeordneten Gesamtprojektziele i.S.d. Begriffsverständnisses ‚Selbstlenkung'.

einander aufzuteilen. Auf diese Weise entsteht ein ,virtueller Marktplatz', auf dem mögliche Maßnahmen und die damit verbundenen Zielanpassungen dezentral durch die Bereiche ,gehandelt' werden können.

Entsprechend des Marktprinzips richtet sich das Austauschverhältnis, d.h. das Verhältnis von Gewichts- zu Kostenzielanpassungen, nach Angebot und Nachfrage. Das Angebot wird bestimmt durch die Anzahl von Optimierungsmaßnahmen und den damit verbundenen Potenzialen und Zielkonflikten bzw. Opportunitätskosten (z.B. Kostenbzw. Gewichtsmehrungen). Die Nachfrage richtet sich nach den aktuellen Verbesserungsanforderungen in den Bereichen, die sich i.a. aus der Differenz von (Top-Down-)Zielvorgaben und bisher erreichtem Status ergeben. Das Verhältnis von Kosten- zu Gewichtszielanpassung steht damit für den ,virtuellen Preis' des ,Handels' zwischen den Bereichen, vgl. Abb.IV.39[22]. Er kann in Abhängigkeit von Angebot und Nachfrage flexibel durch die Bereiche vereinbart werden. Abb. IV.38 zeigt drei Beispiele für unterschiedliche Übereinkünfte zwischen den Bereichen auf Basis des zuvor betrachteten Beispiels (s. Abb.IV.37 bzw. Abb.IV.36.).

In Abb.IV.39 sind zusammenfassend die resultierenden Effekte der Transaktionen aus den drei Beispielen dargestellt. Dabei wird der Vorteil des ,Handels' gegenüber einer bereichsbezogenen Optimierung gleicher Gewichtsreduzierung deutlich.

		Ziel alt	Status alt	Status alt - Ziel alt	Effekte Maßnahmen	Status neu	Status neu - Ziel alt
Bereich A	Gewicht [kg]	300	370	+70	-1	369	+69
	Kosten [€]	3.100	3.100	0	-80	3.020	-80
Bereich B	Gewicht [kg]	250	250	0	-59	191	-59
	Kosten [€]	2.500	2.600	+100	+248	2.848	+348

Abb. IV.37: Zielvorgaben und (Planungs-)Status für Herstellkosten und Gewicht in den Bereichen A und B (vgl. Abb. IV.36)

		Beispiel I			Beispiel II			Beispiel III		
		Ziel neu	Ziel-änderung	Status neu - Ziel neu	Ziel neu	Ziel-änderung	Status neu - Ziel neu	Ziel neu	Ziel-änderung	Status neu - Ziel neu
Bereich A	Gewicht [kg]	359	+59	+10	359	+59	+10	359	+59	+10
	Kosten [€]	2.576	-524	+444	2.852	-248	+168	2.752	-348	+268
Bereich B	Gewicht [kg]	191	-59	0	191	-59	0	191	-59	0
	Kosten [€]	3.024	+524	-176	2.748	+248	+100	2.848	+348	0

Abb. IV.38: Beispiele für unterschiedliche Zielanpassungsalternativen und resultierende Effekte

---

[22] Der ,virtuelle Preis' bezieht sich ausschließlich auf das Verhältnis der Zielanpassungen zueinander. Er ist nicht zu verwechseln mit den Opportunitätskosten der durchgeführten Maßnahmen.

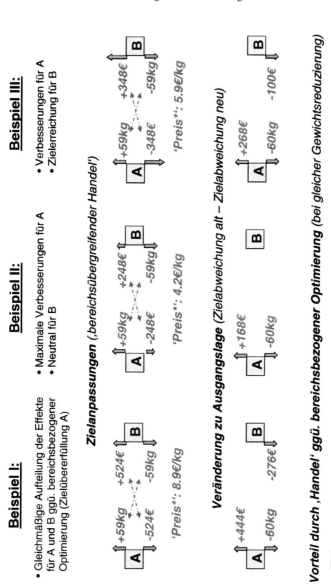

Abb. IV.39: ‚Virtueller Marktplatz': Beispiele für unterschiedliche
Zielanpassungsalternativen und resultierende Effekte

Das erste Beispiel basiert auf einer gleichmäßigen Aufteilung der Vorteile gegenüber einer bereichsbezogenen Optimierung auf beide Teilnehmer. A profitiert dabei durch eine gegenüber bereichsbezogener Optimierung günstigere Gewichtsreduzierung (durchschnittliche Herstellkostenmehrung je Gewichtsreduzierung um 1 kg entspricht 7,4€/kg im Vergleich zu 12€/kg bei bereichsbezogener Optimierung). Dies wirkt sich insgesamt für A in einem Kostenvorteil von 276€ aus. Die Zielvorgaben werden bei A damit jedoch noch nicht erreicht. Da B in der Ausgangssituation („Status alt') seinen Zielen bereits näher ist als A[23], führt die Transaktion hier zur Gewichtszielerfüllung und zur Übererfüllung der Kostenziele.

B wird i.a. von einer solchen Zielübererfüllung nicht profitieren[24]. Daher sind zusätzlich zwei weitere Transaktionsalternativen aufgezeigt. Beispiel II stellt als Gegenpol zur Zielübererfüllung bei B einen Fall dar, bei dem B in Summe nicht von dem Handel profitiert, allerdings eine Kompensation für die mit der Transaktion für seinen Bereich verbundenen Kostenmehrungen (+348€) erhält, so dass insgesamt für B kein Nachteil entsteht. Im Gegenzug kommen die Potenziale zur Gewichtsreduzierung vollständig A zugute, da hier noch eine hohe Abweichung zu den Zielvorgaben besteht.

In der Regel ist jedoch davon auszugehen, dass B, insbesondere wenn die Maßnahmen mit zusätzlichem Kapazitätseinsatz verbunden sind, für eine solche Transaktion positive Effekte für sich voraussetzt. Beispiel III stellt daher die wohl ausgewogenste Alternative dar: B erreicht durch den ‚Handel' seine Bereichsziele, während A gegenüber einer bereichsbezogenen Optimierung immer noch von einem erheblichen Kostenvorteil profitiert (452€).[25]

Die drei Beispiele stellen ausgewählte Fälle eines Kontinuums von Vereinbarungs- bzw. Transaktionsmöglichkeiten dar, bei denen über alternative Zielanpassungen die durch die Spezialisierung erreichbaren Gesamteffekte so auf die Beteiligten aufgeteilt werden können, dass sich nicht nur für das Gesamtprojekt, sondern auch für die beteiligten Bereiche Vorteile ergeben. Die aus der Fallstudie bekannte Problematik des Konfliktes zwischen Gesamt- und Bereichsoptimierung, die in Form des Problemmusters ‚Orientierung an Zielerfüllung statt am Anspruch' ein Kernproblem in der Fallstudie darstellte, wird damit aufgelöst.

Ein solcher ‚Virtueller Marktplatz' bietet damit seinen Teilnehmern eine Plattform zur Anpassung ihrer Bereichsziele bei gleichzeitiger Vereinbarung von Kosten- und Ge-

---

[23] Dies lässt sich aus einer Umrechung von Gewichtsreduzierungen in Kostenmehrungen gemäß der zuvor aufgezeigten funktionalen Zusammenhänge erkennen.

[24] Sofern nicht zusätzlich Anreizsysteme eingesetzt werden, die auch eine solche Zielübererfüllung belohnen. Da der ‚Virtuelle Marktplatz' jedoch schon ein Anreizsystem darstellt, ist der Einsatz weiterer Anreizsysteme mit gleicher Zielsetzung i.d.R nicht erforderlich, sondern - im Falle materieller Anreize - nur mit zusätzlichen finanziellen Aufwendungen für das Unternehmen verbunden. Weitere Zielgrößen, auf die im Falle einer Zielübererfüllung auf Kostenseite eingesparten Mittel verwendet werden könnten, werden gemäß Eingangsprämissen nicht betrachtet.

[25] Die Situation, dass A aufgrund der Zielerfüllung von B nach einer solchen ‚Transaktion' über keinen Partner mehr für weitere bereichsübergreifende Optimierungsmaßnahmen verfügt, ist aufgrund der Vielzahl von Akteuren (Großmodule, Module s.u.) mit Optimierungserfordernissen kaum zu befürchten. Zudem ist der Erfahrung nach davon auszugehen, dass die Top-Down-Zielvorgaben derart anspruchsvoll sind, dass eine Zielerfüllung allenfalls in späteren Phasen des Entwicklungsprozesses wahrscheinlich ist.

wichtsreduzierungsmaßnahmen entsprechend ihrer spezifischen Kompetenzen und Bedarfe, vgl. Abb.IV.40. Transaktionsinhalte sind Zielanpassungen und Vereinbarungen zu Optimierungsmaßnahmen[26]. Durch die Spielregel ‚Konstanz der Gesamtziele' ist selbstlenkende Ausrichtung auf die übergeordneten Gesamtprojektziele gewährleistet. Über den Virtuellen Marktplatz bilden sich so laufend die aus dem Modularisierungsansatz bereits bekannten Ad-Hoc-Teams, die sich selbstorganisiert und flexibel in bedarfsbezogener Zusammensetzung zur Bearbeitung von Optimierungsmaßnahmen zusammenfinden und danach wieder selbsttätig auflösen.

Eine weitere Rahmenvorgabe für den Prozess der ‚Selbstorganisation' stellt die Bestimmung von Anfangszielen für jeden Bereich dar. Wie bei der Festlegung der Initialzielsetzungen im herkömmlichen Prozess ergeben sich diese aus Berücksichtigung zahlreicher Einflussgrößen wie z.b. eine Überleitung vom Vorgängermodell[27] unter Berücksichtigung von Funktions- und Ausstattungsmehrungen sowie z.b. neuer Entwicklungs-, Technologie- und Werkstoffansätze, marktseitigen Erfordernissen (z.b. Fahrdynamik, Verbrauch, Zuladung) und Wettbewerbsanforderungen.

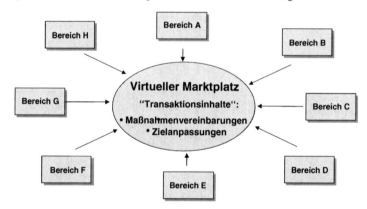

Abb. IV.40: ‚Virtueller Marktplatz': ‚Handeln' von Maßnahmen und Zielanpassungen bei Konstanz der Gesamtprojektziele

Teilnehmer des ‚Virtuellen Marktplatzes' können grundsätzlich sowohl Organisationsbereiche als auch Einzelpersonen (z.b. einzelne Entwicklungsingenieure) sein. Da der Prozess des ‚Virtuellen Marktplatzes' jedoch insbesondere solchen Marktteilnehmern Optimierungsspielräume eröffnet, die eine ausreichende Anzahl von Verbesserungsmaßnahmen einbringen können, bietet sich seine Anwendung insbesondere für Organisationsbereiche (Module und Großmodule) an. Nur sie verfügen i.a. über ausreichende ‚Verhandlungsspielräume'. Damit ergeben sich vornehmlich drei Konstellationen für eine solche Transaktion (vgl. Abb.IV.41):

---

[26] Eine Erweiterung des Ansatzes über die Zielgrößen ‚Kosten' und ‚Gewicht' hinaus ist grundsätzlich möglich.

[27] Bei Fahrzeugen ohne (direktes) Vorgängermodell (z.b. Konzeptinnovationen) erfolgt entweder - sofern vorhanden - eine Orientierung an Wettbewerbsfahrzeugen, oder - bei Eröffnung eines völlig neuen Marktsegments ohne direkte Wettbewerber - eine Überleitung von konzeptverwandten Fahrzeugen. Zentrale Einflussgröße für die Festlegung der Initialzielsetzungen beim Fahrzeuggewicht sind zudem relevante Markterfordernisse (z.b. Fahrdynamik, Verbrauch, Zuladung).

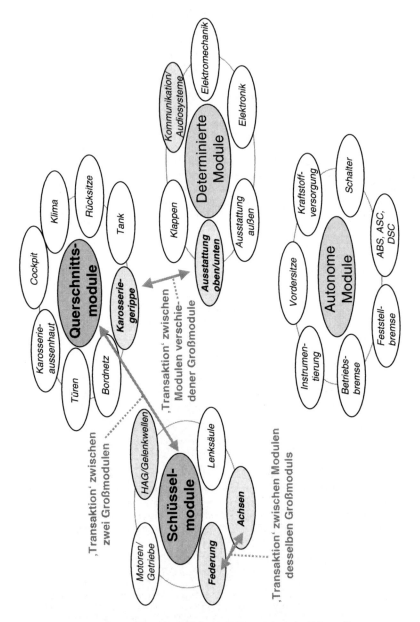

Abb. IV.41: 3 Hauptkonstellationen für Transaktionen im Rahmen des
'Virtuellen Marktplatzes'

1. Transaktion zwischen **zwei Modulen desselben Großmoduls**
    -> Veränderung der Ziele der beteiligten Module
    -> Konstanz der Ziele des betroffenen Großmoduls (und Konstanz der Gesamtprojektziele)

2. Transaktion zwischen **zwei Modulen unterschiedlicher Großmodule**
    -> Veränderung der Ziele der beteiligten Module und Großmodule
    -> Konstanz der Gesamtprojektziele

3. Transaktion zwischen **zwei Großmodulen**
    -> Veränderung der Ziele der beteiligten Großmodule
    -> Konstanz der Gesamtprojektziele

Transaktionen zwischen zwei Großmodulen (Punkt 3) basieren i.d.R. auf Maßnahmen in einzelnen Modulen unterschiedlicher Großmodule (Punkt 2). Durch die entsprechenden Teilprojektleiter der beiden Großmodule können in Unterschied zu Punkt 2 jedoch auch modulübergreifende ‚Maßnahmenpakete' i.S.v. zahlreichen, miteinander in Verbindung stehenden Maßnahmen vereinbart werden.

Der ‚Virtuelle Marktplatz' zielt darauf, durch Nutzung komparativer Kompetenzvorteile und deutlich intensivierte bereichsübergreifende Zusammenarbeit der Marktteilnehmer eine bessere Erfüllung der Gesamtprojektzielsetzungen zu erreichen. Der Anreiz hierzu resultiert maßgeblich aus der Verbindung der gesamtoptimalen Verbesserungen mit einer besseren individuellen (Bereichs-)Zielerfüllung der Beteiligten. Gleichzeitig soll durch verstärkte Selbstorganisation der Beteiligten der Koordinationsaufwand reduziert werden. Die Anwendung des Marktprinzips setzt weitgehend gleiche Chancen des Marktzugangs für die Beteiligten voraus, (annähernd)[28] unabhängig von persönlichen, räumlichen oder zeitlichen Präferenzen.

Dies führt zum Begriff des ‚vollkommenen Marktes'. Um einen vollkommenen Markt handelt es sich nach dem Nationalökonomen William Stanley Jevons, wenn auf dem Markt zu einem bestimmten Zeitpunkt ein einheitlicher Preis besteht, zu dem alle Umsätze getätigt werden[29]. Das Gesetz der Unterschiedslosigkeit der Preise[30] basiert auf fünf Voraussetzungen[31]:

1. Sachlich gleichartige (homogene) Güter
    (keine Unterschiede in z.B. Qualität, Aufmachung, Verpackung).

2. Keine persönlichen Präferenzen zwischen den Marktteilnehmern
    (z.B. Qualität der Bedienung, Ruf der Firma haben keinen Einfluss auf den Geschäftsabschluss).

3. Keine räumlichen Differenzierungen zwischen den Marktteilnehmern
    (Nachfrager haben z.B. keine Transportkosten oder Zeitaufwendungen zu tragen).

---

[28] Persönliche Präferenzen (z.B. spezifische Sympathien / Antipathien) sind auch durch einen solchen Koordinationsansatz weitgehend unbeeinflussbar.
[29] vgl. Siebke (1999), S. 66ff.
[30] Auch ‚Jevonssche Indifferenzgesetz' bzw. ‚law of indifference' genannt.
[31] vgl. ebenda, S. 67ff.

4. Keine zeitlichen Differenzierungen zwischen den Marktteilnehmern (gleiche Lieferzeiten für alle Abnehmer).

5. Vollständige Markttransparenz (Nachfrager sind über alle Marktbedingungen - z.b. Qualität der Güter, Lieferfristen, Preise etc. - vollständig informiert).

In Übertragung auf den ,Virtuellen Marktplatz' bedeutet die Preisgleichheit, dass gleiche Maßnahmen bei gleichen Zielen mit gleichen Austauschverhältnissen verbunden sind. Auch für den ,Virtuellen Marktplatz' gilt die Zielsetzung, das Marktgeschehen weitgehend unabhängig von persönlichen, zeitlichen oder räumlichen Präferenzen bei gleichzeitig hoher Markttransparenz zu gestalten. Abgesehen von persönlichen Sympathien/Antipathien, dem Ruf von Teilnehmern/Organisationsbereichen im Unternehmen etc, die durch einen solchen Koordinationsansatz kaum beeinflusst werden können, ist durch die Virtualität des Marktes bzw. der ,Güter' das Fehlen räumlicher oder zeitlicher Differenzierungen weitgehend erfüllt.

Gleichartigkeit (Homogenität) der Güter kann aufgrund der Unterschiedlichkeit der Maßnahmen sowie der mit ihnen verbundenen Zielkonflikte nur in Hinblick auf ihre Auswirkungen (Gewichts- bzw. Kosteneffekte) gewährleistet werden. Zentraler Erfolgsfaktor für das Funktionieren des ,Virtuellen Marktplatzes' ist die Markttransparenz, d.h. die Transparenz über Maßnahmenpotenziale und ihre Wechselwirkungen in den Bereichen.

Für das Fehlen zeitlicher Differenzierungen - durch z.B. Verzögerungen im Informationsfluss - kommt einer solchen Markttransparenz zentrale Bedeutung zu. Auch hierfür erfolgt eine Orientierung an dezentralen Steuerungsansätzen: eine für jeden am Projekt beteiligten Entwickler zugängliche, laufend dezentral aktualisierte EDV-Datenbank informiert über Ziele, Status, daraus abgeleiteten Optimierungsbedarf und bewertete Maßnahmen bezüglich aller Entwicklungsumfänge.

Die laufende Aktualisierung der Daten durch die beteiligten Entwickler für den von ihnen zu verantwortenden Umfang bildet eine zentrale Voraussetzung für den Erfolg des Ansatzes und trifft daher auch die Verantwortung der jeweiligen Vorgesetzten. Neben der Verpflichtung jedes Beteiligten zur gewissenhaften Pflege der Datenbank stellt auch eine intrinsische Motivation[32] zur Datenbankpflege einen Erfolgsfaktor zum Gelingen des ,Virtuellen Marktplatzes' dar. Nur eine hohe Datenaktualität erlaubt eine zielgerichtete und effiziente Anbahnung von Transaktionen als Basis für eine bessere individuelle Zielerfüllung. Da die Vorteile einer gewissenhaften Datenbankpflege sich durch die damit verbundenen Potenziale für eine bessere individuelle Zielerfüllung unmittelbar positiv für die Beteiligten auswirken, wird auch hier eine Übereinstimmung von individueller Interessenlage und Projektgesamtzielsetzung erreicht.

---

[32] Intrinsisch motiviert sind Handlungen und Handlungsergebnisse, die um ihrer selbst willen angestrebt werden und Befriedigung aus sich selbst heraus bieten. Extrinsisch motiviert ist dagegen ein Verhalten, das über außerhalb der Tätigkeit liegende Anreize (z.B. Bezahlung) ausgelöst bzw. aufrechterhalten wird, vgl. Berthel (2000), S. 27ff. Eine solche intrinsische Motivation kann z.B. durch den Ehrgeiz zum Erreichen der Bereichs-/ Projektziele oder durch eine hohe Identifikation mit dem Unternehmen / Projekt ergeben.

Die Bewertung von Maßnahmen in der Datenbank erfolgt in drei Kategorien:[33] in der ersten Kategorie findet sich die Angabe von Herstellkosten, Gewicht, Entwicklungsaufwand bzw. Auswirkungen auf den Produktaufwand, Auswirkungen auf weitere Ziele (z.B. funktionale Ziele, Package), mögliche Zielkonflikte sowie Maßnahmen zur Aufhebung dieser Zielkonflikte. Gleichzeitig wird eine gesamthafte Risikobewertung vorgenommen.

In der zweiten Kategorie wird der Bewertungsstatus für die Maßnahmen in den drei Stufen ‚Bewertung abgeschlossen', ‚Bewertung erfolgt derzeit' und 'Bewertung noch durchzuführen' angegeben. Durch die Bewertungsstufe ‚Bewertung noch durchzuführen' wird basierend auf den Erkenntnissen zu Problemen beim Umgang mit frühen Daten in der Fallstudie der Austausch auch noch früher, unsicherer Daten mit entsprechender Kennzeichnung gefördert.

In der dritten Kategorie wird eine zusammenfassende Ampelbewertung vorgenommen. Während die Kennzeichnung ‚grün' anzeigt, dass eine abschließende Bewertung durchgeführt worden ist und keine grundlegenden Umsetzungshindernisse (z.B. Zielkonflikte zu weiteren funktionalen Zielen, Risiken etc.) vorliegen, wird durch ‚gelb' symbolisiert, dass der Bewertungs- und Entscheidungsprozess noch nicht abgeschlossen ist - sei es durch eine noch nicht abgeschlossene Fachbewertung (z.B. bezüglich Kosten, Gewicht, funktionalen Zielkonflikten) oder durch einen noch offenen Entscheidungsstatus seitens der Projektleitung bzw. des Unternehmens (z.B. bei Entscheidungen zu grundlegenden Zielkonflikten). Mit ‚rot' wird angegeben, dass eine Umsetzung der Maßnahme zum jeweiligen Zeitpunkt nicht möglich ist bzw. abgelehnt wurde. In diesem Fall liegen i.a. unlösbare technische Probleme oder entsprechende Entscheidungen zur nicht Weiterverfolgung der Maßnahme aufgrund nicht gelöster Zielkonflikte vor. Eine kurze Erläuterung der Bewertung mit ‚rot' ermöglicht i.S. eines systematischen Wissensmanagements bzw. einer Dokumentation von ‚Lessons Learned' die Nutzung der gewonnenen Erkenntnisse und Erfahrungen auch nach Projektabschluss für Folgeprojekte.

Auf Basis dieser Datenbankinformationen können Entwickler verschiedener Groß-Module oder Module dezentral miteinander in Kontakt treten und eine Transaktion anbahnen. Die Entscheidungsbefugnis zur Durchführung von Maßnahmen und Zielanpassungen liegt jedoch ausschließlich bei den entsprechenden Führungsverantwortlichen. In Abhängigkeit von den Partnern der Transaktion (Module oder Großmodule) und der Tragweite damit verbundener Konsequenzen (z.B. Verursachung neuer Zielkonflikte) sind dies die Modulleiter oder Teilprojektleiter.

Gegenüber der ursprünglichen Vorgehensweise, bei der die Koordination des Maßnahmenmanagements überwiegend der Projektleitung oblag, zeigt sich beim ‚Virtuellen Marktplatz' eine deutliche Verlagerung hin zu ‚Selbstorganisation' i.S.v. ‚Selbstgestaltung'. Zum einen findet die Koordination der Maßnahmen sowie die gesamte Transaktionsvorbereitung auf Mitarbeiterebene statt und nur die Freigabe einer Trans-

---

[33] Im zuvor betrachteten Zahlenbeispiel wurde eine solche Differenzierung der Maßnahmen zum Zwecke der Komplexitätsreduzierung nicht berücksichtigt. Für die Aussagenkraft des Beispiels bzw. die grundsätzliche Funktionsweise des ‚Virtuellen Marktplatzes' hat dies jedoch keinen Einfluss.

aktion obliegt dem Vorgesetzten. Zum anderen handelt es sich bei diesen Vorgesetzten im Fall ‚gewöhnlicher' Transaktionen - d.h. Transaktionen ohne gravierende Zielkonflikte oder weitergehende strategische Bedeutung - um Modulleiter, so dass auch hierdurch eine deutliche Dezentralisierung der Entscheidungsbefugnis erfolgt. Grundlegende, ungelöste Zielkonflikte oder Entscheidungen mit weitergehender strategischer Bedeutung erfordern jedoch eine Eskalation des Entscheidungsprozesses bis zum (Gesamt-)Projektleiter oder entsprechenden Entscheidungsgremien im Unternehmen.

Die Verankerung der Entscheidungsfunktion bei Modulleitern bzw. bei Bedarf übergeordneten Führungskräften zielt auf eine abschließende Berücksichtigung der mit ihrer Funktion verbundenen Gesamtsicht. Damit wird die Entscheidung neben der Zuordnung zu personifizierter Verantwortung nochmals an gesamtunternehmerischen Kriterien gemessen mit Abwägung aller relevanten Einflussfaktoren und Zielgrößen. In Ergänzung zum ‚Virtuellen Marktplatz' für Kosten- und Gewichtsziele erfolgt damit eine auf weitere Zielgrößen orientierte Gesamtoptimierung aus Unternehmenssicht.

Entsprechend des hohen Grades an Selbstorganisation durch die Bereiche verlagert sich die Steuerungsfunktion der Projektleitung stärker auf das Management derjenigen Zielkonflikte, die durch die Beteiligten des ‚Virtuellen Marktplatzes' nicht selbst entschieden werden können. Da das Konfliktmanagement Kosten- versus Gewichtsziele über den ‚Virtuellen Marktplatz' weitgehend den Bereichen selbst obliegt, konzentriert sich die Steuerungs- und Entscheidungsfunktion der Projektleitung damit überwiegend auf z.B. Zielkonflikte bezüglich Funktionsanforderungen, Package oder Entwicklungsaufwand. Auch Entscheidungen, die mit erhöhten entwicklungs-, produktions- oder marktseitigen Risiken verbunden sind, bedürfen i.a. der Entscheidung durch die Projektleitung. Zur Entlastung insbesondere bei der Entscheidungsvorbereitung werden Gesamt- und Teilprojektleiter dabei durch eine Assistenzfunktion unterstützt.

Mit dem dargestellten Konzept des ‚Virtuellen Marktplatzes' wird auch die aus der Fallstudie bekannte Problematik der ungleichen Informationsverteilung aufgegriffen: Im Rahmen der Maßnahmenkoordination ist die Problematik bekannt, dass die Projektleitung über die Gesamtsicht der Optimierungsbedarfe und -potenziale in den Bereichen verfügt, allerdings aufgrund der Vielzahl von Einzelmaßnahmen und der mit ihnen verbundenen Bewertungserfordernisse zu selten über aktuelle Informationen zur detaillierten Maßnahmenbewertung in Kenntnis gesetzt werden kann. Umgekehrt verfügen die Entwickler in den Fachabteilungen naturgemäß über detaillierte und aktuellste Informationen hinsichtlich der sie betreffenden Maßnahmen, erhalten jedoch Informationen über die Bewertung der Situation im Gesamtprojekt vielfach nur unvollständig und verzögert.

Diesen Defiziten wird durch die Anwendung des Marktprinzips mit dezentralem Datenbanksystem entgegengewirkt: die Projektleitung verfügt mit der Datenbank über eine laufend aktualisierte Bewertungsübersicht zu allen Maßnahmen. Gleichzeitig erhalten die für das Projekt tätigen Mitarbeiter in den Fachabteilungen über das Datenbanksystem laufend aktuelle Informationen über Ziele, Status und abgeleiteten Optimierungsbedarf. Das Verhältnis von Angebot (Optimierungsmaßnahmen) und Nachfrage (Optimierungsbedarf) gibt jedem für das Projekt tätigen Mitarbeiter dezentral

Aufschluss darüber, wie aus Gesamtprojektsicht die aktuellen Optimierungsprioritäten zu bewerten sind und damit die begrenzten Ressourcen in den Bereichen zu priorisieren sind. Der zuvor primär auf die Organisationsgrenzen begrenzte Informationsfluss in den Bereichen wird dadurch auf das Gesamtprojekt erweitert. Neben dem aufgezeigten Anreizeffekt gewährleistet die so verbesserte Transparenz zusammen mit der Anwendung des Marktprinzips eine auf die übergeordneten Projekt- und Unternehmensziele ausgerichtete, dezentrale, flexible Ressourcensteuerung.

Der Ansatz des ‚Virtuellen Marktplatzes' führt zu einer grundlegenden Neugestaltung des Ziel- und Leistungsvereinbarungsprozesses. Beim herkömmlichen Zielvereinbarungsprozess erfolgte zunächst eine Festlegung der Gesamtfahrzeugzielvision bezüglich Herstellkosten und Gewicht. Nachdem ein Erreichen der Zielvision (im Planstand) in der folgenden Phase der Konzeptdefinition und –entwicklung nicht absehbar war, wurden am Ende der Konzeptentwicklungsphase mit jeden Bereich Ziele vereinbart, die maßgeblich an den bisherigen Kosten- bzw. Gewichtsreduzierungsergebnissen orientiert waren. Die Analyse dieser ‚Zielvereinbarung nach Gießkannenprinzip' zeigte, wie durch wiederholte Anwendung einer solchen Vorgehensweise eine ‚Orientierung an der Zielerfüllung statt am Anspruch' mit Verlangsamung des Entwicklungsfortschritts und Verschlechterung des Entwicklungsergebnisses verursacht wurde. Da bereichs- und gesamtprojektbezogene Optimierung häufig in Konflikt zueinander standen, konnte trotz intensiver Koordinationsbemühungen der Projektleitung die Orientierung an Bereichszielen zu Lasten einer besseren Erfüllung der Gesamtprojektziele nicht verhindert werden.

Maßnahmen, die diese Situation des ‚Gefangenendilemmas' verhindern sollten, führten insbesondere bei wiederholter Anwendung zu einer systematischen Verschlechterung der Situation. Damit wurde emergent nicht zielkonformes Verhalten erzeugt und durch fremdorganisatorische Steuerungseingriffe verstärkt.

Der neue Ablauf des Zielfindungsprozesses basiert dagegen auf einer stufenweisen Detaillierung der Ziele. Dabei wird mit Festlegung der Zielvision für das Gesamtfahrzeug in der Zieldefinitionsphase gleichzeitig auch die Zielvision für die Großmodule festgelegt. Hierzu werden analog zum Vorgehen auf Gesamtfahrzeugebene Erfahrungswerte von Vorgängermodellen unter Berücksichtigung konzept- und funktionsbedingter Änderungen sowie Ergebnisse von Benchmarkingstudien verwendet.

Die so definierten Zielvorgaben stellen die Ausgangsziele dar für das ‚Handeln' von Zielen auf Großmodulebene im Rahmen des ‚Virtuellen Marktplatz' in der Konzeptdefinitionsphase. Auf Basis dieser Ergebnisse erfolgt zum Ende der Konzeptdefinitionsphase der Meilenstein ‚Bestätigung der Zielvision Gesamtfahrzeug und Großmodule'. Dieser Meilenstein bildet vor der endgültigen Zielfestschreibung zum Ende der Konzeptentwicklungsphase einen ‚Kontrollpunkt'. Im Allgemeinen ist hier eine Bestätigung der angestrebten Zielvision für das Gesamtfahrzeug sowie der beim ‚Handeln' modifizierten Zielvisionen für die Großmodule zu erwarten. In begründeten Ausnahmefällen, z.B. bei unerwarteten konzeptbedingten Veränderungen, kann hier noch eine Modifikation der Zielvision für die Großmodule erfolgen, falls absehbar unlösbare Zielkonflikte auftreten.

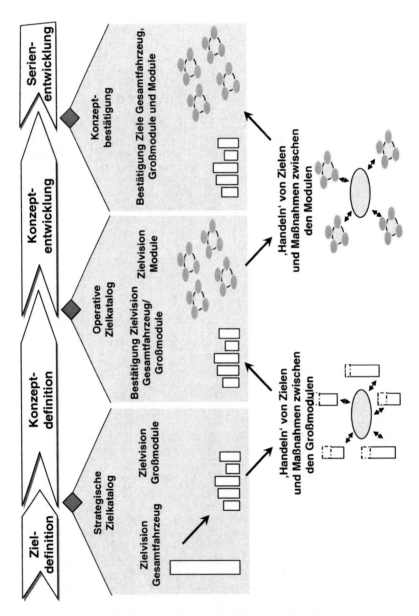

Abb. IV.42: Ablauf des Zielfindungsprozesses auf Basis des
,Virtuellen Marktplatzes'

Mit Bestätigung der Zielvision für das Gesamtfahrzeug und der beim ‚Handeln' modifizierten Zielvisionen für die Großmodule erfolgt gleichzeitig die Festlegung der Zielvision für die Module als Eingangsgröße für die folgende Konzeptentwicklung. Analog zum ‚Handeln' von Zielen und Maßnahmen auf Großmodulebene findet der ‚Virtuelle Marktplatz' nun Anwendung auf Modulebene. Auf diese Weise erfolgt eine schrittweise Detaillierung der Ziele. Die endgültige Festschreibung der Ziele findet wie zuvor zum Abschluss der Konzeptentwicklungsphase statt.

Der Weg zu den hier vereinbarten Zielen hat sich gegenüber dem ‚Zielverhandlungsprozess mit anschließender Zielvereinbarung nach Gießkannenprinzip' grundlegend verändert. Vereinbart werden die durch die Bereiche selbst auf dem ‚Virtuellen Marktplatz' festgelegten Ziele. Für die Aufteilung der Zielanspannung, d.h. die Vereinbarung von Leistungsbeiträgen, wird nur durch die erstmalige Vorgabe einer Zielvision eine Rahmenvorgabe gegeben. Diese kann jedoch anschließend durch die Bereiche bei Konstanz der Gesamtziele beliebig verändert werden. Damit wird sukzessive zunächst auf Großmodulebene und anschließend auf Modulebene eine Spezialisierung entsprechend der bereichsspezifischen Kompetenzvorteile ermöglicht.

4. Bewertung und Zusammenfassung

Der Ansatz ‚gelenkter Selbstorganisation' verfolgt die Zielsetzung, Optimierungs-
ansätze für Koordination in der frühen Phase des Entwicklungsprozesses in der Automobilindustrie aufzuzeigen. Im Rahmen einer qualitativen Vorgehensweise basiert die
Hypothesenbildung auf einer Fallstudie mit Analyse von 8 Problemfeldern (bzw. "Mini-Cases"[34]) im Bereich der Koordination des Automobilentwicklungsprozesses. Die
Bewertung des Ansatzes hat sich daher maßgeblich an dieser Problemlage bzw. den
ihr zugrunde liegenden, grundsätzlichen Problemmustern[35] zu orientieren (Kapitel
4.1.1). Auf übergeordneter Abstraktionsebene wird damit ein positiver Beitrag zur Erfüllung der in Teil I, Kap. 2, aufgezeigten, zentralen Zielsetzungen und Herausforderungen bei der Automobilentwicklung erreicht, was in Kap. 4.1.2 betrachtet wird.[36]
Neben dieser Bewertung des Nutzens für die Unternehmenspraxis wird in Kap. 4.1.3
die Einordnung des Ansatzes gelenkter Selbstorganisation hinsichtlich des in Teil II
und III aufgezeigten Stands der Forschung vorgenommen. Zusammenfassung und
Ausblick zu weiterem Forschungsbedarf folgen abschließend in Kap. 4.2.

4.1 Bewertung des Ansatzes ‚gelenkter Selbstorganisation'

4.1.1. Lösungspotenzial für die aufgezeigten Koordinationsprobleme

In Teil III wurden auf Basis der Analyse emergenter Phänomene bei der Koordination
im Automobilentwicklungsprozess drei grundlegende, ursächliche Problemmuster
hergeleitet:

1. Überlastung der zentralen Projektsteuerungsfunktion
2. Schwächung der grundsätzlichen Problemlösungsfähigkeit
3. Orientierung an der Zielerfüllung statt am Anspruch

Aufgrund ihrer hohen Bedeutung wird der Ansatz zunächst in seinem Einfluss auf diese grundlegenden Problemmuster bewertet, bevor anschließend auf die spezifischen 8
Problemfelder eingegangen wird. Entsprechend den Ausführungen in Teil IV wird dabei zwischen dem Virtuellen Marktplatz sowie der Modularisierung auf Basis von
‚Architectural Knowledge' differenziert.

Der ‚Virtuelle Marktplatz' zielt auf positive Effekte hinsichtlich aller drei hergeleiteten
Problemmuster. Das ‚Handeln' von Maßnahmen und Zielanpassungen - im Rahmen
konstanter Gesamtziele - führt zu einer weitgehend selbstorganisierten[37] Abstimmung
von bereichsübergreifenden Optimierungsmaßnahmen und Leistungsbeiträgen (Zielvereinbarung) zwischen den Bereichen. Die Funktion der Projektleitung beschränkt
sich auf das Management eskalierender Zielkonflikte bzw. auf strategische Entscheidungen zu grundlegenden Zielkonflikten.

---

[34] vgl. Eisenhardt (1999), S. 545
[35] vgl. Teil III
[36] Aufgrund noch nicht ausreichend fundierter Implementierungserfahrungen handelt es sich bei der Bewertung
um eine qualitative Abschätzung der zu erwartenden Effekte des vorgestellten Ansatzes, gestützt durch die
Datenauswertung zum ‚Architectural Knowledge'. Eine Verifikation dieser ersten Bewertung hat mit zunehmenden Implementierungserfahrungen gesondert zu erfolgen.
[37] Selbstorganisation i.S.v. ‚Selbstgestaltung' bzw. ‚Selbstabstimmung', vgl. Teil III, Kap. 1.2.

Neben diesen positiven Effekten im Bereich des Ziel- und Maßnahmenmanagements ist auch im Bereich des Informationsmanagements eine deutliche Entlastung der Projektleitung zu erwarten: aktuelle Informationen bezüglich relevanter Daten zu Gewichts- bzw. Kostenreduzierungsmaßnahmen, Status etc. werden über das Datenbanksystem der Bereiche dezentral dem gesamten Projekt zur Verfügung gestellt ('Push-Verfahren'). Damit wird die Projektleitung von der Aufgabe der - zuvor unzureichenden – laufend aktualisierten Informationsbereitstellung ('Pull-Verfahren') insbesondere in der frühen Phase entlastet. Durch die mit der Selbstorganisation einhergehend erweiterten Handlungs- und Entscheidungsspielräume ist zudem von stärkerer intrinsischer Motivation der Beteiligten auszugehen[38].

Abb. IV.43: Zentrale Kennzeichen des ‚Virtuellen Marktplatzes' und Bewertung
hinsichtlich der drei grundlegenden Problemmuster

Die Umsetzung dieser Selbstorganisation i.S.v. Selbstgestaltung bzw. Selbstabstimmung setzt schwerpunktmäßig beim ersten Problemmuster, der ‚Überlastung der zentralen Projektsteuerungsfunktion' an. Der neue Koordinationsansatz führt damit zu einer veränderten Rolle der Projektleitung. Sie wandelt sich mehr zum "Enabler" bzw. "Unterstützer, Förderer und Katalysator"[39] der Selbstorganisation. Im Sinne ‚gelenkter Selbstorganisation' werden Ergebnisse wie z.B. Bereichsziele oder Gewichts- und Kostenreduzierungsmaßnahmen nicht im Detail durch die Projektleitung vorgegeben. Stattdessen besteht ihre Funktion i.S.d. in Teil III vorgestellten Konzeptionen zur Selbstorganisation darin, durch Vorgabe weniger ‚Spielregeln' "Arenen zur Selbstorganisation" zu schaffen[40] und die Ausrichtung des Selbstorganisationsprozesses auf übergeordnete Projektziele zu gewährleisten.

---

[38] vgl. z.B. Herzberg (1968); Herzberg / Mausner / Syndermann (1959)
[39] vgl. Probst (1987a), S. 148
[40] vgl. z.B. zu Knyphausen (1988), S. 312ff.; Probst (1987a), S. 141f.; Zahn / Dillerup / Foschiani (1997), S. 143ff.; Brown / Eisenhardt (1998), S. 229; Anderson (1999), S. 228ff.

Dies führt nicht nur zu einer Verringerung des Koordinationsaufwands für die Projekt-leitung, sondern durch intensivierte bereichsübergreifende Zusammenarbeit mit Nut-zung (relativer) Kompetenzvorteile auch zu besserer Zielerfüllung. Das Marktprinzip ermöglicht dabei eine sehr flexible, am laufenden Verbesserungsbedarf ausgerichtete, dezentrale Steuerung der Ressourcen. In Verbindung mit dem dezentralen Datenbank-system erhält jeder Beteiligte immer aktuellste Informationen zu Maßnahmen (z.B. Potenzial-/ Risikobewertung) und Handlungsbedarf (z.b. aktuelle Zielerfüllung und resultierende Optimierungsnotwendigkeiten), so dass er seine Ressourcen optimal auf den Bedarf ausrichten kann. Neben der Reduzierung des Aufwands zur Selbstorganisa-tion wird damit auch die ‚Koordinationsleistung' erhöht[41]. Der optimierte Kompetenz-einsatz führt im Gegensatz zu den aus der Fallstudie bekannten symptomatischen Lö-sungen mit ‚Schwächung der grundsätzlichen Problemlösungsfähigkeit' (Problemmus-ter 2) zu einer ursächlichen Problemlösung.

Die Verringerung des Koordinationsaufwands und die Verbesserung der Koordina-tionsleistung sind auch auf den Anreiz zu gesamtoptimalem Verhalten zurückzuführen. Dieser resultiert aus der weitgehenden Auflösung des aus der Fallstudie bekannten Zielkonfliktes zwischen Bereichs- und Gesamtoptimierung. Der durch die Selbstorga-nisation erweiterte Handlungsspielraum der Beteiligten eröffnet ihnen die Möglichkeit, ihre Bereichsziele und die (bereichsübergreifenden) Optimierungsmaßnahmen so auf-einander abzustimmen, dass sich der aus der Spezialisierung (Konzentration auf den eigenen Kompetenzvorteil) resultierende Gesamtvorteil immer auch positiv für ihren Bereich auswirkt. Der Zielkonflikt zwischen ‚Orientierung an der (individuellen) Ziel-erfüllung statt am Anspruch' des Projektes (Problemmuster 3) ist damit aufgelöst.

Abb.IV.44 zeigt eine Zusammenfassung der wichtigsten Kennzeichen und Effekte der Modularisierung auf Basis von ‚Architectural Knowledge'. Die mit ihr verbundene Reorganisation der Entwicklungsorganisation zielt über eine Optimierung des Schnitt-stellenmanagements auf eine deutlich verbesserte bereichsübergreifende Abstimmung sowie eine Stärkung der Integrationsfunktionen. Im Bereich der Primärorganisation fördert die organisatorische und räumliche Zusammenfassung von Modulen mit hohen Abstimmungserfordernissen insbesondere die informelle Kommunikation. Der damit verbundene ‚face-to-face-Kontakt' stellt die Grundlage für die Weitergabe impliziten Wissens dar sowie für die Förderung von Vertrauen als Basis für den frühzeitigen Austausch noch unsicherer Informationen. Die Bündelung des Abstimmungsaufwan-des innerhalb der Großmodule und die Ausrichtung des Informationsflusses in Rich-tung des Prozessablaufes mit Verringerung von zeit- und aufwandsintensiven ‚Schlei-fen' wurde auf Basis der Daten zum ‚Architectural Knowledge' aufgezeigt (vgl. Teil IV, Kap. 2).

---

[41] i.S.d. Ausrichtung auf die angestrebten Unternehmenszielsetzungen, vgl. Zahlenbeispiele in Kap. 3

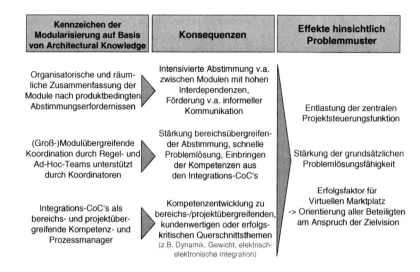

Kennzeichen der Modularisierung auf Basis von Architectural Knowledge	Konsequenzen	Effekte hinsichtlich Problemmuster

Abb. IV.44: Zentrale Kennzeichen der Modularisierung auf Basis von ‚Architectural Knowledge' und Bewertung hinsichtlich der drei grundlegenden Problemmuster

Die bereichsübergreifende Abstimmung zwischen verschiedenen Großmodulen wird zudem durch Regel-Teams gefördert. Im Bereich der Sekundärorganisation stellt die interdisziplinäre Zusammenarbeit in Ad-Hoc-Teams, die nicht nur in Ausnahmesituationen, sondern bedarfsspezifisch durch themenbezogene Koordinatoren initiiert wird, eine schnelle, flexible Form einer situationsspezifischen Problemlösung dar. Regel- und Ad-Hoc-Teams bilden über Koordinatoren aus den Integrations-CoC's zudem eine wichtige Brücke zu den Integrations CoCs. Ihrer projekt- und bereichsübergreifenden Funktion obliegt neben der Integrationsfunktion im Bereich kundenwertiger und erfolgskritischer Querschnittsthemen[42] auch die Kompetenzentwicklung zu diesen Themen. Damit kommt ihnen die Funktion von Wissensmanagern zu, die zudem den in Teil I aufgezeigten, zunehmenden projektübergreifenden Abstimmungserfordernissen[43] Rechnung tragen.

Der ‚Virtuelle Marktplatz' verspricht damit v.a. durch optimierte Ausrichtung auf den Prozessablauf mit entsprechender Verkürzung der Entwicklungszeit sowie durch die verbesserte Kompetenznutzung/–entwicklung eine Stärkung der grundsätzlichen Problemlösungsfähigkeit (Problemmuster 2) mit Erhöhung der Koordinationsleistung. Eine Reduzierung des Koordinationsaufwands für die Projektleitung (Problemmuster 1) kann durch die intensivierte Selbstabstimmung bei gleichzeitiger Stärkung der Integrationsfunktionen erreicht werden.

Die Ausrichtung der strukturbedingten Abstimmungsmöglichkeiten auf die produktbedingte Abstimmungserfordernisse bewirkt indirekt auch einen Anreiz zu gesamtoptimalem Verhalten (Problemmuster 3): Motivationshemmende Kommunikationsbarrie-

---
[42] z.B. Dynamik, Gewicht, elektrisch-elektronisch-informationstechnische Integration
[43] z.B. durch erweiterte Gleich- bzw. Synergieteilsätze

ren werden dadurch vermindert und ungewünschte Systemeigendynamik i.S.v. ‚side-effects' (z.b. unzureichender Informationsaustausch in der frühen Phase) verringert mit positiven Auswirkungen auf Anreize zu gesamtoptimalem Verhalten.

Beide Bausteine des Ansatzes ‚gelenkter Selbstorganisation' zielen damit nicht nur in die gleiche Richtung, sondern stehen auch in positiver Rückkopplung: die Verbesserung des Schnittstellenmanagements mit Intensivierung der Kommunikation durch die Modularisierung auf Basis von ‚Architectural Knowledge' stellt eine wichtige Voraussetzung für das selbstorganisierte ‚Handeln' im Rahmen des ‚Virtuellen Marktplatzes' dar. Umgekehrt ist z.B. durch die erweiterten Handlungsspielräume, die der ‚Virtuelle Marktplatz' eröffnet, auch von einer Intensivierung der Zusammenarbeit in den Regelteams und insbesondere den Ad-Hoc-Teams auszugehen.

Die Wirkungen beider Elemente des Ansatzes ‚gelenkter Selbstorganisation' sind somit nicht überschneidungsfrei, sondern ergänzen sich gegenseitig und können so zu 10 Haupteffekte des Ansatzes ‚gelenkter Selbstorganisation' zusammengefasst werden:

1. *Intensivierte bereichsübergreifende Kommunikation, verbesserte Selbstabstimmung v.a.* zwischen stark interdependenten Bereichen durch Ausrichtung der Organisation auf produktbedingte Abstimmungserfordernisse, neue Teamstruktur, Stärkung von Integrations-Funktionen und bereichsübergreifender Kommunikation.

2. *Verringerung des Abstimmungsaufwands, Verbesserung der Abstimmungsqualität und Vermeidung von ‚side-effects'* durch optimierte Ausrichtung der Abstimmungsmöglichkeiten auf die Abstimmungserfordernisse (Modularisierung auf Basis von ‚Architectural Knowledge').

3. *Frühzeitige Fokussierung auf strategisch entscheidende Produktdifferenzierungseigenschaften* und damit verbundene Zielkonflikte in der Initialphase durch Einsatz des Produkt-Differenzierungs-Profils (PDP).

4. *Verlagerung von Zielkonfliktmanagement und Optimierungsaktivitäten in die frühe Phase des Entwicklungsprozesses* durch Intensivierung des frühzeitigen Informationsaustausches, frühzeitige Fokussierung, erweiterte Handlungsspielräume (‚Virtueller Marktplatz') sowie Anreize zu frühzeitiger Optimierung.

5. *Schnellerer und flexiblerer Prozessablauf sowie schnellere, flexiblere bereichsübergreifende Problemlösung* durch Ausrichtung des Informationsflusses auf den Entwicklungsprozess, Zusammenarbeit in Ad-Hoc-Teams unterstützt durch Koordinatoren aus Integrations-CoC's, frühzeitige Fokussierung und Verlagerung der Optimierung in frühe Phasen.

6. *Potenziale zur Reduzierung des Produktaufwands sowie zu erhöhter Marktflexibilität* (Verkürzung Time-to-Market) durch Prozessbeschleunigung.

7. *Stärkere Kundenorientierung der Entwicklungsaktivitäten (Vermeidung von ‚Over-Engineering') sowie optimierte Abstimmung von Gesamtfahrzeugeigenschaften* durch Aufbau von CoCs zu kundenwertigen bzw. erfolgskritischen Querschnittsthemen mit projekt- und (fach-)bereichsübergreifender Kompetenzentwicklung (Integrations-CoC's).

8. *Optimierte Transparenz und effizientere Ressourcensteuerung* mit laufendem, dezentralem Abgleich von Optimierungsbedarf und -möglichkeiten durch Einsatz des Marktprinzips.

9. *Bessere Nutzung spezifischer Kompetenzvorteile mit besserer Zielerfüllung* durch Möglichkeiten der Spezialisierung im Rahmen des ‚Virtuellen Marktplatzes'.

10. *Weitgehende Auflösung des Zielkonfliktes zwischen Bereichs- und Gesamtprojektoptimierung/Anreiz zu gesamtoptimalem Verhalten*[44] *mit besserer Zielerfüllung* durch Festlegung der Bereichsziele in Selbstabstimmung der Bereiche.

Durch diese Effekte ist nicht nur von einer besseren Erfüllung der Gewichts- und Herstellkostenziele bei gleichzeitiger Aufwandsreduzierung hierfür auszugehen, sondern es sind auch bei weiteren, grundlegenden Zielgrößen im Produktentwicklungsprozess positive Auswirkungen zu erwarten (z.B. Produktaufwand, Time-to-Market, Qualität, vgl. Kap.4.2.).

Damit wird die Grundlage für die eingangs formulierte Zielsetzung einer optimierten ‚Selbstlenkungsfähigkeit der Projektes' gelegt, d.h. der bestmöglichen, selbsttätigen Ausrichtung eines Systems[45] auf die übergeordneten Ziele des Gesamtsystems[46] im Rahmen gegebener Rahmenbedingungen.

Der Aspekt ‚bestmögliche Ausrichtung' betrifft die *Koordinationsleistung*. Dabei besteht eine Unschärfe (‚bestmögliche'), die das Spannungsfeld aus zu erwartender Verbesserung und weiterem Optimierungsbedarf i.S. eines (kontinuierlichen) Verbesserungsprozesses ausdrückt: Die aufgezeigten Effekte sprechen dafür, dass mit dem Ansatz ‚gelenkter Selbstorganisation' die Forderung nach Verbesserung des Koordinationsergebnisses erfüllt werden kann. Der Bedarf zu einer Fortsetzung des Optimierungsprozesses besteht unabhängig davon weiter. Die Steigerung der Koordinationsleistung wird direkt durch die Orientierung an grundsätzlichen, ursächlichen Problemlösungen beeinflusst (Problemmuster 2). Indirekt wirkt sich die intensivierte, bereichsübergreifende Zusammenarbeit mit verstärkter Selbstorganisation (Entlastung der zentralen Projektsteuerungsfunktion, Problemmuster 1) sowie die Vermeidung von ‚side-effcts' (Orientierung an Bereichszielen statt an Gesamtprojektzielen, Problemmuster 3) positiv hierauf aus.

‚Selbsttätige Ausrichtung' betrifft v.a. den *Koordinationsaufwand*. Entscheidend ist dabei die Systemabgrenzung, d.h. das genaue Verständnis des ‚Selbst'. Im vorliegenden Fall wurde zwischen dem Projekt als sozialem System und der Projektleitung als systemexterne Steuerungsfunktion differenziert. In diesem Sinne erfordert ‚selbsttätige Ausrichtung' eine Verringerung des Koordinationsaufwands für die Projektleitung. Beim Ansatz gelenkter Selbstorganisation wird eine solche Entlastung der Projektlei-

---

[44] Dies setzt einen Anreiz zur Bereichszielerfüllung voraus, was i.d.R. für jeden Betroffenen aufgrund extrinsischer und/oder intrinsischer Motivationsfaktoren (z.B. besserer Beurteilung, damit besserer Karriere-/Gehaltsentwicklung, Anerkennung, Selbstbestätigung etc.) vorausgesetzt wird. Aufgrund der Fokussierung auf strukturelle Koordination in der vorliegenden Arbeit wird die Thematik der Anreizgestaltung nicht weiter vertieft, vgl. auch Kap. 2.

[45] im Fallbeispiel das Entwicklungsprojekt XR400

[46] im Fallbeispiel das Unternehmen Automóviles Deportivos S.A

tung maßgeblich durch verstärkte Selbstorganisation im Projekt erreicht. Zudem ist jedoch auch durch Verbesserung der Koordinationsleistung sowie durch organisatorische Ausrichtung der Abstimmungsmöglichkeiten auf die Abstimmungserfordernisse mit Vermeidung aufwendiger Änderungs- und Korrektur-/Optimierungsschleifen zu rechnen, so dass von einem geringeren Gesamtkoordinationsaufwand auszugehen ist. Der Aspekt ‚selbsttätige Ausrichtung' wird damit vornehmlich durch die Umsetzung von Selbstorganisation bzw. durch die Entlastung der zentralen Projektsteuerungsfunktion erreicht (Problemmuster 1). Durch die Steigerung der Koordinationsleistung und Orientierung an grundsätzlichen Problemlösungen (Problemmuster 2) sowie die Vermeidung von ‚side-effects' mit verbesserter gesamtoptimaler Ausrichtung (Problemmuster 3) wird er zusätzlich verstärkt.

Erhöhte Koordinationsleistung bei vermindertem Koordinationsaufwand führt zu einer Steigerung der Effizienz. Selbstlenkung beinhaltet jedoch nicht nur das Ziel der Effizienzsteigerung (‚Die Dinge richtig tun''), sondern auch einer gesamtoptimalen Ausrichtung der Aktivitäten im Sinne einer Effektivitätssteigerung (‚Die richtigen Dinge tun'). Gesamtoptimal orientiert sich dabei an den Zielen des übergeordneten Systems, d.h. des Unternehmens Automóviles Deportivos S.A.[47]

Die Auflösung des zuvor bestandenen Zielkonfliktes zwischen Bereichs- und Gesamtoptimierung (‚Orientierung an Zielerfüllung statt an Anspruch, Problemmuster 3) führt entscheidend zu einer solchen, verbesserten Ausrichtung auf die Unternehmensziele mit Verringerung ungewünschter ‚side-effects'.

Die aufgezeigten, positiven Effekte des Ansatzes ‚gelenkter Selbstorganisation' auf die Bewältigung der drei grundsätzlichen Problemmuster sind damit untrennbar mit einer Umsetzung von Selbstlenkung verbunden. Grundlage für die Entwicklung dieser Koordinationsansätze bildete die Berücksichtigung emergenter Phänomene (s. Fallstudie). Der Ansatz gelenkter Selbstorganisation verbindet damit die drei in Teil III, Kap. 1.3 aufgezeigten Elemente des differenzierten Selbstorganisationsverständnisses: Selbstorganisation i.S.v. Emergenz, von Selbstgestaltung/-koordination und von Selbstlenkung.

Die Auswirkungen der auf der Ebene der grundlegenden Problemmuster dargestellten Effekte auf die Lösung der in der Fallstudie aufgezeigten Problemfelder in den Bereichen Ziel-, Informations- und Maßnahmenmanagement sind in den Abb.IV.45-IV.47 zusammengefasst.

---

[47] Wie bei der Definition von Koordination in Teil I, Kap. 2.3 aufgezeigt, kommt - entgegen anderer Koordinationsdefinitionen - der Ausrichtung der zu koordinierenden Teilsysteme auf ein übergeordnetes Gesamtziel eine entscheidende Bedeutung zu.

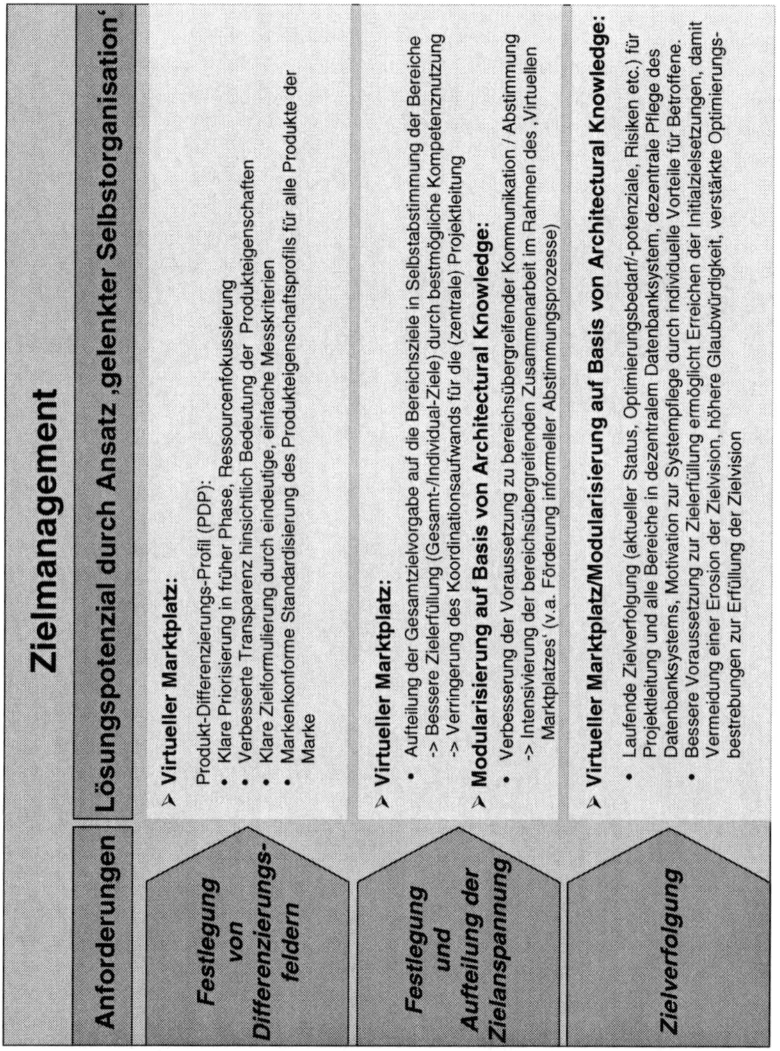

Zielmanagement

Anforderungen	Lösungspotenzial durch Ansatz 'gelenkter Selbstorganisation'
Festlegung von Differenzierungsfeldern	➢ **Virtueller Marktplatz:** Produkt-Differenzierungs-Profil (PDP): • Klare Priorisierung in früher Phase, Ressourcenfokussierung • Verbesserte Transparenz hinsichtlich Bedeutung der Produkteigenschaften • Klare Zielformulierung durch eindeutige, einfache Messkriterien • Markenkonforme Standardisierung des Produkteigenschaftsprofils für alle Produkte der Marke

Festlegung und Aufteilung der Zielanspannung	➢ **Virtueller Marktplatz:**
	• Aufteilung der Gesamtzielvorgabe auf die Bereichsziele in Selbstabstimmung der Bereiche
	  -> Bessere Zielerfüllung (Gesamt-/Individual-Ziele) durch bestmögliche Kompetenznutzung
	  -> Verringerung des Koordinationsaufwands für die (zentrale) Projektleitung
	
	➢ **Modularisierung auf Basis von Architectural Knowledge:**
	• Verbesserung der Voraussetzung zu bereichsübergreifender Kommunikation / Abstimmung
	  -> Intensivierung der bereichsübergreifenden Zusammenarbeit im Rahmen des 'Virtuellen Marktplatzes' (v.a. Förderung informeller Abstimmungsprozesse)

Zielverfolgung	➢ **Virtueller Marktplatz/Modularisierung auf Basis von Architectural Knowledge:** • Laufende Zielverfolgung (aktueller Status, Optimierungsbedarf/-potenziale, Risiken etc.) für Projektleitung und alle Bereiche in dezentralem Datenbanksystem, dezentrale Pflege des Datenbanksystems, Motivation zur Systempflege durch individuelle Vorteile für Betroffene. • Bessere Voraussetzung zur Zielerfüllung ermöglicht Erreichen der Initialzielsetzungen, damit Vermeidung einer Erosion der Zielvision, höhere Glaubwürdigkeit, verstärkte Optimierungsbestrebungen zur Erfüllung der Zielvision

Abb. IV:45 Lösungspotenziale des Ansatzes ‚gelenkter Selbstorganisation' im Bereich der Problemfelder des Zielmanagements

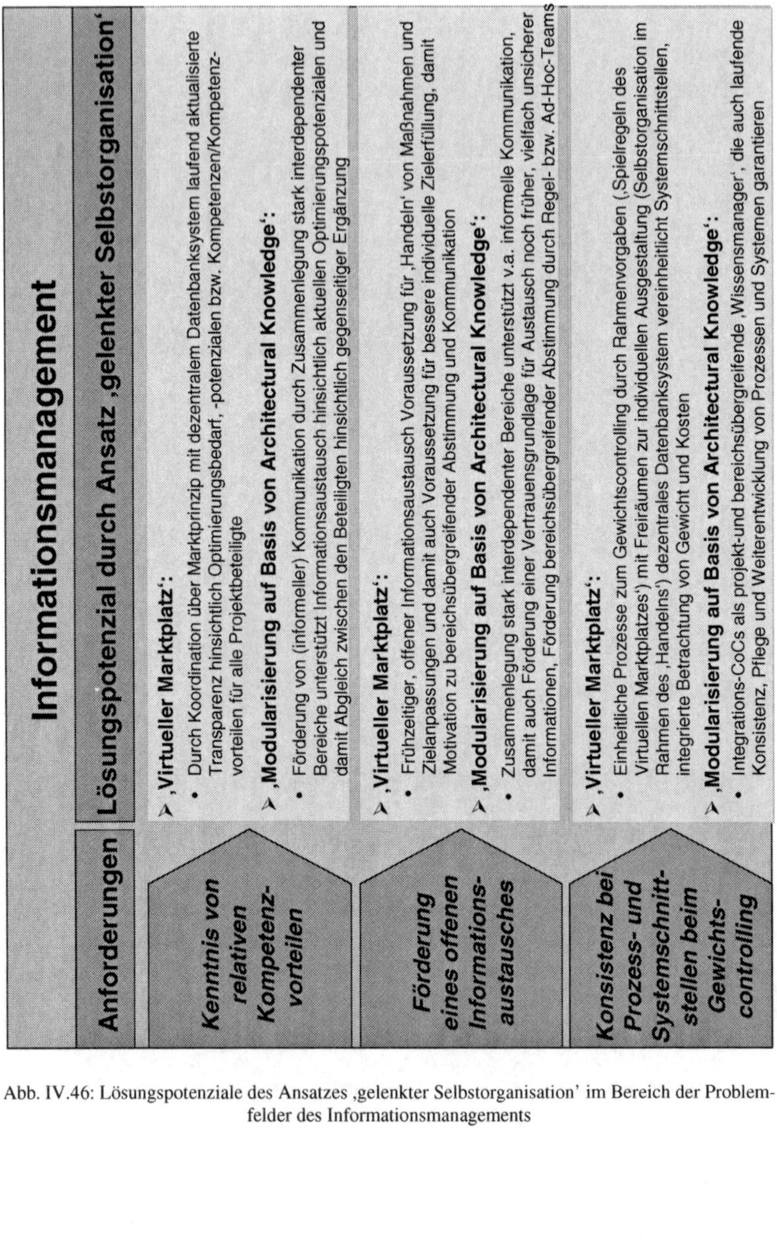

Informationsmanagement

Anforderungen	Lösungspotenzial durch Ansatz ‚gelenkter Selbstorganisation'
Kenntnis von relativen Kompetenz-vorteilen	⋏ **‚Virtueller Marktplatz':** • Durch Koordination über Marktprinzip mit dezentralem Datenbanksystem laufend aktualisierte Transparenz hinsichtlich Optimierungsbedarf, -potenzialen bzw. Kompetenzen/Kompetenz-vorteilen für alle Projektbeteiligte ⋏ **‚Modularisierung auf Basis von Architectural Knowledge':** • Förderung von (informeller) Kommunikation durch Zusammenlegung stark interdependenter Bereiche unterstützt Informationsaustausch hinsichtlich aktuellen Optimierungspotenzialen und damit Abgleich zwischen den Beteiligten hinsichtlich gegenseitiger Ergänzung
Förderung eines offenen Informations-austausches	⋏ **‚Virtueller Marktplatz':** • Frühzeitiger, offener Informationsaustausch Voraussetzung für ‚Handeln' von Maßnahmen und Zielanpassungen und damit auch Voraussetzung für bessere individuelle Zielerfüllung, damit Motivation zu bereichsübergreifender Abstimmung und Kommunikation ⋏ **‚Modularisierung auf Basis von Architectural Knowledge':** • Zusammenlegung stark interdependenter Bereiche unterstützt v.a. informelle Kommunikation, damit auch Förderung einer Vertrauensgrundlage für Austausch noch früher, vielfach unsicherer Informationen, Förderung bereichsübergreifender Abstimmung durch Regel- bzw. Ad-Hoc-Teams
Konsistenz bei Prozess- und Systemschnitt-stellen beim Gewichts-controlling	⋏ **‚Virtueller Marktplatz':** • Einheitliche Prozesse zum Gewichtscontrolling durch Rahmenvorgaben (‚Spielregeln des Virtuellen Marktplatzes') mit Freiräumen zur individuellen Ausgestaltung (Selbstorganisation im Rahmen des ‚Handelns') dezentrales Datenbanksystem vereinheitlicht Systemschnittstellen, integrierte Betrachtung von Gewicht und Kosten ⋏ **‚Modularisierung auf Basis von Architectural Knowledge':** • Integrations-CoCs als projekt-und bereichsübergreifende ‚Wissensmanager', die auch laufende Konsistenz, Pflege und Weiterentwicklung von Prozessen und Systemen garantieren

Abb. IV.46: Lösungspotenziale des Ansatzes ‚gelenkter Selbstorganisation' im Bereich der Problemfelder des Informationsmanagements

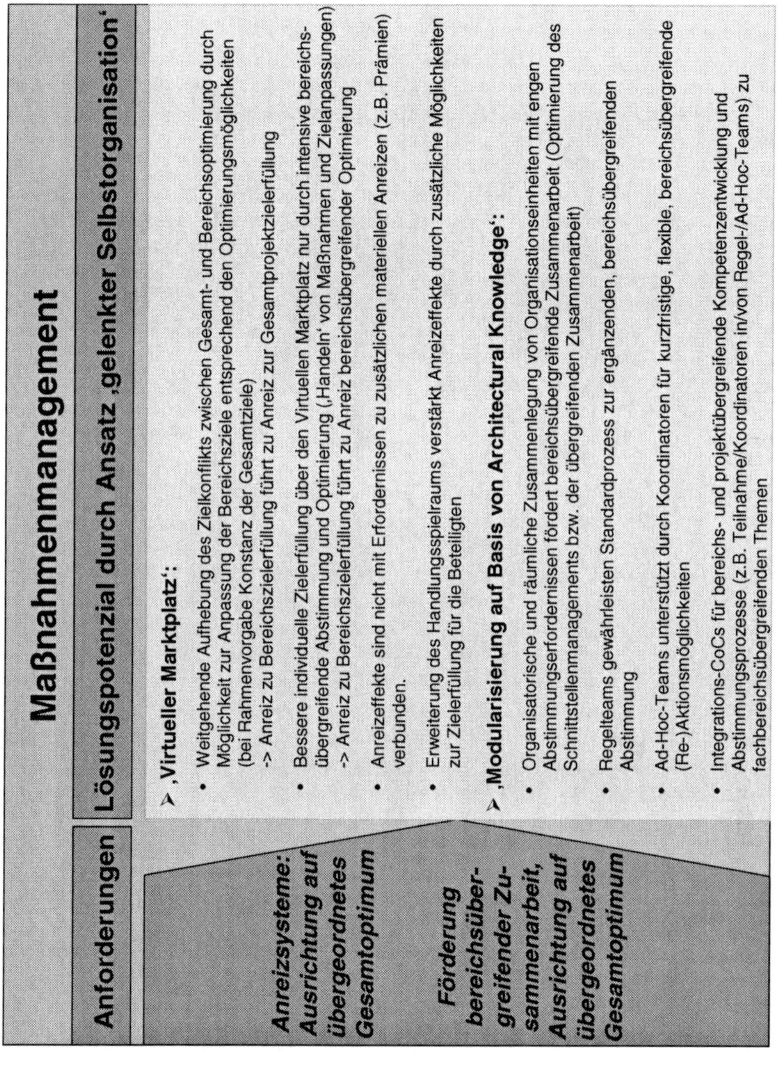

Maßnahmenmanagement

Anforderungen	Lösungspotenzial durch Ansatz ‚gelenkter Selbstorganisation'
Anreizsysteme: Ausrichtung auf übergeordnetes Gesamtoptimum **Förderung bereichsübergreifender Zusammenarbeit, Ausrichtung auf übergeordnetes Gesamtoptimum**	**➢ „Virtueller Marktplatz":** • Weitgehende Aufhebung des Zielkonflikts zwischen Gesamt- und Bereichsoptimierung durch Möglichkeit zur Anpassung der Bereichsziele entsprechend den Optimierungsmöglichkeiten (bei Rahmenvorgabe Konstanz der Gesamtziele) -> Anreiz zu Bereichszielerfüllung führt zu Anreiz zur Gesamtprojektzielerfüllung • Bessere individuelle Zielerfüllung über den Virtuellen Marktplatz nur durch intensive bereichsübergreifende Abstimmung und Optimierung („Handeln" von Maßnahmen und Zielanpassungen) -> Anreiz zu Bereichszielerfüllung führt zu Anreiz bereichsübergreifender Optimierung • Anreizeffekte sind nicht mit Erfordernissen zu zusätzlichen materiellen Anreizen (z.B. Prämien) verbunden. • Erweiterung des Handlungsspielraums verstärkt Anreizeffekte durch zusätzliche Möglichkeiten zur Zielerfüllung für die Beteiligten **➢ „Modularisierung auf Basis von Architectural Knowledge":** • Organisatorische und räumliche Zusammenlegung von Organisationseinheiten mit engen Abstimmungserfordernissen fördert bereichsübergreifende Zusammenarbeit (Optimierung des Schnittstellenmanagements bzw. der übergreifenden Zusammenarbeit) • Regelteams gewährleisten Standardprozess zur ergänzenden, bereichsübergreifenden Abstimmung • Ad-Hoc-Teams unterstützt durch Koordinatoren für kurzfristige, flexible, bereichsübergreifende (Re-)Aktionsmöglichkeiten • Integrations-CoCs für bereichs- und projektübergreifende Kompetenzentwicklung und Abstimmungsprozesse (z.B. Teilnahme/Koordinatoren in/von Regel-/Ad-Hoc-Teams) zu fachbereichsübergreifenden Themen

Abb. IV.47: Lösungspotenziale des Ansatzes ‚gelenkter Selbstorganisation' im Bereich der Problemfelder des Maßnahmenmanagements

4.1.2. Lösungspotenzial für Erfüllung übergeordneter Ziele und Herausforderungen im Produktentwicklungsprozess

In Teil I wurde auf übergeordnete Ziele und Herausforderungen im Produktentwicklungsprozess eingegangen. In Hinblick auf die Aufgabenstellung erfolgte dabei eine Konzentration auf die drei Zielgrößen Qualität, Zeit (Time-to-Market) und Kosten, die in der Literatur in weitgehender Einigkeit als Erfolgsfaktoren für Produktentwicklungen gesehen werden.[48]

Qualität wurde in einem weiteren Verständnis als Grad der Erfüllung von Kundenwünschen verstanden. Dies beinhaltet zum einen die Konzentration auf die 'richtigen', d.h. kundenrelevanten Ziele bzw. Produkteigenschaften, als auch ihre Erfüllung i.S. der Kundenanforderungen. Hinsichtlich beider Aspekte sind durch den Ansatz 'gelenkter Selbstorganisation' Verbesserungen zu erwarten. Das in einem interdisziplinären Team aus markt-, entwicklungs-, produktions- und unternehmensstrategischen Bereichen abgestimmte Produktdifferenzierungsprofil führt schon im Vorfeld der weiteren Entwicklungsaktivitäten zu einer klaren Fokussierung auf kunden- und markenrelevante Produkteigenschaften. Der Aufbau eigener Kompetenzcenter zu kundenrelevanten Querschnittsthemen mit Koordinatoren, die als 'Wissensmanager' ihre Kompetenzen in die Projekte einbringen, stärkt die laufende Ausrichtung an den Kundenbedürfnissen im Projekt zusätzlich. Damit wird der aus der Fallstudie bekannten Gefahr des 'Over-Engineerings' entgegengewirkt.

Zudem ist durch die aufgezeigten Effekte des Ansatzes 'gelenkter Selbstorganisation' eine bessere Erfüllung der Projekt-/Produktziele zu erwarten. Dabei beschränken sich die zu erwartenden Optimierungseffekte nicht nur auf die betrachteten Zielgrößen Herstellkosten und Gewicht. Insbesondere die Effekte der Modularisierung auf Basis von 'Architectural Knowlegde' wirken sich durch die Optimierung des Schnittstellenmanagements mit Intensivierung der bereichsübergreifenden Kommunikation und Zusammenarbeit, durch die Beschleunigung und Flexibilisierung der bereichsübergreifenden Abstimmung und durch die Stärkung der Integrationsfunktionen zielgrößenübergreifend positiv auf die Projekt-/Produktzielerfüllung aus[49].

Durch die verbesserte bereichsübergreifende Abstimmungsqualität ist insbesondere im Bereich der Gesamtfahrzeugeigenschaften von Optimierungseffekten auszugehen. Zunehmende Systemkomplexität im Fahrzeug, nicht zuletzt durch den steigenden Elektrik-/Elektronikanteil und daraus resultierende Anforderungen an das Qualitätsmanagement, stellen die Automobilhersteller - v.a. im innovationsintensiven Premiumbereich - bei der Gesamtfahrzeugintegration vor eine neue Qualität der Herausforderungen. Ein Wettbewerbsvorsprung bei der Abstimmung markencharakteristischer Gesamtfahrzeugeigenschaften stellt einen sehr schwer zu imitierenden Wettbewerbsvorteile dar. Auch vor dem Hintergrund abnehmender Eigenleistungstiefe der OEMs ge-

---

[48] vgl. beispielhaft Bullinger / Warschat (1995), S. 11; Wheelwright / Clark (1994), S. 19, die von "Schnelligkeit, Effizienz und Qualität" sprechen, Meerkamm, H. (1994), S. 1ff.; Warschat / Berndes (1994), S. 185; Steinmetz, O. (1993), S. 2f.; Reichwald / Schmelzer (1990), S. 67

[49] Ebenso ist eine Erweiterung des Konzepts des Virtuellen Marktplatzes auf weitere Zielgrößen bzw. Produkteigenschaftsziele denkbar, vgl. Ausblick, Kap. 2.

winnt die Gesamtfahrzeugintegration i.s.d. der Steuerung des Zuliefernetzwerks entscheidend an Bedeutung. Der Optimierung der Gesamtfahrzeugeigenschaften kommt damit für die Qualitätsverbesserung im oben verstanden Sinne eine Schlüsselrolle zu.

Die verbesserte Zielerfüllung bei Projekt-/Produktzielen wirkt sich auch positiv auf die Zielgrößen (Entwicklungs-)Zeit (Time-to-Market) und Kosten[50] aus. Änderungsaufwand und Optimierungszyklen aufgrund nicht erreichter Ziele werden deutlich verringert, was nicht nur zu einer Prozessbeschleunigung führt, sondern auch Reduzierungspotenziale bei Personal- und Erprobungs-/Absicherungsaufwand erwarten lässt. Unterstützt wird dies durch die schnelle, flexible Initiierung von Ad-Hoc-Teams, die sich laufend im Rahmen des Virtuellen Marktplatzes bilden. Insbesondere die frühzeitige Ressourcenfokussierung, die verbesserte (bereichsübergreifende) Abstimmung, die erhöhte Transparenz und die bedarfsgerechtere Ressourcensteuerung wirken sich auch direkt positiv auf eine Verkürzung der Entwicklungszeit bzw. eine Steigerung der Effizienz aus.

Durch die verstärkte Selbstorganisation der Projektbeteiligten findet eine Verlagerung des Koordinationsaufwands von der Projektleitung auf die Mitarbeiterebene statt. Für die Projektleitungsebene kann daher von einer Reduzierung des Koordinationsaufwands ausgegangen werden. Vor dem Hintergrund der vielfältigen Optionen zu Transaktionen im Rahmen des Virtuellen Marktplatzes stellt sich damit jedoch die Frage, welche Auswirkungen sich auf Bereichs- bzw. Mitarbeiterebene hinsichtlich der Transaktionskosten[51] ergeben.

Eine zeitweilige Erhöhung des Koordinationsaufwands auf Mitarbeiterebene insbesondere in der frühen Phase des Entwicklungsprozesses ist aufgrund intensiven ‚Handelns' von Maßnahmen bzw. Zielanpassungen nicht ausgeschlossen. Insgesamt ist jedoch zu erwarten, das die dadurch erreichbaren positiven Effekte - d.h. eine frühzeitigere Zielerreichung mit resultierend geringerem Gesamtkoordinationsaufwand in nachgelagerten Phasen bzw. eine erhöhte Transparenz - diese phasenbezogene Erhöhung des Koordinationsaufwands überkompensieren. Dies resultiert daraus, dass erfahrene Mitarbeiter bzw. Bereiche den ‚Virtuellen Marktplatz' genau in dem Umfang nutzen werden, wie er ihnen zur Erfüllung ihrer Zielvorgaben - und damit der Gesamtprojektziele - den größten Vorteil gewährleistet. Dies bedeutet nicht, dass nicht auch Transaktionen geprüft werden, die sich im nachhinein als nicht zielführend erweisen (‚sunk costs'). Dies ist jedoch als ein notwendiger und natürlicher Vorgang im Rahmen der Koordination über das Marktprinzip zu bewerten, so dass insgesamt - unter den gegebenen Randbedingungen - eine auf die Gesamtprojektziele ausgerichtete, ressourcenoptimierte Gesamtkoordination zu erwarten ist.

Zudem stellt die Prüfung und ggf. wieder Verwerfung neuer Ansätze i.S.d. ‚Try-and-Error-Verfahrens' eine Schlüsselaktivität zur Reduzierung der - v.a. bei Entwicklungs-

---

[50] Bei der allgemeinen Diskussion von Zielgrößen in der Literatur zum Produktentwicklungsprozess wird vielfach der Begriff ‚Kosten' im umgangssprachlichen Sinne als Oberbegriff zu Kosten- und Aufwandsgrößen verstanden, daher wird auf eine explizite Differenzierung an dieser Stelle verzichtet.

[51] Die Transaktionskosten stellen die Kosten für die Koordination einer Transaktion dar und beinhalten in der Regel die Kosten für Anbahnung, Vereinbarung, Abwicklung, Kontrolle und Anpassung einer Transaktionsbeziehung, vgl. Picot / Reichwald / Wigand (1996), S. 22.

prozessen des Typs A - hohen Zielunklarheit bzw. Unsicherheit dar. Zur Steigerung der Effizienz im Entwicklungsprozess ist sogar eine hinreichend hohe Fehlerrate erforderlich: der Informationsgehalt eines Tests (bzw. der Überprüfung einer Transaktionsmöglichkeit) - d.h. das Maß für die Reduzierung der Zielunklarheit bzw. Unsicherheit im Entwicklungsprozess - wird nicht mit seiner Erfolgsrate maximiert. Der maximale Informationsgehalt wird bei einer Fehlerwahrscheinlichkeit von 50% erreicht.[52] Die Prüfung von Transaktionen ohne nachfolgende Transaktionsdurchführung muss somit in gewissem Umfang Bestandteil der Effizienzsteigerung durch Koordination über den 'Virtuellen Marktplatz' sein.

Die Überlegungen zeigen, dass das Konzept der 'gelenkten Selbstorganisation' auch über die aufgezeigten Koordinationsprobleme hinaus positive Effekte auf die Zielsetzung der Qualitätsverbesserung sowie Kosten- und Zeitreduzierung verspricht. Positive Auswirkungen sind auch in Hinblick auf die in Teil I aufgezeigten drei grundlegenden Spannungsfelder zu erwarten. Ausgehend vom Verständnis des Produktentwicklungsprozesses als einem Prozess des 'Managements von Komplexität' und Koordination im Produktentwicklungsprozess i.S.v. 'managing dependencies between activities' als einem zentralen Erfolgsfaktor hierfür, beschreiben sie auf hoher Abstraktionsebene grundlegende Herausforderungen des Komplexitätsmanagements im Produktentwicklungsprozess.

Der inhaltliche Aspekt wird im Spannungsfeld der Konnektivität aufgegriffen: einerseits besteht die Notwendigkeit zur Differenzierung mit Nutzung von Spezialisierungseffekten, andererseits ist jedoch auch die Integration dieser Spezialisten bzw. 'Teilleistungen' auf ein gemeinsames Gesamtoptimum hin erforderlich. Diese Herausforderung wird insbesondere durch den 'Virtuellen Marktplatz' aufgegriffen: durch Konzentration der Beteiligten auf ihren Kompetenzvorteil fördert er eine stärkere Spezialisierung, mit einer resultierend ausgeprägteren Differenzierung der Leistungsbeiträge. Zudem wird hierdurch auch die Integration optimiert, d.h. die Ausrichtung der daraus resultierenden Vorteile auf das Gesamtoptimum. Die Spezialisierung erfolgt flexibel, in Selbstabstimmung der Beteiligten. Die Auflösung des Zielkonflikts zwischen Bereichs- und Gesamtoptimierung ist ein wesentliches Element für verbesserte Selbstlenkung.

Das Spannungsfeld der Varietät beschreibt den zeitlichen Aspekt beim 'Management von Komplexität'. Dies betrifft sowohl die Fähigkeit zur Anpassung auf turbulente Veränderungen aus dem Umfeld[53] oder internen Randbedingungen[54], als auch die Gewährleistung von Kontinuität und Stabilität[55]. Die Orientierung des Ansatzes 'gelenkter Selbstorganisation' an den Prinzipien einer (intraorganisatorischen) Netzwerkorganisation ermöglicht eine erhöhte Anpassungsfähigkeit der neuen Entwicklungsorganisation. Die intensivierte Zusammenarbeit in Ad-Hoc-Teams mit laufender Neubildung der Teams im Rahmen des 'Virtuellen Marktplatzes' bei gleichzeitiger Unterstützung

---

[52] vgl. Reinertsen (1998), S. 65ff.
[53] z.B. durch veränderter Markt-, Wettbewerbs- oder Gesetzesbedingungen
[54] z.B. aufgrund neuer technischer Lösungsansätze
[55] z.B. hinsichtlich langfristiger, projektbezogener und -übergreifender, strategischer Zielsetzung wie etwa Initialzielsetzungen des Projektes oder grundlegende wettbewerbs- und markenstrategische Zielsetzungen des Unternehmens

durch Koordinatoren aus den Integrations-CoCs führt zu einer ‚fluiden', sich laufend neu strukturierenden bzw. selbstorganisierenden Organisation. Durch die Ausrichtung des Informationsflusses auf den Prozessablauf und die verbesserte bereichsübergreifende Abstimmung kann eine Prozessbeschleunigung erreicht werden, die zusätzlich zur Flexibilisierung der Organisation mit Verkürzung der Time-to-Market beiträgt.

Dieser Flexibilisierung der Organisation steht jedoch die Lenkung durch ‚Fremdorganisation[56]' zur Gewährleistung von Kontinuität bzw. Stabilität gegenüber. Sowohl die ‚Spielregeln' für den ‚Virtuellen Marktplatz' mit Vorgabe von Initialzielsetzungen und Verankerung wichtiger, strategischer Entscheidungen bei den verantwortlichen Führungskräften als auch die gegenüber den Ad-Hoc-Teams festen Strukturen im Rahmen der Modularisierung mit Kompetenz-Centern und Regel-Teams garantieren die Ausrichtung der Selbstorganisation auf die übergeordneten Unternehmenszielsetzungen. Im Sinne der Zielsetzung ‚Selbstlenkungsfähigkeit' schränken sie dabei die Flexibilität der Organisation nicht ein, sondern sichern durch Einbettung der einzelnen Teilsysteme (Projekte) in das übergeordnete Unternehmenssystem die langfristige Überlebensfähigkeit des Gesamtsystems.

Komplexitätsbewältigung besteht im Management von Konnektivität und Varietät. Die beiden aufgezeigten Spannungsfelder gehen damit in die übergeordnete Herausforderung des Komplexitätsmanagements ein. Wie bereits aufgezeigt handelt es sich bei der Neuentwicklung eines Automobils um einen hochkomplexen Prozess. Diese Herausforderung erfordert eine ‚Doppelstrategie', die sowohl die Förderung von Vielfalt und Innovation und damit einhergehend die Beherrschung von Komplexität beinhaltet, als auch auf Standardisierung mit dem Ziel der Effizienzsteigerung ausgerichtet sein muss, d.h. Komplexitätsreduzierung umfasst. Bei beiden Strategien setzt der Ansatz ‚gelenkter Selbstorganisation' an: die laufende Neubildung von Ad-Hoc-Teams mit steter Variation von Maßnahmen-/Zielkombinationen fördert Vielfalt und Innovationen, sowohl hinsichtlich der Aufteilung von Leistungsbeiträgen als auch - begünstigt durch optimierte bereichsübergreifende Zusammenarbeit und Stärkung der Integrationsthemen - hinsichtlich Neuerungen im Produktbereich.

Dem Vorbild der Evolution folgend beinhaltet Innovation dabei auch - i.S. des ‚Try-and Error-Verfahrens' - das Prüfen und nachfolgende Verwerfen von Lösungen (Transaktionsoptionen im Rahmen des ‚Virtuellen Marktplatzes'), wenn sich diese im Wettbewerb alternativer Lösungen als weniger zielführend bzw. weniger förderlich für die Überlebensfähigkeit des Gesamtsystems erweisen. Dieser, kurzfristig ausgerichteten Effizienzzielsetzungen zunächst widersprechende Ansatz kann zwar v.a. in der frühen Entwicklungsphase zu einem Mehraufwand gegenüber der herkömmlichen Vorgehensweise führen. Die innovativeren Lösungsansätze mit besserer Auflösung von Zielkonflikten in der frühen Phase lassen jedoch eine Entlastung der folgenden Entwicklungsphasen mit Überkompensation des zuvor erforderlichen Mehraufwands erwarten. Die Variationsförderung im Rahmen des ‚Virtuellen Marktplatzes' wird durch die Förderung bereichs- und projektübergreifender Abstimmung im Rahmen der Modularisierung auf Basis von ‚Architectural Knowledge' verstärkt.

---

[56] im zuvor aufgezeigten Verständnis i.S. systemexterner Koordinationsvorgaben.

Während auf diese Weise insbesondere in der frühen Entwicklungsphase Vielfalt als Basis für bessere Innovations- und damit Problemlösungsfähigkeit gefördert wird, führt der vorgestellte Koordinationsansatz gleichzeitig an anderer Stelle zu Komplexitätsreduzierung durch Standardisierung. Neben der klaren, für alle Projektbeteiligte einheitlichen Prozessbeschreibung mit Vorgabe von ‚Spielregeln' zum ‚Virtuellen Marktplatz' für den - zuvor faktisch nicht existierenden − ‚Gewichtsprozess'[57] wird dies insbesondere durch die Standardisierung von Prozessen und Systemen zum Informationsmanagement im Rahmen der Datenbank zum ‚Virtuellen Marktplatz' ermöglicht. Die dezentrale Pflege der Datenbank entlastet nicht nur die Projektleitung, sondern führt über Vermeidung von Schnittstellenproblemen und erhöhte Transparenz auch zu besserer Problemlösungsfähigkeit und Effizienz für das Gesamtprojekt. Im Sinne gelenkter Selbstorganisation bildet die (fremdorganisatorische) Vorgabe von Standards den Rahmen und die Voraussetzung für die durch den Prozess der Selbstorganisation geförderte Entwicklung von Vielfalt und Innovationen.

4.1.3 Bewertung in Bezug auf den Stand der Forschung

Der Ansatz ‚gelenkter Selbstorganisation' orientiert sich an den Lösungsimpulsen der in den Abschnitten II und III vorgestellten Konzepte zu Selbstorganisation bei Koordination komplexer Produktentwicklungsprozesse. Sowohl die im Rahmen der Modularisierung auf Basis von ‚Architectural Knowledge' aufgezeigte Sekundärorganisation mit dem Einsatz von Regel- und Ad-Hoc-Teams als auch der ‚Virtuelle Marktplatz' stellen eine Umsetzung der Grundforderung des CSE nach effektiver Integration bzw. Koordination dar. Dabei wird insbesondere der Forderung des CSE nach verstärktem Einsatz teambasierter Organisationsansätze mit z.T. temporären und ‚spontan' gebildeten Teams entsprochen.

Wichtige Lösungsimpulse für diese Forderung nach ‚effektiver Koordination über teambasierte Ansätze' stammen aus den vorgestellten intraorganisatorischen Netzwerkansätzen. Der Hybridansatz zielt neben dauerhaften, palastartigen Organisationseinheiten, über flexible, zeltartige Einheiten auf eine Flexibilisierung der Organisation. Während die CoCs als dauerhafte ‚Palastorganisation' den langfristigen Kompetenzaufbau in projektübergreifenden Grundlagenthemen verfolgen, stellt die Ad-Hoc-Teamorganisation eine flexible ‚Zeltorganisation' dar, die sich im Rahmen des ‚Virtuellen Marktplatzes' laufend auf wechselnde Erfordernisse hin anpasst.

Damit folgt der Ansatz auch den Prinzipien der Heterarchie: der ‚Virtuelle Marktplatz' ermöglicht das ''Wandern der Führung von Potenzial zu Potenzial''[58], die damit verbundene Neustrukturierung orientiert sich laufend an den für die jeweilige Situation geeignetsten Fähigkeiten zur Problemlösung: durch die Möglichkeit zur Spezialisierung auf spezifische Kompetenzvorteile im Rahmen des ‚Virtuellen Marktplatzes' erfolgt eine Nutzung komparativer Vorteile, d.h. der flexible Einsatz der für die Problemstellung besten Kompetenzen. Entsprechend dem Ansatz der Heterarchie kann sich

---

[57] d.h. den Entwicklungsprozess unter besonderer, integrierter Betrachtung der Zielgrößen Gewicht und Herstellkosten.

[58] vgl. Bühl (1987), S. 242.

das Management aufgrund der Entlastung durch den ‚Virtuellen Marktplatz' auf strategische Aufgaben bzw. auf eskalierende Themen konzentrieren, die die Gesamtorganisation und ihre Ziele betreffen.

Die fließenden Strukturen im Rahmen des ‚Virtuellen Marktplatzes' orientieren sich wie im Modell der Clusterorganisation an den Optimierungsmöglichkeiten bzw. Kompetenzen der beteiligten Bereiche. Entsprechend des Ansatzes virtueller bzw. "dynamischer Netzwerke"[59] werden aus einem Pool potenzieller Partner (Kooperationspotenzial) hochflexibel laufend neue Akteure zusammengeführt, die zeitlich begrenzt, aufgabenbezogen zusammenarbeiten. Die Realisierung eines ‚internen Marktes' führt dabei zu weitgehender Auflösung des Zielkonfliktes zwischen Bereichs- und Gesamtoptimierung, "everybody can see the whole picture"[60].

Dabei werden die beiden zentralen Bedingungen für Entstehung und Überlebensfähigkeit von Organisationen bzw. Netzwerken nach Barnard bzw. Jarillo erfüllt: die Verbesserung der Koordinationsleistung schafft einen "größeren Kuchen" (Effektivitätsbedingung), die Selbstorganisation im Rahmen des ‚Virtuellen Marktplatzes' mit flexibler Aufteilung der positiven Effekte einer Transaktion durch die beteiligten Akteure gewährleistet eine Zufriedenstellung aller Beteiligter, d.h. eine "gerechte Verteilung des Kuchens" (Effizienzbedingung).[61]

Gleichzeitig wird mit dem ‚Handel' von Maßnahmen und Zielanpassungen auch das von der Clusterorganisation bekannte Prinzip einer weitgehenden Delegation von Entscheidungskompetenzen umgesetzt. Wesentliche Charakteristika der Teamorganisation fanden sich schon in der Ausgangssituation von Automóviles Deportivos und werden durch die aufgezeigten Teamansätze im Rahmen des ‚Virtuellen Marktplatzes' noch ergänzt.

Ein zentrales Element ‚gelenkter Selbstorganisation' besteht in einer gegenüber der Ausgangsorganisation weitergehenden Umsetzung des Modularisierungsprinzips. Durch Nutzung des ‚Architectural Knowledges' werden so die Organisationsstrukturen besser an den Abstimmungsmöglichkeiten im Entwicklungsprojekt ausgerichtet. Hierdurch wird - wie im Modularisierungsansatz von Picot / Reichwald / Wigand gefordert - eine deutlich bessere Prozessorientierung erreicht, was auf Basis der erhobenen Daten nachgewiesen wurde. Die Koordination der neu geschaffenen ‚Großmodule' erfolgt gemäß des Modells verstärkt durch dezentrale Organisationsprinzipien, die durch Einsatz moderner Informations- und Kommunikationstechnik (dezentrales Datenbanksystem) unterstützt werden.

Die Grundprinzipien der Ansätze zur Selbstorganisation fanden in besonderem Maße Berücksichtigung. Die Vorgehensweise wurde dabei entscheidend durch das aus den systemtheoretisch-kybernetischen Ansätzen bekannte Prinzip ‚order-from-noise' geprägt. ‚Noise' in Form ungewünschter, emergenter Phänomene dient dabei gewissermaßen als ‚Baumaterial' für eine Reorganisation. Die neue Organisationsform orien-

---

[59] vgl. Snow / Miles / Coleman (1992)
[60] vgl. Malone (2004), S. 111ff.
[61] vgl. Siebert (2003), S. 307ff.

tiert sich an der analysierten Eigendynamik des betrachteten Entwicklungssystems. Entsprechend der Kybernetik 2. Ordnung kommt ‚innovativer Selbstorganisation' i.S. der Entstehung von Neuem eine zentrale Bedeutung zu. Dies wird nicht nur durch die für die Arbeit gewählte Vorgehensweise, d.h. die Orientierung des neuen Organisationsansatzes an der aufgezeigten Systememergenz, erreicht. Auch im Rahmen des ‚Virtuellen Marktplatzes' findet sich durch die laufende Rekombination von Maßnahmen und Zielanpassungen eine Anwendung dieses Prinzips.

Auch zu der Theorie autokatalytischer Hyperzyklen lassen sich Verbindungen erkennen: Ähnlich der Evolution der Materie, die von Zufallsereignissen ausgeht, dann aber aufgrund des Selektionsprozesses - nicht zuletzt aufgrund des Wettbewerbs der Hyperzyklen um knappe Aminosäuren - keinen zufälligen Verlauf nimmt, orientiert sich die Vorgehensweise beim ‚Virtuellen Marktplatz' an dem Evolutionsprinzip: die Kombination aus Maßnahmen und Zielanpassungen ergibt sich weitgehend zufällig aus den technisch bzw. physikalisch möglichen Maßnahmen sowie den gegebenen Projektbedingungen (strategischer Zielkatalog und daraus resultierende Zielanspannungen für die Bereiche). Die Durchführung der Transaktionen wird dann jedoch maßgeblich durch den Wettbewerb der Angebote geprägt. Bei (weitgehend) gleichen Ausgangsbedingungen für die beteiligten Bereiche orientiert sich der weitere ‚Selektionsprozess' dann an der Durchsetzung der besten Maßnahmen.

Auch wichtige Prinzipien des Konzepts der Koevolution (P. Ehrlich) bzw. Hollings Theorie zu Ökosystemen fernab des Gleichgewichts finden sich im Ansatz ‚gelenkter Selbstorganisation'. Der Optimierungsprozess im Rahmen des ‚Virtuellen Marktplatzes' stellt i.S. der Koevolution eine Entwicklung der beteiligten Bereiche in vernetzter Abhängigkeit dar. In einem dynamischen, turbulenten Umfeld weisen Ökosysteme mit der ‚safe-fail-strategy', die auf Anpassungsfähigkeit über interne Fluktuationen i.S.v. ‚resilience' bzw. ‚Fehlerfreundlichkeit' statt ‚Fehlervermeidung' zielt, eine bessere Überlebensfähigkeit auf. Die Aufrechterhaltung interner Fluktuationen erhöht die Anpassungs- und damit die Überlebensfähigkeit eines Ökosystems. In Übertragung auf die betrachtete Problemstellung führt die ‚Fluidität' der Organisation mit laufender Neubildung von Ad-Hoc-Teams und Vereinbarung immer neuer Maßnahmen-/Zielkombinationen zu solchen Fluktuationen. Die Anwendung des Marktprinzips garantiert durch laufende (Prüfung von) Transaktionen eine Aufrechterhaltung der ‚Fluktuationen' und gewährleistet so auch bei kurzfristigen Anpassungserfordernissen (z.B. marktseitigen Veränderungen oder unerwarteten technologischen Problemen) eine bestmögliche Flexibilität.

In Hinblick auf das ‚differenzierte Selbstorganisationsverständnis' finden sich im Ansatz ‚gelenkter Selbstorganisation' alle drei Begriffsverständnisse wieder. Insbesondere die Feststellung, dass soziale Systeme selbstorganisierend sind und damit Eigenverhalten i.S.v. Emergenz aufweisen, steht in Übereinstimmung mit der in dieser Arbeit verfolgten Vorgehensweise. Die in Selbstabstimmung erfolgende Bildung von Ad-Hoc-Teams sowie die Anbahnung und Abwicklung von Transaktionen im Rahmen des ‚Virtuellen Marktplatzes' entspricht der Forderung nach ‚geplanter Evolution' bzw. der aus allen Ansätzen bekannten Zielsetzung, mit Festlegung minimaler, kritischer Regeln, einen Prozess der Selbstorganisation (i.S.v. Selbstabstimmung/-koordination) zu koordinieren. Der Organisator wird dabei zum "Unterstützer, Katalysator und Förderer von Organisationsprozessen".[62] Gleichzeitig sind damit die von Probst aufgezeigten Charakteristika selbstorganisierender Systeme umgesetzt, d.h. keine Trennung des lenkenden vom gelenkten Teil i.S. multipler Fähigkeiten, und Autonomie, d.h. das System (bzw. die Akteure) bestimmt (bzw. bestimmen) selbst über ihre Beziehungen und Interaktionen[63].

Entsprechend der Kritik Kieser's an zahlreichen Konzepten zur Selbstorganisation zielt der in dieser Arbeit vorgestellte Ansatz nicht auf *Selbststrukturierung* (Selbstgestaltung der Strukturen durch die Betroffenen). Im Fall der Selbststrukturierung werden, so Kieser, i.a. nur bekannte Strukturen reproduziert. Das mit dem Ansatz ‚gelenkter Selbstorganisation' verfolgte Prinzip der *Selbstabstimmung* bzw. *Selbstkoordination* der Akteure bewertet dagegen auch Kieser als einen zielführenden Ansatz[64].

Zu Knyphausen's Verständnis von ‚geplanter Evolution' findet sich in Form der Gestaltung von ‚Arenen zur Selbstorganisation' insbesondere beim Virtuellen Marktplatz wieder. Sein Hinweis, dass aufgrund der teilweise sehr zeitaufwendigen Prozesse für Selbstorganisation fremdorganisatorische Ersatzstrukturen geschaffen werden sollten, um notfalls dem Prozess der Selbstorganisation ein Ende zu setzen, wird beim vorgestellten Ansatz berücksichtigt. Die anfänglichen Zielvorgaben und die damit verbundene Leistungsbeurteilung stellen eine Umsetzung dieser Forderung dar. Dadurch wird der ‚Virtuelle Marktplatz' i.a. nur zur Vorteilhaftigkeit für alle Beteiligten genutzt: Übersteigt der Zeitaufwand zum ‚Handeln' die daraus zu erwartenden Nutzeneffekte, besteht kein Anreiz zur Fortsetzung dieses Prozesses, da sich der 'Handel' dann aufgrund des Zeitverlustes negativ auf die individuelle Zielerfüllung auswirken würde. Die Kopplung von individueller Zielerfüllung und Gesamtprojektzielerfüllung führt damit zu einer ‚selbstlenkenden' Optimierung. Im Fall von Zielkonflikten, die durch die Beteiligten nicht aufgelöst werden können, erfolgt eine Eskalation des Prozesses an die Vorgesetzten, (Teil-)Projektleiter oder erforderlichen Unternehmensgremien. Damit sorgt der Prozess der Selbstorganisation - i.S. der Zielsetzung ‚Selbstlenkung' - für seine eigene Beendigung.

Zu Knyphausen zeigt auf hohem Abstraktionsniveau drei Prinzipien zur Umsetzung seiner Ideen auf. Auf eine weitere Konkretisierung, bei der er Möglichkeiten zur Umsetzung dieser Prinzipien aufzeigt, geht er nicht ein. Der Ansatz ‚gelenkter Selbstorganisation' setzt hierbei an und zeigt Umsetzungsmöglichkeiten hierfür auf: das Prinzip der *Interferenz,* des Schaffens einer gemeinsamen Sprache, wird durch das dezentrale Datenbanksystem realisiert. Es bietet allen Beteiligten den Standard einer einheitlichen ‚Sprache', eine laufend aktualisierte Informationsbasis als Grundlage für den Prozess der Selbstorganisation. Die *Modulation*, d.h. die Ausrichtung des Prozesses der Selbstorganisation, wird durch die anfänglichen Zielvorgaben sowie die Regeln für das ‚Handeln' im Rahmen des ‚Virtuellen Marktplatzes' gewährleistet. Ergänzend findet sich der aufgezeigte Eskalationsprozess, um in definierten Ausnahmefällen eine ‚Fest-

---

[62] vgl. Probst (1987a), S. 148

[63] Die Charakteristika ‚Komplexität' und ‚Selbstreferenz' liegen schon aufgrund der Systemcharakteristika bei komplexen Produktentwicklungsprozessen vor, vgl. Teil III, Kap. 1.3.

[64] vgl. Kieser (1994), S. 218ff.

setzung' bzw. ‚Erstarrung' des Prozesses der Selbstorganisation zu vermeiden. Das Setzen von Stimuli für den selbstorganisatorischen Prozess, die *Konditionierung,* wird selbstorganisatorisch durch das Wettbewerbsprinzip in Verbindung mit den Anfangszielen und der damit verbundenen individuellen Ziel- bzw. Leistungsvereinbarung erreicht.

Goldstein weist neben der besonderen Rolle von Emergenz und Selbstlenkung auch auf die hohe Bedeutung von Nicht-Gleichgewichtsbedingungen für erfolgreiche Selbstorganisation hin. Damit sind Parallelen zu Kieser's Kritik an bestehenden Ansätzen der Selbstorganisation zu erkennen: Sind Mitarbeiter aufgefordert, sich selbst (formale) Organisationsstrukturen zu geben („Selbststrukturierung"), so besteht eine hohe Wahrscheinlichkeit, dass nur bestehende Strukturen reproduziert werden[65]. Das System verharrt im ‚Gleichgewichtszustand'. Auch Goldstein verweist darauf, dass durch das bloße Aufsetzen von Teamstrukturen festgefahrene Verhaltensmuster bzw. – routinen i.a. nicht durchbrochen werden können. Bestehende Denk- und Strukturmuster werden dann nur reproduziert. Ein Aufbrechen dieser Verhaltensmuster erfordert nach Goldstein die Schaffung von Fluktuationen bzw. ''far-from-equilibrium conditions''[66]. Dies kann seinem Ansatz zufolge v.a. durch Konfrontation der Beteiligten mit einer Vielzahl von Informationen erreicht werden. Beim Ansatz ‚gelenkter Selbstorganisation' wird dies durch das dezentrale, stetig aktualisierte Datenbanksystem umgesetzt. Durch laufende Vereinbarung neuer Maßnahmen-/Zielkombinationen im Rahmen des ‚Virtuellen Marktplatzes' wird ‚innovative Selbstorganisation' gefördert. Damit zeigen sich Parallelen zu den bereits aufgezeigten Erkenntnissen Hollings.

Auf die zahlreichen Beziehungen zur Complexity Theory wurde bereits an verschiedenen Stellen eingegangen.[67] Insbesondere das differenzierte Selbstorganisationsverständnis sowie die Grundzielsetzung und -vorgehensweise der Arbeit basieren in hohem Maße auf den Ansätzen der Complexity Theory bzw. der Theory zu Complex Adaptive Systems.[68] Das Modell der ‚Fitness Landscape' veranschaulicht sowohl die für das Optimierungsproblem im Produktentwicklungsprozess typische Problematik eng vernetzter Abhängigkeiten, als auch die Feststellung, dass eine Optimierung - sowohl in Hinblick auf das Gesamtoptimum als auch in Hinblick auf individuelle Teiloptima - nur in vernetzter Abhängigkeit, d.h. in Koevolution erfolgen kann. Dabei zeigt die Fallstudie ein Praxisbeispiel dafür auf, dass die von der Optimierungsaufgabe betroffenen Akteure i.a. nicht über eine ausreichende Gesamtsicht verfügen, um die Auswirkungen ihrer Aktivitäten beurteilen zu können. Die Kopplung aus Optimierung der individuellen Zielsetzungen mit dem Erreichen der übergeordneten Gesamtziele bei gleichzeitig deutlich erhöhter Transparenz durch das dezentrale Datenbanksystem setzt an dieser Beobachtung an und führt damit sowohl auf individueller als auch auf Gesamtprojektebene zu besserer Zielerfüllung.

---

[65] vgl. Kieser (1994), S. 218ff.
[66] vgl. Goldstein (1994), S- 62ff.
[67] Es finden sich insbesondere alle vier in Teil III, Kap. 1.2 aufgezeigten Charakteristika von Complex Adaptive Sytems wieder.
[68] vgl. Teil III, Kap. 1.3.

Das Bild von "Firms as Ecosystems of Patches"[69], bei dem ein komplexes Problem in einzelne nicht-überlappende (modulare) Teilprobleme, sogenannte ‚Patches', aufzuteilen ist, die für erfolgreiche Koevolution in loser Kopplung stehen sollten, erinnert an die Problematik einer Optimierung der Modularisierung. Koevolution findet am besten in Strukturen ‚am Rande des Chaos' statt, bei der die einzelnen Einheiten bzw. Akteure "loosely communicate"[70]. Die Kombination von Selbst- und Fremdorganisation mit loser Kopplung der (Groß-)Module orientiert sich an dieser Zielsetzung. Auch hier findet sich - in Anlehnung an das Beispiel der Selbstorganisation in einem Vogelschwarm[71] - die Forderung, den Prozess der Selbstorganisation analog dem Vorgehen beim ‚Virtuellen Marktplatz' mit wenigen, kritischen Regeln zu lenken.

Der Gedanke einer laufenden Rekombination von Schemata ähnlich der biologischen Rekombination von Chromosomen, wird durch die laufende Neukombination unterschiedlicher Maßnahmen und ‚Denkansätze'[72] bzw. Schemata im Rahmen des ‚Virtuellen Marktplatzes' verfolgt. Das ‚In-Frage-Stellen' bestehender ‚Denkansätze' beruht auf dem mit dem ‚Handel' verbundenen Austausch unterschiedlicher Sichtweisen, Lösungsmöglichkeiten und Informationen. Damit erhöht sich die Wahrscheinlichkeit, starre Denkmuster zu durchbrechen. Hier zeigen sich Parallelen zu Goldsteins Forderung nach Aufbrechen von Gleichgewichtsprozessen zur Förderung innovativer Selbstorganisation. Die aufgezeigte Neumodularisierung unterstützt diesen Prozess durch Förderung bereichsübergreifender Abstimmungsprozesse, insbesondere auch im Bereich der informellen Kommunikation. Mit der Neuentstehung von Schemata werden die Akteure in die Lage versetzt, bisherige Routinen selbst zu hinterfragen bzw. zu ändern, so dass festgefahrene Verhaltensmuster, die zu nicht gewünschten emergenten Phänomenen führen[73], durch die Betroffenen selbst verändert werden können. In Anlehnung an das eingangs aufgezeigte 4-R-Modell von Wandel in Organisationen[74] wird damit die Zielsetzung der "Remodellierung", d.h. der Veränderung mentaler Modelle, als tiefste Ebene des Wandels unterstützt.

---

[69] vgl. z.B. Brown / Eisenhardt (1998), S. 228ff.; Kelly / Allison (1999) S. 204ff.; Kauffman (1995a), S. 127ff.
[70] vgl. Brown / Eisenhardt (1998), S. 229
[71] vgl. Teil III, Kap. 1.2.
[72] Im Rahmen des ‚Handels' auf dem ‚Virtuellen Marktplatz' werden laufend unterschiedliche Sichtweisen, Lösungsmöglichkeiten, Informationen i.S.v. ‚Denkansätzen' ausgetauscht. Damit erhöht sich die Wahrscheinlichkeit, dass starre Denkmuster durchbrochen werden können.
[73] vgl. z.B. Teil III, Kap. 2
[74] vgl. Zahn (1997), S. 5f.; Goulliart / Kelly (1995), S. 20

4.2. Zusammenfassung und Ausblick

4.2.1 Zusammenfassung

Die Entwicklung technologisch anspruchsvoller, komplexer Produkte wie des Automobils ist durch hohe fachliche Anforderungen geprägt. Im Entwicklungsprozess zeigt sich dies in einer ausgeprägten Arbeitsteiligkeit. Koordination als die Ausrichtung spezialisierter Akteure auf die übergeordneten Projekt- und Unternehmenszielsetzungen wird damit zum zentralen Erfolgsfaktor bei der Entwicklung komplexer Produkte. Der Automobilentwicklungsprozess ist aufgrund seiner hohen Komplexität sowie der großen wirtschaftlichen Bedeutung der Automobilindustrie für zahlreiche Industrienationen ein besonders geeignetes Untersuchungsobjekt für komplexe Produktentwicklungsprozesse. Die vorliegende Arbeit setzt hier an und zeigt Optimierungspotenziale zur Koordination einer Produktneuentwicklung in der Automobilindustrie auf.

Aufgrund der hohen Komplexität wird die Automobilentwicklung vielfach auch als Prozess des ‚Managements von Komplexität' verstanden. Ausgehend von dieser systemtheoretischen Betrachtungsweise kann Koordination i.s.v. ‚managing dependencies between activities' als das Management der Interdependenzen zwischen den zahlreichen Teilaktivitäten im Entwicklungsprozess verstanden werden. Damit wird einem weiten Begriffsverständnis von Koordination gefolgt, das Differenzierung und Integration umfasst. Die Arbeit konzentriert sich auf die strukturelle, unternehmensinterne Koordination, d.h. Koordination über Regelungen in der frühen Phase des Entwicklungsprozesses. Zentrale Bedeutung kommt dabei dem Zielkonfliktmanagement zu, das - stellvertretend für weitere Zielkonflikte - an den zumeist in Konkurrenz stehenden Zielsetzungen Gewichts- und Herstellkostenreduzierung betrachtet wird.

Die hohe Vernetzung der an einer solchen Fahrzeugneuentwicklung Beteiligten führt dazu, dass aus der Interaktion der Akteure vielfach Entwicklungen resultieren, die aus dem Verhalten der einzelnen Individuen allein nicht erklärbar sind. Dieser Aspekt der Selbstorganisation in Form emergenter Phänomene wird zur Herleitung eines differenzierten Selbstorganisationsverständnisses aufgegriffen. Es bildet die Grundlage für die weitere Arbeit: Über eine Analyse des Phänomens Selbstorganisation i.S. (vielfach ungewünschter) emergenter Phänomene bei der Koordination des Entwicklungsprozesses in einem Fallstudienunternehmen wird ein maßgeblich auf dem Gestaltungsprinzip der Selbstorganisation basierender Koordinationsansatz entwickelt. Damit soll eine verbesserte Ausrichtung der Entwicklungsprojekte auf die übergeordneten Unternehmensziele erreicht werden bei gleichzeitig verringertem Koordinationsaufwand für die Projektleitung. Dies betrifft den dritten Aspekt des differenzierten Selbstorganisationsverständnisses: Selbstorganisation i.S. der Zielsetzung ‚optimierte Selbstlenkungsfähigkeit von Entwicklungsprojekten'.

Basierend auf der Vorgehensweise des Ansatzes der "Inductive Case Study Research"[75] wird ein qualitativer, induktiver Forschungsansatz verfolgt. Fallstudienanalyse und Datenerhebung erfolgten bei einem europäischen Automobilhersteller. Da sowohl die Entwicklungsorganisation und Koordinationsprinzipien des Unternehmens

---

[75] vgl. Eisenhardt (1999), S. 532ff.

als auch die erhobenen Daten durch zahlreiche, für die Automobilindustrie typische Merkmale gekennzeichnet sind, kommt den Ergebnissen auch unternehmensübergreifende Bedeutung zu.

Im Rahmen einer Fallstudie werden zunächst wichtige Problemfelder bei der Koordination der frühen Entwicklungsphase betrachtet. Dabei erfolgt eine Strukturierung in die Bereiche Ziel-, Informations- und Maßnahmenmanagement. Die Analyse verdeutlicht die besondere Bedeutung, die emergenten Phänomenen hierbei zukommt. Häufig finden sich dabei unbeabsichtigte Nebenwirkungen vermeintlich zielführender Koordinationsmaßnahmen. Aufgrund der hohen Wechselwirkungen zwischen den festgestellten Problemfeldern wird ein ganzheitlicher Lösungsansatz verfolgt.

In einem wechselseitigen Abgleich zwischen bestehenden Konzepten zur aufgezeigten Problemlage und einer Vertiefung der Fallstudie wird überprüft, inwieweit die in der Forschung aufgezeigten Ansätze beim Fallstudienunternehmen umgesetzt sind. Darauf basierend wird sowohl Bedarf zur Weiterentwicklung bestehender Konzepte in der betriebswirtschaftlichen Forschung als auch Optimierungsbedarf für die in der Praxis vorgefunden Ansätze abgeleitet.

Der Abgleich mit Konzepten zu Management und Organisation im Produktentwicklungsprozess sowie zu intraorganisatorischen Netzwerkansätzen lässt eine Umsetzung von Prinzipien der Teamorganisation und des Modularisierungsansatzes auf Komponentenebene im Fallstudienunternehmen erkennen. Optimierungspotenziale für die Praxis bzw. Konkretisierungsbedarf in der Forschung wird in der Umsetzung von Grundprinzipien der Heterarchie und Cluster-Organisation gesehen. Dabei kommt insbesondere der Orientierung der Organisation an flukturierenden Zentren mit flexibler Bildung von Strukturen nach klarer Kompetenzorientierung besondere Bedeutung zu. Wichtige Impulse für die Hypothesenbildung leiten sich zudem vom Ansatz der Adhokratie und dem Internen Netzwerkansatz ab, insbesondere der problembezogenen Vernetzung von Bereichen über Ad-Hoc-Teams und dem Einsatz marktlicher Koordinationsprinzipien. Auch in der Anwendung des Modularisierungsansatzes auf Baugruppen- bzw. Modulebene mit Einsatz dezentraler Koordinationsprinzipien werden wichtige Potenziale für die Lösung der aufgezeigten Problemfelder gesehen.

Die in den betrachteten Koordinationsansätzen unzureichende Thematisierung emergenter Phänomene führt zur Auseinandersetzung mit Konzepten der Selbstorganisation. Die breite und z.T. unscharfe Begriffsverwendung von Selbstorganisation wird durch das differenzierte Selbstorganisationsverständnis präzisiert. Anschließend werden Grundprinzipien von Selbstorganisation im Unternehmen als Grundlage für ihre Konkretisierung und Anwendung im Rahmen des Ansatzes gelenkter Selbstorganisation hergeleitet. Eine vertiefte Analyse emergenter Phänomene in der Fallstudie zeigt drei grundlegende Problemmuster als Ursache der zuvor aufgezeigten Koordinationsprobleme auf.

Aus dem so hergeleiteten Optimierungs- und Forschungsbedarf sowie der vertieften Problemanalyse werden mit der Modularisierung auf Basis von ‚Architectural Knowledge' und dem ‚Virtuellen Marktplatz' die beiden Elemente des Ansatzes gelenkter Selbstorganisation entwickelt.

Die Modularisierung auf Basis von ‚Architectural Knowledge' - d.h. des Wissens um produktbedingte Abstimmungserfordernisse - zielt bei gegebener Produktarchitektur auf eine Optimierung des Schnittstellenmanagements auf Baugruppen- bzw. Modulebene. Auf Grundlage einer Datenerhebung zum ‚Architectural Knowledge' bei dem betrachteten Automobilhersteller wird ein Ansatz zur organisatorischen und räumlichen Zusammenfassung von Organisationseinheiten und Baugruppen mit engen Abstimmungserfordernissen aufgezeigt. Über Verbesserung insbesondere der informellen, bereichsübergreifenden Abstimmung und der Prozessorientierung wird so v.a. den Problemfeldern im Bereich des Informations- und Maßnahmenmanagements entgegengewirkt, die auf Kommunikations- und Abstimmungsdefiziten basieren. Über die erhobenen Daten können die durch die optimierte Modularisierung und Prozessorientierung erreichbaren Verbesserungspotenziale gegenüber der Ausgangssituation aufgezeigt werden.

Ergänzend werden gegenüber der Ausgangssituation neue Prinzipien zur Einbettung dieser neuen Projektorganisation in die Entwicklungsorganisation aufgezeigt. Dabei kommt insbesondere der Stärkung von Integrationsfunktionen und Wissensmanagement über die Bildung eigener Kompetenzcenter zu kundenwerten Querschnittsfunktionen und erfolgskritischen Querschnittsthemen besondere Bedeutung zu. Eine Teamorganisation gewährleistet dabei über spezifische Koordinatoren den Kompetenztransfer aus den neuen CoCs in die Projektorganisation und ermöglicht damit eine flexible, bereichsübergreifende Problembearbeitung im Rahmen von Ad-Hoc-Teams.

Der ‚Virtuelle Marktplatz' zeigt Wege für eine Neugestaltung des Ziel- bzw. Leistungsvereinbarungsprozesses auf. Die Modularisierung auf Basis von ‚Architectural Knowlegde' wird damit ergänzt durch einen dezentralen, weitgehend auf Selbstorganisation bzw. Selbstabstimmung beruhenden Koordinationsansatz. Im Sinne ‚gelenkter Selbstorganisation' gewährleisten wenige, einfache Regeln eine selbstlenkende Ausrichtung der Projektaktivitäten auf die übergeordneten Unternehmensziele.

Durch Anwendung des Produktdifferenzierungsprofils wird dabei zunächst eine Methode zur Fokussierung in der frühen Phase der Entwicklung aufgezeigt. Die Ziel- bzw. Leistungsvereinbarung und die Koordination von Optimierungsmaßnahmen als Basis für die Zielkonfliktbewältigung erfolgen anschließend in weitgehender Selbstabstimmung der Bereiche bzw. Akteure durch den ‚Virtuellen Marktplatz'. Die Koordination über das Marktprinzip führt dabei zu einer bestmöglichen Transparenz, Kompetenznutzung und Ressourcensteuerung. Der zuvor bestehende Zielkonflikt zwischen Bereichs- und Gesamtoptimierung mit Behinderung bereichsübergreifender Zusammenarbeit wird weitgehend aufgelöst. Neben der verbesserten Ausrichtung auf die Gesamtprojektziele wird über die Selbstkoordination der Beteiligten eine erhebliche Entlastung der Projektleitung erreicht, der damit die neue Rolle des "Enablers" bzw. "Unterstützers, Förderers und Katalysators"[76] der Selbstorganisation zukommt.

---

[76] vgl. Probst (1987a), S. 148

In einer abschließenden Bewertung wird der Ansatz 'gelenkter Selbstorganisation' in Bezug zu den zuvor aufgezeigten Forschungskonzepten eingeordnet. Zudem werden die Problemlösungspotenziale hinsichtlich der zuvor festgestellten Koordinationsprobleme, der ihnen zugrunde liegenden, ursächlichen Problemmuster sowie die Vorteilhaftigkeit des Ansatzes in Hinblick auf grundlegende Zielsetzungen und Anforderungen im Automobilentwicklungsprozess aufgezeigt. Durch verbesserte Ausrichtung der Aktivitäten im Entwicklungsprojekt auf die übergeordneten Unternehmenszielsetzungen bei gleichzeitig verringertem Koordinationsaufwand für die Projektleitung zielt der Ansatz 'gelenkter Selbstorganisation' auf eine verbesserte 'Selbstlenkungsfähigkeit' des Projektes. Damit wird das differenzierte Selbstorganisationsverständnis i.S.d. 'Order-from-Noise-Prinzips'[77] aufgegriffen: ungewünschte, emergente Phänomene ('Störungen') werden aufgenommen, um so über eine verstärkte Umsetzung der Gestaltungsprinzipien Selbstorganisation bzw. Selbstabstimmung eine verbesserte Selbstlenkungsfähigkeit zu erreichen.

Auf der untersuchten Betrachtungsebene kann von einer sehr hohen Ähnlichkeit des 'Architectural Knowledges' und der grundsätzlichen Herausforderungen beim Zielkonfliktmanagement im Rahmen des Zielvereinbarungsprozesses bei verschiedenen Automobilherstellern ausgegangen werden. Damit ist weitgehende Übertragbarkeit der aufgezeigten Ergebnisse auf andere Hersteller möglich.

4.2.2 Ausblick

Die durch die vorliegende Arbeit empirisch aufgezeigten und in der Bewertung abgeschätzten Potenziale des Ansatzes 'gelenkter Selbstorganisation' sind durch eine Umsetzung des aufgezeigten Konzeptes zu überprüfen. Die aus einer solchen Implementierung resultierenden Erfahrungen sind dann in einer iterativen Vorgehensweise einer erneuten Optimierung zu unterziehen.

Bei der Implementierung in der Unternehmenspraxis ist zu beachten, dass ein solcher Schritt über den aufgezeigten Einflussfaktoren hinaus unternehmens- und insbesondere personenspezifischen Situationsbedingungen sowie kulturellen Einflüssen unterliegt. Schnelle, gravierende Veränderungen scheitern vielfach an Veränderungsbarrieren, die nicht zuletzt durch Tendenzen zur Bewahrung des Bekannten oder unternehmenspolitische Einflüsse geprägt werden. Eine stufenweise Implementierung kann daher vielfach erfolgsversprechender sein als eine Umsetzung des Ansatzes in einem einzigen Schritt.

Das aufgezeigte Konzept 'gelenkter Selbstorganisation' eröffnet Ansatzpunkte für eine Ergänzung und Vertiefung im Rahmen weiterer Forschungsarbeiten. Dabei bieten sich insbesondere folgende Themenfelder an:

- Ergänzung des strukturellen Koordinationsansatzes um nicht-strukturelle Koordinationsmaßnahmen (z.B. Nutzung von Einflussfaktoren der Unternehmenskultur für Koordination im Produktentwicklungsprozess).

---

[77] vgl. v. Foerster (1960), S. 42f.

- Vertiefung der aus dem Ansatz resultierenden Anforderungen im Bereich der Mitarbeiterqualifikation, Ableitung geeigneter Maßnahmen im Bereich Personalmanagement und Qualifizierung.

- Erweiterung des ‚Virtuellen Marktplatzes' auf weitere Zielgrößen, Ergänzung des Ansatzes durch eine Vorgehensweise für schwer messbare, qualitative Zielsetzungen (z.B. Wertigkeitsanmutung).

- Vertiefte Analyse der Auswirkungen neuer Technologien auf das ‚Architectural Knowledge', Untersuchung insbesondere der Auswirkungen von Technologiesprüngen wie etwa des Übergangs zu Fahrzeugen mit Brennstoffzellen und Elektromotor oder des Einsatzes von ‚X-by.-Wire-Systemen'.

- Untersuchung der Auswirkungen unterschiedlicher Fahrzeugklassen, und Marktsegmente bzw. unterschiedlicher Unternehmensstrategien (z.B. Premiumanbieter vs. Basisanbieter) auf das ‚Architectural Knowledge' und daraus abgeleitete Erfordernisse an die organisatorische Ausrichtung.

Literaturverzeichnis

Adorno, T.W. (1980): Der Positivismusstreit in der deutschen Soziologie, Darmstadt, 1980

Albert, H. (1987): Kritik der reinen Erkenntnislehre, Tübingen, 1987

Allen, T. (1970): Communication networks in R&D Laboratories,
in: R&D Management, Vol. 1, 1970, S. 14-21

Allen, T. (1977): Managing the flow of Technology: Technology Transfer and the Dissemination of Technology Information within R&D Organization, Cambridge, MA, 1977

Allen, T. / Cohen (1969): Information Flow in Research and Development Laboratories,
in: ASQ, Vol. 14, 1969, S. 12-19

Anderson, P. (1999): Complexity Theory and Organization Science,
in: OS, Vol. 10, No. 3, May-June 1999, S. 216-232

Ashby, R. (1957): An Introduction to Cybernetics, New York, 1957

Ashby, W. R. (1962): Principles of the Self-Organizing System,
in: Foerster, H.v. / Zopf, G. (1962): Principles of Self-Organization. Transactions of the University of Illinois. Symposium on Self-Organization. Robert Allerton Park. 8 and 9. June, 1961, Oxford, London, u.a., 1962

Aschenbach, M. (1995): Die Reorganisation von Konzernen – Systemtheoretische Beobachtungen des geplanten Wandels, Dissertation, Ludwig Maximilians Universität, München, 1995

Backhaus, K. / de Zoeten, R. (1992): Organisation der Produktentwicklung,
in: Frese, E. (Hrsg, 1992.): Handwörterbuch der Organisation, Stuttgart, Sp. 2024-2039

Bak, P. (1996): How Nature Works: The Science of Self-Organized Critically, New York, 1996

Baker, W. E. (1992): The Network Organization in Theory and Practice,
in: Nohria, N. / Eccles, R.G. (Hrsg., 1992): Networks and Organizations, Structure, Form and Action, Boston, MA., S. 397-429

Barnard, C.J. (1968): The Functions of executive, Cambridge, MA, 1968

Barnes, J.A. (1954): Class and Comittees in an Norwegian Island Parish,
in: HR, 1954, 7, S. 39-58

Bartlett, C. / Goshal, S. (1990): Internationale Unternehmensführung, Frankfurt a.M., 1990

Bateson, G. (1982): Geist und Natur – Eine notwendige Einheit, Frankfurt a.M., 1982

Becker, H.S. / Geer, B. (1979): Teilnehmende Beobachtung,
in: Hopf, C. / Weingarten, E. (Hrsg., 1979): Qualitative Sozialforschung, Stuttgart, 1979, S. 139-166

Beer, S. (1982): Preface,
in: Maturana, H.R. / Varela, F.J. (Hrsg., 1982): Erkennen: Die Organisation und Verkörperung von Wirklichkeit. Ausgewählte Arbeiten zur biologischen Epistemologie. Wissenschaftstheorie, Wissenschaft und Philosophie, Braunschweig, Wiesbaden, S. 63-72

Bellmann, K. / Friedrich, D. (1994): Concurrent Engineering,
in: WiST, 23. Jg. (1994) Heft 4, S. 198-200

Bellmann, K. / Hippe, A. (1996): Kernthesen zur Konfiguration von Produktionsnetzwerken,
in: Bellmann, K. / Hippe, A. (Hrsg., 1996): Management von Unternehmensnetzwerken: Interorganisationale Konzepte und praktische Umsetzung, Wiesbaden, S. 55-85

Bender, D. (1999): Außenhandel,
in: Bender, D. / Berg, H. / Cassel, D. / Gabisch, G. / Grossekettler, H. / Hartwig, K.-H. / Hübl, L. / Kath, D. / Siebke, J. / Thieme, J. / Willms, M. (Hrsg., 1999): Vahlens Kompendium der Wirtschaftstheorie und Wirtschaftspolitik, Band 1, 7. Auflage, München, S. 455-518

Ben-Eli, M.U. (1981): Self-Organization, Autopoiesis, and Evolution,
in: Zeleny, M. (Hrsg., 1981): Autopoiesis. A Theory of Living Organization, The North Holland Series in General Systems Research, Volume 3, New York, Oxford, S. 169-182

Bennis, W. / Slater, P. (1968): The temporary society, New York, 1968

Bergquist, W. (1993): the Postmodern Organization. Mastering the Art of Irreversible Change, San Francisco, 1993

Bertalanffy, L. von (1968): General System Theory, New York, 1968

Berthel, J. (2000): Personal-Management. Grundzüge für Konzeptionen betrieblicher Personalarbeit, Stuttgart, 2000

Bitzer, M. R. (1992): Zeitbasierte Wettbewerbsstrategien – Die Beschleunigung von Wertschöpfungsprozessen in der Unternehmung, Gießen, 1992

Binning, G. (1989): Aus dem Nichts, München, Zürich, 1989

Blackburn, J.D. / Hoedemaker, G. / Van Wassenhove, L.N. (1996): Conncurrent Software Engineering: Prospects and Pitfalls;
in: IEEE Transactions on Engineering Management, 43. Jg. (1996) Nr. 2, S. 179-188

Bleicher, K. (1985): Zeitkonzeptionen der Entwicklung und Gestaltung von Unternehmungen, Diskussionsbeiträge des Instituts für Betriebswirtschaftslehre an der Hochschule St Gallen, 1985

Bleicher, K. (1981): Organisation, Formen und Modelle, Wiesbaden, 1981

Bleicher, K. (1986): Strukturen und Kulturen der Organisation im Umbruch: Herausforderungen für den Organisator,
in: ZfO, 55 / 1986, S. 97-108

Bleicher, K. (1991): Koordination als Teil des organisatorischen Harmonisationsprinzips,
in: Wunderer, R. (Hrsg., 1991): Kooperation: Gestaltungsprinzipien und Steuerung der Zusammenarbeit zwischen Organisationseinheiten, Stuttgart, S. 143-157

Bleicher, K. (1991a): Organisation, Strategien – Strukturen – Kulturen, 2. Auflage, Wiesbaden, 1991

Bleicher, K. (1995): Organisation als Erfolgsfaktor,
in: GM, 1995, 9, S. 13-16

Bleicher, K. (1997): Management – Kritische Kernkompetenz auf dem Weg zum virtuellen Unternehmen,
in: Schuh, G. / Wiendahl, H.-J. (Hrsg., 1997): Komplexität und Agilität – Steckt die Produktion in der Sackgasse?, Berlin, S. 11-24

Bleicher, K. (2002): Visionäre Unternehmensentwicklung für die emergente Wissensgesellschaft,
in: Milberg, J. / Schuh, G. (Hrsg., 2002): Erfolg in Netzwerken, Berlin

Blumer, H. (1976): Der methodologische Standort des Symbolischen Interaktionismus,
in: Arbeitsgruppe Bielefelder Soziologen (Hrsg., 1976): Alltagswissen, Interaktion und gesellschaftliche Wirklichkeit, Band 1: Symbolischer Interaktionismus und Ethnomethodologie, Hamburg, S. 80 - 146

v. Böventer, E. / Illing, G. (1997): Einführung in die Mikroökonomie, München, 1997

Bogaschewsky, R. (1995): Vertikale Kooperationen – Erklärungsansätze der Transaktionskostentheorie und des Beziehungsmarketings,
in: Kaas, K.P. (Hrsg., 1995): Kontrakte, Geschäftsbeziehungen, Netzwerke: Marketing und neue Institutionenökonomik, ZfbF-Sonderheft 35, Düsseldorf, S. 159-177

Bogumil, J. / Immerfall, S. (1985): Wahrnehmungsweisen empirischer Sozialforschung. Zum Selbstverständnis des sozialwissenschaftlichen Forschungsprozesses, Frankfurt am Main, 1985

Bomba, S. (1986): On Organization and Architecture,
in: Stage by Stage, 6 (5), S. 19-23

Bonabeau, E. (2002): Predicting the Unpredictable,
in: HBR, March 2002, S. 109 - 116

Bonabeau, E. / Meyer, C. (2001): Schwarm-Intelligenz : Unternehmen lernen von Bienen und Ameisen,
in: HBM 6/2001, S. 38-49

Boos, F. / Exner, A. / Heitger, B. (1992): Soziale Netzwerke sind anders
in: OE, 11 (1), S. 54-61

Bortz, J. (1999): Statistik für Sozialwissenschaftler, Berlin, 1999

Bortz, J. / Döring, N. (1995): Forschungsmethoden und Evaluation, 2. Auflage, Berlin, 1995

Bresch, C. (1978): Zwischenstufe Leben: Evolution ohne Ziel?, München, 1978

Brockhoff, K. (1994): Forschung und Entwicklung – Planung und Kontrolle, München, 1994

Brown, S.L. / Eisenhardt, K.M. (1998): Competing on the edge of chaos: strategy as structured chaos, Boston, Massachusetts, 1998

Boutellier, R. (1996): Parallelisieren im Innovationsprozess: Simultaneous Engineering reduziert die Risiken,
in: io Management Zeitschrift, 65. Jg. (1996) Nr. 7/8, S. 29-33

Büchs, M.J. (1991): Zwischen Markt und Hierarchie, Kooperationen als Koordinationsform,
in: ZfB, 1, S. 1-38

Bühl, W.L. (1987): Grenzen der Autopoiesis,
in: Kölner Zeitschrift für Soziologie und Sozialpsychologie, 39/1987, S. 225-254

Bullinger, H.-J. (1990): F&E-heute – Industrielle Forschung und Entwicklung in der Bundesrepublik Deutschland, Studie des Fraunhofer Instituts für Arbeitswissenschaften und Organisation, Stuttgart, München, 1990

Bullinger, H.-J. (1996): Lernende Organisation, Konzepte, Methoden und Erfahrungsberichte, Stuttgart, 1996

Bullinger, H.-J. / Kugel, R. / Ohlhausen, P. / Stanke, A. (1995): Integrierte Produktentwicklung – Zehn erfolgreiche Praxisbeispiele, Wiesbaden, 1995

Bullinger, H.-J. / Thaler, K. (1994): Zwischenbetriebliche Zusammenarbeit im Virtual Enterprise,
in: Management & Computer 1994, 2, S. 19-24

Bullinger, H.-J. / Warnecke, H.J. / Westkämper, E. (Hrsg., 2003): Neue Organisationsformen im Unternehmen. Ein Handbuch für das Management, Berlin, 2003

Bullinger, H.-J. / Warschat, J. (1995): Concurrent Simultaneous Engineering Systems. The Way to Sucessful Produkt Development, Berlin, Heidelberg u.a., 1995

Bullinger, H.-J. / Warschat, J. / Berndes, S. / Stanke, A. (1995): Simultaneous Engineering,
in: Zahn, E. (Hrsg.): Handbuch Technologiemanagement, Stuttgart, 1995, S. 377-394

Burns, T. / Stalker, G.M. (1961): The Management of Innovation, London, 1961

Buteweg, J. (2000): Zulieferer nehmen Autoindustrie die Arbeit ab,
in: Handelsblatt, 20.10.2000, S. 15

Breilmann, U. (1995): Dimensionen der Organisationsstruktur,
in: ZfO, 1995, 3, S.159-164

Cartwright, D. / Zander, A. (Hrsg, 1968): Group dynamics: Research and theory, New York, 3. Auflage, 1968

Capra, F. (1983): Wendezeit. Bausteine für ein neues Weltbild, Bern, München u.a., 1983

Capra, F. (1987): Vortrag,
in: Guntern, G. (Hrsg., 1987): Der blinde Tanz zur lautlosen Musik. Die Auto-Organisation von Systemen, Brig, S. 26-37

Checkland, P. (1984): Systems Thinking, Systems Practice, Chichester, New York u.a. 1984

Clark, K.B. / Fujimoto, T. (1992): Automobilentwicklung mit System. Strategie, Organisation und Management in Europa, Japan und den USA, Frankfurt / New York, 1992

Cohen, M. (1999): Commentary on the Organization Science Special Issue on Complexity,
in: OS, Vol. 10, No. 3, May-June 1999, S. 373-376

Cohen, S. G. (1994): Designing Effective Self-Managing Work Teams,
in: Beyerlein, M.M. / Johnson, D.A. (Hrsg., 1994): Advances in Interdisciplinary Studies of Work Teams, Theories of Self-Managing Work Teams, Volume 1, Greenwich, Connecticut, S. 67-102

Cooper, R. (1988): Predevelopment Activities Determine New Product Success,
in: IMM, 17/1988, S. 237-247

Corsten, H. / Reiß, M. (1992): Integrationsbedarfe im Produktentstehungsprozess,
in: Hanssen, R. A. / Kern, W. (Hrsg., 1992): Integrationsmanagement für neue Produkte, ZfbF-Sonderheft Nr. 30, Düsseldorf, Frankfurt a.M., S. 31-51

Cramer, F. (1988): Chaos und Ordnung – Die komplexe Struktur des Lebendigen, Stuttgart, 1988

Danner, H. (1979): Methoden geisteswissenschaftlicher Pädagogik, München, 1979

Davenport, T.H. (1993): Process innovation. Reengineering work through information Technology, Boston, Massachusetts, 1993

Davidow, W. H. / Malone, M.S. (1992): The Virtual Corporation: Structuring and Revitalizing the corporation for the 21st century, New York, 1992

De Meyer, A. (1991) : Tech Talk : How managers are stimulating global R&D communication,
in: SMR, Vol. 32, 1991, S. 49-58

Dean, J.W. / Sushman, G.I. (1991): Organizing for manufacturable design,
in: Corbett, J. / Dooner, M. / Meleka, J. / Pym, C. (Hrsg., 1991): Design for Manufacture, Workingham, 1991, S. 341-349

Deiß, M (1994): Arbeit in der Automobilindustrie, Probleme und Risiken durch unternehmensüber-greifende Rationalisierung,
in: WSI-Mitteilungen, 47, (1994) 7, S. 425-438

Delfmann, W. (1989): Das Netzwerkprinzip als Grundlage integrierter Unternehmensführung,
in: Delfmann, W. (Hrsg., 1989): Der Integrationsgedanke in der Betriebswirtschaftslehre, Wiesbaden, S. 87-113

Dellmann, K. (1998): Kosten- und Leistungsrechnungen,
in: Bitz, M. / Dellmann, K. / Domsch, M. / Wagner, F.W. (Hrsg., 1999): Vahlens Kompendium der Betriebswirtschaftslehre, Band 1, 4. Auflage, München, S. 587-676

Deschampes, J.-P. (1995): Product Juggernauts. How Companies Mobilize to Generate a Stream of Market Winners, Boston, Massachusetts, 1995

Dilthey, W. (1961): Die Entstehung der Hermeneutik,
in: Dilthey, W. (1961): Gesammelte Schriften, Band V, Stuttgart, S. 317-338

Domsch, M. (1998): Personal,
in: Bitz, M. / Dellmann, K. / Domsch, M. / Wagner, F.W. (Hrsg., 1999): Vahlens Kompendium der Betriebswirtschaftslehre, Band 1, 4. Auflage, München, S. 411-474

Dorbrandt, J. u.a. (1990): Ausgewählte Projektbeispiele zur Reduzierung der Entwicklungszeit,
in: Reichwald, R. / Schmelzer, H. (Hrsg., 1990): Durchlaufzeiten in der Entwicklung, München, S. 157-188

Dretske, F. (1981): Knowledge and the Flow of Information, Oxford, 1981

Dürr, H.-P. / Zimmerli, W. Ch. (1989): Geist und Natur, Bern, München u.a., 1989

Ehrlenspiel, K. (1980): Möglichkeiten zum Senken der Produktkosten – Erkenntnisse aus einer Verwertung von Wertanalysen,
in: Konstruktion, 32. Jg. (1980) Nr. 5, S. 173-178

Ehrlenspiel, K. (1995): Integrierte Produktentwicklung: Methoden für Prozessorganisation, Produkterstellung und Konstruktion, München, Wien, 1995

Ehrlenspiel, K. (1996): Konstruktion,
in: Kern, W. / Schröder, H.-H. / Weber, J. (Hrsg., 1996): Handwörterbuch der Produktionswirtschaft, Stuttgart, S. 904-922

Ehrlich, P.R. / Raven, P.H. (1965): Butterflies and plants: A study in coevoluion,
in: Evolution,1965, 18, S. 586ff.

Eigen, M. (1971): Self-Organization of Matter and the Evolution of Biological Macromolecules,
in: Naturwissenschaften, 1971, 58. Jahrgang, S. 465-522

Eigen, M. / Schuster, P. (1979): The Hypercycle, Heidelberg, Berlin, New York, 1979

Eiletz, R. (1999): Zielkonfliktmanagement bei der Entwicklung komplexer Produkte – am Beispiel PKW-Entwicklung, Aachen, Diss., 1999

Eisenhardt, K.M. / Galunic, D.C. (2000): Coevolving, at last, a way to make synergies work,
in: HBR January-February 2000, S. 91-101

Eisenhardt, K.M. (1999): Building Theories from Case Study Research,
in: AMR, 1999, Vol. 14, No. 4, S. 532 – 550

Engelke, P. (1991): Integration von Forschung und Entwicklung in die unternehmerische Planung und Steuerung, Heidelberg, 1991

Etzioni, A. (1975): Die aktive Gesellschaft, Opladen, 1975

Eversheim, W. (1989): Simultaneous Engineering – eine organisatorische Chance!,
in: VDI (Hrsg., 1989): VDI-Berichte Nr. 758, Simultaneous Engineering – Neue Wege des Projektmanagements, S. 1-26

Ewe, T. (2004): Im Paradies wird's teuer,
in: BdW, 3 / 2004, S. 86 – 97

Fisch, R. / Wolf, M. E. (1990): Die Handhabung von Komplexität beim Problemlösen und Entscheiden,
in: Fisch, R. / Boos, M. (Hrsg., 1990): Vom Umgang mit Komplexität in Organisationen: Konzepte, Fallbeispiele, Strategien, Konstanzer Beiträge zur sozialwissenschaftlichen Forschung, Bd. 5, Konstanz, S. 11-40

Flood, R. L. / Carson, E. R. (1993): Dealing with Complexity, 2. Auflage, New York, 1993

Ford, D.N. (1995): The Dynamics of Project Management: An Investigation of the Impacts of Project Process and Coordination Performance, Massachusetts, 1995

Foerster, H.v. (1960): On Self-Organizing Systems and their environments, in: Yovits, M.C. / Cameron, S. (Hrsg., 1960): Proceedings of an Interdisciplinary Conference, Oxford, New York u.a.,S. 31ff.

Foerster, H. v. (1979): The Cybernetics of Cybernetics, S. 5-8 in: Krippendorf, K. (Hrsg., 1979): Communication and Control in Society, New York

Foerster, H.v. (1984): Principles of Self-Organization - In a Socio-Managerial Context, in: Ulrich, H. / Probst, G.J.B. (Hrsg., 1984): Self-Organization and Management of Social Systems. Insights, Promises, Doubts, and Questions. Springer Series in Synergetics, Berlin, Heidelberg u.a., S. 2-24

Foerster, H.v. (1985): Molekular-Ethologie: ein unbescheidener Versuch semantischer Erklärung, in: Foerster, H.v. (Hrsg., 1985): Sicht und Einsicht. Versuche zu einer operativen Erkenntnistheorie. Wissenschaftstheorie, Wissenschaft und Philosophie, Band 21, Braunschweig, Wiesbaden

Foerster, H.v. (1990): Kausalität, Unordnung, Selbstorganisation, in: Kratky K.W. / Wallner, F. (Hrsg., 1990): Grundprinzipien der Selbstorganisation, Darmstadt, S. 77-95

Forster, J. (1978): Teams und Teamarbeit in der Unternehmung, Bern, Stuttgart, 1978

Forrester, J. W. (1968): Principles of Systems, Cambridge, 1968

Forrester, J. W. (1969): Urban Dynamics, Cambridge, Massachusetts. 1969

Forrester, J. W. (1972): Counterintuitive behaviour of social systems, in: Technology Review, 73 (3), S. 52 - 68

Forrester, J. W. (1983): Innovation and economic change, in: Freeman, C. (Hrsg., 1983): Long waves in World Economy, London, S. 126 – 134

Fortmüller, R. (1991): Lernpsychologie, Wien, 1991

Franks, J. (1989): Gleick: ‚Chaos – Making a New Science' (Rezension), in: The Mathematical Intelligencer, 11, S. 65ff.

Frese, E. (1987): Grundlagen der Organisation. Die Organisationsstruktur der Unternehmung, Wiesbaden, 1987

Frese, E. (1998): Grundlagen der Organisation: Konzept – Prinzipien – Strukturen, Wiesbaden, 1998

Frigo-Mosca, F. / Brütsch, D. / Tettamanti, S. (1996): Vorwärts zur virtuellen Organisation, in: OM, 9 / 1996, S. 46-50

Gaitanides, M. (1983): Prozessorganisation: Entwicklung, Ansätze und Programme prozessorientierter Organisationsgestaltung, München, 1983

Galbraith, J.R. (**1973**): Designing Complex Organizations, Reading, 1973

Galbraith, J. R. (**1982**): Designing the Innovating Organization,
in: OD, Heft Winter, 1982, S. 3-24

Galbraith, J.R. (**1994**): Competing with Flexible Lateral Organizations, Reading, Massachusetts u.a., 1994

Galbraith, J.R. (**1998**): Designing the networked organization,
in: Mohrmann, S.A. / Galbraith, J.R. / Lawler, E. E. et al. (Hrsg., 1998): Tomorrows organization, crafting winning capabilities in an dynamic world, San Francisco, S. 76-102

Gharajedaghi, J. / Ackoff, R.L. (**1985**): Mechanistische, organismische und soziale Systeme,
in: Probst, G.J.B. / Siegwart, H. (Hrsg., 1985): Integriertes Management, Bern, 1985

Geidel, H. (**1999**): Technologien vernetzen - Ressourcen bündeln: Integrationskompetenz als Wettbewerbsfaktor in der Zuliefererindustrie,
in: Zahn, E. / Foschiani, S. (Hrsg., 1999): Maßgeschneiderte Strategien - der Weg zur Alleinstellung im Wettbewerb, Stuttgart

Gemünden, H. G. (**1993**): Zeit – Strategischer Erfolgsfaktor in Innovationsprozessen,
in: Domsch, M. / Sabisch, H. / Siemkers, S. H. A. (Hrsg., 1993): F&E-Management, Stuttgart, 1993, S. 67-118

Genter, A. (**1994**): Entwurf eines Kennzahlensystems zur Effektivitäts- und Effizienzsteigerung bei Entwicklungsprojekten, München, 1994

Gerdes, K. / Wolfersdorff-Ehlert, C. (**1974**): Drogenszene: Suche nach Gegenwart, Stuttgart, 1974

Gerpott, T.J. (**1990**): Simultaneous Engineering,
in: DBW 50 (1990), S. 399-400

Gerpott, T.J. (**1992**): Aktuelle Forschung über Forschung und Entwicklung,
in: DBW, 52. Jg., 1992, Nr. 1, S. 109-127

Gerpott, T. J. / Winzer, P. (**1996**): Simultaneous Engineering: Kritische Analyse eines Planungs- und Organisationsansatzes zur Erfolgsverbesserung industrieller Produktinnovationen,
in: ZP, 7. Jg. (1996) Nr. 2, S. 131-150

Gerybadze, A. (**1995**): Strategic alliances and process redesign. Effective management and restructuring of cooperative projects and networks, Berlin u.a., 1995

Gerybadze, A. / Meyer-Krahmer, F. / Reger, G. (**1997**): Globales Management von Forschung und Innovation, Stuttgart, 1997

Gerybadze, A. (**2003**): Knowledge Management and Transnational R&D Projects: The Role of Asymmetric Understanding and Group Cognition Processes in Distributed Work, Stuttgart, Discussion-Paper 03-01, Stuttgart 2003

Gerybadze, A. (**2004**): Technologie- und Innovationsmanagement. Strategie, Organisation und Implementierung, München, 2004

Geus, A.P. de (**1989**) : Unternehmensplaner können Lernprozesse beschleunigen,
in: HM, 11, 1989, 1, S. 28-34

Girtler, R. (1984): Methoden der qualitativen Sozialforschung. Anleitung zur Feldarbeit, Wien, 1984

Gissler, A. (1999): Wissensmanagement – Steigerung der Entwicklungseffizienz durch eine modellbasierte Vorgehensweise zur Umsetzung von Wissensmanagement in der Produktentwicklung, Kaiserslautern, 1999

Glaser, B.G. / Strauss, A.L. (1967): The discovery of Grounded Theory: Strategies for Qualitative Research, Chicago, 1979

Glaser, B.G. / Strauss, A.L. (1979a): Die Entdeckung gegenstandsbezogener Theorie: Eine Grundstrategie qualitativer Sozialforschung,
in: Hopf, C. / Weingarten, E. (Hrsg., 1979): Qualitative Sozialforschung, Stuttgart, S. 91 – 111

Glaser, B.G. / Strauss, A.L. (1979b): Die Entdeckung begründeter Theorie,
in: Gerdes, K. (Hrsg., 1979): Explorative Sozialforschung. Einführende Beiträge aus „Natural Sociology" und Feldforschung in den USA, Stuttgart, S. 63-67

Glaserfeld, E. v. (1981): Einführung in den Radikalen Konstruktivismus,
in: Watzlawick, P. (Hrsg., 1981): Die erfundene Wirklichkeit. Wie wissen wir, was wir zu wissen glauben?, München, Zürich, S. 16-38

Gleick, J. (1988): Chaos – die Ordnung des Universums, München, 1988

Göpfert, J. (1998): Modulare Produktentwicklung, Zur gemeinsamen Gestaltung von Technik und Organisation, Wiesbaden, 1998

Göpfert, J. / Steinbrecher, M. (2000): Modulare Produktentwicklung leistet mehr - Warum die Produktarchitektur und die Projektorganisation gemeinsam gestaltet werden müssen,
in: HBM 3 / 2000, S. 20-30

Goldstein, J. (1994): The unshackled organization: facing the challenge of unpredictibility through spontaneous reorganization, Portland, 1994

Gomez, P. (1991): Autonomie durch Organisation. Die Gestaltung unternehmerischer Freiräume,
in: Bleicher, K. / Gomez, P. (Hrsg., 1991): Zukunftsperspektiven der Organisation, Festschrift zum 65. Geburtstag von Prof. Staerkle, Bern, S. 113

Gomez, P. / Zimmermann, T. (1992): Unternehmensorganisation, Profile, Dynamik, Methodik, Frankfurt, New York, 1992

Gottschalk, B. (1998): Die deutsche Automobilindustrie auf dem Weg zur nachhaltigen Entwicklung,
in: Zahn, E., Foschiani, S. (Hrsg., 1988): Innovation, Wachstum, Ertragskraft - Wege zur nachhaltigen Unternehmensentwicklung, Stuttgart, S. 77-87

Gouillart, F.J. / Kelly, J.N. (1995): Business Transformation, Wien, 1995

Grochla, E. (1980): Enzyklopädie der Betriebswirtschaftslehre, Band 2 - Handwörterbuch der Organisation, 2. Auflage, Stuttgart, 1980

Grochla, E. (1984): Grundlagen der organisatorischen Gestaltung, Stuttgart, 1984

Gutenberg, E. (1983): Grundlagen der Betriebswirtschaftslehre, Band 1: Die Produktion, Berlin, Heidelberg u.a., 1983

Haag, F. (1972): Kriminologie und labelling approach,
in: KJ, 4. Jg., 1 / 1972, S. 55-56

Habermas, J. (1969): Analytische Wissenschaftstheorie und Dialektik. Ein Nachtrag zur Kontroverse zwischen Popper und Adorno,
in: Adorno, T.W. (Hrsg., 1969): Der Positivismusstreit in der deutschen Soziologie, Darmstadt, S. 155 - 191

Habermas, J. (1984): Erläuterungen zum Begriff des kommunikativen Handelns,
in: Habermas, J. (Hrsg., 1984): Vorstudien und Ergänzungen zur Theorie des kommunikativen Handelns, Frankfurt am Main, S. 571-606

Haedrich, G. / Tomcak, T. (1996): Produktpolitik, Stuttgart, Berlin, u.a., 1996

Hahn, D. (1996): PuK, Controllingkonzepte - Planung und Kontrolle, Planungs- und Kontrollsysteme, Planungs- und Kontrollrechnung, 5. Auflage, Wiesbaden, 1996

Hayek, F.v. (1972): Die Theorie komplexer Phänomene. Walter-Euken-Institut. Vorträge und Aufsätze, Bd. 36, Tübingen, 1972

Hayek, F.v. (1976): Individualismus und wirtschaftliche Ordnung, 2. Auflage, Salzburg, 1976

Hayek, F.v. (1991): Spontaneous ('grown') order and organized ('made') order,
in: Thompson, G. / Frances, J. / Levacic, R. / Mitchell, J. (Hrsg., 1991): Markets, Hierarchies and Networks. The Coordination of Social Life, London, Newbury Park u.a., S. 293-301

Hakanson, L. (1990): International dezentralization of R&D – the organizational challenges,
in: Bartlett, C.A. / Doz, Y. / Hedlund, G. (Hrsg., 1990): Managing the Global Firm, London,

Haken, H. (1984a): Erfolgsgeheimnisse der Natur, Frankfurt a. M., Berlin u.a., 1984

Haken, H. (1984b): Entwicklungslinien der Synergetik,
in: NW, 75. Jahrgang, Berlin, Heidelberg, u.a., S. 163ff. und S. 225ff.

Haken, H. (1988): Die Selbstorganisation der Information in biologischen Systemen aus der Sicht der Synergetik,
in: Küppers, B.-O. (Hrsg, 1988): Ordnung aus dem Chaos. Prinzipien der Selbstorganisation und Evolution des Lebens, München, Zürich

Haken, H. (1990): Über das Verhältnis der Synergetik zur Thermodynamik, Kybernetik und Informationstheorie,
in: Niedersen, U. / Pohlmann, L. (Hrsg., 1990): Selbstorganisation. Jahrbuch für Komplexität in den Natur-, Sozial- und Geisteswissenschaften. Band 1, Selbstorganisation und Determination, Berlin, S. 19-23

Haken, H. (1993): Synergetik: Eine Zauberformel für das Management?,
in: Rehm, W. (Hrsg.): Synergetik: Selbstorganisation als Erfolgsrezept für Unternehmen; ein Symposium der IBM, Ehningen bei Böblingen, 1993, S. 15-43

Haken, H. / Wunderlin A. (1986a): Synergetik: Prozesse der Selbstorganisation in der belebten und unbelebten Natur,
in: Dress, A. / Hendrichs, H. / Küppers, G. (Hrsg., 1986): Die Entstehung von Ordnung in Natur und Gesellschaft, München, S. 35-60

Haken, H. / Wunderlin A. (1986b): Die Anwendung der Synergetik auf Musterbildung und Mustererkennung,
in: Kratky, K.W. / Wallner, F. (Hrsg., 1990): Grundprinzipien der Selbstorganisation, Darmstadt

Haken, H. / Haken-Krell, M. (1992): Erfolgsgeheimnisse der Wahrnehmung: Synergetik als der Schlüssel zum Gehirn, Stuttgart, 1992

Haken, H. / Sauermann, H (1963): Nonlinear Interaction of Laser Modes,
in: ZfP, 173, 1963, S. 261ff.

Hammer, M. / Champy, J. (1994): Business Reengineering, 2. Auflage, Frankfurt a. M., New York, 1994

Hanke, J. (1993): Hybride Koordinationsstrukturen: Liefer- und Leistungsbeziehungen kleiner und mittlerer Unternehmen der Automobilzulieferindustrie aus transaktionskostentheoretischer Sicht, Bergisch Gladbach, 1993

Hausschildt, J. (1992): Innovationsmanagement,
in: Frese, E. (Hrsg.): Handwörterbuch der Organisation, 3. Auflage, Stuttgart, 1992, Sp. 1029-1041

Hausschildt, J. (1997): Innovationsmanagement, 2. Auflage, München, 1997

Hax, H. (1998): Finanzierung,
in: Bitz, M. / Dellmann, K. / Domsch, M. / Wagner, F.W. (Hrsg., 1999): Vahlens Kompendium der Betriebswirtschaftslehre, Band 1, 4. Auflage, München, S. 175-234

Hedberg, B.L.T. (1984): Organizations as Tents,
in: Hinterhuber / Laske (Hrsg., 1984): Zukunftsorientierte Unternehmenspolitik, Freiburg, S. 13-47

Hedberg, B.L.T. / Nystrom, P.C. / Starbruck, W.H. (1976): Camping on Seasaws. Prescriptions for a Self-Designing Organization,
in: ASQ, 21 (2), S. 41-65

Hedlund, G. (1986): The Hypermodern MNC - A Heterarchy?,
in: HRM, 12/1986, Nr. 1, S. 9-35

Hedlund, G. / Rolander, D. (1990): Action in heterarchies: new approaches to managing the MNC,
in: Bartlett, C.A. / Doz, Y. / Hedlund, G. (Hrsg., 1990): Managing the Global Firm, London

Hedlund, G. / Nonaka, I. (1993): Models of Knowledge Management in the West and Japan,
in: Lorange, P. / Chakravathy, B. / Ross, J. / Van de Ven, A. (Hrsg., 1993): Implementing Strategic Processes, Oxford, S. 117-144

Hedlund, G. (1994): Knowledge management in the N-form corporation,
in: SMJ 15, S. 73-90

Heinen, E. (1978): Zum Wissenschaftsprogramm der entscheidungsorientierten Betriebswirtschaftslehre
in: Schweitzer, M. (Hrsg., 1978): Auffassungen und Wissenschaftsziele der Betriebswirtschaftslehre, Darmstadt, S. 219 - 246

Hejl, P.M. / Köck, W.K. / Roth, G. (1978): Wahrnehmung und Kommunikation, Frankfurt a.m., Las
Vegas, 1978

Hejl, P.M. (1985): Konstruktion der sozialen Konstruktion,
in: Gumin, H. / Mohler, A (Hrsg., 1985): Einführung in den Konstruktivismus, München,
S. 85-115

Henderson, R.M. / Clark, K.B. (1990): ‚Architectural Innovation. The Reconfiguration of Existing
Product technologies and the Failure of Established Firms.',
in: ASQ 35 (1990), S. 9-30

Herzberg, F. (1968): One more time: How Do You Motivate Employees?
in: HBR, Nr. 1, 1968, S. 53 – 62

Herzberg, F. / Mausner, B. / Syndermann, B. (1959): The Motivation to Work, New York, London,
1959

Hill, W. / Fehlbaum, R. / Ulrich, P. (1994): Organisationslehre, Band 1, Ziele, Instrumente und
Bedingungen der Organisation sozialer Systeme, Bern, Stuttgart u.a.,1994

Hinterhuber, H.H. / Stahl, H.K. (1996): Unternehmensnetzwerke und Kernkompetenzen,
in: Bellmann, K. / Hippe, A. (Hrsg., 1996), Management von Unternehmensnetzwerken:
Interorganisationale Konzepte und praktische Umsetzung, Wiesbaden, S. 87-117

Hippe, A. (1996): Betrachtungsebenen und Erkenntnisziele in strategischen Unternehmensnetzwerken,
in: Bellmann, K. / Hippe, A. (Hrsg., 1996), Management von Unternehmensnetzwerken:
Interorganisationale Konzepte und praktische Umsetzung, Wiesbaden, S. 21-53

Hippel, E. von (1994): Sticky Information and the Locus of Problem Solving: Implications for
Innovation,
in: MS, Vol. 40, No. 4, 1994, S. 429-439

Hirschhorn, L. / Gilmore, T. (1992): The New Boundaries of the 'Boundaryless Organization',
in: HBR, May / June, 1992, S. 104-115

Hörschgen, H. (1995): Timing
in: Tietz, B. / Köhler, R. / Zentes, J. (Hrsg., 1995): Handwörterbuch des Marketing, 2.
Auflage, Stuttgart, Sp. 2461-2473

Hoffmann, F. (1980): Führungsorganisation, Band 1: Stand der Forschung und Konzeption,
Tübingen, 1980

Hoffmann-Riem, C. (1980): Die Sozialforschung einer interpretativen Soziologie,
in: KZfSS, Jg. 32, S. 339 - 372

Holling, C. S. (1976): Resilience and Stability of Ecosystems,
in: Jantsch, E. / Waddington, C. (Hrsg., 1976): Evolution and Consciousness. Human
Systems in Transition, Reading / Massachusetts, S. 73ff.

Holling, C. S. (1984): Terrestrial Ecosystems. Local Surprise and Global Change, Laxenburg, 1984

Hopf, C. (1982): Norm und Interpretation. Einige methodische und theoretische Probleme der Erhebung und Analyse subjektiver Interpretationen in qualitativen Untersuchungen, in: ZfS, Jg. 11, Heft 3, Juli 1982, S. 307 - 329

Horgan, J. (1995): From complexity to perplexity, in: SA 272 (6), S. 104

Horváth, P. (Hrsg., 1993): Marktnähe und Kosteneffizienz schaffen, Stuttgart, 1993

Huy, R. (1993): Konstruktion und Entwicklung: Die Chance für das deutsche Auto, in: Automobil-Produktion, 7 (1993) 2, S. 136-140

Jantsch, E. (1975): Self-Organization and Planning in the Life of Human Systems, New York, 1975

Jarillo, J.C. (1988): On Strategic Networks, in: SMJ, 9 (1), 1988, S. 31-41

Jarillo, J.C. / Ricart, J.E. (1987): Sustaining Networks, in: Interfaces, 17 (5), 1983, S. 82-91,

Johnson-Laird / P.N. (1983): Mental Models, Cambridge, 1983

Katz, D. / Kahn, R.L. (1978): The Social Psychological of Organizations, 2. Auflage, New York, 1978

Katz, R. / Tushman, M. (1979): Communication Patterns, Project perfomance, and Task Characteristics, in: OBHP, Vol. 23, 1979, S. 139-162

Kauffman, S.A. (1993): The Origins of Order: Self Organization and Selection In Evolution, New York, 1993

Kauffman, S.A. (1995a): Escaping the Red Queen Effect, in: MKQ, 1995, 1, S. 119 – 129

Kauffman, S.A. (1995b): At Home in the Universe: The Search for Laws of Self-Organization and Complexity, New York, 1995

Kelly, S. / Allison, M.A. (1999): The complexity advantage: how the science of complexity can help your business achieve peak-performance, McGraw-Hill, New York, 1999

Kern, W. / Schröder, H.-H. (1977): Forschung und Entwicklung in der Unternehmung, Reinbeck bei Hamburg, 1977

Khandwalla, P.N. (1975): Unsicherheit und die ‚optimale' Gestaltung von Organisationen, in: Grochla, E. (Hrsg., 1975), Organisationstheorie, 1. Teilband, Stuttgart, S. 140-156

Kieser, A. (1994): Fremdorganisation, Selbstorganisation und evolutionäres Management, in: ZfbF 46 (3/1994), S. 199-228

Kieser, A. / Kubicek, H. (1992): Organisation, 3. Auflage, Berlin, New York, 1992

Kim, D.H. **(1994):** Sytems Thinking Tools: A User's Reference Guide, Cambridge, Massachussets, 1994

Kirsch, W. **(1997):** Kommunikatives Handeln, Autopoiese, Rationalität, Kritische Aneignungen im Hinblick auf eine evolutionäre Organisationstheorie, München, 1997

Kirsch, W. / Knyphausen, D. zu (1991): Unternehmungen als ‚autopoetische' Systeme?, in: Staehle, W. H. / Sydow, J. (Hrsg., 1991): Managementforschung, Band 1, Berlin, S. 75-101

Kirsch, W. / Esser, W.-M. / Gabele, E. (1979): Das Management der geplanten Evolution, Stuttgart, 1979

Kirsch, W. / Trux, W. (1981): Perspektiven eines Strategischen Managements, in: Kirsch, W. (Hrsg., 1981): Unternehmenspolitik: Von der Zielforschung zum Strategischen Management, München, 1981

Klein, J. A. / Maurer, P.M. **(1995):** Integrators, not Generalists needed: A case study of integrated Product Development Teams, in: Beyerlein, M.M. / Johnson, D.A. / Beyerlein, S. T. (Hrsg., 1995): Advances in Interdisciplinary Studies of Work Teams, Knowledge Work in Teams, Volume 2, Greenwich, Connecticut / London, S. 93-115

Klein, S. (1994): Virtuelle Organisation, in: WiSt 23/1994, S. 209-311

Kleining, G. (1982): Umriss zu einer Methodologie qualitativer Sozialforschung, in: KZfSS 2/1982, S. 224 - 253

Klimecki, R. / Probst, G.J.B. / Eberl, P. (1991): Systementwicklung als Managementproblem, in: Staehle, W.H. / Sydow, J. (Hrsg., 1991): Managementforschung, Band 1, Berlin

Kluge, J. / Stein, L. / Krubasik, E. / Düsedau, D. / Huhn, W. (1994): Wachstum durch Verzicht - Schneller Wandel zur Weltklasse: Vorbild Elektronikindustrie, Stuttgart, 1994

Konegen, N./ Sondergeld, K. (1985): Wissenschaftstheorie für Sozialwissenschaftler, Opladen, 1985

Kogut, B. (1990): International sequential advantages and network flexibility, in: Bartlett, C.A. / Doz, Y. / Hedlund, G. (Hrsg., 1990): Managing the Global Firm, London

Kosiol, E. (1976): Organisation der Unternehmung, 2. Auflage, Wiesbaden, 1976

Kotler, P / Bliemel, T. (1995): Marketing – Management: Analyse, Planung, Umsetzung und Strategien, 8. Auflage, Stuttgart, 1995

Kupsch, P. U. / Marr, R. / Picot, A. (1991): Innovationswirtschaft, in: Heinen, E. (Hrsg., 1991): Industriebetriebslehre – Entscheidungen im Industriebetrieb, Wiesbaden, S. 1069-1156

Klein, J. A. / Maurer, P.M. **(1995):** The Virtual Team: A Case Study and Inductive Model, in: Beyerlein, M.M. / Johnson, D.A. / Beyerlein, S. T. (Hrsg., 1995): Advances in Interdisciplinary Studies of Work Teams, Knowledge Work in Teams, Volume 2, Greenwich, Connecticut / London, S. 229-253

Knyphausen, D. zu (1988): Unternehmungen als evolutionsfähige Systeme. Überlegungen zu einem evolutionären Konzept für die Organisationstheorie, Münchner Schriften zur angewandten Führungslehre, Band 51, München, 1988

Königsberger, K. (1995): Analysis, Band 1, Berlin, 1995

Krackhardt, D. / Hanson, J.R. (1993): Informal Networks: The Company Behind the Chart, in: HBR, 7/8, S. 104-111

Kristof, A.L. / Brown, K.G. / Sims, H.P. / Smith, K.A. (1995): The virtual team: a case study and inductive model, in: Beyerlein, M.M. / Johnson, D.A. / Beyerlein, S. T. (Hrsg., 1995): Advances in Interdisciplinary Studies of Work Teams, Knowledge Work in Teams, Volume 2, Greenwich, Connecticut / London, S. 229-253

Krohn, W. / Küppers, G. (1992): Emergenz. Die Entstehung von Ordnung, Organisation und Bedeutung, in: Krohn, W. / Küppers, G. (Hrsg., 1992): Emergenz, Die Entstehung von Ordnung, Organisation und Bedeutung, Frankfurt a.M.

Krystek, U. / Redel, W. / Reppegather, S. (1997): Grundzüge virtueller Organisationen: Elemente und Erfolgsfaktoren, Chancen und Risiken, Wiesbaden, 1997

Lamnek, S. (1995): Qualitative Sozialforschung, Band 1: Methodologie, 3. Auflage, Weinheim, 1995

Lawrence, P.R. / Lorsch, J.W. (1967): Differentiation and Integration in Complex Organizations, in: ASQ, Vol. 12, S. 1-47, 1967

Lazarsfeld, P.F. (1973): Methodische Probleme der empirischen Sozialforschung, in: Hartmann, H. (Hrsg., 1973): Moderne amerikanische Soziologie, S. 339 - 372

Ledin, H. (1990): Building a dynamicintelligent network: lessons from the telecommunications revolution for the MNC organization of the future, in: Bartlett, C.A. / Doz, Y. / Hedlund, G. (Hrsg., 1990): Managing the Global Firm, London

Lenk, H. / Maring, M. / Fulda, E. (1985): Wissenschaftstheoretische Aspekte einer anwendungsorientierten systemtheoretischen Betriebswirtschaftslehre, in: Probst, G.J.B. / Siegwart, H. (Hrsg., 1985): Integriertes Management, Bern, Stuttgart

Levinthal, D.A. / Warglien, M. (1999): Landscape Design: Designing for Local Action in Complex Worlds, in: OS, Vol. 10, No. 3, May-June 1999, S. 342 - 357

Likert, R. (1961): New patterns of management, New York, 1961

Likert, R. (1967): The human organization: Its management and value, New York, 1967

Lincke, W. (1995): Simultaneous Engineering: neue Wege zu überlegenen Produkten, München, Wien, 1995

Littlejohn, S. (1983): Theories of Human Communication, Belmont, CA, 1983

Locker, A. (1981): Metatheoretical Presuppositions for Autopoiesis. Self-Reference and ‚Autopoiesis', in: Zeleny, M. (Hrsg., 1981): Autopoiesis. A Theory of living organization, Volume 3, New York, Oxford

Loos, U. (1995): Hochleistungsorganisationen erfolgreich managen, in: Warnecke, H.-J. / Bullinger, H.-J. (Hrsg., 1995): Fraktales Unternehmen – Gewinnen im Wettbewerb – Impulse und Erfahrungsaustausch, IPA, IAO, FhG – Forschung und Praxis, 3. Stuttgarter Innovationsforum, Berlin, S. 29-46

Lorenz, E.N. (1963): The Mechanics of Vacillation, in: JAS, 20, S. 468ff.

Lorenz, E.N. (1964): The Problem of Deducing the Climate from Governing Equations, in: Tellus, 16, S. 1ff.

Lücke, W. (1988): Umsetzungen und Auswirkungen des technischen Fortschritts aus betriebswirtschaftlicher Sicht, in: Gabisch, G. (Hrsg., 1988): Technischer Fortschritt, Beschäftigung und wirtschaftliches Gleichgewicht, Berlin, S. 88ff.

Luhmann, N. (1970): Soziologische Aufklärung, Opladen, 1970

Luhmann, N. (1973): Zweckbegriff und Systemrationalität, Frankfurt a.M, 1973

Luhmann, N. (1980): Komplexität, in: Grochla, E. (Hrsg., 1980): Handwörterbuch der Organisation, Stuttgart, S. 1070-1082

Luhmann, N. (1984): Soziale Systeme. Grundriss einer allgemeinen Theorie, Frankfurt a.M., 1984

Luhmann, N. (1991): Soziale Systeme: Grundriss einer allgemeinen Theorie, Frankfurt a.M., 1991

Luthans, F. / Kreitner, R. (1985): Organisational behavior modification and beyond: An operant and social learning approach, 2. Auflage, Glenview / London, 1985

Macharzina, K. (1993): Unternehmensführung: Das internationale Managementwissen; Konzepte - Methoden - Praxis, Wiesbaden, 1993

MacKinnon, A. J. / Wearing, A. J. (1980): Complexity and decision making, in: BS, 25. Jg., 1980, S. 285-296

Malone, Th. W. (1997): Free on the Range: Tom Malone on the Implications of the Digital Age, in: IEEE Internet Computing, May-June, 1997

Malone, Th.W.(2004): Bringing the Market Inside, in: HBR, April 2004, S. 107-114

Malone, Th. W. / Crowston, K. (1994): The Interdisciplinary Study of Coordination, in: ACM Computing Surveys, 1994 (March), 26 (1), S. 87-119

March, J.G. / Simon, H.A. (1958): Organizations, New York, 1958

Margalef, R. (1968): Perspectives in Ecological Theory, Chicago, 1968

Martinez, J.I. / Jarillo, J.C. (1989): The Evolution of research on Coordination Mechnismsin Multinational Corporations,
in: JIBS, Fall, 1989, S. 489-514

Martinez, J.I. / Jarillo, J.C. (1991): Coordination demands of International Strategies,
in: JIBS, Third Quarter 1991, S. 429-444

Mandelbrot, B. (1977): The Fractal Geometry of Nature, New York, 1977

Maruyama, M. (1963): The second Cybernatics: Deviation-Amplifying Mutual Causal Processes,
in: AS, S. 164ff.

Matell, M.S. / Jacoby, J. (1971): Is there an Optimal Number of Alternatives for Likert Scale Items? Study I: Reliability and Validity,
in: EPM, 31, S. 657-674

Maturana, H.R. (1980): Introduction,
in: Maturana, H.R. / Varela, F.J. (Hrsg., 1980): Autopoiesis and Cognition. The Realization of the living. Boston Studies of Philosophy of Science, Volume 42. Dordrecht / Boston, London, xi-xxx

Maturana, H.R. (1981): Autopoesis,
in: Zeleny, M. (Hrsg, 1981.): A Theory of Living Organization, The North Holland Series in General Systems Research, Volume 3, New York, Oxford, S. 21-33

Maturana, H.R. (1982a): Biologie der Kognition,
in: Maturana, H.R. / Varela, F.J. (Hrsg., 1982): Erkennen: Die Organisation und Verkörperung von Wirklichkeit. Ausgewählte Arbeiten zur biologischen Epistemologie. Wissenschaftstheorie, Wissenschaft und Philosophie, Braunschweig, Wiesbaden, 1982, S. 32-80

Maturana, H.R. (1982b): Die Organisation des Lebendigen: eine Theorie der lebendigen Organisation,
in: Maturana, H.R. / Varela, F.J. (Hrsg., 1982): Erkennen: Die Organisation und Verkörperung von Wirklichkeit. Ausgewählte Arbeiten zur biologischen Epistemologie. Wissenschaftstheorie, Wissenschaft und Philosophie, Braunschweig, Wiesbaden, S. 138-156

Maturana, H.R. (1990): The Biological Foundations of Self Consciousness and the Pysical Domain of Existence,
in: Luhmann, N. (Hrsg., 1990): Beobachter. Konvergenz der Erkenntnistheorien? Materialität der Zeichen. Herausgegeben vom Graduiertenkolleg Siegen, Reihe A, Band 3, München, S. 47-117

Maturana, H.R. (1991): Kognition,
in: Schmidt, S.J. (Hrsg., 1991): Der Diskurs des Radikalen Konstruktivismus, Frankfurt a.M, S. 89-118

Maturana, H.R. / Varela, F.J. (1980): Autopoiesis. The Organization of the living,
in: Maturana, H.R. / Varela, F.J. (Hrsg., 1980): Autopoiesis and Cognition. The Realization of the living. Boston Studies of Philosophy of Science, Volume 42. Dordrecht / Boston, London, S. 73-123

Maturana, H.R. / Varela, F.J. (1982): Autopoietische Systeme: eine Bestimmung der lebendigen Organisation,
in: Maturana, H.R. / Varela, F.J. (Hrsg., 1982): Erkennen: Die Organisation und Verkörperung von Wirklichkeit. Ausgewählte Arbeiten zur biologischen Epistemologie. Wissenschaftstheorie, Wissenschaft und Philosophie, Braunschweig, Wiesbaden, S. 170-235

Maturana, H.R. / Varela, F. J. (1987): Der Baum der Erkenntnis: Die biologischen Wurzeln des menschlichen Erkennens, Bern, 1987

McFarland, A. (1969): Power and Leadership in Pluralist Systems, Stanford, 1969

McKelvey, B. (1999): Avoiding Complexity Catastrophe in Coevolutionary Pockets: Strategies for Rugged Landscapes,
in: OS, Vol. 10, No. 3, May-June 1999, S. 294 - 321

Meckl, R. (1997): Netzwerkstrukturen internationaler Unternehmungen – Koordination inter- und intraorganisatorischer Organisationsbeziehungen,
in: Beiträge zum 5. Regensburger Forum zu Personalwirtschaft, Organisation und Unternehmensführung, 1997

Meerkamm, H. (1994): Integrierte Produktentwicklung im Spannungsfeld von Kosten-, Zeit- und Qualitätsmanagement,
in: VDI (Hrsg., 1994): Wettbewerbsvorteile durch Integrierte Produktentwicklung', VDI Berichte 1136, Tagung Karlsruhe, 23. und 24. September, 1994

Meining, W. (1994): Simultaneous Engineering,
in: WiSt, 23. Jg. (1994) Nr. 5, S. 247

Milberg, J. (2002): Erfolg in Netzwerken,
in: Milberg, J. / Schuh, G. (Hrsg., 2002): Erfolg in Netzwerken, Berlin, Heidelberg u.a., S. 3-16

Miles, R. / Snow, C.C. (1986): Organizations: New Concepts for New Forms,
in: CMR, Vol. 28, Nr. 3, Spring 1986, S. 62-73

Miles, R. / Snow, C.C. (1994): Fit, Failure and the Hall of Fame: How Companies Succeed or Fail, New York, 1994

Miller, D. / Friesen, P.H. (1984): Organizations – A Quantum View, Englewood Cliffs, 1984

Miller, J. (1978): Living Systems, New York, 1978

Mills, D.Q. (1991): Rebirth of the Corporation, New York, 1991

Mintzberg, H. (1979a): Pattern in Strategy Formation,
in: ISMO, Vol. 9, 1979, No. 3, S. 67-86

Mintzberg, H. (1979b): The Structuring of Organizations, New Jersey, 1979

Mintzberg, H. (1979c): A emerging strategy of "direct" research,
in: ASQ, 24, 1979, S. 580-589

Mintzberg, H. (1990a): The Design School: Reconsidering the basic Premises of Strategic Management,
in: SMJ, 11, 1990, S. 171-195

Mintzberg, H. (1990b): Studying Deciding: An Exchange of Views Between Mintzberg and Waters, Pettigrew and Butler,
in: OSd, 11, 1990, S. 1-16

Mintzberg, H. (1991): The Effective Organizations,
in: SMR, Winter, 1991, S. 54-67

Mintzberg, H. / McHugh, A. (1985): Strategy formation in an adhocracy,
in: ASQ, 30, S. 160 - 197

Mitchell, J.C. (1969): The Concept and Use of Social Networks,
in: Mitchell, J.C. (Hrsg., 1969): Social Networks in Urban Situations, Manchester, S. 1-32

Moenert, E. / Souder, W. / De Meyer, A. / Deschoolmester, D. (1994): R&D marketing integration mechanisms, communication flows and innovations success,
in: JPDM, Vol. 11, 1994, S. 31-45

Mohler, P. (1981): Zur Pragmatik qualitativer und quantitativer Sozialforschung,
in: KZfSS, Jg. 33, 1981, S. 716 – 734

Morel, B. / Ramanujam, R. (1999): Through the Looking Glass of Complexity: The Dynamics of Organizations as Adaptive and Evolving Systems,
in: OS, Vol. 10, No. 3, May-June 1999, S. 278-293

Morelli, M.D. / Eppinger, S.D. / Gulati, R. K. (1995): Predicting Technical Communication in Product Development Organizations,
in: IEEE Transactions on Engineering Management, Vol. 42, No. 3, August 1995. S. 251-222

Müller, M.E. (1994): Strategieansätze für Zulieferer,
in: DB, 35 (1994), S. 33-40

Mueller, R. K. (1988): Betriebliche Netzwerke, Freiburg / Breisgau, 1988

Müller-Stewens, G. / Gocke, A. (1995): Kooperation und Konzentration in der Automobilindustrie. Strategien für Zulieferer und Hersteller, Chur, 1995

Müller-Stewens, G. (1997): Auf dem Weg zur Virtualisierung der Prozessorganisation,
in: Müller-Stewens, G. (Hrsg., 1997): Virtualisierung von Organisationen, Stuttgart, Zürich

Naujoks, H. (1994): Autonomie in Organisationen. Perspektive und Handlungsleitlinie des Managements, München, 1994

Neuburger, R. (1997): Auswirkungen von EDI auf die zwischenbetriebliche Arbeitsteilung - Eine transaktionskostentheoretische Analyse,
in: Sydow, J.; Windeler, A. (Hrsg., 1997): Management interorganisationaler Beziehungen: Vertrauen, Kontrolle und Informationstechnik, unveränderter Nachdruck der 1. Auflage 1994, Opladen, S. 49-70

L   Literaturverzeichnis

Neumann, M. (**1982**): Theoretische Volkswirtschaftslehre, Band III: Wachstum, Wettbewerb und Verteilung, München, 1982

Nevins, J. L. / Whitney, D. E. (**1989**): Concurrent Design of Products & Processes - A Strategy for the Next Generation in Manufacturing, New York, 1989

Nicolis, G. / Prigogine, I. (**1977**): Self-Organization in Non-Equilibrium Systems: From Dissipative Structures to Order Through Fluctuations, New York, 1977

Nicolis, G. / Prigogine, I. (**1987**): Die Erforschung des Komplexen. Auf dem Weg zu einem neuen Verständnis der Naturwissenschaften, München, Zürich, 1987

Niemeier, J. (**1986**): Wettbewerbsumwelt und interne Konfiguration: Theoretische Ansätze und empirische Prüfung, Frankfurt a.M., 1986

Nippa, M. / Reichwald, R. (**1990**): Theoretische Grundüberlegungen zur Verkürzung der Durchlaufzeit in der industriellen Entwicklung,
in: Reichwald, R. / Schmelzer, H. J. (Hrsg., 1990): Durchlaufzeiten in der Entwicklung, München, Wien

Nohria, N. (**1992**): Is a Network Perspective a Useful Way of Studying Organizations,
in: Nohria, N. / Eccles, R.G. (Hrsg., 1992): Networks and Organizations, Structure, Form, and Action, Boston, S. 1-22

Nolan, R.L. / Pollock, A.J. / Ware, J.P. (**1988**): Creating the 21st Century Organization,
in: Stage by Stage, 8 (4), S. 1-11

Nonaka, I. (**1991**): Managing the Firm as an Infromation Creation Process,
in: AIPO, Vol. 4, 1991, S. 239-275

Nonaka, I. (**1992**): Wie japanische Konzerne Wissen erzeugen,
in: HM, 14, 1992, 2, S. 95-103

Nonaka, I. / Takeuchi, H. (**1995**): The Knowledge Creating Company: How Japanese Companies Create the Dynamics of Innovation, New York, Oxford, 1995

o.V. (**1997a**): Kfz-Zulieferindustrie unter Druck,
in: VDI-N vom 14.03.1997, S.19

o.V. (**1997b**): Muster ohne Wert,
in: Manager Magazin Februar 1997, S. 31-33

o.V. (**2000**): Streit um Ölgewinne - Rekordergebnis bei Shell erhöht Druck auf britische Regierung,
in: Handelsblatt vom 3./ 4. 11. 2000, S. 12

o.V. (**2004**): Der neue Audi A6,
in: ATZ, Sonderausgabe März 2004

Olbrich, T. (**1994**): Das Modell der virtuellen Unternehmen als unternehmensinterne Organisations- und unternehmensexterne Kooperationsform,
in: IM 4 / 1994, S. 28-36

Oliver, C. (1990): Determinants of Interorganizational Relationships, Integration and future Directions,
in: AMR, 15 (2), S. 241-265

Osterloh, M. / Frost, J. (1996): Prozessmanagement als Kernkompetenz, Wiesbaden, 1996

Ouchi, W.G. (1981): Theory Z – How american business can meet japanese challenge, Reading, 1981

Pahl, G. / Beitz, W. (1997): Konstruktionslehre – Methoden und Anwendung, 4. Auflage, Berlin, Heidelberg u.a., 1997

Pascale, T.R. (1999): Surfing the Edge of Chaos,
in: SMR, Spring, 1999

Paslack, R. (1991): Urgeschichte der Selbstorganisation: zur Archäologie eines wissenschaftlichen Paradigmas, Braunschweig, Wiesbaden, 1991

Patzak, G. (1982): Systemtechnik – Planung komplexer innovativer Systeme, Berlin, 1982

Pedersen, M. (1996): A Theory of Informations: The Business Cycle Model, Frederiksberg, 1996

Perich, R. (1993): Unternehmungsdynamik: zur Entwicklungsfähigkeit von Organisationen aus zeitlich-dynamischer Sicht, 2. Auflage, Stuttgart, Wien, 1993

Peters, T.J. / Watermann, R.H. (1983): In Search of Excellence, New York, 1983

Pfaffmann, Eric (2001): Kompetenzbasiertes Management in der Produktentwicklung – Make-or-Buy-Entscheidungen und Integration von Zulieferern, Diss., Wiesbaden, 2001

Pfohl, H.-C. / Buse, H.P. (1997): Logistik in Unternehmensnetzwerken – Weiterentwicklung des Konzeptes der Logistikkette,
in: Hossner, R. (Hrsg., 1997), Jahrbuch der Logistik, Dortmund, S. 14-20

Picot, A. (1991): Ökonomische Theorien der Organisation - Ein Überblick über neuere Ansätze und deren betriebswirtschaftliches Anwendungspotential,
in: Ordelheide, D. / Rudoph, B. / Büsselmann, E. (Hrsg., 1991): Ökonomische Theorien und Betriebswirtschaftslehre, Stuttgart, S. 134-170

Picot, A. (1991a): Ein neuer Ansatz zur Gestaltung der Leistungstiefe,
in ZfbF 43 (1991) 4, S. 336-357

Picot, A. (1999): Organisation,
in: Bitz, M. / Dellmann, K. / Domsch, M. / Wagner, F.W. (Hrsg.): Vahlens Kompendium der Betriebswirtschaftslehre, Band 2, 4. Auflage, München, 1999, S.107-180

Picot, A. / Dietl, H. / Franck, E. (1999): Organisation: eine ökonomische Perspektive, 2. Auflage, Stuttgart, 1999

Picot, A. / Reichwald, R. / Nippa, M. (1988): Zur Bedeutung der Entwicklungsaufgabe für die Entwicklungszeit - Ansätze für die Entwicklungszeitgestaltung,
in: ZfB 23. Jg., FBF-Sonderheft 23: Zeitmanagement in Forschung und Entwicklung, 1988, S. 112-137

Picot, A. / Reichwald, R. / Wigand, R. T. (2003): Die grenzenlose Unternehmung, Information, Organisation und Management, 5. Auflage, Wiesbaden, 2003

Pleschak, F. / Sabisch, H. (1996): Innovationsmanagement, Stuttgart, 1996

Poesgen, O. H. (1980): Koordination,
in: Grochla, E. (Hrsg., 1980) Handwörterbuch der Organisation, Stuttgart, Sp. 1130-1141

Polanyi, M. (1966): The Tacit Dimension, London, 1966

Polley, D. / Van Dyne, L. (1994): The Limits and Liabilities of Self-Managing Work Teams, in: Beyerlein, M.M. / Johnson, D.A. (Hrsg., 1994): Advances in Interdisciplinary Studies of Work Teams, Theories of Self-Managing Work Teams, Volume 1, Greenwich, Connecticut, S. 1-38

Popper, K. R. (1964): The poverty of historicism, New York, 1964

Popper, K. R. (1984): Logik der Forschung, Tübingen, 1984

Prasad, Biren (1996): Concurrent Engineering Fundamentals: integrated product and process organization, New Jersey, 1996

Prigogine, I. (1967): Dissipative Structures in chemical systems,
in: Claessons, S. (Hrsg., 1967): Fast Reactions and Primary Processes in Chemical Kinetics, Proceedings of the A. Nobel-Symposium, Stockholm, S. 371ff.

Prigogine, I. / Glansdorff, P. (1971): Thermodynamic Theory of Structure, Stability and Fluctuations, London, New York u.a., 1971

Probst, G.J.B. (1981): Kybernetische Gesetzeshypothesen als Basis für Gestaltungs- und Lenkungsregeln im Management, Bern, Stuttgart, 1981

Probst, G.J.B. (1987a): Selbst-Organisation, Ordnungsprozesse in sozialen Systemen aus ganzheitlicher Sicht, Berlin, Hamburg, 1987

Probst, G.J.B. (1987b): Selbstorganisation und Entwicklung,
in: DU (41), S. 242-255

Probst, G.J.B. (1991): Was also macht eine systemorientierte Führungskraft als Vertreter des systemorientierten Denkens?
in: Probst, G.J.B. / Gomez, P. (Hrsg., 1991): Vernetzes Denken: Ganzheitliches Führen in der Praxis, Wiesbaden

Probst, G.J.B. (1993): Organisation. Strukturen, Lenkungsinstrumente, Entwicklungsperspektiven, Landsberg / Lech, 1993

Probst, G.J.B. / Scheuss, R. W. (1984): Resultat von Organisieren und Selbstorganisation,
in: ZfO, 1984, S. 480-488

Probst, G.J.B. / Siegwart, H. (1985): Integriertes Management, Bern, Stuttgart, 1985

Pugh, D.S. / Hickson, D.J. / Hinings, C.R. / Turner, C. (1968): Dimension of Organization Structure,
in: ASQ, Vol. 13, S. 65-105

Radtke, P. / Abele, E. / Zielke, A.E. (2004): Die smarte Revolution in der Automobilindustrie, Frankfurt, Wien, 2004

Raffée, H. / Abel, B. (1978): Wissenschaftstheoretische Grundfragen der Wirtschaftswissenschaften, München, 1978

Rechtin, E. (1991): Systems Architecting: Creating and Building Complex Systems, New York, 1991

Reichwald R. / Möslein, K. (2003): Telekooperation und Virtualisierung, in: Bullinger, H.-J. / Warnecke, H.J. / Westkämper, E. (Hrsg., 2003): Neue Organisationsformen im Unternehmen, 2. Auflage, Berlin, Heidelberg u.a., S. 725-739

Reinertsen, D. (1998): Die neuen Werkzeuge der Produktentwicklung, München, Wien, 1998

Reiß, M. (1995): Temporäre Organisationsformen des Technologiemanagements, in: Zahn, E. (Hrsg.): Handbuch Technologiemanagement, Stuttgart, 1995

Reiß, M. (1996): Virtuelle Unternehmung – Organisatorische und personelle Barrieren, in: OM 5 / 1996, S. 10-13

Rensch, B. (1978): Wahrnehmung und Denken in erkenntnistheoretischer Sicht, S. 51-64 in: Hejl, P.M. / Köck, W.K. / Roth, G. (Hrsg., 1978): Wahrnehmung und Kommunikation, Frankfurt a.M., Las Vegas

Rice, R. (1993): Media Appropriateness: Using Social Presence Theory to Compare Traditional and New Organizational Media, in: HCR, Vol. 20, No. 2, 1993

Richards, M.D. / Greenlaw, R.P.S. (1972): Management: Decision and behavior, Homewood / Illinois, 1972

Richardson, G. B. (1972): The Organization of Industry, in: EJ (82), 1972, S. 883 – 896

Riedl, R. (1989): Systemtheorie und Reduktionismus, in: Kratky, K.W., Bonet, E.M. (Hrsg., 1989): Systemtheorie und Reduktionismus, Wiener Studien zur Wissenschaftstheorie, Band 3, Wien, S. 49-65

Rosenthal, R. / Jacobsen, L. (1968): Pygmalion in the Classroom, New York, 1968

Rössl, D. (1994): Die Gestaltung komplexer Austauschbeziehungen. Eine Analyse zwischenbetrieblicher Kooperationen, Wiesbaden, 1994

Rössl, D. (1996): Selbstverpflichtung als alternative Koordinationsform von komplexen Austauschbeziehungen, in: ZfbF, Heft 4, 1996, S. 311-334

Ropohl, G. (1975): Systemtechnik - Grundlagen und Anwendung, München, 1975

Rose, K. / Sauerheimer, K. (1992): Theorie der Außenwirtschaft, 11. Auflage, München, 1992

Roth, G. (1986): Selbstorganisation – Selbsterhaltung - Selbstreferentialität: Prinzipien der Organisation der Lebewesen und ihre Folgen für die Beziehung zwischen Organismus und Umwelt,
in: Dress, A. / Hendrichs, H. / Küppers, G. (Hrsg., 1986): Selbstorganisation. Die Entstehung von Ordnung in Natur und Gesellschaft, München, S. 149-180

Roth, E. / Heidenreich, K. / Holling, H (1999): Sozialwissenschaftliche Methoden – Lehr- und Handbuch für Forschung und Praxis, 5. Auflage, München, Wien, 1999

Rummelhart, D.E. (1984): Schemata and the cognitive system,
in: Wyer, S. / Srull, T.K. (Hrsg., 1984): Handbook of Social Cognition, New York, S. 161-189

Sandner, M. (1991): Die Sinndimension in Unternehmungen, St. Gallen, 1991

Schaaf, A. (1999): Marktorientiertes Entwicklungsmanagement in der Automobilindustrie - Ein kundennutzenorientierter Ansatz zur Steuerung des Entwicklungsprozesses, Wiesbaden, Diss., 1999

Schenk, M. (1984): Soziale Netzwerke und Kommunikation, Tübingen, 1984

Schirmer, A. (1989): Planung und Einführung eines neuen Produktes am Beispiel der Automobilindustrie,
in: ZfbF, 42 (10/1990), S. 892-907

Schleiermacher, F. (1959): Hermeneutik, Heidelberg, 1959

Schmelzer, H. / Buttermilch, K.-H. (1988): Reduzierung der Entwicklungszeiten in der Produktentwicklung als ganzheitliches Problem,
in: Brockhoff, K. / Picot, A. / Urban, C. (Hrsg., 1988): Zeitmanagement in Forschung und Entwicklung, ZfbF (1988) Sonderheft 23, S. 43-73

Schmidt, R. (1996): Marktorientierte Konzeptfindung für langlebige Gebrauchsgüter – Messung und QFD-gestützte Umsetzung von Kundenanforderungen und Kundenurteilen, Wiesbaden, 1996

Schnell, R. / Hill, B. / Esser, E. (1999): Methoden der empirischen Sozialforschung, 6. Auflage, München, Wien, 1999

Schneider, H.-D. (1975): Kleingruppenforschung, Stuttgart, 1975

Schöpf, H.-J. / Böhm, E. (1995): Technologiemanagement in der Automobilindustrie,
in: Zahn, E. (Hrsg., 1995): Handbuch Technologiemanagement, Stuttgart, S. 841-859

Scholz, C. (1996a): Virtuelle Organisation: Konzeption und Realisation,
in: ZFO 4 / 1996, S. 204-211

Scholz, C. (1996b): Virtuelle Unternehmen - Organisatorische Revolution mit strategischer Implementation,
in: Management & Computer 4 / 1996, S. 27-34

Schreyögg, G. (1996): Organisation: Grundlagen moderner Organisationsgestaltung, Wiesbaden, 1996

Schubert, K. (1994): Netzwerke und Netzwerkansätze: Leistungen und Grenzen eines sozialwissenschaftlichen Konzeptes,
in: Kleinaltenkamp, M. / Schubert, K. (Hrsg., 1994): Netzwerkansätze im Business-to-Business-Marketing: Beschaffung, Absatz und Implementierung neuer Technologien, Wiesbaden, S. 8-49

Schütze, C. (1985): Energie, Entropie. Das Weltgesetz vom Niedergang,
in: Natur, 5, S. 43ff., 1985

Schuh, G. (2002): Referenzstrategien in einer vernetzten Welt,
in: Milberg, J. / Schuh, G. (Hrsg., 2002) Erfolg in Netzwerken, Berlin, Heidelberg, S. 17-31

Schulz, S. (1994): Komplexität in Unternehmen- Eine Herausforderung an das Controlling, in: CON, 1994, 3, S. 130-139

Schuster, P. (1988): Molekulare Evolution und Ursprung des Lebens,
in: Küppers, B.-O. (Hrsg., 1988): Ordnung aus dem Chaos, Prinzipien der Selbstorganisation und Evolution des Lebens, München, Zürich

Senge, P. (1998): Die Fünfte Disziplin, 5. Auflage, Stuttgart, 1998

Senge, P. M. / Kleiner, A. / Roberts, C. / Ross, R. B. / Smith, B. J. (1997): Das Fieldbook zur Fünften Disziplin, 2. Auflage, Stuttgart, 1997

Seidel, M. (1996): Zur Steigerung der Marktorientierung in d Produktentwicklung - Analyse der Interaktion zwischen F&E und Marketing im Innovationsprozess, Diss., St. Gallen, 1996

Seifert, H. / Steiner, M. (1995): F+E: Schneller, schneller, schneller,
in: HBM, o. Jg. (1995), Nr. 2, S. 16-22

Seiffert, U. (2000): Produktinnovationen, bisherige Fortschritte
in: Braess, H.H. / Seiffert, U. (Hrsg., 2000): Vieweg Handbuch der Kraftfahrzeugtechnik, Braunschweig, Wiesbaden, S. 9-16

Servatius, H. (1989): Beschleunigung der Neuproduktentwicklung,
in: Horvárth, P. (Hrsg., 1989): Internationalisierung des Controlling, Stuttgart, S. 213-238

Servatius, H.-G. (1996): Internationales Wachstum durch vernetzte Intelligenz,
in: Zahn, E. (Hrsg., 1996): Strategische Erneuerungen für den globalen Wettbewerb, Tagungsband des Stuttgarter Strategieforum 1996, Stuttgart

Shotwell, T. (1971): F+E: Information Flow in an Industrial Research Laboratory,
in: IEEE Transactions on Engineering Management, Vol. 18, No.1, 1971, S. 26-33

Siebert, H. (1991): Ökonomische Analyse von Unternehmensnetzwerken,
in: Staehle, W.H. / Sydow, J. (Hrsg., 1991): Managementforschung 1, Berlin, S. 291-311

Siebke, J. (1999): Preistheorie,
in: Bender, D. / Berg, H. / Cassel, D. / Gabisch, G. / Grossekettler, H. / Hartwig, K.-H. / Hübl, L. / Kath, D. / Siebke, J. / Thieme, J. / Willms, M. (Hrsg., 1999): Vahlens Kompendium der Wirtschaftstheorie und Wirtschaftspolitik, Band 2, 7. Auflage, München, S. 63-126

Siegwart, H. (1974): Produktentwicklung in der industriellen Unternehmung, Bern, Stuttgart, 1974

Simon, H. A. (1962): The Architecture of Complexity,
in: PAPS, 106. Jg., Heft 6, 1962, S. 467-482

Simon, H. A. (1973): The Organization of Complex Systems,
in: Pattee, H. H. (Hrsg., 1973): Hierachy Theory, The Challenge of Complex Systems, New York, S. 1-28

Simon, H. A. et al. (1954): Centralization vs. Dezentralization in Organizing the Controller's Department, New York, 1954

Simon, H. (1989): Die Zeit als strategischer Erfolgsfaktor,
in: ZfB, 59. Jg. (1989) Nr. 1, S. 70-92

Snow, C.C. / Miles, R.E. / Coleman, H.J. (1992): Managing 21st Century Network Organizations, in: OD, Winter 1992, S. 5-20

Specht, G. (1996): Integrierte Produkt- und Prozessentwickung,
in: Fritz, W. (Hrsg., 1996): Markt, Technik, Umwelt, Stuttgart, S. 47-74

Specht, G. / Beckmann, C. (1996): F&E-Management, Stuttgart, 1996

Spence, M.S. (1990): A Lool into the 21st Century: People, Business, and Computers,
in: IA, 12 (2), S. 91-99

Staehle, W.H. (1973): Organisation und Führung sozio-technischer Systeme. Grundlage einer Situationstheorie, Stuttgart, 1973

Staehle, W.H. (1999): Management: eine verhaltenswissenschaftliche Perspektive, 8. Auflage, München, 1999

Stahl, M. (2002): New Business Development in der Automobilindustrie, Diss., Bamberg, 2002

Stata, R. (1989): Organizational Learning - The Key to Management Innovation,
in: SMR, 30, 1989, 3, S. 63 - 74

Steinmetz, O. (1993): Die Strategie der Integrierten Produktentwicklung – Softwaretechnik und Organisationsmethoden zur Optimierung der Produktentwicklung im Unternehmen, Braunschweig, Wiesbaden, 1993

Stephan, A. (1999): Von der Unvorhersehbarkeit zur Selbstorganisation, Dresden, München, 1999

Sterman, J.D. (2000): Business Dynamics: System Thinking and Modelling for a Complex World, Boston, Burr Ridge, IL u.a., 2000

Strebel, P. (1992): Breakpoints: How Managers exploit radical Business Change, Boston, Massechusetts, 1992

Strebel, P. (2000): Speeding Up the Strategy Process,
in: Perspectives for Managers, Lausanne, September 2000, S. 1-4

Strebel, P. (2003): Beyond best Practice: Introducing Trajectory Management,
in: Perspectives for Managers, Lausanne, November 2003, S. 1-4

Sullivan, L.P. (1986): Quality Function Deployment,
in: Quality Progress, o.Jg. (1986), June, S. 36-50

Susman, G.I. (1976): Autonomy at work, New York, 1976

Sydow, J. (1992): Strategische Netzwerke und Transaktionskosten: Über Grenzen einer transaktionskostentheoretischen Erklärung der Evolution strategischer Netzwerke,
in: Staehle, W.H. / Conrad, P. (Hrsg., 1992): Managementforschung 2, Berlin, S. 239-311

Sydow, J. (1995): Strategische Netzwerke, Evolution und Organisation, Wiesbaden, 1995, zugleich Habilitationsschrift, Berlin, 1991/92

Sydow, J. (1996): Virtuelle Unternehmung, Erfolg als Vertrauensorganisation?,
in: OM, 7-8 / 1996, S. 10-13

Sydow, J. (2003): Management von Netzwerkorganisationen – zum Stand der Forschung,
in: Sydow, J. (Hrsg., 2003): Management von Netzwerkorganisationen, Wiesbaden, 2003, S. 293 - 354

Sydow, J. / van Well, B. (1996): Wissensintensiv durch Netzwerkorganisation,
in: Scheyög, G. / Connrad, P, (Hrsg.), 1996: Managementforschung, 6. Wissensmanagement, S. 191-234, Berlin, New York, 1996

Tapscott, D. (1996): Die digitale Revolution: Verheißung einer vernetzten Welt - die Folgen für Wirtschaft, Management und Gesellschaft, Gütersloh, 1996

Taylor, F.W. (1913): Die Grundsätze wissenschaftlicher Betriebsführung, München, Berlin u.a., 1913

Teubner, G. / Willke, H. (1984): Kontext und Autonomie: Gesellschaftliche Selbststeuerung durch reflexives Recht,
in: ZfRSoz, 6 / 1984, Nr. 1, S. 4-35

Thom, N. (1980): Grundlagen des betrieblichen Innovationsmanagements, 2. Auflage, Königsstein, 1980

Thompson, J.D. (1967): Organizations in Action, Social Science Bases of Administrative Theory, New York, 1967

Thorelli, H.B. (1986): Networks: Between Markets and Hierarchies,
in: SMJ, 7, 1986, S. 37-51

Tiby, C. (1988): Die Basis unternehmerischer Initiative – Systematisch neue Produkte und Leistungen entwickeln,
in: Arthur D. Little (Hrsg., 1988): Management des geordneten Wandels, Wiesbaden, S. 91-105

Tichy, N. / Tushman, M. / Fombrun, C. (1979): Social Network Analysis for Organizations,
in: AMR, 4 (4), S. 507-519

Tilebein, M. (2005): Nachhaltiger Unternehmenserfolg in turbulenten Umfeldern. Die Komplexitätsforschung und ihre Implikationen für die Gestaltung wandlungsfähiger Unternehmen, Frankfurt, 2005

Toffler, A. (1985): Zukunftsschock, Bern, 1970

Trux, W. / Müller, G. / Kirsch, W. (1984): Das Management strategischer Programme, 1. Halbband: Materialien zum Stand der Forschung, München, 1984

Türk, K. (1975): Typen, Komplexität und Kompliziertheit organisationaler Differenzierung, in: SW, 26. Jg., Heft 1, 1975, S. 92-109

Turnheim, G. (1993): Chaos und Management. Denkanstoß und Methoden für das Management im Chaos, 2. Auflage, Wien, 1993

Ulrich, H. (1970a): Die Unternehmung als produktives soziales System, Schriftenreihe Unternehmung und Unternehmensführung, Band 1, Bern, Stuttgart, 1970

Ulrich, H. (1970b): Management - eine unverstandene gesellschaftliche Funktion, Schriftenreihe Unternehmung und Unternehmensführung, Band 13, Bern, Stuttgart, 1984

Ulrich, H (1978): Unternehmenspolitik, Bern, Stuttgart, 1978

Ulrich, H (1984a): Management, Bern, 1984

Ulrich, H (1984b): Management, Schriftenreihe für Unternehmung und Unternehmensführung, Band 13, Bern, Stuttgart, 1984

Ulrich, H. (1989): Eine systemtheoretische Perspektive der Unternehmensorganisation, in: Seidel, S. / Wagner, D. (Hrsg., 1989): Organisation: Evolutionäre Interdependenzen von Kultur und Struktur der Unternehmung, Wiesbaden, S. 13-26

Ulrich, H. / Hill, W. (1978): Wissenschaftstheoretische Aspekte ausgewählter betriebswirtschaftlicher Konzeptionen, Wissenschaftstheoretische Grundlagen der Betriebswirtschaftslehre, in: Raffée, H. / Abel, B. (Hrsg., 1978): Wissenschaftstheoretische Grundfragen der Wirtschaftswissenschaften, München, S. 161-190

Ulrich, H. / Krieg, W. / Malik, F. (1976): Zum Praxisbezug der systemorientierten Betriebswirtschaftslehre, in: Ulrich, H. (Hrsg., 1976): Zum Praxisbezug der Betriebswirtschaftslehre in wissenschaftstheoretischer Sicht, Bern, Stuttgart, S. 135-151

Ulrich, H. / Probst, G. J. B. (1990): Anleitung zum ganzheitlichen Denken und Handeln, Bern, Stuttgart, 1990

Ulrich, K. (1995): The Role of Product Architecture in the Manufacturing Firm, in: RP, 24. Jg., 1995, S. 419-440

Ulrich, K. / Eppinger, S.D. (1995): Product Design and Development, New York, 1995

Urwick, L. (1963): Organization and Coordination: Principles, in: Litterer, v.J.A. (Hrsg., 1963): Organizations: Structure and Behaviour, New York, London u.a., S. 64-75

Varela, F.J. (1979): Principles of Biological Autonomy. The North Holland Series in General Systems Research, Volume 2, New York, Oxford, 1979

Varela, F. J. (1981): Autonomy and Autopoiesis.
in: Roth, G. / Schwegler, H. (Hrsg., 1981): Self-Organizing Systems. An Interdisziplinary Approach, Frankfurt a.m., New York, S. 14-23

Varela, F.J. (1984): Two Principles for Self-Organization,
in: Ulrich, H. / Probst, G.J.B. (Hrsg., 1984): Self-Organization and Management of Social Systems. Insides, Promises, Doubts and Questions. Springer Series in synergetics, Volume 26, Berlin, Heidelberg u.a., S. 25-32

Varela, F.J. (1986): Steps to a cybernetics of autonomy,
in: Trappl, R. (Hrsg., 1986): Power, Autonomy, Utopia. New approaches towards Complex Systems, New York, London, S. 117-122

Varela, F.J. (1991): Autonomie und Autopoiese,
in: Schmidt, S.J. (Hrsg., 1991): Der Diskurs des Radikalen Konstruktivismus, Frankfurt a.M., S. 119-132

Ven, A. van de (1986): Central Problems in the Management of Innovation,
in. MS, 32. Jg., Heft 5, 1986, S. 590-607

Ven, A. van de / Ferry, D.L. (1980): Measuring and Assessing Organizations, New York, 1980

Verganti, R. (1997): Leveraging on systemic learning to manage the early phases of product innovation projects',
in: R & D Management 27, 4, 1997, S. 377-392

Vester, F. (1975): Denken, Lernen, Vergessen, Stuttgart, 1975

von Foerster (1960): On Self-Organizing Systems And Their Environments,
in: Yovits, M. C. / Cameron, S. (Hrsg., 1960): Self-Organizing Systems, Proceedings of an Interdisciplinary Conference, Oxford, London u.a., 1960, S. 31ff.

Wagner, D. / Schumann, R. (1991): Die Produktinsel: Leitfaden zur Einführung einer effizienten Produktion in Zulieferbetrieben, Köln: TÜV Rheinland, 1991

Warnecke, H.-J. (2002): Agilität im Wettbewerb erreichen - das Fraktale Unternehmen,
in: Milberg, J. / Schuh, G. (Hrsg.): Erfolg in Netzwerken, Berlin, Heidelberg u.a., 2002

Warnecke, H.-J. / Bullinger, H.-J. (Hrsg., 1995): Fraktales Unternehmen - Gewinnen im Wettbewerb - Impulse und Erfahrungsaustausch, IPA, IAO, FhG - Forschung und Praxis, 3. Stuttgarter Innovationsforum, Berlin, 1995

Warnecke, H.-J. / Kirchhoff, M. (1993): Betriebliche Navigation in der Fraktalen Fabrik,
in: Horváth, P. (Hrsg., 1993): Marktnähe und Kosteneffizienz schaffen, Stuttgart, S. 91-111

Warschat, J. / Berndes, S. (1994): Simultaneous Engineering - Organisation und Informationsverarbeitung,
in: VDI Berichte 1136, Tagung Karlsruhe, 23. und 24. September, 1994

Warschat, J. / Wasserloos, G. (1991): Simultaneous Engineering – Strategie zur ablauforganisatorischen Straffung des Entwicklungsprozesses,
in: FB/IE 40 1/91, S. 22-27

Weber, B. (1996): Die fluide Organisation - Konzeptionelle Überlegungen für die Gestaltung und das Management von Unternehmen in hochdynamischen Umfeldern, Diss., Bern, Stuttgart, 1996

Weber, M. (1972): Wirtschaft und Gesellschaft, 5. Auflage, Tübingen, 1972

Weick, K. (1976): Educational Organizations as Loosely Coupled Systems, in: ASQ, 21, (1976), S. 1-9

Weinberg, G. (1975): An Introduction to General systems Thinking, Chichster, New York, u.a., 1975

Welch, J. (1990): Letter to Shareholders, General Electric Annual Report, 1990

Wheelwright, S. / Clark, K. (1994): Revolution der Produktentwicklung: Spitzenleistungen in Schnelligkeit, Effizienz und Qualität durch dynamische Teams, Frankurt a.M., New York, 1994

Wildemann, H. (1994): Die modulare Fabrik: Kundennahe Produktion durch Fertigungssegmentierung, München, 1994

Wildemann, H. (1992): Simultaneous Engineering als Baustein für Just-in-time in Forschung, Entwicklung und Konstruktion, in: VDI-Zeitung, 134. Jg. (1992) Nr. 12, S. 18-23

Wildemann, H. (1993): Die Luft wird rauer – wie Zulieferer überleben können, in: HBM, 1993, 3, S. 34-44

Wildemann, H. (1993): Just-in-Time in Forschung & Entwicklung und Konstruktion, in: ZfbF, 63, Jg. (1993), Nr. 12, S. 1251-1270

Wildemann, H. (1996): Netzwerkstrukturen als neue Form der Unternehmensorganisation, in: ZwF 91 Jg., Heft 1-2, 1996, S. 12-16

Wildemann, H. (1997): Koordination von Unternehmensnetzwerken, in: ZfB, Heft 4, 1997, S. 417-439

Wilkins, A. L. / Ouchi, W. G. (1983): Efficient Cultures: Exploring the Relationship Between Culture and Organizational Performance, in: ASQ, Vol. 28, S. 468-481

Williamson, O.E. (1979): Transaction-cost economics: The governance of contractual relations, in: JLE, Vol. 22, No. 2, S. 233 - 261

Willke, H. (1987): Strategien der Intervention in autonome Systeme, in: Baecker, D. / Markowitz, J. / Stichweh, R. / Tyrell, R. / Willke, H. (1987): Theorie als Passion. Niklas Luhmann zum 60. Geburtstag, Frankfurt a.M., 1987, S. 333-361

Willke, H. (1987a): Societal Guidance Through Law?, in: Teubner, G. (Hrsg., 1987): State, Law, Economy as Autopoietic Systems, Berlin

Willke, H. (1989): Systemtheorie entwickelter Gesellschaften - Dynamik und Riskanz gesellschaftlicher Selbstorganisation, Weinheim, München, 1989

Willke, H. (1993): Systemtheorie: eine Einführung in die Grundprobleme der Theorie sozialer Systeme, 4. Auflage, Stuttgart, Jena, 1993

Wilms, F. (1994): Entscheidungsverhalten als rekursiver Prozess; konzeptuelle Bausteine des systemorientierten Managements, Lüneburg, 1994

Witte, K.-W. (1994): Markt- und kostengerechte Produkte fordern neue Formen der funktionalen Zusammenarbeit,
in: VDI Berichte 1136, Tagung Karlsruhe, 23. und 24. September, 1994

Wright, S. (1931): Evolution in Mendelian populations,
in: Genetics, 16, 1931, S. 97 - 159

Wüthrich, H.A. / Philipp, A. F. / Frentz, M.H. (1997): Vorsprung durch Virtualisierung, Lernen von virtuellen Pionierunternehmen, Wiesbaden, 1997

Yamanouchi, T. (1989): Break through: The development of the Canon Personal Copier,
in: LRP, 22 (1989) 10, S. 11-21

Zahn, E. (1972): Systemforschung in der Bundesrepublik Deutschland, Göttingen, 1972

Zahn, E. (1992): Konzentration auf Kompetenz – ein Paradigmawechsel im Strategischen Management?
in: Zahn, E. (Hrsg.): Erfolg durch Kompetenz – Strategien der Zukunft, Stuttgart, 1992, S. 1-38

Zahn, E. (1995a): Gegenstand und Zweck des Technologiemanagements,
in: Zahn, E. (Hrsg.): Handbuch Technologiemanagement, Stuttgart, 1995, S. 3-32

Zahn, E. (1995b): Unternehmensführung im fraktalen Unternehmen,
in: Warnecke, H.-J. / Bullinger, H.-J. (Hrsg., 1995): Fraktales Unternehmen – Gewinnen im Wettbewerb – Impulse und Erfahrungsaustausch, IPA, IAO, FhG – Forschung und Praxis, 3. Stuttgarter Innovationsforum, Berlin, S. 152-165

Zahn, E. (1995c): Kreativität als Erfolgsfaktor,
in: Zahn, E. (Hrsg, 1995.), Mit Kreativität die Zukunft meistern, Stuttgart, S. 1-24

Zahn, E. (1996): Strategische Erneuerungen für den globalen Wettbewerb, Tagungsband des Stuttgarter Strategieforum 1996, Stuttgart, 1996

Zahn, E. (1997): Rüsten für den Wettbewerb um die Zukunft,
in: Zahn, E. / Foschiani, S. (Hrsg., 1997): Wettbewerb um die Zukunft, Stuttgart, S. 1-18

Zahn, E. (1999): Strategiekompetenz – Voraussetzungen für maßgeschneiderte Strategien,
in: Zahn, E. / Foschiani, S. (Hrsg., 1999): Maßgeschneiderte Strategien - der Weg zur Alleinstellung im Wettbewerb, Stuttgart, S. 1-22

Zahn, E. / Bullinger, H.-J. / Gagsch, B. (2003): Führungskonzepte im Wandel,
in: Bullinger, H.-J. / Warnecke, H.J. / Westkämper, E. (Hrsg., 2003): Neue Organisationsformen im Unternehmen, S. 255-273, Berlin, Heidelberg u.a.

Zahn, E. / Braun, F. / Dogan, D. / Weidler, A. (1992): Ganzheitliche Produktentwicklung als Schlüssel zur Reduzierung von Entwicklungszeiten,
in: Scheer, A.-W. (Hrsg., 1992): Simultane Produktentwicklung, Forschungsbericht 4, Gesellschaft für Management und Technologie AG, St. Gallen, S. 429-484

Zahn, E. / Dillerup, R. (1995): Beherrschung des Wandels durch Erneuerung,
in: Reichwald, R., Wildemann, H. (Hrsg., 1995): Kreative Unternehmen – Spitzenleistungen durch Produkt- und Prozessinnovationen, Stuttgart, S. 35-76

Zahn, E. / Dillerup, R. / Foschiani, S. (1997): Ansätze zu einem ganzheitlichen Produktionsmanagement,
in: Seghezzi, H.D. (Hrsg., 1997): Ganzheitliche Unternehmensführung. Gestaltung, Konzepte und Instrumente, Stuttgart, S. 129-166

Zahn, E. / Dogan, D. (1991): Strategische Aspekte der Beurteilung von CIM-Installationen,
in: CIM Management, 1991, 3, S. 4-11

Zahn, E. / Foschiani, S. (1998): Innovation, Wachstum, Ertragskraft - Wege zur nachhaltigen Unternehmensentwicklung,
in: Zahn, E. / Foschiani, S. (Hrsg., 1998) Innovation, Wachstum, Ertragskraft - Wege zur nachhaltigen Unternehmensentwicklung, S. 1-24, Stuttgart

Zahn, E. / Greschner, J. (1996): Strategische Erneuerung durch organisationales Lernen,
in: Bullinger, H.-J. (Hrsg., 1996): Lernende Organisation, Konzepte, Methoden und Erfahrungsberichte, S. 41-74, Stuttgart

Zahn, E. / Weidler, A. (1992): Integriertes Innovations-Management - Die Zukunft wird im Kopf gewonnen,
in: GM, 1992, 10, S. 17-23

Zahn / Wieselhuber / Fridrich (1991): Informationsmanagement - ein Weg zur besseren Entscheidung und Kommunikation, Eschborn, 1991

Zanger, C. (1996): Produkt- und Prozessentwicklung,
in: Kern, W. / Schröder, H.-H. / Weber J. (Hrsg., 1996): Handwörterbuch der Produktionswirtschaft, 2. Auflage, Stuttgart, Sp. 1426-1438

Zmud, R. / Lind, M. / Young, F. (1990): An Attribute Space for Organizational Communication Channels,
in: ISR, Vol. 1, No.4, S. 440 - 457

Zörgriebel, W. W. (1983): Technologie in der Wettbewerbsstrategie, Berlin, 1983

Zülch, G. / Brinkmeier, B. / Rinn, A. (1995): Koordinierte Selbstorganisation in integrieren Unternehmensstrukturen. Organisationsgestaltung im Spannungsfeld von Autarkie und Synergie,
in: Seghezzi, H.D. (Hrsg., 1997): Ganzheitliche Unternehmensführung. Gestaltung, Konzepte und Instrumente, Stuttgart, S. 73-107

Daten zum ‚Architectural Knowledge' – Wechselwirkungen, Teil I

Modul X beeinflusst...		Rohkarosserie				Ausstattung					Antrieb	
		Karosseriegerippe	Karosserie-außenhaut	Klappen	Türen	Rücksitze	Vordersitze	Ausstattung oben/unten	Ausstattung außen	Cockpit	Motoren/Getriebe	HAG/Gelenkwellen
Rohkarosserie	Karosseriegerippe	X	9	4	3	7	2	6	7	7	1	2
	Karosserie-außenhaut	4	X	8	6	0	1	3	10	1	0	0
	Klappen	2	3	X	0	0	0	0	4	2	1	0
	Türen	5	5	0	X	5	3	6	2	4	0	0
Ausstattung	Rücksitze	6	0	0	6	X	4	7	0	0	0	0
	Vordersitze	1	0	0	2	2	X	3	0	2	0	0
	Ausstattung oben/unten	3	1	0	3	3	2	X	0	2	0	0
	Ausstattung außen	4	3	4	0	0	0	X	X	0	0	0
	Cockpit	7	2	3	5	0	3	5	0	X	4	X
Antrieb	Motoren/Getriebe	7	5	7	0	0	0	5	8	3	X	6
	HAG/Gelenkwellen	7	0	0	0	3	2	5	0	0	4	X
Fahrwerk	Achsen	6	5	0	0	8	0	4	0	0	2	7
	Lenksäule	5	0	0	0	0	0	6	0	10	5	0
	Tank	7	4	4	0	7	0	4	0	0	0	3
	Kraftstoffversorgung	1	0	0	0	3	0	2	0	0	0	0
	ABS, ASC, DSC	1	0	0	0	0	0	0	0	0	0	0
	Federung/Dämpfung	7	3	3	0	4	0	4	0	0	1	5
	Betriebsbremse	3	0	0	0	0	0	0	0	0	1	0
	Feststellbremse	2	0	0	0	0	1	2	0	5	0	0
Elektrik	Heizung	4	6	6	4	0	1	7	8	8	1	0
	Klima	1	4	4	2	1	0	0	5	4	2	1
	Elektronik	0	0	0	0	0	0	0	0	4	1	0
	Instrumentierung	0	0	0	0	0	0	0	0	0	0	0
	Kommunikation/ Audiosysteme	1	0	0	4	1	1	3	0	4	0	0
	Bordnetze	4	0	0	2	2	2	3	0	8	2	1
	Elektromechanik	1	0	0	5	2	2	0	0	1	0	0
	Schalter	0	0	0	2	0	1	0	0	3	0	0
Summe der Werte		89	50	44	44	47	26	75	44	68	21	27

Daten zum ‚Architectural Knowledge' – Wechselwirkungen, Teil II

Modul X beeinflusst ... Modul Y		Fahrwerk								Elektrik							Summe der Werte
		Achsen	Lenksäule	Tank	Kraftstoff-versorgung	ABS,ASC, DSC	Federung/ Dämpfung	Betriebs-bremse	Feststell-bremse	Heizung Klima	Elektronik	Instrumen-tierung	Kommuni-kation/ Audio-systeme	Bordnetze	Elektro-mechanik	Schalter	
Rohkarosserie	Karosserie-gerippe	2	4	4	2	1	3	5	2	9	3	0	4	3	4	0	94
	Karosserie-außenhaut	1	0	2	0	0	0	0	0	4	4	0	0	0	0	0	44
	Klappen	0	0	2	0	0	0	0	0	4	4	0	0	6	0	0	22
	Türen	0	0	3	1	0	0	0	0	4	0	0	5	6	5	0	57
Ausstattung	Rücksitze	0	0	9	2	0	0	0	0	0	0	0	5	0	5	0	44
	Vordersitze	0	2	0	0	1	0	0	0	0	0	0	1	0	4	0	18
	Ausstattung oben/unten	0	0	0	0	0	0	0	0	4	2	0	4	2	2	0	28
	Ausstattung außen	0	0	0	0	0	0	0	0	0	0	0	0	0	0	0	11
	Cockpit	0	0	0	0	0	2	5	5	9	6	6	7	10	8	7	72
Antrieb	Motoren/ Getriebe	2	3	0	0	0	4	5	5	0	6	0	0	3	0	0	75
	HAG/ Gelenkwellen	7	0	5	2	2	4	5	5	0	6	0	0	3	0	0	60
Fahrwerk	Achsen	X	7	8	3	6	7	7	8	0	5	0	0	3	0	0	86
	Lenksäule	9	X	0	10	0	0	0	0	7	6	8	5	2	5	0	68
	Tank	2	5	X	10	0	0	0	0	0	0	0	0	0	0	0	43
	Kraftstoff-versorgung	0	0	2	X	0	0	0	0	0	0	0	0	0	0	0	8
	ABS, ASC, DSC	1	0	0	0	X	2	3	0	0	3	1	0	0	0	0	15
	Federung/ Dämpfung	8	6	0	0	2	X	3	1	0	2	0	0	2	3	0	57
	Betriebs-bremse	4	0	0	0	3	1	X	1	0	3	1	0	0	4	0	22
	Feststell-bremse	2	0	0	0	0	0	1	X	0	2	1	0	0	0	0	16
Elektrik	Heizung Klima	0	3	0	0	0	0	0	0	X	6	8	0	7	8	8	85
	Elektronik	1	1	1	0	1	1	1	0	1	X	1	1	1	1	1	37
	Instrumen-tierung	1	0	1	1	0	0	1	1	1	1	X	1	0	1	1	16
	Kommunikation/ Audiosysteme	0	0	0	0	0	0	0	0	1	1	1	X	1	2	2	22
	Bordnetze	1	1	1	8	1	7	7	2	8	9	5	7	X	4	4	83
	Elektro-mechanik	0	2	0	0	0	0	0	0	3	1	0	1	0	X	1	19
	Schalter	0	0	0	0	1	0	0	X	2	1	1	2	0	1	X	14
Summe der Werte		41	29	43	22	26	21	31	21	65	73	33	43	49	60	24	

Daten zum ‚Architectural Knowledge' – Abstimmungserfordernisse, Teil I

Modul X gibt Informationen an…		Modul Y – Rohkarosserie				Ausstattung					Antrieb	
		Karosserie-gerippe	Karosserie-außenhaut	Klappen	Türen	Rücksitze	Vordersitze	Ausstattung oben/unten	Ausstattung außen	Cockpit	Motoren/Getriebe	HAG/Gelenk-wellen
Rohkarosserie	Karosserie-gerippe	X	9	5	4	7	1	7	8	7	1	1
	Karosserie-außenhaut	5	X	8	6	0	1	3	10	1	0	0
	Klappen	4	3	X	0	0	0	0	5	2	1	0
	Türen	6	5	0	X	5	3	6	5	4	0	0
Ausstattung	Rücksitze	7	0	0	6	X	4	7	0	0	0	0
	Vordersitze	2	0	0	2	2	X	3	0	3	0	0
	Ausstattung oben/unten	3	1	0	3	5	2	X	0	2	0	0
	Ausstattung außen	6	8	7	3	0	0	0	X	0	0	0
	Cockpit	7	2	3	5	0	3	6	0	X	0	0
Antrieb	Motoren/Getriebe	5	5	3	0	2	2	2	3	3	X	2
	HAG/Gelenkwellen	3	0	0	0	2	2	2	0	0	2	X
Fahrwerk	Achsen	6	5	0	0	8	0	4	0	0	2	7
	Lenksäule	3	3	0	0	0	0	3	0	6	3	6
	Tank	7	4	4	0	7	0	7	0	0	0	3
	Kraftstoff-versorgung	1	1	0	0	3	0	3	0	0	0	0
	ABS, ASC, DSC	1	0	0	0	0	0	0	0	0	0	0
	Federung/Dämpfung	5	2	2	0	2	0	2	0	0	1	3
	Betriebs-bremse	3	0	0	0	0	0	0	0	0	1	0
	Feststell-bremse	2	0	0	0	0	1	2	0	5	0	0
Elektrik	Heizung	4	6	6	4	0	1	7	8	8	1	0
	Klima	1	4	5	2	1	1	0	6	4	2	1
	Elektronik	0	0	0	0	0	0	0	0	4	1	0
	Instrumen-tierung	2	0	0	4	1	0	0	0	4	1	0
	Kommunikation/Audiosysteme	5	0	0	2	1	1	3	0	8	0	0
	Bordnetze	1	0	0	1	2	2	0	0	1	2	1
	Elektro-mechanik	0	0	0	5	0	2	0	0	0	0	0
	Schalter	0	0	0	2	0	1	0	0	3	0	0
Summe der Werte		89	54	44	48	46	25	70	45	65	17	20

Daten zum ‚Architectural Knowledge' – Abstimmungserfordernisse, Teil II

Modul X gibt Informationen an ..		Modul Y: Fahrwerk								Elektrik							Summe der Werte
		Achsen	Lenksäule	Tank	Kraftstoffversorgung	ABS, ASC, DSC	Federung/ Dämpfung	Betriebsbremse	Feststellbremse	Heizung/ Klima	Elektronik	Instrumentierung	Kommunikation/ Audiosysteme	Bordnetze	Elektromechanik	Schalter	
Rohkarosserie	Karosseriegerippe	1	3	5	2	1	3	4	2	9	3	0	4	3	4	0	94
	Karosserieaußenhaut	1	0	3	0	0	0	0	0	4	4	0	0	0	0	0	46
	Klappen	0	0	2	0	0	0	0	0	4	4	0	0	6	8	0	25
	Türen	0	0	3	1	0	0	0	0	4	4	0	5	6	5	0	61
Ausstattung	Rücksitze	0	0	10	2	1	0	0	0	0	0	0	5	0	4	0	44
	Vordersitze	0	2	0	0	1	0	0	0	0	0	0	1	0	4	0	20
	Ausstattung oben/unten	0	0	0	0	0	0	0	0	4	2	0	6	3	2	0	33
	Ausstattung außen	0	0	0	0	0	0	0	0	5	3	0	0	7	0	0	32
	Cockpit	0	0	0	0	0	0	0	0	9	6	6	8	3	8	7	77
Antrieb	Motoren/ Getriebe	2	2	2	1	1	2	2	0	3	3	0	0	0	0	0	37
	HAG/ Gelenkwellen	4	0	2	1	1	2	2	2	0	2	0	0	3	0	0	30
Fahrwerk	Achsen	X	7	8	3	6	7	7	8	0	5	0	0	3	0	0	86
	Lenksäule	3	X	0	0	0	0	0	0	0	3	3	2	1	2	0	33
	Tank	2	0	X	10	0	0	0	0	0	0	0	0	2	0	0	46
	Kraftstoffversorgung	0	0	5	X	0	0	0	0	0	0	0	0	0	0	0	12
	ABS, ASC, DSC	1	0	0	0	X	2	3	1	0	3	1	0	4	0	0	17
	Federung/ Dämpfung	5	2	0	0	2	X	3	1	0	2	0	0	2	2	0	36
	Betriebsbremse	4	2	0	0	3	1	X	2	0	3	1	0	0	4	0	22
	Feststellbremse	2	0	0	0	0	0	1	X	0	2	1	0	0	0	0	16
Elektrik	Heizung/ Klima	0	3	0	0	0	0	0	0	X	6	8	0	7	8	6	83
	Elektronik	1	1	1	0	1	1	1	0	1	X	1	1	1	1	1	39
	Instrumentierung	1	0	1	1	1	0	1	1	1	1	X	1	0	1	1	16
	Kommunikation/ Audiosysteme	0	0	1	0	0	0	0	1	1	1	5	X	1	2	2	22
	Bordnetze	1	1	1	0	8	1	7	2	8	9	5	8	X	4	4	85
	Elektromechanik	0	2	0	0	0	0	0	0	3	1	0	1	0	X	1	19
	Schalter	0	0	0	0	1	0	0	X	3	1	1	2	0	1	X	15
Summe der Werte		28	23	43	21	25	18	27	18	63	64	28	44	46	56	22	

Band 46 Jürgen Haas: Die Entwicklungsfähigkeit von Unternehmungen. Eine theoretische und pragmatische Analyse. 1997.

Band 47 Franz Xaver Bea / Alfred Kötzle / Kuno Rechkemmer / Alexander Bassen: Strategie und Organisation der Daimler-Benz AG. Eine Fallstudie. 1997.

Band 48 Klaus Zehender: Unternehmensführung in fraktalen Unternehmungen. Aufgaben, Architektur und Funktionsweise. 1998.

Band 49 Markus Göltenboth: Global Sourcing und Kooperationen als Alternativen zur vertikalen Integration. 1998.

Band 50 Richard M. Hesch: Das Management der Verlagerung von Wertschöpfungsstufen. Ein phasenorientiertes Modell, dargestellt am Beispiel Deutschland und Mittelosteuropa. 1998.

Band 51 Ralf Dillerup: Strategische Optionen für vertikale Wertschöpfungssysteme. 1998.

Band 52 Rainer Schmidbauer: Konzeption eines unternehmenswertorientierten Beteiligungs-Controlling im Konzern. 1998.

Band 53 Lars Gierke: Instrumentarium zur Planung und Umsetzung von Zulieferer-Hersteller-Netzwerken. 1999.

Band 54 Florian Kall: Controlling im Turnaround-Prozeß. Theoretischer Bezugsrahmen, empirische Fundierung und handlungsorientierte Ausgestaltung einer Controlling-Konzeption für den Turnaround-Prozeß. 1999.

Band 55 Klemens Berktold: Strategien zur Revitalisierung von strategischen Geschäftseinheiten. Eine empirische Untersuchung zur Ermittlung einer Typologie von Unternehmenskrisen und von typischen Strategien zu deren Bewältigung. 1999.

Band 56 Claus J. Kathke: Handlungsziele und Gestaltungsmöglichkeiten des Insolvenzverwalters im neuen Insolvenzrecht. 2000.

Band 57 Susanne Thissen: Strategisches Desinvestitionsmanagement. Entwicklung eines Instrumentariums zur Bewertung ausgewählter Desinvestitionsformen. 2000.

Band 58 Iris K. Weber: Das Planungs- und Kontrollsystem der mittelständischen Unternehmung. Gestaltungsmöglichkeiten in Abhängigkeit von der Unternehmensentwicklungsphase. 2000.

Band 59 Hermann Schnaitmann: Prozeßorientierte Unternehmensführung. 2000.

Band 60 Ulrike Suhr: Gestaltungsempfehlungen für interne Dienstleistungs-Anbieter. 2002.

Band 61 Claus Herbst: Interorganisationales Schnittstellenmanagement. Ein Konzept zur Unterstützung des Managements von Transaktionen. 2002.

Band 62 Andreas Hertweck: Strategische Erneuerung durch integriertes Management industrieller Dienstleistungen. 2002.

Band 63 Cyrus B. Bark: Integrationscontolling bei Unternehmensakquisitionen. Ein Ansatz zur Einbindung der Post-Merger-Integration in die Planung, Steuerung und Kontrolle von Unternehmensakquisitionen. 2002.

Band 64 Bernd Gagsch: Wandlungsfähigkeit von Unternehmen. Konzept für ein kontextgerechtes Management des Wandels. 2002.

Band 65 Tilmann Barth: Outsourcing unternehmensnaher Dienstleistungen. Ein konfigurierbares Modell für die optimierte Gestaltung der Wertschöpfungstiefe. 2003.

Band 66 Steffen Kinkel: Dynamische Standortbewertung und strategisches Standortcontrolling. Erfolgsmuster, kritische Faktoren, Instrumente. 2003.

Band 67 Jochen Schellinger: Konzeption eines wertorientierten strategischen Personalmanagements. 2004.

Band 68 Martin Weinmann: Wertorientiertes Management von Unternehmenszusammenschlüssen. 2004.

Band 69 Meike Tilebein: Nachhaltiger Unternehmenserfolg in turbulenten Umfeldern. Die Komplexitätsforschung und ihre Implikationen für die Gestaltung wandlungsfähiger Unternehmen. 2005.

Band 70 Björne Raetzell: Logistische Netzwerke. Ein Modell zur Ermittlung strategischer Handlungsempfehlungen. 2006.

Band 71 Andreas Falkinger: Riskomanagement im strategischen Fit. 2007.

Band 72 Anja Kern: The Use of Key Figures and its Impact on Activity. The Case of a Hospital. 2007.

Band 73 Michael Nowak: Führungsrelevante Prozesse. Systematisierung und Gestaltung. 2006.

Band 74 Florian Kapmeier: Dynamics of Interorganizational Learning in Learning Alliances. 2007.

Band 75 Martin Brändle: Strategisches Controlling auf Märkten im Wandel. Führungsunterstützung durch Inhalte, Prozesse und Verhalten. 2007.

Band 76 Martin Stanik: Kooperative Full-Service Strategien. 2007.

Band 77 Caspar Cromberg: Selbstorganisation bei Koordination komplexer Produktentwicklungsprozesse. 2007.

Band 78 Sebastian Meyer: Wandlungsfähigkeit durch Wissensmanagement. Konzept zum Management wissensbasierter Wandlungsfähigkeit in Unternehmen. 2007.

www.peterlang.de